| SEITE 46 | **REISEZIELE IN SRI LANKA** | ALLE ZIELE AUF EINEN BLICK FUNDIERTE EINBLICKE, DETAILLIERTE ADRESSEN, INSIDER-TIPPS UND MEHR |

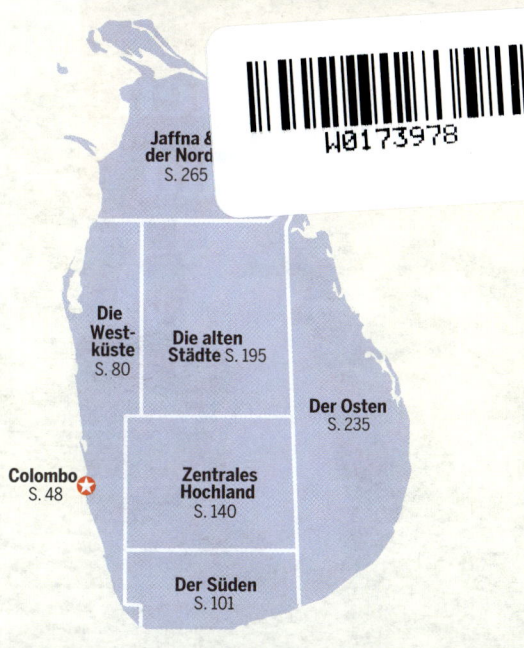

Jaffna & der Norden S. 265

Die Westküste S. 80

Die alten Städte S. 195

Der Osten S. 235

Colombo S. 48

Zentrales Hochland S. 140

Der Süden S. 101

| SEITE 333 | **PRAKTISCHE INFORMATIONEN** | SCHNELL NACHGESCHLAGEN TIPPS FÜR UNTERKÜNFTE, SICHERES REISEN, SMALLTALK UND VIELES MEHR |

Allgemeine Informationen.................. 334
Verkehrsmittel & -wege... 344
Sprache............................ 352
Register 364
Kartenlegende................. 371

Ryan Ver Berkmoes
Stuart Butler, Amy Karafin

Willkommen in Sri Lanka

Das unentdeckte Land

In gewisser Hinsicht war Sri Lanka nie verborgen und doch sehr versteckt. Unzählige Urlauber sind allenfalls auf dem Weg zu anderen Urlaubsländern über die Insel hinweggeflogen, die wenigsten hatten das von Kriegen und Naturkatastrophen heimgesuchte Land auf der Liste ihrer Urlaubsziele.

Der Krieg ist aber längst vorbei, und um die Zukunftsaussichten für Sri Lanka steht es gar nicht so schlecht. Wer Indien oder Südostasien schon „abgehakt" hat oder wer einfach nur ein zauberhaftes Land erkunden will, sollte sich jetzt auf den Weg machen.

Vielfalt auf kleinem Raum

Nur wenige Orte können so viele Unesco-Welterbestätten (acht!) auf so kleiner Fläche vorweisen. Reisende erleben die mehr als 2000-jährige Kultur an uralten Stätten, die bis heute geheimnisvoll wirken. Stolz verweist man in berühmten Tempeln auf viele schöne Arbeiten, die Steinmetze im Laufe von Jahrhunderten geschaffen haben.

In vielen Teilen des Landes locken Wasserstellen des Nachts Elefanten an. Auf Safaris in den Nationalparks begegnet man außerdem Leoparden, mürrischen Wasserbüffeln, Vögeln aller Art und jeder Menge Affen.

Endlose Strände, uralte Ruinen, freundliche Menschen, jede Menge Elefanten, Brandung für Surfer, niedrige Preise, reizvolle Bahnstrecken, berühmte Teesorten, aromatisches Essen ... all dies und vieles mehr hat Sri Lanka zu bieten.

Links: Prozession zum Gangaramaya-Tempel (S. 59), Colombo
Unten: Strand bei Mirissa (S. 120)

Wer genug hat vom Tropenklima an der Küste und den Stränden oder im Flachland, der reist in die üppige Wunderwelt der Berge. Das schier unglaubliche Grün der Teeplantagen und der teilweise noch üppige Regenwald auf den Gipfeln sind herrliche Ziele für Wanderer – oder für Leute, die einfach nur eine spektakuläre Zugfahrt genießen möchten.

Und dann die Strände! Blendend weiß sind sie und oft nahezu unberührt. Ganz egal, wo man sich auf der Insel aufhält, von einem dieser Paradiese aus Sand ist man nie weit entfernt. Möchte man sich ein wenig austoben, schnappt man sich ein Surfbrett oder den Taucheranzug: für tolle Erlebnisse ganz ohne die üblichen Menschenmassen.

Alles ist so einfach

Nichts ist hier weit entfernt: Wer morgens den ältesten Baum der Welt in Anuradhapura bestaunt, kann sich nachmittags am Anblick Hunderter Elefanten in Minneriya freuen. Ansonsten sucht man sich seinen persönlichen Lieblingsstrand, meditiert in der Stille eines 2000-jährigen Tempels, freut sich am Lächeln der Menschen in einem hübschen Dorf, betrachtet exotische Vögel und Blumen oder genießt die Vielfalt der Speisen. In Colombo wirft man dann noch einen Blick auf die Kolonialarchitektur, bevor das Surfbrett zum Einsatz kommt. Sri Lanka ist verführerisch, bezahlbar und immer noch nicht überlaufen. Jetzt ist Zeit, das Land zu entdecken.

Sri Lanka

Top-Erlebnisse

Höhenangaben
- 2100 m
- 1500 m
- 900 m
- 450 m
- 0

Polonnaruwa
Bauten mit raffinierten Steinmetzarbeiten und Zeugnisse einer tausendjährigen Geschichte (S. 207)

Jaffna
Hindu-Tempel und der süßliche Duft der Obstbäume (S. 272)

Anuradhapura
Wichtiges Zentrum der Kultur und Religion (S. 219)

GOLF VON BENGALEN

Palk-Straße

Jaffna Lagoon

Palkbucht

Golf von Mannar

- Point Pedro
- Jaffna
- Karaitivu
- Nainativu
- Neduntivu
- Pooneryn
- Kilinochchi
- Mullaittivu
- Mankulam
- Vavuniya
- Medawachchiya
- Mihintale
- Anuradhapura
- Habarana
- Nilaveli
- Uppuveli
- Trincomalee
- Mutur
- Nationalpark Kaudulla
- Nationalpark Minneriya
- Talaimannar
- Mannar Island
- Kalpitiya
- Puttalam
- Rameswaram

Der Norden

Zentrales Hochland

INDIEN

0 — 50 km

20 TOP ERLEBNISSE

Atemberaubende Strände

1 Manche sind lang und golden, andere tragen weichen, weißen Puderzuckersand, einige sind Wind und Wellen preisgegeben, und auf wieder anderen begegnet man keiner Menschenseele. An einigen dieser Strände geht es ruhig und beschaulich zu, andere dröhnen im Rhythmus der Partys – doch egal, wonach einem gerade der Sinn steht: Die Strände auf Sri Lanka sind wirklich so prachtvoll wie im Reiseprospekt. Steht man dann wieder zu Hause im Stau, auf dem Weg zur Arbeit und an einem kaltfeuchten Montagmorgen, kehrt garantiert die Sehnsucht zurück – nach den Palmen vor azurblauem Meer. Tangalla (S. 127)

Mit dem Zug unterwegs

2 Manchmal ist im Bummelzug nach Ella (S. 182) gar nicht an einen Sitzplatz zu denken, doch was macht das schon, wenn man im Stehen aus dem Fenster schauen kann, hinaus auf einen Teppich aus Teeplantagen? Die Farbtupfer im Blättermeer sind die Seidensaris der tamilischen Teepflückerinnen. Drinnen im Zug bemerkt man vielleicht ein scheues Lächeln, das als Willkommensgruß gemeint ist. Auf den Bahnhöfen bieten Händler kleine Snacks an, darunter auch frittierte Gaumenfreuden, die einfach in Zeitungspapier gewickelt sind. Einfach davon kosten, während die Landschaft vorüberzieht: Beides ist himmlisch!

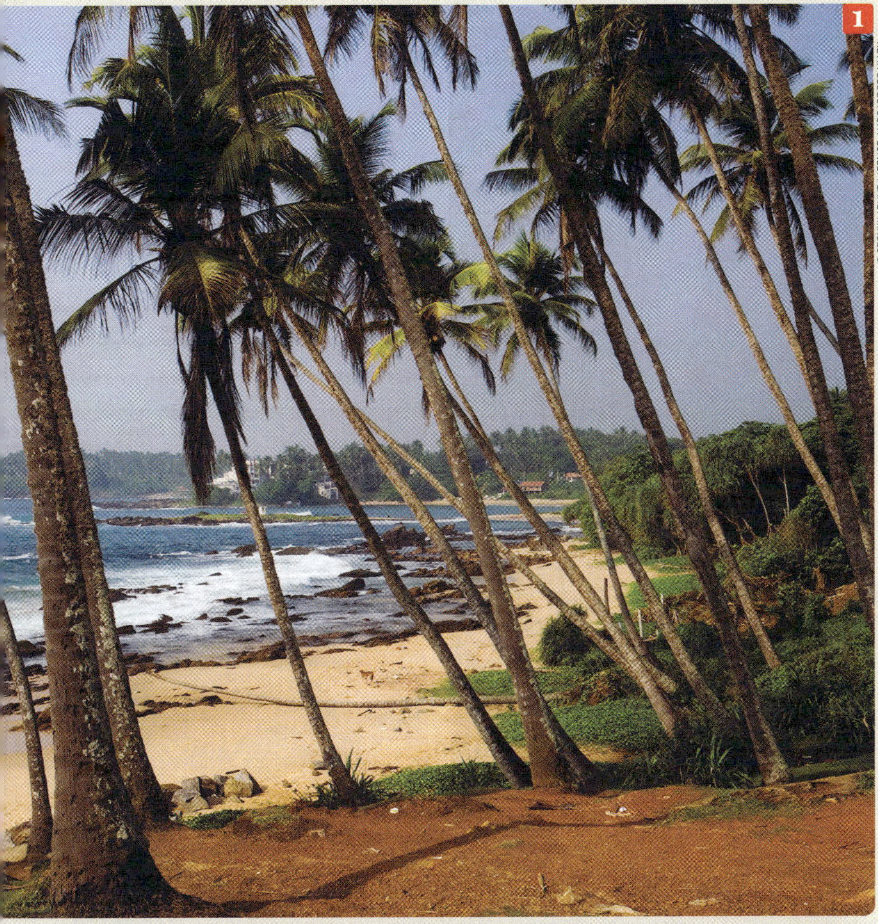

1

KEVIN CLOGSTOUN / LONELY PLANET IMAGES ©

2

JULIET COOMBE / LONELY PLANET IMAGES ©

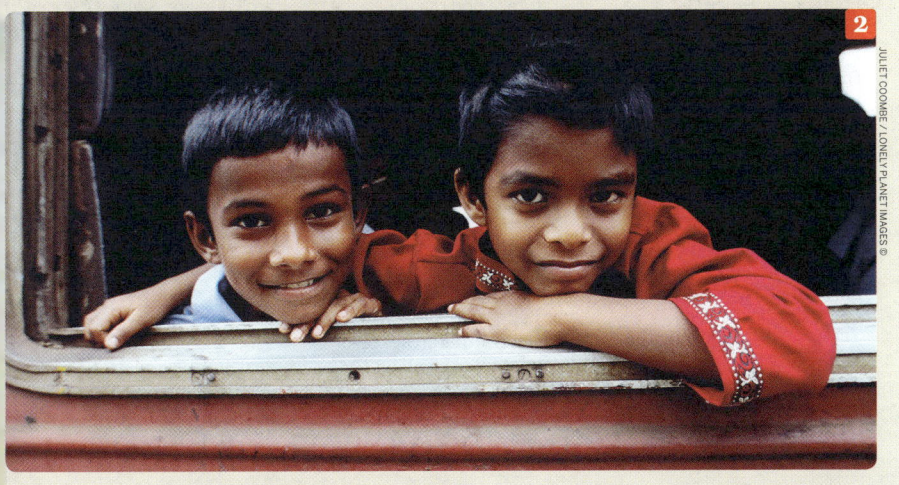

Nationalpark Uda Walawe

3 Das ausgedehnte Grasland am Uda Walawe ist beinahe ein Stück Ostafrika mitten in Sri Lanka. Es gibt Herden von Wasserbüffeln (wobei einige der Tiere gar nicht wild, sondern domestiziert sind), Mähnenhirsche, Krokodile, Unmengen Vögel und Elefanten – richtig viele Elefanten. Mag sein, dass man in Uda Walawe (S. 190) sogar mehr Elefanten zu Gesicht bekommt als in den berühmten Nationalparks von Ostafrika.

Das alte Anuradhapura

4 Auf einer Fläche von nur 3 km² ist hier das kulturelle und religiöse Erbe des Landes versammelt. Im Mittelpunkt steht der Sri Maha Bodhi, der mit 2000 Jahren älteste Baum der Welt. Unglaublich, dass er in all diesen Jahrhunderten immer von Aufsehern gepflegt wurde! Das Gelände ringsum mit den Klosterruinen und den riesigen Dagobas (Stupas) zeugt von der tausendjährigen Bedeutung der Stadt als Zentrum der Macht. Eine Radtour vorbei an all diesen Monumenten einstiger Größe ist ein wirklich aufregendes Abenteuer (S. 219). Dagoba Ruvanvelisaya (S. 222)

Felsen von Sigiriya

5 Selbst wenn es hier nur die idyllischen Gärten am Fuße des Sigiriya (S. 202) gäbe, wären sie mit Sicherheit ein echtes Reise-Highlight. Höchst idyllisch sind die Anlagen mit ihren kleinen Teichen und den künstlichen Wasserläufen. Blickt man aber in die Höhe, bestimmt der 370 m hohe Felsen das Bild, ein Monolith, der die Landschaft überragt. Der mit Kunstwerken und Ruinen bedeckte Sigiriya bleibt ein Rätsel, auch wenn das schöne neue Museum einige seiner Geheimnisse zu lüften versucht. Eine Wanderung hinauf ist anstrengend, lohnt aber die Mühe.

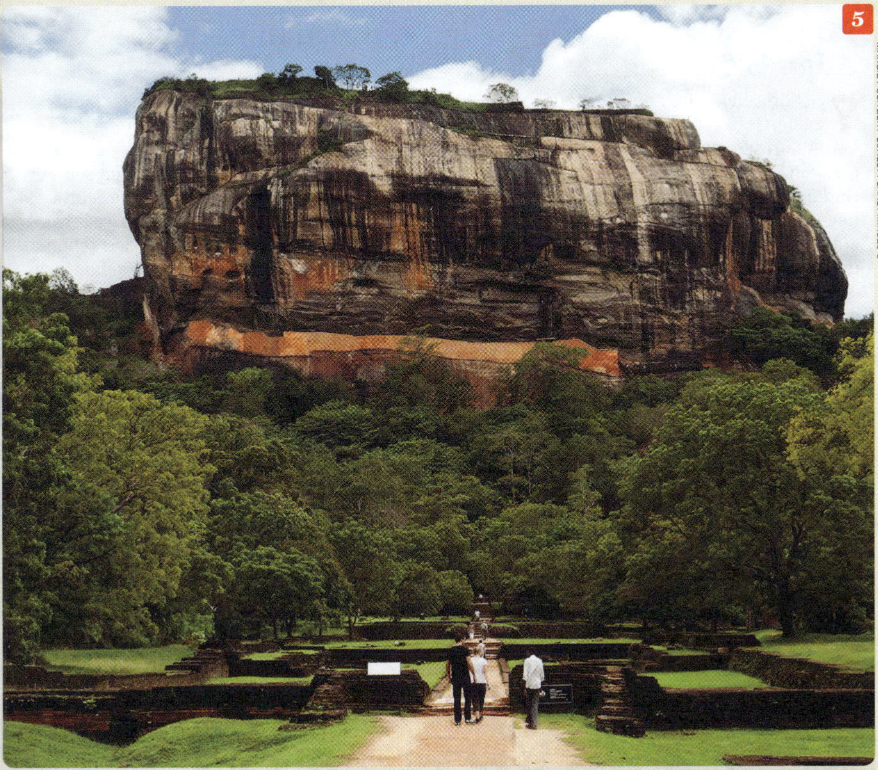

MARGIE POLITZER / LONELY PLANET IMAGES ©

Nationalpark Bundala

6 Da die Besuchermassen gewöhnlich den Nationalpark Yala ansteuern, nehmen leider viele den bedeutenden Nationalpark Bundala (S. 131) überhaupt nicht zur Kenntnis. Das ist ein echter Fehler, denn der Park mit seinen Wasserflächen bezaubert mit dem Gesang unzähliger Vögel, und die Schönheit dieser Natur kann es spielend mit jedem anderen Park aufnehmen. Für Ornithologen ist das Areal ein wahrer Traum. Und falls einem die vielen Reiher noch nicht genügen: Im Park leben auch einige Krokodile und Elefantenherden. Kuhreiher

NANDANA DE SILVA / ALAMY ©

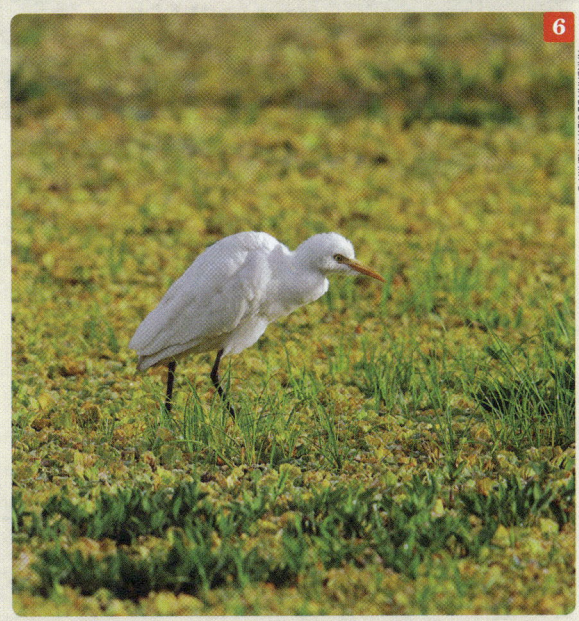

Pilgerreise zum Adam's Peak

7 Schon seit über einem Jahrtausend ziehen Pilger im Kerzenschein hinauf auf den Adam's Peak (Sri Pada; S. 162), um einen riesigen Fußabdruck zu bewundern – für die Buddhisten der Abdruck Buddhas, aus Sicht der Muslime der Fußabdruck Adams. Heutzutage schließen sich ausländische Besucher den einheimischen Pilgern an. Am schönsten ist der Blick vom Gipfel am frühen Morgen, wenn die Sonne über den Bergen aufgeht – so magisch mag auch Adam diesen Berg erlebt haben. Blick vom Adam's Peak

Kulturhauptstadt Kandy

8 Kandy (S. 143) ist die kulturelle Hauptstadt der Insel; in einem der Tempel befindet sich die heilige Zahnreliquie – ein Zahn, der von Buddha persönlich stammen soll. Für die Singhalesen ist dies die heiligste Stätte der Insel; Besucher schätzen noch weitere Vorzüge von Kandy: die Altstadt, den schönen See, etliche Museen und mehrere sehenswerte botanische Gärten. Wer weiteren göttlichen Beistand benötigt, kann hier noch eine ganze Reihe anderer alter Tempel besichtigen. Tempel der heiligen Zahnreliquie (S. 143)

Beliebtes Galle Fort

9 Mensch und Natur haben sich in Galle Fort (S. 103) zusammengefunden, um ein wahres architektonisches Juwel zu schaffen. Die Holländer haben Straßen und Häuser gebaut, die Einheimischen fügten Farben und ihren eigenen Stil hinzu, und dann hat die Natur alles zugedeckt: mit üppiger tropischer Vegetation, Feuchtigkeit und salzhaltiger Luft. Das Resultat ist wahrlich beachtlich: eine zauberhafte alte Stadt, in der sich mittlerweile Kunstgalerien, Kuriositätenläden, Boutique-Cafés und Herbergen angesiedelt haben. Für ausländische Gäste ist der Ort ohne Zweifel die Top-Attraktion des Landes.

Surfen in der Arugam Bay

10 Der lange Right-Break am südlichen Ende der Arugam Bay (S. 239) gilt als der beste auf ganz Sri Lanka. Von April bis September stürzen sich die Surfer hier mit Mut und großer Geschicklichkeit in die Brandung; mit viel Geduld erwischt man sogar noch bis November ein paar gute Tage. Die Surferszene ist inzwischen ganzjährig aktiv: Man kann sich Surbretter leihen oder auch beschädigte reparieren lassen, und Herbergen vermieten preiswerte Zimmer in Strandnähe. Wer allerdings die Einsamkeit sucht, begibt sich zu den Wellen von Lighthouse und Okanda ganz in der Nähe.

Heilkraft spüren mit Ayurveda

11 Wen in Sri Lanka die Last der Jahrhunderte drückt, der findet vielleicht Entspannung bei der ayurvedischen Sauna. Auch deren Geheimnisse sind schon über 2500 Jahre alt. Anhänger dieser uralten Wellness-Kunst sind überzeugt von der Wirksamkeit ihrer Anwendungen. Kräuter, Gewürze und Öle werden dabei innerlich wie äußerlich eingesetzt, um den Menschen wieder ins Gleichgewicht zu bringen. Manche Besucher begeben sich für mehrere Wochen in eine Ayurveda-Klinik, andere lassen sich zumindest einen Nachmittag lang in einem Luxus-Spa (S. 337) verwöhnen. Ayurvedische Heilmittel

Wale beobachten in Mirissa

12 Früher zogen die Leute zu den Stränden im Süden Sri Lankas, um unter Palmen zu ruhen und beim Tauchen vielleicht ein paar kleine Fische zu betrachten. Dann fiel irgendjemandem auf, dass im blauen Ozean vor der Küste mehr als nur ein paar winzige Fischlein wohnten. Vor Sri Lanka lebt nämlich der Gigant der Meere, der riesige Blauwal (und auch der ein wenig kleinere Pottwal). Während der Saison brechen in Mirissa (S. 120) mittlerweile jeden Morgen Boote auf, die Besucher näher an die sanften Riesen heranbringen. Ein tolles Erlebnis. Pottwal

Unentdeckte Strände suchen

13 Kriegsbedingt nicht erreichbar, unzugänglich wegen maroder Straßen und auf keiner Karte verzeichnet: Die Ostküste besitzt einige wirklich prächtige, aber bei Touristen nahezu unbekannte Strände. Wer dennoch diesen vielen schönen Sandstränden einen Besuch abstattet, möchte gar nicht mehr weg von hier. Mit etwas Glück hat man sogar einen ganzen Strand für sich allein. Besonders lohnend sind: Navalady (S. 250), Vakarai (S. 255), die Inseln bei Batticaloa Lighthouse (S. 255) oder die Strände unterhalb von Uppuveli und Nilaveli (S. 259). Strand bei Uppuveli

Gut gewürzte Speisen

14 Man sollte sich einmal in das Treiben eines großen Marktes hineinbegeben, etwa in Colombo und Kandy – und man wird rasch sehen und riechen, welche Vielfalt an Speisen und Aromen das Land hervorbringt. In Sri Lanka ist ein Koch mehrere Stunden pro Tag damit beschäftigt, Gewürze anzubraten oder zu zermahlen und allerlei Zutaten in Scheiben oder kleine Würfel zu schneiden. Ein Curry-Reisgericht kann Dutzende raffiniert komponierter Speisen enthalten, die stark duften oder auch feurig-scharf schmecken (S. 324). Gewürzarrangement mit Muskat, Zimt und Nelken

Horton Plains & World's End

15 Die wilde Naturlandschaft der Horton Plains (S. 175) im Bergland von Sri Lanka wirkt in diesem Land der tropischen Grün- und Blautöne fast schon überraschend. Wer bei Sonnenaufgang durch die öde Moorlandschaft wandern möchte – es ist eine der schönsten Wanderungen in Sri Lanka –, sollte sich warm anziehen, denn leichter Frost ist hier nicht ungewöhnlich. Plötzlich lichtet sich am Ende der Welt der Nebel, und der Blick schweift weit über die Inselwelt. Blick von World's End auf Horton Plains

Besuch einer Teeplantage

16 Es ist gar nicht so lange her, dass Sri Lankas Hochland mit dichtem Urwald bedeckt war. Dann aber kamen die Briten – und sie brauchten ihren gepflegten Nachmittagstee. Und so holzten sie kurzerhand den ganzen Urwald ab und verwandelten die Berge in eine einzige riesige Teeplantage. Klingt jetzt etwas seltsam, aber die Sache hat sich tatsächlich gelohnt: Tee aus Sri Lanka ist mittlerweile weltberühmt, und der Besuch einer Plantage ist ein faszinierendes Abenteuer (S. 317). Teepflückerin in Nuwara Eliya (S. 167)

Jaffna & der wiederentdeckte Norden

17 In Jaffna (S. 272) ist alles anders, vor allem die Sprache: Das harte Stakkato des Tamilischen unterscheidet sich vom Singsang des Sinhala. Ähnlich in der Küche: Die Würze ist unvergleichlich, und in der Saison spielt die Mango eine große Rolle. Das Licht ist klarer und kräftig wie das Grün der Gärten in den Vorstädten von Jaffna. Jaffna ist ein Erlebnis: die Hindutempel ebenso wie der Anblick der Frauen, die mit ihren bunten Saris Fahrrad fahren. Dekor eines Hindutempels

Erbe der Kolonialzeit

18 Die Briten mussten 1948 das Land räumen, aber ihr Erbe lebt fort, nicht nur in der überkomplizierten Bürokratie des Landes. Die breiten Straßen von Colombo lassen noch die Pracht des Empire erkennen. Auch das Nationalmuseum (S. 59) erinnert an diese Epoche. Wer sich gründlicher umschaut, wird Zeugnisse der Holländer und Portugiesen ausfindig machen. Am besten wandert man in Fort umher und bestaunt eine neue Attraktion: das restaurierte Old Dutch Hospital (S. 51). Arkaden von Cargills, Colombo

Polonnaruwas Monumente

19 Wie Schachfiguren im Spiel eines Riesen stehen die in Stein gehauenen Figuren und Bauwerke auf einem quadratischen grünen Feld. Vor über 1000 Jahren war dieses Areal das Zentrum eines Königreiches. Kleine Tafeln informieren die Besucher über Wissenswertes, angesichts der gewaltigen Ausmaße der Figuren übersieht man die Hinweise allerdings leicht. Schön ist das Gelände bei Sonnenauf- oder -untergang, wenn das rötliche Licht den Stein förmlich zum Glühen bringt (S. 207). Gal Vihara (S. 211)

Shoppen in Colombo

20 Eine der faszinierenden Attraktionen von Colombo ist – das Shoppen. Dabei geht es natürlich nicht darum, haufenweise Waren einzukaufen, sondern eher um das Einkaufserlebnis an sich. Schön sind beispielsweise Colombos Märkte in Pettah (S. 53), die randvoll sind mit den allerunglaublichsten Dingen und die westlichen Besuchern wie das pure Chaos vorkommen. Sucht man etwas besonders Elegantes, findet man auch das – in den vielen Modeläden und Boutiquen (S. 74) des Ortes. Markt in Pettaht

Gut zu wissen

Währung
» Sri-Lanka Rapie (Rs)

Sprachen
» Singhalesisch (Sinhala), Tamilisch und Englisch

Reisezeit

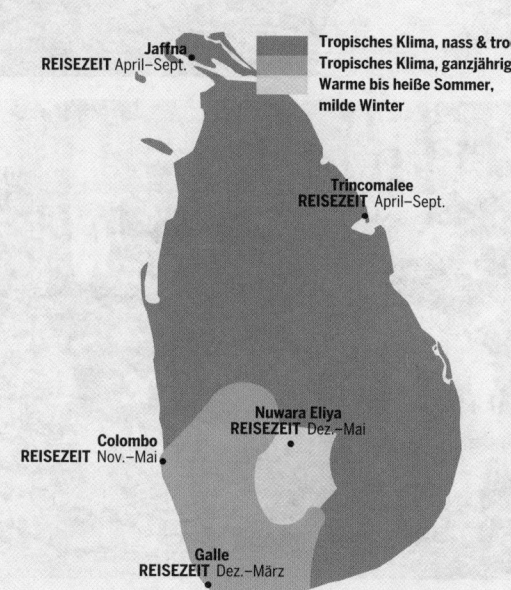

- Tropisches Klima, nass & trocken
- Tropisches Klima, ganzjährig Regen
- Warme bis heiße Sommer, milde Winter

Jaffna REISEZEIT April–Sept.
Trincomalee REISEZEIT April–Sept.
Nuwara Eliya REISEZEIT Dez.–Mai
Colombo REISEZEIT Nov.–Mai
Galle REISEZEIT Dez.–März

Hauptsaison
(Dez.–März)
» Das Hill Country sowie die Strände an der West- und Südküste sind gut besucht – und am trockensten.
» Mit der Nachfrage steigen die Preise.
» In der Maha-Monsun-Zeit (Okt. bis Jan.) ist es im Osten, Norden und in den alten Städten nass.

Zwischensaisoson
(April & Sept.–Nov.)
» Im April und September gibt es oft gutes Wetter im ganzen Land.
» Das Neujahrsfest Mitte April bringen den Verkehr fast zum Erliegen.
» Ideale Zeit zum Wandern ohne Vorabbuchungen.

Nachsaison
(Mai–Aug.)
» Der Yala-Monsun (Mai bis August) bringt viel Regen.
» Im Norden und Osten ist das Wetter am besten.
» Die Preise sind auf dem Tiefpunkt.

Tagesbudget

Weniger als

3500 Rs
» Einfaches Guesthouse: 1000–2500 Rs
» Ein leckeres Reiscurry: 200–400 Rs
» Busfahrkarten: unter 300 Rs pro Tag

Mittelteuer

3500-16 000 Rs
» Doppelzimmer in einer netten Mittelklasseunterkunft: 2500–8000 Rs
» Mahlzeiten im Hotel: 1500–2500 Rs
» An manchen Tagen Fahrten mit dem Leihrad, Zug oder Auto (mit Fahrer): durchschnittlich 2500 Rs pro Tag

Teuer - über

16 000 Rs
» Spitzenklassehotel: 8000 Rs und mehr
» Mahlzeiten in Spitzenklassehotels: ab 3000 Rs
» Täglich Auto und Fahrer: ab 5500 Rs

Geld
» Geldautomaten gibt es in Großstädten und größeren Orten. Kreditkarten werden in einigen Mittelklasse- und allen Spitzenklassehotels angenommen.

Visa
» Ein 30-Tage-Besuchervisum kostet 20 US$ und kann im Voraus online beantragt werden (www.eta.gov.lk).

Mobiltelefon
» Sri-lankische SIM-Karten für entsperrte Handys sind leicht zu bekommen.

Verkehrsmittel
» Busse fahren regelmäßig fast überall hin und sind preiswert; Zugreisen sind weniger komfortabel; Autos werden meist mit Fahrer verliehen und sind dennoch erschwinglich.

Websites
» **Lonely Planet** (www.lonelyplanet.com/sri-lanka) Infos zu Urlaubszielen, Hotelbuchungen, Reiseforum.

» **Ceylon Today** (www.ceylontoday.lk) Nachrichten, Sport, Unterhaltung und ein Börsenticker mit aktuellen Wechselkursen.

» **Gossip Lanka** (www.english.gossiplanka.news.com) Veranstaltungsinfos.

» **Indi.ca** (www.indi.ca) Blog mit Nachrichten, Meinungen und Kultur.

» **Kottu** (www.kottu.org) Eine Sammlung von über 1000 sri-lankischen Blogs.

Wechselkurse

Eurozone	1 €	164 Rs
Schweiz	1 SF	115 Rs
USA	1 US$	129 Rs

Aktuelle Wechselkurse im Internet unter www.xe.com.

Wichtige Telefonnummern
Alle Regionen haben eine dreistellige Vorwahlnummer, dann folgt eine sechs- oder siebenstellige Durchwahl. Handynummern beginnen meist mit 07 oder 08 und haben bis zu 12 Stellen.

Landesvorwahl (von Europa aus) ☏ 0094

Ankunft in Sri Lanka
» **Bandaranaike International Airport** Sri Lankas Hauptflughafen liegt 30 km nördlich von Colombo; siehe S. 344.

Taxis nach Colombo 2600 Rs als Vorauszahlung, mit Taxameter ca. 2100 Rs; ein bis zwei Stunden zum Bahnhof Fort, Colombo.

Hoteleigenes Auto mit Fahrer 3000 bis 4000 Rs; ein bis zwei Stunden zum Bahnhof Fort, Colombo.

Bus nach Colombo Normale Busse/mit Klimaanlage: 70/100 Rs; ein bis drei Stunden in die Stadt.

Reisegepäck
Dinge des Alltags bekommt man in Colombo und den Haupttouristenzentren. Was einem persönlich wichtig ist, sollte man aber besser von zu Hause mitbringen:

» Regenjacke, wasserdichte Jacke oder Regenschirm – für den Fall, dass man in einen Monsunregen hineingerät

» Ohrstöpsel – sinnvoll, wenn man an einer lauten Straße untergebracht ist, wie z. B. der Galle Road in Colombo

» Sonnenbrille – wer Brillenträger ist oder Kontaktlinsen benötigt, sollte sich die Sonnenbrille mit der passenden Stärke besser zu Hause besorgen

» Flaschenöffner – für den Fall, dass man am Strand ein kühles Bier wünscht

» Insektenschutz – in Sri Lanka nur schwer zu finden

» Sonnenschutz – erstaunlicherweise ebenfalls kaum zu finden

» Tampons – außerhalb von Colombo nicht zu bekommen

Was gibt's Neues?

Für diese neue Auflage des Lonely Planet Sri Lanka haben die Autoren Ausschau gehalten nach allem, was neu ist, gründlich umgestaltet wurde oder gerade besonders angesagt ist. Hier einige der Top-Empfehlungen. Wer tagesaktuelle Tipps sucht, informiert sich am besten auf www.lonelyplanet.com/sri-lanka.

Frisch Restauriertes in Colombo

1 Am besten renoviert wurde mittlerweile das Old Dutch Hospital in Colombos historischem Viertel namens Fort. Auch die Läden und Restaurants in diesem Teil der Stadt (S. 51) sind einen Besuch wert.

Maritime Museum, Galle

2 Mit seinem funkelnagelneuen Meeresmuseum mit vielen Objekten aus der Schifffahrt beweist Galle, wie wichtig der Stadt ihre Seefahrtsgeschichte und -gegenwart ist (S. 106).

Delfin-Safaris, Kalpitiya

3 Derzeit laufen Bemühungen, die Region um Kalpitiya in ein Zentrum des Pauschaltourismus umzuwandeln. Ein besserer Grund, herzukommen, sind allerdings die kürzlich eingerichteten Boots-Safaris zu den Delfinen (S. 82).

World Buddhism Museum, Kandy

4 Kandys neueste Attraktion ist das Weltmuseum des Buddhismus. Mittels Fotos, Karten und allerlei Gegenständen erfährt man einiges über die Verbreitung dieser Religion (S. 147).

Gregory Lake

5 Lange war der Gregory Lake nur ein vergessenes Gewässer am Rande von Nuwara Eliy, doch das hat sich geändert: Dank eines neuen Uferwegs gehört der See jetzt quasi zur Stadt (S. 168).

Die A9 nach Jaffna

6 Endlich braucht man keine Genehmigung des Verteidigungsministeriums mehr für die Fahrt auf der A9! Das Gleiche gilt für viele – aber nicht alle – Straßen im Norden (S. 269).

Keerimalai Spring & Tellippalai, Halbinsel Jaffna

7 Die Straße zur alten Heilquelle von Keerimalai, mitten durch ein etwas unheimliches militärisches Sperrgebiet, wurde zum ersten Mal seit 20 Jahren wieder freigegeben (S. 283).

Jaffna Music Festival

8 Das neue Musikfestival findet in Jahren mit ungerader Zahl im März statt. Aufgeführt werden Folk-Musik und Tänze aus dem Norden und Osten (www.jaffnamusicfestival.org; S. 277).

HMS Hermes, Batticaloa

9 Eine große Tauchschule mit eigener Unterkunft (S. 251) veranstaltet seit kurzem Tauchexkursionen zu diesem Wrack aus dem Zweiten Weltkrieg. Das Schiff liegt nicht weit von Batticaloa auf dem Meeresgrund.

Neue Schnellstraßen

10 Der neue Southern Expressway nach Galle verkürzt die Fahrt entlang der Westküste nach Süden um mehrere Stunden. Weitere Straßen sollen folgen, was Reisen durch Sri Lanka noch bequemer machen dürfte (S. 347).

Neue Unterkünfte

11 Wer ins beliebte Sigiriya fährt, kann dort in neuen, überdurchschnittlich guten Unterkünften absteigen. Auch andere Ferienorte wie Ella und Galle bemühen sich um Qualitätsverbesserungen (S. 213).

Wie wär's mit …

Strandurlaub

Vom Weltall aus betrachtet ist Sri Lanka weiß umrandet: Das sind die Strände, die sich rund um die Insel ziehen. An fast jedem Küstenabschnitt finden sich einfach atemberaubende Sandstrände, von denen viele erstaunlicherweise fast menschenleer sind.

Thalpe Für die in Galle lebenden Ausländer ist Thalpe mit vereinzelten Boutique-Guesthouses und ruhigen Stränden das neue Unawatuna – und das genau zur rechten Zeit (S. 117).

Marakolliya Beach Was macht es schon, wenn das Schwimmen hier nicht immer ganz ungefährlich ist; dieser Strand ist einfach fantastisch (S. 130).

Arugam Bay Klassischer Treff für Surfer und jeden, der sanfte, einfache Wellen mag (S. 239).

Uppuveli & Nilaveli Wunderschöne Strände; die Örtlichkeit hat dazu beigetragen, dass sie ruhig und naturbelassen geblieben sind (S. 259).

Batticaloa Die meisten Küstenabschnitte hier sind völlig einsam und locken lediglich Forscher, Abenteurer und Träumer an (S. 250).

Tauchen & Schnorcheln

Sri Lankas Taucherszene entwickelt sich parallel zur Tourismusbranche. Direkt an der Küste liegen Tauch- und Schnorchelparadiese, die immer noch wenig besucht sind. Die Westküste südlich von Colombo war einst das Tauchzentrum, aber nun warten andere und bessere Tauchreviere auf die Wasserbegeisterten, um nach der Verbesserung der Infrastruktur entsprechend in den Vordergrund rücken zu können.

Bar Reef Kaum besucht und unweit von unberührten Riffen, in denen Hunderte von Delfinen umhertollen (S. 82).

Great Basses Reefs Der Zugang ist nicht so einfach und die Bedingungen sind sehr wechselhaft, aber dies ist möglicherweise das schönste Tauchgebiet des Landes (S. 136).

Nationalpark Pigeon Island Ein flaches Korallenriff mit Unmengen von Fischen und Haien: ein Paradies für Schnorchler und Taucher (S. 261).

Batticaloa Die *HMS Hermes*, ein Wrack aus der Zeit des Zweiten Weltkriegs, ist für Tec-Taucher interessant. Das Tauchen zwischen den Felsen ist für jedermann möglich (S. 251).

Wandern

Gut, tagsüber ist es oft etwas heiß, und es kann auch immer mal regnen, aber es gibt jede Menge Orte, an denen man die Beine ausstrecken und einfach nur die erstaunliche Schönheit der Natur, die reichhaltige Kultur und die alten Monumente genießen kann. Auch Shoppen ist möglich.

Colombo Die Hauptstraßen mögen ja verstopft sein, aber andere Straßen in der Hauptstadt sind mit Bäumen gesäumt und haben einen ganz eigenen Zauber. Ein Bummel vom pulsierenden Viertel Cinnamon Gardens zum Galle Face Green ist empfehlenswert (S. 50).

Polonnaruwa Die alten Monumente liegen in einer Art grüner Parkanlage, die zum Spazierengehen einlädt (S. 208).

Adam's Peak Auf dem Adam's Peak wandert man gemeinsam mit Hunderten von Pilgern in den Fußstapfen Buddhas (S. 162).

Knuckles Range Vom Regen durchweicht und dicht bewachsen ist der Knuckles Range und damit alles andere als eine Kulisse für einen Parkspaziergang. Sicherlich das aufregendste Wandererlebnis des Landes (S. 162)!

» Pilger am Tempel der heiligen Zahnreliquie (S. 143), Kandy

Besuch im buddhistischen Tempel

In den großen und kleinen Tempeln findet man ein mehr als 2000 Jahre altes religiöses Erbe. Ein besonders Erlebnis ist garantiert, wenn man diese Tempel zur Zeit eines Festes besucht.

Colombo Der Gangaramaya-Tempel ist einer der vielen Tempel in der Hauptstadt, in denen das ganze Jahr über Feierlichkeiten stattfinden (S. 59).

Mulkirigala Dieser schöne, aber wenig besuchte Tempel liegt in einer Reihe felsspaltenähnlicher Höhlen versteckt und hängt quasi an einer Klippe (S. 129)!

Tempel der heiligen Zahnreliquie Enthält einen Zahn Buddhas und ist damit das Herzstück des sri-lankischen Buddhismus (S. 143).

Sri Maha Bodhi Der älteste noch lebende Baum der Welt steht im Mittelpunkt dieses heiligen Ortes im Herzen von Anuradhapura (S. 222).

Mihintale Der sagenumwobene Tempel auf einem Berggipfel ist nur über seine 1800 Stufen zu erreichen (S. 228).

Nagadipa Ein Tempel auf einer Insel im Norden, den Buddha der Legende nach höchstpersönlich besucht hat (S. 287).

Natur

Die Insel mag ja klein sein, aber die Tiere hier sind groß, besonders die Herden der asiatischen Elefanten, die sowohl innerhalb als auch außerhalb der Nationalparks umherstreifen. Auch Leoparden und Wasserbüffel sind heimisch.

Nationalpark Yala Die Massen förmlich anziehen – das kann nur eine gepunktete Großkatze, nämlich der Leopard. Eine Leopardensafari ist ein Highlight auf Sri Lanka (S. 137).

Nationalpark Uda Walawe Wer je einen freilebenden Elefanten sehen wollte, sollte es hier versuchen (S. 190).

Nationalpark Minneriya Auch hier bekommt man Elefanten und andere Tiere zu Gesicht, vor allem aber ist dieser Park ist ein „Versammlungsort", an dem sich regelmäßig über 400 Dickhäuter zusammenfinden (S. 216). Sehenswert!

Nationalpark Kumana Elefanten und Vögel sind reichlich vorhanden, gleichzeitig ist der Park viel weniger überlaufen als sein berühmter Nachbar Yala (S. 248).

Pottuvil Safaris in der Lagune bringen Besucher fast auf Streicheldistanz an Elefanten, Warane und Krokodile heran (S. 245).

Shoppen

Weil Sri Lanka eine so grüne Insel ist, verwundert es niemanden, dass die besten Produkte des Landes aus der Landwirtschaft stammen. Da wären als erstes der Tee zu nennen und natürlich alle möglichen Sorten von Gewürzen. Zusätzlich gibt es verschiedene kunstgewerbliche Arbeiten und Designer-Artikel.

Colombo Die Hauptstadt ist ein guter Ort zum Shoppen. Modische Designer-Boutiquen, Galerien und Märkte aller Art bieten fast alles, was das Herz begehrt, inklusive vieler Überraschungen (S. 73).

Negombo Negombo ist bezaubernd, aber auch etwas marode; das geschäftige Stadtzentrum ist voller Einheimischer, die Besucher stöbern in den Souvenirshops am Strand (S. 84).

Galle Galle bietet mit seinen vielen edlen kleinen Galerien, mit unabhängigen Bekleidungsgeschäften und boutiqueähnlichen Krimskramsläden ein faszinierendes Pflaster zum Einkaufen (S. 111).

Hochland Auf Teeplantagen und in Teeverarbeitungsbetrieben kann man hervorragende Sorten kaufen, die man oftmals nirgendwo anders findet – und das auch noch zu guten Preisen (S. 140).

Wie wär's mit ... einem märchenhaft guten Essen: Mit dem Nationalgericht, einem Reiscurry, macht man nichts falsch. Familiengeführte Guesthouses kennen oft die besten Rezepte (S. 325).

Ayurveda

Ayurveda ist eine alte medizinische und therapeutische Technik, die darauf abzielt, die Menschen zu heilen und zu verjüngen. Ayurveda wird in Sri Lanka für viele Leiden eingesetzt und zieht unzählige Besucher für Wochen in Kliniken und Wellness-Einrichtungen.

Colombo In den kleinen Gassen des Viertels um den alten Markt von Pettah finden sich einige Ayurvedaläden mit einem riesigen Angebot an Salben, Wundsalben, Ölen, Bürsten und vielen anderen Artikeln (S. 83).

Siddhalepa Ayurveda Hospital Liegt südlich von Colombo und ist eine vollstationäre Klinik, in der man sich eine oder mehrere Wochen lang den Anwendungen hingibt (S. 61).

Suwamadura In den grünen Hügeln von Ella kann man bei Spaziergängen und Wanderungen Entspannung finden, am Ort selbst lässt man dann sein Inneres reinigen und Verspannungen lösen (S. 182).

Sanctuary Spa Nach einem anstrengenden Schwimmtag in den harten Wellen von Unawatuna kann man in langen Sitzungen sein inneres Gleichgewicht wiederfinden (S. 113).

Historische Stätten

Die Unesco hat acht Stätten in Sri Lanka als Weltkulturerbe anerkannt.

Galle Die holländische Befestigungsanlage ist Sri Lankas schönste Stadt: Ein Bummel auf den Mauern bei Sonnenuntergang ist ein Erlebnis (S. 102).

Kandy Die Königsstadt und ihre Tempel sind das kulturelle Herzstück des Landes (S. 143).

Sinharaja Forest Reserve Einer der letzten dichten Gebirgsregenwälder Sri Lankas. Ein Paradies für Vogelkundler (S. 191).

Dambulla Die Höhlentempel und ihre Malereien sind wahre Kunstwerke (S. 199).

Sigiriya Das Felsenkloster, von dem viele Leute noch immer glauben, dass es einst ein Fort oder ein Tempel war; an einem klaren Tag kann man von dort unendlich weit blicken (S. 202).

Polonnaruwa Viele erhaltene Bauten der mittelalterlichen Hauptstadt (S. 208).

Anuradhapura In diesem ausgedehnten Bezirk trifft Heiliges auf Weltliches (S. 220).

Zentrales Hochland Die Wälder und Höhen der Wildnis mit dem Sri Pada Peak, den Horton Plains und der Knuckles Range sind berühmt für ihre außergewöhnliche Artenvielfalt (S. 38).

Kolonialarchitektur

Holländer, Portugiesen, Briten ... Viele der Kolonialmächte der Welt haben sich in Sri Lanka in einem Punkt durchgesetzt: Ihr Erbe gehört heute zu den stimmungsvollsten Sehenswürdigkeiten des Landes.

Colombo Das von den Holländern erbaute Old Dutch Hospital ist nur ein Beispiel für die vielen schönen Bauwerke der Kolonialzeit, die die Hauptstadt zieren. Das National Museum ist ein altes britisches Gelände (S. 59).

Galle, Mauern der Befestigungsanlage Bei einem Abendspaziergang auf den Begrenzungsmauern der von den Holländern erbauten Festung Galle kriecht einem die Geschichte förmlich aus dem Boden entgegen (S. 103).

Nuwara Eliya Wenn man in dem großartigen alten Hotel der beliebtesten Kolonialstadt Sri Lankas in den Bergen übernachtet, scheinen die alten Zeiten der britischen Herrschaft zu neuem Leben zu erwachen (S. 170).

Jaffna Häuser aus dem 19. Jh. und Kirchen aus der portugiesischen Ära, auch wenn sie durch den Krieg beschädigt worden sind, schmücken die Vororte der Stadt (S. 273).

Monat für Monat

Top-Events

1. **Aurudu (Neujahr)**, April
2. **Kandy Esala Perahera**, August
3. **Duruthu Perahera**, Januar
4. **Vesak Poya**, Mai
5. **Maha Sivarathri**, März

Januar

In der Hochsaison finden in vielen beliebten Städten allerlei Veranstaltungen statt, etwa das aufstrebende Literaturfestival in Galle.

Duruthu Perahera
Wird am *poya* (Vollmondtag) im Kelaniya Raja Maha Vihara in Colombo gefeiert und ist nach der riesigen *perahera* (Prozession) in Kandy das zweitwichtigste Fest des Landes. Hier bietet Buddhas erster von drei Besuchen in Sri Lanka den Anlass.

Thai Pongal
Das hinduistische Erntedankfest zu Ehren des Sonnengottes Surya wird Mitte Januar abgehalten. Wichtig ist es vor allem für die Tamilen in Sri Lanka und Südindien. Empfehlenswert ist dabei eine besondere Süßspeise, nämlich *pongal*, die aus Reis, Nüssen und Gewürzen zubereitet wird.

Literaturfestival in Galle
Das alljährliche Festival bringt in der zweiten Januarhälfte an fünf Tagen berühmte asiatische und westliche Literaten zusammen (www.galleliteraryfestival.com). Das Fest ist überregional bekannt und zieht auch große Namen an. Auf einer Parallelveranstaltung werden diverse aktuelle Themen angegangen.

Kunstmarkt Kala Pola
Der ursprüngliche Kunstmarkt Kala Pola wird jedes Jahr am dritten Sonntag im Januar abgehalten. Hier stellen bis zu 500 Künstler aus ganz Sri Lanka ihre Werke aus. Die Vielfalt und Kreativität ist umwerfend, und der Markt hat bereits eine kleinere, wöchentlich stattfindende Variante hervorgebracht.

Februar

Die Besucherströme reißen nicht ab: Die aus dem heimischen Winter flüchtenden europäischen Gäste lassen sich an den Stränden Sri Lankas in der Sonne braten. Nun haben die Sri-Lanker alle Hände voll zu tun, zumal noch ein bedeutender Nationalfeiertag in diesen Monat fällt.

Unabhängigkeitstag
Am 4. Februar 1948 erlangte Sri Lanka seine Unabhängigkeit. Dieser Tag wird alljährlich im ganzen Land mit Festen, Paraden, Feuerwerk, Sportereignissen und zahlreichen anderen Veranstaltungen begangen. In Colombo karrt man die bekannten Politiker im Autokorso von einer Veranstaltung zur anderen.

Navam Perahera
Navam Perahera wurde erstmals 1979 gefeiert; es ist eines der größten und extravagantesten *perahera*-Feste. Am *poya* (Vollmondtag) im Februar beginnen die Feierlichkeiten am Tempel Gangaramaya; weiter geht es dann im Viharamahadevi-Park und am Beira-See in Colombo.

März

Für viele Buddhisten in Sri Lanka ist dies ein wichtiger Monat, denn in der Maha Sivarathri (Nacht des Shiva) wird besonders in den Gegenden um die alten Städte und an Teilen der Westküste der Gott Shiva geehrt.

Maha Sivarathri

Ende Februar oder Anfang März findet das hinduistische Fest Maha Sivarathri statt, das mit Nachtwachen und anderen religiösen Riten an die Vermählung Shivas mit Parvati erinnert. Dies ist der wichtigste Tag für die Shivaiten, die die Mehrzahl der Hindus auf Sri Lanka stellen.

Art Trail

Als wenn Galle nicht schon ohnehin ein Kunstwerk wäre, verwandelt sich die Gegend rund um die Befestigungsanlage alle zwei Jahre während des Art Trail (www.galle arttrail.com) faktisch in eine riesige Staffelei. (Der nächste Trail findet im Jahr 2013 statt.)

Juni

Die Buddhisten Sri Lankas haben nach dem Vesak kaum Zeit zum Atemholen, denn schon naht das nächste große religiöse Ereignis.

Poson Poya

Am *Poson-Poya*-Tag wird feierlich daran erinnert, wie der Buddhismus durch Mahinda nach Sri Lanka kam. In Anuradhapura gibt es Festlichkeiten in den berühmten Tempeln, während im nahe gelegenen Mihintale Tausende weiß gekleidete Pilger die 1853 Stufen zum höchsten Tempel emporsteigen.

April

Obwohl die Christen nur 6 Prozent der Bevölkerung Sri Lankas ausmachen, sind die christlichen Feiertage in säkularisierter Form im Land recht beliebt. Selbst ein Osterhase in einer Einkaufsstraße sollte niemanden verwundern.

Aurudu (Neujahr)

Silvester (13. April) und Neujahr (14. April) sind weltliche Feiertage. Zwischen dem alten und dem neuen Jahr gibt es eine sogenannte neutrale Zeit, in der alle Aktivitäten ruhen. Das gilt selbst für die sonst so überfüllten Busse und Bahnen.

Mai

Der Südwestmonsun weht fünf Monate lang und bringt große Regenmengen vom Indischen Ozean herbei, die vor allem das Hochland und die Strandstädte des Südwestens treffen.

Vesak Poya

Dieses bedeutende zweitägige Fest – bestehend aus *poya*-Tag und dem Tag danach – erinnert an die Geburt, die Erleuchtung und den Tod Buddhas. Der Höhepunkt der Festlichkeiten ist erreicht, wenn zahlreiche Papierlampions und Öllampen vor jedem buddhistischen Haus, Geschäft und Tempel leuchten.

Juli

Glühbirnenverkäufer haben Hochsaison, wenn sich die Buddhisten auf das Esala Perahera Ende des Monats vorbereiten. Lichter sind ein ganz wesentlicher Bestandteil der Festivitäten in Kandy. Es gibt sogar eine Elefantenprozession, bei der die Riesen mit Glühbirnen geschmückt sind.

POYA

Jeder *poya* (Vollmondtag) ist ein Feiertag. An jedem *poya* sind Busse, Züge und Unterkünfte voll, besonders wenn ein Freitag oder Montag dabei ist. An *poya*-Tagen wird kein Alkohol verkauft und manche Einrichtungen sind geschlossen. In einigen Hotels und Guesthouses wird freilich unter der Hand ein kaltes Bier an durstige Gäste ausgeschenkt.

Man sollte sich aber merken, dass der offizielle Vollmondtag des *poya* nicht zwangsläufig identisch ist mit dem Vollmondtag in westlichen Kalendern. Weil das genaue Datum des Vollmonds nach der religiösen Zeitrechnung bestimmt wird, kann der *poya*-Tag unter Umständen auch einen Tag früher oder später als der Vollmond des regulären Kalenders liegen.

Weitere Infos zu diesen wichtigen Tagen siehe S. 314.

Vel

Dieses Fest wird in Colombo und Jaffna gefeiert. In Colombo zieht man den goldenen Wagen von Murugan (Skanda), dem Gott des Krieges, in einer Prozession von Pettah nach Bambalapitiya. In Jaffna dauert das Nallur Kandaswamy Kovil volle 25 Tage.

Kataragama

Ein weiteres bedeutendes Hindufest wird in Kataragama gefeiert. Dabei quälen sich die Gläubigen durch eine ganze Bandbreite masochistischer Rituale. Das Fest dient dem Gedenken an den Sieg des sechsgesichtigen und zwölfarmigen Kriegsgottes Skanda über die Dämonen.

August

Das Esala Perahera in Kandy ist ein sehr wichtiges Fest, aber es gibt davon auch kleinere Varianten überall im Land. Bei den Feierlichkeiten treten Tänzer und andere Künstler wie etwa Stelzenläufer auf, die das ganze Jahr über dafür üben.

Esala Perahera in Kandy

Das Esala Perahera von Kandy ist das spektakulärste und wichtigste Fest Sri Lankas und bildet den Höhepunkt der zehntägigen Feierlichkeiten im Monat Esala. Diese große Prozession findet zu Ehren der heiligen Zahnreliquie von Kandy statt und beginnt Ende Juli.

Nallur-Festival

Der Tempel Nallur Kandaswamy Kovil ist der zentrale Schauplatz eines riesigen, spektakulären Hindufestes, das 25 Tage lang im Juli und August begangen wird und seinen Höhepunkt am vorletzten Tag findet, wenn Umzüge mit schweren Wagen und furchterregenden Darbietungen von Selbstverstümmelungen durch verzückte Gläubige zu sehen sind.

Oktober

Dieser Monat stellt ein meteorologisches Rätsel dar, da er zwischen den beiden großen Monsunperioden liegt. Regen und Sturm können fast zu jeder Zeit und an jedem Ort einsetzen.

Deepavali

Das hinduistische Lichterfest findet Ende Oktober oder Anfang November statt. Mit Tausenden flackernder Öllampen werden der triumphale Sieg des Guten über das Böse und die Rückkehr Ramas aus dem Exil gefeiert.

November

Der zweitletzte Monat des Jahres ist eine Zeit des Wartens: Warten auf die Besuchermassen, Warten auf Weihnachten, Warten auf den Monsunregen im trockenen Norden und Osten des Landes.

Europäisches Filmfestival

Sri Lankas heimische Filmindustrie präsentiert sich auf diesem neuen Festival (www.europeanfilmfestsrilanka.com), das an verschiedenen Orten im ganzen Land, darunter Jaffna, Kandy, Colombo und Galle, abgehalten wird. Der Termin liegt entweder im Oktober oder im November.

Dezember

Die zweite große Zeit des Monsuns beginnt in diesem Monat und dauert bis in den März. Die Winde wehen aus Nordost, sodass gerade in diesem Teil der Insel viel Regen fällt.

Adam's Peak

Die Wallfahrtssaison beginnt im Dezember und dauert bis Mitte April. Nun erklimmen Pilger aller Glaubensrichtungen (und die allgegenwärtigen Touristen) den Adam's Peak bei Ella. Der Aufstieg beginnt kurz nach Mitternacht, sodass alle zu Sonnenaufgang am Gipfel sind.

Unduvap Poya

Dieser Vollmondtag soll an Sangamitta erinnern, der 288 v. Chr. einen Ast des heiligen Bodhi-Baums aus Indien nach Anuradhapura gebracht hat. Der daraus erwachsene Sri Maha Bodhi ist vermutlich der älteste noch existierende Baum der Welt. Die Feierlichkeiten ziehen Tausende Menschen an.

Weihnachten

Auch außerhalb der christlichen Gemeinden Sri Lankas – meist in Colombo – ist dieser Tag ein beliebter, wenn auch eher weltlicher Feiertag geworden. Im ganzen Land stößt man auf einen Abklatsch der westlichen Weihnachtsbräuche, beispielsweise auf knochendürre Nikoläuse mit seltsamen Masken oder knallbunte, künstliche Weihnachtsbäume.

Reiserouten

Egal, ob man nun sechs oder 60 Tage zur Verfügung hat, diese Reiserouten bilden das Grundgerüst für unvergessliche Urlaubsfahrten. Wer noch mehr Anregungen sucht, kann sich auf www.lonelyplanet.de/forum mit anderen Reisenden austauschen.

Zwei Wochen
Hauptstadt, Küste & Hochland

Startpunkt ist **Colombo** mit vielen Märkten und den buddhistischen Tempeln. Danach geht es auf dem neuen Southern Expressway Richtung Süden, wo man schnell in **Galle** ankommt. So kann man die oft verstopfte Straße an der Westküste umgehen. Galle ist eine holländische Stadt aus dem 17. Jh., die innerhalb einer Befestigungsanlage liegt. Von Galle aus kann man sich auch am Strand vergnügen. In **Tangalla** gibt es immer mehr großartige Strandplätze an einem wunderschönen und eher einsamen Sandstreifen. Im Landesinneren wartet der **Nationalpark Uda Walawe**, wo man Dutzende von Elefanten und viele andere Tiere zu sehen bekommen kann. Über eine gewundene Straße geht es aufwärts ins Zentrum des Hochlands, wo man sich einige Tage in **Ella** niederlassen sollte. Von hier aus führen Wanderwege zu Wasserfällen und Berggipfeln.

Auf einer der schönsten Bahnstrecken der Welt gelangt man in die ehemalige britische Kolonialstadt **Nuwara Eliya** und damit mitten hinein in eine vergangene Welt. Hier warten Teeplantagen und die Vorzeigestadt **Kandy** mit ihren Tempeln und Gartenanlagen. Von dort aus kommt man leicht wieder zurück nach Colombo oder zum Flughafen.

Drei Wochen
Berge & Strände

Ausgangspunkt ist **Colombo**, wo die pulsierende Atmosphäre Sri Lankas zu spüren ist. Von dort geht es weiter nach **Kitulgala**. Hier startet man zu Floßfahrten auf dem Kelaniya Ganga oder auch zu Dschungelexpeditionen und zu ornithologischen Touren. Kinofans erkennen hier vielleicht die Szenerie aus *Die Brücke am Kwai*. Von hier kann man in die nebelverhangenen Orte **Hatton**, **Dikoya** und **Maskeliya** herüberfahren; sie liegen in einer der schönsten Gegenden des Hochlands. Vielleicht bleibt man einige Tage, um die Teesorten zu kosten und sich in den Bungalows der einstigen Plantagenbesitzer oder den gemütlichen Guesthouses in **Dalhousie** einzuquartieren, dem traditionellen Ausgangsort für den nächtlichen Aufstieg zum Adam's Peak.

Weiter östlich in **Ella** gibt es weitere Wandermöglichkeiten, wundervolle Ausblicke und Guesthouses, die berühmt sind für allerbestes hausgemachtes Essen. Nun geht es südöstlich nach **Monaragala**, ein eher schlichtes Tor zum Osten und Ausgangspunkt für die Fahrt zu einem der schönsten alten buddhistischen Tempel in **Yudaganawa**. Ganz in der Nähe liegt **Maligawila** mit einer 11 m hohen stehenden, über tausend Jahre alten Buddha-Figur.

Weiter geht es in östlicher Richtung zur **Arugam Bay** mit den vielen Surfern, den hervorragenden Meeresfrüchtegerichten und den vergleichsweise wenigen Touristen. Hier kann man leicht zwei bis drei Tage verbringen und sich in einer Hängematte in einem der Guesthouses am Strand entspannen. Auf jeden Fall sollte man eine Bootstour in die nahe gelegene Pottuvil Lagoon nicht auslassen. Nach einige Strandtagen geht es wieder ins Hinterland – über Monaragala nach **Wellawaya**. Unterwegs bleibt noch etwas Zeit bleiben für einen kleinen Umweg zu Sri Lankas größter stehenden Buddha-Statue in **Buduruwagala**. Die Schönheit der winzigen Seen und das Zwitschern der Vögel sind ein echtes Erlebnis.

Von Wellawaya geht es abwärts zu den Ebenen der Küste von **Kataragama**, der Endstation des Pada Yatra, eines Pilgerweges, der am anderen Ende der Insel beginnt. Eine der ältesten und am meisten verehrten Dagobas (Stupas) befindet sich in **Tissamaharama**. Dies ist auch ein günstiger Ausgangspunkt für Ausflüge in den **Nationalpark Yala**, wo man die meisten der landestypischen Tiere entdecken kann. Von „Tissa" aus geht es weiter zum nächsten Strand, und zwar über **Tangalla** an der Südküste und ins locker-lässige **Mirissa**, einem guten Ausgangsort für Expeditionen zu den Walen.

Zwei Wochen
Das neue Sri Lanka

Allmählich heißen auch die Teile Sri Lankas, die jahrzehntelang fernab vom Tourismus lagen, die Besucher herzlich willkommen. Ausgangspunkt ist **Kalpitiya**, die wichtigste Stadt auf der langen Landzunge, die in den Indischen Ozean hineinragt. Die Strände sind ganz in Ordnung, und das Kitesurfen und Tauchen in den Riffen ist sogar spektakulär. Nun schlägt man den Weg Richtung Norden zum **Nationalpark Wilpattu** ein. Während des Krieges war dieses Schatzkästchen jahrelang verschlossen, ist aber nun wieder geöffnet. Hier findet man sämtliche landestypischen Tiere und es ist ruhig.

Als Nächstes sollte man eine weitere Landzunge Sri Lankas erkunden. **Mannar** ist streng genommen eine Insel, wirkt aber eher wie eine Halbinsel. Hier gibt es weiße Strände, wilde Esel und eine unglaublich schöne Landschaft. In der entlegenen Stadt **Talaimannar** fühlt man sich wie am Ende der Welt. Hier liegt Riff an Riff und Inselchen an Inselchen, die zusammen fast eine Brücke nach Indien bilden.

Nun geht es weiter zur **Halbinsel Jaffna**. In Jaffna sind die Spuren des Krieges noch immer zu erkennen. Die reichhaltige Kultur der Tamilen kehrt jedoch langsam zurück, und die zauberhaften Tempel in den schattigen Nebenstraßen warten auf Besucher.

Straßen, die jahrelang gesperrt waren, sind wieder geöffnet, und man kann jetzt auch die **Quelle Keerimalai**, besuchen, einen heiligen Ort mit legendären Badepools. Sie liegt nicht weit vom Naguleswaram Shiva Kovil entfernt, dessen Wurzeln bis ins 6. Jh. v. Chr. zurückreichen.

Das nächste Ziel ist **Point Pedro**, der noch immer Spuren des Tsunamis von 2004 zeigt, aber ansonsten an die Zeit des Kolonialismus erinnert. Hier liegt ein langer Streifen mit dem weißesten Sand, den man sich nur vorstellen kann.

Auch Jaffna besitzt vorgelagerte Inseln, die einen Besuch lohnen, einfach weil sie so schön. Es gibt auf **Nainativu** sogar Sehenswürdigkeiten, die man über einen allerdings immer instabiler werdenden Damm und per Fähre erreichen kann. Buddhistische und hinduistische Tempel locken die frommen Gläubigen auf dieses winzige Fleckchen Erde.

Mit der Fähre geht es 10 km weiter nach **Neduntivu**, das einige noch immer – nach dem holländischen Vorbild – Delft nennen. Delft ist ein einsamer Ort am Ende der Straße, und wilde Ponys streifen durch die scheinbar verlassenen Straßen.

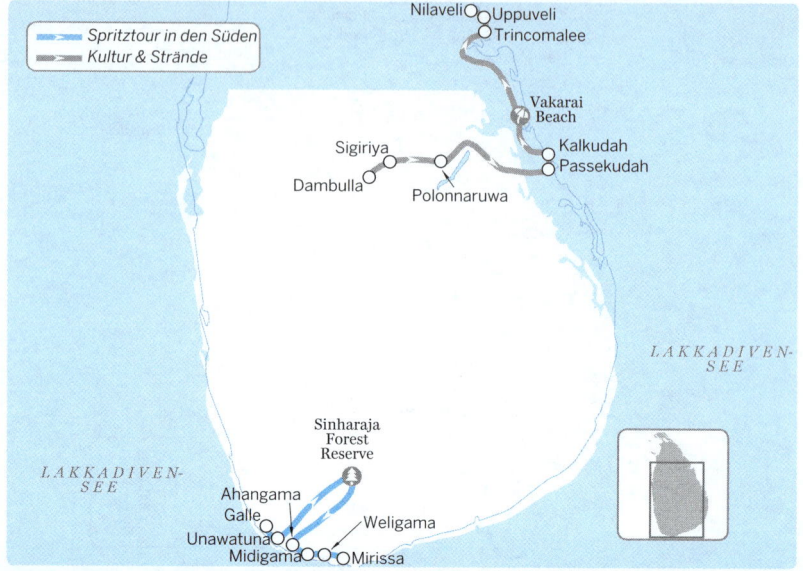

Eine Woche
Spritztour in den Süden

▶ Diese Kurzreise wärmt sogar den verfrorensten Besucher, der dem Winter in seiner Heimat entfliehen möchte. Ausgangspunkt ist **Galle**, eine der besterhaltenen befestigten Kolonialstädte Südasiens. Sie wurde im 16. Jh. von den Portugiesen gegründet. Empfehlenswert ist ein Gang über die Festungsmauern bei Sonnenuntergang und die Einkehr in einem der vielen Cafés an den Straßen, die von renovierten und hübschen, aber baufälligen alten Gebäuden gesäumt sind.

Im nahe gelegenen **Unawatuna** locken der Sandstrand und die Cafés mit Blick aufs traumhaft blaue Meer. Das von der Unesco als Weltnaturerbe anerkannte **Sinharaja Forest Reserve**, Sri Lankas letzter großer Regenwald, weckt Träume von Tarzan.

An der Südküste Sri Lankas wartet eine schnell wachsende Surferszene: In **Ahangama** und **Midigama** gibt es Kurse, Läden mit Brettverleih und Surferkneipen.

Ein weiterer Kurztrip führt östlich nach **Weligama** mit Strandorten und einem lebendigen Fischerdorf mit faszinierenden Märkten. Nicht weit davon liegt das sandige Juwel des Südens, **Mirissa**, wo schnuckelige kleine Übernachtungsmöglichkeiten unter Palmen versteckt liegen.

Eine Woche
Kultur & Strände

▶ Diese Tour führt durchs touristisch weniger erschlossene Innere des Landes. Ausgangsort ist **Dambulla** mit einer ganzen Reihe von Höhlentempeln, die mit buddhistischen Wandmalereien verziert sind. Von hier ist es nur ein Katzensprung bis nach **Sigiriya**, einem 200 m hohen Felsen, einst Sitz eines Klosters.

Weiter nordöstlich liegt die ehemalige Königsstadt **Polonnaruwa**, in der man auf eine ganze Reihe buddhistische Skulpturen trifft, die fast 1000 Jahre alt sind. Weiter Richtung Osten geht es zur Küste und den Stränden von **Kalkudah** und **Passekudah**. Ersterer ist ein einsamer, schöner breiter Sandstrand; Letzterer ist ebenfalls schön und deshalb bei Einheimischen sehr beliebt.

Das Strandabenteuer geht 20 km nördlich weiter. Hier liegt eines der versteckten Juwele des Landes, **Vakarai Beach**. In diesem Paradies ist man wirklich von der Zivilisation abgeschnitten, denn hier gibt es abends nur für wenige Stunden Strom.

Noch weiter im Norden findet man den idyllischen Naturhafen **Trincomalee**. Er hat eine jahrhundertealte Geschichte, die auch der letzte Krieg nicht ausradieren konnte. Als Schlusspunkt dieser Reise bieten sich die Strandstädte **Uppuveli** und **Nilaveli** an.

Sonne, Sand & Meer in Sri Lanka

Die schönsten Strände

Sonnenanbeter können bei der Frage nach dem allerschönsten Sandstrand endlose Debatten vom Zaun brechen. Hier also einfach einmal die Meinung der Lonely Planet Autoren:

Tangalla Traumhafte tropische Buchten, und der weiße Sand dehnt sich fast ins Unendliche: Tangalla bietet wirklich jedem etwas (S. 127).
Mirissa Für viele das Top-Resort schlechthin an der Südküste; außerdem ideal zum Beobachten von Walen (S. 120).
Uppuveli Beach Das herrliche Uppuveli ist der schönste Strand an der Ostküste (S. 259).
Arugam Bay Das beste Surfrevier des Landes ist gleichzeitig auch das perfekteste Resort an der Ostküste (S. 239).
Bentota Ein langer Streifen mit goldgelbem Sand, dahinter die Boutiquehotels (S. 90).
Unawatuna Kein Geheimtipp mehr, aber doch wunderschön; auch die Infrastruktur ist ausgezeichnet (S. 112).

Reisezeit

Sri Lanka ist praktisch ein Ganzjahres-Reiseziel für Strandliebhaber. Wenn es im Osten regnet, scheint meistens im Westen die Sonne – und umgekehrt.

» Die touristische Hauptsaison fällt in die Zeit des Nordost-Monsuns, also in den Zeitraum von Dezember bis März. Die Strände an der West- und Südküste werden dann von der Sonne verwöhnt, und in diesem Teil des Landes sind alle Einrichtungen für Touristen geöffnet. An der Ostküste regnet es dann allerdings häufig, und viele Hotels dort sind geschlossen.

» Zwischen Mai und September herrscht der kräftigere Südwest-Monsun über die Insel. Die Südwestküste bekommt dann viel Regen, die Ostküste dagegen liegt im Regenschatten des Hochlands; dort ist es dann wunderbar sonnig.

» Trotzdem sollte man nicht ganz fest auf diese Jahreszeiten-Regeln bauen: Auch in der intensivsten Zeit des Südwest-Monsuns scheint an der Westküste morgens mitunter die Sonne, und die Gewitter ziehen erst am Nachmittag auf.

» Insgesamt ist es im Norden von Sri Lanka am trockensten; hier kann man sein Strandtuch fast immer ausrollen.

Strände

Für viele Besucher ist der Name Sri Lanka gleichbedeutend mit „Strand". Die Insel selbst ist zwar klein, in Sachen Strandurlaub muss sie aber keinen Vergleich scheuen.

STRANDKULTUR IM NORDEN & OSTEN

Im Großen und Ganzen sind die Menschen in Sri Lanka recht tolerant, und an der Süd- und Westküste sind sie den Anblick ausländischer Besucher in knapper Badebekleidung auch durchaus gewohnt. Im Norden und Osten sieht das allerdings ein wenig anders aus: Speziell Frauen in Badekleidung – und das müssen nicht einmal Bikinis sein, sondern auch sehr zurückhaltend geschnittene einteilige Badeanzüge – erregen dort immer noch viel unliebsames Aufsehen. Selbst in den zunehmend beliebteren Resorts im Osten wie Arugam Bay oder an den Stränden nördlich von Trincomalee ziehen Frauen mit westlicher Bademode alle Blicke auf sich, und es ist bereits zu sexuellen Übergriffen gekommen. An diesen Stränden und vor allem an noch abgelegeneren Orten sollten Frauen sich deshalb besser nicht ohne Begleitung aufhalten, und sie sollten beim Gang ins Wasser wohl am besten Shorts und ein T-Shirt tragen.

» Die Westküste ist am intensivsten für den Tourismus erschlossen; hier befinden sich die meisten Resorts für Pauschalreisende. Davon sollte man sich aber nicht unbedingt abschrecken lassen, denn einige Strände an dieser Küste zählen zu den allerschönsten des Landes.

» An der Südküste reihen sich spektakuläre Strände aneinander, es gibt ein gutes Angebot an Unterkünften, und Sportbegeisterte können hier tauchen, surfen oder einfach in der Sonne liegen. Kein Wunder also, dass die Südküste von Sri Lanka vor allem bei Individualreisenden beliebt ist, die es in die Strandkulissen zieht.

» Nach Kriegen und politischen Unruhen ist die Ostküste fast vollständig aus dem Blickfeld der meisten Urlauber verschwunden. Nun aber herrscht Friede, die Dinge ändern sich, und Urlauber können hier einige wirklich eindrucksvolle Strände ganz neu entdecken.

» Schließlich gibt es auch noch den Norden der Insel, wo man problemlos einen Strand ganz für sich allein haben kann. Vor allem Reisende mit Abenteurer- und Forscherdrang zieht es an diese abgelegenen Küsten.

Sicherheit im Wasser

Jedes Jahr ertrinken Menschen an der Küste von Sri Lanka. Wenn man nicht gerade ein erfahrener Schwimmer oder Surfer ist, unterschätzt man leicht die Gefahren – oder nimmt sie nicht einmal wahr. Es gibt nur wenige Strandwächter; wenn einem also etwas zustößt, ist nicht damit zu rechnen, dass jemand das Unglück beobachtet hat und gleich ins Wasser springt, um den Ertrinkenden zu retten. Deshalb unbedingt ein paar allgemeingültige Regeln beachten:

DIE SCHÖNSTEN STRÄNDE ZUM ...

» **Tauchen & Schnorcheln** Pigeon Island (S. 261) vor Nilaveli Beach bietet kristallklares Wasser, flache Riffe, bunte Fische – und ein Tauch- oder Schnorchelerlebnis, das Anfänger und Erfahrene gleichermaßen begeistert.

» **Wale beobachten** Wale kann man eigentlich an sämtlichen Küsten von Sri Lanka beobachten, der beste Ort ist aber Mirissa. Von dort aus sieht man Blauwale, die am Dondra Head (S. 121) vorbeiziehen.

» **Genießen** Am Bentota Beach (S. 90) findet man unzählige exquisite Boutiquehotels. Hat man sich dort ausreichend verwöhnen lassen, ist auch der Strand selbst gar nicht so übel.

» **Strandvergnügen ohne Menschenmassen** Eigentlich sollte der Name ja geheim bleiben, aber wenn die Leser es denn unbedingt wissen wollen: Talalla Beach (S. 126) ist absolut menschenleer und einfach himmlisch – jedenfalls vor Erscheinen des Buches ...

» **sicheren Schwimmen** Unawatuna (S. 112), Passekudah (S. 255) und Uppuveli (S. 259) liefern sich einen Wettstreit um den Titel als ruhigster und sicherster Badestrand.

DIE SCHÖNSTEN TAUCHPLÄTZE

» **Great Basses Reefs** (S. 136) Taucher zählen diese mehrere Kilometer vor der Südostküste gelegenen Riffe zu den schönsten des Landes. Unter den hier heimischen großen Fischen sind vor allem Adlerrochen und Weißspitzen-Riffhai zu nennen. Und falls man besonders abenteuerlustig ist: In alten Schiffswracks wurden angeblich schon Schätze gefunden ... Das wohl nur etwas für Experten.

» **Bar Reef** (S. 82) Die Riffe vor der Nordwestküste des Landes enthalten sehr ursprüngliche Ökosysteme, es gibt unzählige Fische, Delfine und Wale; der Ort ist aber eher etwas für erfahrene Taucher.

» **Pigeon Island** (S. 261) Die wunderschön farbenfrohen Riffe vor der winzigen Insel sind schon für Anfänger zugänglich, aber auch für Tauchprofis lohnend. In den Gewässern rund ums Riff wurden 300 Arten von Meeresbewohnern gesichtet. Auch zum Schnorcheln ideal.

» **Unawatuna** (S. 112) Hier dreht sich alles ums Wracktauchen – ein Schiff wurde sogar eigens versenkt, um eine weitere Attraktion für Taucher zu schaffen. Diverse Tauchschulen, genügend Ausrüstung und Tauchgänge in allen Schwierigkeitsgraden.

» **Batticaloa** (S. 250) Im ruhigen Wasser kann man das Wrack der HMS Hermes erkunden, ein Schiff der britischen Marine aus dem Zweiten Weltkrieg.

» Nie dort schwimmen, wo man nicht mehr stehen kann. Wer das Schwimmen im Meer nicht wirklich gewohnt ist, sollte sich besser im flachen Wasser aufhalten.

» Niemals übermüdet ins Wasser gehen.

» Unter dem Einfluss von Alkohol oder Drogen darf man auf keinen Fall ins Meer.

» Kinder wirklich niemals aus den Augen lassen.

» Auf Brandungsrückströmungen achten! Das Wasser fließt vom Strand zurück ins Meer, und diese Strömung kann so stark sein, dass sie einen Menschen mit hinaus zieht. In sehr unruhigem Wasser sind solche Strömungen manchmal als scheinbar ruhige Zonen zu erkennen. Am besten fragt man einen Ortskundigen, bevor man im Ozean badet.

» Gerät man in eine solche Rückströmung, am besten schräg dorthin schwimmen, wo die Wellen sich brechen. Dort ist die Rückströmung oft am schwächsten, und die Brandung trägt einen zum Strand zurück. Niemals direkt gegen die Strömung anschwimmen. Schafft man es nicht, sollte man die Hand heben und anzeigen, dass man in Not geraten ist. Die Rückströmung schwächt sich nach einiger Zeit ab; wichtig ist, nicht in Panik zu geraten.

» In der Brandung stets vorsichtig sein.

» Vorsicht vor Korallenriffen! Kommt man mit Korallen in Kontakt, ist das für den Schwimmer sehr schmerzhaft – und für die Koralle tödlich. Am besten einen Ortskundigen fragen, ob es vor dem jeweiligen Küstenabschnitt Korallen gibt oder nicht.

» Niemals einfach so ins Wasser springen! Unter der Oberfläche könnten Gefahren lauern, oder das Wasser ist gar nicht so tief, wie es scheint. Vorsichtig zu sein, lohnt sich in jedem Fall.

Surfen

Die Surfbedingungen sind in Sri Lanka zwar das ganze Jahr über recht beständig, die Qualität der Wellen erreicht aber bei weitem nicht den Standard, den man von den Malediven oder aus Indonesien kennt. Nach Sri Lanka kommt man eben vor allem wegen der Kultur, wegen des Klimas und wegen des angenehm einfachen Reisens, aber kaum wegen der Brandung. Andererseits ist Sri Lanka gar nicht schlecht für Leute, die das Surfen erst lernen wollen oder für mittelgute Wellenreiter, die noch Erfahrungen sammeln. Außerdem liegen viele Surf-Spots hier sehr nah an der Küste und sind mühelos zu erreichen – ideal also für Surfbegeisterte, deren Partner sich nicht für diesen Sport erwärmen können.

» Sri Lankas beliebteste Wellen findet man in Arugam Bay (S. 239) an der Ostküste. Hier, an diesem langen Right-Point, dauert die Saison von April bis Oktober.

» Weligama (S. 119) an der Südküste ist wie geschaffen für Anfänger; kein Wunder also, dass sich in letzter Zeit viele Surfschulen und -camps hier angesiedelt haben.

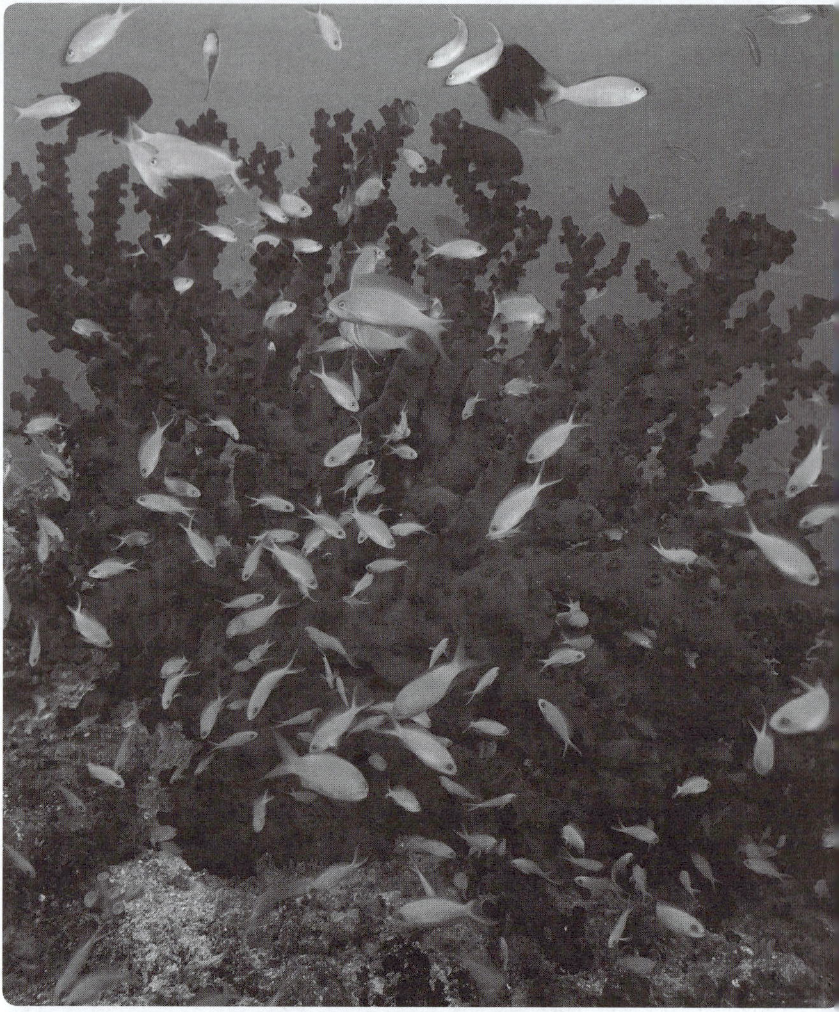

DREAMSTIME ©

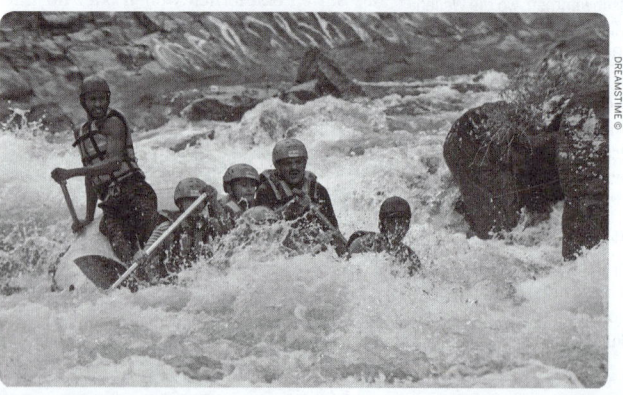

» Oben: Farbenfrohe Unterwasserwelt
» Links: Wildwasser-Rafting bei Kitulgala (S. 164)

» An der Westküste und Südküste der Insel sind die Surfbedingungen von November bis April am besten. Am günstigsten sind die Verhältnisse jeweils zu Anfang und Ende der Saison, also nicht im Januar und Februar (aber kurioserweise reisen die meisten Surfbegeisterten genau in diesen Monaten an).

» Die Riffe von Hikkaduwa (S. 95) an der Westküste sind schon lange ganz besonders populär. Der Grund dürfte aber eher die entspannte Atmosphäre sein und weniger die Qualität der Braundung.

» Die Gegend um Midigama (S. 117) ist das beste Surfrevier an der Südküste. Hier findet man einen angenehmen Left-Point, einen ordentlichen Beach-Break und einen kurzen Right-Reef und die einzige halbwegs verlässliche Hollow Wave in Sri Lanka.

» In den meisten Badeorten kann man Boards mieten (ca. 300–500 Rs pro Stunde), außerdem kann man Stunden nehmen. Die Preise für Kurse beginnen bei ca. 30 €.

» **Low Pressure Stormrider Guides** (www.lowpressure.co.uk) informiert über die Surfbedingungen in Sri Lanka.

Kanu & Wildwasser-Rafting

Man muss nicht einmal seine Tage am Strand verbringen, um in Sri Lanka Wassersport zu treiben. Hoch in den Bergen nämlich entspringen Flüsse, die auf ihrem Weg in die Tiefe ideale Bedingungen fürs Wildwasser-Rafting bieten.

» Die besten Rafting-Bedingungen herrschen bei Kitulgala (S. 165). Hier sind viele Anbieter ansässig; die einen werben mit sanften Flussabschnitten (ca. 30 US$ pro Pers.), andere bescheren erfahrenen Raftern echte Abenteuer mit Stromschnellen der Klasse 4 bis 5.

» **Adventure Sports Lanka** (☎011-279 1584; www.actionlanka.com) ist der größte Anbieter auf der Insel. Von Colombo aus organisiert er Exkursionen nach Kitulgala und zu diversen anderen Strecken.

» Auch die Region Belihul Oya (S. 178) im Berg-

RÜCKSICHTNAHME BEIM TAUCHEN

Beim Tauchen sollte man die folgenden Hinweise beachten, um die Schönheit und das ökologisches Gleichgewicht der Riffe nicht zu beeinträchtigen:

» Über einem Riff niemals den Anker auswerfen und aufpassen, dass das Boot nicht auf Korallen aufsetzt.

» Die Lebewesen eines Riffes niemals berühren, nicht mit den Füßen auf dem Riff stehen und keine Ausrüstung über das Riff ziehen. Die winzigen Polypen vertragen nicht die leiseste Berührung. Falls man sich aus irgendeinem Grund wirklich am Riff festhalten muss, wählt man vorspringende Felsen oder abgestorbene Korallen.

» Auf die Schwimmflossen achten! Selbst wenn man damit nichts berührt, können die Wasserwirbel die winzigen Lebewesen des Riffs verletzen. Zudem sollte man keinen Sand aufwirbeln, denn Sand kann Kleinstlebewesen ersticken.

» Vorsichtig tauchen! Manche Taucher beschädigen die Korallen, weil sie zu schnell abtauchen und dann unabsichtlich ans Riff stoßen.

» Vorsicht bei Unterwasserhöhlen! Man sollte sich allenfalls ganz kurz darin aufhalten, denn die aufsteigenden Luftblasen sammeln sich oben an der Decke der Höhle, sodass die dort heimischen Höhlenbewohner eventuell ersticken oder austrocknen. In kleinen Höhlen dreht der Taucher sich besser einmal im Kreis, statt überall hinzuschwimmen.

» Man sollte der Versuchung widerstehen und keine Korallen oder Muscheln aufsammeln bzw. kaufen und auch keine archäologischen Stätten (vor allem Wracks) plündern.

» Unbedingt alle Abfälle wieder mit zurück nehmen, am besten auch die Hinterlassenschaften anderer Leute, die man zufällig findet. Vor allem Plastik ist für Meeresbewohner sehr gefährlich.

» Fische niemals füttern!

» Die Meerestiere so wenig wie möglich behelligen.

land gilt als Traumziel der Kanubegeisterten und anderer Wassersportler.

Wer anschließend wieder ans Meer zurückkehrt, organisiert dort Boots- bzw. Katamaran-Fahrten an den Küsten vor Negombo, Bentota oder den Resorts an der Ostküste: einfach zum Schauen, zur Vogelbeobachtung oder zum Angeln.

Windsurfen & Kitesurfen

Sri Lanka gilt zwar nicht als Top-Destination der Windsurfer und Kitesurfer, aber das heißt natürlich nicht, dass diese Sportarten dort völlig unbekannt wären. Negombo (S. 85) zum Beispiel besitzt eine Kitesurfing-Schule, die den gesamten Küstenabschnitt nutzt. Auch in der Region Kalpitiya (S. 82) weiter nördlich gewinnt das Kitesurfen zunehmend an Beliebtheit. Die Winde wehen dort beständiger, derzeit lässt die nötige Infrastruktur aber noch ein wenig zu wünschen übrig.

Insgesamt hat der Norden von Sri Lanka, vor allem rund um Munnar Island und auf den Inseln vor Jaffna, durchaus das Potenzial für ein gutes Windsurfer-Revier. Momentan liegen diese Orte aber noch völlig außerhalb des touristischen Blickfelds.

Einige gute Hotels und ein paar Wassersport-Anbieter in der Gegend um Bentota (S. 90) halten Surfbretter bereit. Der Ort ist zum Üben und Lernen gut geeignet, und tatsächlich werden Kurse angeboten. Kurse für Windsurfer kosten ca. 10 000 Rs.

Wale & Delfine beobachten

Mittlerweile gilt Sri Lanka international als Top-Adresse fürs Whale-Watching. Die große Attraktion der Insel ist in der Tat groß: Es geht um Blauwale, die größten Tiere der Welt. Einen entsprechenden Bootsausflug organisiert man am allerbesten in Mirissa (S. 120). An der Ostküste empfehlen sich Uppuveli (S. 259) und Nilaveli (S. 261): Die Orte sind ruhiger, aber die Häufigkeit erfolgreicher Sichtungen ist hier auch geringer. Im Nordwesten versucht die Gegend um Kalpitiya (S. 82) ins Whale-Watching-Geschäft einzusteigen; allerdings lassen sich hier eher Delfine sehen als ihre riesigen Verwandten.

An allen genannten Orten gibt es einheimische Anbieter von Bootstouren, doch sollte man natürlich Anbieter bevorzugen, die sich in diesem Metier wirklich auskennen. Wirklich empfehlenswert sind **Jetwing Eco Holidays** (☏011-238 1201; www.jetwingeco.com; 46/26 Navam Mawatha, Colombo) und **Eco Team Sri Lanka** (☏011-583 0833; www.srilankaecotourism.com; 20/63 Fairfield Gardens, Colombo); beide bieten an allen erwähnten Orten Wal- und Delfin-Touren an.

Die Wal- und Delfinsaison liegt an der Südküste und in Kalpitiya zwischen Januar und April, an der Ostküste dauert sie von Mai bis Oktober.

Tauchen & Schnorcheln

Wer sich gern wie ein Fisch im Wasser fühlt, hat in Sri Lanka reichlich Möglichkeiten, seinem Hobby nachzugehen. Tauchschulen gibt es praktisch überall entlang der Küste (außer ganz oben im Norden), und Schnorcheln ist sowieso an der gesamten Küste angesagt. Tauchen und Schnorcheln lohnen sich in Sri Lanka vor allem wegen der Fische und weniger wegen der Korallenriffe, doch es gibt einige Ausnahmen – und selbst Wracktauchen ist möglich. Im Meer um Sri Lanka lebt die volle Bandbreite tropischer Fischarten des Indischen Ozeans, darunter so hübsche Tierchen wie der Kaiserfisch, der Falterfisch, der Doktorfisch und der Skorpionsfisch. Etwas nervöser wird man vielleicht beim Anblick von Weiß- und Schwarzspitzen-Haien.

An der Westküste taucht und schnorchelt man am besten zwischen November und April. An der Ostküste ist das Meer von April bis September am ruhigsten. Die Sichtweite unter Wasser ist allerdings zu keiner Zeit so atemberaubend wie an manchen anderen Tauchdestinationen der Welt.

Läden für Tauchausrüstungen findet man in Colombo und den wichtigsten Resorts an der Westküste. Die Ausrüstung kann man mieten oder kaufen, auch die Ausstattung zum Schnorcheln. PADI-Kurse kosten zwischen 250 und 300 €; sie werden beispielsweise von folgenden renommierten Tauchschulen angeboten:

» **Poseidon Diving Station** (S. 96), Hikkaduwa

» **Unawatuna Diving Centre** (S. 113), Unawatuna

» **Sport Diving** (S. 119), Weligama

» **Sri Lanka Diving Tours** (S. 251), Batticaloa

» **Poseidon Diving School** (S. 263), Nilaveli

Nationalparks & Safaris

Die schönsten Tiererlebnisse

Blauwale Auf einer Bootstour nach den größten Tieren Ausschau halten, die jemals auf der Erde gelebt haben (s. Kasten S. 121).
Elefantentreffen Das Treffen von einigen Hundert Elefanten am Ufer des Minneriya Lake im August (s. Kasten S. 217).
Delfine Der faszinierende Anblick von Hunderten von Ostpazifischen Delphinen (S. 82).
Schildkröten Frisch geschlüpfte Schildkröten beobachten, wie sie mit ihren ersten unbeholfenen Schritten vom Strand zum Meer kriechen (S. 127).
Leoparden Sich vorsichtig den Leoparden im Nationalpark Yala nähern (S. 137).
Vogelschwärme Den Geheimnissen der Vogelschwärme in Sinharaja auf die Spur kommen (S. 191).

Sri Lanka zählt sicher zu den Ländern Südasiens, die sich wunderbar für Tierbeobachtungen eignen. Denn kaum eine Insel verfügt über solch eine Fülle an Arten und Vielfalt an Naturräumen. Selbst Besucher, die ein eher beiläufiges Interesse für Flora und Fauna mitbringen, sind überwältigt, ja geradezu eingeschüchtert vom Anblick der riesigen Elefantenherden, der gewaltigen Wale, der scheuen Leoparden, der quirligen Delfinschulen, der zahllosen bunten Vögel und der regenbogenfarbigen Unterwasserwelt in den Riffen.

Die Tourismusbehörden von Sri Lanka haben natürlich schon längst das Potenzial der Naturschätze auf ihrer Insel erkannt, die bestens geeignet sind für Naturbeobachtungen. Mehrere beeindruckende Nationalparks und Naturschutzgebiete mit einer außergewöhnlich reichen Tier- und Pflanzenwelt sind in den vergangenen Jahrzehnten eingerichtet worden. Dort existieren zahlreiche Möglichkeiten, um auf Safari zu gehen, ob nun für den ausgewiesenen Naturfreund oder den interessierten Laien. Man braucht dann nur noch ein Fernglas, um die faszinierenden Naturschönheiten auf Sri Lanka optimal zu genießen.

Tiere & Pflanzen

Für seine vergleichsweise kleine Landesfläche kann Sri Lanka mit einer unglaub-

> **ELEFANTEN BEOBACHTEN**
>
> » **Nationalpark Uda Walawe** Etwa 500 Elefanten halten sich ganzjährig in diesem Park auf; damit ist er der wohl beste Ort auf der Insel, um Elefanten zu beobachten (S. 189).
>
> » **Nationalpark Minneriya** Alljährlich im August finden sich Hunderte von Elefanten in diesem Park ein – zum sogenannten Elefantentreffen (S. 216).
>
> » **Nationalpark Kaudulla** Mehr als 250 Elefanten gibt es in diesem Schutzgebiet (S. 216).
>
> » **Nationalpark Bundala** Beständig gute Möglichkeiten, Elefanten in einer reizvollen, wasserreichen Gegend zu sichten (S. 131).
>
> » **Nationalpark Yala** Zahlreiche Elefanten, aber erstaunlicherweise sind sie hier nur schwer zu entdecken (S. 137).
>
> » **Nationalpark Gal Oya** Der wohl beste Park im Osten, was Elefanten betrifft (S. 248).

lichen Vielfalt an Tierarten aufwarten: mit 92 Säugetierarten, 242 Schmetterlingsarten, 435 Vogelarten, 107 Fischarten, 98 Schlangenarten usw. Aber angesichts diverser menschlicher Eingriffe in Natur und Umwelt (s. S. 306) ist es jedoch keineswegs überraschend, dass einige der Arten inzwischen als gefährdet gelten.

Säugetiere

Einige der Säugetiere auf Sri Lanka sind leicht und problemlos zu beobachten, manche dagegen sind für den Menschen nahezu unsichtbar. Kaum ausfindig zu machen sind der einzelgängerische und meist nachtaktive Leopard, Sri Lankas größtes Raubtier, der aasfressende Goldschakal, der zottige Lippenbär, die Kleine Indische Zibetkatze (ein wieselähnlicher Räuber, der zur Familie der Katzenartigen gehört), die Manguste und das scheue, gepanzerte Vorderindische Schuppentier, dessen Körper mit Hornschuppen bedeckt ist.

Unüberhörbar, doch nicht immer leicht zu entdecken sind die in Scharen auf Bäumen lebenden Affen, die sich häufig durch lautes Kreischen bemerkbar machen. Zu ihnen zählen der Hanuman-Langur (auch Grauer oder Indischer Langur genannt), der endemische, nur auf Sri Lanka heimische Weißbartlangur und der Ceylon-Hutaffe mit seiner auffälligen Haarkrone auf dem Kopf sowie der für seine langsame Fortbewegungen bekannte schmächtige Lori, auch Faulaffe genannt, der sich an seine Beute heranschleicht, um sie dann plötzlich blitzschnell zu schnappen.

Wesentlich häufiger, und unabhängig von der Tages- und Nachtzeit, sieht man den majestätischen Asiatischen Elefanten, das allesfressende und mit Hauern bewehrte Wildschwein sowie verschiedene Hirscharten wie den mächtigen Sambar und den kleineren weiß gefleckten Axishirsch. Das gestreifte Indische Palmenhörnchen mit seinem buschigen Schwanz sieht man oftmals durch die Gärten und Parkanlagen huschen. Dort kann man auch die Indischen Riesenflughunde (eine fledermausähnliche Art, die sich von Früchten ernährt) beobachten, die tagsüber zu Hunderten kopfüber in den Baumwipfeln hängen.

Allerdings leben die Säugetiere Sri Lankas nicht nur in den Wäldern und den Savannen. Das größte Säugetier der Erde, der Blauwal, schwimmt in den Meeresgewässern vor Sri Lankas Küste. Auch die etwas kleineren Pottwale ziehen auf ihren Wanderungen durch die küstennahen Gewässer. Das Gebiet rund um Dondra Head, dem südlichsten Punkt der Insel, gilt als einer der weltweit besten Orte für die Sichtung von Blauwalen.

Vögel

Aufgrund des tropischen Klimas und der isolierten Entwicklung durch die Trennung vom asiatischen Festland konnte sich auf Sri Lanka eine große Artenvielfalt entwickeln. Dies betrifft natürlich auch die reiche Vogelwelt Sri Lankas. Es gibt mehr als 400 Vogelarten, darunter 26, die ausschließlich auf Sri Lanka heimisch sind. Wieder andere leben nur auf Sri Lanka und im nahen Südindien. Von den geschätzten 198 Zugvogelarten halten sich die meisten von August bis April hier auf. Die Watvögel, darunter Strandläufer und Regenpfeifer, legen auf ihrem Zug die größte Entfernung zurück, denn ihre Brutgebiete liegen in der arktischen Tundra.

Vogelbeobachter sollten die **Field Ornithology Group of Sri Lanka** (www.fogsl.net)

kontaktieren, die nationale Gesellschaft Sri Lankas von Birdlife International.

Tipps für Vogelbeobachter

» Folgende Lebensräume eignen sich besonders gut für die Vogelbeobachtung, um die große Vielfalt der Vogelwelt auf Sri Lanka zu erleben: Regenwälder, Stadtparks und Wasserstellen in Trockengebieten.

» Zwischen Februar und März ist die beste Zeit für die Vogelbeobachtung. Man geht dem Monsun aus dem Weg und die Zugvögel sind noch vor Ort.

» Viele Wasservögel sind meist den ganzen Tag über aktiv.

» Morgens ist allgemein der beste Zeitpunkt für die ruhige Vogelbeobachtung; abends erlebt man lärmende Vogelschwärme, die an ihren Schlafplätzen eintreffen.

» Ein Fernglas ist ein unerlässliches Hilfsmittel für die genaue Beobachtung. Kleine, leichte Feldstecher kann man billig erstehen.

» Eine geführte Tour lohnt sich vor allem dann, wenn man auf umweltbewusste Art und Weise die endemischen Arten sehen möchte und dafür nur wenig Zeit hat.

Eine Safari planen

Wohin auf Safari?

Wohin man auf Safari gehen möchte, ist natürlich davon abhängig, was man sehen will. Der im äußersten Südosten gelegene Nationalpark Yala (S. 137) zum Beispiel ist der beliebteste Park; berühmt ist er vor allem für seine Leoparden. Dafür ist er aber auch sehr überlaufen und von zahlreichen Minibussen befahren, alle auf der Suche nach den gefleckten Großkatzen. Viel beschaulicher geht es im Nationalpark Wilpattu zu (Kasten S. 84). Hier kann man in aller Ruhe nach Leoparden Ausschau halten.

Nationalparks & Naturschutzgebiete

Bereits vor mehr als 2000 Jahren wurde auf königlichen Befehl erstmals ein Stück Land unter Schutz gestellt; dort waren also keinerlei menschliche Aktivitäten erlaubt. Beinahe jede Provinz im alten Königreich von Kandy hatte solche *udawattakelle* (Schutzgebiete). In jenen Gegenden konnten alle Tiere und Pflanzen sich ungestört von menschlichen Eingriffen entwickeln.

Die heutigen Nationalparks und Naturschutzgebiete sind zumeist eine Zusammenlegung aus traditionellen Schutzgebieten, aus von den Briten gegründeten Reservaten und aus neu ausgewiesenen Flächen; Letztere sollen z. B. Habitate miteinander verbinden, wie z. B. Elefantenpfade (sogenannte Biotopvernetzungen). Es gibt auf Sri Lanka über 100 solcher Areale, die unter Aufsicht der Behörden stehen. Insgesamt stehen etwa 8 % der Inselfläche unter Schutz. Es werden drei Typen unterschieden: strenge Naturschutzgebiete (keine Besucher erlaubt), Nationalparks (Besucher unter bestimmten Bedingungen erlaubt) und Naturschutzgebiete (menschliche Behausungen erlaubt). Sri Lanka besitzt außerdem zwei marine Schutzgebiete – das Naturschutzgebiet Bar Reef (westlich der Halbinsel Kalpitiya) und den Nationalpark Hikkaduwa (s. S. 96).

Abseits der ausgetretenen Pfade

Gut 82 % von Sri Lankas Landesfläche stehen unter staatlicher Aufsicht. Der Staat hat deshalb gute Möglichkeiten zur Umsetzung der zahlreichen Gesetze, die die Umwelt, z. B. ursprüngliche Waldgebiete, vor mutwilliger Zerstörung schützen sollen. Der Kasten auf S. 38 informiert detailliert über

VÖGEL BEOBACHTEN

» **Sinharaja Forest Reserve** Ein Regenwaldgebiet mit rund 160 Vogelarten (S. 191).

» **Knuckles Range** Ein wenig bekannter Bergwald, bevölkert von diversen Vogelarten (S. 162).

» **Nationalpark Bundala** Dieses Feuchtgebiet ist das klassische Ziel der Ornithologen in Sri Lanka (S. 131).

» **Nationalparks Yala & Kumana** Ausgezeichnet für Vogelbeobachtungen im Tiefland mit etwa 150 Arten (S. 137 und S. 248).

» **Muthurajawela Marsh** Herrliches Feuchtgebiet in der Nähe von Colombo (S. 89).

» **Pottuvil Lagoon** Zahlreiche Watvögel und Wasservögel in einem kaum besuchten Feuchtgebiet an der Ostküste (S. 245).

GROSSE NATIONALPARKS & NATURSCHUTZGEBIETE

PARK	FLÄCHE	MERKMALE	BESUCH
Nationalpark Bundala (S. 131)	62,2 km²	Lagunen, Zugvögel, Elefanten	ganzjährig
Nationalpark Gal Oya (S. 248)	629,4 km²	Grasland, immergrüner Wald, Hirsche, Senanayake Samudra (Süßwasserspeicher), Elefanten, Lippenbären, Leoparden, Wasserbüffel	Dez.–Sept.
Nationalpark Horton Plains (S. 175)	31,6 km²	Unesco-Welterbestätte, Bergwald, feuchtes Grasland, Steilabhang von World's End, Sambarhirsche	Dez.–März
Nationalpark Kaudulla (S. 216)	66,6 km²	Kaudulla-Wasserspeicher, immergrüner Wald, Dornsteppe, Grasebenen, Elefanten, Leoparden, Sambarhirsche, Fischkatzen, Lippenbären	Aug.–Dez.
Knuckles Range (S. 162)	175 km²	Unesco-Welterbestätte, traditionelle Dörfer, Wanderwege, Höhlen, Wasserfälle, Zwergwald, immergrüner Wald, Auwald, Grasland, Buschland, Reisfelder, 31 Säugetierarten	Dez.–Mai
Nationalpark Kumana (S. 248)	181,5 km²	Grasland, Dschungel, Lagunen, Mangrovensümpfe, Wasservögel	Mai–Sept.
Nationalpark Lunugamvehera	235 km²	Grasland, Stausee, Elefanten	Mai–Sept.
Nationalpark Minneriya (S. 216)	88,9 km²	Minneriya-Wasserspeicher, Ceylon-Hutaffen, Sambarhirsche, Elefanten, Wasservögel	Mai–Sept.
Sinharaja Forest Reserve (S. 191)	189 km²	Unesco-Welterbestätte, Sambarhirsche, Regenwald, Leoparden, Weißbartlanguren, Muntjaks, 147 registrierte Vogelarten	Aug.–Sept, Jan.–März
Sri Pada Peak Wilderness Reserve (S. 162)	192 km²	Unesco-Welterbestätte, Adam's Peak, Wanderwege	Dez.–Mai
Nationalpark Uda Walawe (S. S. 189)	308,2 km²	Grasland, Dornsträucher, Elefanten, Axishirsche, Wasserbüffel, Wildschweine	ganzjährig
Nationalpark Wasgomuwa	393,2 km²	immergrüner Wald, Bergland, Grasebenen, Elefanten, Leoparden, Lippenbären	Juni–Sept.
Nationalpark Wilpattu (Kasten s. S. 83)	1317 km²	Dichter Dschungel, Buschland, Salzgras, Elefanten, Leoparden, Lippenbären, Hirsche, Krokodile	Jan.–März
Nationalpark Yala (S. 137)	141 km²	Dornbuschsavanne, Lagunen, Elefanten, Lippenbären, Leoparden, Wasserbüffel, Zwergflamingos	Nov.–Juli

> ### BÜCHER ÜBER FLORA UND FAUNA
>
> Über Sri Lanka sind zahlreiche gute Naturführer erschienen. Nachfolgend einige Empfehlungen:
>
> » **A Photographic Guide to Mammals of Sri Lanka** (Gehan de Silva Wijeyeratne) Der bekannte Naturforscher aus Sri Lanka hat u.a. auch mehrere Bücher über die Vogelwelt und die Schmetterlinge der Insel verfasst. Von ihm stammt außerdem das Buch *Sri Lankan Wildlife*, Bradt Travel Guides.
>
> » **A Selection of the Birds of Sri Lanka** (John and Judy Banks) Ein kleiner, schön illustrierter Band, gut geeignet für Hobby-Ornithologen.
>
> » **A Field Guide to the Birds of Sri Lanka** (John Harrison) Eine etwas teurere gebundene Ausgabe mit farbigen Abbildungen; ein hervorragender Naturführer.
>
> » **The Nature of Sri Lanka** Mit tollen Fotos von L. Nadaraja; Texte über Sri Lanka von bedeutenden Autoren und Umweltschützern.
>
> » **What Tree Is That?** (Sriyanie Miththapala und PA Miththapala) Zeichnungen von den Bäumen und Sträuchern in Sri Lanka (auf Englisch, auf Singhalesisch und mit botanischen Fachbegriffen).

elf der 20 Nationalparks sowie über drei weitere Areale von insgesamt 63 Schutzgebieten; darunter befinden sich Wald- und Feuchtflächen.

Neben den besser bekannten und deshalb auch reichlich besuchten Schutzgebieten gibt es auch andere hochinteressante Nationalparks, beispielsweise den Lunugamvehera National Park, der u. a. eine Art Korridor für wandernde Elefanten zwischen den beiden Nationalparks Yala und Uda Walawa bildet. Besucher können ihn durchaus als Alternative zu Yala ansehen – und dann Wasgomuwa anstelle von Gal Oya oder Minneriya einen Besuch abstatten.

Sri Lanka ist ein Unterzeichnerstaat der Ramsar-Konvention zum Schutz von Feuchtgebieten. Der Staat hat gegenwärtig drei Küstenzonen unter Schutz gestellt: den Nationalpark Bundala (S. 131); die 915 ha große Trichtermündung des Madu Ganga nahe Balapitiya (80 km südlich von Colombo an der A2 gelegen), einer der letzten unberührten Mangrovenwälder auf Sri Lanka; und schließlich das Annaivilundawa Tanks Wildlife Sanctuary (westlich der A3 ca. 100 km nördlich von Colombo gelegen), eine Ansammlung alter Speicherbecken, heute der Lebensraum einer überaus artenreichen Flora und Fauna.

Eine hilfreiche und interessante Auflistung von abgelegenen und weniger bekannten Naturgebieten erhält man von den Umweltschutzbehörden oder über *LOCALternative Sri Lanka – a responsible travel map* (www.localternative.com).

Reisezeit

Sri Lanka eignet sich ganzjährig gut für die Vogelbeobachtung, im Allgemeinen jedoch ist die Zeit zwischen November und April empfehlenswert, also der ohnehin schon beste Reisezeit für die Insel. In diesem Zeitraum haben alle großen Nationalparks geöffnet. Denn in der Trockenzeit beginnen viele Tiere mit ihren Wanderungen von Wasserloch zu Wasserloch. Und dann lassen sie sich auch viel leichter beobachten, ganz besonders zwischen den Monaten Februar und Anfang April. In der Monsunzeit, von Mai bis Oktober, sollte man besser die Parks in der Nähe der historischen Städte und im Osten der Insel aufsuchen.

Besonders der Norden der Insel verfügt über eine reiche und vielfältige Flora und Fauna. Dort gibt es gegenwärtig keine Naturschutzparks, die für die Öffentlichkeit zugänglich sind – aber das kann sich rasch ändern.

Einen Ausflug organisieren

Für alle großen Nationalparks und andere Schutzgebiete lassen sich sehr leicht Safaris vor Ort organisieren. Fahrer für Jeepsafaris findet man normalerweise in den angrenzenden Städten oder an den Eingangsbereichen der Parks. Auch die Hotels sind mit ihrem Personal bei der Vorbereitung gern behilflich. Im Allgemeinen sollte man spätestens einen Abend vor der Safari buchen, den Preis aushandeln und seine Vorstellungen äußern. Den Eintrittspreis bezahlt man direkt am Eingangstor. Ausführliche Informationen stehen auch in den einzelnen Regionalkapiteln in diesem Reiseführer.

Department of Forest Conservation (011-286 6632; forlib@sltnet.lk; 82 Rajamalwatta, Battaramulla) Verwaltet einige Gebiete wie Sinharaja und die Knuckles Range.

Department of Wildlife Conservation (011-256 0380; 382 New Kandy Rd, Malambe) Beaufsichtigt alle Nationalparks; kümmert sich um alle Anfragen und um die Übernachtungsmöglichkeiten in den Parks (Bungalows oder Campingplätze).

Eco Team Sri Lanka (011-583 0833; www.srilankaecotourism.com; 20/63 Fairfield Gardens, Colombo) Eco Team und Jetwing gelten als die besten Tourveranstalter auf Sri Lanka.

Jetwing Eco Holidays (011-238 1201; www.jetwingeco.com; 46/26 Navam Mawatha, Colombo)

Naturetrek (www.naturetrek.co.uk) Der in Großbritannien ansässige Veranstalter ist bekannt für seine ausgezeichnete Touren, z.B. Schmetterlingsbeobachtungen und Touren zu endemischen Vogelarten etc. Es gibt natürlich noch zahlreiche andere internationale Tourveranstalter in Sri Lanka.

Reisen mit Kindern

Ideal für Kinder

Colombo
Ja, hier ist es chaotisch, doch die Hauptstadt hat viele coole Dinge zu bieten, die Kinder, insbesondere ältere Kinder, mögen, so zum Beispiel die verrückten Märkte in Pettah.

Die Westküste
Strände, so weit das Auge reicht! Hier gibt es die unterschiedlichsten Erholungsorte, und vielleicht lässt sich hier auch eine Sandburg bauen.

Der Süden
Noch mehr Strände plus das coole Ambiente einer Festung. Und im Westen gibt es Elefanten.

Das Hochland
An Wasserfällen kann man im wahrsten Sinne des Wortes abhängen. Dazu die milden Temperaturen – eine gute Abkühlung. Teeplantagen und Bahnfahrten machen die Gegend zu einem schönen Tagesausflugsziel.

Die alten Städte
Antike Tempel, Festungen, Ruinen, der Dschungel und Elefanten: fast wie bei Indiana Jones!

Sri Lanka für Kinder

Sri Lanka bietet eine große Vielfalt an Möglichkeiten. Natürlich ist Sri Lanka kein hoch entwickeltes Land, sodass Kinder keine Disneyland-Attraktionen erwarten dürfen. Hier spielt das wahre Leben! Es gibt genug zu entdecken. Obwohl die praktischen Dinge des Alltags oft nicht so einfach sind, wird die Urlaubszeit durch die Sri-Lanker selbst versüßt. Sie lieben Kinder und sind jederzeit zur Stelle, um dem mit Kindern Reisenden behilflich zu sein. Ein missmutiger Fahrer schmilzt sofort dahin und macht die verrücktesten Späße, wenn ein Kind mitfährt.

Mit Kindern essen gehen
Sri-lankische Gastfreundschaft bedeutet, dass die Leute alles tun, um die kleinen Esser zu erfreuen; die meisten Restaurants haben deshalb auch westliche Gerichte auf der Karte. Zum Frühstück bietet sich für Kinder *pittu* (Kombination aus Kokosnuss und Reis) an. Auch sogenannte *hoppers* (aus Reismehl und Kokosmilch hauchdünn gebackene Teigschälchen, die gefüllt werden), besonders die Reisspaghetti-Variante, sind empfehlenswert, aber auch der leckere *rotti*. Die Vielfalt an frischen Obstsorten führt dazu, dass für jeden etwas dabei sein sollte.

Highlights für Kinder

Es gibt nur wenige Sehenswürdigkeiten, die ausschließlich für Kinder gedacht sind, aber

MIT KLEINKINDERN REISEN *STUART BUTLER*

Wir sind mit unserem 22 Monate alten Sohn an der West- und Südküste entlang und durchs Hochland gereist. Es wäre gelogen, zu behaupten, dass alles easy und absolut erholsam war. Es war aber ein tolles Erlebnis. Wo immer wir auftauchten, war das Eis sofort gebrochen, sowohl bei den Einheimischen als auch bei anderen Besuchern, und auch unser Sohn hat Sri Lanka in sein Herz geschlossen. Hier einige Punkte, die man beachten sollte: Nur wenige Unterkünfte haben Kinderbetten. Wir hatten unser eigenes dabei. Für dieses Kinderbett sollte man dann auch gleich ein eigenes Moskitonetz mitnehmen, da Hotels keine Netze bereithalten. Man sollte das Kindermenü immer ganz frühzeitig bestellen, ansonsten sind die Kleinen schon müde, wenn das Essen kommt. Unser Sohn mag Curry, Obst, Fisch und Quark, sodass wir keine Essensprobleme mit ihm hatten. In den meisten Touristengegenden gibt es auch Nudeln.

Einige Leute fahren nur mit öffentlichen Verkehrsmitteln herum, aber wir haben für die ganze Zeit ein Auto mit Fahrer gemietet. So war immer ein Babysitter in der Nähe!

Die Küste war viel besser als das Bergland (da dessen Attraktionen doch eher Erwachsene ansprechen). Wer die Zeit angenehm gestalten möchte, sollte nur einen einzigen Strand als Basis wählen und von dort aus Tagesausflüge unternehmen. Auch wenn die Einwegwindeln von der gleichen Firma sind wie die zu Hause, scheinen sie hier nicht so gut zu sein. Die Größen sind auch nicht eins zu eins vergleichbar. Wer zu Hause „medium" braucht, sollte in Sri Lanka „large" kaufen.

ganz viele andere sind durchaus auch für Kinder interessant.

» **Pinnewala Elephant Orphanage** Hier leben bis zu 80 Elefanten in der Nähe von Kandy; die Besucher können sich mit ihnen „unterhalten".

» **Millennium Elephant Foundation** Eine kleinere, einfachere Version von Pinnewala (nicht weit davon entfernt), mit weniger Dickhäutern und dafür auch weniger Menschenmassen.

» **Uda Walawe** Einer der besten Nationalparks für Safaris.

» **Elephant Transit Home** Dies ist eine gut geführte Durchgangsstation für verletzte und verwaiste Elefanten und liegt nicht weit von Uda Walawe.

» **Minneriya** Der Nationalpark ist berühmt für seine Elefantenherden.

» **Schildkrötenbrutstätten** Besonders beliebt sind die an der Westküste.

» **Polhena** Bei Matara ist der Strand besonders für die Kleinen flach und daher ungefährlich.

» **Polonnaruwa** Kinder können sich in dieser riesigen autofreien antiken Anlage mit ihren coolen Ruinen bis zum Umfallen austoben.

» **Dreiradfahrzeuge** Auf diesem einzigartigen Fortbewegungsmittel weht einem der Wind um die Ohren; es ist immer gut für ein aufregendes Erlebnis.

» **Bootsfahrten auf den Nebengewässern** Auch diese Fahrten halten die Kids bei Laune.

Reiseplanung & praktische Tipps

» Hotels und Guesthouses haben Dreibett- und Familienzimmer, wobei man auf Verlangen auch Zusatzbetten bekommen kann. In den meisten Restaurants gibt es keine Hochstühle.

» Für sehr kleine Kinder sollte man entweder einen Tragerucksack oder Buggy mitbringen. Buggys haben es auf den unebenen oder gar nicht vorhandenen Fußwegen schwer, sind aber für Colombo und Kandy gut geeignet.

» Man sollte darauf achten, dass der Mietwagen (mit Fahrer) einen Kindersitz hat. Falls nicht, kann man in Colombo einen bekommen.

» Medizinischen Bedarf, importierte Babynahrung und Einwegwindeln sollte man in den landesweit verbreiteten Supermärkten Cargills Food City und Keells kaufen.

» Das Stillen in der Öffentlichkeit ist o.k., allerdings gibt es kaum Wickelräume. Das ist aber kein großes Problem, denn nackte Kleinkinder sind in Sri Lanka an der Tagesordnung.

» Tollwut und von Tieren übertragene Parasiten sind in Sri Lanka verbreitet, sodass man Kinder von streunenden Tieren fernhalten sollte. Dazu gehören auch Katzen, Hunde und Affen.

» Sonnencreme und Moskitoschutz für Kinder sollte man von zu Hause mitbringen, da man diese Dinge in Sri Lanka nicht kaufen kann.

Sri Lanka im Überblick

Colombo

Sonnenuntergänge ✓✓
Städtisches Leben ✓✓✓
Shoppen ✓✓

Sonnenuntergänge
Da Colombo in westlicher Richtung direkt am Indischen Ozean liegt, sind hier spektakuläre Sonnenuntergänge zu erleben. Dieses Erlebnis kann man in einer Hotelbar oder am Meer genießen.

Städtisches Leben
Wenn man das erste Mal auf den Märkten von Pettah beinahe von einem Verrückten mit einem Karren voller Waren gerammt wird, bedauert man vielleicht zunächst die Entscheidung für diesen Ort. Aber schon bald ist man selbst Teil dieser chaotischen Masse, und irgendwann wird man selbst den eigenen Fahrer zu einer schnelleren Gangart antreiben: schneller, schneller!

Shoppen
Ob nun Kunstgewerbliches oder Tee, in Colombo, besonders in den grünen Cinnamon Gardens, finden sich einzigartige Dinge und Mitbringsel.

S. 48

Die Westküste

Strände ✓✓
Aktivitäten ✓✓✓
Unterkunft ✓✓

Strände
Die Strände an der Westküste bieten das gesamte Spektrum von Unterkünften und Freizeitaktivitäten: von den All-inclusive Resorts für Pauschalreisende bis zu den ehemaligen Hippie-Treffs und Sandbuchten für Individualreisende.

Aktivitäten
Die Riffe von Hikkaduwa warten auf Wellenreiter und Taucher, die Feuchtgebiete sind für Vogelkundler ein Paradies. Man kann auch die Delfine im Norden beobachten, sich in einem Wellness-Hotel verwöhnen lassen oder eine Bootssafari vor Bentota unternehmen.

Unterkunft
An den Stränden von Bentota liegen Boutiquehotels. Negombo hat gute Übernachtungsmöglichkeiten.

S. 80

Der Süden

Strände ✓✓✓
Aktivitäten ✓✓✓
Natur ✓✓✓

Strände
Hier gibt es sowohl Strände mit vielen Freizeitangeboten und der typischen Touristenatmosphäre als auch fast menschenleere Sandflächen. Beiden ist gemeinsam, dass fast alle schön sind.

Aktivitäten
Fast überall geht es ums Surfen und Tauchen. Die Gegend zwischen Galle und Matara ist das wohl schönste Surfparadies Südasiens. Für Taucher gibt es alles, vom Schiffswrack über Riffe bis hin zu riesigen Fischen.

Natur
Affen toben in den Bäumen, Wale gleiten durchs Meer, Leoparden schleichen durch die Nacht, Vögel flattern durch die Luft, Schildkröten kriechen durch den Sand.

S. 101

Zentrales Hochland

Wandern ✓✓
Natur ✓✓✓
Essen ✓✓✓

Wandern
Hier ist man im Dschungel unterwegs, läuft über Hochebenen, klappert Aussichtspunkte ab, spaziert durch Teeplantagen und wandert in den Fußstapfen der Götter.

Natur
Kein anderer Teil Sri Lankas bietet so viele Lebensräume für Tiere. Es gibt den Regenwald voller lärmender Vögel, Grassavannen, die von Elefanten beherrscht werden, und Hochlandwälder, die mit Flechten und Moosen bedeckt sind.

Essen
In Sri Lanka ist Essen ein Vergnügen, doch im Hochland sind die Zubereitung von Nahrungsmitteln zu einer wahren Kunst verfeinert worden. Das beste Essen gibt es in den Küchen der Geust houses.

S. 140

Die alten Städte

Monumente ✓✓✓
Tempel ✓✓✓
Radfahren ✓✓

Historische Monumente
Das „heilige Viereck" von Polonnaruwa, das historische Viertel von Anuradhapura, das Felsenkloster von Sigiriya sind nur einige Ruinen, die es zu erkunden gibt.

Tempel
Mitten in den Ruinen von Anuradhapura steht der Sri Maha Bodhi, ein Baum, der eine 2000-jährige Geschichte und eine genauso lange Zeit der Anbetung miterlebt hat. Andere Tempel, wie der über mehr als 1800 Stufen zu erreichende Tempel in Mihintale, regen zu eigener Andacht an.

Radfahren
Die Ruinen der alten Städte liegen oft in Parks und Reservaten. Man kann sie über palmenbesäumte Wege per Fahrrad erkunden.

S. 195

Der Osten

Strände ✓✓✓
Aktivitäten ✓✓✓
Natur ✓

Strände
An der Ostküste liegen unberührte Strände, und selbst jene, die bewirtschaftet werden, wirken wie Teile einer Märchenwelt mit Palmen und weißem Sand.

Aktivitäten
Im Osten kann man in Strandhängematten ausruhen oder aktiv sein. Der Ozean ist hier herrlich und bietet auch Schnorchel- und Tauchmöglichkeiten zwischen Riffen und Schiffswracks sowie die richtige Welle zum Surfen.

Wildlife
Der Nationalpark Kumana ist zwar nicht so groß wie der benachbarte Yala (er hat auch weniger Leoparden), aber dafür sieht man hier weniger andere Besucher. Man die Leoparden, Elefanten und Vögel fast für sich allein.

S. 235

Jaffna & der Norden

Wiederentdeckung ✓
Tempel ✓✓✓
Inseln ✓✓✓

Abseits vom Rummel
Der Norden war zwar nicht ganz vom Tourismus abgeschnitten, aber erst jetzt ist er auf Reisende vorbereitet. Die Spuren der kriegerischen Vergangenheit sind noch zu sehen.

Tempel
Im gesamten Norden thronen Hindugötter und -göttinnen über den Tempeleingängen. Freundliche Priester und Gläubige, die die Besucher zum *puja* (Gebet) einladen.

Inseln & Meeresküsten
Fast endlos erscheinende Küstenlinien erstrecken sich am Festland und rund um die Inseln von Jaffna. Fahrten auf Küsten- und Dammstraßen oder in hölzernen Booten zu einsamen Inseln bereiten Vergnügen.

S. 265

> Die Reihenfolge der Einträge spiegelt die Bewertung durch unsere Autoren wider.

> **Empfehlungen von Lonely Planet**

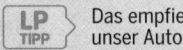 Das empfiehlt unser Autor

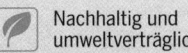 Nachhaltig und umweltverträglich

 Hier bezahlt man nichts

Alle im Buch erwähnten Orte sind im Register aufgeführt.

Reiseziele in Sri Lanka

COLOMBO 48

DIE WESTKÜSTE 80
NÖRDLICH VON COLOMBO 82
Kalpitiya &
Dutch Bay 84
Von Kalpitiya nach
Negombo 84
Negombo 84
Rund um Negombo 89
SÜDLICH VON
COLOMBO 90
Aluthgama, Bentota
& Induruwa 90
Hikkaduwa &
Umgebung 95

DER SÜDEN 101
Galle 102
Rund um Galle 112
Unawatuna 112
Von Unawatuna nach
Koggala 116
Ahangama &
Midigama 117
Weligama 119
Mirissa 120
Matara 123
Von Matara nach Tangalla 125
Tangalla 127
Nationalpark Bundala 131
Tissamaharama 131
Rund um
Tissamaharama 136
Nationalpark Yala 137
Kataragama 138

ZENTRALES
HOCHLAND 140
Von Colombo nach Kandy 142
Kandy 143
Rund um Kandy 157
Östlich von Kandy 161
Adam's Peak
(Sri Pada) 162
Kitulgala 164
Von Kandy nach
Nuwara Eliya 166
Nuwara Eliya 167
Nationapark Horton Plains &
World's End 175
Belihul Oya 177
Haputale 178
Bandarawela 181
Ella 182
Rund um Ella 186
Badulla 187
Wellawaya 188
Embilipitiya 189
Nationalpark Uda Walawe 190
Sinharaja Forest
Reserve 191

DIE ALTEN STÄDTE 195
Matale 197
Nalanda 199
Dambulla 199
Sigiriya 202
Polonnaruwa 207
Giritale 214
Mandalagiri Vihara 215
Habarana 216
Rund um Polonnaruwa
& Habarana 216
Die Ruinen von Ritigala . . . 218
Anuradhapura 219
Mihintale 228
Padeniya 232
Panduwasnuwara 232
Ridi Vihara 232
Kurunegala 233

DER OSTEN 235
Monaragala 237
Rund um
Monaragala 238
Arugam Bay 239
Nördlich von
Arugam Bay 245
Südlich von
Arugam Bay 247
Ampara 248
Rund um Ampara 250
Batticaloa 250
Rund um
Batticaloa 255
Trincomalee 256
Uppuveli &
Nilaveli 259

JAFFNA &
DER NORDEN 265
Vavuniya 267
Mannar Island &
Umgebung 269
Jaffna 272
Halbinsel Jaffna 283
Die Inseln vor Jaffna 286

Colombo

☎ 011 / 2,4 MIO. EW.

Inhalt »

Sehenswertes 51
Aktivitäten 61
Geführte Touren 62
Feste & Events 62
Schlafen 62
Essen 67
Ausgehen 72
Unterhaltung 73
Shoppen 73

Gut essen

» AVP Restaurant (S. 68)
» Hotel De Pilawoos (S. 69)
» Gallery Cafe (S. 69)
» Bu Ba (S. 72)

Schön übernachten

» Lake Lodge (S. 63)
» Cinnamon Grand Hotel (S. 63)
» Havelock Place Bungalow (S. 65)
» Casa Colombo (S. 65)

Auf nach Sri Lanka!

Colombo befreit sich immer schneller von seinem schlechten Image, unter dem es jahrzehntelang zu leiden hatte. Es ist nicht mehr bloß die expandierende Stadt, die man unterwegs zu den Stränden im Süden in Kauf nehmen muss, sondern hat sich zu einer lohnenden Destination gemausert.

Das koloniale Erbe Colombos ist noch weitgehend intakt, Gebäude aus dieser Zeit säumen die schattigen Boulevards. Fort vollzieht gerade eine historische Restaurierung, in Pettah brummen die Märkte und der Handel.

Sogar die stets verstopfte Galle Road putzt sich langsam heraus, und am Meer entstehen neue Straßen, in denen Hotels in die Höhe schießen. Colombos kosmopolitische Seite zeigt sich in den schicken Cafés, den interessanten Geschäften, Galerien und Museen. In den alten Vierteln warten jede Menge Überraschungen. Es lohnt sich, in der Stadt ein paar Tage mit Besichtigungen zu verbringen – ein toller Start ins Abenteuer Sri Lanka oder auch eine tolle Abrundung zum Schluss der Reise.

Reisezeit
Colombo

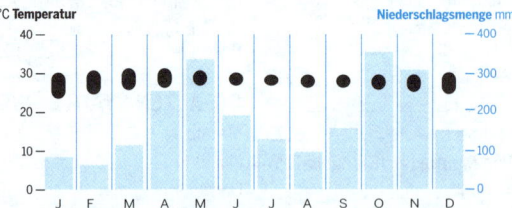

Jan.–März Die trockenste Jahreszeit. Viele Touristen, deshalb die Hotels im Voraus buchen.

April Zum Neujahrsfest verlassen die Einheimischen von Colombo und fahren in ihre Heimatdörfer.

Dez. Die Christen sind zwar in der Minderheit, Weihnachten ist aber dennoch sehr beliebt.

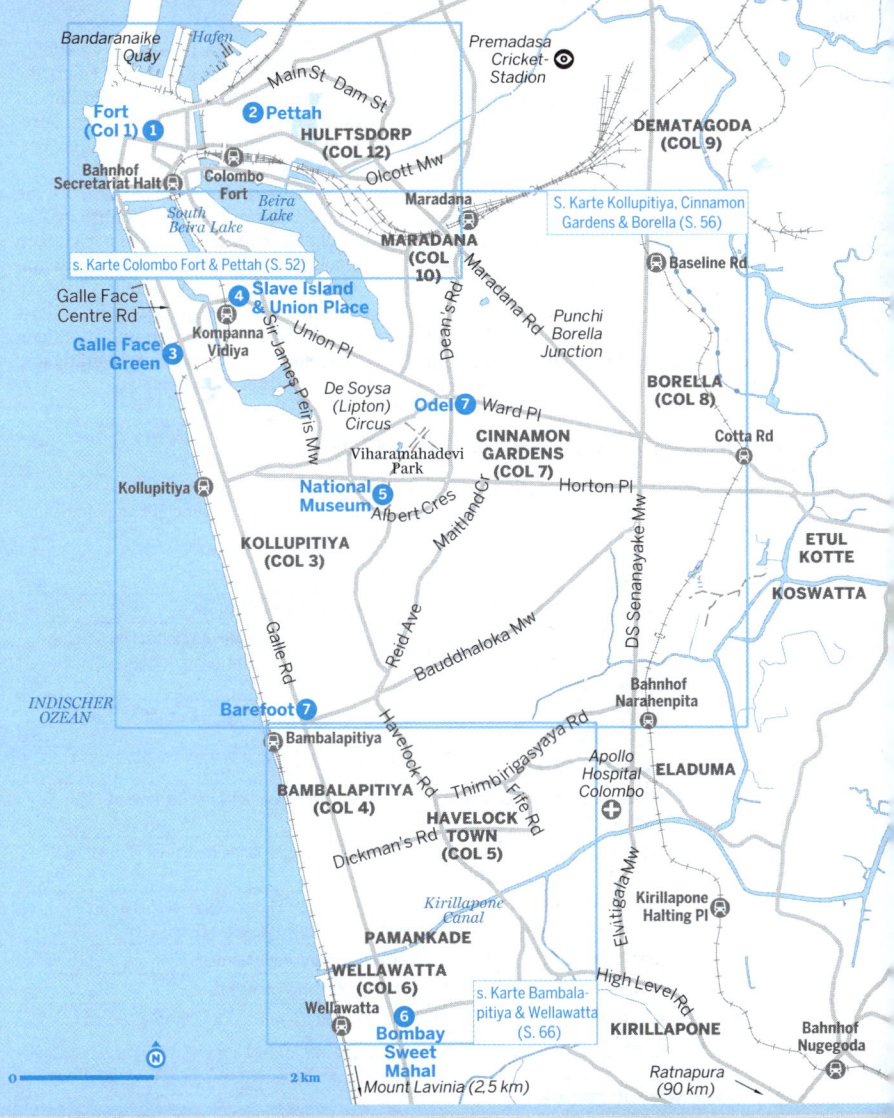

Highlights

❶ Ein Besuch des historischen **Viertels Fort** (S. 53)

❷ Ein Einkaufsbummel durch die Läden, Stände und Märkte im alten **Pettah** (S. 52)

❸ Sonnenuntergang am **Galle Face Green** (S. 54), der größten Grünfläche Colombos, mit unzähligen Familien und Liebespaaren

❹ Ein Bummel durch die alten Vierteln **Slave Island** und **Union Place** (S. 55) – wer weiß, wann sie schicken Neubauten weichen müssen

❺ Das beeindruckende **National Museum** (S. 59) im Herzen der Stadt, das einen Streifzug durch die Geschichte Sri Lankas bietet.

❻ Das **Bombay Sweet Mahal** (S. 71), ein beliebter Süßwarenladen in der Galle Road: hier gibt es traditionelle indische Süßigkeiten

❼ Das Stöbern in kreativen Geschäften wie dem **Odel** und dem **Barefoot** (S. 74). Sie bieten ihren Kunden ein ausgefallenes Warenangebot

Geschichte

Colombo fungierte bereits im 5. Jh. als Handelshafen zwischen Asien und dem Westen. Im 8. Jh. ließen sich arabische Kaufleute in der Nähe des Hafens nieder, 1505 kamen die Portugiesen. In der Mitte des 17. Jhs. hatten dann die Holländer das Sagen: Sie bauten in einer Gegend Zimt an, die heute Cinnamon Gardens heißt. Doch erst mit dem Eintreffen der Briten sollte Colombo zu einer richtigen Großstadt avancieren. 1815 wurde Colombo dann zur Hauptstadt Ceylons erklärt.

In den 1870er-Jahren wurden die Wellenbrecher gebaut, durch Flutung der umliegenden Sumpfgebiete entstand das Viertel Fort. Als Sri Lanka 1948 seine Unabhängigkeit erlangte, vollzog sich die Übergabe Colombos friedlich. Ein neues Parlament entstand 1982 in Sri Jayawardenepura-Kotte, einem weiter entfernt liegenden Vorort Colombos.

Durch die Bombenanschläge auf Fort, die das Viertel während der Kriegsjahre in Mitleidenschaft zogen, sahen sich alle wichtigen Unternehmen und Institutionen gezwungen, sich über die Stadt verteilt niederzulassen. Seit wieder Frieden herrscht, wächst Colombo schnell; im Norden und im Süden an der Küste herrscht eine rege Bautätigkeit, in Fort ein wahrer Bauboom.

DIE WICHTIGSTEN VIERTEL COLOMBOS

Colombo ist in 15 postalische Bezirke unterteilt, anhand derer sich die verschiedenen Viertel identifizieren lassen. Pettah beispielsweise wird auch als Colombo 11 bezeichnet (oder einfach Col 11). Die interessantesten Viertel sind:

BEZIRK	VIERTEL
Col 1	**Fort** Das wiederbelebte Zentrum der Stadt; historisch und schick
Col 2	**Slave Island** Keine Insel (wenngleich die Gegend während der holländischen Kolonialzeit zur Sklavenhaltung genutzt wurde); die ältesten – und gefährdetsten – Gegenden befinden sich hier, darunter Union Place
Col 3	**Kollupitiya** Das dicht besiedelte Herz der Stadt mit unzähligen Geschäften, Hotels und Unternehmen in der Galle Road
Col 4	**Bambalapitiya** Die Erweiterung von Col 3
Col 5	**Havelock Town** Die südliche (sanierte) Erweiterung von Col 4 mit der hippen Stratford Avenue
Col 6	**Wellawatta** Kommerzieller Abschnitt der Galle Road; landeinwärts ist Pamankade eine neue schicke Enklave
Col 7	**Cinnamon Gardens** Colombos topschickes Viertel mit dem National Museum, dem Viharamahadevi Park, alten Kolonialgebäuden und angesagten Geschäften
Col 8	**Borella** Die ruhigere östliche Erweiterung von Cinnamon Gardens
Col 11	**Pettah** Altes Viertel gleich östlich von Fort mit florierenden Märkten
Col 13	**Kotahena** Zieht sich am Hafen nördlich von Pettah entlang, viele alte Viertel und bedeutende Sakralbauten

Eine Orientierungshilfe

Das Rückgrat Colombos bildet die Galle Road: Die Hauptverkehrsstraße beginnt gleich südlich von Fort und verläuft bis zur gleichnamigen Stadt im Süden. Unterwegs passiert sie den alten Strandort Mount Lavinia, der offiziell nicht mehr zu Colombo gehört, jedoch im Einzugsgebiet liegt. Die Bautätigkeit Richtung Flughafen (er liegt 30 km entfernt) ist unübersehbar.

Achtung: Die Hausnummern beginnen immer bei 0, wenn ein neuer Distrikt beginnt. Dadurch gibt es die „Galle Road Nr. 100" gleich mehrmals in unterschiedlichen Vierteln.

Einige Straßen in Colombo haben einen englischen sowie – seit der Unabhängigkeit Sri Lankas – einen singhalesischen Namen. Die Ananda Coomaraswamy Mawatha heißt also beispielsweise auch Green Path, während RA del Mel Mawatha noch als Duplication Road bekannt ist. Wer länger bleibt, für den ist der *A-Z Street Guide* nützlich, ansonsten hilft auch die aktuelle und exakte Kartographie von Google Maps.

COLOMBO IN ...

... einem Tag

Die Besichtigung beginnt mit den pulsierenden Märkten von **Pettah**, man sollte jedoch auch Zeit für kleinere Hindutempel und das **Dutch Period Museum** einplanen. Dann geht es gen Westen nach **Fort**, wo die restaurierten Prachtbauten aus der Kolonialzeit wie das **Old Dutch Hospital** einen Besuch lohnen. Im **AVP Restaurant** sollte man mittags die einheimischen Gerichte probieren. Am Nachmittag stehen der buddhistische **Gangaramaya Tempel** und ein Spaziergang zum **Vitahamahadevi Park** auf dem Programm. Später lohnt sich bei Sonnenuntergang ein Bummel auf der Meeresproamenade im **Galle Face Green**, zusammen mit einheimischen Familien. Überall haben Straßenhändler ihre Imbissstände aufgestellt.

... zwei Tagen

Am besten genehmigt man sich ein *kotthu rotti* (zerkleinerter, frittierter Teigfladen mit allerlei Zutaten) im **Hotel De Pilawoos**, bevor es ins hervorragende **National Museum** geht. Anschließend lohnt ein Einkaufsbummel in den tollen Geschäften und Boutiquen der grünen Stadtviertel **Cinnamon Gardens** und **Kollupitiya**. Zum Abendessen lockt das schicke **Gallery Cafe** – oder man setzt sich an den Sandstrand des Restaurants **Beach Wadiya** und pult die Garnelen aus der Schale.

⊙ Sehenswertes

Wirklich bedeutende Sehenswürdigkeiten hat Colombo nicht zu bieten, der eigentliche Charme der Stadt besteht in den vielgestaltigen Vierteln, die einen weiten Bogen von der frühen Kolonialzeit bis zum jüngsten Bauboom schlagen. Am besten beginnt man die Besichtigungstour in Fort und Pettah und arbeitet sich dann in Richtung Süden vor.

FORT

Während der Kolonialzeit war Fort tatsächlich eine Festung, die an zwei Seiten vom Meer und zum Landesinneren hin mit einem Graben gesichert war. Heute liegt das Viertel im Zentrum des wieder erstarkten Colombo; prachtvolle Gebäude, die noch aus der Kolonialzeit stammen, werden gerade restauriert und bieten mit den modernen Bauten wie dem World Trade Center eine bunte Mischung.

Die Sicherheitsmaßnahmen lassen sich in Fort weiterhin nicht übersehen, denn hier befinden sich der offizielle Amtssitz des Präsidenten sowie verschiedene Ministerien. Auch wenn vielleicht manchmal ein kleiner Abstecher erforderlich wird, ist das Areal insgesamt doch kompakt und lässt sich im Rahmen eines kurzen Spaziergangs erkunden. Ausgangspunkt ist das **Old Galle Buck Lighthouse** (Karte S. 52), ein Leuchtturm mit tollem Blick über die Promenade am Meer. Er wurde 1954 errichtet und ist von mehreren alten Kanonen umringt.

Ein kleines Stück weiter nördlich beeindruckt eine große weiße Dagoba (Stupa): Die **Sambodhi Chaitiya** (Karte S. 52) wurde 20 m über dem Boden auf Pfählen errichtet. Der **Clock Tower** (Uhrturm; Karte S. 52) an der Kreuzung Chatham Street/Janadhipathi Mawatha (früher Queen St.) war ursprünglich ebenfalls ein Leuchtturm und wurde 1857 errichtet.

In der Chatham Street werden viele alte Gebäude restauriert; eines der prächtigsten ist sicher die **Central Bank** (Karte S. 52) mit ihren Kolonnaden. Nur ein Stück weiter nördlich sind die restaurierten **Lloyd's Buildings** (Karte S. 52) in Besitz von Sir Baron Jayatilaka Mawatha; sie bilden einen Kontrast zu den verfallenen alten Gebäuden an der Ostseite. Der einheimische Großhändler Cargills hatte einst sein **Hauptgeschäft** (Karte S. 52) in der York Street: Das rote Gebäude lässt in den Arkaden noch etwas von der verblichenen Eleganz des ehemaligen Geschäfts ahnen, beispielsweise ein altes Schild mit der Aufschrift „Toilettenartikel".

Der Hafen an der Nordseite von Fort ist größtenteils durch eine Mauer abgetrennt; von der Terrasse des Cafés im obersten Stockwerk des **Grand Oriental Hotel** (Karte S. 52; 2 York St., Col 1; ⊙7–21 Uhr) genießt man einen tollen Blick über die ganze Gegend.

LP TIPP **Old Dutch Hospital** HISTORISCHES GEBÄUDE
(Karte S. 52; Bank of Ceylon Mawatha, Col 1) Dreh- und Angelpunkt des neuen, pulsie-

renden Forts ist dieser kolonialzeitliche Komplex, dessen Anfänge ins 17. Jh. zurückreichen und der aus fünf Gebäudeflügeln besteht, die zwei Höfe bilden. In dem prachtvoll restaurierten Gebäude befinden sich Geschäfte, Cafés und Restaurants unter der Leitung der renommiertesten Manager Colombos. Umgeben von den unglaublich dicken Säulen der Arkaden kann man sich hier während einer kleinen Pause mit einem erfrischenden Getränk angenehm erholen.

St. Peter's Church KIRCHE
(Karte S. 52; ⏱7–17 Uhr) Die Kirche lässt sich über die Arkaden an der Nordseite des Grand Oriental Hotel erreichen. Das Gotteshaus war ursprünglich der Bankettsaal des holländischen Gouverneurs und wird erst seit 1821 als Kirche genutzt. Innen beeindrucken die originale Holzdecke sowie eine Fülle von Plaketten, die von der Arbeit mit Seeleuten Zeugnis ablegen.

PETTAH
Unmittelbar landeinwärts von Fort schließt sich der umtriebige Basar von Pettah an, eines der ältesten Stadtviertel Colombos – und eine der interessanten Ecken, in denen man gut ein paar Stunden verbringen kann. In Pettah findet man die größte ethnische Vielfalt des ganzen Landes. Große Sakralbauten spiegeln die Fülle an unterschiedlichen Religionen; die irdischen Bedürfnisse befriedigen dann die Marktstände und Läden, in denen allem Anschein nach wirklich alles erhältlich ist. Viele Straßen haben sich auf bestimmte Waren spezialisiert:

1st Cross St bei Bankshall St	Plastikblumen
2nd Cross St bei Bankshall St	Spitzen & Bänder
2nd Cross St	Schmuck
Gabo's Lane bei 5th Cross St	Ayurveda-Medizin
Dam St	Fahrräder

Colombo Fort & Pettah

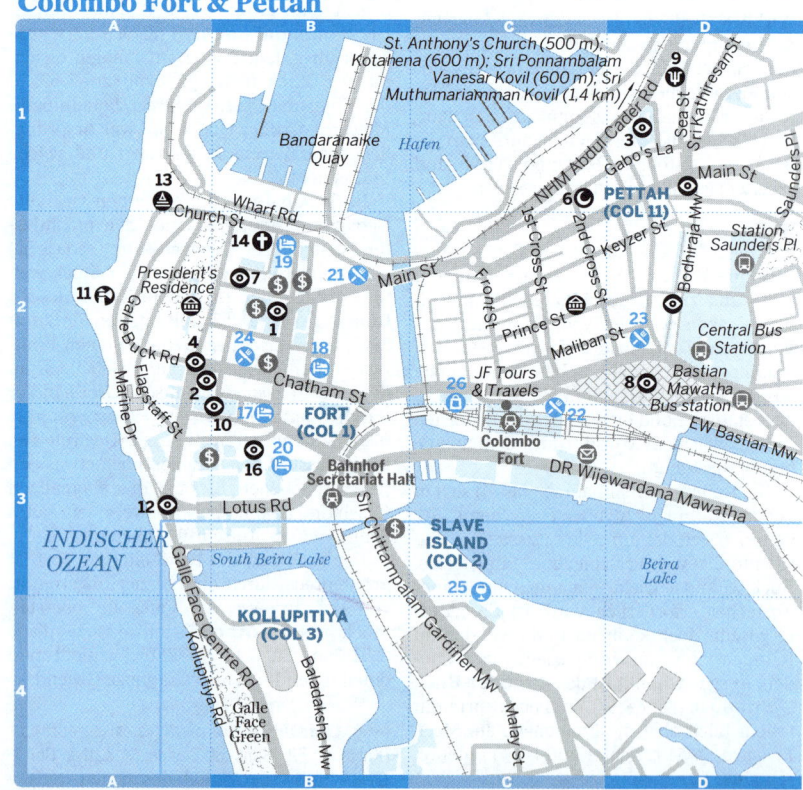

Die Menschenmassen in Pettah wirken während der Hauptverkehrszeit am Morgen und am Spätnachmittag oft fast schon erdrückend, doch auch zu allen anderen Tageszeiten geht es auf den Straßen hoch her: Straßenhändler eilen mit ihren hoch bepackten Karren herum, Tuk-Tuks sausen durch die Gegend, Autos zwängen sich durch die engen Gassen, die Fußgänger sind ständig in Eile – ein Erlebnis, das Nerven kostet. Am besten sucht man sich also einen schattigen Fleck ohne Verkehr, um das chaotische Treiben rundum aus der Entfernung zu beobachten. Die Wolfendhal Lane ist so eine typische Seitenstraße, die als günstiger Zufluchtsort taugt: Hier lohnt ein Bummel vorbei an DVD-Raubkopien und Textilgeschäften, wobei die Einheimischen immer wieder freundlich grüßen.

Old City Hall HISTORISCHES GEBÄUDE
(Karte S. 52; Main St., Col 11; Mo–Sa 8–17 Uhr) Das 1865 errichtete alte Rathaus aus der Zeit der Briten steht heute größtenteils leer, von ein paar alten Lastern und Gerätschaften einmal abgesehen, die in den Sälen im Erdgeschoss ausgestellt sind. Wer sich jedoch vom Aufsichtspersonal (gegen ein Trinkgeld von 100 Rs) die alte Mahagonitreppe hinaufführen lässt, entdeckt in den ehemaligen Amtsstuben ein Wachsfigurenkabinett mit eingestaubten Nachbildungen der ersten Stadträte aus dem Jahr 1906. Ein bisschen komisch und auch makaber wirkt das alles wegen des grün schillernden Lichts, das durch die Buntglasfenster fällt. Vom Fenster kann man einen Blick auf das hektische Treiben unten werfen.

Märkte MÄRKTE
(Karte S. 52) Der sowieso schon wahnwitzige Handel in Pettah legt auf den Märkten noch einen Gang zu. Gleich östlich vom Bahnhof Fort quillt der **Manning-Markt** förmlich über vor Produkten, die auf Sri Lanka angebaut werden. Auf dem Obst- und Gemüsemarkt für Großhändler werden die Träume eines jeden Affen in Sachen Bananen wahr. Der **Markt der Federation of Self Employees** erstreckt sich entlang der 5th Cross Street und bietet eine unglaubliche Vielfalt an Waren und Lebensmitteln. Etwa das gleiche Angebot findet man auf dem **Zentralmarkt**.

Dutch Period Museum HISTORISCHES MUSEUM
(Karte S. 52; 95 Prince St., Col 11; Erw./Kind 500/300 Rs; Di–Sa 9–17 Uhr) Das einzigartige Museum war im 17. Jh. ursprünglich die Residenz des holländischen Gouverneurs und wurde seitdem als katholisches Seminar, als Militärhospital, als Polizeiwache und als Postamt genutzt. Das Anwesen hat einen hübschen Hof mit Garten und verströmt seit der Restaurierung 1977 einen verblichenen Charme. Gezeigt werden holländische Möbel aus der Kolonialzeit und andere interessante Artefakte.

Hinduistische Tempel TEMPEL
(Karte S. 52) Es gibt in Colombo zahlreiche unter dem Begriff *kovils* bekannte Hindu-Tempel; besonders viele konzentrieren sich in Pettah. Sämtliche nachfolgend genannten *kovils* sind von 6 bis 18 Uhr geöffnet. In der Sea Street und der Goldsmiths' Street sind der **Old Kathiresan Kovil** wie auch der **New Kathiresan Kovil** dem Kriegsgott Murugan (Skanda) geweiht; hier beginnt beim alljährlichen Hindufest Vel (Speer) im Juli/August immer die Prozession. Anschließend wird ein riesiger *Vel*-Festwagen zu den

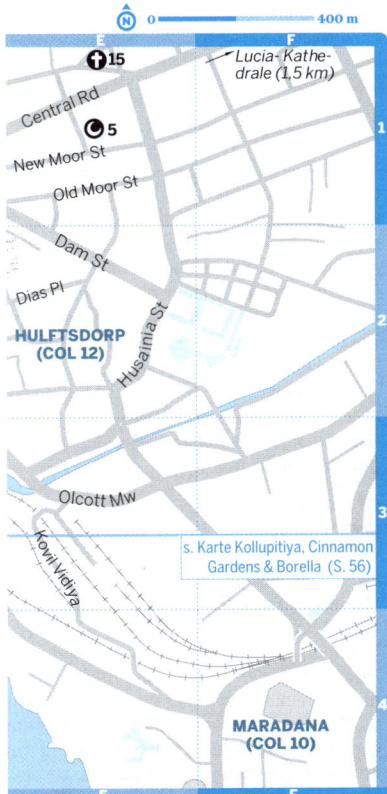

Colombo Fort & Pettah

🔷 Highlights
- Dutch Period Museum C2
- Federation of Self Employees Market D2
- Old City Hall D1

🔷 Sehenswertes
1. Cargills Main Store B2
2. Central Bank A2
3. Zentralmarkt D1
4. Uhrenturm A2
5. Grand Mosque E1
- Grand Oriental Hotel .... (siehe 19)
6. Jami-Ul-Alfar-Moschee C1
7. Lloyd's Buildings B2
8. Manning Market D2
9. New Kathiresan Kovil D1
10. Old Dutch Hospital B3
11. Old Galle Buck Lighthouse A2
- Old Kathiresan Kovil .... (siehe 9)
12. Pelicans A3
13. Sambodhi Chaitiya A1
14. St Peter's Church B2
15. Wolvendaal-Kirche E1
16. World Trade Center B3

🔷 Aktivitäten, Kurse & Touren
- Spa Ceylon .... (siehe 10)

🔷 Schlafen
17. Colombo City Hotel B3
18. Colombo YMCA B2
19. Grand Oriental Hotel B2
20. Hilton Colombo B3

🔷 Essen
21. AVP Restaurant B2
- Colombo Fort Cafe .... (siehe 10)
- Curry Leaf .... (siehe 20)
22. Lion Cafe C3
- Ministry of Crab .... (siehe 10)
23. New Palm Leaf Hotel D2
24. Pagoda Tea Room B2

🔷 Ausgehen
25. 7° North C3
- Brewery by O! .... (siehe 10)

🔷 Unterhaltung
- Blue Leopard .... (siehe 19)

🔷 Shoppen
26. Bazaar C2
- Sri Lanka Gem & Jewellery Exchange .... (siehe 16)

---

verschiedenen *kovils* in der Galle Road in Bambalapitiya gezogen.

Moschee MOSCHEEN
(Karte S. 52) Im Herzen von Pettah bietet die dekorative **Jami-Ul-Alfar-Moschee** (Ecke 2nd Cross St. & Bankshall St., Col 11) von 1909 aus rot-weiß gestreiftem Backstein einen sensationellen Anblick. Das Wachpersonal lässt Besucher in der Regel einen Blick ins Innere werfen (mit Ausnahme des Freitags während der Hauptgebetszeit). Die moderne **Grand Mosque** (Große Moschee; New Moor St., Col 11) ist die bedeutendste der Stadt.

Wolvendaal Church KIRCHE
(Karte S. 52; Wolvendaal Lane, Col 11; ⊙9–16 Uhr) Die Wolvendaal-Kirche von 1749 ist das bedeutendste holländische Gebäude Sri Lankas. Als das Gotteshaus errichtet wurde, war das Viertel noch ein Stück Wildnis außerhalb der Stadtmauern. Da die Europäer die Rudel streunender Schakale irrtümlich für Wölfe hielten, wurde die Gegend als „Wolfstal" bekannt – Wolvendaal auf Holländisch. Die Kirche weist die Form eines griechischen Kreuzes auf und hat 1,5 m dicke Mauern. Die eigentliche Attraktion ist jedoch das holländische Mobiliar. Die holländischen Gouverneure hatten ihre eigene Kirchenbank mit eleganten, geschnitzten Ebenholzstühlen; die Kanzel aus Holz, das Taufbecken und das Pult sind nicht minder beeindruckend. In den Steinboden eingearbeitet sind kunstvolle Grabmäler, die an längst vergessene holländische Gouverneure und Siedler erinnern.

GALLE FACE GREEN
Colombos Terrasse liegt unmittelbar südlich von Fort. **Galle Face Green** (Karte S. 56) ist ein langer Rasenstreifen, der am schmalen Strand und am Meer entlang verläuft. Die Holländer legten ihn einst an, um für die Kanonen eine freie Schusslinie zu haben. Heute sind die breiten Rasenflächen und die Promenade am Meer ein beliebter Treffpunkt der Einheimischen. An Wochentagen tummeln sich hier die Drachenflieger, knutschende Paare und Familien sowie – vor allem am Sonntagabend – die **fliegen-**

den **Händler** (Karte S. 56). Sie verkaufen am südlichen Strandende alle möglichen frittierten Happen und Snacks. Die Kinder springen von der kleinen **Mole** (Karte S. 56) ins nicht wirklich einladende Wasser. Ein hübscher Anblick sind die **Pelikane** (Karte S. 52), die am nördlichen Ende auf den Lichtmasten sitzen.

Gegenüber gehen auf dem Gelände des Taj Samudra Hotels die verbliebenen Gebäude des **Colombo Club** (Karte S. 56) aus dem 19. Jh. auf das Galle Face Green hinaus; die Räumlichkeiten werden noch für Veranstaltungen genutzt. Am entgegengesetzten Ende der Grünfläche stehen das reizende alte Galle Face Hotel sowie die klotzigen, in die Jahre gekommenen Hotels von Fort. Ein paar Nobelbauten sind im Viertel östlich der Galle Face Centre Road geplant.

SLAVE ISLAND & UNION PLACE
Nach Pettah sind dies die beiden ältesten Viertel Colombos. Slave Island war früher zu einem großen Teil von Wasser umgeben; hier hielten die Holländer zur Kolonialzeit ihre Sklaven. Während des Krieges ging es noch recht provinziell zu, aufgrund der Nähe zu Fort und zum Galle Face Green bietet sich die Gegend nun jedoch zum Ausbau an. Derzeit kann man hier noch beschauliche Spaziergänge am **South Beira Lake** (Karte S. 56) unternehmen.

Die großen, modernen Bürogebäude ganz im Süden lassen schon ahnen, dass Union Place ein enormer Wandel bevorsteht. Aber bis die Planierraupen kommen, geht in den engen Gassen das Leben wie schon seit Jahrhunderten seinen Gang. Der Streifzug beginnt mit den **Geschäften im Kolonialstil** (Karte S. 56) am Union Place, dann geht es hinein ins Viertel: In der Malay Street und weiter in der Church Street spaziert man in Richtung Süden. In den winzigen Läden werden Waren dubioser Herkunft angeboten, jede Gasse hält eine Überraschung bereit. Immer weiter führt der Weg gen Süden, bis Nawam Mawatha und der South Beira Lake erreicht sind.

SOUTH BEIRA LAKE & UMGEBUNG
Der South Beira Lake bildet einen hübschen Kontrast zur Stadt. Pelikane wetteifern mit Paddelbooten in Form von riesigen Schwänen um den Platz auf dem See. Besagte Boote, die gemietet werden können, stehen übrigens bei Liebespaaren hoch im Kurs, die etwas Zweisamkeit suchen.

**Seema Malakaya
Meditation Centre**   SPIRITUELLES ZENTRUM
(Karte S. 56; ⊙6–18 Uhr) Eine der meistfotografierten Sehenswürdigkeiten Colombos befindet sich auf einer Insel im Osten des Sees. Das kleine, aber bezaubernde Meditationszentrum wurde 1985 von Geoffrey Bawa (s. Kasten unten) entworfen und untersteht dem Gangaramaya Tempel. Die beiden Pavillons – einer mit zahlreichen Bronze-Buddhas aus Thailand, der andere mit einem Bodhi-Baum in der Mitte und

GEOFFREY BAWA – „MANIFEST GEWORDENE POESIE"

Der berühmteste Architekt Sri Lankas, Geoffrey Bawa (1919–2003), verband in seinem Werk alte und moderne Einflüsse, die der Architekt Ranjith Dayaratne einmal als „manifest gewordene Poesie" beschrieb.

Bawa nutzte Höfe und Durchgänge, um bei seinen Gebäuden angenehme Verbindungen zwischen drinnen und draußen zu schaffen. Dazu gehörten häufig Freiflächen zur Kontemplation, aber auch umbaute Areale, die den Blick auf Innenbereiche freigaben.

Seine Entwürfe fügten sich in die jeweilige Umgebung ein. Bawa hatte auch nichts dagegen, wenn die Natur seine Bauten vereinnahmte – manchmal unterstützte er sogar den dschungelartigen Pflanzenwuchs an Wänden und Dächern.

Obwohl Bawa ästhetisch Schönes schuf, lag ihm auch der funktionale Aspekt der Architektur am Herzen; er öffnete seine Gebäude für Licht und Luft, stellte dabei jedoch sicher, dass ein Schutz vor den Launen des Klimas bestand.

Sein Konzept war nicht nur aufgrund seiner Originalität von Bedeutung, sondern beeinflusste auch die Architektur Sri Lankas und des Auslands.

Zu Bawas Werk zählen das Parlamentsgebäude in Colombo und das Kandalama Hotel in der Nähe von Dambulla.

Das historische Gebäude, in dem Colombos Gallery Cafe untergebracht ist, war einst Bawas Büro und dient heute als Ausstellungsfläche für Kunst und Fotografie. Sehenswert ist auch sein Seema Malakaya Meditation Centre, ein wahres Schmuckstück.

Kollupitiya, Cinnamon Gardens & Borella

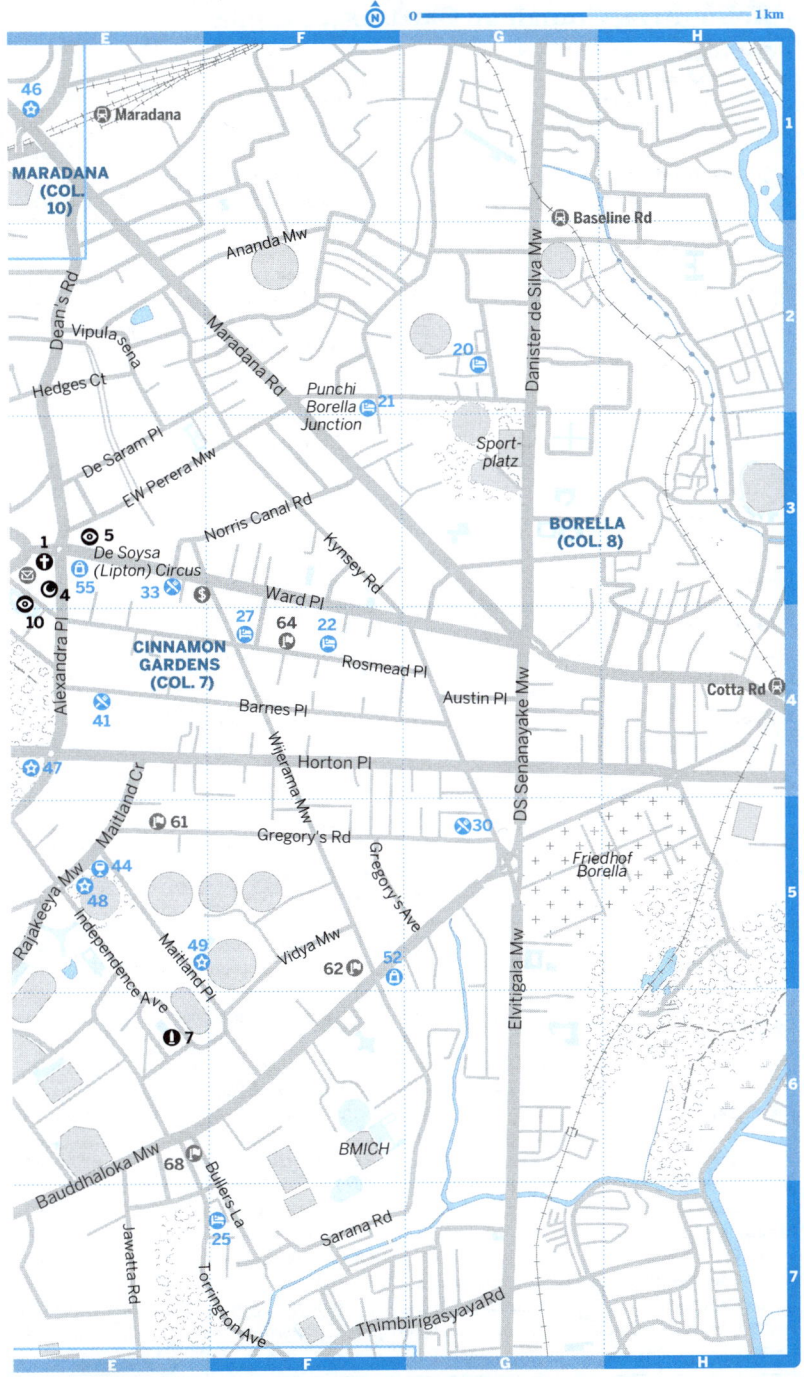

Kollupitiya, Cinnamon Gardens & Borella

◎ Highlights
- Gangaramaya-Tempel C3
- National Museum D4
- Saskia Fernando Gallery C6

◎ Sehenswertes
1. Cinnamon Gardens Baptist Church E3
2. College House D6
- Colombo Club .... (siehe 26)
3. Geschäfte im Kolonialstil B2
4. Dewata-Gaha Mosque E3
5. Eye Hospital E3
6. Fliegende Händler A2
7. Independence Memorial Hall E6
8. Kala Pola Art Market D4
9. Lionel Wendt Centre D5
10. Old Town Hall E3
11. Pier A2
12. Saifee Villa D7
13. Seema Malakaya Meditation Centre C3
14. University of Colombo D6

◎ Aktivitäten, Kurse & Touren
- Kemara .... (siehe 41)
15. Spa Ceylon D3

◎ Schlafen
16. Cinnamon Grand Hotel B3
17. Galle Face Hotel A3
18. Hotel Renuka & Renuka City Hotel B5
19. Lake Lodge C4
20. Mrs Chitrangi de Fonseka's G2
21. Mrs Swarna Jayaratne's F2
22. Parisare F4
23. Park Street Hotel D3
24. Pearl City Hotel C7
25. Ranjit's Ambalama F7
26. Taj Samudra A2
27. Tintagel F4
28. YWCA National Headquarters B3

◎ Essen
- Barefoot Garden Cafe .... (siehe 51)
29. Bars Cafe C5
30. Bayleaf G5
- Boulevard .... (siehe 55)
31. Carnival B5
32. Chesa Swiss C5
33. Coco Veranda Cafe E3
34. Commons D5
35. Cricket Club Cafe C7
36. Gallery Cafe C7
37. Green Cabin C7
38. Hotel De Pilawoos C4
39. Keells B3
40. Keells B4
41. Milk & Honey Cafe E4
- Paradise Road Cafe .... (siehe 56)
- Park Street Mews .... (siehe 15)
42. Raffles C6

◎ Ausgehen
43. Castle Hotel B2
44. Clancy's Irish Pub E5
- Galle Face Hotel .... (siehe 17)
45. White Horse B3

◎ Unterhaltung
46. Elphinstone Theatre E1
- Lionel Wendt Centre .... (siehe 9)
- Mojo .... (siehe 26)
47. Nelum Pokuna Performing Arts Theatre E4
48. Silk E5
49. Sri Lanka Cricket E5

◎ Shoppen
50. Arpico D3
51. Barefoot C7
52. Buddhist Book Centre F5
53. Crescat Boulevard B3
- Dilmah Tea Shop .... (siehe 53)
- Dilmah Tea Shop .... (siehe 55)
- KT Brown .... (siehe 15)
54. Laksala D7
- Mlesna Tea Centre .... (siehe 53)
55. Odel E3
56. Paradise Road D3
57. Photo Technica B5
58. Photo Technica B4
59. Sri Lanka Cashew Corporation B6
60. Sri Lanka Tea Board Shop C6
- Vijitha Yapa Bookshop .... (siehe 53)

ⓘ Praktisches
61. Australische Botschaft E5
62. British High Commission F5
63. Kanadische Botschaft C5
64. Französische Botschaft F4
65. Deutsche Botschaft C7
66. Indian High Commission A3
67. Indian Visa Office C6
68. Niederländische Botschaft E6
69. Sri Lanka Tourist Board A3
- Touristenpolizei .... (siehe 69)
70. US-Botschaft B4

vier Brahmanen-Darstellungen – beeindrucken besonders, wenn sie nachts festlich angestrahlt werden.

Gangaramaya-Tempel BUDDHISTISCHER TEMPEL
(Karte S. 56; Sri Jinaratana Rd., Col 2; ◉5.30–22 Uhr) Die von einem politisch recht bewanderten Mönch geführte Tempelanlage verfügt über eine Bibliothek, ein **Museum** (Spende 100 Rs) und eine wahrlich außergewöhnliche Fülle an vergoldeten und mit Edelsteinen besetzten Geschenken, die Gläubige und Anhänger im Lauf der Jahre gestiftet haben. Der lebhafte Gangaramaya-Tempel steht alljährlich im Mittelpunkt des Navam Perahera (S. 62), des im Februar begangenen *Poya*-Festes (Vollmondfest). Vielleicht hat auch der eine oder andere das Bedürfnis, für das Wohl des traurig aussehenden Elefanten zu beten, der in einer Ecke des Grundstücks angekettet ist.

KOLLUPTIYA

Das langgestreckte Geschäftsviertel in der im Verkehr schier erstickenden Galle Road ist vollgestopft mit verschiedensten Geschäften, Unternehmen und Hotels, die mal bescheiden, mal nobel sind. Bei einem Streifzug durch die Gassen stößt man auf die eine oder andere Überraschung sowie auf gleich mehrere beliebte Lokale, in denen man für einen Imbiss einkehren kann (Einzelheiten s. S. 69). Die geplanten Verschönerungsmaßnahmen am Marine Drive werden möglicherweise zu einem Bauboom an der Meerespromenade führen.

Saskia Fernando Gallery KUNSTGALERIE
(Karte S. 56; www.saskiafernandogallery.com; 61 Dharmapala Mawatha, Col 3; ◉Mo–Fr 10–19 Uhr) Werke einiger der besten zeitgenössischen Künstler Sri Lankas werden in den weiß getünchten Räumlichkeiten dieser Galerie ausgestellt.

CINNAMON GARDENS

Rund 5 km südlich von Fort und landeinwärts von Kolluptiya liegt Cinnamon Gardens, die nobelste Wohngegend Colombos. Vor hundert Jahren befanden sich hier noch Zimtplantagen. Heute beeindrucken elegante, von Bäumen gesäumte Straßen mit noblen Anwesen, Botschaften, schicken Cafés und Geschäften, Sportanlagen sowie diversen Museen und Galerien.

Colombos 1928 errichtete **Old Town Hall** (Altes Rathaus, auch White House genannt; Karte S. 56) mit ihrer weißen Kuppel geht auf das Herzstück des Viertels hinaus, den Viharamahadevi Park. Weiter südlich befindet sich das neu errichtete, architektonisch auffällige Performing Arts Theatre.

Der brodelnde **De Soysa (Lipton) Circus** (Karte S. 56) ist eine wichtige Kreuzung. Ein Stück des Kreisverkehrs nimmt das empfehlenswerte Kaufhaus Odel Unlimited ein. Gegenüber ragt die **Cinnamon Gardens Baptist Church** (1877) auf. Gleich südlich der Kirche steht die **Dewata-Gaha-Moschee** (Karte S. 56), ein verfallenes, von der Sonne gebleichtes Bauwerk von 1802, das am Freitagabend von Gläubigen schier überquillt. Das vergammelte Gebäude aus rotem und weißem Backstein, das ehemalige **Eye Hospital** (Karte S. 56), übersieht so schnell bestimmt keiner. Bisher hat sich jedoch noch keiner zu seiner Rettung vor dem Verfall gefunden.

LP TIPP **National Museum** MUSEUM
(Karte S. 56; Albert Cres. Col 7; Erw./Kind 500/300 Rs; ◉9–18 Uhr) Ein großer Steinbuddha aus dem 19. Jh. begrüßt die Besucher mit einem geheimnisvollen Lächeln am Eingang der bedeutendsten Kulturinstitution, die Sri Lanka zu bieten hat. In Galerien, die bis 1877 zurückdatieren, finden sich Kunst, Schnitzereien und Plastiken aus der Vergangenheit Sri Lankas, außerdem Schwerter, Gewehre und andere Erinnerungsstücke aus der Kolonialzeit. Faszinierend sind die Reproduktionen englischer Gemälde aus dem 19. Jh., die das damalige Sri Lanka zeigen, sowie die hervorragende Sammlung antiker Dämonenmasken. Einen Blick lohnen auch der wunderschöne Thron, der 1693 für König Wimaladharma gefertigt wurde, und die Bronzesandalen eines Bodhisattva aus dem 9. Jh. Das Areal liegt im Schatten mächtiger Banyan-Bäume.

Viharamahadevi Park PARK
(Karte S. 56) Colombos größter Park hieß ursprünglich Victoria Park, wurde in den 1950er-Jahren jedoch nach der Mutter von König Dutugemunu (s. S. 133) umbenannt. Er ist bekannt für seine herrlichen Bäume, die im März, April und Anfang Mai wunderschön blühen. Manchmal übernachten Arbeitselefanten im Park, die dann die Palmwedel futtern.

National Art Gallery KUNSTGALERIE
(Karte S. 56; 106 Ananda Coomaraswamy Mawatha, Col 7; Eintritt frei; ◉9–17 Uhr, an Poya-Tagen geschl.) Das Tollste an der National Art Gallery ist wohl der Name. Neben dem National

Museum wird hier eine kleine Dauerausstellung mit Porträts und Landschaften gezeigt – leider ohne erklärende Beschriftung und ohne Klimaanlage.

Lionel Wendt Centre KUNSTZENTRUM
(Karte S. 56; 269 5794; www.lionelwendt.org; 18 Guildford Cres, Col 7; Mo-Fr 9–13 & 14–17, Sa & So 10–12 & 13–17 Uhr) Das Zentrum bietet ein ständig wechselndes Programm mit Kulturveranstaltungen, regelmäßigen Kunstausstellungen und Theateraufführungen. Es lohnt sich, vorbeizuschauen, um in Erfahrung zu bringen, was gerade läuft.

University of Colombo UNIVERSITÄT
(Karte S. 56) Der gut 20 ha große Campus der Universität Colombo, ursprünglich 1870 als Ceylon Medical School eröffnet, ist von langen Alleen mit schönen Anwesen aus der Kolonialzeit umgeben. Besonders sehenswert ist die Cumaratunga Munidasa Mawatha an der Südwestseite des Sportplatzes. Einen Eindruck, wie angenehm es sich hier leben ließ, bietet ein Besuch der 1910 gebauten, italienisch anmutenden barocken **Villa Saifee** sowie des gleich in der Nähe liegenden **College House** mit seinen Türmchen (1912 errichtet).

Independence Memorial Hall MONUMENT
(Karte S. 56; Independence Square, Col 7) Das Monument, das der Unabhängigkeit Sri Lankas von Großbritannien im Jahr 1948 gedenkt, präsentiert sich als riesiges Steingebäude, das Anklänge an den Audienzsaal in Kandy nimmt. Hier kann man herrlich den Menschenmassen von Colombo entgehen, denn aus unerfindlichen Gründen ist es hier immer ziemlich leer.

DER SÜDEN

Der Süden von Kollupitiya und Cinnamon Gardens bietet weitgehend das gleiche Bild. Der kommerzielle Abschnitt der Galle Road führt gen Süden durch Bambalapitiya und Wellawatta. Landeinwärts präsentiert sich Havelock Town als legere Variante von Cinnamon Gardens. Hier gibt es viele komfortable Mittelklassehotels. Das einzige Viertel mit einem gewissen Kick ist **Pamankade**; hier warten einige interessante Geschäfte und Cafés in der Stratford Avenue.

Puppet Museum MUSEUM
(573 5332; www.puppet.lk; Anagarika Dharmapala Mawatha, Dehiwala; Eintritt 500 Rs, unterschiedl. Preise je nach Vorstellung; 9–17 Uhr) Das Marionettentheater gehörte in den Dörfern Sri Lankas lange Zeit zur traditionellen Unterhaltung. Theatertruppen führten Stücke mit komplizierten Handlungen auf, die oft Stunden dauerten. Das engagierte Museum pflegt nun die Tradition des Marionettentheaters. Dutzende von Puppen – einige sind unglaublich groß! – sind hier ausgestellt. Selbst unbespielt wirken viele erstaunlich lebensecht. Am besten erkundigt man sich telefonisch nach den Vorstellungen, die Mitarbeiter erklären auch den Weg. Das Museum befindet sich rund 200 m östlich der Galle Road, etwa auf halber Höhe zwischen Wellawatta und Mount Lavinia.

MOUNT LAVINIA

Mount Lavinia fungierte lange als Colombos Erholungsgebiet am Strand und bietet sich an, um abseits von Lärm und Abgasen richtig durchzuatmen. Der **Strand** ist nicht so übel, wobei allerdings mehrere Flüsse nur ein Stück weiter nördlich nach Regenfällen ihr Schmutzwasser ins Meer leiten; auch auf die teilweise gefährlichen Strömungen sollte man achten. Wer sowieso zu den berühmten Stränden im Süden fährt, kann sich den Zwischenstopp hier jedenfalls sparen. Ansonsten laden zahlreiche Strandcafés in Mount Lavinia ein, die Stunden bis zum Sonnenuntergang angenehm zu vertrödeln.

KOTAHENA

Kotahena, unmittelbar nordöstlich von Pettah, ist eng mit dem Hafen von Colombo verbunden, der die westliche Grenze bildet.

NICHT VERSÄUMEN

DER KUNSTMARKT KALA POLA

Jeden Sonntagmorgen erwacht der breite Boulevard Ananda Coomaraswamy Mawatha südlich vom Viharamahadevi Park zu buntem Leben, wenn einheimische Künstler hier ihre Werke zeigen. Die allwöchentliche Farbexplosion ist ein Ableger des ursprünglichen **Art Market Kala Pola** (Karte S. 56), ein Event, der bis heute einmal pro Jahr am dritten Sonntag im Januar abgehalten wird: Dann stellen bis zu 500 Künstler ihre Arbeiten aus. Der Markt ist ein Kaleidoskop der Kreativität des Landes – und eine wahre Fundgrube für tolle Stücke zu Schnäppchenpreisen.

Hier wird nicht so wahnwitzig viel Handel getrieben wie in Pettah, aber zahlreiche alte Gebäude und Straßen gibt es natürlich auch hier. Die aufgeführten Sehenswürdigkeiten lassen sich allesamt mit einem Taxi oder Tuk-Tuk erkunden.

Hindu-Tempel TEMPEL
Während des Erntefests Thai Pongal (im Jan.) strömen die Gläubigen zum **Sri Ponnambalam Vanesar Kovil** (außerhalb der Karte S. 52; Srimath Ramanathan Mawatha), einem architektonisch beeindruckenden Bauwerk aus wunderschönem südindischem Granit, und zum **Sri Muthumariamman Kovil** (außerhalb der Karte S. 52; Kotahena St., Col 13). Die Göttin, nach der der zweite Tempel benannt ist, soll schon viele Wunder bewirkt haben.

St. Anthony's Church KIRCHE
(Außerhalb der Karte S. 52; St Anthony's Mawatha, Kotahena; ◷6–18 Uhr) Die Kirche, die dem hl. Antonius geweiht ist, ist eine der interessantesten Sakralbauten der Stadt. Von außen sieht sie wie ein typisch katholisches Gotteshaus der Portugiesen aus, doch innen hat die Atmosphäre dann eindeutig etwas Indisches. In langen Schlangen bringen die Gläubigen einem Dutzend verzierter Statuen *puja* (Gaben oder Gebete) dar. Der Figur des hl. Antonius werden wundertätige Eigenschaften nachgesagt – weshalb er im Mittelpunkt der Andacht von Gläubigen vieler Konfessionen steht. Mütter bringen oft ihre pubertierenden Töchter her; sie bitten um Schutz vor bösen Geistern, die sich die erwachende Sexualität der Mädchen zunutze machen könnten. Es wird nicht gern gesehen, wenn jemand fotografiert.

St. Lucia's Cathedral KIRCHE
(Außerhalb der Karte S. 52; St Lucia's St., Kotahena; ◷5.30–12 & 14–19 Uhr) Die riesige Kathedrale aus dem Jahr 1887 befindet sich im katholischen Herzen des Viertels Kotahena. In der größten Kirche Sri Lankas finden bis zu 5000 Gläubige Platz. Der Kirchenraum wirkt recht schlicht.

DER NORDEN & NORDWESTEN
Die betriebsame Straße, die Colombo mit Negombo, dem Flughafen und dem Norden verbindet, ist häufig total verstopft. Gesäumt wird sie von einem Wirrwarr an Einkaufszentren, die für die kaufkräftige Mittelschicht gedacht sind. In diesem Stil präsentieren sich die ersten paar Kilometer der Straße nach Kandy, doch schon bald bieten die herrlich grünen Landschaften einen weitaus schöneren Anblick.

Kelaniya Raja
Maha Vihara BUDDHISTISCHER TEMPEL
Buddha soll bei seinem dritten Besuch auf Sri Lanka diesen Tempel aufgesucht haben. Und prachtvoll und labyrinthartig ist er ja wirklich! Die Anlage blickt auf eine wechselvolle Vergangenheit zurück: Der Originaltempel wurde von indischen Invasoren zerstört und dann restauriert – nur um im 16. Jh. von den Portugiesen erneut zerstört zu werden. Die Holländer richteten ihn im 18. Jh. dann wieder her, um sich bei den Einheimischen einzuschmeicheln. Die hohle Dagoba – etwas sehr Ungewöhnliches – steht im Mittelpunkt des alljährlichen Duruthu Perahera im Januar. Die Tempelanlage befindet sich etwa 7 km nordöstlich von Fort an der Kandy Road.

🏃 Aktivitäten

Ayurveda & Spa
Ayurveda-Kureinrichtungen und Kurkliniken stehen bei vielen Besuchern Sri Lankas hoch im Kurs. Zu Einzelheiten dieser traditionellen Behandlungsmethoden und Therapien siehe S. 337.

Spa Ceylon SPA
(www.spaceylon.com) Old Dutch Hospital (Karte S. 52; ☏566 5599; Fort, Col 1; ◷10–23 Uhr), Park St Mews (Karte S. 56; ☏230 7676; Park St, Col 2; ◷10–23 Uhr) Die Kette an Luxuskurhotels bietet in schickem Ambiente sowohl Ayurveda-Behandlungen als auch gängige Kuranwendungen.

Kemara SPA
(Karte S. 56; ☏269 6498; www.kemaralife.com; 12 Barnes Pl.; ◷10–20 Uhr) Hier erhält man holistische Behandlungen und luxuriöse Schönheits- und Gesundheitsartikel, von denen viele auf Früchten und Kräutern basieren. Die Liste an Therapien und Kuranwendungen ist lang.

Siddhalepa Ayurveda
Hospital SPA
(Außerhalb der Karte S. 68; ☏273 8622; www.siddhalepa.com; Templers Rd., Mt. Lavinia) Das Ayurveda-Gesundheitszentrum mit Rundumservice bietet ambukante und auch stationäre Behandlungen und Therapien, die zwischen einer Stunde und einer Woche dauern können. Jeden Monat steht ein anderes Heilkraut im Mittelpunkt.

Schwimmen

Das verschmutzte Wasser am Galle Face Green kann man getrost vergessen; der einzige Flecken, an dem man sich ins Meer stürzen könnte, ist Mount Lavinia – und selbst dort dürfte es sich es so mancher noch einmal überlegen.

Für alle, die eine Unterkunft ohne Pool gewählt haben – oder alle, die einfach einmal einen Szenewechsel schätzen, lohnt es sich, ein paar Rupien fürs Schwimmen in einem Hotelpool zu investieren. Die meisten Häuser gestatten Nicht-Hotelgästen die Nutzung der Einrichtungen gegen eine Gebühr von 500 bis 1000 Rs. Zwei gute Möglichkeiten sind der Salzwasserpool des Galle Face Hotels, der sich im Freien direkt am Meer befindet, sowie der herrlich gelegene Pool des Mount Lavinia Hotel.

Meditation

Kanduboda Meditation Centre SPIRITUELLES ZENTRUM

(240 2306; www.metta.lk/temples/kandubodha) Das bedeutende Zentrum zur Meditationsausbildung im Stil des verstorbenen Mahasi Sayadaw liegt 25 km außerhalb von Colombo in Delgoda. Unterkunft und Mahlzeiten sind kostenlos, es werden jedoch Spenden erwartet. Die meisten Meditierenden nehmen an einer dreiwöchigen Einführung teil, anschließend kann dann jeder so lang allein für sich meditieren, wie er möchte. Der Pugoda-Bus 224 fährt vom zentralen Busbahnhof in der Olcott Mawatha zum Meditationszentrum.

Geführte Touren

Colombo City Tour BUSTOUR

(281 4700, 077 759 9963; www.colombocitytours.com; Tour 2850 Rs; Mi, Sa & So 8.30 Uhr) Es macht Spaß, sich Colombo und Umgebung in einem alten, oben offenen Doppelstockbus hoch über dem Verkehr anzuschauen. Erklärungen zu den Sehenswürdigkeiten gibt es auf Englisch, Snacks und Wasser sind im Preis inbegriffen. Die vierstündige Stadtrundfahrt deckt das ganze Stadtgebiet ab; zu den Zwischenstopps gehört auch das National Museum.

Colombo Walking Tour SPAZIERGANG

(077 683 8659; www.sriserendipity.com; Touren ab 20 US$) Der kuriose Stadtspaziergang enthüllt die Geheimnisse und zeigt einzigartige Plätze in der Innenstadt. Die Führerin Juliet Coombe ist Autorin von Reiseführern über Colombo und weitere Orte auf Sri Lanka.

 Feste & Events

Ausgefallene Events wie Straßenrallys und Open-Air-Konzerte finden in Colombo immer häufiger statt.

Duruthu Perahera RELIGIÖSES FEST
Wird im Kelaniya Raja Maha Vihara im Rahmen des Januar-*poya* abgehalten.

Navam Perahera RELIGIÖSES FEST
Diese Prozession findet während des Februar-*poya* statt und wird von 50 Elefanten angeführt; Ausgangsort ist der Gangaramaya-Tempel, gefeiert wird rund um den Viharamahadevi Park und den South Beira Lake.

Vel RELIGIÖSES FEST
Während des *vel* im Juli/August wird der vergoldete Wagen des hinduistischen Kriegsgottes Murugan (Skanda) feierlich vom Kathiresan Kovil in Bambalapitiya zu einem Tempel gezogen.

Schlafen

Wie vieles andere in der Hauptstadt erwachen nun auch die Unterkünfte in Colombo aus einem langen Dornröschenschlaf. Neue Nobelherbergen mit allen wünschenswerten Annehmlichkeiten werden gebaut, alte Hotels aufgemöbelt, luxuriöse Boutiquehotels in den grüneren Stadtvierteln neu errichtet. Auch die neue Auswahl an Bleiben im mittleren Preissektor kann sich sehen lassen. Zudem eröffnen immer wieder neue Gästehäuser für den kleinen Geldbeutel.

Mitten im aktuellen Hotellerieboom überleben aber auch alteingesessene Häuser mit schon etwas verblichener Pracht. In Fort und vor allem in der Galle Road gibt es schäbige Quartiere, die sich seit Jahrzehnten kaum verändert – geschweige denn verbessert – haben. Da die Anzahl an Touristen auf Sri Lanka ständig zunimmt, macht es Sinn, im Voraus zu buchen, und zwar vor allem die erste Übernachtung in Colombo. So kann man vermeiden, dass die Reise in einer miesen Unterkunft beginnt.

Negombo (S. 85) liegt ein kurzes Stück mit dem Auto vom Bandaranaike International Airport entfernt und bietet die ganze Palette an Übernachtungsmöglichkeiten – viele liegen sogar direkt am Strand.

FORT & PETTAH

In Fort finden sich diverse Hotelhochhäuser in internationalem Stil, die schon seit ewigen Zeiten im Geschäft sind. Beide Viertel bieten auch historische Hotels zu Preisen, bei denen sich die vorhandenen Minuspunkte verschmerzen lassen.

Hilton Colombo　　　　　　　　　　HOTEL $$$
(Karte S. 52; ☏249 2492; www.hilton.com; 2 Sir Chittampalam A Gardiner Mawatha, Col 2; Zi. Standard/Executive 147/236 US$; ✻@☎︎☒) Im großen, internationalen Business-Hotel ist rund um die Uhr viel los. Zur Auswahl stehen 382 Zimmer mit Standard- oder Executive-Ausstattung, sechs Restaurants, ein Pub, ein 24-Stunden-Geschäftszentrum, ein voll eingerichteter Sport- und Fitnessclub sowie ein attraktiver Garten mit Poolbereich.

Grand Oriental Hotel　　　　　　　HOTEL $$
(Karte S. 52; ☏232 0391/2; www.grandoriental.com; 2 York St., Col 1; Zi. 60–90 US$; ✻☎︎) Das Grand Oriental gegenüber vom Hafen galt vor 100 Jahren als das beste Nobelhotel der Stadt – „sehen und gesehen werden" lautete damals die Losung. Dies stimmt heute längst nicht mehr, aber einen gewissen altmodischen Charme hat sich das Haus dennoch bewahrt. Den meisten Zimmern fehlt die Originalausstattung, meist dominiert ein Art Mittelmeerstil. Vom Restaurant mit Terrasse im 3. Stock bietet sich ein herrlicher Blick über den Hafen; am besten beschränkt man sich jedoch auf einen Drink – das Essen ist nicht empfehlenswert.

Colombo City Hotel　　　　　　　　HOTEL $$
(Karte S. 52; ☏534 1962; www.colombocityhotel.com; Level 3, 33 Canal Row, Col 1; Zi. 35–70 US$; ✻☎︎) Das Hotel mit vernünftigen Tarifen liegt wunderschön neben dem Old Dutch Hospital. Alle 32 Zimmer haben einen Kühlschrank, sind aber recht klein geraten. Auch der Blick aus den Zimmerfenstern ist nicht gerade prickelnd. Weitere Minuspunkte: Die Lautstärke im Hotel und der eher ungehobelte Service. All diesen Minuspunkten zum Trotz sprechen die Lage unweit vom Bahnhof von Fort sowie die günstigen Preise bei Online-Buchungen für das Hotel. Der Blick übers Meer vom Dachrestaurant ist fantastisch, was man vom Essen leider nicht behaupten kann.

Colombo YMCA　　　　　　　　　　GÄSTEHAUS $
(Karte S. 52; ☏232 5252; 39 Bristol St., Col 1; B 180 Rs, Zi. 550–1200 Rs) Diese alte Jugendherberge ist deprimierend, aber wenn jemand ausgeraubt wurde und dringend ein Dach über dem Kopf braucht – oder nicht viel ausgeben kann, dann ist das YMCA sicher genau das Richtige. Es gibt Schlafsäle für Männer sowie ein paar Einzel- und Doppelzimmer für Männer und Frauen; einige der Zimmer haben Gemeinschaftsbad, manche einen Ventilator.

KOLLUPITIYA

Die besten großen Hotels von Colombo liegen in dieser zentralen Gegend unweit vom Meer und der lauten Galle Road. In den Nebenstraßen Richtung Osten findet man einige interessante Angebote.

LP TIPP ▸ Lake Lodge　　　　　　　GÄSTEHAUS $$
(Karte S. 56; ☏232 6443; www.taruhotels.com; 20 Alvis Tce., Col 3; ✻☎︎) In diesem Hotel stimmt einfach alles: Die 13 schicken, minimalistischen Zimmer sind gut ausgestattet. Die langen Betontheken eignen sich prima zum Arbeiten oder zum Durchsehen des Gepäcks. Die Dachterrassen bieten nicht nur einen schönen Blick über den South Beira Lake, sondern sind auch ein schöner Fleck zum Frühstücken oder für einen Drink am Abend. Der Service ist hervorragend, das Hotel gut geführt. Und die Sehenswürdigkeiten in Colombo lassen sich fast alle zu Fuß erreichen.

Cinnamon Grand Hotel　　　　　　HOTEL $$$
(Karte S. 56; ☏243 7437; www.cinnamonhotels.com; 77 Galle Rd., Col 3; Zi. 100–180 US$; ✻@☎︎☒) Colombos bestes großes Hotel

---

NICHT VERSÄUMEN

SONNENUNTERGÄNGE

Der Indische Ozean bringt Sonnenuntergänge in so intensiven, lebhaften Farben hervor, dass Augen und Verstand sie kaum aufzunehmen vermögen. Viele entscheiden sich für die Bars im Freien in der abgeschiedenen Umgebung des Galle Face Hotels; authentischer gestaltet sich das Erlebnis, wenn man sich einfach im Galle Face Green in Colombo unters Volk mischt. Die Schönheit des Augenblicks lässt sich am besten zusammen mit anderen genießen, begleitet von einer kulinarischen Köstlichkeit von einem der zahlreichen Straßenhändler. Die Strandcafés von Mount Lavinia sind ebenfalls ein guter Standort. Ein Hinweis noch: Das Wetter tagsüber gibt keinen Hinweis auf die Qualität des Sonnenuntergangs am Abend! Ein grauer Tag kann mit einer wahren Orgie aus Orange- und Rottönen enden.

liegt zentral, und zwar ein Stück zurückversetzt von der Galle Road. Ständig scheint hier eine Nobelhochzeit gefeiert zu werden, oft sieht man auch hochkarätige Politiker durch die riesige, luftige Lobby schlendern. Die 501 Zimmer sind groß geschnitten, diejenigen in den oberen Etagen bieten zudem eine tolle Aussicht. Der Service ist hervorragend. Es gibt ein Fitnesscenter, einen riesigen Pool im Freien, mehrere erstklassige Restaurants und eine Patisserie in der Lobby. Sogar ein kleines sri-lankisches Dorf wurde nachgebaut – ein verstecktes Kleinod. Das Hotel ist der kleineren Crescat Boulevard Plaza Shoppingmall angeschlossen.

Park Street Hotel BOUTIQUEHOTEL $$$
(Karte S. 56; 243 9977; www.asialeisure.lk; 20 Park St., Col 2; Zi. ab 270 US$; ✱☎✆☼) Das herrliche Hotel in einem 250 Jahre alten Anwesen mit Kolonnaden würde sicher Plantagenbesitzer begeistern – und nicht nur die! Die zehn Zimmer und zwei Suiten sind sehr geräumig und öffnen sich zu luftigen Arkaden mit Blick auf den Garten und Pool. Antiquitäten und Kunstwerke sorgen für spannende Akzente inmitten der ansonsten modernen Möblierung. Das Hotel liegt nah am Zentrum und bietet hervorragende Einkaufsmöglichkeiten.

Galle Face Hotel HOTEL $$$
(Karte S. 56; 254 1010-6; www.gallefacehotel.com; 2 Kollupitiya Rd., Col 3; Zi. 80–160 US$; ✱@☎☼) Was für eine Lage! Die *Grande dame* von Colombo öffnet sich im Norden zum Galle Face Green und im Westen zum Meer hin. Die geschwungene Treppe, hohe Decken und die Bodenfliesen im Schachbrettmuster – ein Markenzeichen des Hauses! – sind größtenteils noch Originale aus dem Jahr 1864, als das Hotel eröffnet wurde. Ein Drink bei Sonnenuntergang ist bei vielen Leuten, die in Colombo zu Gast sind, eine beliebte Freizeitbeschäftigung. Doch dass das Galle Face Hotel in die Jahre gekommen ist, wird dann in vielerlei Hinsicht doch immer wieder deutlich – spätestens dann, wenn man den neueren Regency-Flügel gesehen hat. Auch der Service erfüllt die Erwartungen kaum. Einen Blick lohnt die riesige Plakette mit den Namen von Berühmtheiten, die hier schon genächtigt haben – die Liste reicht von Noel Coward bis Richard Nixon.

Taj Samudra HOTEL $$$
(Karte S. 56; 244 6622; www.tajhotels.com; 25 Galle Face Centre Rd., Col 3; Zi. 90–150 US$; ✱@☎☼) Das weitläufige Taj Samudra gehört zu einer angesehenen indischen Hotelkette. Es bietet elegante öffentliche Bereiche und einen 4,5 ha großen, gepflegten Garten. Zum Hotel gehören ein Café, das rund um die Uhr geöffnet hat (mit einem hervorragenden Büfett für 1000 Rs), sowie mehrere Restaurants und Bars. Die 270 Zimmer sind komfortabel und modern. Das Hotel ist günstig gelegen, zu den Sehenswürdigkeiten ist es nur ein kurzer Weg.

Pearl City Hotel HOTEL $$
(Karte S. 56; 452 3800; www.pearlcityhotel.net; 17 Bauddhaloka Mawatha, Col 4; Zi. 5600–7000 US$; ✱☎) Die Standardzimmer im Pearl City wirken ein bisschen schachtelartig und einfach, doch die etwas besseren Deluxe-Zimmer sind dann doch recht komfortabel, wenngleich alle etwas nach Billigbrokat aussehen. Das Hotel liegt nicht direkt an der Galle Road, was den Lärm etwas reduziert (trotzdem ein Zimmer nach hinten nehmen). Zu den 69 Zimmern führt ein Aufzug; alle haben einen Kühlschrank. Das hervorragende Personal arbeitet sehr professionell.

Hotel Renuka & Renuka City Hotel HOTEL $$
(Karte S. 56; 257 3598; www.renukahotel.com; 328 Galle Rd., Col 3; Zi. 45–80 US$; ✱☎) Das Renuka, ein hervorragendes Mittelklassehotel im Herzen der Stadt, verteilt sich auf zwei Gebäude. Die 81 Zimmer sind gepflegt und bieten einen Safe, einen Kühlschrank sowie einen 24-Stunden-Zimmerservice. Die Einrichtung ist allerdings etwas schlicht geraten. Am besten um ein Zimmer ersuchen, das nicht auf die Galle Road hinausgeht – und gegebenenfalls mehrere anschauen. Das Personal ist gut, was auch für das Palmyrah Restaurant gilt, das für seine Jaffna-Gerichte bekannt ist.

YWCA National Headquarters GÄSTEHAUS $$
(Karte S. 56; 232 3498; natywca@sltnet.lk; 7 Rotunda Gardens, Col 3; B 550 Rs, Zi. 3300–5500 Rs; ✱@) Die Unterkunft bietet acht saubere, einfache Zimmer (meist nur mit Ventilator), die sich um einen schattigen Hof gruppieren. Weibliche Backpacker sind hier gut aufgehoben: Männer dürfen hier nur in weiblicher Begleitung übernachten. Neben reinen Frauenzimmern mit Gemeinschaftsbad gibt es auch gemischte Zimmer mit eigenem Bad. Die billige Cafeteria (Mahlzeiten 150–350 Rs) hat von Montag bis Samstag zu allen Mahlzeiten geöffnet.

CINNAMON GARDENS

Die von Bäumen gesäumten Straßen vermitteln zumindest einen Hauch von vornehmem Charme.

Parisare — PRIVATUNTERKUNFT $
(Karte S. 56; 269 4749; 97/1 Rosmead Pl., Col 7; EZ/DZ 1500/2500 Rs) Das luxuriöseste Gästehaus der Stadt ist das Parisare sicher nicht, dafür aber wohl das interessanteste. Die Unterkunft befindet sich in einer modernen Maisonettewohnung mit wenigen Wänden, sodass die Gemeinschaftsräume im Freien liegen. Alles ist hier vollgestellt, aber sauber. Das Haus liegt in einer schmalen Gasse unweit einer begrünten Straße. Das Parisare bietet viel fürs Geld und ist entsprechend beliebt – deshalb rechtzeitig buchen.

Ranjit's Ambalama — GÄSTEHAUS $$
(Karte S. 56; 250 2403, 071 234 7400; www.ranjitsambalama.com; 53/19 Torrington Ave., Col 7; Zi. 4000–6000 Rs; ❄🌐) Das Gästehaus gibt sich modern und luftig, es hat einen kleinen begrünten Hof und Unmengen von Büchern zum Thema Buddhismus. Von den sechs Zimmern haben zwei ein eigenes Bad. Alle Zimmer haben Klimaanlage (1500 Rs Aufpreis). Es ist allerdings ein bisschen schwierig, das Haus zu finden: Wer von der Bauddhaloka Mawatha die Torrington Avenue herunterkommt, hält nach der Moschee auf der rechten Seite Ausschau, dann nimmt man die erste Straße links an einem kleinen Spielplatz und anschließend die erste rechts. Das zweite Haus links ist es dann schon.

Tintagel — BOUTIQUEHOTEL $$$
(Karte S. 56; 460 2122; www.tintagelcolombo.com; 65 Rosmead Pl., Col 7; Zi. 250–450 US$; ❄@🌐≋) Das Hotel in einem alten Anwesen war einst die Residenz der Familie eines Premierministers und besticht mit seinem dunklen minimalistischen Design, dem eleganten Ambiente und den charakteristischen Kunstwerken. Es ist in Besitz von Shanth Fernando, dem Designer, der auch das Gallery Cafe schuf. Jedes der zehn Zimmer ist individuell gestaltet, einige haben sogar einen eigenen Pool. Leider hat sich noch nicht herumgesprochen, dass cool nicht frostig bedeutet: Die Mitarbeiter sind bisweilen unverhohlen unhöflich.

BORELLA & MARADANA

Die beiden Viertel der Mittelschicht sind ruhig und liegen relativ weit vom übrigen Colombo entfernt im Westen.

Mrs Swarna Jayaratne's — PRIVATUNTERKUNFT $
(Karte S. 56; 269 5665, 077 731 4977; indcom@sltnet.lk; 70 Ananda Rajakaruna Mawatha, Col 8; EZ/DZ 1800/2200 Rs, Klimaanlage 700 Rs extra; ❄) Das Gästehaus bietet zwei saubere Zimmer mit Gemeinschaftsbad. Dazu kommen ein Aufenthaltsbereich für die Gäste mit Satellitenfernsehen, eine Terrasse und ein kleiner Rasen. Wie man hinkommt? Mit dem Bus 103 oder 171 (10 Rs ab Bahnhof Fort); an der Punchi Borella Junction muss man aussteigen.

Mrs Chitrangi de Fonseka's — PRIVATUNTERKUNFT $$
(Karte S. 56; 269 7919; www.gardenguesthousecolombo.com; 7 Karlsruhe Gardens, Col 10; Zi. 60–80 US$; ❄🌐) Die moderne Unterkunft mit Billigeinrichtung, viel Porzellan und einem Brunnen im Wohnbereich ist so exzentrisch, dass sie immer gut ausgelastet ist. Die drei geräumigen Zimmer haben Fernseher und sind in Pinktönen gehalten, die eine Neunjährige in Begeisterungsstürme versetzen würden. Der Bus 103 oder 171 von Fort hält gleich in der Nähe; an der Punchi Borella Junction aussteigen.

BAMBALAPITIYA, HAVELOCK TOWN & WELLAWATTA

Wer südlich vom Zentrum logiert, schlägt zwei Fliegen mit einer Klappe: Man spart Geld, und zumindest in den Seitenstraßen ist es auch nicht so lau

📕 Havelock Place Bungalow — GÄSTEHAUS $$$
(Karte S. 66; 258 5191; www.bungalow.lk; 6–8 Havelock Pl., Col 5; Zi. 95–140 US$; ❄@🌐≋) Das ansprechende Gästehaus bietet sieben Zimmer in zwei Kolonialgebäuden. Moderner Luxus und Antiquitäten geben sich hier ein Stelldichein; alles wirkt stilecht und authentisch. Die Nobelunterkunft befindet sich in einer ruhigen Gasse und bietet üppige Gärten und einen kleinen Pool. In den gemütlichen Rattansesseln des Freiluft-Cafés kann man herrlich die Zeit vertrödeln. In der Luft liegt der Duft von Zimt.

Casa Colombo — BOUTIQUEHOTEL $$$
(Karte S. 66; 452 0130; www.casacolombo.com; 231 Galle Rd., Col 4; 200–500 US$; ❄🌐≋) Das weitläufige, 200 Jahre alte Anwesen befindet sich in herrlich abgeschiedener Lage hinter einer Reihe von schäbigen Läden in der Galle Road. Es ist – abseits vom Lärm – ein Refugium mitten in der Stadt mit riesigen alten Bäumen und einem legendären

Bambalapitiya & Wellawatta

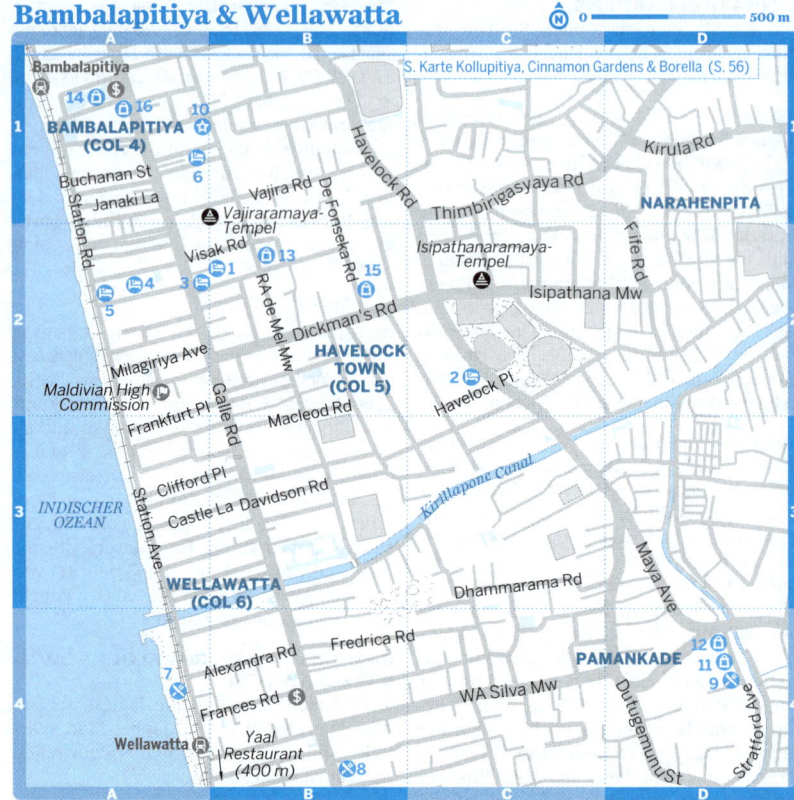

Pool, der rosa schillert. Zur Auswahl stehen zwölf große Suiten in klaren, kräftigen Farbtönen, ein paar wenige Einzelstücke sorgen für etwas Pepp. Der Service ist topp.

Hotel Sunshine HOTEL $$
(Karte S. 66; 451 7676; sunshine.shrubbery@gmail.com; 5A Shrubbery Gardens, Col 4; Zi. 1700–4800 Rs; ❄☎) Das kleine hohe und schmale Budgethotel steht eingezwängt zwischen noch höheren Gebäuden. Es vermietet 23 saubere, aber einfache Zimmer zu vernünftigen Preisen; die billigeren haben jedoch bloß einen Deckenventilator. Das Sunshine liegt nur etwa 200 m vom Meer entfernt. Das Personal arbeitet professionell, die Lobby ist ein kleines Schmuckstück.

Tropic Inn GÄSTEHAUS $$
(Karte S. 66; 250 8838; www.tropicinn.com; 19 De Vos Ave., Col 4 ❄☎) Das Gästehaus gehört den Besitzern des gleichnamigen Hotels in Mount Lavinia und bietet wirklich viel fürs Geld. Die fünf Zimmer befinden sich in einem zweistöckigen Haus, das sich hinter einem Tor in einer kleinen Gasse versteckt. Alles ist ordentlich, wenn auch einfach.

Mrs Marie Barbara Settupathy's PRIVAZUNTERKUNFT $
(Karte S. 66; 258 7964; jbs@slt.lk; 23/2 Shrubbery Gardens, Col 4; Zi. 22–30 US$, Klimaanlage 6 US$ extra; ❄) Mrs. Settupathy bietet vier ordentliche, saubere Zimmer, drei davon mit eigenem Bad. Die Gäste können den Aufenthaltsbereich mit TV, die voll ausgestattete Gästeküche und einen Hof nutzen. Und hin kommt man so: einfach nach der Church of Christ auf der linken Seite Ausschau halten, wenn man die Shrubbery Gardens herunterkommt – der Name klingt sicher allen Monty-Python-Fans im Ohr.

Hotel Atlantic HOTEL $
(Karte S. 66; 720 2315, 454 2846; 237 Galle Rd., Col 4; Zi. 2200 Rs; ❄☎) Das gut geführ-

Bambalapitiya & Wellawatta

🛏 Schlafen
1 Casa Colombo.................................B2
2 Havelock Place Bungalow..............C2
3 Hotel Atlantic..................................A2
4 Hotel Sunshine................................A2
5 Mrs Marie Barbara
   Settupathy's.................................A2
6 Tropic Inn..A1

🍴 Essen
7 Beach Wadiya..................................A4
8 Bombay Sweet Mahal.....................B4
9 Cafe Che..D4

★ Unterhaltung
10 Rhythm & Blues.............................A1

🛍 Shoppen
11 Cottage Craft.................................D4
   Dilmah Tea Shop....................(siehe 14)
12 Gandhara......................................D4
13 House of Fashion..........................B2
14 Majestic City.................................A1
   Mlesna Tea Centre.................(siehe 14)
   Photo Technica.......................(siehe 14)
15 Raux Brothers...............................B2
16 Vijitha Yapa Bookshop..................A1

---

te Billighotel in der Galle Road befindet sich gleich in der Nähe von verschiedenen Unterhaltungsmöglichkeiten. Zur Auswahl stehen den Gästen neun sehr einfache Zimmer – am besten um ein ruhiges bitten. Zu den billigen Übernachtungspreisen passt das ebenso billige Bier, das in der beliebten – schummrigen – Bar verkauft wird.

MOUNT LAVINIA

Wer sich eine ruhigere Alternative zu Colombo wünscht, jedoch nicht bis in Strandorte wie Negombo fahren möchte, findet in Mount Lavinia, 30 Minuten mit dem Auto von Fort entfernt, einen Ort mit bescheidenem Strandflair. Hier gibt es zahlreiche einfache Gästehäuser, deren Kunden sich überwiegend aus Einheimischen rekrutieren, die hier am Wochenende Urlaub machen. Sie befinden sich – wer hätte das gedacht? – in der Hotel Road sowie in der De Saram und College Road. Am besten lässt man sich einige Zimmer zeigen, bevor man sich endgültig entscheidet. Der Bahnhof Mount Lavinia liegt zentral zu allen hier aufgeführten Hotels der Stadt entfliehen.

Haus Chandra   BOUTIQUEHOTEL $$
(Karte S. 68; ☎273 2755; www.plantationgrouphotels.com; 37 Beach Rd.; Zi. 6400–8000 Rs; ❄@✆☼) Das zu einem Hotel umfunktionierte Wohnhaus aus der Kolonialzeit liegt etwas versteckt in einer ruhigen Gasse. Es bietet 30 Zimmer, die sich auf zwei Gebäude verteilen. Außerdem gibt es noch eine reizende Villa, in der sechs Personen übernachten können, sowie eine Suite mit antiken Möbeln, Teppichen und einer voll ausgestatteten Küche – tropische Träume! Der Pool hat Meerblick.

Mount Lavinia Hotel   HOTEL $$$
(Karte S. 68; ☎271 5221-7; www.mountlaviniahotel.com; 100 Hotel Rd.; Governor's Wing EZ 120–160 US$, DZ 140–180 US$; ❄☼) Ein Teil dieses prachtvollen Hotels direkt am Meer datiert aus dem Jahr 1806, als es noch die Residenz des britischen Gouverneurs war. Etwa ein Drittel der Nobelherberge – der Governor's Wing – ist im Kolonialstil gehalten, wobei die Zimmer recht klein ausfallen. Das übrige Hotel ist modern, und die Zimmer sind mit Balkonen ausgestattet. Zur Anlage gehört ein privater Sandstrand. Der Pool und die Terrasse liegen wunderschön.

Tropic Inn   GÄSTEHAUS $$
(Karte S. 68; ☎273 8653; www.tropicinn.com; 30 College Ave.; Zi. 40–45 US$; ❄@✆) Das mehrstöckige Hotel bietet 16 saubere Zimmer in einem einfachen, schicken Gebäude mit Innenhof. Viele Zimmer haben Balkone, alle sind mit Kabelfernsehern ausgestattet. Die engagierten Mitarbeiter des Hotels sind sehr hilfsbereit.

Blue Seas Guest House   GÄSTEHAUS $
(Karte S. 68; ☎271 6298; 9/6 De Saram Rd.; Zi. 1700–2800 Rs; ❄) Das große Haus in einer ruhigen Gasse bietet 14 saubere, einfache und geräumige Zimmer, einige sogar mit Balkon. Im großen Aufenthaltsraum stehen Möbel aus der Kolonialzeit, ein Garten ist ebenfalls vorhanden. In den meisten Zimmern gibt es nur einen Deckenventilator.

🍴 Essen

Colombo tut sich mit einer tollen Auswahl an Restaurants hervor, und es werden ständig mehr. Neben einheimischen Gerichten stehen auch Köstlichkeiten aus nah und fern auf der Speisekarte. Natürlich gibt es noble, schicke Cafés für die Betuchten; interessanter sind aber wohl die vielen qualitativ hochwertigen Lokale, die sich an die wohlhaben-

Dehiwala & Mount Lavinia

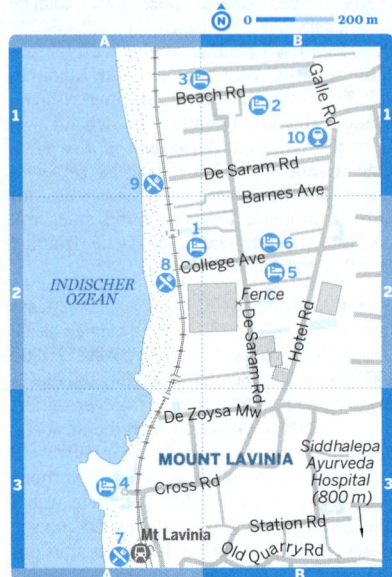

Dehiwala & Mount Lavinia

Schlafen
1. Berjaya Mount Royal Beach Hotel A2
2. Blue Seas Guest House..................B1
3. Haus Chandra A1
4. Mount Lavinia Hotel A3
5. Mrs Lyn Mendis'..................B2
6. Tropic Inn B2

Essen
7. Bu Ba A3
8. Golden Mile A2
9. La Voile Blanche A1

Ausgehen
10. Lion Pub B1

de Mittelschicht von Colombo richten. Hier kommt das köstlichste und frischeste Essen überhaupt auf den Tisch.

Wer auf seine Reisekasse achten muss, bekommt sehr leckere Lunchpakete (rund 150 Rs) zwischen 11 bis 14 Uhr an allen Ecken der Stadt. Sie enthalten ein Reiscurry mit Gemüse, das auf Wunsch aber auch zusätzlich mit Fisch oder Hühnchen aufgewertet wird. Ausschau halten sollte man zudem nach offenen Lokalen, die einen Imbiss zum Mitnehmen anbieten, der frisch aus der Küche kommt.

Die Website www.lankarestaurants.com ist eine gute Quelle für aktuelle Restaurantbewertungen.

FORT & PETTAH

Horden von Angestellten, Händlern, Pendlern und Anwohnern bevölkern die guten Imbissstände und Restaurants, die auf ein Massenpublikum abzielen. Im hochkarätigen Old Dutch Hospital in Fort finden sich diverse schicke Restaurants und Cafés im Freien unter der Leitung von angesehenen Einheimischen.

LP TIPP AVP Restaurant SRI-LANKISCH $
(Karte S. 52; 50 Baron Jayathilaka Mawatha, Col 1; Hauptgerichte 100–500 Rs; ⊙Mo–Fr 7–17 Uhr) Das riesige Restaurant nimmt das dreieckige Erdgeschoss eines klassischen Kolonialgebäudes in der Form eines Bügeleisens ein. Durch die großen Fenster strömt viel Licht in den Speisebereich – eine gute Sache, denn schließlich wollen die Gäste ihr Essen bewundern, ob es sich nun um ein einfaches Reiscurry oder frisch auf Bestellung zubereiteten Fisch handelt. Und alles schmeckt hervorragend, wie die vielen einheimischen Arbeiter, die hier mittags Schlange stehen, gern bestätigen. Unbedingt die frischen Säfte probieren.

Colombo Fort Cafe BISTRO $$$
(Karte S. 52; Old Dutch Hospital, Col 1; Hauptgerichte 600–1500 US$; ⊙10–23 Uhr) Aus der offenen Küche hinter dem langen Tresen des mediterran angehauchten Bistros kommen die üblichen Tapas, scharfe einheimische Snacks, Burger, Salate und vieles mehr. Für Erfrischung sorgen das hervorragende Bier vom Fass und die vielen Weine. Aber auch die Kaffeebar kann sich sehen lassen.

Ministry of Crab MEERESFRÜCHTE $$$
(Karte S. 52; ☏234 2722; www.ministryofcrab.com; Old Dutch Hospital, Col 1; Hauptgerichte 800–4000 Rs; ⊙17–23 Uhr) Die Fischereiindustrie von Sri Lanka basiert größtenteils auf Krebsen, die jedoch in der Regel für den Export bestimmt sind – entsprechend wenig Schalentiere stehen auf der Speisekarte. Das Spitzenrestaurant (zwei Besitzer sind ehemalige Kapitäne des Cricketteams von Sri Lanka) jedoch bereitet besagte Schalentiere in vielerlei Varianten zu – von Singapurer Chilikrebsen bis hin zum einheimischen Krebscurry. Je nach Fang sind immer nur bestimmte Gerichte erhältlich.

Curry Leaf
SRI-LANKISCH $$$

(Karte S. 52; Hilton Colombo, 2 Sir Chittampalam A Gardiner Mawatha, Col 1; Büfett 2500 Rs; ⊙19–24 Uhr) Das Restaurant liegt versteckt in einem reizenden Garten, der wie ein idealisiertes traditionelles Dorf gestaltet ist. Das riesige Büfett überzeugt mit einer Fülle von sri-lankischen Speisen, für die nur erstklassigen Zutaten verwendet werden.

New Palm Leaf Hotel
SRI-LANKISCH $

(Karte S. 52; 237 Olcott Mawatha, Col 11; Hauptgerichte 150–200 Rs; ⊙6–22 Uhr) Wie überall auf Sri Lanka ist „Hotel" gleichbedeutend mit „einfachem Essen". Gegenüber vom Bahnhof Fort und nicht weit vom wahnwitzigen Markttreiben von Pettah entfernt bietet sich das New Palm Leaf Hotel für eine kleine Pause an (Tee mit Kuchen oder ein ganzer Imbiss).

Pagoda Tea Room
BÄCKEREI $

(Karte S. 52; 232 5252; 105 Chatham St., Col 1; Hauptgerichte 100–150 Rs; ⊙9–20 Uhr) Hungrig wie ein Wolf? Duran Duran filmte in den 1980er-Jahren für seinen Song *Hungry like a Wolf* in diesem ehrwürdigen Etablissement. (Einfach mal bei YouTube reinschauen; leider gibt es im Pagoda heute keine Affen oder Schlangenbeschwörer mehr). Auf der Speisekarte stehen zwar viele regionale Gerichte, das Hauptgewicht liegt jedoch auf preiswertem Gebäck.

Lion Cafe
SRI-LANKISCH $

(Karte S. 52; 62A Olcott Mawatha, Col 11; Snacks 100 Rs; ⊙6–22 Uhr) Östlich vom Bahnhof Fort befindet sich in der gemeinhin Station Way genannten Straße eine ganze Reihe Cafés. Dieser winzige Laden serviert frische Happen und super *kotthu rotti* (gehackte, frittierte Teigfladen mit Gemüse und Fleisch). Gleich in der Nähe gibt es indisches Essen für Vegetarier.

KOLLUPITIYA

In der Galle Road findet man gleich mehrere Traditionsrestaurants. Wer in Richtung Osten spaziert, findet Restaurants und Cafés in ruhigeren Straßen, die oft von Bäumen gesäumt sind.

LP TIPP Hotel De Pilawoos
SRI-LANKISCH $$

(Karte S. 56; 417 Galle Rd.; Mahlzeiten 300–400 Rs; ⊙24 Std.) Das offene Lokal bietet allerlei Imbisse, ist jedoch vor allem für das ziemlich beste *kotthu* der ganzen Stadt bekannt. Arm und Reich stellt sich rund um die Uhr an, um diese Köstlichkeit bestellen zu können. Die Variante mit Käse ist besonders empfehlenswert. Der Service ist zackig.

Gallery Cafe
ASIATISCHE FUSIONSKÜCHE $$$

(Karte S. 56; 258 2162; www.paradiseroad.lk; 2 Alfred House Rd., Col 3; Hauptgerichte ab 800 Rs; ⊙11–23 Uhr; ✿) Das schmucke Kolonialgebäude, in dem sich heute das Shanth Fernandos Gallery Cafe befindet, war einst das Büro des berühmtesten Architekten Sri Lankas: Geoffrey Bawa (s. Kasten S. 55). Der offene Speisebereich geht auf einen intimen Hof mit schillerndem Wasserbecken hinaus; die Lounge befindet sich im ehemaligen Büro Bawas, in dem nach wie vor sein Schreibtisch steht! Die Einrichtung ist beeindruckend, die sri-lankisch inspirierten Gerichte konzentrieren sich auf frische Zutaten und starke, klare Aromen. Die Currys mit schwarzem Schweinefleisch und Garnelen sind besonders lecker.

Chesa Swiss
KONTINENTAL $$$

(Karte S. 56; 257 3433; www.chesaswiss.com; 3 Deal Pl., Col 3; Hauptgerichte 1000–2500 Rs; ⊙Mittagessen 11–14, Abendessen 17–23 Uhr; ✿) Das Toprestaurant serviert klassische Gerichte mit europäischem Akzent. Die Steaks, Braten und Meeresfrüchte sind die besten der ganzen Stadt und stellen sogar die Hotelrestaurants der Spitzenklasse in den Schatten. Gespeist wird im eleganten Garten und in der prächtigen Gaststube mit Klimaanlage. Auf der Speisekarte stehen auch typische Schweizer Gerichte wie Fondue, außerdem sind verschiedene europäische Delikatessen erhältlich. La Brasserie im Chesa serviert ausschließlich mittags einige einfachere Gerichte.

Bars Cafe
CAFÉ $$

(Karte S. 56; 24 Deal Pl., Col 3; Hauptgerichte 400–800 Rs; ⊙11–23 Uhr; ✿✿) Gegessen wird auf der schattigen Terrasse oder im europäisch angehauchten Speiseraum des schicken Cafés, in dem wirklich hervorragendes Essen auf den Tisch kommt. Bei einem gemütlichen Drink steigt der Appetit auf einen Burger, ein Steak oder ein kunstvolles Reiscurry. Die Nachspeisen sind ebenfalls ein Gedicht.

Green Cabin
SRI-LANKISCH $

(Karte S. 56; 453 Galle Rd., Col 3; Hauptgerichte 150–400 Rs; ⊙7.30–23.30 Uhr) Das Lokal ist in der einheimischen Restaurantszene eine Institution und für seine Backwaren und vielerlei preiswerten Reiscurrys bekannt, die im mit unzähligen Pflanzen dekorierten Speiseraum serviert werden – das reinste

Refugium in der hektischen Galle Road. Das Mittagsbüfett bietet viel fürs Geld; sehr gut ist immer das Mangocurry. Für den kleinen Hunger empfiehlt sich die Bäckerei, in der Gebäck mit Gemüsefüllung und frittierte Paprikaschoten verkauft werden.

Barefoot Garden Cafe   CAFÉ $$
(Karte S. 56; 704 Galle Rd., Col 3; Mahlzeiten 600–800 Rs; 10–23 Uhr) Das legere, aber sehr schicke Café befindet sich im Hof der renommierten Barefoot Gallery. Serviert werden Sandwiches, Salate und wechselnde Tagesgerichte, u. a. sri-lankische und andere asiatische Speisen. Die Weinkarte ist gut, und an manchen Abenden finden Sonderveranstaltungen statt (z. B. ein Quiz oder eine Lesung).

Cricket Club Cafe   PUB $$
(Karte S. 56; 34 Queens Rd., Col 3; Mahlzeiten 600–900 Rs; 11–23 Uhr) Der Bungalow im Kolonialstil mit Garten und einer schönen schattigen Veranda samt Säulen huldigt dem Cricketsport. Cricketschläger mit Autogramm zieren neben anderen Erinnerungsstücken die Wände. Die Essensauswahl ist groß und reicht von Pasta und Meeresfrüchten bis hin zu Burgern mit Salat und Pommes. Das kleine Pub mit Klimaanlage bietet eine tolle Auswahl an Weinen und Bieren.

Park Street Mews   CAFÉ $$
(Karte S. 56; 50/1 Park Rd., Col 2; Hauptgerichte 500–2200 Rs; 11–23 Uhr;) Das Café im Industriedesign in der gleichnamigen kleinen Straße mit Designerläden gibt sich entsprechend hip. Auf dem Betonboden liegen Kissen, auf denen die Gäste herumflätzen können, aber natürlich sind auch Tische, Stühle und traditionelle Hocker vorhanden. Auf der Speisekarte findet sich eine Mischung aus Burgern, Salaten und asiatischen Gerichten; die meisten kosten unter 800 Rs. Pasta und Steaks sind teurer.

Raffles   FUSIONSKÜCHE $$$
(Karte S. 56; 255 2837; www.rafflescolombo.com; 35 Bagatalle Rd., Col 3; Hauptgerichte 500–1200 Rs; 10–23 Uhr;) Das gemütliche Restaurant im Kolonialstil befindet sich in einem alten Anwesen. Es gibt gleich mehrere Areale, in denen die Gäste ihren Drink nehmen können, zudem mehrere Speiseräume, um in aller Ruhe zu essen. Pasta, Salate und Meeresfrüchte bestimmen die Speisekarte, auf der aber auch Steaks stehen. Wochentags ist das Mittagsbüfett beliebt.

Carnival   EIS
(Karte S. 56; 263 Galle Rd., Col 3; Waffel unter 100 Rs; 10–21 Uhr) Die Leute kommen nicht, um hier ein Eis zu essen (es ist eher eisig als cremig), sondern um in der seit Jahrzehnten unveränderten Eisdiele das Ambiente zu genießen. Aber wie dem auch sei: Wo sonst gibt's einen Eisbecher mit einer Banane obendrauf für schlappe 20 Rs?

Keells   SUPERMARKT $
(Karte S. 56); Crescat Blvd. (89 Galle Rd., Col 3); Liberty Plaza (RA de Mel Mawatha, Col 3) Supermarkt im westlichen Stil, der wegen seiner breiten Auswahl an Importartikeln bei Einheimischen und Besuchern beliebt ist.

CINNAMON GARDENS
Schicke Cafés und recht ambitionierte Restaurants finden sich in den vornehmen Straßen des Nobelviertels von Colombo.

Milk & Honey Cafe   BIOESSEN $$
(Karte S. 56; 12 Barnes Pl., Col 7; Mahlzeiten 300–500 Rs; Mo-Sa 9–18 Uhr) Noch nie hat gesundes Essen so gut geschmeckt! In einem kleinen Haus, in dem auch ein Kinderbuchladen und der Kemara Spa untergebracht sind, bietet das nette kleine Café eine ständig wechselnde Speisekarte mit frischen Gerichten wie Gemüse vom Grill mit Pesto oder eine leckere Focaccia mit Pilzen und Käse. Die frischen Säfte schmecken im Garten draußen besonders gut.

Commons   BISTRO $$
(Karte S. 56; 39A Sir Ernest de Silva Mawatha, Col 7; Mahlzeiten 400–600 Rs; 7.30–24 Uhr;) Das Café steht bei den iPad-Usern Colombos hoch im Kurs. Die Gäste hängen in den weichen Sesseln herum, die sich um niedrige Tischchen gruppieren, und lassen sich verschiedenste Gerichte wie die beliebten *rotti*, Burger, Pasta und Wraps schmecken. Die Frühstücksvariationen sind auch gut, die Nachspeisen vom Feinsten. Der rückwärtige Garten ist ein urbanes, schattiges Refugium.

Coco Veranda Cafe   CAFÉ $$
(Karte S. 56; 32 Ward Pl., Col 7; Mahlzeiten 500–900 Rs; 8–24 Uhr;) Das coole kleine Café in einem kleineren Gebäude mit Designerklamottenläden beeindruckt mit seiner ungewöhnlich langen Speisekarte, auf der viele Sorten Tee, Kaffeegetränke, Frappés und frische Säfte stehen, zudem Burger, Sandwiches und Pasta sowie verführerische Nachspeisen. Eine gute Adresse für alle, die

plötzlich spät in der Nacht noch Appetit auf einen Imbiss bekommen.

Boulevard
FOODCOURT $

(Karte S. 56; Odel, 5 Alexandra Pl., Col 7; Mahlzeiten 200–600 Rs; ⊙9–18 Uhr) Direkt vor dem Eingang zum beliebten, schicken Kaufhaus Odel stehen in einem hippen Foodcourt im Freien diverse noble Essensstände. In diesen Filialen renommierter einheimischer Gastronomen findet man Sandwiches, indische Gerichte, Bioessen, Pizza, allerlei Snacks und vieles mehr. Ideal, um beim Sightseeing oder Shoppen eine Pause einzulegen.

Paradise Road Cafe
CAFÉ, FEINKOST $$

(Karte S. 56; 213 Dharmapala Mawatha, Col 7; Mahlzeiten 250–500 Rs; ✻) Das schicke Café gehört zum gleichnamigen Designerladen. Hier gibt es mehrere Kaffeesorten, Milkshakes, Kuchen und Tee in vielen Variationen. Sandwiches und Pastagerichte schmecken lecker, aber unbedingt noch Platz lassen für den Schoko-Käsekuchen oder eines der anderen Desserts aus dem renommierten Schwesteretablissement, dem Gallery Cafe. Die Feinkostabteilung bietet allerlei Köstlichkeiten für ein Picknick im Viharamahadevi Park.

Bayleaf
ITALIENISCH $$$

(Karte S. 56; ☎269 5920; 79 Gregory's Rd., Col 7; Hauptgerichte 800–1700 Rs; ⊙12–15 & 18–23 Uhr) Das Nobelrestaurant in einem alten Kolonialgebäude in einer der exklusivsten Straßen Colombos hat sich der italienischen Küche verschrieben. Die Speisekarte erweckt den Anschein, als wäre sie direkt aus Mailand importiert, doch die Tische im wild wuchernden Tropengarten stehen dann doch ganz eindeutig in Sri Lanka.

WELLAWATTA

Klassische einheimische Gerichte bestimmen die Speisekarte des Viertels im Süden der Stadt mit der Galle Road als Hauptverkehrsader. Wer in eine Dosis hipper schätzt, macht einen Abstecher über die Stratford Avenue nach Pamankade.

🅛🅟 Bombay Sweet Mahal
SÜSSIGKEITEN $

(Karte S. 66; 195 Galle Rd., Col 6; Süßigkeiten ab 50 Rs; ⊙9–19 Uhr) In der Galle Road bieten viele Straßenhändler indische Süßigkeiten an, am besten schmecken sie jedoch in diesem winzigen offenen Laden, der seine Fülle an Bonbons und Leckereien in bunten Vitrinen präsentiert. Besonders köstlich sind die dicken, klebrigen Muskatnüsse. Gekauft wird nach Gewicht, dann werden die Süßigkeiten zum Mitnehmen sehr sorgfältig eingepackt – wenn der Kunde sie nicht gleich an Ort und Stelle vertilgt. An der Theke hinten werden auch erfrischende Säfte ausgeschenkt. Das Personal ist sehr motiviert und erklärt gern die verschiedenen Angebote.

Beach Wadiya
MEERESFRÜCHTE $$$

(Karte S. 66; ☎258 8568; www.beachwadiya.com; 2 Station Ave., Col 6; Hauptgerichte 500–1600 Rs; ⊙12–15 & 18–23 Uhr) Das Restaurant hat sich mit seinen Meeresfrüchte- und Fischgerichten einen Namen gemacht und kann seit Jahrzehnten auf getreue Stammgäste zurückblicken, darunter auch viele Prominente. Die Lage hat etwas von einem tropischen Traum: Jenseits der Bahngleise geht es am Meer in das von einer Mauer umgebene Paradies. Die Ober verkünden, was gerade frisch zu haben ist – Krebse, Garnelen und Hummer sind eigentlich immer dabei. Beim Warten auf die frisch zubereiteten Fische und Meeresfrüchte wird ein kühler Drink serviert. Die Schalentiere muss jeder selbst öffnen. Den Tisch ein paar Tage im Voraus reservieren.

Cafe Che
INTERNATIONAL $$

(Karte S. 66; 60 Stratford Ave., Col 6; Hauptgerichte 500–1000 Rs; ⊙11–23 Uhr; ✻) In der Stratford Avenue mit ihren schicken Geschäften geht es ein Stück die Straße hinunter zu diesem ansprechenden Café mit einer langen und abwechslungsreichen Speisekarte. Neben Burritos, Pasta und Pizza gibt es auch einige kubanische Gerichte. In der Gaststube ist vom lärmenden Verkehr draußen nichts mehr zu hören.

Yaal Restaurant
JAFFNA $$

(Außerhalb der Karte S. 66; 56 Vaverset Pl., Col 6; Hauptgerichte 300–500 US$; ⊙10–22 Uhr) Das einfache, aber ordentliche Restaurant gegenüber vom Meer hat sich auf die sagenhaft scharfe Küche der Tamilen aus Jaffna spezialisiert. Dazu zählt odiyal kool, ein berühmtes Gericht mit Gemüse und Meeresfrüchten in cremigem Porridge – etwas wirklich Besonderes! Ebenso lecker ist das Knoblauchcurry.

MOUNT LAVINIA

Am Strand entlang ziehen sich Cafés, die Getränke, einfache Mahlzeiten und Meeresfrüchte in einem Ambiente anbieten, das einen weiten Bogen von simpel bis bombastisch spannt. Der Sonnenuntergang ist die beste Zeit, um einen Drink zu nehmen und zu Abend zu essen, während der Himmel sich langsam immer dunkler färbt und eine grandiose Kulisse bietet.

Bu Ba
LP TIPP · CAFÉ $$

(Karte S. 68; Mt. Lavinia Beach; Hauptgerichte 800–3200 Rs; 8–24 Uhr) Das Fischlokal, eine weniger hochgestochene Alternative zum Seafood Wadiya, kann mit von Kerzen erleuchteten Tischen am Sandstrand aufwarten. Tagsüber, wenn es heiß ist, sitzen die Gäste im Schatten der Palmen, nachts unter dem Sternenhimmel. Am Wochenende finden manchmal Tanzpartys statt. Wie man hinkommt? Vom Bahnhof Mount Lavinia an den Gleisen entlang in Richtung Süden gehen – 100 m, und schon ist man da.

La Voile Blanche
CAFÉ $$

(Karte S. 68; 43/10 Beach Rd.; Hauptgerichte ab 300 Rs; 11–23 Uhr) Unter den etwas angegammelten Strandcafés von Mount Lavinia sticht das La Voile Blanche, eine Vision in Weiß, angenehm heraus. Die Gäste sitzen unter sieben Palmen (eine Art Markenzeichen des Cafés) in gemütlichen Sesseln und Liegestühlen. Die Getränkekarte ist ellenlang, auf der Speisekarte stehen Sandwiches, Pasta und Meeresfrüchte. Das Café befindet sich hinter dem Mount Breeze Hotel jenseits der Gleise.

Golden Mile
MEERESFRÜCHTE $$$

(Karte S. 68; 273 3997; 43/14 College Ave.; Hauptgerichte 1400–2000 Rs; 11–24 Uhr) Die Lage des Restaurants am Strand ist romantisch, abends wird hier oft Livemusik gespielt. Das Golden Mile hat sich auf Meeresfrüchte im westlichen Stil spezialisiert, darunter viele Variationen mit gekochten Garnelen und ein toller Meeresfrüchteteller. Das Lokal liegt ein Stück oberhalb der anderen Cafés; es steht hier ein Aussichtsturm, von dem aus Piraten gesichtet werden können – oder Wale.

Ausgehen

Zu den schönen Lokalitäten für einen Drink bei Sonnenuntergang zählen Galle Face Green und Mount Lavinia. Ansonsten eignen sich aber in der Regel auch die guten Speiselokale für einen Drink, allen voran das Bars Cafe, das Barefoot Garden Cafe und das Cricket Club Cafe. Aber Achtung: Hier wird früh dicht gemacht, im Allgemeinen um 23 Uhr, wobei einige Lokale auch länger Getränke ausschenken.

Brewery by O!
PUB

(Karte S. 52; Old Dutch Hospital, Col 1; 17–24 Uhr) In diesem Lokal, das im Old Dutch Hospital im Stil eines englischen Pubs eingerichtet ist, schenkt der Kneipier das Bier (der einheimischen Brauerei Lion) persönlich aus. Eine gute und empfehlenswerte Adresse für alle, die Biere wie Sinha Stout vom Fass schätzen.

Galle Face Hotel
HOTELBAR

(Karte S. 56; 2 Kollupitiya Rd., Col 3; 11–24 Uhr) Zum ehrwürdigen Hotel gehört die legendäre Verandabar mit Bodenfliesen im Schachbrettmuster sowie Tischen, die auf dem Rasen unter Palmen stehen. Die Bar ist bei Touristen beliebt, der Service allerdings eher mäßig.

Clancy's Irish Pub
LOUNGE

(Karte S. 56; 29 Maitland Cres, Col 7; Mo–Sa 7–3 Uhr) Die ausgelassene Bar ist bei den Neureichen von Colombo und bei Expats der absolute Hit. Oft gibt es einen „Drink des Tages" – samt Blick auf das Cricketfeld in der Nähe – sowie Livemusik und Clubnächte. Die Soprano's Karaokebar bietet 14 000 Lieder zum Mitsingen.

White Horse
PUB

(Karte S. 56; 2 Nawam Mawatha, Col 2; 10–2 Uhr) Das White Horse ist eine beliebte Adresse für einen Drink zum Einläuten des Abends. Am Freitagabend reicht der Platz innen nicht mehr, dann verteilen sich die Gäste, eine bunte Mischung aus Einheimischen und Expats aus den umliegenden Bürogebäuden, bis auf die Straße hinaus. Der frische Fisch ist zu Recht beliebt.

7° North
COCKTAILBAR

(Karte S. 56; Cinnamon Lakeside Hotel, 115 Sir Chittampalam A Gardiner Mawatha, Col 2; 17–1 Uhr) Der einzig zwingende Grund, das ansonsten vernachlässigbare Hotel zu besuchen, ist diese weitläufige, edle Bar mit großer Terrasse, von der sich ein schöner Blick auf den Beira Lake bietet. Eine schöne Adresse für einen edlen Cocktail unterm Sternenhimmel.

Castle Hotel
BAR

(Karte S. 56; Masjid Jamiah Rd.; 10–23 Uhr) Unweit vom ruppigen Union Place bekommt man in dieser zeitlosen Kneipe billiges Lion-Bier vom Fass in einem einst noblen Ambiente, in dem schon Generationen von Zechern bewirtet wurden – vom Politiker bis hin zum Eisenbahnarbeiter. Die

Bar ist genial und bietet sich auch an, um sich über bevorstehende Events in Colombo zu informieren.

⭐ Unterhaltung

Colombo gilt traditionell nicht gerade als Mekka der Abendunterhaltung, doch auch das ändert sich langsam. Immer mehr neue Lokalitäten eröffnen – und zwar vor allem riesige Zentren für darstellende Kunst.

Nachtclubs

Die Clubszene Colombos entwickelt sich wie auch das sonstige Nachtleben in der Hauptstadt. In den letzten Jahren bestimmten vor allem die Tanzclubs der Hotels das Geschehen, mittlerweile machen jedoch immer mehr Indie-Locations von sich reden.

Silk CLUB
(Karte S. 56; 41 Maitland Cres, Col 7) Der Club in der Nähe anderer Nachtlokale wie dem Clancy's Irish Pub zählt zu den beliebtesten der Stadt. In der obersten Etage befindet sich ein Dachrestaurant – das Lemon.

Rhythm & Blues LIVEMUSIK
(R&B; Karte S. 62; 19/1 Daisy Villa Ave., Col 4) Hier steht jeden Abend Livemusik auf dem Programm. An den Billardtischen geht es oft recht grob zu. Die Adresse lautet zwar Daisy Villa Avenue, aber eigentlich befindet sich das Lokal in der RA de Mel Mawatha.

Blue Leopard CLUB
(Karte S. 52; Grand Oriental Hotel, 2 York St., Col 1) Ein bisschen ruppig mit ein paar Matrosen aus dem nahen Hafen als Gäste.

Mojo CLUB
(Karte S. 56; 077 311 1113; Taj Samudra Hotel, 25 Galle Face Centre Rd., Col 3) Mi–So) Ein schnieker Club, den man am besten erst nach Mitternacht besucht! Telefonisch einen Tisch reservieren.

Darstellende Kunst

Nelum Pokuna Performing Arts Theatre KULTURKOMPLEX
(Karte S. 56; www.lotuspond.lk; Ananda Coomaraswamy Mawatha, Col 7) Die tollste Neuerung in den Kulturkreisen Colombos ist dieser größtenteils mit der Hilfe Chinas erbaute Kulturkomplex südlich vom Viharamahadevi Park in überaus profitträchtiger Lage. Sein Aussehen ist dem Nelum Pokuna, ein Lotusteich aus dem 12. Jh. in Polonnaruwa, nachempfunden. Hier sollte man sich nach bedeutenden Produktionen umhören.

Elphinstone Theatre THEATER
(Karte S. 56; 243 3635; Maradana Rd., Col 10) Das restaurierte, 80 Jahre alte Theater überzeugt mit einem vielseitigen Programm (Musik, Theater und Filme).

Lionel Wendt Centre KULTURZENTRUM
(Karte S. 56; 269 5794; www.lionelwendt.org; 18 Guildford Cres, Col 7; Mo–Fr 9–13 & 14–17, Sa & So 10–12 & 13–17 Uhr) Neben anderen kulturellen Veranstaltungen finden in dieser Galerie gelegentlich auch Theateraufführungen statt.

Sport

Sri Lanka Cricket CRICKET
(Karte S. 56; www.srilankacricket.lk; 35 Maitland Pl., Col 7; Kartenschalter 8.30–17.30 Uhr) Sportart Nummer eins auf Sri Lanka ist zweifellos das Cricket. Eintrittskarten für wichtige Spiele erhält man bei Sri Lanka Cricket, im Büro unweit der Spielstätte.

Spielcasinos

Das Glücksspiel ist in Colombo erlaubt, allerdings nur für Inhaber eines ausländischen Passes. Ein Großteil der Klientel, die den Spielcasinos einen Besuch abstattet, kommt aus der Region; die Casinos sind zwar nach bekannten Vorbildern in Las Vegas benannt, jedoch eher bescheiden und haben somit so rein gar nichts mit ihren berühmten Namensvettern gemein.

🔒 Shoppen

Die Märkte (S. 53) mit ihrer enormen Auswahl an Alltagsgegenständen sind in Colombo generell erheblich interessanter als die Souvenirläden. Colombo bietet jedoch auch viele wirklich tolle Geschäfte – eine zusätzliche Tasche leistet dann gute Dienste.

Shoppingmalls

Da die Wirtschaft boomt, ist in Colombo mit einer wahren Flut an neuen Shoppingmalls zu rechnen. Derzeit finden sich in der Stadt mehrere eher geschmacklose große Einkaufszentren. Am besten sind die Folgenden:

Crescat Boulevard MALL
(Karte S. 56; 89 Galle Rd., Col 3) Kleine, noblere Mall, die sich neben dem Cinnamon Grand Hotel befindet.

Majestic City MALL
(Karte S. 66; Galle Rd., Col 4) Große Mall mit einer breiten Palette an Geschäften und Läden aufwartet.

Große Geschäfte

LP TIPP Odel
KAUFHAUS

(Karte S. 56; www.odel.lk; 5 Alexandra Pl., Col 7) Das hochkarätige Kaufhaus kombiniert internationale Labels und einheimische Topmarken in einem mondänen Labyrinth. Von Mode bis zu Haushaltswaren, Kosmetik und Andenken ist die Auswahl bei Odel wirklich vom Feinsten.

Arpico
MEGAKAUFHAUS

(Karte S. 56; Hyde Park Corner) Ein gigantisches Geschäft, in dem sich fast alles erwerben lässt, was man zu Hause vergessen hat: importierte Lebensmittel, Kosmetik, Sonnencreme, Medikamente, Adapter für die Elektrogeräte und vieles mehr.

Kunsthandwerk & Sammlerstücke

Barefoot produziert auch ein großes Sortiment an ansprechendem Kunsthandwerk.

Paradise Road
HAUSHALTSARTIKEL

(Karte S. 56; 268 6043; 213 Dharmapala Mawatha, Col 7) Neben schönen Sammlerstücken aus der Kolonialzeit und generell aus Sri Lanka überzeugt diese hochkarätige Boutique auch mit ihrer guten Auswahl an Haushaltswaren und Designerstücken. Der Gallery Cafe Shop von Paradise Road gehört zum renommierten Restaurant und ist vollgestopft mit künstlerischem Krimskrams. Beide Adressen sind super, um sich nach einem kleinen Andenken für zu Hause umzusehen.

Cottage Craft
KUNSTHANDWERK

(Karte S. 66; 40 Stratford Ave., Col 6) Anstelle der üblichen geschnitzten Elefanten sind in diesem winzigen Laden Papierwaren aus Elefantendung erhältlich. Zum Naserümpfen sind die Sachen jedoch absolut nicht, ganz im Gegenteil: Artikel wie die Reisetagebücher sind wirklich sehr edel. Alles, was hier verkauft wird, wurde in den Dörfern Sri Lankas mithilfe von ökofreundlichen Techniken produziert. Schön sind auch die Batiken und Kunstwerke.

Gandhara
HAUSHALTSARTIKEL

(Karte S. 66; 28 Stratford Ave., Col 6) Das schicke Designergeschäft in einem hippen Abschnitt der Stratford Avenue verkauft alles – von Kerzen bis zum Kaffeetisch, von Stühlen bis zu feinen Textilien. Unmengen an saisonalen Geschenkartikeln füllen die Regale, außerdem ist eine gute Auswahl an Büchern über die Kunst Sri Lankas erhältlich.

Raux Brothers
HAUSHALTSWAREN, ANTIQUITÄTEN

(The Colonial; Karte S. 62; 533 9016; 7 De Fonseka Road, Col 5) Der 48 Jahre alte Ausstellungsraum für Antiquitäten befindet sich in einem großen, herrlichen Kolonialgebäude und überzeugt mit seiner beeindruckenden Auswahl an Möbeln und Kunstwerken aus Holz. Erhältlich sind echte Antiquitäten sowie handgearbeitete neue Stücke. Das Raux Brothers ist wohl das beste Antiquitätengeschäft der ganzen Stadt.

Stoffe & Kleidung

Sri Lanka hat eine blühende Textilindustrie, die sowohl handgewebte als auch maschinell gefertigte Stoffe hervorbringt, und ist auch als Produzent von Bekleidung von Bedeutung. Alle erdenklichen Klamotten – von Strandbekleidung bis zu gefütterten Jacken – werden in Colombo verkauft.

LP TIPP Barefoot
TEXTILIEN

(Karte S. 56; 258 0114; www.barefootceylon.com; 704 Galle Rd., Col 3) Der wunderschön gestaltete Laden der Designerin Barbara Sansoni befindet sich in einer alten Villa und hat sich mit seinen leuchtenden handgewebten Stoffen einen Namen gemacht. Diese werden zu Bettüberwürfen, Kissen, Servietten und anderen Haushaltsartikeln verarbeitet (Meterware). Ebenfalls findet man hier Notizbücher mit Textileinband, Lampenschirme und Alben sowie eine breite Auswahl an schicker, aber dezenter Kleidung.

House of Fashion
KLEIDUNG

(Karte S. 66; 250 4639; Ecke RA de Mel Mawatha & Visak Rd., Col 4) Wer ernsthaft Kleidung erstehen möchte, sollte diesem Outlet der sri-lankischen Bekleidungsindustrie einen Besuch abstatten. Der Laden nimmt drei Etagen ein und ist immer knallvoll. Viele Stücke sind sehr stark reduziert.

KT Brown
KLEIDUNG

(Karte S. 56; Park St Mews, 48A Park St) Die bekannte einheimische Designerin Kanchana Thalpawila hat verschiedenste Damenbekleidung im Angebot – von legerer Mode bis hin zur Haute Couture. Inspirieren lässt sie sich bei ihren Entwürfen von traditionellen Stoffen und Trachten.

Tee

Ceylon-Tee ist überall erhältlich, wo es Lebensmittel gibt, also vom Minimarkt bis zum Megastore. Die beste Qualität und Auswahl findet man jedoch in einem speziellen Teegeschäft.

Sri Lanka Tea Board Shop — TEE
(Karte S. 56; 574 Galle Rd.) Ein großer, unauffälliger Laden, der auch viele kleinere Marken wie Ceylon-Tee führt, die sonst oft schwer zu finden sind. Es gibt hier aber natürlich auch die ganze Palette an Topmarken wie Mackwoods sowie allerlei Waren, die mit Tee zu tun haben.

Mlesna Tea Centre — TEE
Crescat Boulevard (Karte S. 56; 89 Galle Rd., Col 3); Majestic City (Karte S. 66; Galle Rd., Col 4) Boutiquen im oberen Preissegment, die Tee und Zubehör zum Teekochen führen.

Dilmah Tea Shop — TEE
Cinnamon Gardens (Karte S. 56; Odel, 5 Alexandra Pl., Col 7); Crescat Boulevard (Karte S. 56; 89 Galle Rd., Col 3); Majestic City (Karte S. 66; Galle Rd., Col 4) Sri Lankas edelste Teemarke wird in den hauseigenen Luxusgeschäften verkauft.

Mitbringsel
Die meisten in der Rubrik „Shoppen" aufgeführten Geschäfte und Läden führen auch tolle Mitbringsel.

Sri Lanka Cashew Corporation — ESSEN
(Karte S. 56; 518 Galle Rd., Col 3) Die Portugiesen machten im 16. Jh. Cashewkerne, die sie aus Brasilien mitgebracht hatten, in Sri Lanka heimisch. Die Kerne fanden das Klima angenehm, und so avancierten die Cashews schließlich zum wichtigsten Exportartikel der Insel. Dieses kleine Geschäft ist randvoll mit Cashewkernen, die in ihrer Größe und Qualität nur selten zu finden sind – jedenfalls bestimmt nicht in einer Tüte Studentenfutter.

Laksala — SOUVENIRS
(Karte S. 56; 215 Bauddhaloka Mawatha, Col 7) Das große Outlet der staatlichen Kette von Andenkenläden ist vor allem bei Gruppenreisenden sehr beliebt. Billige Holzelefanten, wertvolleres Kunsthandwerk und handgefertigte Kleidung wetteifern um die Gunst der Kunden.

Bazaar — SOUVENIRS
(Karte S. 52; Col 11) Viele Stände westlich vom Bahnhof Fort bieten allerlei Tand für Touristen.

Buchläden
Neben den hier aufgeführten Geschäften hat auch Odel eine kleine, aber gut sortierte Buchabteilung.

Barefoot — BÜCHER
(Karte S. 56; www.barefootceylon.com; 704 Galle Rd., Col 3) In diesem hoch gelobten Designerladen ist auch eine hervorragende Buchabteilung zu Hause. Hier gibt es sorgfältig ausgewählte, in Sri Lanka veröffentlichte Titel wie Juliet Coombes tolles Buch über Sri Lanka und Colombo, die ganze Palette an Werken von Michael Ondaatje und vieles mehr.

Vijitha Yapa Bookshop — BÜCHER
Crescat Boulevard (Karte S. 56; 89 Galle Rd., Col 3); Unity Plaza (Karte S. 66; Galle Rd., Col 4) Der Buchladen bietet eine umfassende Auswahl an ausländischen und einheimischen Romanen, Reiseführern und Bildbänden über Sri Lanka.

Buddhist Book Centre — BÜCHER
(Karte S. 56; 380 Bauddhaloka Mawatha, Col 7) Der Laden quillt schier über von Büchern, die sich mit dem Thema Buddhismus befassen; etwa ein Drittel davon ist in englischer Sprache geschrieben.

Edelsteine & Schmuck
Nobelgeschäfte finden sich in der Crescat Boulevard Mall. Die **Sri Lanka Gem & Jewellery Exchange** (Karte S. 52; 4. & 5. Stock, East Low Block, World Trade Center, Bank of Ceylon Mawatha, Col 1) beherbergt Dutzende kleinere Geschäfte.

Fotozubehör & Reparatur

Photo Technica — KAMERAS
Kollupitiya (Karte S. 56; 288 Galle Rd., Col 3); Liberty Plaza (Karte S. 56; RA de Mel Mawatha, Col 3); Majestic City (Karte S. 66; Galle Rd., Col 4) In der Nähe der Zweigstelle Kollupitiya befindet sich in der Galle Road 262 auch ein Fotoservice.

Praktische Informationen
Gefahren & Ärgernisse
Betrüger & Schlepper In Colombo sind viele Schlepper und Hochstapler unterwegs. Oft beginnen sie ein Gespräch und bitten um eine Spende für eine Blindenschule oder dergleichen – solche Leute sind mit Sicherheit Betrüger. Ihr Haupthauptjagdrevier ist die Galle Road; am besten ignorieren. Das Gleiche gilt für selbst ernannte Führer und ihre „Spezialtouren".

Kriminalität Gewalt gegenüber Ausländern ist unüblich, wobei die gängigen Vorsichtsmaßnahmen natürlich trotzdem notwendig sind. Alleinreisende Frauen sollten aufpassen, wenn sie nachts ein Taxi oder Tuk-Tuk nehmen. Sitzen im Taxi schon zwei Männer (was manchmal vorkommt), sollte man sich ein anderes rufen.

Geld

In der ganzen Stadt finden sich Banken und Geldautomaten. Wechselstuben gibt's in der Ankunftshalle des Bandaranaike International Airport, in Fort und in der Galle Road.

Internetzugang

Die meisten Cafés in Colombo haben WLAN, oft sogar gratis. **Berty's Cyber Cafe** (Karte S. 56; 380 Galle Road, Col 3) ist ein Internetcafé in zentraler Lage.

Medien

Die drei Tageszeitungen in englischer Sprache – *Daily Mirror, Daily News* und *Island* – enthalten alle einen Lokalteil sowie Veranstaltungstipps. Gute Websites sind:

Ceylon Today (www.ceylontoday.lk) Nachrichten, Sport und Unterhaltung.

Daily Mirror (www.dailymirror.lk) Die beste Zeitungswebsite.

Gossip Lanka (www.english.gossiplankanews.com) Klatsch und Neuigkeiten in Sachen Unterhaltung.

Indi.ca (www.indi.ca) Ein hervorragender Blog mit vielseitigen Nachrichten, interessanten Meinungen und Kultur.

Kottu (www.kottu.org) Stellt den Inhalt von mehr als 1000 sri-lankischen Blogs zusammen.

Medizinische Versorgung

Staatliche Krankenhäuser wie das Colombo General besser nicht aufsuchen.

Nawaloka Hospital (Karte S. 56; 254 4444, 557 7111; www.nawaloka.com; 23 Sri Saugathodaya Mawatha, Col 2) Diese Privatklinik hat einen guten Ruf; die Ärzte sprechen Englisch.

KOMMENTARE ERWÜNSCHT

Ein tolles Restaurant entdeckt, das andere unbedingt auch ausprobieren sollten? Mit den Lonely-Planet-Empfehlungen nicht einverstanden? Oder einfach Lust, mit anderen über die letzte Reise zu quatschen?

Welchen Grund der Einzelne auch haben mag, am besten einfach lonelyplanet.com anklicken, um eine Beurteilung abzugeben, im Thorntree-Forum eine Frage zu stellen (oder zu beantworten), einen Blog zu kommentieren oder anderen die eigenen Fotos zu zeigen und Tipps zu geben. Aber man kann natürlich auch mit gleichgesinnten Backpackern einfach nur ein bisschen chatten.

Notfall

Feuerwehr & Krankenwagen (242 2222)
Krankenwagen mit Notarzt (257 5475)
Polizei (119, 243 3333)
Touristenpolizei (Karte S. 56; 242 1451; 80 Galle Rd., Col 3; 24 Std.)

Post

Sri Lanka Post (Karte S. 52; DR Wijewardana Mawatha, Col 1; 7–18 Uhr, postlagernd 7–21 Uhr, Briefmarken & Telefon 24 Std.) Postlagernde Sendungen werden zwei Monate aufbewahrt – unter 232 6203 anrufen und fragen, ob etwas gekommen ist.

Die wichtigsten internationalen Firmen, die Waren express per Schifffracht zustellen, unterhalten alle eine Filiale in Colombo.

Reisebüros

Die unzähligen Reisebüros in Colombo veranstalten allesamt Touren quer durch Sri Lanka. Zu den wichtigsten Unternehmen und ihren Angeboten siehe S. 349. Viele Reisebüros ballen sich in der Chatham Street in Fort.

Touristeninformation

Sri Lanka Tourist Board (SLTB; Karte S. 56; 243 7059; www.srilanka.travel; 80 Galle Rd., Col 3; Mo–Fr 9–16.45, Sa 9–12.30 Uhr) Die staatliche Tourismusbehörde des Landes. Die Mitarbeiter buchen – neben anderen Dienstleistungen – auch Hotels.

An- & Weiterreise

Der Bandaranaike International Airport befindet sich zwar in Katunayake, 30 km nördlich der Stadt, läuft bei den Fluglinien aber trotzdem unter Colombo (CMB). Wer mit dem Flugzeug ankommt – vor allem spät am Abend –, verbringt die erste Nacht am besten in der Stadt. Anschließend kann man dann problemlos mit dem Auto, Bus oder Zug weiterfahren.

Aber Achtung: Die Straßen in und rund um Colombo sind meist total verstopft; die neuen Schnellstraßen sorgen hoffentlich für Abhilfe. Einzelheiten siehe Kasten S. 78.

Bus

Die Busbahnhöfe von Colombo sind zwar chaotisch, aber effektiv: Viele Busse fahren regelmäßig in alle Himmelsrichtungen. Die Stadt hat drei Busbahnhöfe, die sich alle östlich vom Bahnhof Fort am südlichen Rand von Pettah befinden. Fernbusse fahren an der **Bastian Mawatha Station** (Karte S. 52) und **Saunders Place Station** (Karte S. 52) ab; die **Central Bus Station** (Karte S. 52) in der Olcott Mawatha ist Ausgangs- und Endhaltestelle der Vorstadtbusse. Die nachfolgende Tabelle zeigt, welche Busse an welchem Bahnhof verkehren:

AB BASTIAN MAWATHA	AB SAUNDERS PLACE
Ambalangoda	Anuradhapura
Galle	Badulla
Hikkaduwa	Haputale
Kandy	Jaffna
Kataragama	Kurunegala
Matara	Negombo
Nuwara Eliya	Ratnapura
Tangalla	Polonnaruwa
	Trincomalee

Den Fahrpreis und andere Details findet man im Kapitel über das jeweilige Fahrziel. Ein neuer Busservice, der **Southern Expressway Bus** (bereits unter dem Spitznamen SEX-Bus bekannt; 400 Rs, alle 30–60 Min.), braucht auf dem neuen Southern Expressway (S. 347) nach Galle rund 90 Minuten. Die komfortablen Busse mit Klimaanlage fahren an der Busstation **Maharagama** (770 6286) in der Nähe der der südlichen Vorstadt Kottawa ab. Bis zum Anfang des Southern Expressway ist es nicht weit.

Flugzeug
Einzelheiten zum Bandaranaike International Airport siehe S. 344.

Zug
Der Hauptbahnhof, **Colombo Fort** (Karte S. 52), liegt sehr zentral. Die Züge halten hier oft nur ein oder zwei Minuten bis zur Weiterfahrt. Einzelheiten zu Verbindungen und Strecken siehe S. 350.

JF Tours & Travels (Karte S. 52; 244 0048; 9-17 Uhr) unterhält ein Büro vorne im Bahnhof Fort. Die hilfsbereiten Mitarbeiter kennen sich mit den Transportmitteln in und ab Colombo bestens aus. Man kann sein Glück aber auch am Infoschalter im Bahnhof versuchen. Die **Gepäckaufbewahrung** (Gepäckstück pro Tag 60 Rs; 4.30–23.30 Uhr) befindet sich in der äußersten linken Ecke (mit Blick auf den Bahnhof).

❶ Unterwegs vor Ort
Zum/Vom Flughafen
Die Fertigstellung des Highway Colombo – Katunayake wird die Fahrzeit vom Bandaranaike International Airport in die Innenstadt erheblich verkürzen. Bis dahin sollte man sich allerdings darauf einstellen, dass man sich mit dem Auto oder Taxi ein bis zwei Stunden durch den Verkehr quälen muss.

Alle Inlandsflüge gehen mit ziemlicher Wahrscheinlichkeit in der Ratmalana Air Force Base von Colombo ab; Einzelheiten siehe S. 345.

Auto Die meisten Hotels in und um Colombo bieten einen Flughafenwagen für 3000 bis 4000 Rs. Auch die Hotels in Galle – oder noch weiter entfernt – helfen bei der Organisation des Flughafentransfers. Aber egal, ob man nun einen Hotelwagen oder Fahrer gebucht hat: Der Gast wird in jedem Fall in der Ankunftshalle des Flughafens erwartet.

Bus Flughafenbusse (Standard/mit Klimaanlage 70/100 Rs) fahren von 6 bis 21 Uhr im 15-Minuten-Takt an der Bastian Mawatha Station ab. Die Busse halten etwa 1 km vom Flughafen entfernt; ein kostenloser Shuttle steht für den restlichen Weg bereit.

Vom Flughafen nimmt man den kostenlosen Shuttlebus vor dem Ankunftsbereich. Da die Busse nach Colombo oft anderswo starten, sind sie meist schon voll und bieten wenig Platz für Gepäck. Die Fahrt dauert ein bis drei Stunden.

Taxi Ein Taxi ist natürlich praktisch, aber nur so schnell, wie der Verkehr es eben zulässt. Direkt vor dem Ankunftsgebäude befindet sich ein Taxistand. Im Vergleich zu früher bekommt man heute recht problemlos ein Taxi. Bis nach Colombo sind rund 2100 Rs (1–1½ Std.) zu zahlen, 1500 Rs nach Negombo (30 Min.) und 5000 Rs nach Kandy (2–3 Std.). Ein Tuk-Tuk ist für die Strecke Flughafen – Colombo nicht empfehlenswert, denn die Fahrt durch die stinkenden Abgase ist weit. Taxis nach Colombo, die im Ankunftsbereich im Voraus zu bezahlen sind, kosten 2600 Rs.

Öffentliche Verkehrsmittel
Bus Der *A-Z Street Guide* enthält eine detaillierte Tabelle sowie eine Karte, auf der alle Busrouten in Colombo verzeichnet sind; am besten fragt man aber einfach jemanden an der nächsten Haltestelle nach dem richtigen Bus. Zu den Bussen, die von Fort oder Pettah die Galle Road hinunterfahren, gehören die Linien 100, 101, 102 und 400. Der Fahrpreis liegt, je nach Entfernung, zwischen 5 Rs und 40 Rs. Die Busse verkehren häufig. Vorn im Bus befindet sich meist ein Schild, auf dem das Fahrziel auf Englisch steht.

Dreiräder Auch Tuk-tuk oder Tri-Sha genannt, sind die dreiräder Rauch speiende, indische Erfindungen, die allgegenwärtig sind. Bei Regen wird man zwar nass, und auf den Hintersitzen ist die Aussicht eingeschränkt, aber eine Fahrt mit dem Tuk-Tuk gehört dennoch zu den Erlebnissen in Colombo, die niemand verpassen sollte. Die Fahrer flitzen furchtlos zwischen den riesigen Bussen herum – ein spannender Nervenkitzel für den einen, eine Zumutung für den anderen.

Vor dem Einsteigen empfiehlt es sich, den Preis festzulegen. Dazu vorher einfach einen Fahrer auf der Straße anhalten; Typen, die herumlungern, verlangen in der Regel immer am meisten. Vielleicht muss man aber auch mit ein paar Fahrern feilschen. Als Faustregel gilt: pro km 50 bis 100 Rs – ein Tarif, den Ausländer allerdings selten bekommen. Für die Fahrt von

COLOMBOS NEUE EXPRESSWAYS

Während der Stoßzeit kann es bis zu zwei Stunden (wenn nicht noch länger) dauern, vom Flughafen zum Ausgangspunkt des neuen **Southern Expressway** in Makumbura zu gelangen; er befindet sich rund 12 km südöstlich vom Zentrum Colombos. Von Fort gestaltet sich die Anfahrt meist genauso lang.

Zwei neue kostenpflichtige Straßen sollen die Fahrzeit erheblich verkürzen:

» **Colombo – Katunayake Highway** Er verläuft rund 25 km vom Flughafen zu einem Punkt nordöstlich von Fort, wodurch sich die Fahrzeit auf unter 30 Minuten reduzieren soll. Die Eröffnung ist für 2013 geplant.

» **Outer Circular Highway** Dieser äußere Stadtring bindet den Colombo – Katunayake Highway an den Southern Expressway an, sodass es von Galle und dem Süden zwei Stunden zum Flughafen sind – eine richtige Revolution für die Reisenden. Bis 2015 soll die Straße komplett fertig sein.

Fort nach Cinnamon Gardens werden 400 Rs verlangt, nach Bambalapitiya 600 Rs und nach Mount Lavinia 1000 Rs. Taxis mit Taxameter sind günstiger.

Eine Neuerung in Colombo sind Tuk-Tuks mit Taxameter – sie machen gut sichtbar Werbung für sich. Wer so ein Tuk-Tuk sieht, hält es auf der Straße an und lässt sich bestätigen (!), dass der Fahrpreisanzeiger auch eingeschaltet ist. Auf diese Weise kommt man dann am preiswertesten herum.

Taxi Die meisten Taxis haben ein Taxameter, das die Fahrer allerdings häufig nicht benutzen. Aus diesem Grund sollte man sich vor Fahrtantritt über den Preis einigen. Ein Taxi vom Bahnhof Fort zum Galle Face Hotel (etwas über 2 km) kostet rund 200 Rs, nach Mount Lavinia zahlt man rund 1200 Rs.

Funktaxis werden immer beliebter, denn die Firmen arbeiten mit Taxameter, und der Service ist auch komfortabler und billiger als der von normalen Taxis oder Tuk-Tuks. Man ruft einfach die Zentrale an, dann ist das Funktaxi meist innerhalb von 15 Minuten zur Stelle. Zuverlässige Unternehmen sind:

Ace Cabs (281 8818)
Budget Taxi (729 9299)
Kangaroo Cabs (258 8588)

Zug Wer will, kann mit dem Zug in die Vorstädte Kollupitiya, Bambalapitiya, Wellawatta, Dehiwala und Mount Lavinia fahren, die sich an der Galle Road entlangziehen.

Für die Bahn spricht, dass die Bahnstrecke am Meer entlang verläuft. Die Fahrpläne hängen an den Haltestellen aus, es verkehren aber eh ausreichend Züge.

Wer am Bahnhof Fort in den Zug steigt, sollte sich vergewissern, dass der Zug auch an allen gewünschten Bahnhöfen hält. Der Zug kostet vergleichbar viel wie der Bus.

Die Westküste

Inhalt »

Nördlich von Colombo.... 82
Kalpitiya & Dutch Bay..... 82
Von Kalpitiya nach
Negombo 84
Negombo 84
Südlich von Colombo 90
Aluthgama, Bentota &
Induruwa......................... 90
Hikkaduwa & Umgebung 95

Gut essen

- » Lords (S. 86)
- » Basil (S. 98)
- » Kandoori (S. 94)
- » Spaghetti & Co (S. 99)

Schön übernachten

- » Villa Araliya (S. 86)
- » Club Villa (S. 92)
- » Saman Villas (S. 92)
- » Ice Bear Guest House (S. 86)

Auf zur Westküste!

Es ist nicht nötig, lange an der Westküste Sri Lankas zu verweilen, um zu bemerken, wie vielschichtig ihr Charakter ist. Im Norden der Hauptstadt liegt Negombo, ein lebhafter Badeort, der von den Türmen katholischer Kirchen überragt wird und dank seiner Nähe zum Flughafen eines der ersten Ziele in fast jedem Reiseprogramm ist. Wer weiter nach Norden reist, kommt in eine wilde und kaum besuchte Region, die aus nichts zu bestehen scheint als aus Kokosnussplantagen und Lagunen, die in der Sonne glitzern und von zahlreichen Delfinen bewohnt werden.

Im Süden des chaotischen Colombo liegt eine Welt, die zwischen den dämonischen Maskentänzen der traditionellen singhalesischen Kultur in Ambalangoda, den eleganten Boutiquehotels und menschenleeren goldbraunen Sandstränden in Bentota und dem verwahrlosten, doch nach wie vor populären Ferienziel Hikkaduwa hin und her schwankt.

Egal, welchen Teil der Westküste man wählt, eines ist sicher: Der Aufenthalt wird länger dauern als geplant.

Reisezeit

Negombo

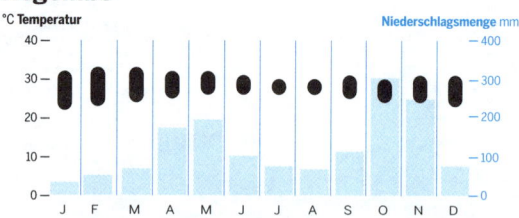

Jan. Delfinschulen tummeln sich in der Dutch Bay, Touristenscharen feiern nächtliche Partys in Hikkaduwa.

März–April Sri-lankische Christen führen in Negombo und Talawila Passionsspiele auf.

Nov. Wer (fast) menschenleere Strände mag, sollte im November hierherkommen.

Highlights

❶ Die Gewässer vor **Kalpitiya** (S. 82): Hier sollte man den Horizont nach spielenden Delfinen absuchen

❷ Das reizvolle, wenn auch verwahrloste **Negombo** (S. 84)

❸ Ein paar Wohlfühltage unter Palmen in einem der Boutiquehotels im schönen Badeort **Bentota** (S. 90)

❹ Vogelsafaris durch die **Muthurajawela-Sümpfe** (S. 90), in denen sich Reiher vom Boot aus beobachten lassen

❺ Die Geheimnisse der Dämonenmasken in **Ambalangoda** (S. 99)

❻ **Brief Garden** (S. 90) bei Bentota: Hier hat schon mancher seine Leidenschaft für die Gartenkunst entdeckt

❼ Ein Sundowner bei Sonnenuntergang im lebhaften **Hikkaduwa** (S. 98) – nach einem langen Tag auf oder unter den Wellen

NÖRDLICH VON COLOMBO

Von Colombo kommend, richtet sich der Blick der Autofahrer in der Regel nach Süden. Wer jedoch viel Zeit und Neugier mitbringt oder langsam auf dem Weg nach Anuradhapura ist, sollte stattdessen die nordwärts führende A3 nehmen. Sie führt an charmanten, von den Niederländern angelegten Kanälen entlang, streift mehrere Sandstrände und verliert sich schließlich in einem undurchdringlichen Gewirr von Kokospalmenwäldern. Alles wird begleitet von einem wunderbaren Gefühl der Entdeckerfreude. Noch ist diese Gegend, mit Ausnahme des etwas nüchterneren Negombo in unmittelbarer Nähe des internationalen Flughafens Bandaranaike, nicht für den Tourismus erschlossen und die Wahrscheinlichkeit, einen nur selten betretenen Strand zu finden, nach wie vor groß. Aber Anfänge eines Wandels sind schon spürbar. Die Regierung plant – den exklusiven Strandtourismus der benachbarten Malediven vor Augen – ein ehrgeiziges Tourismusprojekt rund um den Hauptort Kalpitiya an der Spitze der langgestreckten Halbinsel, die die Dutch Bay vom Ozean trennt.

Die folgenden Beschreibungen charakterisierisieren den Verlauf der Küste von Norden nach Süden.

Kalpitiya & Dutch Bay

Kalpitiya und Talawila sind die beiden Hauptorte auf dem langgestreckten Landstreifen, der die Dutch Bay vom Indischen Ozean trennt. Noch ist es eine ausgesprochen abgeschiedene Gegend, in die es bisher kaum ausländische Besucher verschlagen hat. Doch eine Veränderung kündigt sich an: Die Regierung setzt sich für ein Projekt ein, durch das die Halbinsel und die ihr vorgelagerten Inseln zu bedeutenden Strandurlaubszielen ausgebaut werden sollen. Laut den Planungen sind Unternehmen aufgerufen, in Projekte zu investieren, die verschiedenartiger nicht sein könnten: Luxusunterkünfte mit 10 000 Betten, ein Inlandsflugplatz und ein Unterwasserfreizeitpark(!), Golfplätze, Speedboat-Safaris und vieles mehr. Wer beim Lesen dieser Auflistung alarmiert ist, steht mit seiner Sorge nicht allein. Umweltschützer befürchten massive Auswirkungen auf die Populationen von Delfinen, Pottwalen und Dugongs, die alle in den Gewässern rund um die Dutch Bay heimisch sind.

Was vielleicht noch schwerer wiegt, ist die Befürchtung einer großen Zahl von Einheimischen, dass ihre Bedürfnisse hinter denen der grandiosen touristischen Erschließungsprojekte zurückstehen müssen und ihnen womöglich sogar ein Fischereiverbot in bestimmten Gebieten droht. Ebenso besorgt blicken sie auf den eigentlichen Erschließungsprozess – der Minister für wirtschaftliche Entwicklung hat inzwischen eingeräumt, dass es in manchen Orten zu unrechtmäßigen Landenteignungen gekommen ist. Einige Ortsansässige haben versucht, in Colombo ihre Eigentumsrechte gerichtlich durchzusetzen, doch trotz dieser Proteste befinden sich viele Projekte bereits in der Bauphase.

Angesichts der Tatsache, dass die Strände der Region dem Wind ungeschützt ausgesetzt sind, das Wasser der Dutch Bay und des umgebenden Meeres im Vergleich zum kristallblauen Meer der Südküste eine deutliche Braunfärbung zeigt und die Unterkünfte noch dazu oft maßlos übertreuert sind, werden sich viele der Projekte möglicherweise als Fehlinvestitionen herausstellen.

Eine wichtige Informationsquelle in der Region ist das hervorragende **Tourist Information Centre** (032-561 2041; Kalpitiya; 9–17 Uhr) unter niederländisch-sri-lankischer Leitung. Die privat geführte Touristeninformation gibt neutrale Empfehlungen zu Unterkünften, Fährverbindungen zu den Inseln, Sehenswürdigkeiten und Aktivitäten in der Region und organisiert lohnende Bootsausflüge und Dorfbesuche.

Sehenswertes & Aktivitäten

Auch wenn das hier gezeichnete Bild teilweise düster klingt: Es gibt gute Gründe, dennoch diese Region zu besuchen. In **Talawila** im mittleren Teil der Halbinsel gibt es einen katholischen Schrein zu Ehren der hl. Anna. Die St.-Annen-Kirche besitzt Säulen aus Satinholz und eine schöne Lage direkt am Meer. Tausende von Wallfahrern kommen im März und Juli während der Hochfeste zu Ehren der hl. Anna in den Ort. Die Feste werden mit eindrucksvollen Prozessionen, Heilungszeremonien und einer Messe begangen.

Die größte Anziehung geht für die meisten Besucher jedoch von den Delfinen aus. **Delfin-Bootstouren** werden vom Tourist Information Centre in Kalpitiya veran-

ABSTECHER

NATIONALPARK WILPATTU & PUTTALAM

Nach Jahren des Bürgerkriegs, in denen der Nationalpark aus Sicherheitsgründen geschlossen blieb, ist er seit einiger Zeit wieder frei zugänglich. Mit einer Fläche von 1085 km² ist der ehemals populärste Nationalpark auch der größte des Landes. Jahrelang lag der Park zwischen den Fronten der Bürgerkriegsgegner; durch das Schutzgebiet zogen bewaffnete Partisanen. Es versteht sich von selbst, dass die Erhaltung von Arten in jener Zeit nicht oberste Priorität genoss: Die Infrastruktur des Schutzgebietes ist deshalb noch immer lückenhaft, die Bestände der heimischen Wildtiere machen nur noch einen Bruchteil der früheren Zahlen aus. Doch in den dichten Urwaldgebieten, die von kleinen Lichtungen und Gewässern unterbrochen werden, gibt es für engagierte Naturfreunde viel zu entdecken. Im Park leben bis zu 50 Elefanten (die sich allerdings selten sehen lassen) sowie mehr als 50 Leoparden, die sich immer häufiger beobachten lassen. Außerdem trifft man auf Axishirsche, Lippenbären, Wildschweine, Krokodile und zahlreiche Vogelarten.

Die Abzweigung zum Nationalpark an der unebenen, aber befestigten Straße Puttalam – Anuradhapura (A12) liegt 26 km nordöstlich von Puttalam und 20 km südwestlich von Anuradhapura. Eine holprige Straße führt nach weiteren 8 km zum Parkeingang und Parkbüro in Hunuwilagama.

Im alten, von Handel und Perlenfischerei geprägten Fischerort Puttalam, der hübsch am Rand einer Lagune liegt, können Jeeps gemietet werden. Das Dorf ist einer jener verträumten Orte, in denen niemand eine Uhr vermisst. Im Ort gibt es für Besucher, die dort übernachten wollen, einige einfache Unterkünfte.

---

staltet. Eine halbtägige Bootstour kostet 9000 Rs für bis zu fünf Personen. Da hierzu eine behördliche Genehmigung erforderlich ist, sollten sich Teilnehmer mindestens einen Tag im Voraus dazu anmelden. Zwei besonders namhafte Veranstalter mit Sitz in Colombo haben etwas teurere, dafür aber sehr professionelle Pauschalangebote mit Delfinbeobachtungen im Programm: **Jetwing Eco Holidays** (☎011-238 1201; www.jetwingeco.com; 46/26 Navam Mawatha, Colombo) und **Eco Team Sri Lanka** (☎011-583 0833; www.srilankaecotourism.com; 20/63 Fairfield Gardens, Colombo). Delfine (und Wale) sind in der Saison zwischen Oktober und Mai mit einer Wahrscheinlichkeit von 80 % zu sehen.

Schnorcheln und **Tauchen** sind an den spektakulären küstennahe Riffen möglich. Ein erstrangiges Tauchrevier ist das sensationelle **Bar Reef**. Mehrere Kilometer vor der nordwestlichen Spitze der Halbinsel gelegen, gilt die unberührte Riff-Formation als eines der schönsten Tauchreviere Sri Lankas. Trotz seiner Abgelegenheit ist es auch als gutes Schnorchelrevier bekannt. Das Tourist Information Centre in Kalpitiya ist beim Organisieren von Tauchfahrten (wiederum nur nach vorheriger Anmeldung) ebenso behilflich wie die verschiedenen Veranstalter mit Sitz in Colombo (u. a. die zuvor genannten).

Die Region erwirbt sich allmählich auch einen Ruf als attraktives Ziel für **Kitesurfer**. Derzeit sind Kitesurfer, wenn sie diese Sportart ausüben wollen noch meistens auf sich allein gestellt, doch in größeren Hotels wird immer häufiger Leihausrüstung angeboten, und das Kite Centre Negombo veranstaltet Kitesurfing-Safaris.

Schlafen

Die Preise für Unterkünfte in der Region sind zum Teil lächerlich hoch. Teilweise bestehen sie lediglich aus einer Palmwedelhütte ohne Strom, fließendem Wasser und sonstigem Komfort, für die zwischen 40 und 70 US$ pro Person verlangt werden. In Kalpitiya selbst findet man mehrere einfache **Privatunterkünfte** (Zi. 1250 Rs). Das **Taniya Hotel** (☎032-329 3031; Zi. mit/ohne Klimaanlage 3500/2000 Rs) ein paar Kilometer südlich von Kalpitiya bietet Zimmer, die ihren Preis unbedingt wert sind. Eine Kamera sollte nicht fehlen, um die „Elefanten", „Giraffen" und „Hirsche", die sich im Hotelpark tummeln, einzufangen. Eine gute, aber teurere Wahl ist das **Ruwala Resort** (☎032-329 9299; Zelt 2500 Rs, Cabana 11 000 Rs, Zi. 12 500 Rs) am Ufer der Lagune; es liegt einige Kilometer vor Talawila. Die freundliche Ferienanlage organisiert für ihre Gäste verschiedene Aktivitäten wie etwa Reiten, Fischen und Bergsteigen.

An- & Weiterreise

Regelmäßig fahren Busse nach Colombo (regulär/klimatisiert 200/350 Rs, 4 Std.) und Puttulam (regulär/klimatisiert 60/120 Rs, 1 Std.).

Von Kalpitiya nach Negombo

Obwohl die A3 nah der Küste verläuft, bieten sich von der Straße sehr wenige Ausblicke auf den Ozean. Stattdessen führt die Straße Richtung Süden und Negombo an endlosen Kokosnussplantagen vorüber, die von einer eigenen, rhythmisch schwingenden Schönheit sind.

Im winzigen Dorf **Udappuwa** südlich von Puttalam gibt es einen hektischen Fischmarkt, der am Morgen aufgeschlagen wird, und einen bedeutenden hinduistischen Tempel mit einem großen Gopuram (Torturm). Bei einem farbenprächtigen Fest, das im August stattfindet, erproben Gläubige ihre mentale Stärke, indem sie über rot glühende Kohlen laufen. Ganz in der Nähe liegen sich eine Moschee und die Dorfkirche gleich gegenüber.

12 km im Süden von Udappuwa liegt **Chilaw**, dessen Atmosphäre von der römisch-katholischen Kirche geprägt wird. Die Mitte des Ortes wird von kunstvollen Standbildern religiöser Persönlichkeiten und berühmter Kardinäle eingenommen.

Munneswaram liegt 5 km östlich von Chilaw und hat einen sehenswerten hinduistischen Tempel, der eine bedeutende Pilgerstätte ist. Die Tempelanlage besitzt drei Schreine, der mittlere ist Shiva geweiht. Ein wichtiges Fest, bei dem auch Feuerläufe vorkommen, wird im August begangen. Wenige Touristen kommen hierher, was selbst ernannte Guides und Kundenfänger nicht daran hindert, auch ihnen noch ein paar Rupien abzuknöpfen.

Regelmäßige Busverbindungen führen über die A3.

Negombo

031 / 121 933 EW.

Negombo ist ein Badeort in unmittelbarer Nähe zum internationalen Flughafen Bandaranaike. Mit seinen recht guten Hotels und Restaurants in allen Preisklassen, seinen freundlichen Bewohnern, einer interessanten Altstadt und einem weiten (wenn auch ziemlich verschmutzten) Strand ist Negombo viel mehr als Colombo dazu geeignet, die ersten Tage des Sri-Lanka-Urlaubs hier zu verbringen.

Kulturinteressierte finden im lebhaften Stadtzentrum von Negombo, wo starke Einflüsse der katholischen Kirche bemerkbar sind, vieles von historischem Interesse. Naturfreunde können auf den schmalen Landstreifen im Süden der Lagune sowie an zahlreichen Kanälen nach Vogelarten Ausschau halten.

Die Niederländer übernahmen die Stadt 1640 von den Portugiesen, verloren sie und eroberten sie 1644 zurück. Den Briten fiel die Stadt 1796 kampflos in die Hände. Negombo war in niederländischer Zeit ein wichtiges Handelszentrum für die Ausfuhr von Zimt, vieles erinnert noch an die Zeit der europäischen Herrschaft.

Die geschäftige Mitte Negombos liegt im Westen der Bus- und Bahnhöfe; die meisten Unterkünfte findet man jedoch an der Hauptstraße im Norden des Stadtzentrums, sie verläuft fast parallel zum Strand.

Sehenswertes

Dutch Fort RUINEN

(Karte S. 85) Dicht am Meer und an der Lagune liegen die Reste einer alten niederländischen Festung mit einem schönen Tor, in deren Inschrift die Jahreszahl 1678 zu lesen ist. Auf der sogenannten **Esplanade**, einer Grünfläche, werden Cricketspiele ausgetragen, die viel Aufmerksamkeit auf sich ziehen. Auf dem Festungsgelände ist heute das Stadtgefängnis untergebracht – die einzige Möglichkeit, ins Innere der Festung zu gelangen, wäre also, eine Straftat zu begehen… Das Interesse an alten niederländischen Festungen muss allerdings schon sehr groß sein, dass man es darauf ankommen lässt!

Mehrere alte niederländische Gebäude werden noch genutzt, darunter das **Lagoon Resthouse** (Custom House Rd.).

Fischmarkt MARKT

(Karte S. 85) Jeden Tag befahren die Fischer in ihren *oruvas* (Ausleger-Einbäumen) das Meer, um die Fische zu fangen, für die Negombo überregional bekannt ist. Es ist ein schöner Anblick, wenn sie nach einer Ausfahrt in weitem Bogen in die Lagune zurückkehren. Fischauktionen am Strand und der Verkauf auf dem Fischmarkt nahe der Festung vermitteln dagegen eher glitschige und geruchsintensive Eindrücke, für die es

Negombo Zentrum

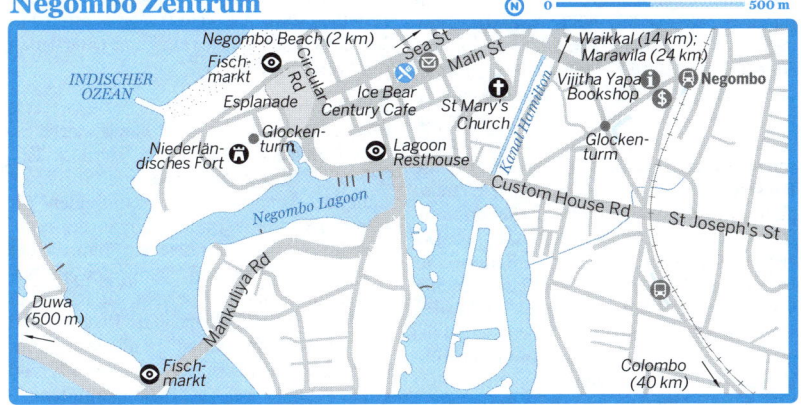

sich aber lohnt, etwas Zeit zu opfern. Der Fang stammt nicht ausschließlich aus dem offenen Meer: Negombo liegt am nördlichen Rand einer Lagune, die für ihren Reichtum an Hummern, Krebsen und Garnelen berühmt ist. Am anderen Ende einer Lagunenbrücke befindet sich ein zweiter Fischmarkt. Wer sich frühmorgens um 6 Uhr auf den Weg dorthin macht, kann dort noch viel größere Fischerboote mit ihrem Tagesfang zurückkehren sehen.

Sakralbauten SAKRALBAUTEN

Negombo besitzt zahlreiche Kirchen – die Einheimischen wurden mit so großem Erfolg zum Katholizismus bekehrt, dass die Stadt auch schon mal „kleines Rom" genannt wird. Das Geld für die Kirchenbauten stammt aber teilweise auch von den vielen singhalesischen Gastarbeitern in Italien, die ihren Angehörigen regelmäßig Geld nach Hause schicken. In der Stadtmitte erhebt sich die **St.-Marien-Kirche** (Karte S. 85) in einem blassen Rosa, innen sind eindrucksvolle Deckenmalereien zu sehen, die sich über die ganze Länge des Kirchenschiffs ziehen. Im Osten der Stadt steht der ebenso sehenswerte **Angurukaramulla-Tempel** mit einem 6 m langen ruhenden Buddha. Auf der Insel **Duwa** – durch die Lagunenbrücke mit Negombo verbunden – finden in der Osterzeit berühmte Passionsspiele statt.

Kanäle KANÄLE

Nirgendwo sonst auf Sri Lanka brachten die Niederländer ihre Liebe für Kanäle so deutlich zum Ausdruck wie hier. Von Negombo führen Kanäle südwärts bis nach Colombo und in nördlicher Richtung bis nach Puttalam, insgesamt sind sie zusammengerechnet über 120 km lang! In Negombo bieten verschiedene Hotels einen Fahrradverleih an; Radtouren auf den Kanaluferwegen führen an schönen Ausblicken und kleinen Dörfern vorbei. Die Straße, die über die Lagunenbrücke führt, verläuft bis kurz vor Colombo als schmale Küstenstraße zwischen Lagune und offenem Meer.

Aktivitäten

Kite Centre Negombo EXTREMSPORTARTEN
(Karte S. 88; 077 746 1261; 13 Porutota Rd.) Dem Meerwasser nahe zu sein, ohne damit – angesichts seiner Verschmutzung in dieser Gegend – in Berührung zu kommen, ist beim Kitesurfen möglich. Kurse mit guter Ausrüstung und unter der Leitung erfahrener Surfer können über das Kite Centre Negombo (mit Sitz in der Pension Pearl) gebucht werden. Ein dreitägiger Kurs kostet 349 €.

Lucky Tours VOGELBEOBACHTUNG
(Karte S. 88; 077 357 8487; lucky-tour55@hotmail.com; 146 Lewis Pl.) Bietet Vogelbeobachtungen mit professioneller Führung in der Region Negombo an, beispielsweise Halbtagestouren zum Naturschutzgebiet der Muthurajawela-Sümpfe.

Schlafen

Eine große Auswahl an Unterkünften in Strandnähe steht in der unteren und mittleren Preisklasse zur Verfügung. Mehrere hochpreisige Unterkünfte findet man in Negombo und Waikkal. Eine Faustregel: Je näher eine Unterkunft zur Stadt liegt, umso häufiger sind kleine Mängel zu bemerken.

Villa Araliya — BOUTIQUEHOTEL $$
LP TIPP

(Karte S. 88; 227 7650; www.villaaraliya-negombo.com; 154/10 Porutota Rd.; Zi. inkl. Frühstück 50–160 US$; ❄️ 🛜 🏊) Die Nummer eins der Hotelszene von Negombo bietet moderne, individuell gestaltete Zimmer – manche präsentieren sich in allen Farbschattierungen, andere haben unverputzte Backsteinwände. Das verbindende Element aller Räume ist ein ungewöhnlicher Komfort in Form von großen Betten, hohen Decken und großzügig gestalteten Bädern. Der hoteleigene Pool ist so schön, dass mancher schon vor dem Frühstück die ersten Runden schwimmt. Das kinderfreundliche Hotel (es gibt Spielzeug, Kinderbetten und Hochstühle) liegt an einer ruhigen Seitenstraße, fünf Minuten zu Fuß vom Strand entfernt.

Ice Bear Guest House — GÄSTEHAUS $$
LP TIPP

(Karte S. 88; 071 423 7755; www.icebearhotel.com; 103/2 Lewis Pl.; Zi. 29–59 €; ❄️ 🛜) Eine hinreißende traditionelle Villa mit viel Farbe und Flair und etwas Exzentrik. Das günstige „Boutiquehotel" mit verschiedenartig gestalteten Zimmern liegt in einem schönen Park, in dem sich Hunde und Enten tummeln. Die Zimmer bieten blumenbestreute Betten, anheimelnde Akzente und heißes Wasser, die teureren sind außerdem mit Art-déco-Waschtischen und CD-Spielern ausgestattet. In einem Café am Strand werden Gäste mit hausgemachtem Müsli und anderen Köstlichkeiten verwöhnt, oft wehen die Klänge klassischer Musik zwischen den Palmen herüber.

Angel Inn — GÄSTEHAUS $$
(Karte S. 88; 223 6187; 189/17 Lewis Pl.; Zi. mit/ohne Klimaanlage 3000/2000 Rs) Eines der gastfreundlichsten preiswerten Gästehäuser in Negombo. Mit einem Meerblick können die sechs Zimmer zwar nicht dienen, doch in jeder anderen Hinsicht ist die Pension mit ihren makellos gepflegten und hellen Räumen in einem kleinen Garten eine hervorragende Wahl. Ein Familienbetrieb mit der für diesen Unterkunftstyp freundlichen und aufmerksamen Gastlichkeit.

Pearl — GÄSTEHÄUSER $$
(Karte S. 88; 492 7744; www.pearl-negombo.com; 13 Porutota Rd.; EZ/DZ 36/47 €; ❄️ 🛜) Die kleine Strandpension wirkt etwas unscheinbar, vereint jedoch Flair und Komfort auf so überzeugende Art, dass es das Herz eines jeden müden Reisenden erfreut. Die untadeligen Zimmer sind mit frecher, moderner Kunst sowie DVD- und CD-Spielern (und Scheiben zum Abspielen) ausgestattet. Für Kitesurfer ist das Pearl ein gutes Quartier an der Westküste.

Beach — HOTELANLAGE $$$
(Karte S. 88; 227 3500; www.jetwinghotels.com; Porutota Rd.; EZ/DZ inkl. Frühstück 355/375 US$; ❄️ @ 🛜 🏊) Imposante Torbögen, hallende Korridore und Wandbilder, die vage an einen Pharaonentempel erinnern: Das Resort ist zumindest ein Tempel, der dem minimalistischen Luxus geweiht ist. Die Zimmer sind fast perfekt, die Bäder auf alle Fälle: Sie haben begehbare Duschen und kreisrunde Badewannen. Zu alledem gibt es einen gut ausgestatteten Spa-Bereich und einen Pool, der bei Nacht von lodernden Fackeln illuminiert wird. Selbst ein hauseigener Naturkundler fehlt nicht, der alle Fragen zur Natur gern beantwortet. Eine gute Wahl für Gäste mit Kindern: Die Anlage hat einen fantastischen Pool-Bereich.

Ayurveda Pavilions — BOUTIQUE-HOTEL $$$
(Karte S. 88; 227 6719; Porutota Rd.; EZ/DZ Villa inkl. Frühstück ab 210/230 US$; ❄️ @ 🛜 🏊) Wunderschöne Villen mit Lehmwänden und einer minimalistischen und zugleich luxuriösen Möblierung. Die Bäder sind die eigentlichen Highlights: Ein dampfendes Blütenbad unter freiem Himmel mit dem oder dem Liebsten an einem regnerischen Nachmittag – schöner können romantische Ferienträume nicht sein! Eine große Auswahl an Wellness-Anwendungen (ab 30 US$ für Nichthotelgäste) ist in den Zimmerpreisen enthalten.

Hotel Silver Sands — HOTEL $$
(Karte S. 88; 222 2880; www.silversands.go2lk.com; 229 Lewis Pl.; Zi. mit/ohne Klimaanlage 3630/1760 Rs; ❄️) Eine hervorragende und preiswerte Unterkunft am Strand mit hübsch gefliesten Zimmern, die mit wild drapierten, zeltartigen Moskitonetzen und Sträußen von Plastikblumen dekoriert sind. Aquarianer unter den Gästen werden sich über die zahlreichen Aquarien voller Guppys, Mollusken und schwer bestimmbarer tropischer Arten freuen.

Beach Villa Guest House — GÄSTEHAUS $
(Karte S. 88; 222 2833; 3/2 Senavirathna Mawatha; 2BZ 800–3000 Rs; ❄️) Dieses Stammquartier aller Rucksacktouristen bietet freundliche Zimmer und liegt so nah am Meer, dass der Weg vom Bett ins Bad nicht weit ist! Ein preiswertes, angenehmes Café-

Restaurant ist vorhanden, eine Fülle von Reiseratschlägen gibt es dazu. Die billigeren Zimmer haben Ventilatoren.

Sha Residence GÄSTEHAUS $
(Karte S. 88; 077 748 8746; www.sharesidence.com; 80 Cemetery Rd.; EZ mit/ohne Klimaanlage 22/27 US$, DZ mit/ohne Klimaanlage 30/35 US$; ✦@🌐) Das freundliche Haus mit sieben Zimmern liegt nur wenige hundert Meter vom Strand und der Haupteinkaufsstraße entfernt, es ist eher ein Privatunterkunft als ein Hotel und daher für Negombo ungewöhnlich. Die geräumigen Zimmer haben heißes Wasser, es gibt einen Garten mit zahlreichen Enten und Kaninchen.

Camelot Beach Hotel HOTELANLAGE $$
(Karte S. 88; 222 2318; www.camelothotelnegombo.com; 345 Lewis Pl.; EZ/DZ 65/70 US$; ✦@🌐≋) Das preiswerte Pauschalhotel steht für klassische Ferien mit Sonne, Strand und Meer. Zum Zeitpunkt des letzten Besuchs war es mit Weihnachtsdekorationen überhäuft… Die Zimmer sind hell und angenehm (auch ohne Weihnachtsdekorationen!), die hauseigenen Angebote zahlreich: So gibt es u. a. zwei Pools.

Jeero's Guest House GÄSTEHAUS $
(Karte S. 88; 223 4210; 239 Lewis Pl.; Zi. ab 2000 Rs) Mit Fensterrahmen aus Gitterwerk, behaglich eingewohnten Möbeln und luftigen Balkons bietet die Pension, die einen hübschen Garten aufweist und direkt hinter dem Strand liegt, freundliche Zimmer zu guten Preisen.

Dephani Guest House GÄSTEHAUS $
(Karte S. 88; 223 4359; dephani@slt.lk; 189/15 Lewis Pl.; Zi. 2000 Rs; 🌐) Die Preise dieses angenehmen kleinen Gästehauses erscheinen etwas willkürlich. Im Garten finden Gäste sonnige und schattige Plätze, die Zimmer haben wenig Licht, sind aber blitzsauber (mit Kaltwasserduschen).

Goldi Sands Hotel HOTELANLAGE $$$
(Karte S. 88; 227 9021; www.goldisands.com; Lewis Pl.; EZ/DZ 115/125 US$; ✦🌐≋) Das kürzlich renovierte Haus ist ein beliebtes Pauschalhotel, was aber keinen vom Besuch abhalten sollte! Moderne weiße Zimmer mit Kunstwerken in Schwarz-Weiß bieten viel fürs Geld und sind ein Ruhepol nach einem langen Flug. Gegenüber dem Übernachtungspreis mit Frühstück ist der Preis ohne Frühstück um 10 US$ günstiger; es lohnt sich also, das Frühstück extra zu bezahlen.

🍴 Essen & Ausgehen

Zahlreiche mittelmäßige Restaurants und Cafés ziehen sich die Hauptstraße am Strand entlang, dazwischen finden sich einige ansprechende Adressen.

🅛🅟 Lords FUSIONSKÜCHE $$$
TIPP
(Karte S. 88; 80B Porutota Rd.; Gerichte 850–1400 Rs) Das bei Weitem kreativste kulinarische Erlebnis von ganz Negombo erwartet Gäste in diesem Restaurant mit Kunstgalerie. Die raumfüllende Präsenz des britischen Inhabers Martin ist überall zu spüren, er ist eine Ausnahme unter den ausländischen Restaurantbetreibern, indem er in Restaurant und Küche selbst zupackt und dafür sorgt, dass alles pünktlich bereitsteht. Die Gerichte werden so meisterhaft zubereitet und präsentiert, dass die Aussicht auf eine kostenlose Mahlzeit den Präsidenten von Sri-Lanka veranlasste, die Eröffnung des Restaurants gleich selbst vorzunehmen. In der Küche vermischen sich westliche und östliche Einflüsse. Die Galerie zeigt herausragende Arbeiten von zeitgenössischen, einheimischen Künstlern.

Alta Italia ITALIENISCH $$
(Karte S. 88; 36 Porutota Rd.; Gerichte 500–700 Rs) Für ein lässiges Strand-Resort geht es in dem Restaurant unter italienischer Leitung ziemlich förmlich zu. Die umfangreiche Speisekarte führt u. a. frische Pasta, Grillgerichte mit Meeresfrüchten und Pizzas mit dünnem Boden auf. Besonders gut: authentisches Risotto und zum Abschluss einen *limoncello* (Zitronenlikör) oder eine Grappa. Einen Versuch wert sind auch die Spezialitäten aus der Espressomaschine, die im Hintergrund auf der Theke dampft.

Bijou INTERNATIONAL $$
(Karte S. 88; Porutota Rd.; Hauptgerichte 300–1000 Rs) Die Schweizer Inhaber outen sich durch ihr Fondue, das sich neben anderen Schweizer und deutschen Spezialitäten auf der Karte findet. Wem das zu schwer ist, kann aus einer großen Auswahl an Fischgerichten wählen.

Ammehula INTERNATIONAL $$
(Karte S. 88; 286 Lewis Pl.; Gerichte 400–600 Rs; ⊙10–22 Uhr) Die jungen Inhaber des Cafés bestehen darauf, dass der Name Ammehula „Geh weg!" bedeutet. Auf der Speisekarte ärgert sich eine Comicschildkröte über die vielen köstlichen Fische, die darin aufgezählt werden. Außer den Fischgerichten

Negombo (Strandgebiet)

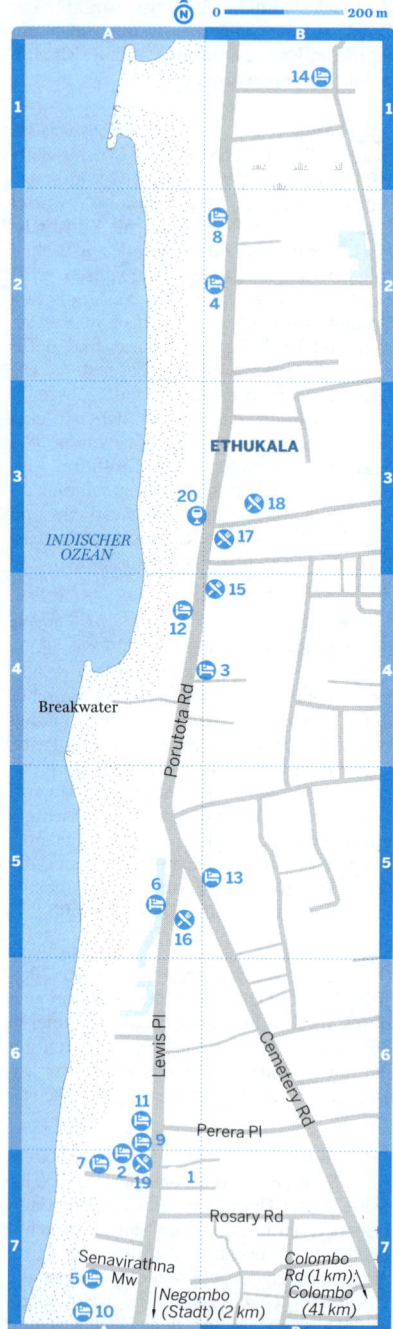

Negombo (Strandgebiet)

Aktivitäten, Kurse & Touren
Kite Centre Negombo ....(siehe 12)
1 Lucky Tours A7

🛏 Schlafen
2 Angel Inn A7
3 Ayurveda Pavilions B4
4 Beach..B2
5 Beach Villa Guest House.....................A7
6 Camelot Beach Hotel A5
7 Dephani Guest House A7
8 Goldi Sands Hotel B2
9 Hotel Silver Sands A6
10 Ice Bear Guest House.......................A7
11 Jeero's Guest House A6
12 Pearl..A4
13 Sha Residence....................................B5
14 Villa Araliya B1

✖ Essen
15 Alta Italia B4
16 Ammehula A5
17 Bijou..B3
18 Lords...B3
19 Pancake House A7

🍸 Ausgehen
20 Rodeo Pub A3

gibt es Sandwiches, Salate und eine große Frühstückskarte, die auch holländische Pfannkuchen aufführt. Interessant ist auch die kleine Tauschbörse für Bücher, wo man im Tausch seine Urlaubslektüre auffrischen kann.

Ice Bear Century Cafe   CAFÉ $$
(Karte S. 85; 25 Main St.; Hauptgerichte 500 Rs; ◷9–18 Uhr) Das liebevoll restaurierte, pfirsichfarbene Stadthaus im Kolonialstil ist eine ruhige Zuflucht im Herzen Negombos, das mit einer Aura von Kultiviertheit und Klasse aufwartet und seine Gäste mit verschiedenen einheimischen Biersorten, Bergen von hausgemachtem Kuchen und Gebäck sowie vielfältigen Mittagsspezialitäten wie thailändische Nudelsuppen und ungarisches Gulasch verwöhnt.

Pancake House   INTERNATIONAL $$
(Karte S. 88; 227 Lewis Pl.; Hauptgerichte 400 Rs) Das von Reisenden vielbesuchte Café bietet einen Mix an heimischen Curry- und Fischgerichten, außerdem lustlos hergestellte Pastagerichte, Pizzas und natürlich (sogar ziemlich gute) Pfannkuchen.

Rodeo Pub PUB
(Karte S. 88; 35 Porutota Rd.; Gerichte 700–1000 Rs; 9–24 Uhr) Die Adresse für heimwehkranke Ausländer und Touristen: Die Wände der europäisch aufgemachten Bar sind mit Graffiti bekritzelt, die Gäste bestellen Schinkenbrot, Lagerbier und Cocktails mit aufreizenden Namen.

❶ Praktische Informationen

Zahlreiche Internet- und Telefonbüros liegen verstreut am Lewis Place, an der Porutota Road sowie in der Nähe der Bus- und Bahnhöfe. Die Hotels können Reisenden, die sich zum ersten Mal in Sri Lanka aufhalten, Reiseleiter und Autos mit Fahrer für Ausflüge in andere Landesteile vermitteln. Die folgenden Einrichtungen liegen im Stadtzentrum:
Bank of Ceylon (Karte S. 85; Broadway)
Postamt (Karte S. 85; Main St.)
Vijitha Yapa Bookshop (Karte S. 85; 135 Broadway) Romane, Zeitschriften, Reiseliteratur und Karten in englischer Sprache.

❶ An- & Weiterreise

Busse des Central Transport Board (CTB), privat betriebene und Intercity-Expressbusse verkehren zwischen der Stadt Negombo (Karte S. 85) und dem Saunders Place in Colombo (regulär/klimatisiert 48/80 Rs, 1–2 Std., alle 20 Min.). An Wochenenden bilden sich abends lange Schlangen am Busbahnhof, wenn Tagesausflügler in die Hauptstadt zurückkehren. Es gibt Zugverbindungen nach Colombo (2./3. Klasse 70/40 Rs, 2 Std.), die Züge fahren jedoch langsamer und unregelmäßiger als die Busse. Eine Taxifahrt von Negombo nach Colombo kostet rund 3000 Rs. In allen Hotels, Pensionen und Reisebüros können Taxifahrten arrangiert werden.

Nach Kandy fahren Busse in der Zeit von 4.30 bis 17.15 Uhr im Stundentakt (120 Rs); eine Fahrt dauert 3 bis 4 Stunden.

❶ Unterwegs vor Ort

Die Busse der Linie 240 zum internationalen Flughafen Bandaranaike (19 Rs, 45 Min.) fahren in der Zeit von 6 bis 19 Uhr alle 15 Minuten vom Busbahnhof der Stadt ab. Eine Fahrt im Tuk-Tuk kostet von Negombo (Stadt) rund 500 Rs bzw. 800 Rs vom Lewis Place, eine Taxifahrt kostet etwa doppelt so viel. Eine einfache Fahrt dauert etwa 20 bis 30 Minuten, in allen Hotels können Taxifahrten arrangiert werden. Tuk-Tuks holen die Fahrgäste üblicherweise nicht vom Flughafen ab, können aber an der Straße vor dem Flughafen angehalten werden.

Wer vom Busbahnhof zum Lewis Place oder zur Porutota Road fahren möchte, kann einen Bus nach Kochchikade nehmen oder sich für eine Fahrt im Tuk-Tuk entscheiden, für die mit einem Preis von 200 Rs zu rechnen ist.

Rund um Negombo
WAIKKAL & MARAWILA
♪ 031

Die Städte Waikkal und Marawila liegen etwa 3 km von der Küste landeinwärts an der A3. Es gibt mehrere, meist anspruchsvolle Strandhotels, in denen sich das Leben abgeschirmt von sri-lankanischen Alltag hinter Mauern abspielt. Die Atmosphäre ist eine völlig andere als in den Bars und Touristenläden von Negombo. Ein Pluspunkt sind die nahe gelegenen weiten und goldfarbenen Strände, die Landschaft ist flach und von Palmen bestanden.

⬥ Ranweli Holiday Village
(227 7359; www.ranweli.com; EZ/DZ inkl. Frühstück ab 140/152 US$; ❄ ❁) an der Küste bei Waikkal ist ein Vorzeigeprojekt des Ökotourismus, das mit Dutzenden von prestigeträchtigen internationalen Umweltpreisen ausgezeichnet wurde. Abgesehen vom Recycling, dem Pflanzen von Bäumen und der kommunalen Entwicklung ist es einfach ein romantisches Erlebnis, in einem Stechkahn über den Kanal zu gleiten, der das Gelände vom Binnenland trennt. Die Zimmer sind nichts Besonderes, doch das Ganze strahlt eine Atmosphäre von Exklusivität aus. Alle Gemüsesorten, die im Restaurant verarbeitet werden, werden in der Region ökologisch angebaut. Ausflüge, auf denen Vögel und Schmetterlinge beobachtet werden können, werden vor Ort organisiert Die meisten Gäste kommen nach Waikkal und Marawila im Taxi oder im gemieteten Wagen mit Fahrer.

SÜDLICH VON NEGOMBO

Der schmale Landstreifen zwischen dem Golf und der Lagune im Süden von Negombo wird manchmal nach seinem größten besiedelten Ort **Pamunugama** genannt. Es ist eine schöne Landschaft mit Kokospalmen, alten Kirchen in portugiesischem Stil, Dünenfriedhöfen mit vereinzelten Grabkreuzen und Siedlungen mit sauberen Häusern. Es gibt einige kleine Hotels. Leider fällt der Strand so steil ins Meer ab, dass das Schwimmen, auch bei ruhiger See, zu einem gefährlichen Abenteuer wird.

In dieser Gegend liegt einer der schönsten Abschnitte des alten und schnurgeraden **Dutch Canal** (auch Hamilton-Kanal genannt), der entlang der gesamten Küste verläuft. An seinen Ufern liegen kleine Fabriken, Fischerdörfer, Herrenhäuser und Naturlandschaften. Am besten lässt sich die Gegend bei einer Tour auf einem Leihfahrrad aus Negombo erkunden.

LP TIPP Die **Muthurajawela-Sümpfe**, deren Name klangvoll mit „Sumpf des königlichen Schatzes" übersetzt wird, ist tatsächlich ein kaum bekannter Schatz. Das Feuchtgebiet am südlichen Rand der Lagune von Negombo war einst ein fruchtbares Reisanbaugebiet, bis die Portugiesen einen Kanal anlegten, durch den Meerwasser in die Felder eindringen konnte. Im Lauf der Jahrhunderte hat Mutter Natur die Sumpflandschaft von Muthurajawela in das größte Salzsumpfgebiet Sri Lankas verwandelt, in dem inzwischen Purpurreiher, Kormorane und Eisvögel heimisch sind. Doch die fortschreitende industrielle Entwicklung bedroht allmählich auch dieses Feuchtgebiet.

Das **Muthurajawela Visitor Centre** (011-483 0150; Indigaslanda, Bopitiya, Pamunugama; 7–16 Uhr) befindet sich am südlichen Ende der Straße von Pamunugama, ganz in der Nähe des Hamilton-Kanals. Verstaubte Ausstellungsstücke und ein 25-minütiger Videofilm über die Tierwelt des Schwemmlandes sind hier zu sehen. Viel interessanter sind aber die Bootsausflüge, die veranstaltet werden. Eine zweistündige **Bootsfahrt mit Führung** (pro Pers. 1000 Rs) durch das Feuchtgebiet ist sehr empfehlenswert. Im Sumpfgebiet sind etwa 75 Vogelarten, außerdem Krokodile, Affen und die sehr seltenen Otter heimisch. Ein Teil der Erlöse fließt an örtliche Artenschutzinitiativen. Unbedingt vorher anrufen und eine Bootstour reservieren: Besonders an Wochenenden und Feiertagen kann es voll werden.

In unmittelbarer Nähe des Muthurajawela Visitor Centre liegt die **Villa Palma** (011-223 6619; www.villapalmasrilanka.com; Beach Rd., Pamunugama; EZ/DZ ab 5500/6000 Rs; ✳︎🛜❄) mit 18 großen, einfachen Zimmern, die etwas muffig und viel zu teuer sind. Das Hotel ist bei einheimischen Hochzeitsgesellschaften beliebt, die das Haus mit Farbe und Leben füllen.

SÜDLICH VON COLOMBO

Auf der Straße nach Süden dem Dunstkreis der hektischen und stickigen Hauptstadt zu entkommen, ist wie eine Befreiung. Zurück bleiben verpestete Straßen und dunkle, mit Kohlenmonoxid gesättigte Schwaden, stattdessen rücken leuchtende, gold gelbe Strände ins Blickfeld. Die meisten Individualreisenden nehmen Kurs auf das von der Surferszene beherrschte Hikkaduwa, für alle anderen bietet die Gegend um Bentota ruhigere und häufig auch schönere Strände und sowohl Ferienanlagen als auch luxuriöse Boutiquehotels.

Aluthgama, Bentota & Induruwa
034

Vor dem Lärm der Galle Road wird der Bentota-Strand durch den träge dahinströmenden Bogen des Bentota Ganga geschützt. Der goldbraune Sandstreifen ist ein grandioses Spiel- und Spaßparadies unter der Sonne. Große Pauschalhotels prägen das Bild, es gibt aber auch eine Anzahl kleinerer Häuser, die sich an unabhängige Reisende richten. Weitere Hotels dieser Art finden sich auch in Aluthgama, einem kleinen Ort an der Hauptstraße zwischen Beruwela und Bentota.

In Aluthgama gibt es einen lärmenden Fischmarkt, Läden und den Hauptbahnhof der Region. Induruwa besitzt keine eigentliche Mitte – der Ort zieht sich an der Küste entlang.

👁 Sehenswertes

Wer sich nichts weiter wünscht als einen **Strand**, ist hier am richtigen Ort: Rund um Bentota liegen Strände, die zu den schönsten des Landes gehören. Und doch irritiert etwas an diesen prachtvollen weiten Sandstränden: Die Strände im Süden dieser Region sind auffallend menschenleer. Badespaß verspricht das ruhig strömende Gewässer des **Bentota Ganga**, leidet ist die Wasserverschmutzung hier jedoch unübersehbar.

In Aluthgama wird jeden Montag ein geschäftiger **Markt** abgehalten, der sich an der Bahnstrecke nach Dharga Town hinzieht. Wenige Kilometer landeinwärts am südlichen Ufer des Flusses liegt der **Galapota-Tempel**, der vermutlich auf das 12. Jh. zurückgeht. Der Weg dorthin führt über die Brücke und 500 m danach in eine Seitenstraße auf der linken Seite.

Brief Garden GÄRTEN
(Eintritt 1000 Rs; 8–17 Uhr) 10 km landeinwärts von Bentota liegt Brief Garden, ein

Landschaftsgarten, der stellenweise wie ein Urwald wirkt (das Gelände ist wie geschaffen, um sich darin zu verirren). Im einstigen Wohnhaus des Kolonialoffiziers Bevis Bawa, Bruder des namhaften Architekten Geoffrey Bawa, befindet sich eine vielseitige Kunstsammlung – von homoerotischen Plastiken bis hin zu einem wunderbaren Wandgemälde, auf dem das Leben in Sri Lanka im Stil von Marc Chagall dargestellt ist. Das Wandbild ist ein Werk des australischen Malers Donald Friend, der für sechs Tage zu Besuch kommen wollte, aber sechs Jahre blieb – nicht gerade ein Gast von der erwünschten Sorte! Kurzzeitig anwesende Gäste waren Vivien Leigh und Laurence Olivier, die sich während der Dreharbeiten zum Film *Elefantenpfad* (Elephant Walk) 1953 im Haus aufhielten. Insektenschutzmittel nicht vergessen: Der Garten ist bei den Stechmücken sehr beliebt. Zum Haus und Garten führt die Straße, die südlich von Aluthgama zur Matagama Road führt, dort landeinwärts zum muslimischen Ort Dharga Town fahren. Danach sind in Abständen gelbe Schilder mit der Aufschrift „Brief" zu sehen. Da aber jeder den Garten kennt, kann man sich auch leicht durchfragen. Es gibt keine öffentlichen Verkehrsmittel.

DER SOUTHERN EXPRESSWAY

Als Fluch eines Strandurlaubs in Sri Lanka galt bisher die viele Zeit, die nötig war, um vom Flughafen am Nordrand Colombos zu den Badeorten an der West- und Südküste zu gelangen. Doch im November 2011 hat sich mit der Eröffnung des Southern Expressway, der ersten mautpflichtigen Straße Sri Lankas, vieles geändert. Nun verläuft die Autobahn vom südöstlich von Colombo gelegenen Kottawa nach Pinnaduwa im Norden von Galle. Eine Fahrt dauert 90 Minuten, der Aufbruch vom Strand zum Flughafen sollte aber dennoch nicht bis zum letzten Augenblick aufgeschoben werden: Bis der Bau der Zufahrtsstraßen abgeschlossen ist, muss immer noch mit mindestens zwei Stunden für die Fahrt von Kottawa zum Flughafen gerechnet werden.

Auf ihrer gesamten Länge ist die Autobahn mit Zu- und Abfahrtstraßen verbunden. Näheres siehe S. 347.

Aktivitäten

Die weite Lagune und die Flussmündung sind ein ausgezeichnetes Gebiet für jede Art von Wassersport. Windsurfen, Wasserski, Jetbootfahren, Tiefseeangeln und weitere Sportarten werden von ortsansässigen Veranstaltern angeboten. **Sunshine Water Sports Center** (428 9379; River Ave., Aluthgama) und **SRP Watersports Centre** (077 623 7376; River Ave., Aluthgama) sind unabhängige Veranstalter direkt am Fluss. Neben einer großen Auswahl von Leihausrüstungen bieten sie auch Kurse an, z. B. Windsurfen (10 000 Rs) und Wasserski (ab 1000 Rs). Außerdem gehören Schnorchelausflüge, Kanufahrten, Tiefseeangeln und Tauchkurse zum Angebot.

Bootsfahrten auf dem **Bentota Ganga** (Gruppe 4500 Rs) sind ein beliebtes und von zahlreichen Vögeln begleitetes Vergnügen, den späten Nachmittag zu verbringen. Die Touren führen im unteren Flussabschnitt an verwinkelten Buchten und Inseln vorüber, wo über hundert Vogelarten sowie eine große Vielfalt von Amphibien- und Reptilienarten ihren Lebensraum haben. Die meisten Fahrten dauern drei Stunden. Die oben genannten Veranstalter organisieren Bootsfahrten, außerdem geben alle Hotels Auskünfte über sonstige Veranstalter.

Schlafen

In der Masse der Pauschalurlaubsanlagen lassen sich eine Anzahl wunderbarer Boutiquehotels und Pensionen sowie das eine oder andere günstige Angebot finden.

ALUTHGAMA

Anushka River Inn GÄSTEHAUS $$
(227 5377; www.jetwinghotels.com; River Ave.; EZ/DZ 35/50 €; ❄️ ⚡) Die großen Zimmer dieses Hotels sind mit Holzbetten, Frisierkommoden und Heißwasserduschen ausgestattet. Die Zimmer ohne Flussaussicht sind in ihrer erfrischenden Neuheit die bessere Wahl, die anderen haben einen etwas muffigen Geruch. Deutliche Ermäßigungen sind üblich.

Hotel Hemadan GÄSTEHAUS $$
(227 5320; www.hemadan.dk; River Ave.; EZ/DZ ab 2400/2700 Rs) Ein behagliches Gästehaus unter dänischer Leitung mit zehn großen, gepflegten Zimmern in einem betagten Gemäuer. Weitere Pluspunkte sind der begrünte Innenhof und die erstklassige Ausblicke auf den Fluss. Die besseren Zimmer haben Balkons. Fährüberfahrten über den Fluss zum Strand auf der Meerseite sind kosten-

los. Für kleine Reisende stehen auch Kinderbetten zur Verfügung.

BENTOTA

Club Villa BOUTIQUEHOTEL $$$
(227 5312; www.club-villa.com; 138/15 Galle Rd.; EZ/DZ inkl. Halbpension 231/275 US$; ❄@🛜☲) Was ist wohl aus den Hippies geworden, die in den 1960er- und 1970er-Jahren durch Asien reisten? Während einige von ihnen ihr altes Leben ganz hinter sich ließen, kehrten andere nach Hause zurück, wurden Investmentbanker und steckten Geld in nostalgische Hotelprojekte wie dieses Meisterwerk des Architekten Bawa. Von Batikkissen und -polstern bis hin zu glückseligen Buddha- und Shivafiguren ist das ganze Haus mit Hippie-Schick gefüllt. Selbst die riesigen Welse, die geisterhaft durch die zahlreichen Teiche schweben, scheinen sich in einem Zustand dauerhafter Trance zu befinden.

Saman Villas BOUTIQUEHOTEL $$$
(227 5435; www.samanvilla.com; Zi. ab 503 US$; ❄@🛜☲) Eine Sprache, die geeignet wäre, den puren Luxus dieser Hotelanlage zu beschreiben, müsste erst noch erfunden werden. Was heißt schon Luxus? Ein paar der Bäder sind mehr als luxuriös ausgestattet – sie haben private Pools im Bad! Ein Traum ist auch der Infinity-Pool, der an den Meereshorizont zu grenzen scheint. Doch das überzeugendste Argument ist die Kulisse: Das Hotel liegt an der Landspitze am Südende des Bentota-Strandes und bietet Ausblicke aufs Meer, die man nicht anders als mit überwältigend beschreiben kann.

Paradise Road – The Villa BOUTIQUEHOTEL $$$
(227 5311; www.villabentota.com; 138/18 Galle Rd.; Zi. inkl. Frühstück 249 US$; ❄@🛜☲) Ein märchenhaftes und gemütliches Boutiquehotel, das mit einem schwarz-weißen Streifenmuster und karmaförderlichen Kunstgegenständen des tibetischen Buddhismus geschmückt ist. Wie ein Buddha lässt es sich auch auf einem der weichen Sofas ruhen, wie ein Koi kann man durch den Pool pflügen oder im Schatten einer Gartenpagode beim Tee die Kunst der Gelassenheit üben.

Dedduwa Boat Hotel GÄSTEHAUS $$
(492 2024; Dedduwa Junction; Zi. 5750 Rs; ❄🛜) Dieses kleine Juwel von Unterkunft liegt in vollkommener Stille an einen See im Grünen, ein paar Kilometer landeinwärts. Die Zimmer werden sorgfältig gepflegt. Gäste können stundenlang die Vogelvielfalt auf dem nahen See beobachten oder auf etwas schlammigen Wegen spazieren gehen, die die Häuser voller lächelnder Einheimischer verbinden.

Amal Villa BOUTIQUEHOTEL $$
(943-422 70746; www.amal-villa.com; Galle Rd.; EZ/DZ inkl. Halbpension ab 50/65 €; ❄🛜☲) Die schlechte Nachricht zuerst? Das Hotel ist regelmäßig ausgebucht und liegt auf der falschen Seite einer stark befahrenen Hauptstraße. Und die gute Nachricht? Die wunderschön erhaltene Villa unter deutscher Leitung verbindet eine fernöstliche Tropenstimmung mit mitteleuropäischer Effizienz und wird so zu einer hervorragenden Unterkunft. Die einfachen Zimmer mit puristischen weißen Akzenten und angenehm altmodischem Flair schauen auf die landeinwärts liegenden Reisfelder bzw. auf einen tollen Swimmingpool. Moskitonetze sind nicht vorhanden, obwohl es in der Gegend um Bentota riesige Schwärme dieser Blutsauger gibt – am besten also ein eigenes Netz mitbringen.

Wunderbar Hotel und Restaurant HOTEL $$
(227 5908; www.hotel-wunderbar.com; Galle Rd.; EZ/DZ inkl. Frühstück 53/75 €; ❄🛜☲) Von lauter Luxus umgeben ist dieses solide und viel preiswertere Mittelklassehotel. Das Hotel bietet geräumige und intelligent aufgeteilte Zimmer, in denen sich ein Faible für vage erotische Kunst offenbart. Einige Zimmer haben Balkons mit Meerblick, der Swimmingpool ist einladender als mancher andere in der Stadt.

Hotel Sasantha PENSION $$
(227 5324; EZ mit/ohne Klimaanlage 5750/4300 Rs, DZ mit/ohne Klimaanlage 6350/5150 Rs; ❄@) Schattige Gärten, reiseerfahrenes Personal, ein leichter Zugang zum nördlichen Abschnitt des Bentota-Strandes und farbenfrohe Zimmer machen dieses Haus zu einer sehr beliebten Unterkunft, in der jeder Reisende gerne für ein paar Tage bleibt.

Wasana Guest House PRIVATUNTERKUNFT
(227 5206; EZ/DZ 1500/1800 Rs) Unweit des riesigen Pauschalhotels Taj Exotica steht dieses hundert Jahre alte Haus mit sechs sehr einfachen, pinkfarbenen Zimmern, die an sich nichts Besonderes sind. Der Vorzug dieser Unterkunft liegt im Zusammenleben mit der Gastfamilie, in den gemeinsamen Mahlzeiten und der gemeinsamen Zeit im Garten – eine erholsame Ausnahme in diesem Touristenort. Die Zimmer werden aller-

WIEGE DER SCHILDKRÖTEN

Fünf Spezies von Meeresschildkröten kommen zur Eiablage an die Küsten Sri Lankas. Am häufigsten kommt die Grüne Meeresschildkröte, gefolgt von der Oliv-Bastard- und der Echten Karettschildkröte. Lederschildkröten und Unechte Karettschildkröten können sehr groß werden und eine Länge von über 2 m erreichen. Im Verlauf ihres langen Lebens (falls sie nicht in einem Treibnetz oder Suppentopf enden oder anderen Gefahren zum Opfer fallen) kommen weibliche Schildkröten viele Male zu den Niststränden der Südküste, um ihre Eier im Sand desselben Strandes abzulegen, an dem sie selbst geschlüpft sind. Wenige Wochen später machen sich Hunderte von Schildkrötenbabys, wie es in Tierfilmen gern gezeigt wird, auf den gefahrvollen Weg ins Meer.

Die meisten der winzigen Schildkröten verschwinden schnell in den hungrigen Mäulern von Vögeln, Fischen – und Menschen. Viele von ihnen schlüpfen gar nicht erst, da menschliche Nesträuber unermüdlich damit beschäftigt sind, den Bedarf an Omeletts aus Schildkröteneiern zu befriedigen. Die Schildkrötenbrutstationen an der Küste von Bentota und Kosgoda versuchen die Überlebenschancen der Tiere zu erhöhen, indem sie den Plünderern die Eier zu einem Preis abkaufen, der knapp über dem Marktpreis liegt. Die Eier werden dann in der Brutstation ausgebrütet. In einem Aufzuchtbecken sollen die Tiere vor Parasiten geschützt werden, wodurch, wie viele Biologen meinen, die Gefahr von Infektionen und Parasitenbefall aber eher größer wird. Im Schutz der Dunkelheit werden die Jungtiere dann in die Freiheit entlassen (in der Natur verlassen Schlüpflinge das Nest ebenfalls bei Nacht).

Immer wieder stellt sich die Frage, ob die Schildkrötenbrutstationen nicht mehr Schaden als Nutzen anrichten. Wenn eine Schildkröte schlüpft, trägt sie Reste des Dottersacks als lebenswichtige Energiequelle mit sich, wenn sie erstmals ins Meer hinausschwimmt. Werden die Jungtiere auch nur für kurze Zeit in einem Aufzuchtbecken gehalten, wird ihnen diese erste Nahrungsquelle vorenthalten. Zudem kehren erwachsene Weibchen zur Eiablage an den Strand zurück, an dem sie selbst zur Welt kamen: Tiere, die in Gefangenschaft schlüpfen, können keine erdmagnetische Prägung durch ihren Geburtsstrand erwerben und sind, wie man annimmt, ohne diesen Magnetsinn nicht in der Lage, zur Eiablage an den Meeressaum zurückzukehren. Sollen die Bemühungen zum Schutz der Schildkröten nachhaltig sein, wäre es besser, die Eier an den Niststränden zu belassen und sie dort zu schützen. Näheres zum Thema bietet die Website www.srilankaecotourism.com/turtle_hatchery_threat.htm.

So begrenzt der Nutzen der Brutstationen zur Arterhaltung vielleicht ist, so unbestritten ist es, dass die Minischildkröten hinreißend niedlich sind und einen unterhaltsamen Besuch versprechen (der selten länger als 20 Minuten dauert). Außer Jungtieren sind auch ältere Tiere zu sehen, die durch Treibnetze und anderes verletzt wurden.

Kosgoda Turtle Centre (Eintritt 300 Rs; 8–18 Uhr) Das Zentrum ist schlicht und einladend, die Mitarbeiter sind sehr freundlich. Eine alte Albinoschildkröte lebt hier, die nicht nur menschliche Gewalt (Netze), sondern auch die der Natur (Tsunami) überstanden hat. Ein Schild weist auf der westlichen Seite der Galle Road, 500 m südlich vom Kilometerstein 73, auf das Zentrum hin.

Kosgoda Turtle Conservation Project (Eintritt 300 Rs; 8–18 Uhr) Auf der Strandseite der Galle Road, direkt nördlich von Kosgoda, wird das Schutzprojekt seit 18 Jahren von Freiwilligen geleitet. Die Anlage ist sehr schlicht gehalten.

Kosgoda Turtle Hatchery (Eintritt 300 Rs; 7–19 Uhr) Ein schmaler Weg zweigt bei Km 73 ab und führt auf diese ruhig am Strand gelegene Einrichtung zu. Abends ab 18.30 Uhr werden Jungtiere in die Freiheit des Meeres entlassen, Besucher dürfen dabei anwesend sein und helfen.

Sea Turtle Project (www.seaturtleszone.com; Induwara; Eintritt 300 Rs; 6–18.30 Uhr) Die Einrichtung wirkt im Vergleich mit den oben genannten Schildkrötenstationen kommerziell und etabliert.

dings häufig von Fahrern belegt, die für die benachbarten großen Hotels tätig sind.

INDURUWA

Temple Tree Resort & Spa BOUTIQUEHOTEL $$$
(☎227 1944; www.templetreeresortandspa.com; Galle Rd.; DZ inkl. Frühstück ab 306 US$; ❄︎🛜🏊) Das Temple Tree Resort wirkt wie ein minimalistisch (und sehr teuer) eingerichtetes Apartment in Manhattan, das an einen tropischen Strand versetzt wurde. Die Zimmer mit grauen Sandsteinböden und blendend weißen Wänden bieten Bäder mit Whirlpools, Regenduschen und jeden nur möglichen Komfort.

Royal Beach Resort HOTEL $$
(☎227 4351; www.royalbeachresortsrilanka.com; Galle Rd.; EZ/DZ inkl. Frühstück 100/110 US$; ❄︎🛜🏊) Das Hotel wirbt mit der Bezeichnung „Semi-Boutiquehotel" um Gäste; diese Bescheidenheit spricht für sich! Die Zimmer sind bequem, das Personal ist hilfsbereit, und der Swimmingpool auf der Strandseite ist einladend, eine besondere Atmosphäre besitzt das Haus allerdings nicht.

Long Beach HOTEL $
(☎227 5773; Galle Rd.; 2BZ 1980 Rs) Die Unterkunft ist schlicht, doch wer auf einen privaten Swimmingpool verzichten kann, kommt hier voll auf seine Kosten. Die Zimmer liegen im oberen Stockwerk eines Privathauses inmitten grüner, schattiger Gärten. In einem Punkt kann es das Haus auf alle Fälle mit den großen Hotels aufnehmen: Ein Traumstrand liegt direkt vor der Haustür.

✖ Essen

Fast alle Hotels und Pensionen betreiben eigene Restaurants, die zumeist vom Meer geprägten Gerichte sind allgemein gut (wenn auch häufig sehr teuer). Wer dem Dunstkreis der Hotelküchen für eine Weile entkommen möchte, findet im Folgenden empfehlenswerte Adressen.

Kandoori INDISCH $
(428 Galle Rd., Beruwala; Hauptgerichte ab 300 Rs) Einige Kilometer im Norden von Aluthgama an der Straße nach Colombo befindet sich das einfach, kantinenartige Restaurant. Der Hinweg ist umständlich, doch die Mühe lohnt sich unbedingt. Die Gerichte stammen aus der reichhaltigen nordindischen Küche, die meisten werden jedoch nur abends serviert. Mittags sind die vorzüglichen Biriyani (Reisgerichte) und als Dessert *watalappam* (Eiercremepudding mit Kokosmilch und Kardamom) eine gute Entscheidung. Es gibt auch Gerichte zum Mitnehmen.

Chaplon Tea Centre CAFÉ $
(Galle Rd., Bentota) Eine nette Abwechslung vom Sonnenbad im Sand ist dieses Teezentrum. Hier gibt es nicht nur feinste sri-lankische Tees zu kaufen, Gäste können auch in Korbsesseln auf der Terrasse sitzen und Tee mit Gebäck genießen.

Fast alle Hotelrestaurants der gehobenen Ferienanlagen stehen auch Gästen von außerhalb offen, häufig sind sie aber überteuert. Eine gute Alternative ist das **Wunderbar Hotel und Restaurant** (☎227 5908; Galle Rd.): Das angenehme Restaurant liegt im oberen Stockwerk, durch das frische Meeresluft weht, und bietet eine recht gute Auswahl an Fischgerichten und westlicher Küche (400–600 Rs).

❶ Praktische Informationen

Interneteinrichtungen stehen in vielen der teureren Hotels zur Verfügung und sind überall in der Stadt verstreut zu finden. Im Bentota Resort Centre gibt es ein Postamt.

Cargills Food City (331 Galle Rd., Aluthgama) Bietet ein großes Warenangebot und eine Apotheke.

Commercial Bank (339 Galle Rd.) Auf der nördlichen Seite des Flusses; mit einem internationalen Geldautomaten.

Touristeninformation (☎091-393 2157; ⏱Mo–Fr 8.30–16.30 Uhr) Beim Bentota Beach Hotel.

❶ An- & Weiterreise

Beruwela und Bentota liegen an der Hauptbahnstrecke Colombo – Matara, viele Züge halten jedoch nicht an den kleineren Bahnhöfen. Zwischen den beiden Orten liegt Aluthgama mit einem häufiger angefahrenen Bahnhof. Von Aluthgama fahren täglich fünf oder sechs Expresszüge nach Colombo (2./3. Klasse 110/55 Rs, 1½–2 Std.) und etwa ebenso viele nach Hikkaduwa (2./3. Klasse 70/35 Rs, 1 Std.).

Wer an dem ungewöhnlichen Mittelbahnsteig aus dem Zug steigt, wird sofort von Kundenfängern und Schleppern mit haarsträubenden Geschichten bestürmt: Das gebuchte Hotel sei „geschlossen", „verschwunden" oder „weggezaubert worden" – all diese „Märchenerzähler" einfach ignorieren.

Aluthgama ist der beste Ort, um mit einem Bus weiterzukommen. Es ist überhaupt kein Problem, an der Galle Road aus dem Bus zu steigen, der Fahrer hält auf Wunsch. Regelmäßige Busverbindungen bestehen nach Colombo (regulär/klimatisiert 65/125 Rs, 1–2 Std. je nach Verkehrsaufkommen).

Sri Lankan Air Taxi (www.srilankan.lk/airtaxi) betreibt planmäßige Flüge von und nach Colombo (Mo und Fr, ca. 6500 Rs) sowie von und nach Dambulla (Mo und Fr, 11 700 Rs).

Tuk-Tuks stehen in Aluthgama bereit; die Fahrpreise reichen von 50 Rs für eine Fahrt durch den Ort bis 400 Rs für einen Ausflug nach Induruwa.

Hikkaduwa & Umgebung
♪ 091

Die Küstenstadt Hikkaduwa ist das sri-lankische Ferienparadies par excellence. In den 1970er-Jahren „entdeckten" die Hippies den Ort, seither ist Hikkaduwa eine feste Größe in jedem touristischen Reiseprogramm. Der anhaltende Andrang durch den internationalen Tourismus hat dazu geführt, dass die Stadt völlig abgewirtschaftet wirkt. Eine unkontrollierte und planlose Tourismusentwicklung hatte zur Folge, dass dort, wo sich einst Palmen im Wind wiegten, heute eine fast lückenlose Reihe billiger Pensionen und Restaurants entstanden ist. Diese wetteifern untereinander, welches Haus den rollenden Wellen am nächsten liegt. Das hatte wiederum eine massive Bodenerosion zur Folge: An vielen Stellen ist der ehemals berühmte Sandstrand fast vollständig unter Sandsäcken begraben, mit denen vergeblich um die verbliebenen Reste des Strandes gekämpft wird. Was alles noch schlimmer macht: Die abschreckende Straße Colombo – Galle zieht sich mit erstickenden Abgasen und rüpelhaften Busfahrern quer durch das Urlaubsgebiet – Gäste, die einen Schritt zu weit vor die Tür ihrer Pension machen, riskieren, überfahren zu werden!

So schrecklich sich das alles auch anhört, gibt es doch Grund zur Hoffnung. Hikkaduwa zehrt noch von seinem Ruf, ein preiswerter und fröhlicher Badeort zu sein, der seinen Gästen eine wachsende Zahl an touristischen Angeboten bietet. Allmählich wächst das Bewusstsein für den Grad der Verwahrlosung, den die Stadt erreicht hat; gleichzeitig nimmt die Zahl anspruchsvollerer Unterkünfte und Restaurants zu. Vor allem vom neu eröffneten Southern Expressway, der Colombo landeinwärts mit Galle verbindet, erhoffen sich die Ortsansässigen, dass er einen der Dämonen Hikkaduwas, den massiven Straßenverkehr, vertreiben werde (obwohl eine Entlastung bisher kaum wahrzunehmen ist). Wer in alledem keinen Trost findet, dem bleibt nur der Anblick der tropischen Sonnenuntergänge, die so schön sind wie eh und je.

◉ Sehenswertes & Aktivitäten

Für viele Gäste beginnt und endet ein Aufenthalt in Hikkaduwa am Strand, was man ihnen auch nicht verdenken kann! Der größte Strandabschnitt dehnt sich weit nördlich und südlich von Narigama aus. Einfache Liegestühle stehen zum Ausleihen oder, falls sie zu einem Café gehören, auch kostenlos bereit. Chaotische Szenen sind nicht zu befürchten: Es gibt zwar einige Strandverkäufer, doch insgesamt geht alles entspannt zu.

Die Strände von Wewala sind vergleichsweise schmal und steil, weisen aber auch die schönste Brandung auf.

Nationalpark Hikkaduwa WILDRESERVAT
(Erw./Kind 30/15 Rs; ⊙ 7.30–18 Uhr) Der Nationalpark von Hikkaduwa dehnt sich am nördlichen Ende des Strandes aus. Am Meeresschutzgebiet wurde viel Raubbau betrieben: Was früher ein herrlicher Unterwassergarten voller farbenprächtiger Fische und blühender Korallen war, ist heute nur noch ein Schatten seiner selbst. Der größte Teil der Korallen ist im Absterben begriffen, die Fische ziehen sich in entlegenere Meeresgebiete zurück. Der Hauptgrund für diesen Niedergang ist die Korallenbleiche, die durch ein Ansteigen der Wassertemperatur verursacht wird. Für diese wiederum wird die (sehr wahrscheinlich von Menschen hausgemachte) Erderwärmung verantwortlich gemacht. Das Korallensterben trat 1998 erstmals auf und betrifft etwa die Hälfte des Korallenriffs. Der Tsunami 2004 hat zusätzlichen Schaden angerichtet, doch das eigentliche Problem liegt, wie so oft, in menschlichem Unvermögen.

Die Korallen zu sehen, ist einfach. Tauchzentren und viele Hotels und Pensionen verleihen Schnorchelausrüstungen für maximal 500 Rs pro Tag. Eine halbstündige Fahrt in einem Glasbodenboot – für die Korallen selbst allerdings keine schonende Art der Besichtigung – kostet 1750 Rs. Die Boote können neben dem Ticket-Office des Nationalparks (wo die Eintrittskarten verkauft werden) gemietet werden.

Tauchen
Die Tauchsaison dauert von November bis April. PADI-Kurse (gemäß der Professional Association of Diving Instructors – PADI)

Hikkaduwa & Umgebung

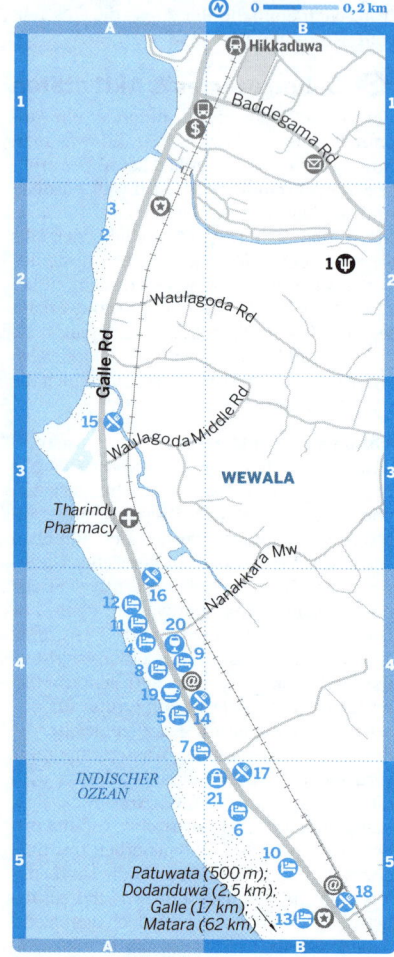

Hikkaduwa & Umgebung

◎ **Sehenswertes**
1 Gangarama Maha Vihara B2

Aktivitäten, Kurse & Touren
   A-Frame Surf Shop .... (siehe 8)
2 Hikkaduwa National Park Ticketschalter & Bootsvermietung A2
3 Poseidon Diving Station A2

🛏 **Schlafen**
   Anura Villa .... (siehe 19)
4 Blue Ocean Villa A4
5 Hotel Moon Beam A4
6 Hotel Rita B5
7 Lucky Dolphin A4
8 Mambo's Place A4
9 Miga Villa A4
10 Neela's B5
11 Richard's Son Beach Villa A4
12 Time 'n' Tide Beach Resort A4
13 Top Secret B5
   Why Not .... (siehe 7)

✖ **Essen**
14 Basil A4
   Chill Space Café .... (siehe 8)
15 Cool Spot A3
   Moon Beam Restaurant .... (siehe 5)
16 No 1 Roti Restaurant A4
17 Rotty Restaurant B5
18 Spaghetti & Co B5

🍹 **Ausgehen**
19 Coffee Shop A4
20 Sam's Surfers A4

🛍 **Shoppen**
21 Apsara Tailors B5

ℹ **Praktisches**
   Bookworm .... (siehe 5)

kosten 265 € (Freewater). Daneben gibt es spezielle Angebote wie Wrack- und Nachttauchen sowie Schnuppertauchausflüge für Neulinge. Kurse und Tauchgänge bietet Poseidon Diving Station (☏227 7294; www.divingsrilanka.com; Galle Rd.) an.

Surfen

Die Bedingungen fürs Surfen sind von November bis April am besten. An den Strandgebieten von Wewala und Narigama gibt es eine gemäßigte Riffbrandung sowie strandnahe Wellen – sie eignen sich perfekt für Anfänger und Fortgeschrittene. Diese Wellen haben, in Verbindung mit einem pulsierenden Nachtleben, Hikkaduwa zum populärsten Surfrevier von Sri Lanka gemacht. Die Brandungswellen sind in der Regel langsam und schwach und werden, sollte der Touristenandrang weiter wie bisher zunehmen, zu einer Abwanderung der erfahrenen Wellenreiter nach Indonesien führen!

A-Frame Surf Shop (www.mambo.nu; 434 Galle Rd.) befindet sich bei Mambo's Place, hier werden Boards repariert und Surfausrüstungen angeboten. Zum Ausleihen stehen verschiedene Boards ab 1000 Rs pro Tag bereit. Zum Angebot gehören außerdem Surftouren über die Insel unter dem Namen „Mambo Surf Tours".

Viele Unterkünfte betreiben Auch einen Surfboard-Verleih (Std. 300 Rs).

Attraktionen im Landesinnern

Wer sich eine Abwechslung von der Strandszene wünscht, kann auf einer der Nebenstraßen landeinwärts spazieren gehen oder Rad fahren. Diese Straßen führen in eine ruhige, andersartige ländliche Welt.

Sinigama Vihara TEMPEL

2 km nördlich von Hikkaduwa entfernt, liegt der Tempel Sinigama Vihara auf einer Insel. Es ist einer von zwei Tempeln in Land, an dem Opfer von Diebstählen Vergeltung erbitten können. Die Beraubten suchen den Tempel auf und kaufen ein spezielles Öl mit Peperoni und Pfeffer. Zu Hause entzünden sie mit dem Öl eine Lampe und sprechen ein Mantra. Nach Tagen oder Wochen sind die Diebe leicht zu überführen: Sie werden von Missgeschicken heimgesucht, indem sie mit dem Fahrrad verunglücken oder von einer herabfallenden Kokosnuss getroffen werden.

Mondsteinmine MINE

(◉8–17 Uhr) Wer sich schon einmal gefragt hat, woher die Mondsteine stammen, die man oft zu Schmuckstücken verarbeitet sieht, sollte 7 km landeinwärts nach Mitiyagoda fahren. Besucher der Mondsteinmine können in die dunkle Welt eines Bergwerks des 18. Jhs. (allerdings nicht wörtlich!) eintauchen. Seit jeher wurden in den tropischen Wäldern Mondsteine geschürft. Das Minengelände – bloße Erdlöcher mit einem Umfang von 6 bis 7 m – ist so faszinierend wie das Schürfen, Schneiden und Polieren der kostbaren Steine für den Verkauf. Der Eintritt ist frei, doch im dazugehörigen Laden muss man mit überfallartigen Verkaufspraktiken rechnen. Von Kahawa führt der Weg landeinwärts nach Mitiyagoda, danach weisen Schilder auf die Grube hin.

Gangarama Maha Vihara TEMPEL

Am Rand der Baddegama Road steht der sehenswerte buddhistische Tempel mit zahlreichen lehrhaften Malereien, die sehr populär sind. Diese Werke eines einzelnen Malers sind in fast zehn Jahren entstanden. Die Mönche führen Gäste gerne herum.

Hikkaduwa-See SEE

Weitere 2 km vom Tempel entfernt führt die Baddegama Road zum Hikkaduwa-See, wo Warane und viele Vogelarten beheimatet sind. Manchmal werden Bootsfahrten auf dem See veranstaltet (nach denen man Ortsansässige fragen kann).

🛏 Schlafen

Praktisch alle Unterkünfte von Hikkaduwa reihen sich entlang der Galle Road, keine davon ist besonders erwähnenswert. Wer etwas Passendes sucht, kann die Straße (oder den Strand) entlanggehen und sich Zimmer zeigen lassen. Die Preise aller günstigen Unterkünfte sind verhandelbar.

Da die meisten Grundstücke schmal sind, können die Pensionen nur wenige teure Zimmer mit Meerblick anbieten. Die vielen der Straße zugewandten (sehr lauten) Zimmer sind nicht zu empfehlen. Die Pensionen bedrängen einander oft auf engstem Raum.

Hotel Moon Beam HOTEL $$

(☎077 905 6954; hotelmoonbeam@hotmail.com; 548/1 Galle Rd.; EZ inkl. Frühstück 4000–4500 Rs, DZ 4500–6000 Rs; ❄) Ein gutes Mittelklassehotel mit vielen blitzsauberen Zimmern, die mit Bildern und Holz lebendig gestaltet sind. Dampfend heißes Wasser sprudelt aus den Duschen, einige Zimmer haben Balkons mit Meerblick. Das Restaurant ist sehr empfehlenswert.

Blue Ocean Villa HOTEL $$

(☎227 7566; blueocean@sltnet.lk; 420 Galle Rd.; Zi. 2500–6000 Rs; ❄🛜) Das freundliche Hotel mitten im Ort vermietet sehr gute Zimmer (mit Korbsesseln und heißem Wasser). An der Rezeption werden die Gäste von einer künstlichen Wasserfall-Felslandschaft empfangen. Der einzige Nachteil: In einigen Zimmern ist der Straßenlärm zu hören.

Mambo's Place GÄSTEHAUS $$

(A-Frame; ☎545 8131; www.mambo.nu; 434 Galle Rd.; EZ 3500 Rs, DZ 4500–6000 Rs; 🛜) Aus diesem Gästehaus könnte ein Imperium werden! Zum Haus gehören das beliebte Chill Space Café und ein fachkundiger Surf-Shop. Es gibt ein Dutzend Zimmer in flippigen Farben, nur wenige bieten ihren Gästen allerdings heißes Wasser. Im 1. Stock befindet sich eine Lounge in arabischen Stil, im 2. Stock hat man einen unglaublich schönen Blick aufs Meer.

Why Not GÄSTEHAUS $$

(☎492 1261; Galle Rd.; Zi. 1500–3000 Rs) Ja, warum nicht? Das Gästehaus bietet viel fürs Geld, die Auswahl ist groß: Helle, freundliche Zimmer in sanftem Gelb liegen im Erdgeschoss, eine baumhausartig erhöhte Cabana bietet einen schönen, weiten Meerblick (3000 Rs). Dann gibt es noch ein beliebtes Café mit einer Speisekarte, die alle heiß geliebten Kreaturen des Meeres anbietet. Surfboards werden ebenfalls verliehen.

Hotel Rita GÄSTEHAUS $$
(227 7496; www.ritashotel.com; Galle Rd.; Zi. ab 25 US$; ✱☎) Ein bewährtes Lieblingsquartier: Das Hotel Rita bietet gepflegte Hinterzimmer in der günstige Preisklasse, Reisende, die etwas mehr zu zahlen bereit sind, können sich über schicke Zimmer auf der Meerseite freuen: Sie sind größer und mit viel Liebe zum Detail ausgestattet. Das Haus besitzt ein eigenes Reisebüro und ein vielbesuchtes Strandrestaurant.

Neela's GÄSTEHAUS $$
(438 3166; neelas_sl@hotmail.com; 634 Galle Rd.; Zi. 30–45 US$) Das Gästehaus wächst mit ihren vielen Etagen buchstäblich in den Himmel. Die zahlreichen Zimmer sind ihren Preis unbedingt wert, sie haben ozeanblaue Bäder und sind makellos gepflegt. Das Haus hat eine freundliche Stimmung und ist eine hervorragende Unterkunft.

Top Secret GÄSTEHAUS $$
(The Harmony; 227 7551; www.srilanka-holiday.info; Galle Rd.; Zi. 2000–3000 Rs; ☎) Am östlichen Ende der touristischen Hauptstraße liegt das Gästehaus an einem schönen Strand. Die Zimmer selbst sind recht einfach gehalten, wie in den meisten anderen Pensionen gibt es nur Kaltwasserduschen. Doch außerhalb der Zimmer geht es in einer Lounge in arabischem Stil und einem guten Bar-Restaurant (mit einer Brandungsvorhersage für die nächsten fünf Tage) eleganter zu. In der Hochsaison müssen mindestens drei Übernachtungen gebucht werden.

Lucky Dolphin GÄSTEHAUS $$
(077 664 3785; 533 Galle Rd.; Zi. inkl. Frühstück 3500 Rs) Mit seinen Zimmern, die so tadellos gepflegt werden wie ein Pudel beim Hundefriseur bietet das Haus viel fürs Geld. Das freundlich geführte Hotel hat Zimmer mit Himmelbetten, bunten Fenstern und Duschen mit heißem Wasser. Leider macht sich der Straßenlärm unangenehm bemerkbar.

Richard's Son Beach Villa GÄSTEHAUS $
(227 7184; Galle Rd.; Zi. 1000 Rs) Das kleine Gästehaus mit nur einer Etage hat etwas, was die meisten anderen nicht haben: einen riesigen Garten mit Kokospalmen und anderen tropischen Bäumen. An den Stämmen schaukeln Hängematten, die Stimmung ist angenehm ruhig. Die acht Zimmer sind klein, aber sauber und recht günstig.

Miga Villa GÄSTEHAUS $
(077 591 7156; Galle Rd.; Zi. 700 Rs) Die kolonialzeitliche Villa inmitten eines traumhaften Parks strahlt pure Exzentrik aus. Angefüllt mit Holzplastiken und Gemälden von Göttern, Tieren und Königen und mit künstlichen Hochzeitsblumensträußen von enormer Größe geschmückt, wird das Haus allmählich zu einem Museum! Vor allem Hochzeitsgesellschaften sind häufig zu Gast, sodass es sehr laut werden kann. Und schon mancher unbeteiligter Gast wurde zum Mittanzen aufgefordert! Die schlichten, allerdings nicht übermäßig sauberen Zimmer (sie liegen hinter dem Hauptgebäude) stehen nicht nur Hochzeitsgästen offen.

Time 'n' Tide Beach Resort HOTEL $$
(227 7781; timentide@sltnet.lk; 412E Galle Rd.; EZ/DZ 2500/3500 Rs; ☎) Ein elegantes, doch etwas steriles Haus. Die Zimmer selbst sind hervorragend, große Pluspunkte sind außerdem eine schattige Terrasse und eine Rasenfläche. Alle Zimmer haben Ventilatoren.

Anura Villa GÄSTEHAUS $$
(071 774 3990; Galle Rd.; Zi. mit/ohne Klimaanlage 4500/2500 Rs; ✱) Eine nagelneue Villa in sanftem Gelb mit sechs frischen, blitzsauberen Zimmern. Die Zimmer mit Ventilatoren sind sogar besser als die mit Klimaanlage.

Essen & Ausgehen

Die meisten empfehlenswerten Restaurants von Hikkaduwa gehören zu Hotels und Pensionen. Am sandigen Ufer von Narigama ist es möglich, ganze Nächte lang von einer Bar zur nächsten zu wechseln. Viele davon sind gut für einen Drink, einige wenige sind länger als 23 Uhr geöffnet – wilde Partynächte sind nicht zu erwarten.

Basil ITALIENISCH $$
(495 Galle Rd.; Gerichte 700–900 Rs) Im Augenblick absolut angesagt ist das neue italienische Restaurant, es erntet dank seiner hausgemachten Pastagerichte, hervorragenden Pizzas und echten italienischen Kaffeespezialitäten von Einheimischen und Reisenden gleichermaßen begeisterte Kritiken. Hier bekommt man auch ein hervorragendes europäisches Frühstück.

Spaghetti & Co ITALIENISCH $$
(Galle Rd.; Gerichte 700–900 Rs) Die wild wuchernden Parkanlagen, in denen die kolonialzeitliche Villa liegt, schieben sich schützend vor die laute Galle Road und bewirken, dass der Genuss der Pizzas mit extradünnem Boden und der sahnigen, hausgemachten Pastagerichte nicht gestört wird.

Moon Beam Restaurant INTERNATIONAL $$
(545 0657; 548/1 Galle Rd.; Hauptgerichte 400–800 Rs) Das Hotel Moon Beam besitzt das mit Abstand netteste Freiluft-Restaurant am Strand – die Tische stehen direkt im Sand. Die Fischgerichte sind einfach hervorragend, doch auch wer nur einen Drink in der Abenddämmerung zu sich nehmen will, der ist willkommen.

Cool Spot FISCH $$
(327 Galle Rd.; Hauptgerichte 250–800 Rs) Der Familienbetrieb, in dem seit 1972 frische Fischgerichte serviert werden, hat seine Räumlichkeiten in einem kanariengelben, altmodischen Haus direkt an der Straße. Auf einer kühlen Veranda studieren die Gäste das Tagesangebot, das auf einer Wandtafel geschrieben steht, und genießen Spezialitäten wie Knoblauchgarnelen oder eine schwer beladene Meeresfrüchteplatte. Das Haus liegt am Nordende der touristischen Hauptstraße.

Chill Space Café INTERNATIONAL $$
(434 Galle Rd.; Gerichte 500–800 Rs) Die Aufmachung des Strandcafés wirkt fast komisch, so stilecht greift sie die Mode der Surf-Szene auf. Das Café vor Mambo's Place bietet u. a. recht gute Shakes, Snacks und Fischgerichte; bei den Preisen, die nicht gerade günstig sind, schlägt aber vor allem die Atmosphäre zu Buche. Strandstühle, in denen man sich wunderbar entspannen kann, stehen kostenlos bereit, an einzelnen Abenden ist Livemusik zu hören.

ABSTECHER

UNTERWEGS IN AMBALANGODA

Ambalangoda ist eine stickige und unansehnliche Stadt, und so ist es nicht verwunderlich, dass es vom nahen Hikkaduwa als touristisches Ziel völlig verdrängt wird. Es gibt einen einzigen – dafür aber sehr guten – Grund, hierherzukommen: die Gelegenheit, hinter die Kulissen der Kunsthandwerkerszene Sri Lankas zu blicken und die magische Bedeutung der allgegenwärtigen Dämonenmasken zu erforschen. Maskentänze, die krank machende Geister vertreiben und Heilung bewirken sollen, werden noch vereinzelt in den Dörfern des Landesinnern vollzogen. Ausländische Gäste sind herzlich willkommen, sollten aber damit rechnen, dass die Dorfbewohner ihnen mehr Neugier entgegenbringen, als sie selbst (wegen fehlender Englischkenntnisse) befriedigen können. Das eigentliche Problem ist, hinter die Geheimnisse der Tänze zu kommen, die nur den Göttern bekannt sind! In jedem Fall findet man in Ambalangoda die besten Gelegenheiten, diese Masken zu kaufen.

Zwei Geschäfte (mit kostenlosem Museumsbesuch) gibt es auf beiden Seiten der Kreuzung von Galle Road und Main Street, 800 m im Norden der Bus- und Bahnhöfe gelegen. Beide Ladeninhaber sind Söhne des berühmten Maskenschnitzers Ariyapala. Das **Ariyapala Mask Museum** (www.banduwijesooriyadanceacademy.org; Ecke Galle Rd. & Main St.; 8.30–17.30 Uhr) ist das sehenswertere mit Dioramen und Erläuterungen in englischer Sprache. Dort ist auch die Broschüre *The Ambalangoda Mask Museum* für Interessierte erhältlich, die sich in die geheimnisvolle Welt der Tänze, Legenden und Teufelsaustreibungen sowie die psychologische Bedeutung der Masken vertiefen möchten. **Ariyapala Traditional Masks** (432 Galle Rd.; 8–19 Uhr) ist der zweite der beiden Läden. Die zum Verkauf stehenden Stücke sind ziemlich teuer, aber auch besonders bezaubernd.

Gegenüber dem **Ariyapala Mask Museum** liegt die Bandu Wijesooriya Dance Academy (225 8948; www.banduwijesooriyadanceacademy.org; Ecke Galle Rd. & Main St.), in der Tänze aus dem Süden des Landes, z. B. Kolam (Tanzdrama mit Masken), Kandyan und Sabaragamu, gelehrt werden. Offiziell dauert ein Tanzkurs ein Jahr, doch gibt es für Ausländer häufig eine Möglichkeit, kürzere Kurse mit Einzelunterricht zu bekommen.

Ambalangoda liegt an der Hauptverkehrsstrecke zwischen Colombo und Hikkaduwa; Busse und Züge fahren regelmäßig.

No 1 Roti Restaurant SRI-LANKISCH $
(373 Galle Rd.; Gerichte 80–100 Rs) In einigem Abstand vom Strand – und himmelweit von der Strandrestaurantszene entfernt – bietet das winzige Restaurant direkt an der Straße rund 60 verschiedene Variationen von *rotti* (gehaltvolle Pfannkuchen) an, z. B. mit Knoblauchhuhn oder mit Banane. Außerdem gibt es frische Shakes und Lassis.

Rotty Restaurant SRI-LANKISCH $
(Galle Rd.; *rotti* ab 100 Rs; ◷8–1 Uhr) Zum Einstieg vielleicht ein *rotti* mit Käse und Speck, danach ein *rotti* mit Ananas und Banane und dazu einen Mangosaft? Das alles – und außerdem hervorragende Reis- und Currygerichte – bietet dieses Restaurant.

Coffee Shop CAFÉ $
(Galle Rd.) Echte italienische Kaffeespezialitäten, z. B. Espresso (gut gegen Kater), sorgen in diesem schicken Café für einen energiegeladenen Start in einen Tag, der auf den Wellen verbracht wird.

Sam's Surfers BAR
(Roger's Garage; 403 Galle Rd.) In der lässigen Bar sind jeden Abend ab 19.30 Uhr aktuelle Kinofilme zu sehen. Die Location ist ein beliebter Treffpunkt vor allem bei den britischen und australischen Expats.

Shoppen

Der Ort ist eine gute Bezugsquelle für maßgeschneiderte Surfshorts (für Damen und Herren). Viele Schneider bieten diesen Service an, besonders überzeugend ist jedoch die Arbeit von **Apsara Tailors** (Galle Rd.).

Praktische Informationen

An der Hauptstraße von Hikkaduwa gibt es zahlreiche Telefonbüros mit IDD, viele davon mit Internetzugang. Die touristischen Bibliotheken an der Galle Road (besonders empfehlenswert sind Bookworm und Sun Beam Tourist Library) halten Bücher in zahlreichen europäischen Sprachen bereit. Pro Buch fallen im Allgemeinen eine Leihgebühr (200 Rs) sowie eine Pfandgebühr (z. B. 300 Rs) an, letztere wird bei der Rückgabe des Buches erstattet. Der Verleih von Reiseführern ist teurer.

Bank of Ceylon (Galle Rd.)
Commercial Bank (Galle Rd.) Geldautomat.
Cyber Lounge Internet Cafe (Galle Rd.; Std. 120 Rs)
Hauptpostamt (Baddegama Rd.)
Tharindu Pharmacy (238 Galle Rd.)
Touristenpolizei (📞125 7222; Galle Rd.)
Web House (Galle Rd.; Std. 120 Rs; ◷7.30–23 Uhr)

❶ An- & Weiterreise

Auto

Zwei Straßen verbinden Hikkaduwa mit Galle und Colombo. Die alte Strecke Colombo – Galle verläuft mitten durch Hikkaduwa. Auf dieser Straße dauert eine Fahrt in die Innenstadt Colombos mindestens drei Stunden, für den Weg zum Flughafen sind noch einmal vier oder fünf Stunden einzuplanen (bei ruhigerem Verkehrsaufkommen geht es etwas schneller). Galle liegt 30 Minuten entfernt. Bei einer Fahrt nach Galle lohnt es sich nicht, den neuen Southern Expressway zu nehmen – die mautpflichtige Autobahn verläuft 15 Minuten landeinwärts von der Küste. Doch auf der Fahrt zum südlichen Stadtrand von Colombo kann auf ihr viel Zeit gespart werden. Näheres siehe S. 91.

Bus

Busse fahren regelmäßig von Colombo ab (normal/gehobener Komfort 75/150 Rs, 2–3 Std.). Regelmäßige Busverbindungen gibt es auch nach Galle (28 Rs, 30 Min.). Busse nach Galle oder zu weiteren Orten halten südlich vom Busbahnhof an der Pensionsmeile. Bei der Abfahrt von Hikkaduwa ist die Chance auf einen Sitzplatz größer, wenn man am Busbahnhof einsteigt.

Zug

Züge sind häufig überfüllt. Auf langsame Züge sollte man besser verzichten, denn sie halten praktisch überall. Am Bahnhof sind die Abfahrtzeiten der Expresszüge zu erfahren. Zugverbindungen sind entlang der Küstenstrecke recht häufig; Zielbahnhöfe sind u. a. Colombo (2./3. Klasse 140/80 Rs, 2–3 Std.), Galle (2./3. Klasse 40/20 Rs, 30 Min.) und Matara.

Unterwegs vor Ort

Ein Dreiradtaxi vom Zug- oder Busbahnhof nach Wewala oder Narigama kostet ca. 120 Rs.

Der Süden

Inhalt »

Galle	102
Unawatuna	112
Von Unawatuna bis Koggala	116
Ahangama & Midigama	117
Weligama	119
Mirissa	120
Matara	123
Von Matara bis Tangalla	125
Tangalla	127
Nationalpark Bundala	131
Tissamaharama	131
Nationalpark Yala	137
Kataragama	138

Gut essen

» Mama's Galle Fort Roof Café (S. 109)
» Galle Fort Hotel (S. 109)
» King Fisher's Restaurant (S. 115)
» Surya Garden (S. 126)

Schön übernachten

» Talalla Retreat (S. 126)
» Mangrove Cabanas (S. 129)
» Dutch House (S. 108)
» Secret Garden (S. 114)
» Fort Printers (S. 107)
» Palm Villa (S. 121)

Auf in den Süden!

Der Süden Sri Lankas überwältigt die Sinne. Die Landschaft ist von umwerfender Schönheit, die leuchtend grünen Reisfelder und sanft wogenden Palmenwälder stehen im Kontrast zu den elfenbeinfarbenen Sandstränden und dem tiefen Türkisblau des Meeres. Die Luft duftet schwer nach Jasmin und die Menschen sind in leuchtende Farben gekleidet.

Was auch immer das Herz begehrt, es ist hier vorhanden: Aktive können hier in leuchtenden Korallenriffen tauchen oder auf sanften Sandbänken surfen lernen. Für Kulturinteressierte gibt es einsame Höhlen mit buddhistischer Kunst. Auf Naturliebhaber warten Wale, die vor der Küste durch das Wasser ziehen, und Leoparden, die wie Geister durch die Nacht schleichen.

Ein Hauch von Romantik und Verzauberung erfasst die Besucher dieses Küstenstrichs – schließlich ist dies das Land, wo Menschen in Monsunnächten über Feuer laufen, Fischer auf Stelzen über dem Wasser hocken und Schildkröten auf mondbeschienene Strände kriechen.

Reisezeit

Galle

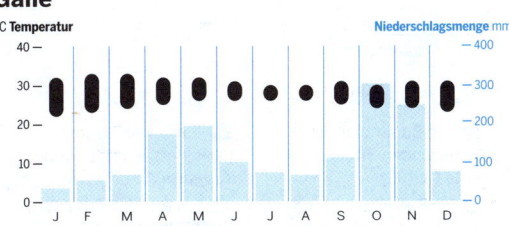

Jan. Wale ziehen vor der Küste entlang, die Strände sind voller Menschen und in Galle findet das renomierte Literaturfest statt.
Aug. Pilger kasteien sich selbst auf dem Kataragama-Fest.
Nov. Der Monsun lässt nach, die Badeorte erwachen und die Massen sind noch nicht da.

Galle

📍 091 / 90 270 EW.

Galle (manchmal Englisch *gohl* ausgesprochen, auf Singhalesisch Galle wie im Deutschen, aber mit langem „a") ist eine Stadt der Farben, Formen und Sinneseindrücke, wie sie es nirgends sonst in Sri Lanka gibt. Sie ist unendlich exotisch, erfüllt vom Duft der Gewürze und des salzigen Winds und doch mit ihren verfallenden Kolonialhäusern, die einst die niederlländischen Kolonialherren errichteten, irgendwie vertraut – wie eine verspielte mittelalterliche Stadt aus Europa, die sich plötzlich in den Tropen wiederfindet. Vor allem ist Galle eine Handelsstadt und zunehmend auch ein Ort der Kunst. In der Festung drängen sich heute kleine hübsche Läden, Cafés und Hotels, die einheimischen und ausländischen Künstlern, Autoren, Fotografen, Designern und Dichtern gehören – ein Drittel der Häuser ist im Besitz von Ausländern.

Die 36 ha umfassende Festung wurde ab 1663 von den Niederländern gebaut. Sie erstreckt sich über den größten Teil der Landzunge, auf dem sich der ältere Teil Galles befindet, und besteht aus einer außergewöhnlichen Ansammlung von Gebäuden aus verschiedenen Jahrhunderten. Ein Bummel durch die Straßen und Gassen bietet eine architektonische Überraschung nach der anderen. Ihre Schönheit wurde auch von der Unesco anerkannt, die sie zum Weltkulturerbe erhob.

Der Zauber der Festung besteht nicht nur aus ihrem hübschen Anblick, sie ist vielmehr noch immer ein funktionierendes Gemeinwesen: Es gibt Verwaltungsbüros, Gerichtsgebäude, Exportgesellschaften und, in den Straßen gehen zahllose Menschen ihren Geschäften nach.

Highlights

❶ Ein Bummel durch die reizenden Straßen von **Galle** (S. 102)

❷ Ein Bad in den mondsteinfarbenen Gewässern von **Unawatuna** (S. 112)

❸ Eine **Blauwal-Safari** (S. 122) zu den größten Lebewesen der Welta (S. 122)

❹ Ein fauler Tag an den perfekten Stränden von **Tangalla** (S. 127)

❺ Ein Ritt durch die Welle von **Midigama** (S. 117) oder ein Surfkurs in **Weligama** (S. 119)

❻ Der **Rekawa Beach** (S. 130): Hier lassen sich die ersten tappsigen Schritte eines winzigen Schildkrötenbabys beobachten

❼ Der **Nationalpark Yala** (S. 137), wo man mit Glück einen Leoparden sieht oder die Elefanten trompeten hört

❽ Das **Kataragama-Fest** (S. 138), wo mit einem Feuerlauf die Götter besänftigt werden sollen

Galle ist von Hikkaduwa und Unawatuna problemlos im Rahmen eines Tagesausflugs zu erreichen, immer mehr Reisende übernachten aber auch gerne in der stimmungsvollen Festungsstadt.

Geschichte

Anuradhapura und Polonnaruwa sind zwar viel älter als Galle, tatsächlich aber verlassene Orte – die modernen Städte haben mit den alten Ruinen nichts mehr zu tun. In Galle hingegen sind die alte und die neue Stadt noch immer sehr lebendig.

Einige Historiker glauben, dass Galle womöglich die Stadt Tarsis gewesen sei, aus der König Salomon Juwelen und Gewürze bezog. Doch die überwiegende Mehrheit hält eine Hafenstadt in Spanien für den Standort des sagenhaften Tarsis. Galle jedenfalls erblühte erst mit der Ankunft der Europäer. 1505 kam eine portugiesische Flotte auf dem Weg zu den Malediven vom Kurs ab und suchte im Hafen von Galle Schutz. Angeblich hörten sie einen Hahn (*galo* auf Portugiesisch) krähen und verliehen der Stadt daraufhin ihren heutigen Namen. Eine etwas glaubwürdigere Geschichte besagt, dass sich der Name vom singhalesischen Wort *gala* (Felsen) ableitet.

1589 bauten die Portugiesen während einer ihrer regelmäßigen Streitereien mit dem Königreich Kandy eine kleine Festung, die sie Santa Cruz nannten. Später erweiterten sie diese mit Bollwerken und Mauern. Die Niederländer, die Galle 1640 einnahmen, zerstörten jedoch die meisten portugiesischen Spuren.

Nach dem Bau der Festung war Galle für über 200 Jahre der Haupthafen Sri Lankas und ein wichtiger Zwischenstopp für Boote und Schiffe auf der Fahrt zwischen Europa und Asien. Als Galle jedoch 1796 in die Hände der Briten fiel, hatte sich der Handel bereits nach Colombo verlagert. Der Bau von Hafendämmen in der Bucht von Colombo Ende des 19. Jhs. machte Galle schließlich zum zweitrangigen Hafen, obwohl hier nach wie vor Schiffe und Yachten einlaufen.

Der Tsunami von 2004 traf Galles Neustadt schwer. Viele Menschen in der Gegend um den Busbahnhof verloren ihr Leben. Dank der massiven Mauern der Festung blieb der Schaden in der Altstadt jedoch begrenzt.

Einen interessanten Einblick in die Lokalgeschichte bietet das Buch *Galle: As Quiet As Asleep* von Norah Roberts, der langjährigen Bibliothekarin Galles. Um etwas mehr über die Menschen im heutigen Galle zu erfahren, lohnt sich auch das Buch *Around the Fort in 80 Lives* von Juliet Coombe und Daisy Perry.

◉ Sehenswertes

Das Festungsgelände in Galle umfasst ungefähr 400 Häuser, Kirchen, Moscheen, Tempel und zahlreiche alte Handels- und Regierungsgebäude. Um es wirklich zu erleben, sollte man die klassischen Besichtigungspläne über den Haufen werfen – nicht jedes Museum muss besucht werden. Galle muss man auskosten, schmecken und berühren, statt die vorgegebenen Sehenswürdigkeiten abzuklappern. Ein gemütlicher Bummel durch die Straßen führt unterwegs zu ganz eigenen Entdeckungen. Und nicht die Neustadt vergessen: Es gibt dort in der Main Street und der Matara Road viele interessante Läden und Märkte.

Zur Zeit der Recherche wollte die Regierung einige der Gebäude in der Festung Galle restaurieren.

DIE FESTUNGSMAUERN

Einer der schönsten Spaziergänge der Stadt ist ein abendlicher Rundgang auf den Festungsmauern. Wenn die Hitze des Tages nachlässt, lässt sich die Festungsmauer in ein oder zwei Stunden nahezu komplett umrunden. Dann tummeln sich dort auch zahlreiche Einheimische, schüchterne Liebespärchen und viele Kinder, die in das geschützte Wasser springen.

Das **Haupttor** im Nordteil der Mauer ist vergleichsweise neu – es wurde erst 1873 von den Briten errichtet, um den verstärkten Verkehr in die Altstadt zu bewältigen. Dieser Teil der Mauer ist am massivsten befestigt, da sie die Landseite abgrenzt. Sie wurde ursprünglich von den Portugiesen samt einem Graben gebaut und dann von den Niederländern massiv vergrößert und 1667 in die Star-, Moon- und Sun-Bastion aufgeteilt.

Auf dem Mauerweg im Uhrzeigersinn taucht bald das **Alte Tor** auf. Auf der äußeren Seite des Eingangs prangt das britische Wappen. Innen stehen die Buchstaben VOC – die Abkürzung für Vereinigde Oostindische Compagnie (Niederländische Ostindien-Kompanie) – und die Jahreszahl 1669, flankiert von zwei Löwen und gekrönt von einem Hahn. Gleich hinter dem Tor ist die **Zwart Bastion** (Schwarze Bastion), die vermutlich von den Portugiesen stammt und die älteste Festungsbastion ist.

Galle

Sehenswertes
Amangalla .... (siehe 14)
1 Glockenturm...C4
2 Dutch Government House C4
3 Niederländisch-reformierte Kirche.......C4
4 Flag Rock..C7
5 Historical Mansion....................................D5
6 Haupttor B3
7 National Maritime Museum...................C4
8 National Museum......................................C4
9 Altes Tor...D4
10 Old Lloyd's Office C5
11 Point Utrecht Bastion..............................D7
12 Triton Bastion...B6
13 Zwart Bastion D4

Schlafen
14 Amangalla C4
15 Fort Dew Guesthouse.............................. B5
16 Fort Inn...C5
17 Fort Printers C6
18 Frangipani Motel C5
19 Frangipani Motel annex C6
20 Galle Fort Hotel C5
21 Hotel Weltevreden B6
22 Mango House C5
23 Mrs Khalid's Guest House B6
24 Mrs ND Wijenayake's Guest House C6
25 New Old Dutch House B4
26 Ocean View Guest House B6
27 Seagreen Guest House B4

Essen
28 Anura's Restaurant B4
Galle Fort Hotel .... (siehe 20)
29 Heritage Cafe C6
30 Mama's Galle Fort Roof Cafe D6
31 Nescafe Shop D6
32 Ruhunupura Pastry Shop....................... B1
33 Serendipity Arts Cafe D6
34 South Ceylon Bakery C1

Ausgehen
35 Café Nicos@Olanda Antiques................D5
36 Janahitha Teashop...................................D5
37 Pedlar's Inn Cafe B5
38 Royal Dutch Cafe D6
39 Sunset Cafe..B6

Shoppen
40 Barefoot C6
41 Exotic Roots C6
Olanda Antiques ....(siehe 35)
42 Orchid House D6
43 PS Weerasekara Fashion Jewellery...C5
44 Shoba Display Gallery B6
45 Suthuvili Gallery..D6

Der östliche Mauerabschnitt endet an der **Point Utrecht Bastion** unweit des Pulvermagazins. Auf der Bastion steht ein 18 m hoher Leuchtturm von 1938.

Der **Flag Rock** am Ende des nächsten Mauerabschnitts war einst eine portugiesische Bastion. Unter den Niederländern wurden von hier aus einsegelnde Schiffe vor gefährlichen Felsen gewarnt – daher der Name „Flaggenfelsen". Von der Pigeon Island in der Nähe des Felsens wurden zur weiteren Warnung der Schiffe Musketenschüsse abgefeuert. Auf der **Triton Bastion** stand einst eine Windmühle, die Meerwasser hochpumpte, das dann von Karren auf die Straßen gesprüht wurde, um den Staub zu binden und die Straßen sauber zu halten. Dieser Teil der Mauer ist ideal, um den Sonnenuntergang zu genießen. Vor der Rückkehr zum Ausgangspunkt geht es noch an weiteren Bastionen und am Grab eines muslimischen Heiligen außerhalb der Mauern vorbei.

INNERHALB DER FESTUNG
Die meisten älteren Gebäude innerhalb der Festung stammen aus der Zeit der Niederländer. Viele Straßen tragen noch niederländische Namen oder sind direkte Übersetzungen. Die Niederländer bauten zudem eine ausgefeilte Kanalisation, die täglich von der Flut gespült wurde. Tüchtig wie sie waren, züchteten die Niederländer in der Kanalisation Bisamratten, die zur Gewinnung ihres Moschus-Duftstoffs exportiert wurden. Im Fort leben und arbeiten zahlreiche Muslime, vor allem im südlichen Teil. Viele Geschäfte schließen freitagmittags ein paar Stunden für die Gebetszeit.

Nahe der Niederländisch-Reformierten Kirche stehen ein **Glockenturm** (erb. 1901) und das alte **Dutch Government House**. Eine Steintafel, die über der Tür angebracht ist, trägt das Datum 1683 und den allgegenwärtigen Hahn von Galle. In einem Handelshaus aus dem 19. Jh. gleich nördlich des Galle Fort Hotels befindet sich das **Old Lloyd's**

GALLE-TOUREN

Die Autorin und Fotografin **Juliet Coombe** (077 683 8659; www.sriserendipity.com; Führungen 1500 Rs, Kochtouren 20 US$) führt kleine Gruppen oder Einzelpersonen durch Galle. Neben den üblichen historischen Führungen bieten sie und ihr Team auch thematische Touren an, wie die Touren „Mystical Fort", die in die Legenden und Mythen der Festung eintaucht, „Meet the Artists" (Anmeldung 24 Stunden zuvor), die die große Künstlergemeinde der Stadt vorstellt, und diverse kulinarische Touren. Für erschöpfte Eltern sind vielleicht die Kinderführungen mit Kochkursen und dem letzten traditionellen Geschichtenerzähler der Stadt am interessantesten. Juliet kann über das Serendipity Arts Cafe (S. 110) kontaktiert werden.

Office mit seiner erhaltenen Anzeigetafel für Schiffsankünfte.

National Maritime Museum MUSEUM
(Erw./Kind 5/2,50 US$; 9–16.30 Uhr) Das jüngst renovierte Nationale Schifffahrtsmuseum mit Eingang durch das Alte Tor ist wohl das modernste und technisch versierteste Museum des Landes. Zu den piepsenden und blinkenden Exponaten kommen zahlreiche Filme und kindgerechte interaktive Ausstellungen, die Vergangenheit, Gegenwart und Zukunft der Schifffahrt der Stadt erläutern.

National Museum MUSEUM
(Church St.; Erw./Kind 300/150 Rs; Di-Sa 9–17 Uhr) Das Nationalmuseum befindet sich in einem alten niederländischen Gebäude nahe dem Haupttor. Mit ein bisschen mehr Mühe wäre es ein tolles Museum geworden. Aber so wie es ist, wirken die Präsentationen traditioneller Masken, die Erläuterungen zur Spitzenherstellung, die wenigen Luxusgegenstände, die einst über den Hafen ins Land kamen, und die religiösen Objekte (wie z. B. der Reliquienschrein) eher deprimierend.

Historical Mansion MUSEUM
(31-39 Leyn Baan St.; Mo-Do, Sa & So 9-17.30, Fr 10-12 & 14-17.30 Uhr) Wer glaubt, er hätte viel Krempel zu Hause rumliegen, sollte erst einmal das Sammelsurium in diesem gut restaurierten niederländischen Haus erleben – die private Sammlung eines wahren Hamsterers. Es ist eigentlich kein Museum, da viele Objekte mit Preisschildern versehen sind, sondern eher ein Schrottplatz mit Stücken aus der Kolonialzeit. So findet man hier eine Sammlung altertümlicher Schreibmaschinen, Geschirr der Niederländischen Ostindien-Kompanie, Brillen und Schmuck. Dazu kommt noch ein Edelsteinladen.

Niederländisch-reformierte Kirche KIRCHE
(Groote Kerk, Ecke Church St. & Middle St.; 9–17 Uhr) Die Große Kirche nahe dem Hotel Amangalla wurde ursprünglich 1640 erbaut – das heutige Gebäude stammt jedoch aus den Jahren 1752 bis 1755. Der Boden besteht aus Grabsteinen vom alten niederländischen Friedhof (der älteste stammt von 1662). Der freundliche Wärter erklärt gerne, wo die sterblichen Überreste in den Wänden und unter dem Boden aufbewahrt werden. Die Orgel von 1760 ist noch vorhanden, auch die Kanzel aus malaysischem Ebenholz ist interessant. Gottesdienste finden jeden Sonntag statt.

Amangalla HISTORISCHES GEBÄUDE
Das supervornehme Hotel Amangalla wurde 1684 als Residenz des niederländischen Gouverneurs und seiner Beamten gebaut. Als New Oriental Hotel war es die bevorzugte Unterkunft der P&O-Passagiere der 1. Klasse, die im 19. Jh. von und nach Europa reisten. Heute nächtigen hier vorzugsweise Flugpassagiere der 1. Klasse.

Aktivitäten

Adventure Asia International HEISSLUFTBALLONS
(011-586 8468; www.ad-asia.com; Erw./Kind 160/120 €) Ein Flug mit dem Heißluftballon ist eine romantische und wunderbare Art, Galle und Umgebung aus ganz neuem Blickwinkel zu sehen.

Feste & Events

HSBC Literaturfest Galle KULTURFESTIVAL
(www.galleliteraryfestival.com) Das Fest findet jedes Jahr Mitte bis Ende Januar mit bekannten asiatischen und westlichen Autoren statt. Es ist eines der angesehensten Events dieser Art in Asien.

Art Trail KUNSTFESTIVAL
(www.gallearttrail.com) Als wäre Galle nicht selbst schon ein Kunstwerk, verwandelt sich während des Art Trail das gesamte Festungsgebiet in eine einzige Künstlerstaffelei.

Das Kunstfest findet alle zwei Jahre im April statt (das nächste 2013).

🛌 Schlafen

In Galle entstehen immer mehr großartige Unterkünfte, aber ein Wort vorweg: Die europäischen Häuser kosten dann auch fast schon europäische Preise. Reisende müssen hier also in allen Kategorien meist mehr zahlen als im übrigen Land.

FESTUNG

LP TIPP Fort Printers BOUTIQUEHOTEL $$$
(📞224 7977; www.thefortprinters.com; 39 Pedlar St.; Zi. 140–150 US$; ❄@🛜⛱) Das herrschaftliche Haus aus dem 18. Jh. war einst eine Druckerei; die gewaltigen Holzbalken zur Abstützung der Druckerpressen sind noch zu sehen. Anders als in den anderen Boutiquehotels in Galle wurde hier nicht kolonialer Luxus imitiert, stattdessen sind die großartigen Zimmer und sonstigen Räume in Farben und Stilen gehalten, die so frech sind wie die moderne Kunst an den Wänden. Das Haus verströmt angenehme Ruhe und Gelassenheit, die einzige Störung sind wohl die herabrieselnden Frangipaniblüten beim Faulenzen am Pool.

LP TIPP Frangipani Motel GÄSTEHAUS $$
(📞222 2324; www.frangipanigroup.com; 32 Pedlar St.; Zi. mit Klimaanlage 2500–3500 Rs, mit Ventilator 2000–2500 Rs; ❄🛜) Das von einer Familie geführte Haus ist auf schönste Art modern-kitschig und entwickelt sich rapide zu einem kleinen Hotelimperium (es gibt auch ein Nebengebäude gegenüber in Nr. 32 und einen Zusammenschluss mit dem Mango House, S. 108). Die zwei Zimmer unten mit Bad und Heißwasser sind sauber und ordentlich, die größeren Zimmer oben, wo die würzige Meeresluft durch die Dachlatten weht und die Betten blumengeschmückt sind, sind licht und luftig. Im Garten voller Singvögel können Gäste essen und entspannen, aber das Schönste ist der künstliche Garten im Haus samt Wasserfällen und Fischteichen.

Fort Dew Guesthouse GÄSTEHAUS $$
(📞222 4365; fortdew@yahoo.com; 31 Rampart St.; Zi. 4000 Rs) Das Gasthaus dicht an der alten Stadtmauer neben einem Cricketrasen ist eine echte Entdeckung. Sie ist klassisch mediterran weiß getüncht und wunderschön gepflegt. Die Café-Bar auf der Dachterrasse mit tollem Blick trägt dazu bei, dass es eines der schönsten Unterkünfte im Ort ist. Zu erwähnen ist allerdings, dass für die Handhabung der heißen Duschen ein Technikstudium nötig ist.

Seagreen Guest House GÄSTEHAUS $$
(📞224 2754; www.seagreen-guesthouse.com; 19B Rampart St.; Zi. 4500 Rs; ❄🛜) Ein tolles neues Gästehaus mit weißen Zimmern und bunten indischen Stoffen. Die Bäder gehören zu den besten in dieser Preiskategorie, die Dachterrasse bietet einen grandiosen Sonnenuntergangsblick über die Festungsmauern und weit über den Indischen Ozean.

Galle Fort Hotel BOUTIQUEHOTEL $$$
(📞223 2870; www.gallleforthotel.com; 28 Church St.; Zi. ab 201 US$; ❄@🛜⛱) Das ehemalige niederländische Kaufmannshaus aus dem 17. Jh. wurde in ein atemberaubendes Boutiquehotel umgebaut. Die Zimmer sind alle unterschiedlich gestaltet, jedes entsprechend der Lage in dem L-förmigen Gebäude. Einige haben zwei Ebenen, andere nehmen ganze Etagen ein. Die Bettwäsche ist exquisit und Antiquitäten stehen überall herum. Was es nicht gibt, sind Zerstreuungen wie Fernseher – viel besser sind ohnehin der große Pool im Garten und die Gastlichkeit der zuvorkommenden Besitzer und Angestellten. Das Restaurant serviert exzellentes Essen und die Bar ist sehr elegant. Das Hotel vermietet auch mehrere Luxusapartments und hat einen eigenen Wellnessbereich.

Fort Inn GÄSTEHAUS $
(📞224 8094; rasikafortinn@yahoo.com; 31 Pedlar St.; Zi. mit/ohne Klimaanlage 2500/2000 Rs; ❄@🛜) Der stets strahlende Besitzer des Gästehauses vermietet gerne seine drei adrett ausgestatteten Zimmer mit heißen Duschen und einem Balkon, der sich perfekt zum Leutebeobachten eignet. Es gibt auch ein sehr nettes Terrassenrestaurant mit chinesisch angehauchter Küche, wie z. B. Nudelsuppen (500–600 Rs).

Amangalla BOUTIQUEHOTEL $$$
(📞223 3388; www.amanresorts.com; Ecke Middle St. & Church St.; Zi. ab 400 US$; ❄@🛜⛱) Die Aman-Resorts-Gruppe hat ein Stadthaus aus dem 17. Jh. zur ultimativen kolonialen Dekadenz umgebaut. Als erstes fallen der kolossale, glänzende Holzfußboden und das schick gekleidete Personal auf, das die Gäste wie Könige in riesige Zimmer führt. Die Betten haben die größten und flauschigsten Kissen aller Zeiten – und in den Badezimmern stehen wunderschöne, frei

EINE VILLA IM PARADIES

Wem ein schickes Boutiquehotel nicht exklusiv genug ist, der mag vielleicht eine der außerordentlich luxuriösen Villen, die in den letzten paar Jahren an der Südküste aus dem Boden schossen, angemessen finden. Besonders in der Altstadt von Galle gibt es sie massenhaft, aber eines ist sicher: Luxuriös heißt hier wirklich luxuriös. Edle moderne Kunst schmücken die Wände, göttliche Swimmingpools locken in den Gärten und private Köche und Butler servieren den Gin Tonic genau im richtigen Moment. Es versteht sich von selbst, dass dieser Lifestyle nicht billig ist. Die meisten Häuser dieser Art kosten etwa 500 US$ pro Nacht bei mindestens drei- bis viertägigem Aufenthalt. Da sie aber oft bequem Platz für vier bis fünf Personen bieten, kann es sich für eine Gruppe tatsächlich rechnen, um einmal zu erfahren, wie die oberen Zehntausend leben – jedenfalls für ein paar Nächte. Weitere Infos auf www.villasinsrilanka.com oder www.lankarealestate.com.

---

stehende Wannen. Bücher über Kunst und Entdeckungsfahrten im 18. Jh. stehen in den Regalen, und draußen wartet ein unwiderstehlicher Swimmingpool. Vermietet werden auch Ferienhäuser ab 1400 US$ pro Nacht – die ebenfalls in Ordnung sind. Wer sich das nicht leisten kann, dem bleibt wenigstens ein Drink in der Lobby.

Mango House GÄSTEHAUS $
(224 7212; www.frangipanigroup.com; 3 Leyn Bann Cross St.; Zi. mit/ohne Klimaanlage 2500/2000 Rs; ✱@🖥) Zahlreiche hölzerne Buddhas begrüßen die Gäste am Eingang des Gästehauses, ihr besänftigender Einfluss scheint hier alles zu durchdringen. Die Zimmer sind schick und geräumig und der große Rasen von Mangobäumen beschattet.

New Old Dutch House BOUTIQUEHOTEL $$
(223 2987; www.newolddutchhouse.lk; 21 Middle St.; Zi. mit Frühstück 45–55 US$; ✱🖥) Die wichtigste Eigenschaft des freundlichen Hotels ist vielleicht die Tatsache, dass es die wohl blitzsauberste Unterkunft im ganzen Süden Sri Lankas ist. Die geräumigen Zimmer haben knarzende und glänzende Holzfußböden und wunderbar weiche Betten. Das Frühstück wird unter den Papayabäumen im Hof serviert. Die acht Zimmer sind modern, ganz in Weiß gehalten und haben Satellitenfernseher und Kühlschrank.

Mrs ND Wijenayake's Guest House GÄSTEHAUS $
(Beach Haven; 223 4663; www.beachhaven-galle.com; 65 Lighthouse St.; Zi. 1000–3500 Rs; ✱🖥) Die wunderbare Mrs. Wijenayake beherbergt schon seit ewigen Zeiten Backpacker, ihr Wissen um deren Bedürfnisse zeigt sich in dieses hervorragend geführten Gästehauses. Zimmer gibt es von sauber und einfach (mit Gemeinschaftsbad) bis zu schickeren mit Klimaanlage. Die Familie spricht immer noch über den längeren Aufenthalt 1977 von Lonely Planet Mitbegründer Tony Wheeler in ihrem Haus.

Ocean View Guest House GÄSTEHAUS $$
(224 2717; www.oceanviewlk.biz; 80 Lighthouse St.; Zi. 40–45 US$; ✱) Die kleinen und angenehm altmodischen Zimmer sind so unterschiedlich wie die vielen Currys in Sri Lanka. Der eigentliche Hammer ist jedoch der herrliche Dachgarten mit leuchtenden Blumen, einem weichen Rasen und einer sehr zufriedenen Schildkröte (die merkwürdigerweise hellgrün ist). Der Eingang liegt in der Rampart Street.

Hotel Weltevreden GÄSTEHAUS $
(222 2650; piyasena88@yahoo.com; 104 Pedlar St.; Zi. 1500–2500 Rs) Das Hotel Weltevreden ist ein denkmalgeschütztes niederländisches Haus mit schlichten Zimmern in starken Farben und mit einem viel benutzten Hofgarten. Im Zimmerpreis ist reichlich freundlicher Smalltalk mit dem alten Besitzer enthalten. Die billigeren Zimmer teilen sich ein Bad.

Mrs Khalid's Guest House GÄSTEHAUS
(Huize Bruisen de Zee; 223 4907; sabrik@sltnet.lk; 102 Pedlar St.) Jahrelang war das alte Haus eine typische Backpackerunterkunft. Zur Zeit der Recherche war es wegen umfangreicher Renovierung geschlossen, wird aber bei Erscheinen des Buchs wieder geöffnet sein.

AUSSERHALB DER STADT

Dutch House BOUTIQUEHOTEL $$$
(438 0275; www.thedutchhouse.com; 23 Upper Dickson Rd.; Suite mit Frühstück 397 US$; ✱🖥🏊) Wer am niederländischen Admirals-

palast aus dem 18. Jh. im privaten Rover aus den 1920er-Jahren vorfährt und hier absteigt, fühlt sich wie der Star in einem historischen Film. Nach einer Runde Krocket auf dem Rasen und einem Bad im idyllischen Pool zieht sich der Gast zurück aufs Zimmer und schreibt einen Roman oder skizziert ein Meisterwerk auf der Staffelei. Wenn dann all die Exzesse ermüden, locken das hohe Himmelbett oder ein romantisches Schaumbad. Das preisgekrönte Hotel ist Luxus pur.

Sun House   BOUTIQUEHOTEL $$$
(438 0275; www.thesunhouse.com; 18 Upper Dickson Rd.; Zi. mit Frühstück ab 217 US$; ❄️🛜🏊) Die reizende Villa – in den 1860er-Jahren von einem schottischen Gewürzhändler gebaut – wurde höchst geschmackvoll renoviert. Das Hotel auf dem schattigen Hügel oberhalb der Neustadt bietet wunderbare Aussichten auf die Festung. Die minzgrün gestreiften Zimmer sind so perfekt, als wären sie für das Fotoshooting einer Wohnkulturzeitschrift eingerichtet (beim letzten Besuch fand tatsächlich so ein Fotoshooting statt). Das schönste Zimmer ist das rot-weiße mit einer Mischung als Alt und Neu.

Tamarind Hill   BOUTIQUEHOTEL $$$
(222 6568; www.asialeisure.lk; 288 Galle Rd.; EZ/DZ mit Frühstück 160/180 US$; ❄️🛜🏊) Die etwa 175 Jahre alte ehemalige Admiralshaus, etwa 2 km westlich der Stadt, wurde in ein kleines Boutiquehotel mit luxuriösen Zimmern, gutem Service und einem von Dschungel umgebenen Pool umgebaut. Der massive Sendemast in unmittelbarer Nähe und die Anfahrt über ein Areal, das wie Brachland aussieht (und die grässliche Musik in Bar und Restaurant), sind jedoch nicht gerade vorteilhaft.

Closenberg Hotel   HISTORISCHES HOTEL $$$
(222 4313; www.closenburghotel.com; 11 Closenberg Rd.; EZ/DZ mit Frühstück ab 150/175 US$; ❄️@🛜) Das von Bougainvillea überwucherte Hotel liegt östlich des Zentrums auf einer Landzunge mit Blick über den Strand von Galle und die Festung. Es war einst das Haus eines P&O-Kapitäns aus dem 19. Jh., also zur Zeit als Galle unter britischer Herrschaft stand. Die Zimmer befinden sich allerdings in einem modernen Flügel, wurden aber im gleichen Stil wie das Haupthaus ausgestattet. Der offizielle Preis ist etwas happig, aber zum Glück sind Ermäßigungen so normal wie die Hitze in der Festung. Das Hotel ist nur durch den Hafen zu erreichen.

 Essen

Viele Unterkünfte in Galle haben auch gute Restaurants, das Nachtleben ist jedoch ziemlich beschränkt.

FESTUNG

🔖LP TIPP Mama's Galle Fort Roof Café   SRI-LANKISCH $$
(76 Leyn Baan St.; Hauptgerichte 350 Rs) Das Haus bietet Essen unterm Sternenhimmel mit Blick auf den blinkenden Leuchtturm… Hier werden die sensationellsten Currys in Galle serviert – und das alles zu einem tollen Preis. Wer vom Essen begeistert ist, kann sich anschließend gleich zu einem Kochkurs anmelden.

Galle Fort Hotel   FUSIONSKÜCHE $$$
(28 Church St.; Menü 3720 Rs) Das Hotelrestaurant serviert auf der Innenveranda hervorragende, wenn auch teure, asiatische Fusionsküche. Die Abendkarte wechselt täglich. Tagsüber gibt es Gebäck, klassische Frühstücksgerichte, Salate und Sandwiches. Die Bar an der Church Street vermittelt ein koloniales Flair und ist bei ansässigen Ausländern beliebt.

Serendipity Arts Cafe   INTERNATIONAL $$
(65 Leyn Baan St.; Mahlzeiten 200–500 Rs) Das mit Kunst vollgestopfte Café hat ein buntes Speiseangebot. Es gibt alles von westlichen Sandwiches bis zu östlichen Currys, tolle Säfte und Shakes, Schinken-Ei-Hopper und einen richtigen Filterkaffee. Die Bedienung behauptet, dass einige Rezepte seit Generationen ein Familiengeheimnis seien – die Zutaten wären aber nicht so alt! Das Café ist ideal, um dort das Frühstück oder Mittagessen einzunehmen.

Anura's Restaurant   INTERNATIONAL, SRI-LANKISCH $$
(9 Lighthouse St.; Hauptgerichte 300–600 Rs) Das winzige, leuchtend orangefarbene Lokal serviert leichte Currys, verschiedene Pasta und sogar die angeblich beste Pizza in Galle. Die Bilder an der Wand vermitteln den Eindruck eines trendigen Galerie-Cafés.

Heritage Cafe   INTERNATIONAL $$
(53 Lighthouse St.; Hauptgerichte 300–600 Rs) Noch eines der vielen hübschen Cafés in den Straßen der Festung. Dieses hier zeichnet sich durch seine hervorragende Auswahl an Salaten und ein Speiseangebot aus, das die halbe Welt in all ihrer kulinarischen Herrlichkeit einbezieht. Serviert wird draußen

auf der sonnigen Terrasse und im Hofgarten oder drinnen unter trägen Ventilatoren.

Nescafe Shop
SRI-LANKISCH $

(Rampart St.; *rotti* ab 50 Rs; ⊗Mo–Fr 4.30–18.30, Sa & So 10–19 Uhr) Es gibt kein Schild, aber das Klatschen des *Rotti*-Teigs in dieser dunklen, kleinen Höhle von einem Café fast direkt gegenüber dem Leuchtturm ist unüberhörbar. Der bei Weitem billigste Laden in der Festung, um etwas gegen den aufkommenden Hunger zu tun.

NEUSTADT

South Ceylon Bakery
SRI-LANKISCH $

(6 Gamini Mawatha; Hauptgerichte 50–200 Rs) Das höchst beliebte Tagescafé gegenüber vom Busbahnhof ist mit seinen unwiderstehlichen süßen und herzhaften Kleinigkeiten und enormen Currys das am günstigsten gelegene Lokal in der Neustadt.

Ruhunupura Pastry Shop
EIS $

(26 P&J City, Gamini Mawatha; Eis 50 Rs) Trotz des Namens verkauft der Laden hauptsächlich Eis. Es ist heiß unter der Sonne. Also auf zur ersten Bestellung!

Ausgehen

In Galle gibt es reichlich schicke Cafés im westlichen Stil. Die Folgenden liegen alle in der Festung.

Café Nicos@Olanda Antiques
CAFÉ

(30 Leyn Baan St.; Sandwiches 300–700 Rs) Was für eine Überraschung! In einem muffigen, alten Antiquitätenladen verbirgt sich ein modernes Café, das seinen Gästen richtigen italienischen Kaffee sowie Säfte und kleine Snacks serviert.

Royal Dutch Cafe
CAFÉ

(Leyn Baan St.; Mahlzeiten ab 250 Rs; ⊗Sa–Do) Zimtkuchen, Biryani und Ingwertee in diesem coolen Café sind der ideale leichte Imbiss für Zwischendurch.

Pedlar's Inn Cafe
CAFÉ

(☏077 314 1477; 92 Pedlar St.; Mahlzeiten 200–350 Rs; ⊗Sa–Do 8–18 Uhr) Ein großartiges kleines Café in einem alten Kolonialhaus. An langen Tischen lässt sich die Zeit bei Shakes, Kaffee und Sandwiches gut vertreiben. Das Café ist gleichzeitig auch ein Schmuckgeschäft.

Janahitha Teashop
CAFÉ

(Ecke Pedlar St. & Leyn Baan St.; ⊗6–19.30 Uhr) Das Teehaus in fester einheimischer Hand ist Welten entfernt von all den schicken Restaurants und trendigen Cafés und kocht den besten Tee in der Festung.

Sunset Cafe
CAFÉ

(Rampart St.) Ein kleiner empfehlenswerter Imbissladen, der sich mit ein paar Straßentischen im Schatten der Festungsmauer befindet. Hier kann man bei einem alkoholfreien Drink oder einem Eis entspannt den Sonnenuntergang genießen.

Shoppen

Galle ist dank seiner Geschichte ideal für den Antiquitätenkauf. In der Festung gibt es mehrere Antikläden.

Auf dem **Dutch Market** (Main St.), der von einem 300 Jahre alten, säulengestützten Dach überspannt wird, wird das frischeste Obst und Gemüse Galles verkauft. In der Main Street gibt es noch weitere Märkte für frische Waren und Gewürze sowie etliche Läden, von denen viele hervorragende Waren spottbillig verkaufen. Die gesamte Gegend lohnt sich für einen ausgiebigen Einkaufsbummel.

Shoba Display Gallery
KUNSTHANDWERK

(www.shobafashion.org; 67 Pedlar St.) Wunderschöne Spitzen werden hier vor Ort gefertigt. Der Laden bringt Frauen aussterbende Fertigkeiten bei und sorgt dafür, dass sie für ihre Arbeiten einen anständigen Preis erhalten. Selbst wer nichts kaufen will, kann sich die Spitzenherstellung anschauen. Wer Interesse hat, kann übrigens (bei vorheriger Anmeldung) auch selbst lernen, Spitze zu klöppeln.

Olanda Antiques
ANTIQUITÄTEN

(30 Leyn Baan St.) Eine riesige Schatzhöhle, zu deren Schätzen antike Möbel und Uhren gehören, die schon 1929 stehengeblieben sind. An den Laden angeschlossen ist ein nettes Café.

Barefoot
KUNSTHANDWERK

(www.barefootceylon.com; 41 Pedlar St.) Der Laden eignet sich super zum Einkauf von Souvenirs: Es gibt Ethnokleidung, Schmuck, hochwertige Wohndekorationen, Kunsthandwerk, Geschenke und Bücher (einschließlich einer hervorragenden Auswahl an Sri-Lanka-Titeln).

Suthuvili Gallery
KUNSTHANDWERK

(Leyn Baart St.) Das kleine Geschäft bietet eine atemberaubende Sammlung an kunstvollen und herrlich bunten Masken.

Exotic Roots KUNSTHANDWERK
(32 Church St.) Die aus Frankreich stammende Künstlerin Catherine kreiert schöne farbenprächtige Schalen und Wohndekorationen, ihre Tochter nutzt den Farbtopf für faszinierende Bilder.

PS Weerasekara Fashion Jewellery SCHMUCK
(Church St.) Ein erschwinglicher und empfehlenswerter Juwelier, der um Klassen besser ist als die anderen allgegenwärtigen Edelsteinhändler.

Orchid House SCHMUCK
(28A Hospital St.) Ein Teeladen, der darüber hinaus auch Schmuck und süß duftende Räucherwaren verkauft.

Praktische Informationen

Galle ist bestens geeignet, um sich mit allem Notwendigen einzudecken, bevor es weiter die Küste entlang nach Osten geht.

Es gibt in der Festung und der Neustadt reichlich Banken mit internationalen Geldautomaten. Die meisten Hotels haben WLAN, außerdem gibt es ein paar Internetcafés im Einkaufszentrum P&J City gegenüber vom Busbahnhof.

In Galle treiben sich einige Schwindler, Schlepper, Gauner und andere Gestalten rum, die einen über den Tisch zu ziehen versuchen. Ein entschlossenes „Ich habe nicht das geringste Interesse" sollte reichen – zumindest nach der vierten Wiederholung.

Cargills Food City (3. Stock, 26 P&J City, Gamini Mawatha) In dem Supermarkt befindet sich auch eine Apotheke.
Commercial Bank (Church St.) Mit internationalem Geldautomaten.
Hatton National Bank (Wackwella St.) Mit internationalem Geldautomaten.
Hauptpostamt (Main St.)
Post (Church St.) Kleines Postamt.
Sampath Bank (Wackwella St.) Mit internationalem Geldautomaten.
Sri Lankan Airlines (224 6942; 3. Stock, 16 Gamini Mawatha) Flüge können hier gebucht werden; das Büro bietet aber auch andere Reisedienstleistungen an.

Anreise & Unterwegs vor Ort

Auto

Galle ist derzeit noch der südliche Endpunkt des Southern Expressway, der neuen mautpflichtigen Autobahn. Von der Auffahrt in Galle bis zum nördlichen Ende der Autobahn bei Kottawa (ein kurzes Stück südöstlich von Colombo) dauert die Fahrt knapp 90 Minuten. Über die Autobahn spart man sich mindestens zwei Stunden im Vergleich zur Straße entlang der Westküste. Von der Autobahnauffahrt bis zum internationalen Flughafen bei Negombo kann es jedoch zwei Stunden dauern. Das wird sich aber in den nächsten Jahren ändern, sobald die neuen Zufahrtsstraßen gebaut sind.

Bus

Es gibt reichlich Busverbindungen zwischen den Orten an der Küstenstraße. Die Busse fahren vom Busbahnhof im Zentrum von Galle gegenüber dem Cricketstadion ab, die wichtigsten Zielorte sind:

Colombo normal/klimatisiert 115/230 Rs, 3 Std.

Hikkaduwa 28 Rs, 30 Min.

Matara normal/klimatisiert 52/110 Rs, 1 Std.
Unawatuna 16 Rs, 10 Min.

Klimatisierte Busse brauchen über den neuen Southern Expressway ab Colombo (400 Rs) rund 90 Minuten; sie starten in Colombos südlichem Vorort Maharagama (westlich von Kottawa) ganz in der Nähe des Beginns der neuen Autobahn. Infos zur neuen Straße siehe Kasten S. 347.

Zug

Von Galles Bahnhof mit seinem Hauch Art déco fahren Expresszüge zum Bahnhof Maradana in Colombo (2./3. Klasse 180/100 Rs, 3 Std.). Regionalzüge fahren nach Hikkaduwa (2./3. Klasse 40/20 Rs, 30 Min.) und Matara (80/40 Rs, 1–

WARNUNG

Die Behörden Sri Lankas haben angekündigt, Gebäude, die an den Stränden der Südwestküste zu dicht an der Hochwassermarke gebaut wurden, abzureißen. Das könnte u. a. einige Cafés und sogar ein paar Pensionen betreffen. Andererseits werden diese Pläne schon seit Jahren diskutiert, ohne dass viel passiert. Im Dezember 2011 ließen die Behörden ein paar Caféterrassen entfernen, die über dem Wasser in Unawatuna gebaut worden waren. Die Hauptgebäude jedoch, die eigentlich gemäß der Regulierung nach dem Tsunami zu dicht am Wasser errichtet wurden, ließ man stehen.

Sollten jedoch die Behörden härter durchgreifen, könnten einige Einträge in diesem Kapitel davon betroffen sein. Weitere Gebiete, in denen der Abriss zur Diskussion steht, sind Mirissa und Hikkaduwa.

1½ Std.). Einmal täglich fährt ein Expresszug nach Kandy (320/175 Rs, 6½ Std.).

Rund um Galle

Die große, schimmernde **Friedenspagode** war das Geschenk eines japanischen buddhistischen Mönchs im Jahr 2005. Sie steht auf einem Felshang am östlichen Ende der Bucht. Zu erreichen ist sie Richtung Osten über die erste Abzweigung nach der Bucht und dann weitere 4 km Fahrt über einen baumgesäumten Pfad. Unterwegs lockt ein Besuch des einsamen **Jungle Beach,** der über einen steilen Pfad ab einem großen Baum zu erreichen ist.

Die Straße Richtung Norden führt am **Kottawa Conservation Forest** vorbei, einem 14 ha großer Regenwaldareal etwa 15 km nördlich von Galle. Um die Wanderwege im Wald zu benutzen, muss jedoch zunächst eine Genehmigung der Waldverwaltung nahe dem Eingangstor einholen. Gute Wanderschuhe und lange Hosen sind ratsam: die Blutegel sind hier gnadenlos. Die Bäume sind mit ihren botanischen Namen beschildert, was eine gute Gelegenheit ist, sich mit der Flora Sri Lankas vertraut zu machen. In dem kleinen Park gibt es auch ein Badeteich unter einem Wasserfall.

Etwa 10 km östlich von Kottawa überragt der 10 m hohe sitzende Buddha des **Kaduruduwa-Tempels** (Spende 100 Rs) die Reisfelder der Umgebung.

Knapp 4 km von Unawatuna landeinwärts liegt der **Yatagala Raja Maha Viharaya** (Spende 100 Rs), ein stiller Felsentempe, der im Inneren mit einem 9 m großen liegenden Buddha aufwartet. Die Wandbilder sind im typischen Stil der Kandy-Ära gemalt. Der Tempel ist seit mindestens 1500 Jahren von Mönchen bewohnt.

Unawatuna

♪091

Unawatuna ist ein Traum: ein bananenförmiger, sonnendurchglühter, goldener Sandstrand, umspült von sanften, mondsteinblauen Wellen. Es ist ein Ort zum Träumen an tristen Montagen im Büro oder wenn der Winter aufs Gemüt drückt, ein Ort, wo das Leben immer träge und sorglos zu sein scheint und wo nie eine Rechnung oder die Miete bezahlt werden muss. Die „Strahlende Insel" ist nirgends strahlender als in Unawatuna.

Leider wird selbst das Paradies von Gier heimgesucht. Unawatuna wurde 2004 vom Tsunami vernichtet, bei seinem Wiederaufbau ignorierten die Besitzer die Anweisungen, weiter landeinwärts zu bauen und errichteten ihre Häuser erneut direkt am Strand. Einige Pensionen liegen direkt an der Hochwassermarke und stehen nun bei starker Flut tatsächlich im Wasser. An einigen Abschnitten ist der Strand sogar fast völlig überbaut.

◉ Sehenswertes & Aktivitäten

Die meisten Besucher verbringen ihre Zeit damit, am Strand zu liegen oder in Cafés abzuhängen.

Wassersport

Unawatuna hat wegen eines vorgelagerten Riffs keine bemerkenswerte Brandung, auf den sanften Wellen am westlichen Ende der Bucht surfen jedoch immer ein paar Einheimische. Schnorchelausrüstungen zur Erkundung des Riffs kurz vor dem westlichen Ende des Strands werden am Strand und in einigen Pensionen verliehen.

Für Taucher gibt es um Unawatuna herum mehrere interessante Wracks, ebenso die Möglichkeit zu Riff- und Höhlentauchgängen. Zu den Wracks zählt die *Lord Nelson* – ein Frachtschiff, das vor etwa zehn Jahren unterging und deren 15 m lange Kabine erkundet werden kann. Die 33 m lange *Rangoon* liegt eine Stunde südlich vor Unawatuna. Die folgenden Zentren bieten Tauchkurse und -ausflüge an:

Ocean Dive Centre TAUCHEN
(♪077 721 3559; www.oceandive.asia) Bietet Padi-Kurse (Professional Association of Diving Instructors) ab 325 €. Ausrüstung wird ebenfalls verliehen. Tauchgänge kosten 25 €.

Sea Horse Scuba Diving Centre TAUCHEN
(♪228 3733; www.seahorsedivinglanka.com) Eine angesehene und alteingesessene Einrichtung. Ein Padi-Free-Water-Kurse kostet 225 €, ein Tauchgang für qualifizierte Taucher 25 €.

Unawatuna Diving Centre TAUCHEN
(♪224 4693; www.unawatunadiving.com) Padi-Kurse kosten hier ab 320 €, wer nur einen einzelnen Tauchgang buchen möchte, zahlt 30 €. Ausrüstungen werden ebenfalls verliehen. Der Centre ist vermutlich der professionellste Tauchladen im Ort und der einzige mit einem Dekompressionsgerät.

Unawatuna

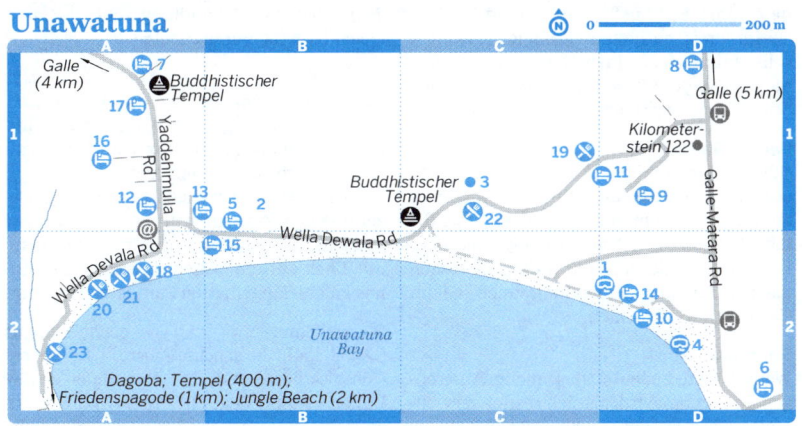

Unawatuna

🔵 Aktivitäten, Kurse & Touren
1. Ocean Dive Centre D2
2. Sanctuary Spa B1
   Sea Horse Scuba Diving Centre....(s. 14)
   Secret Garden .... (siehe 13)
3. Sonjas Health Food Restaurant C1
4. Unawatuna Diving Centre D2

🛏 Schlafen
5. Amma's Guesthouse B1
6. Black Beauty Guest House D2
7. Dream House A1
8. Nooit Gedacht D1
9. Palm Grove D1
10. Peacock Hotel D2
11. Pipels House D1
12. Primrose Guest House A1
13. Secret Garden A1
14. Surfcity...D2
15. Villa Hotel..B2
16. Village Inn..A1
17. Weliwatta House A1

✖ Essen
   Dream House .... (siehe 7)
18. Hot Rock A2
19. Jayasingha Tea Room C1
    Jinas Vegetarian and Vegan
       Restaurant .... (siehe 19)
20. King Fisher's Restaurant A2
21. One Love Restaurant.........................A2
22. Roti Shop C1
23. Shekira Restaurant............................A2

Wandern

Es gibt ein paar interessante Wanderwege über die Felsen am westlichen Strandende sowie hinauf auf den Hügel hinter der Yaddehimulla Road, von dem aus die andere Seite der Landspitze zu sehen ist. **Rumassala,** die Felsspitze am westlichen Ende des Strands, ist bekannt für ihre geschützten Heilkräuter – der Legende nach streute hier der Affengott Hanuman Kräuter aus dem Himalaya aus. Der **Tempel** direkt auf der Felsspitze ist abgezäunt, aber der Weg zur **Dagoba** (Stupa) oben auf dem Hügel und weiter zur großen **Friedenspagode** und zum einsamen **Jungle Beach** ist zugänglich (Infos s. S. 112). Eine ganz andere Wanderung (300 Rs) lässt sich im **Mangrovenschutzgebiet** unternehmen. Die Bemühungen zum Schutz des Mangrovenwalds voller Schnecken, Krebse, Vögel und sogar Affen sind bruchstückhaft und chaotisch, aber dennoch höchst lobenswert. Es lohnt sich auf jeden Fall, sich vom Strand loszureißen und über die erhöhten Laufstege zwischen verschlungenen Wurzeln und Bäumen hindurch in das Mangrovendickicht zu wagen. Die Richtung weisen vergilbte Schilder an der Straße zwischen Galle und Matara, danach hilft nur noch, sich durchzufragen.

🍴 Kurse

Sonjas Health Food Restaurant KOCHEN
(📞224 5815/077 961 5310) Hier werden höchst empfehlenswerte eintägige Kochkurse (3000 Rs) angeboten, die Teilnehmer in die Feinheiten der Küche Sri Lankas einführen. Der Kurs wird von der reizenden Karu-

na geführt. Ein Ausflug zum Markt in Galle ist im Preis enthalten. Eine Reservierung sollte mindestens einen Tag zuvor erfolgen. Mehrere andere Restaurants in der gleichen Straße bieten vergleichbare Kurse an.

Secret Garden   YOGA
(1000 Rs) Den inneren Frieden – und bislang unbekannte Muskeln – finden Teilnehmer auf einem der empfohlenen Yogakurse, die täglich von 9 bis 17 Uhr im Yogapavillon des Hotels Secret Garden stattfinden. Sie stehen nach vorheriger Anmeldung auch Nicht-Gästen des Hotels offen.

Sanctuary Spa   MASSAGE
Wenn Urlaub bedeutet, dass nichts Anstrengenderes getan wird, als sich restlos verwöhnen zu lassen, dann sollte das Sanctuary Spa wie Balsam für die verspannten Muskeln sein. Es gibt hier männliche und weibliche Masseure, eine volle Behandlung kostet 2800 Rs. Das Spa ist auch ein Ayurveda-Zentrum.

🛏 Schlafen

In Unawatuna gibt es viele günstige Unterkünfte. Es entstehen aber immer mehr gute Mittelklassehotels sowie ein paar recht luxuriöse Unterkünfte.

LP TIPP Secret Garden   BOUTIQUEHOTEL $$
(224 1857; www.secretgardenunawatuna.com; Bungalows ab 50 US$, Zi. ab 66 US$; ❄🛜) Sobald die Tür sich öffnet, erwartet den Gast, wie der Name schon andeutet, ein verborgenes botanisches Zauberland voller tropischer Blumen und schelmischer Affen. Das wunderschön renovierte 140 Jahre alte Haus vermietet Zimmer, deren Farben jenen der Blumen entsprechen. Wem die schönen Zimmer zu teuer sind, kann auch einen der einfachen, aber preiswerten Bungalows mieten. Geboten werden verschiedene Yoga- und Ayurveda-Kurse.

Nooit Gedacht   HISTORISCHES HOTEL $$
(222 3449; Galle–Matara Rd.; Zi. mit Frühstück 60–80 US$; ❄@🛜) Ein wunderbares Gefühl wohliger Ruhe überkommt jeden, der das Glück hat, über die Schwelle des stimmungsvollen niederländischen Kolonialhauses von 1735 zu treten, das zwar etwas baufällig, aber absolut bezaubernd ist. Zimmer gibt es in einem alten und in einem brandneuen Teil (wo sie tatsächlich äußerst elegant und den verlangten höheren Preis wert sind). Zum Haus gehören auch ein angesehenes ayurvedisches Behandlungszentrum und gleich zwei Swimmingpools.

Palm Grove   GÄSTEHAUS $$
(225 0104; www.palmgrovesrilanka.com; Zi. mit/ohne Klimaanlage 40/32 US$; ❄🛜) Hinter massenhaft Topfpflanzen und Blumenampeln verbirgt sich ein kleines Juwel von einer Pension unter englischer Leitung. Die geräumigen Zimmer wurden mit sehr viel Bedacht ausgestattet. Auf der Dachterrasse mit Blick auf die grünen Gassen Unawatunas laden Hängematten zum Faulenzen ein.

Dream House   BOUTIQUEHOTEL $$
(438 1541; dreamhouse@libero.it; EZ/DZ mit Frühstück 50/65 US$; 🛜) Das Haus gehört Italienern und liegt ein Stück vom Strandgetriebe entfernt. Es hat vier behagliche Gästezimmer, die in einer italienisch-tropischen Mischung renoviert und eingerichtet wurden. Nichts ist hier übertrieben oder aufdringlich – es ist einfach reinste Eleganz. Zum Haus gehört auch ein gutes Restaurant.

Pipels House   GÄSTEHAUS $$
(077 428 3903; www.pipels.com; Zi. mit Frühstück 3500 Rs, Apt. 9000 Rs; 🛜) Die vanillefarbenen Zimmer in dem winzigen Haus haben protzige Fotos an der Wand und sind mit modernen Metallmöbeln möbliert. Einige Zimmer teilen sich ein hübsches Bad mit Mosaiken, das Apartment hat eine Kochnische, ein Bad und ein Wohnzimmer. Im Restaurant unten kocht ein Italiener – wie praktisch!

Villa Hotel   HOTEL $$
(224 7253; www.villa-unawatuna.com; EZ/DZ mit Frühstück 55/65 US$; ❄@🛜) Ein wunderbares Hotel am Strand mit traditionellem, aber sehr hoher Bauweise. Die Wirbelmuster auf den hölzernen Fenstertüren wirken arabisch, die Zimmer sind mit indischer Kunst und antiken Möbeln ausgestattet, die Badezimmer sehr modern gehalten. Das Highlight ist der Garten mit verschnörkelten englischen Gartenmöbeln aus den 1920er-Jahren.

Black Beauty Guest House   GÄSTEHAUS $$
(077 658 2909; www.black-beauty-sri-lanka.com; Zi. mit/ohne Klimaanlage 4000/3000 Rs; ❄@🛜🏊) Das Haus weit weg vom Strand erinnert in keinster Weise an das legendäre Fernsehpferd „Black Beauty", ist aber trotzdem schön. Der friedliche Garten wäre hingegen ideal für Spiderman und hat einen perfekten Pool. Das leuchtend orangefarbe-

ne und hohe Haus hat ebenso farbenprächtige Zimmer. Es ist für Reisende mit Kindern gut geeignet, da hier reichlich Kinderspielzeug vorhanden ist – allerdings geht es zum Strand nur über eine verkehrsreiche Straße.

Surfcity Guest House   HOTEL $$
(224 6305; www.surfcity1.net; mit/ohne Klimaanlage EZ 2000/160 Rs, DZ 2000/3500 Rs; ☎) Zum stets wachsenden Surfcity-Imperium gehören ein Internetcafé, ein Café, ein Restaurant, ein Touristikunternehmen und ein Hotel mit preiswertem und sauberen Zimmern (drei mit Heißwasser). Der Besitzer Ravi organisiert alles, was das Herz begehrt, auf der Karte des Restaurants finden sich auch unerwartete Gerichte wie Hummus und Fladenbrot.

Peacock Hotel   HOTEL $$
(438 4998; www.peacockunawatuna.com; Zi. mit Frühstück mit/ohne Klimaanlage 4000/2500 Rs) Die Zahl der braungebrannten Backpacker, die hier abhängen, sind ein Indiz für die Beliebtheit der Unterkunft – aus gutem Grund. Es gibt eine große Auswahl an gepflegten Zimmern und alle möglichen Angebote für Reisende. Die teureren Zimmer haben Heißwasser.

Primrose Guest House   GÄSTEHAUS $$
(077 607 4428; primroseguest@hotmail.com; Zi. mit/ohne Klimaanlage 45/40 US$; ✻☎) Schicke und geräumige Zimmer, die bemerkenswert gut gepflegt sind, und Bettlaken, die auf unglaublich kunstvolle Art gefaltet sind. Jedes Zimmer hat einen kleinen Balkon mit Blick auf ein Bambusdickicht. Preisgünstig.

Village Inn   PENSION $
(222 5375; unavillageinn@gmail.com; Zi. 1000 Rs) Eine idyllische Gartenoase, die preislich unschlagbar ist. Alle Zimmer haben Bad und einen Balkon oder eine Veranda, die ideal sind, um dort einen faulen Nachmittag sind zu verbringen.

Weliwatta House   GÄSTEHAUS $$
(222 6642; www.weliwatta.com; EZ/DZ mit Frühstück Altbau 2500/3500 Rs, Neubau 3500/4500 Rs) In der jahrhundertealten, butterblumengelben Villa werden ein paar geräumige, schöne Zimmer mit Heißwasserbädern im Hauptgebäude vermietet. Im Neubau dahinter sind die Zimmer neuer und komfortabler. Im üppigen Garten laden bequeme Sessel zum Relaxen mit einem kalten Drink und einem guten Buch ein. Das Restaurant ist ebenfalls ganz passabel.

Amma's Guesthouse   PENSION $
(222 5332; EZ/DZ 1000/1500 Rs) Die sehr schlichten Betonzimmerchen in dem weitläufigen Haus mit dem ebenso weitläufigen Garten sind nicht gerade hübsch. Aber es ist billig und nur ein paar Schritte zum Sandstrand.

✘ Essen & Ausgehen

Fast alle Unterkünfte verköstigen ihre Gäste oder haben Restaurants. Am besten ist es, sich die vielen Angebote am Strand anzuschauen und sich etwas auszusuchen. Für einen Drink sind fast alle gut – was gerade angesagt ist, wird sich dann vor Ort finden. Nach Mitternacht passiert allerdings nicht mehr viel. Die aufgeführten Empfehlungen haben etwas Besonderes oder mehr Atmosphäre als der Rest.

King Fisher's Restaurant   INTERNATIONAL $$$
(Mahlzeiten 700–1000 Rs; ⊙Di-So 9–24 Uhr) Das Strandrestaurant ist derzeit die Nummer Eins unter Besuchern und ausländischen Anwohnern. Auf der Karte finden sich Gerichte aus aller Welt, am bekanntesten ist das Lokal aber für die exzellente thailändische Küche und die Garnelen – gegrillt oder perfekt gebraten.

Shekira Restaurant   MEERESFRÜCHTE $$
(Mahlzeiten 300–600 Rs) Die romantische, hölzerne Fischerhütte mit ein paar kerzenerleuchteten Tischen liegt nur ein paar Meter von den Booten entfernt, die wie Enten im Wasser schaukeln. Es ist ideal für ein kaltes Bier und superbilligen gebratenen Fisch am Abend, begleitet vom scherzhaften Geplänkel des Besitzers. Wer nicht so auf Fisch steht, findet auch eine Auswahl an chinesischen Gerichten ohne Meeresfrüchte.

Dream House   ITALIENISCH $$
(Hauptgerichte 500–600 Rs) Das authentisch italienische Restaurant verwöhnt seine Gäste unter freiem Himmel und mit klassischer Musik. Der durch und durch südländische Besitzer weiß genau, wo Tomaten hingehören und wo genau die richtige Menge frischen Basilikums hinzugefügt werden muss.

One Love Restaurant   SRI-LANKISCH $$
(Mahlzeiten 250–400 Rs) Das kleine und freundliche Lokal hängt buchstäblich über dem Wasser, der knarzende Holzboden trägt noch das seine zum Eindruck bei, sich auf einem Schiff zu befinden, das über die sieben Weltmeere segelt. Das Besondere ist die große Auswahl an Currys, wie sie die Einhei-

mischen lieben (eine Seltenheit in Unawatuna). Kürbiscurry ist hier die Hausspezialität und sehr empfehlenswert.

Sunil Garden INTERNATIONAL $$
(☏0777 472441; Mahlzeiten 400–600 Rs) Der Besitzer Sunil vermittelt beim Brutzeln seiner Meeresfrüchte, Pasta und dergleichen eine fröhliche Atmosphäre. An manchen Abenden sorgt er auch für Livemusik. Der absolut beste Laden für ein Bier, aber wem das zu gewagt ist, der kann sich auch in der urbanen Bar mit Kaffee und Smoothies entspannen.

**Jinas Vegetarian and
Vegan Restaurant** VEGETARISCH $$
(Mahlzeiten 500–600 Rs) Das nette Gartenrestaurant serviert eine breite Auswahl klassischer indischer Gerichte, z. B. Thali und Masala Dosa, aber auch europäische vegetarische Gerichte wie Gemüseburger und -lasagne sowie die nicht sehr vegetarisch lautende Pfauenpastete.

Hot Rock INTERNATIONAL $$
(☏224 2685; Mahlzeiten 200–500 Rs) Ein typisches Fischrestaurant direkt am Strand mit reizenden Besitzern und in solch lebhaften Farben gehalten, dass es wie ein Technicolor-Traum wirkt.

Jayasingha Tea Room SRI-LANKISCH $
(Mahlzeiten 150 Rs; ⊙12–15 Uhr) Wie die Küche von Sri Lanka wirklich zu schmecken hat, lässt sich hinten in diesem Lebensmittelladen bei einem der erstklassigen Reiscurrys erfahren. Die Einheimischen kriegen nicht genug von dem Essen hier, ausländische Touristen trifft man hier so selten wie milden Chili.

Roti Shop SRI-LANKISCH $
(rotti 200–250 Rs) Dutzende süßer und herzhafter *rotti* gefüllt mit Käse, Obst und mehr sorgen für einen schönen Mittagsimbiss (allerdings dauert die Zubereitung ewig).

❶ Praktische Informationen

Für die meisten Besorgungen ist eine kurze Fahrt nach Galle nötig, weil die paar Hütten vor Ort nur Flaschenwasser und Kartoffelchips verkaufen. Internetzugang gibt es in vielen Häusern.
GG Happy Tours (☏223 2838; www.gghappytours.com; pro Std. 240 Rs; ⊙9–22 Uhr) Internetzugang; die Tourangebote und Autovermietung wurde von einigen Reisenden ebenfalls empfohlen.

❶ An- & Weiterreise

Die Haltestelle des Busses von Galle (16 Rs, 10 Min.) liegt an der kleinen Straße, die in die Stadt führt, die nächste befindet sich dort, wo die Straße direkt ans Meer stößt. Von dort kann man zu Fuß über den Strand ins Dorf gehen. Fahrten mit dem Tuk-Tuk nach oder von Galle kosten zwischen 300 und 400 Rs.

Von Unawatuna nach Koggala
🗺091

Hinter Unawatuna verläuft die Straße dicht an der Küste entlang durch die Ortschaften Thalpe, Dalawella und Koggala und weiter bis Ahangama und darüber hinaus. Hier bestehen gute Chancen, einen Strand ganz für sich alleine zu finden, da es hier zahlreiche einsame Strände und viele malerische Buchten gibt.

Hier sind auch die Stelzenfischer zu sehen, die bei Flut wie Störche über dem Wasser balancieren. Jeder Fischer hockt auf einer Stange, die dicht an der Küste fest in den Meeresboden gerammt ist und wirft von dort seine Leine aus. Die Standorte für die Stangen werden vom Vater auf den Sohn vererbt und sind heiß begehrt. Es ist erstaunlich, wie schnell sie von ihrer Stange klettern und an Land rennen, sobald jemand auch nur entfernt eine Kamera auf sie richtet!

◉ Sehenswertes & Aktivitäten

Koggala-See SEE
Der Koggala-See neben der Straße wimmelt von Vögeln und ist überzogen mit Inseln. Auf einer der Inseln befindet sich ein buddhistischer Tempel, der an *Poya*-Tagen (Vollmondtagen) viele Besucher anlockt, auf einer anderen Insel befindet sich eine interessante Zimtplantage. Geführte zweistündige Bootstouren (2500–4000 Rs; bis zu 5 Pers.) sind ebenfalls möglich. Die Schilder „Bird Island", die zwischen Koggala und Ahangama die Straßen säumen, weisen zum Anlegeplatz der Bootsführer.

Lagoon Herbal Garden GARTEN
(⊙8–18 Uhr) Um den See gibt es mehrere Gewürzgärten, der Lagoon Herbal Garden ist einer davon und lohnt einen Besuch. Besucher können hier verschiedenste Hausmittel kaufen und sehen, wie die Pflanzen angebaut werden. Der Garten bietet auch Bootstouren auf der Lagune (4000 Rs).

Martin Wickramasinghe Folk Art Museum MUSEUM

(Eintritt 200 Rs; ⊙9–17 Uhr) Das Museum liegt ein Stück hinter der Straße westlich von Koggala (nahe dem Kilometerstein 113) und ist das Geburtshaus des angesehen singalesischen Autors Martin Wickramasinghe. Die Ausstellungsstücke sind interessant und gut präsentiert, die Informationen auf Englisch und Singhalesisch gehalten. Zu sehen sind eine Abteilung zum Thema Tanz (einschließlich Kostüme und Instrumente), Puppen, *Kolam*-Masken (für Tanzdramen) – darunter auch eine Maske eines sehr sonnenverbrannten britischen Offiziers –, sowie etliche Küchenutensilien und Kutschen. Der Buchladen verkauft die Werke des Autors, von denen viele von der lokalen Kultur handeln.

Kataluwa-Purwarama-Tempel TEMPEL

Der Tempel gleich östlich von Koggala wirkt, als hätte ihn die Zeit vergessen. Er stammt aus dem 13. Jh. und besitzt einige jüngst restaurierte Wandbilder. Ein freundlicher Mönch geleitet Besucher in das Gebäude und erklärt die Wandbilder. Einige der gemalten Jataka-Fabeln (Geschichten aus dem Leben Buddhas) sind 200 Jahre alt. Die Abzweigung zum Tempel befindet sich in Kataluwa – die Schilder stehen auf der Landseite der Straße. Nach ein paar Kilometern landeinwärts muss man nach dem Weg fragen.

🛏 Schlafen & Essen

THALPE

Thalpe ist die neue Strandoase der ausländischen Einwohner Galles und der ganzen Unawatuna-Szene. Es gibt einige sehr exklusive Unterkünfte sowie ein paar billigere Häuser. Der Strand ist weitgehend durch Villen, Häuser und Hotels von der Straße abgeschnitten und hat kaum einen öffentlichen Zugang.

The Frangipani Tree BOUTIQUEHOTEL $$$

(228 3711; www.thefrangapanitree.com; Zi. mit Frühstück 250 US$; ❄︎🛜🏊) Zement. Er ist nicht das schönste Baumaterial, aber in diesem behaglichen Boutiquehotel lernt man das Zeug fast schon lieben. Der Baustoff kommt hier überall zum Einsatz, bei Bänken, Böden, Wänden und Duschen – in einer überraschenden Schönheit! Die großen, kühlen Zimmer mit Freiluftbädern unter blühenden Tropenbäumen sind geradezu perfekt.

Era Hotel BOUTIQUEHOTEL $$$

(228 2302; www.jetwinghotels.com; EZ/DZ mit Frühstück 230/250 US$; ❄︎🛜🏊) Ein kleines Boutiquehotel, in dem Holz und Stein ein Zen-Gefühl des Glücks schaffen (die Lage am Strand und ein hinreißender Pool tragen dazu bei). In den Zimmern ist jedoch etwas Straßenlärm zu hören und die Begrüßung an der Rezeption ist nicht immer herzlich.

KOGGALA

Koggala besitzt einen langen, breiten, aber von starken Wellen heimgesuchten Strand. Die Straße verläuft recht dicht an der Küste entlang, ist aber meist nicht zu sehen.

The Fortress HOTEL $$$

(438 9400; www.thefortress.lk; Zi. mit Frühstück ab 360 US$; ❄︎🛜🏊) Von außen erinnert das riesige Haus mit seinen hohen Mauern an ein Gefängnis. Es ist allerdings anzunehmen, dass die meisten Gefängnisse in Sri Lanka keinen Infinity-Pool mit Blick auf den Indischen Ozean, keine Whirlpools und Regenduschen, schicke urbane Zimmer, WLAN und feine Küche haben.

Ahangama & Midigama
091

Um Ahangama und Midigama gibt es die beständigste und vermutlich beste Brandung des Landes, dazu viele surferfreundliche Unterkünfte und etliche hübsche Strände (allerdings verläuft die Straße oft sehr dicht an der Küste entlang). Der erste Strand ist der Kabalana Beach mit seinen beständigen Brandungsbrechern am Strand, die sich normalerweise gut zum Surfen eignen. Im kleinen Stranddorf Midigama selbst gibt es ein paar Riffbrecher. Lazy Left (faule Linke) ist der passende Name einer Welle, die um Felsen kurvt und in die sandige Bucht einrollt – ideal für den ersten Surfversuch auf einer Riffwelle. Ein paar hundert Meter rollt die Ram's Right ein, eine hohle, flache und unberechenbare Bestie, die nichts für Anfänger ist.

Achtung: Unter dem Wasserspiegel verbergen sich jede Menge Felsen, Korallen und andere Gefahren. Auch gibt es hier keine Läden, außer ein paar Pensionen, die ramponierte Surfbretter verleihen (Tag 600–1000 Rs), Surferausrüstung verkaufen oder Reparaturen anbieten. Die nächstgelegenen Läden findet man dann in Hikkaduwa. **Surfunterricht** bietet der Franzose Yannick an, der sich mit großem Engagement für den

RAMYADAVA GUNASEKARA – SURFEN MIT RAM

Ramyadava (von allen nur Ram genannt) besitzt eine der ältesten Surferpensionen in Midigama.

„Ich glaube, die ersten Surfer kamen 1977 nach Midigama. Ich war noch sehr jung und hatte noch nie zuvor Surfer gesehen. Eines Tages trafen sechs australische Surfer ein. Ich hielt sie für sehr sonderbar und alle im Dorf kamen zum Strand, um sie surfen zu sehen. Meine Eltern rieten mir, mich von ihnen fernzuhalten, weil sie Hippies wären und es gefährlich sei, sie zu berühren. Damals glaubten alle, Hippies seien schmutzig! Diese Surfer waren die ersten Ausländer in Midigama, danach dauerte es mehrere Jahre, bis weitere kamen.

Heute wissen die Leute im Dorf, dass Surfer keine Bazillen haben. Die meisten Leute mögen sie, weil sie hier Geld ausgeben. Sie kaufen Obst, benutzen die Tuk-Tuks, essen in den Restaurants usw. Nach dem Tsunami spendeten viele Surfer Geld sowie Bücher und Kleidung für die Kinder. Einige blieben, um beim Aufräumen und Wiederaufbau zu helfen. Yannick, ein französischer Surfer, hat eine Menge für das Dorf getan. Er gründete eine Wohltätigkeitsorganisation und besorgte neue Boote für die Fischer und Haushaltsutensilien für alle. Aber kurz nach dem Tsunami wurde ein Surfer erwischt, der den Besitz von Leuten aus den Trümmern stahl. Er wurde von den anderen Surfern verprügelt und weggeschickt. Bevor er das tat, glaubte ich, dass alle Ausländer gute Menschen seien."

Wiederaufbau Midigamas nach dem Tsunami eingesetzt hat. Er betreibt zusammen mit dem Subodinee Guesthouse eine der besseren Surfschulen der Gegend. Ein eintägiger Kurs kostet 30 €, ein dreitägiger Kurs 75 €. Yannick verleiht auch die besten und teuersten Surfbretter.

🛏 Schlafen & Essen

AHANGAMA

Viele Surfer übernachten in Ahangama und surfen in Midigama. Die folgenden Unterkünfte sind in der Reihenfolge aufgeführt, wie sie ab Unawatuna auftauchen. Es gibt keine speziellen Touristenrestaurants, aber alle Unterkünfte servieren ihren Übernachtungsgästen auch Essen.

Kabalana Beach Hotel HOTEL $$
(228 3294; www.kabalana.com; EZ/DZ mit Frühstück ab 55/65 US$; ✴🛜🏊) Die besten Zimmer können mit ihren Fensterrahmen aus Gitterwerk, Himmelbetten und antiken indischen Möbeln als ein Mix aus einheimischem und kolonialem Stil beschrieben werden. Allerdings schwankt die Qualität der Zimmer gewaltig, obwohl es keine Preisunterschiede gibt. Wer eines der schlechteren erwischt, wird sicher enttäuscht sein. Das Hotel bietet seinen Gästen außerdem einen kleinen Pool und ein qualvoll langsames und fades Restaurant. Das Beach Hotel ist eine beliebte Location für Hochzeiten – es kann also laut werden.

Ahangama Easy Beach HOTEL $$
(228 2028; EZ/DZ mit Frühstück 32/34 €, DZ mit Klimaanlage 39 €; ✴@🛜) Das von Norwegern geführte Hotel ist beliebt bei der jungen Surfergeneration, die ständig mit Laptop oder Handy unterwegs ist. Surflegende Mickey Dora würde sich im Grab umdrehen! Die Zimmer sind anständig und haben hübsch gefliese Badezimmer und Himmelbetten. Der Empfang war allerdings aber bei jedem Besuch ziemlich kühl.

MIDIGAMA

Es gibt hier eine Reihe billiger Pensionen sowie ein oder zwei feinere Unterkünfte. Wer nicht surft, wird sich hier wahrscheinlich langweilen.

Die folgenden Unterkünfte sind in der Reihenfolge aufgeführt, wie sie ab Unawatuna entlang der Strecke liegen.

Subodinee Guesthouse PENSION $
(228 3383; www.subodinee.com; EZ/DZ ab 1000/1500 Rs, Hütten 35 €; @) Als vor langer Zeit die ersten Surfer in Midigama auftauchten, hatten Jai und seine Frau Sumana einen kleinen Teeladen, in dem sie die merkwürdigen Neulinge mit Reis und Curry verköstigten. Seither haben sie es weit gebracht und vermieten inzwischen verschiedenste Zimmer, angefangen von heißen Betonwürfeln mit Gemeinschaftsbad bis hin zu netten Hütten oder Zimmern, die in einem Neubau auf der anderen Straßenseite (mit Heißwasser und allem Drum

und Dran) untergebracht sind. Sie betreiben auch ein Taxiunternehmen, eine Surfschule mit Brettverleih und ein Restaurant, das bei vorheriger Bestellung (ein oder zwei Stunden) für seine Gäste Reis und Curry kocht.

Rams Guesthouse
GÄSTEHAUS $

(225 2639; EZ 900–1500 Rs, DZ 1400–2500 Rs; @) Die Zimmer in dem schon immer sehr beliebten Surfertreff sind so einfach wie es einfacher nicht geht, aber sie werden sauber gehalten und haben ein eigenes Bad. Die Zimmer im Haupthaus sind qualitativ etwas besser, aber wie alle Zimmer wegen des Straßenlärms laut. Viele Surfer mieten sich hier gleich für ein paar Monate ein, was dem Haus ein freundliches Gemeinschaftsgefühl verleiht. Der Empfang ist sehr warm und das Haus liegt direkt vor der vermutlich besten Welle der Insel. Über ihre Erfahrungen mit Surfern berichten die Besitzer im Kasten S. 118.

Villa Naomi
HISTORISCHES HOTEL $$

(041 225 4711; www.naomibeach.com; EZ/DZ mit Frühstück 4000/4500 Rs; 🛜) Wunderschöne Kolonialvilla mit weißen Zimmern, antiken Möbeln und edlen Badezimmern sowie einer Veranda, die geradezu für einen abendlichen Gin Tonic unter Sternenhimmel geschaffen ist. Alles in allem ist das Hotel für das, was es seinen Gästen bietet, außerordentlich preiswert.

Villa Tissa
HISTORISCHES HOTEL $$

(041 225 3434; www.villatissa.net; EZ/DZ mit Frühstück 5000/7000 Rs; 🛜🏊) Für Surfer, die es vornehm lieben, ist die reizende Villa Tissa in einem hübschen Garten am Strand genau das Richtige. Die großen Zimmer erinnern an frühere Zeiten und sind sehr gut ausgestattet. Es gibt einen guten Swimmingpool und einen schmalen Strandstreifen vor dem Haus.

ⓘ An- & Weiterreise

An der Südküste verkehren häufig Busse, die Ahangama und Midigama mit anderen Orten zwischen Galle und Matara und darüber hinaus verbinden. Der Bus von Galle nach Midigama kostet 30 Rs. Viele Züge der Strecke Colombo – Matara halten in Ahangama, in Midigama nur ein paar Regionalzüge.

Sri Lankan Air Taxi (www.srilankan.lk/airtaxi) bietet eine tägliche, reguläre Flugverbindung vom Flughafen Koggala nach Colombo (ungefähr 8700 Rs), montags und freitags hebt ein Flieger nach Dambulla (ungefähr 11 700 Rs) ab.

Weligama
041

Weligama („sandiges Dorf") liegt an einer sehr weitläufigen Bucht, etwa 30 km östlich von Galle und ist eine interessante und quirlige Mischung aus internationalem Badeort und lärmendem asiatischen Fischerdorf. Hier lässt sich der Tag angenehm verbummeln, sei es bei einem Spaziergang, der einen kleinen Einblick in das alltägliche Leben gibt oder bei einem herrlich erfrischendem Bad im Meer, um die Meeresbewohner zu bestaunen, die schließlich zerstückelt an Fischbuden enden.

Dicht an der Küste – so dicht, dass sie bei Ebbe zu Fuß zu erreichen ist – liegt die winzige Insel **Taprobane** (www.taprobaneisland.com). Sie wirkt wie ein ideales Künstler- oder Schriftstellerrefugium, was sie tatsächlich auch früher einmal war: Der US-amerikanische Schriftsteller Paul Bowles schrieb hier in den 1950er-Jahren *Das Haus der Spinne*. Außerdem gehörte die Insel einst dem französischen Grafen de Maunay-Talvande. Wer möchte, kann hier auch sein Quartier aufschlagen und übernachten. Bei Preisen von weit über 1000 US$ pro Nacht ist die Insel für viele wohl nicht erschwinglich.

⊙ Sehenswertes & Aktivitäten

Die Bucht mag zwar malerisch sein, aber der Weligama Beach wirkt etwas schäbig und ist nicht auf Badegäste eingerichtet. Es ist hauptsächlich ein Fischerdorf, am westlichen Ende der Bucht liegen unzählige Katamarane. Die Bucht eignet sich aber gut, um Surfen zu lernen, da die sanften Wellen am Sandstrand kaum höher als 1 m werden. Neben anderen Häusern vermieten auch das Samaru Beach House und das Weligama Bay View nebenan Surfbretter, auch Unterricht ist möglich.

Weligama ist bekannt für seine **Spitzen,** die als Souvenirs an Buden in der Hauptstraße, die an der Küste verläuft, verkauft werden.

Sport Diving
TAUCHEN

(225 0799; www.freewebs.com/padisportdiving) Schnorcheln und Tauchen kann man Weligama gleichermaßen gut. Der Laden in Hafennähe am Westende des Strands bietet PADI-Kurse (300 €) und Tauchexkursionen u. a. zu Wracks an. Er organisiert auch Tauchausflüge zu Walen und Delphinen sowie Schnorcheltrips.

🛏 Schlafen & Essen

Unterkünfte befinden sich an der Strandstraße, aber im Vergleich zum benachbarten Mirissa sind die meisten etwas überteuert und eher dürftig ausgestattet.

Meeresfrüchte frisch aus dem Meer serviert das **Dinesh Seafood Restaurant** am Strand gegenüber der Insel Taprobane. Süßes gibt es im **AVM Cream House** gegenüber vom Busbahnhof, von dem einige Leser steif und fest behaupten, es habe die besten Fruchtsäfte und Salate.

Samaru Beach House   HOTEL $$

(📞225 1417; www.guesthouse-weligamasamaru.com; 544 New Matara Rd.; Zi. mit/ohne Klimaanlage 4000/3500 Rs; ❄🛜) Das Hotel etwa in der Mitte der Bucht liegt direkt am Strand und hat lichte und luftige Zimmer weit weg vom Straßenlärm. Die besseren Zimmer haben eine Veranda, auf der sich so mancher Fauler Nachmittag verbringen lässt. Fahrräder und Surfbretter (Std. 300–400) werden vermietet, der Besitzer organisiert gerne alle möglichen Touren und Aktivitäten in der Umgebung. Surfunterricht kostet 2500 Rs pro Tag.

Dilkini Guesthouse   GÄSTEHAUS $

(📞225 0281; EZ/DZ 750/1000 Rs) Die Zimmer des schlichten Gästehauses am Dorfrand mögen zwar sehr gewöhnlich sein, aber der Empfang ist herzlich und die hier verlangten (niedrigen) Preise für einen Ort mit unglaublich hohen Zimmerpreisen absolut in Ordnung. Vom Schwimmen am Strand wird dringend abgeraten.

Mandara Resort   HOTELANLAGE $$$

(📞567 6768; www.mandararesort.com; EZ/DZ mit Frühstück 215/230 US$; ❄@🛜🏊) Weligamas luxuriöseste Hotelanlage ist, wie fast alles im Ort, etwas überteuert, aber dank seiner klaren und modernen Linie eine sehr komfortable Unterkunft, in der sich einige entspannte Tage verbringen lassen. Einige Zimmer sind sogar mit einem eigenen Tauchbecken ausgestattet! Wunderbar ist auch der Ausblick auf die Bucht.

ℹ An- & Weiterreise

Es gibt häufige Busverbindungen mit Galle (40 Rs, 1 Std.) und Matara (21 Rs, 30 Min.). Weligama liegt an der Bahnstrecke Colombo – Matara; Züge fahren nach Colombo (2./3. Klasse 220/120 Rs, 4 Std.), Galle (60/30 Rs, 1 Std.) und Matara (30/15 Rs, 30 Min.

Mirissa

📞041

Eine Kokosnuss knacken, in einer Hängematte liegen und sanft in der Brise schaukeln, während die Stunden, Tage und sogar Wochen träge verstreichen... Willkommen im verschlafenen Mirissa, das 4 km südöstlich von Weligama liegt und so idyllisch ist, dass nur Narren hier jemals wieder weggehen wollen.

Von den drei großen Badeorten an der Südküste (Hikkaduwa und Unawatuna sind die anderen beiden) ist Mirissa mit Abstand am wenigsten erschlossen und bietet einen guten Eindruck, wie Unawatuna wohl vor 15 Jahren ausgesehen hat. Derzeit gehört der Großteil der Küste noch den Kokospalmen, die meisten touristischen Einrichtungen liegen außerhalb des Blickfelds. Allerdings entstanden 2010 etliche schäbige und illegal errichtete Restaurantbuden an der Küste. Sie wurden zwar von den Behörden umgehend wieder abgerissen, aber sie lassen ahnen, was hier alles noch passieren kann.

Die meisten Besorgungen können nur in Matara erledigt werden, immerhin gibt ein paar Internet- und Telefondienste sowie kleine Märkte bei Km 149.

👁 Sehenswertes & Aktivitäten

Mirissa ist ein Ort zum Faulenzen, also nicht unbedingt die richtige Adresse für Aktivisten. Das Wasser ist hier wunderbar klar und eignet sich rund um die Riffe und Felsen der beiden Strandenden gut zum Schnorcheln. Am westlichen Ende der Bucht rollt eine zwar unbeständige, aber tolle Rechtswelle für Surfer rein. Viele der Pensionen verleihen Schnorchel- und Surfausrüstung.

Wer sich unbedingt bewegen will, findet ein paar gute Wanderwege. Einer führt von der Hauptstraße über ein paar steile Stufen zum kleinen **Kandavahari-Tempel,** ein weiterer führt zur Landspitze, von der aus man einen schönen Blick über die Weligama Bay genießt.

Fast alle Besucher unternehmen von hier aus Bootsausflüge zu den vor der Küste schwimmenden Blau- und Pottwalen (Infos s. Kasten S. 122).

🛏 Schlafen

Die Zimmer haben, wenn nicht anders angegeben, nur kaltes Wasser. Unterkünfte werden mit Schildern an der Hauptstraße angezeigt. Viele servieren auch Essen.

Palm Villa GÄSTEHAUS $$
(225 0022; palmvillamirissa@yahoo.com; Zi. 35–60 US$; ✲🛜) Der Französisch sprechende Besitzer des neuen Gästehauses ist zwar kein Innenarchitekt, aber er könnte es durchaus sein. Jedes der wunderbaren Zimmer ist individuell, hell und modern eingerichtet und die Badezimmer Mosaiktraum. Die teureren Zimmer liegen direkt am Strand, haben Klimaanlage und Heißwasser, im Garten tummeln sich krähende Hähne und weiße Kaninchen. Im exzellenten hauseigenen Restaurant wird das Essen an kerzenbeleuchteten Tischen unter blinkenden Sternen serviert.

Mirissa Hills BOUTIQUEHOTEL $$$
(225 0980; www.mirissahills.com; mit Frühstück EZ 74–195 US$, DZ 92–244 US$; ✲🛜🏊) Nun gut, Strandblick gibt es keinen, aber dafür umherstolzierende Pfauen und Büffel in den immergrünen Reisfeldern. In der renovierten alten Villa hoch oben inmitten einer Zimtplantage leben die Gäste wie Lords und Ladys. An den Wänden der Zimmer im Haupthaus hängen antike Saris, es gibt frei stehende steinerne Badewannen und viele Skulpturen aus rostigem altem Metall. Die billigeren Zimmer befinden sich im Nebengebäude weiter unten und sind ebenfalls künstlerisch ausgestaltet.

The Spice House PRIVATZIMMER $$
(077 351 0147; thespicehousemirissa@gmail.com; 151 Galle Rd.; EZ/DZ mit Frühstück 3500/4800 Rs; 🛜) Die Zimmer in typischen zeitgenössisch-asiatischen Schick haben schwere Himmelbetten, dicke Matratzen und sind terracottafarben gestrichen. Die Besitzerfamilie tut alles für das Wohlbefinden ihrer Gäste – kein Wunder also, dass die Unterkunft mit ihrem himmlischen Garten zu den besten des Ortes zählt. Leider liegt das Haus auf der falschen Straßenseite vom Strand, in manchen Zimmern ist deshalb Straßenlärm zu hören.

Secret Root GÄSTEHAUS $$
(077 329 4332; www.secretroot.yolasite.com; Zi. mit/ohne Klimaanlage 4000/5000 Rs; ✲🛜) Das von einer Familie geführte Refugium der Stille liegt versteckt am Ende eines Dschungelpfads nur ein kurzes Stück landeinwärts vom östlichen Strandende. Die Zimmer sind beeindruckend sauber und die Badezimmer mit Heißwasser die einladendsten im Dorf. Im Haus gibt es ein Ayurveda-Zentrum (nur männliche Masseure), in dem sich Reisende entspannen können (Behandlungen ab 1000 Rs). Das Frühstück ist im Preis enthalten.

Amarasinghe Guest House PENSION $$
(225 1204; Zi. 1000–4000 Rs; @) Für Leute, die in die Natur eintauchen wollen, ist dies die ideale Unterkunft. Das hinreißende Haus liegt in einem Gewirr aus Feldwegen nur fünf Minuten vom Strand entfernt. Die netten Zimmer (z. T. mit Gemeinschaftsbad) und klapprigen Häuschen verteilen sich über den Garten, wo der einzige Lärm von quakenden Fröschen und zwitschernden Vögeln kommt. Die Besitzer bauen ihr eigenes Biogemüse und Gewürze an, das Essen wird sehr gelobt. Falls hier alles voll ist, können die Besitzer noch ein paar weitere Unterkünfte in der Nähe anbieten.

Palace Mirissa HOTELANLAGE $$$
(225 1303; www.palacemirissa.com; EZ/DZ Halbpension ab 60/70 €; ✲🛜🏊) Die älteste und feinste Unterkunft des Dorfs liegt auf der Landspitze am westlichen Ende des Strands. Die auf Pfeilern errichteten Häuser sind wie ein Hindutempel ausgestattet (allerdings gibt es etwas mehr Bilder von nackten Frauen als in einer durchschnittlichen heiligen Stätte) und besitzen schwarz-weiß gefliese Badezimmer mit heißem Wasser. Schön sind auch der nette Swimmingpool und die tollen Ausblicke vom Restaurant.

Rose Blossom PRIVATZIMMER $$
(077 713 3096; EZ 1500 Rs, DZ 2500–3000 Rs) Das hübsche kleine Haus mit drei schön eingerichteten Gästezimmern wird von zauberhaften Besitzern betrieben. Es liegt vom östlichen Strandende aus gesehen fünf Gehminuten landeinwärts.

Katies Hideaway GÄSTEHAUS $$
(071 342 1630; nalabank@yahoo.com; Zi. mit/ohne Klimaanlage 3000/1500 Rs) Vor nur ein paar Jahren war Katies, das verborgen in einer staubigen Gasse liegt, ein schlichtes Haus mit zwei Zimmern. Inzwischen ist es ein mehrstöckiges Gästehaus und – obwohl sie einiges vom alten Charme verloren hat – noch immer eine preiswerte Unterkunft.

Calidan PRIVATZIMMER $
(077 754 7802; EZ 1000–1200 Rs, DZ 1200–1500 Rs) In dem freundlichen Privathaus nur ein kurzes Stück zu Fuß vom Strandgetümmel entfernt werden die Gäste vom strahlenden Lächeln der Besitzer begrüßt. Er vermietet fünf in fröhlichen Farben gestrichene Zimmer.

AUF DER SUCHE NACH MOBY DICK

2006 verbreiteten sich unter Naturschützern Gerüchte, dass sich in den Gewässern vor der Südküste Sri Lankas etwas Großes herumtrieb. Es war ein Blauwal, das größte Lebewesen auf Erden, und es hieß, dass es mehr als nur einer sei. Wissenschaftler mussten verblüfft feststellen, dass Sri Lanka möglicherweise der beste Ort der Welt ist, diesen sehr seltenen, sanften Riesen und seinen Vetter, den Pottwal, zu sehen. Bootstouren zu den Walen waren zwar vor Trincomalee an der Nordostküste schon seit langem sehr beliebt, aber Sichtungen waren dort stets eine Glückssache. Als Experten erkannten, dass wohl viele Wale zwischen dem Golf von Bengalen und dem Arabischen Meer hin- und herzogen und dabei die Küste Sri Lankas ganz dicht am Dondra Head passierten, machten sie sich auf die Suche. Lange mussten sie nicht Ausschau halten: Schon nach 15 Minuten auf dem Dondra Head erspähten sie mit ihren Ferngläsern den ersten Blauwal. Als sie mit dem Boot rausfuhren, wurde es sogar noch spektakulärer: Bis zu fünf Blauwale sowie fast ebenso viele Pottwale und zahlreiche Delphine wurden in einem 8 km² großen Areal gesichtet.

Nur zwei Jahre später wurden die ersten zaghaften Waltouren mit großem Erfolg gestartet, auf denen fast jedes Mal Wale gesichtet wurden. Heute bietet fast jeder Bootsbesitzer Walsafaris an – sogar die Armee Sri Lankas macht mit und organisiert Touren ab Galle (allerdings sind die eher für Schulgruppen gedacht und werden mit großen Schiffen durchgeführt). Der freie Wettbewerb führt natürlich zu massiven Problemen. Einige Bootsführer versuchen, ihre Kunden so dicht wie möglich zu den Walen zu bringen (möglicherweise auch auf Druck der Kunden), was die Wale allerdings extrem stresst. Wenn sich seitens der Bootsbesitzer nichts ändert, werden sie möglicherweise ihr Verhaltensmuster ändern oder die Gegend sogar ganz meiden. Für die Zukunft der Wale und des Walbeobachtungsgeschäfts in Sri Lanka zahlt es sich daher aus, mit jemandem hinauszufahren, der wirklich etwas davon versteht und die Tiere respektiert.

Keines der beiden folgenden Unternehmen ist ganz billig (um die 110 US$ pro Person, je nach speziellen Angeboten), aber die Qualität ist sichergestellt. Es gibt in und um Mirissa zahlreiche billigere Anbieter, die je nach Geschwindigkeit und Qualität des Boots 4000 bis 6000 Rs verlangen. Ob der Ausflug tatsächlich ein Erfolg wird, ist bei ihnen aber nicht sicher.

Jetwing Eco Holidays (☎011-238 1201; www.jetwingeco.com; 46/26 Navam Mawatha, Colombo) Das Unternehmen organisiert nicht nur großartige Ausflüge – es war auch eines der ersten, das das Auftauchen der Wale meldete und das sich seither für deren Erforschung und Erhalt engagiert.

Eco Team Sri Lanka (☎011-583 0833; www.srilankaecotourism.com; 20/63 Fairfield Gardens, Colombo) Auch hier werden sehr empfehlenswerte Waltouren (und andere Tiersafaris) angeboten.

Raja and the Whales (☎077 695 3452) Ein Anbieter in Mirissa, über den positives Feedback zu hören war.

Poppies GÄSTEHAUS $
(☎077 794 0328; Zi. 1500–2000 Rs) Das zur Zeit der Recherche brandneue Haus vermietet makellose Zimmer, die sich um eine Rasenfläche gruppieren. Sie wären super, würden sie nicht an der falschen Straßenseite des Strands liegen. Das Hupen der Busse verfolgt einen bis in den Schlaf.

Calm Rest HOTEL $
(☎225 2546; Zi./Hütte 2000/2500 Rs) Das Hotel befindet sich in ruhiger Lage nur 50 m hinter dem Strand. Die Zimmer und die Holzhütten sind ein bisschen dunkel, aber die blumigen Bettüberwürfe sorgen für eine fröhliche Stimmung.

 Essen

Es gibt hier etwa ein halbes Dutzend Strandbuden, die alle fast identische Meeresfrüchte und „Touristenküche" zu Reggae-Musik servieren. Zwei der besseren lokalitäten sind das Sea Fresh Restaurant und das Café Mirissa. Die Preise in beiden liegen etwa 25 % unter denen der Hotelrestaurants.

No1 Dewmini Roti Shop SRI-LANKISCH $

(*rotti* um 200 Rs) Es gibt mehrere *Rotti*-Läden in Mirissa, die sich merkwürdigen, fremdländischen Geschmäckern anpassen (wie wär es mit Schokoladen-*rotti*?). Dieser hier, fünf Minuten vom Strand landeinwärts Richtung Amarasinghe Guest House, ist das Original und immer noch der beste. Hier bekommt man auch **kottus** mit (mit Anmeldung) sättigende Currygerichte. Der stets lächelnde Koch und Besitzer bietet außerdem Kochkurse an (um 2000 Rs für sechs Currys).

ⓘ An- & Weiterreise

Der Bus von Weligama kostet 9 Rs, ein Tuk-Tuk 250 Rs. Von Matara kostet der Bus 17 Rs. Wer nach Colombo reisen will, sollte besser den Bus nach Matara nehmen und dort umsteigen, da viele Busse bereits voll sind, wenn sie durch Mirissa fahren.

Matara

📞 041 / 76 254 EW.

Matara liegt 160 km von Colombo entfernt und ist eine geschäftige, weitläufige Stadt, die mit Tourismus absolut nichts zu tun hat. Doch genau aus diesem Grund lohnt sich ein Besuch: Hier hat man die Gelegenheit, einmal den sri-lankischen Alltag zu erleben, der vom Rummel der benachbarten Strandorte noch weitgehend unberührt ist.

Mataras Hauptattraktionen sind die Festungswälle, eine gut erhaltene niederländische Festung und vor allem das Straßenleben. Wer dennoch unbedingt Sand zwischen den Zehen braucht, kann sich entweder auf dem Hauptstrand Mataras mit Eiscreme und Leutegucken vergnügen oder am weißen Strand von Polhena oder (dem nicht ganz so malerischen) Meddawatta Beach schnorcheln, surfen und faulenzen.

◉ Sehenswertes

Um alles, was Matara zu bieten hat, anzuschauen, braucht es nicht länger als ein oder zwei Stunden.

Parey Dewa TEMPEL

Eine sehr schicke moderne Fußgängerbrücke unweit des Busbahnhofs führt auf die kleine Insel Parey Dewa (Fels im Wasser) mit einem winzigen buddhistischen Tempel. Der Strand vor der Insel ist wunderbar geeignet, um sich mit einem Eis beim abendlichen Spaziergang unter die Stadtbewohner zu mischen.

Niederländische Festungsmauer ALTSTADT

Die eher niedrige Festungsmauer, die von den Niederländern gebaut wurde, liegt auf der Felsspitze, die den Nilwala Ganga vom Meer trennt. Sie wurde im 18. Jh. zum Schutz des *kachcheri* (Verwaltungsbüro) der Niederländischen Ostindien-Kompanie gebaut. Ihre Konstruktion ist ein bisschen merkwürdig – ursprünglich sollte es eine Festung werden, aber Buchhalter mit ihren nervenden Sparmaßnahmen legten ein Veto ein. Innerhalb der Mauern stößt man auf die stillen Reste des alten Matara. In den wenigen Straßen lässt sich hier und da noch ein koloniales Schmuckstück entdecken, sein eigentlicher Charme liegt aber in der Ruhe, die man im modernen Matara vermisst.

Star Fort FESTUNG

(◉ 10–17 Uhr) Etwa 350 m vom Haupttor der Festungsmauer entfernt, befindet sich das Star Fort, eine sternförmige Festung, die von den Niederländern als Ersatz für die mickrige Festungsmauer gebaut wurde. Star Fort ist jedoch so klein, dass es bestenfalls eine Handvoll Bürokraten schützen konnte. Über dem Haupttor sind das Jahr der Errichtung (1765), das Zeichen der Niederländischen Ostindien-Kompanie und das Wappen des damaligen Gouverneurs angebracht. Das Tor selbst wird von zwei steinernen Löwen bewacht. Auch die Verasnkerungen sind noch zu sehen, in denen einst die Balken der Zugbrücke befestigt waren.

🛏 Schlafen

POLHENA

Viele Reisende übernachten in Polhena südwestlich des Zentrums. Die meisten Unterkünfte servieren Essen und haben kaltes Wasser und Ventilatoren. Das Labyrinth aus kleinen Pfaden ist verwirrend, Fremde müssen meist nach dem Weg fragen. Ein Tuk-Tuk von Matara kostet 250 Rs.

Sunil Rest Guest House & Restaurant GÄSTEHAUS $

(📞 222 1983; sunilrestpolhena@yahoo.com; 16/3A Second Cross Rd.; Zi. 1000 Rs.; 📞) Ein außergewöhnlich freundliches und hilfsbereites Haus gleich hinter dem Strand. Die einfachen Zimmer im Haupthaus sind etwas abgewohnt, zum Gästhaus gehören aber noch weitere Häuser im Viertel mit etwas opulenteren Zimmern (bis zu 5000 Rs). Das Personal organisiert verschiedene Ausflüge und auch Tauchtouren. Vorsicht: Da das Haus Tuk-Tuk-Fahrern keine Provision be-

Matara

Matara

Sehenswertes
1 Niederländische Befestigungsmauer C2
2 Parey Dewa D3
3 Star Fort C1

Schlafen
4 Sunil Rest Guest House & Restaurant A3

Essen
5 Märkte C1
6 Galle Oriental Bakery Restaurant C1
7 Mayura Beach Restaurant D2

zahlt, werden viele Fahrer behaupten, es sei geschlossen – was aber nicht stimmt.

MEDDAWATTA
Der Strand von Medawatta liegt versteckt hinter einer kleinen Landzunge am östlichen Ende des Stadtstrands. Der Strand ist nicht gerade sauber, aber da er beständige und sanfte Wellen hat, eignet er sich dennoch gut zum Surfen.

Moon Bridge Beach Resort   HOTEL $$
(☎222 3717; www.moonbridge-resort.com; mit/ohne Klimaanlage EZ 2750/1320 Rs, DZ 3850/1650 Rs; ❄☎) Das Haus liegt direkt am Strand, hat aber ziemlich langweilige Zimmer. Diejenigen mit Ventilator sind preiswerter als die Zimmer mit Klimaanlage. Es gibt noch ein paar weitere, ebenso langweilige Unterkünfte in der Umgebung.

Essen

An der Hauptstraße gleich nördlich der Brücke gibt es Märkte und mehrere Obststände mit herrlichen Auslagen. Ansonsten beschränken sich die Lokale auf einige schlichte Buden an der Hauptstraße.

Galle Oriental Bakery Restaurant   SRI-LANKISCH $
(41 Anagarika Dharmapala Mawatha; Hauptgerichte ab 100 Rs) Die beste Option im Zentrum ist ein typischer alter Laden mit Holzeinrichtung und Vitrinen voller Backwaren und herzhafter Leckereien. Die Suppen und Currys sind gut.

Mayura Beach Restaurant   SRI-LANKISCH $
(33 Sea Beach Rd.; Hauptgerichte ab 100 Rs) Das bei den Einheimischen sehr beliebte Lokal hat große Fenster mit Blick auf den Strand und kocht (sehr scharfe) Currys.

Praktische Informationen

Cargills Food City Der Laden nahe der Banda-

ranayaka Mawatha führt Proviant für Reisende und hat eine Apotheke.
Commercial Bank (Station Rd.) Mit internationalem Geldautomaten.
Post (New Tangalla Rd.) Nahe dem Busbahnhof.
Sampath Bank (Anagarika Dharmapala Mawatha) Mit internationalem Geldautomaten.
Vijitha Yapa Bookshop (25A 1/1 Anagarika Dharmapala Mawatha) Gute Auswahl an Romanen, Zeitschriften, Karten und Reiseführern.

An- & Weiterreise

Bus

Der Busbahnhof von Matara ist ein riesiges, mehrstöckiges Gebäude. Die winzigen Schilder für die Zielorte befinden sich über den Gattern für die Warteschlangen. Da Matara ein regionaler Verkehrsknotenpunkt ist, gibt es in alle Richtungen regelmäßige Verbindungen. Einige der wichtigsten Destinationen sind:
Amapara 280 Rs, 8 Std.
Colombo normal/klimatisiert 210/310 Rs, 4–5 Std.
Galle 60 Rs, 2 Std.
Ratnapura 325 Rs, 4½ Std., nur morgens
Tangalla 46 Rs, 1½–2 Std.

Flugzeug

Sri Lankan Air Taxi (www.srilankan.lk/airtaxi) fliegt dienstags, donnerstags, samstags und sonntags regulär vom nahe gelegenen Dickwela nach Colombo. Der Flug kostet um die 10 000 Rs.

Zug

Der Bahnhof von Matara ist die Endstation der Küstenbahn. Hier einige Verbindungen:
Colombo 230/130 Rs, 4 Std.
Galle 2./3. Klasse 80/40 Rs, 1–1½ Std.
Kandy 360/195 Rs, 7 Std.
Vavuniya (nach Anuradhapura) 430/235 Rs, 10 Std.

Von Matara bis Tangalla

Abseits der Straße von Matara nach Tangalla gibt es mehrere Sehenswürdigkeiten, darunter zwei wunderbare Exemplare von – wie es ein Besucher nannte – „neobuddhistischem Kitsch".

Sehenswertes & Aktivitäten

Weherahena-Tempel   TEMPEL
(Eintritt mit Spende) Gleich hinter dem Stadtrand von Matara führt ein Abzweig landeinwärts zu diesem kitschigen Tempel, bei dem eine künstliche Höhle mit etwa 200 cartoonartigen Szenen aus dem Leben Buddhas geschmückt ist. Dort steht auch eine riesige Buddhastatue.

Während der *poya* Ende November oder Anfang Dezember findet im Tempel zu Ehren des Jahrestags seiner Gründung eine *perahera* (Prozession) mit Tänzern und Elefanten statt.

Dondra   LEUCHTTURM
Etwa 5 km südöstlich von Matara liegt der Ort Dondra. Wer von der Hauptstraße 1,2 km Richtung Süden läuft, stößt auf den Leuchtturm, der an der südlichsten Spitze Sri Lankas steht. Das Café in der Nähe ist langweilig, aber die Aussicht von dort recht schön.

Die Busse von Matara halten im Zentrum von Dondra. Von dort geht es mit dem Tuk-Tuk oder zu Fuß zum Leuchtturm.

Wewurukannala Vihara   TEMPEL
(Eintritt 100 Rs) Wenn der Weherahena-Tempel dem „Comic-Buddha" gewidmet ist, dann ist dieser hier ein „Walt-Disney-Buddha". Im Städtchen Dikwella, 22 km östlich von Matara, zweigt eine Straße landeinwärts Richtung Beliatta ab. Nach etwa 1,5 km taucht der 50 m hohe sitzende Buddha auf – der größte seiner Art in Sri Lanka.

Der Tempel ist oft überfüllt mit Gläubigen. Sie müssen zunächst durch ein wahres Gruselkabinett schreiten – einen Raum voller lebensgroßer Figuren von Dämonen und Sündern. Die Sünder werden zur Bestrafung u. a. in brodelnde Kessel geworfen, in zwei Hälften durchsägt und ausgeweidet. Am Ende wartet der gigantische Buddha, der in den 1960er-Jahren entstand, als Kitsch gerade groß angesagt war.

Der *puja* (buchstäblich „Respekt"; Opfergaben oder Gebete) findet jeden Morgen und Abend statt.

Der Tempel ist mit jedem Bus von Matara nach Tangalla aus zu erreichen, der über Beliatta fährt.

Ho-o-maniya-Blowhole   LANDSCHAFT
Etwa 6 km nordöstlich von Dikwella nahe der Kilometermarke 186 führt eine etwa 1 km lange Straße zum (manchmal) spektakulären Ho-o-maniya-Blowhole. Während des Südwestmonsuns (Juni ist die beste Zeit) presst starke Brandung das Wasser 23 m durch einen natürlichen Schlot in den Felsen und dann 18 m hoch in die Luft. Zu anderen Zeiten ist das „Blasloch" enttäuschend. Es kostet Eintrittsgeld (200 Rs) und

ABSTECHER

DER NEUESTE TREND?

Pssst! Ein kleiner Tipp gefällig, was der nächste angesagte Ort in der Strandszene Sri Lankas sein könnte?

Wer meint, dass Unawatuna zu hektisch sei, Mirissa die beste Zeit hinter sich habe und Tangalla zu uncool sei, dem sei Talalla empfohlen. Talalla liegt nur ein paar Kilometer östlich von Dondra, verbirgt sich hinter schlammigen Trampelpfaden und ist einer dieser nahezu unberührten Strände, die wirklich jedem Postkartenklischee eines tropischen Strandes entsprechen. Bislang ist dieser 2 km lange Sandbogen fast völlig frei von touristischen Erschließungen. Es gibt nur zwei Hotels, die sich am westlichen Ende unter den Palmen verbergen, und es liegt nur eine Handvoll bunt bemalter Fischerboote auf dem weichen Sand. Ehrlich gesagt ist dieser Ort noch so unentdeckt, dass die Autoren vor dem Dilemma standen, ob sie ihn verraten sollen oder nicht. Das ist aber noch nicht alles: Neben dem atemberaubend schönen Strand findet man hier auch noch eines der besten Strandhotels Sri Lankas.

Das **Talalla Retreat** (041-225 9171; www.talallaretreat.com; Gandara; EZ/DZ mit Frühstück 118/142 US$;) trägt seinen Namen „Refugium" zu Recht: Alles hier dient dazu, dem Gast absolutes Wohlbehagen zu bereiten. Das Hotel liegt in einem großen Garten voller Vogelgesang, herumtollender Eichhörnchen und verspielter Affen. Die Hälfte der Zimmer ist völlig offen: ein Leben wie im Freien mit Freiluftduschen und Himmelbetten mit Blick auf den Sternenhimmel. Die anderen Zimmer sind genauso romantisch, bieten aber etwas mehr Privatsphäre. Exzellente Yogakurse werden veranstaltet, das Restaurant serviert ausschließlich biologisches Essen, es gibt einen herrlichen Pool und bei einem Anfall von Aktivität Surfunterricht.

---

auch sonst will hier scheinbar jeder sein Geschäft machen.

🛏 Schlafen & Essen

Der kaum bekannte Küstenstrich hat ein paar nahezu perfekte Strände, doch auch die Unterkünfte gehören weitgehend in die Spitzenkategorie. Besucher sollten nach Schildern Ausschau halten und auf die Kilometersteine achten; die folgenden Unterkünfte sind in der Reihenfolge aufgeführt, wie sie Richtung Tangalla auftauchen.

Dickwella Resort   HOTELANLAGE $$$
(041-225 5271; www.dickwella.net; EZ/DZ Halbpension 140/168 US$;) Das klassische Resorthotel liegt fantastisch auf der Spitze einer flachen Landzunge. Die eleganten, weiß gestrichenen Zimmer verströmen das Flair des Indischen Ozeans. Es gibt eine großartige Poolanlage und ein Restaurant mit spitzenmäßigen italienischen Gerichten und Meeresfrüchten. Der Strand von Dickwella selbst ist ein Fischerstrand und nichts Besonderes, aber das Hotel grenzt an einen zweiten, sehr viel verlockenderen Strand.

Claughton Villa   BOUTIQUEHOTEL $$$
(077 772 0520; www.claughtonhouse.com; DZ Halbpension 185 US$;) Die wunderschöne Kolonialvilla mit hinreißendem Blick liegt auf einer Anhöhe inmitten eines weitläufigen Gartens, der zu einem himmlischen Pool und einem noch großartigeren Strand hinabführt. Die Zimmer sind weiß und minimalistisch eingerichtet, aber nicht so vornehm, wie der Übernachtungspreis vermuten lässt. Die Zufahrt zweigt 500 m östlich von Km 184 ab. Es ist nicht auf Laufkundschaft eingerichtet, eine Reservierung ist deshalb anzuraten.

LP TIPP Surya Garden   BOUTIQUEHOTEL $$
(0777 147818; www.srilanka-vacanze.com; EZ/DZ mit Frühstück 2500/3500 Rs, Hütte 55 US$) Sri-lankischer Charme und italienisches Flair zeichnen das sympathische kleine Haus 100 m hinter einem idyllischen Strand aus. Die drei Häuschen könnte man als fantasievolle und sehr schicke Lehmhütten beschreiben. Aber keine Sorge: primitiv sind sie nicht, sondern wunderschön eingerichtet und mit einem hinreißenden Freiluftbadezimmer ausgestattet. Die Zimmer im Hauptgebäude sind billiger. Wie zu erwarten, wird im Restaurant viel leckere Pasta gekocht. Auch für Nicht-Gäste lohnt es sich, hier zu essen (man sollte sich aber vorher telefonisch ankündigen). Surya Garden ist schlecht ausgeschildert, die Abzweigung liegt beim Kilometerstein 189.

Amanwella BOUTIQUEHOTEL $$$
(☏047-224 1333; www.amanresorts.com; Suite ab 550 US$; ❄☎☵) Mit Abstand das luxuriöseste Urlaubshotel in Sri Lanka und auch eines der teuersten. Jede der 30 Suiten hat ihr eigenes Tauchbecken und ist so komfortabel, dass kaum einer am Abreisetag abfahren will. Das moderne Design ist dramatisch, die Freiluftbadezimmer sind alle stilvoll aus Naturstein errichtet. Sämtliche Wohneinheiten haben Meerblick, einige liegen sogar direkt am Strand. Der Service ist hervorragend und Essen und Getränke entsprechen dem Standard. Der Eingang zum Hotel befindet sich beim Kilometerstein 193.

Tangalla
☏047

Der Regen prasselt gegen die Fenster und die Kälte zieht in die Knochen? Einfach die Augen schließen und von anderen Gefilden träumen. Und was taucht vor dem inneren Auge auf? Ein sanft gebogener Strand aus kokosnussfarbenem Sand, an den himmelblaue Wellen plätschern? Wenn dem so ist, dann hat der Traum einen Namen: Er heißt Tangalla und ist die perfekte Medizin gegen Winterdepression.

◎ Sehenswertes & Aktivitäten

Die Leute kommen in erster Linie wegen des Strands nach Tangalla. Sollte einem aber die tagelange Lethargie auf die Nerven gehen, dann gibt es ein paar Ausreden, um aktiv zu werden. Zu diesen zählen die kolonialzeitlichen Relikte auf der Anhöhe gleich südlich des Zentrums. Das schattige **Rest House** war einst der Wohnsitz der niederländischen Verwalter. Es ist eines der ältesten Gasthäuser des Landes und wurde ursprünglich 1774 gebaut.

Schildkrötenbeobachtung ÖKOTOUR
(Erw./Kind 1000/600 Rs) Der Rekawa Beach, etwa 10 km östlich des Orts, wird immer bekannter als ein guter Strand zum Beobachten von Schildkröten. Von April bis September krabbeln hier die Suppen-, Karett- und sogar manchmal Lederschildkröten nachts an Land, um ihre Eier zu legen. Am besten ist die Ankunft nach Einbruch der Dunkelheit, mit langen Wartezeiten muss gerechnet werden. Eine Taschenlampe ist hilfreich, allerdings sollte man sich immer bewusstmachen, dass Schildkröten durch künstliches Licht schnell beunruhigt werden – deshalb auf keinen Fall einen Blitz beim Fotografieren benutzen! Anders als bei den Brutstätten an der Westküste (s. Kasten S. 93) werden die Eier hier einfach ohne Eingriff von außen vor Ort liegengelassen und geschützt. Das Eintrittsgeld (das erstattet wird, wenn sich keine Schildkröten blickenlassen) geht an das **Turtle Conservation Project** (www.tcpsrilanka.org). Ein Tuk-Tuk von Tangalla kostet um die 1000 Rs.

🛏 Schlafen
Es gibt in und um Tangalla mehrere Übernachtungsmöglichkeiten.

GOYAMBOKKA
Etwa 3 km zurück Richtung Matara ist an der Hauptstraße in Goyambokka eine ruhige, begrünte Seitenstraße mit mehreren Pensionen ausgeschildert. Alle Busse, die auf der Strecke zwischen Matara und Tangalla unterwegs sind, halten auf Wunsch an diesem Abzweig. Ein Tuk-Tuk vom Busbahnhof in Tangalla dorthin kostet 200 Rs.

Goyambokka Guest House HÜTTEN $$
(☏077 903 091; EZ/DZ mit Frühstück 2500/3500 Rs) Die jüngst renovierte weiße Kolonialvilla unter einem wehenden Palmblätterdach bietet außergewöhnlich angenehme und preisgünstige Zimmer, einige mit romantischen Freiluftduschen.

Palm Paradise Cabanas HÜTTEN $$
(☏224 0338; www.palmparadisecabanas.net; EZ/DZ mit Frühstück 45/55 €; ☎) Die Holzhütten an einer hinreißend schönen Sandbucht verstecken sich hinter einem Schleier aus Bäumen und wirken wie aus dem Märchen *Rotkäppchen*. Einige der Hütten sind etwas altersschwach, sollten also vorher angeschaut werden. Aber ob neue oder alte Hütte: Es ist zweifelsohne sehr romantisch, in seiner Hütte zu hocken und den Wellen zu lauschen. Bei Bedarf tritt ein hauseigener Masseur in Aktion.

Green Garden Cabanas & Resort HÜTTEN $$
(☏077 624 7628; lankatangalla@yahoo.com; EZ/DZ mit Frühstück 25/35 US$; ☎) Die Pension ein Stück hinter dem Strand vermietet gepflegte Hütten mit Holzböden und sauberen Badezimmern, die allerdings irgendwie besser in ein verschneites Bergtal passen würden.

TANGALLA
Die folgenden Unterkünfte liegen oberhalb des Strands südwestlich des Zentrums.

Tangalla

Moonstone Villas   HOTEL $$
(📞 077 675 8656; www.moonstonevillas.com; 336 Matara Rd.; EZ/DZ 50/62 US$; ❄🌐🏊) Ein neues, von Kanadiern geführtes Haus mit modernen und hübsch eingerichteten Zimmern. Allerdings haben die Betreiber zu viele Zimmer in ein zu kleines Haus gezwängt, sodass sich die Gäste ein bisschen auf der Pelle hocken. Es ist außerdem eines der wenigen Hotels, die für ein Kinderbett extra Geld verlangen (20 US$).

Tangalla Bay Hotel   HOTEL $$$
(📞 224 0683; www.jetwinghotels.com; Mahawela Rd.; EZ/DZ mit Frühstück 120/140 US$; ❄🌐🏊) Schwer zu sagen, was von dem Hotel zu halten ist. Es ist wie ein Schiff gestaltet, liegt auf einer ansonsten reizvollen Landspitze und wird seit jeher als verlotterter Schandfleck in der Landschaft betrachtet. Es ist immer noch ein Schandfleck, aber die jüngste Übernahme durch die Jetwing-Gruppe sorgte dafür, dass es ordentlich aufgemöbelt wurde und jetzt picobello sauber ist. Doch trotz aller Bemühungen entspricht es dennoch nicht dem ansonsten hohen Standard von Jetwing.

MEDAKETIYA BEACH
Medaketiya Beach ist die beliebteste Gegend der Budgetreisenden, für die zahllose preiswerte und gute Hotels und Restaurants entstanden sind.

Frangipani Beach Villas   GÄSTEHAUS $
(📞 071 533 7052; EZ/DZ 2300/2500 Rs; 🌐) Eine großartige neue Pension in Tangalla, die für das verlangte Geld wirklich prima ist. Die fünf Zimmer sind in einem meerblauen Haus untergebracht und haben helle Bettüberwürfe und blitzblanke Badezimmer. Das Management ist sehr eifrig und freundlich und organisiert für seine Gäste verschiedene Aktivitäten. Im lässigen Restaurant fällt es nicht schwer, neue Bekanntschaften zu schließen.

Ibis Guest House
PENSION $$

(☎ 567 4439; www.guesthouse-ibis.de; Zi. 4500 Rs) Trotz des Hotelkettennamens bietet das weitläufige Haus am östlichsten Ende des Medaketiya Beach einen Hauch unerwarteter Klasse. Die geräumigen Zimmer sind mit schweren Holzmöbeln, romantischen Himmelbetten und Sesseln ausgestattet. Davor befindet sich ein kleiner, abgeschiedener Sandstrand, allgemein herrscht eine träge, tropische Atmosphäre.

Starfish Beach Cafe
PENSION $

(☎ 224 1005; starfishtangalle@gmail.com; Zi. ab 2000 Rs; 🛜) Das Haus wird von einem Haufen lebhafter junger Leute geführt und hat große und luftige Zimmer, die wie aus dem Ei gepellt wirken. Die tiefblauen Badezimmer haben einen maritimen Look. Es ist vermutlich die beliebteste Backpackerunterkunft in dieser Ecke und das aus gutem Grund.

Blue Horizon Guest House
GÄSTEHAUS $

(☎ 077 651 0900; Zi. mit Frühstück 1000–2500 Rs; 🛜) Die Zimmer im senfgelben, mehrstöckigen Haus mögen zwar klein sein, aber sie sind sehr liebevoll ausgestattet. Jeder Zentimeter ist vollgepackt mit Stühlen, Bildern, Tischen und Dekoration. Der Besitzer kennt sich mit Backpackern aus, das hauseigene Restaurant ist gut.

Villa Araliya
GÄSTEHAUS $$

(☎ 077 715 1288; Zi. ab 2500 Rs) Ganz hinten im üppigen Garten stehen zwei Bungalows, die mit altmodischen Möbeln vollgestopft sind, darunter schönen geschnitzten Schränken. Es gibt auch ein Familienzimmer mit eigenem Garten und einem halboffenen Freiluftbad. Ein freundlicher Hund folgt den Gästen auf Schritt und Tritt.

King Fisher
GÄSTEHAUS $

(☎ 224 2472; EZ/DZ ab 800/1000 Rs) Da das Haus so neonblau wie das Gefieder eines Eisvogels ist und die Zimmer schreiend pink gestrichen sind, sticht es zweifellos unter all den anderen heraus. Die Zimmer sind ausreichend groß und für den Preis ganz gut. Im hauseigenen Restaurant kosten Meeresfrüchtegerichte 500 bis 600 Rs.

MARAKOLLIYA BEACH
Marakolliya Beach bietet die größte Dichte an sehr guten Mittelklasseunterkünften, dennoch geht es hier sehr zwanglos und beschaulich zu.

LP TIPP Mangrove Cabanas
HÜTTEN $$

(☎ 077 790 6018; www.beachcabana.lk; Hütte 36 €; 🛜) Die erstklassige Unterkunft an einem atemberaubenden, nahezu einsamen Strandabschnitt besteht aus mehreren rustikalen, aber schicken Hütten, die sich unter Bäumen verbergen. Innen sind sie frisch und fröhlich eingerichtet. Da praktisch alles aus krummem Treibholz besteht, gibt es keine langweilig geraden Linien. Die dazugehörigen Bäder liegen verborgen im Keller, die Duschen sind so groß, dass man eine Party darin feiern könnte. Das Restaurant serviert

---

ABSTECHER

MULKIRIGALA

16 km nordwestlich von Tangalla kleben an einer Klippe inmitten eines Kokospalmenwalds die friedlichen Felsentempel von **Mulkirigala** (Eintritt 200 Rs; ◷ 6–18 Uhr). Ein anstrengender Aufstieg über viele Stufen führt zu einigen spaltenartigen Höhlen, in denen neben Statuen des liegenden Buddha auch andere kleinere sitzende und stehende Figuren untergebracht sind. Ebenso faszinierend sind einige fantastische Wandbilder von Sündern, die sich auf Erden mit verbotenen Früchten vergnügen und dann im Jenseits mit ewiger Folter dafür bezahlen – anscheinend hat es sich gelohnt. Ein Stück weiter oben auf dem Felsen steht eine kleine Dagoba mit schönem Blick über die Umgebung.

Tempel gibt es hier in der einen oder anderen Form schon seit über 2000 Jahren, aber die heutigen und ihre Gemälde stammen aus dem 18. Jh. In der Nähe befindet sich eine buddhistische Schule für junge Mönche.

Die Pali-Manuskripte, die hier in der Klosterbibliothek 1826 von einem britischen Beamten entdeckt wurden, dienten zur ersten Übersetzung der Mahavamsa (großen Chronik), die Sri Lankas Frühgeschichte für Europäer erschloss.

Mulkirigala ist mit dem Bus von Tangalla über Beliatta oder Wiraketiya erreichbar (statt auf den Bus nach Beliatta zu warten, geht es möglicherweise schneller über Wiraketiya). Ein Tuk-Tuk von Tangalla kostet hin und zurück etwa 1500 Rs.

DIE STRÄNDE

Tangalla bildet die Trennungslinie zwischen den traumhaften tropischen Buchten an der Südküste und den langen windigen und wellengepeitschten Stränden im Südosten der Insel. Es gibt drei verschiedene Strandbereiche um Tangalla, alle mit diversen Unterkünften und alle mit einer anderen Atmosphäre.

Goyambokka ist der westlichste Strandbereich und Rekawa der östlichste.

Goyambokka
Die traumhaften kleinen Buchten um Goyambokka entsprechen mit ihrem türkisen Wasser und sanften Wellen fast dem Klischee eines tropischen Strands. Hier geht alles sehr beschaulich zu.

Tangalla
Die Strände am Ort sind außerordentlich hübsch, aber leider führt die verkehrsreiche Hauptstraße dicht am Strand entlang, was bedeutet, dass jede Menge faszinierter Busfahrgäste die sonnenhungrigen Frauen in ihren Bikinis anstarren.

Medaketiya Beach
Der lange Sandstrand, der sich vom Ort aus ostwärts erstreckt, ist ganz anders als die Strände im Westen des Dorfs. Leider ist er nicht immer so sauber, wie er sein sollte, und die Brecher können beim Schwimmen gefährlich werden.

Marakolliya Beach
Der Strand ist praktisch eine Verlängerung des Medaketiya Beach, liegt aber sehr viel weiter vom Ort entfernt. Der erste Eindruck ist atemberaubend: eine scheinbar endlose Weite aus weichem Sand, gerahmt von Palmen, tropischen Blumen und Mangrovenlagunen. Nachts watscheln Schildkröten zur Eiablage an Land, am Tag sammelt der eine oder andere Tourist hier Muscheln im Sand. Leider gibt es hier tückische brechende Wellen und Rückströmungen, oft ist es zu gefährlich zum Schwimmen.

Rekawa Beach
Der Strand etwa 10 km östlich von Tangalla ist ein endloser wind- und wellengepeitschter Sandstreifen, der an Marakolliya erinnert, aber weniger erschlossen ist. Zum Baden ist er zu gefährlich, dafür kann man hier am besten die Schildkröten beobachten.

---

frische Gerichte, die so umwerfend sind wie die Unterkunft. Ein US-Dollar pro Gast geht an lokale Umweltschutzprojekte, die mit den Einnahmen mehrere Hundert Bäume und Mangroven gepflanzt haben.

LP TIPP Mangrove Chalets BUNGALOW $$
(☎ 077 790 6018; www.beachcabana.lk; Bungalow 47 €) Die Schwesterunterkunft der Mangrove Cabanas findet man, wenn man über eine knarrende Brücke und durch ein sich sanft im Wind wiegendes Palmenwäldchen zu einem grandiosen Strand läuft, der mit seinen natürlichen Becken ideal für Kinder ist. Dort stehen romantische Häuschen in kühlen grauen oder sonnig-mediterranen Farben. Ein tropischer Traum!

LP TIPP Ganesh Garden HÜTTEN $$
(☎ 224 2529; www.ganeshgarden.com; 20–45 US$; 🛜) Es gibt einen sehr guten Grund, warum Ganesh Garden eine der beliebtesten Unterkünfte Tangallas ist. Es gibt eine ganze Palette an Hütten in verschiedenen Größen und Stilen – einige haben Lehmwände, andere bestehen aus geflochtenen Palmblättern oder sind aus Beton errichtet. Allen gemeinsam ist, dass sie komfortabel und gut konstruiert sind. Entsprechend gut ausgelastet ist die Unterkunft.

Sandy's HÜTTEN $
(☎ 077 622 5009; Hütte 1000–3500 Rs) Eine der typischen Robinson-Crusoe-Strandhütten mit Palmwedeldächern (die besseren haben Schlafzimmer mit Sternenblick und Meeresbrise) und jeder Menge sehr zufriedener Backpacker. Das Strandrestaurant serviert die üblichen Klassiker (Hauptgerichte 500–600 Rs).

Nature Resort Tangalla HOTELANLAGE $$
(☎ 224 0844; www.natureresorttangalle.com; Zi. mit Frühstück mit/ohne Klimaanlage 5500/6000 Rs; ❄🛜) Das noble neue Hotel mit fast schon luxuriösen Zimmern wirkt im urtümlichen Tangalla ein bisschen deplatziert. Der

Swimmingpool ist eine verlockende Alternative zum oft gefährlichen Meer. Aber der Garten muss jedoch erst noch wachsen, bevor er so richtig zur Geltung kommt.

✖ Essen

Nahezu alle Pensionen servieren Essen. Das beste Hotelrestaurant ist das der **Mangrove Cabanas** (Hauptgerichte 300–600 Rs).

Nature Secret MEERESFRÜCHTE $
(Marakolliya Beach; Mahlzeiten 200 Rs) Ein hübsches, kleines Café aus Holz, das auf Stelzen über den Mangroven und Wasserläufen hockt. Bei einer solchen Lage ist es nicht verwunderlich, dass Fisch und Meeresfrüchte auf der Karte stehen. Die Preise sind spürbar niedriger als in den nahen Hotelrestaurants.

Saliya Restaurant MEERESFRÜCHTE $
(Hambantota Rd.; Mahlzeiten 200–300 Rs; ⊙7-22.30 Uhr) Die exzentrische Holzbude auf wackligen Stelzen liegt ein kurzes Stück östlich des Ortszentrums und ist vollgestopft mit alten Uhren und Radios. Das Lokal serviert Meeresfrüchte sowie Reis und Curry.

❶ Praktische Informationen

Das Hauptpostamt liegt westlich des Rest House, eine kleinere Post gegenüber dem Busbahnhof. Die **Commercial Bank** (Main Rd.) hat einen internationalen Geldautomaten.

❶ An- & Weiterreise

Tangalla hat eine Busverbindung u. a. mit folgenden Orten:
Colombo normal/klimatisiert 180/270 Rs, 6 Std.
Galle 95 Rs, 2 Std.
Matara 46 Rs, 1½–2 Std.
Tissamaharama 80 Rs, 3 Std.

Nationalpark Bundala

Der **Nationalpark Bundala** (Erw./Kind 10/5 US$, pro Fahrzeug 250 Rs, Bearbeitungsgebühr pro Gruppe 8 US$, MwSt. 12 %), der sehr viel seltener besucht wird als der nahe Nationalpark Yala (S. 137), ist ein fantastisches Gewirr aus Wasserläufen, Lagunen und Dünen, die in der Abendsonne wie Gold glitzern. In diesem Wunderland leben Tausende farbenprächtiger Vögel – vom winzigen Zwergspint bis zu den bemerkenswert hässlichen Klaffschnäbeln. Das geschützte Feuchtland ist international von so großer Bedeutung, dass es von der Ramsar-Konvention anerkannt wurde. Es bietet auf seiner 62 km² großen Fläche rund 150 Vogelarten eine temporäre Heimat, viele Zugvögel treffen hier zwischen August und April aus Sibirien und dem indischen Rann von Kachchh (Salzsumpf an der indisch-pakistanischen Grenze) zum Überwintern ein. Auch Flamingos überwintern hier – bis zu 2000 wurden hier schon gleichzeitig gezählt. Vogelbeobachter sollten sich für den Park viel Zeit nehmen (allerdings bleiben von Zeit zu Zeit die Flamingos für ein oder zwei Jahre aus).

Wer Elefanten, Leoparden und all die anderen großen Säugetiere erleben will, wird sich freuen, dass es im Nationalpark Bundala eine kleine, aber sehr präsente Elefantenherde gibt (zwischen 25 und 60 Tiere, je nach Jahreszeit) und hier außerdem Zibetkatzen, Riesenhörnchen und zahllose Krokodile einen Lebensraum haben. Zwischen Oktober und Januar legen vier der fünf Meeresschildkrötenarten Sri Lankas (Bastard-, Suppen-, Leder- und Karettschildkröte) ihre Eier an der Küste ab.

Bundala erstreckt sich über fast 20 km entlang eines Küstenstreifens zwischen Kirinda und Hambantota. Die meisten Leute besuchen den Park von Tissamaharama und Kirinda aus, wo sie auch Jeeps mieten, die genauso viel kosten wie diejenigen im Nationalpark Yala (weitere Infos s. S. 133). Anders als Yala ist Bundala jedoch ganzjährig geöffnet und kann somit auch in der Regenzeit besucht werden. Am Haupttor steht ein exzellentes neues Besucherzentrum.

Unterkünfte im Park selbst gibt es nicht, die meisten Besucher übernachten in Tissamaharama. Ganz nett ist das **Lagoon Inn** (✆060-248 9531; lagooninn@yahoo.com; Zi. 1500–2650 Rs), ein freundliches Privathaus am Rand des Dorfes Weligathta (auf halber Strecke zwischen Tissamaharama und Hambantota und eine exzellente Unterkunft für Parkbesucher, da es nur ein paar Kilometer vom nördlichen Parkeingang entfernt liegt). Von den oberen Zimmern blickt man über die Sümpfe und kann Vögel beobachten, ohne vor die Tür treten zu müssen. Der Besitzer ist ein erfahrener Hobbyornithologe, der auch Parkführungen organisiert.

Tissamaharama

✆047

In Tissamaharama (meist weniger kompliziert Tissa abgekürzt) richtet sich der Blick automatisch nach oben und stadtauswärts: nach oben zur Spitze der riesigen, schneeweißen Dagoba und ansonsten über die Stadtgrenzen hinaus in eine Wildnis voller kleiner und großer Tierarten. Sie ist auch der Hauptgrund für den Abstecher nach Tissa. Gleichzeitig ist der Ort ein idealer Standort für den Besuch der beiden nahe gelegenen Nationalparks Yala und Bundala.

 Sehenswertes

Tissa Wewa — SEE
Hauptattraktion der Stadt und der Gegend ist der schöne Tissa Wewa (Tissa-Becken), ein großer Stausee etwa 1,5 km außerhalb des Stadtzentrums. Abends lassen sich große Reiherschwärme auf den Bäumen zum Schlafen nieder. Schöne Bootstouren über den See werden am Parkplatz der Independent Jeep Association angeboten. Um einen guten Preis für eine Bootstour muss aber hart gefeilscht werden.

Yatala Wehera — SAKRALBAU
An der Straße zwischen Tissa und Deberawewa steht die Yatala-Wehera-Dagoba, die König Mahanaaga vor 2300 Jahren als Dank für die Geburt seines Sohns Yatala Tissa und für das Verhindern eines Mordversuchs in Anuradhapura bauen ließ.

Neben der Dagoba befindet sich ein kleines **Museum** (Eintritt frei) mit unregelmäßigen Öffnungszeiten. Dort sind außergewöhnliche Schätze ausgestellt, die um die Dagoba ausgegraben wurden, u. a. ein kunstvolles antikes Bidet, das nicht nur ein ausgeklügeltes Filtersystem zur Vermeidung von Wasserverschmutzung hatte, sondern dessen Wände auch mit Reliefs hässlicher Gesichter versehen sind, damit die Benutzer nicht an Sex denken!

Zur Zeit der Recherche war zwar das Museum wegen Renovierung geschlossen, aber das Bidet vor dem Haupteingang ausgestellt.

Tissa-Dagoba — SAKRALBAU
Die große, weiße, restaurierte Dagoba zwischen dem Ortszentrum von Tissa und dem *wewa* soll von Kavantissa gebaut worden sein, einem König des Königreichs Ruhunu mit Tissamaharama als Zentrum. Die Dagoba hat einen Umfang von 165 m und

---

HAMBANTOTA

Bis vor Kurzem war Hambantota eine staubige, kleine und unscheinbare Hafenstadt, in der nicht viel passierte. Heute jedoch scheint in Hambantota alles auf einmal zu geschehen – der früher verschlafene Ort erlebt das größte Stadtentwicklungsprojekt, das Sri Lanka je gesehen hat. Das Paradestück ist ein riesiger neuer Hafen, von dem die Regierung behauptet, dass er nach Fertigstellung der größte Südasiens sein werde.

Der Hafen wurde von chinesischen Unternehmen und mit chinesischen Staatsanleihen für 1,4 Mrd. US$ gebaut und 2010 offiziell eröffnet. Doch es gab zahlreiche Probleme. Ein gewaltiger Felsen auf dem Meeresboden behindert den Zugang zum Hafen (bei Drucklegung behauptete die Regierung jedoch steif und fest, das Hindernis beseitigt zu haben), Oppositionspolitiker sowie ausländische Beobachter (darunter die Port of London Authority) kritisieren hingegen, der Hafen sei zu flach, um von größeren Schiffen angelaufen werden zu können.

Zusätzlich entsteht ein neuer internationaler Flughafen, der groß genug für die größten Passagierflugzeuge der Welt ist, die Eröffnung ist für Ende 2012 angekündigt. Die Regierung hofft, durch die Infrastrukturprojekte die Wirtschaftsentwicklung der Region zu fördern. Ebenso wie beim Hafen gab es auch beim Flughafenbau viel Kritik, beide werden als politisch motivierte Projekte beschrieben (Hambantota ist die Heimatstadt von Präsident Rajapaksa). Umweltschützer sorgen sich verständlicherweise um die Auswirkungen dieser Projekte auf die Umwelt der Region. Die Regierung behauptet zwar, der Flughafen sei umweltfreundlich, doch die meisten Umweltschützer sind dennoch besorgt, dass der benachbarte Nationalpark Bundala und andere Feuchtgebiete in der Region darunter leiden könnten. Als wären ein neuer Hafen und Flughafen nicht schon genug, bekommt Hambantota auch ein neues Cricketstadion und wird neue Straßen, Gewerbegebiete und ein sogenanntes Tele-Cinema-Dorf erhalten. Auch wird Hambantota an die Bahnstrecke Colombo – Matara angebunden.

Es versteht sich natürlich von selbst, dass Hambantota derzeit wegen all der Bauarbeiten eine sehr staubige, laute und unattraktive Stadt ist.

Tissamaharama

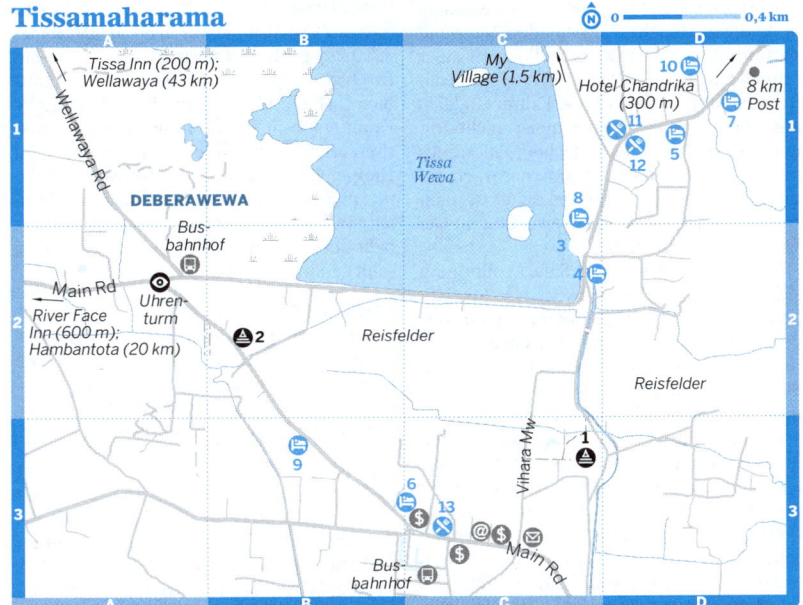

ist 55,8 m hoch. Vermutlich enthielt sie eine heilige Zahn- und eine Stirnknochenreliquie. Nachts wird sie ganz hübsch angestrahlt.

Neben der Dagoba steht eine Statue der Königin Viharamahadevi. Der Legende nach wurde Viharamahadevi von ihrem Vater, dem König Devanampiya Tissa, als Buße für seinen Mord an einem Mönch aufs Meer geschickt. Die Tochter landete wohlbehalten in Kirinda, etwa 10 km südlich von Tissa, und heiratete schließlich Kavantissa. Ihr Sohn Dutugemunu war jener singhalesische Held, der im 2. Jh. v. Chr. Anuradhapura von den Indern befreite.

In der Nähe befinden sich die deutlich kleinere Sandagiri-Wehera-Dagoba und die Reste einer Klosteranlage, die vermutlich 2000 Jahre alt ist.

👉 Geführte Touren

Von Tissa aus lassen sich die Touren durch die Nationalparks Yala und Bundala am einfachsten organisieren. Fast jedes Hotel bietet Safaris an, hier findet man auch die besten Jeeptouren. Ansonsten warten Safarianbieter auch auf dem Parkplatz der Independent Jeep Association am Ufer des Tissa Wewa, allerdings geht es dort wie auf dem Jahrmarkt zu. Auch wenn sie manch-

Tissamaharama

◉ Sehenswertes
Sandagiri Wehera ....(siehe 1)
1 Tissa Dagoba C3
2 Yatala Wehera B2

🏃 Aktivitäten, Kurse & Touren
3 Independant Jeep Association C2

🛏 Schlafen
4 Hotel Lake Side Tourist Inn C2
5 Hotel Sun Sinda D1
6 Hotel Tissa C3
7 Priyankara Hotel D1
8 The Safari C1
9 Traveller's Home B3
10 Vikum Lodge D1

✖ Essen
11 New Cabanas Restaurant D1
12 Refresh Hotel D1
13 Royal Restaurant C3

mal nerven: Viele der Männer dort kennen sich tatsächlich mit Wildtieren aus und sind ernsthaft bemüht, ihren Kunden eine gute Safari zu bieten.

Die meisten Safarianbieter beginnen ihre Verhandlungen bei 4500 Rs pro Jeep für eine Halbtagstour (für max. vier Personen, ohne die zahlreichen anfallenden Nationalparkgebühren), der Preis fällt meist aber schnell auf 4000 Rs. Wer Geld sparen möchte, braucht nicht Führer und Fahrer zugleich anmieten, da die Fahrer meist recht gut darin sind, Tiere auszumachen. Allerdings müssen sie sich in erster Linie natürlich auf die Straße konzentrieren, von daher ist nicht zu erwarten, dass sie jede Bewegung im Gebüsch wahrnehmen.

Vor der Buchung einer Safari sollte man sich tunlichst den Jeep anschauen. Rostlauben sollten natürlich nicht genommen werden, stattdessen empfiehlt es sich, eines der neueren und schickeren Modelle zu wählen: Sie haben erhöhte und in Fahrtrichtung montierte Sitze, die das Sichten der Tiere erleichtern. Jeeps mit seitlich angebrachten Sitzbänken eignen sich nicht so gut für eine Safari. Einen Vierradantrieb braucht man in der Regel nicht (außer bei starken Regenfällen), eine hohe Radaufhängung dagegen schon. Gute Fahrer stellen Ferngläser bereit.

Los geht es gegen 5.30 Uhr, um die Tiere im Morgengrauen zu erleben, die Rückkehr erfolgt gegen 10 Uhr. Safaris in der Abenddämmerung sind ebenfalls möglich, ebenso zweitägige Ausflüge zu den tierreichen Gegenden um den Nationalpark.

Schlafen

Die billigeren Unterkünfte befinden sich im Ortszentrum, es gibt aber keinen speziellen Grund, sich im Zentrum aufzuhalten. Wer es sich leisten kann, sollte sich in einem der Mittelklassehotels um den Tissa Wewa einquartieren. Nahezu jedes Hotel hat ein eigenes Restaurant.

STADTZENTRUM

LP TIPP Traveller's Home GÄSTEHUS $
(223 7958; www.yalasafarisrilanka.com; Zi. 1000–5000 Rs; ❄@☎) Das von Reisfeldern umgebene Gästehaus liegt nahe der Hauptstraße auf halber Strecke zwischen Tissa und Deberawewa. Die Unterkunft ist freundlich, sauber und preiswert und auf Reisende ausgerichtet. Die Bandbreite an Zimmern reicht von den billigen mit Ventilatoren und kaltem Wasser bis zu jenen, die fast schon nobel zu nennen sind. Für Gäste gibt es kostenlose Fahrräder, eine Safariausstellung, ein tolles Restaurant und ein Angebot an ziemlich teuren Safaris (der Besitzer organisiert auch Ausflüge mit Campingübernachtung in die Umgebung von Yala).

Hotel Tissa GÄSTEHUS $
(223 7104; Main Rd.; EZ 1250 Rs, DZ 2000–3000 Rs; @) Eine Übernachtung in diesem frisch gestrichenen und reizvollen Stadthaus bietet einen Einblick in das sri-lankische Familienleben, da die Besitzer einen praktisch adoptieren. Die einfachen Zimmer im Hauptgebäude haben alles Notwendige, Atmosphäre erhalten sie durch reichlich Messing in allen Variationen. Hinter dem Haus befindet sich ein neueres Gebäude mit drei schicken und preisgünstigen Zimmern.

TISSA WEWA

Die meisten Unterkünfte Tissas liegen in der Nähe des Tissa Wewa, etwa 1,5 km vom Ortszentrum entfernt. Von hier aus ist es kein Problem, mit Bus (15 Rs) oder Tuk-Tuk (100 Rs) in die Stadt zu kommen.

My Village GÄSTEHUS $$
(077 350 0090; www.myvillagelk.com; Court Rd., Punchiakurugoda; Zi. 20–45 US$; ❄☎) Bei der wunderbaren kleinen Pension hinter schlichten Mauern wundert es sich, dass sie der Wirklichkeit gewordene Traum eines lokalen Designers ist. Es gibt nur fünf Zimmer, die jeweils etwas anders geschnitten sind. Zwei haben abgerundete Wände mit viel Glas, das „Hochzeitszimmer" hat passend zum Namen rote Wände, weniger passend Hirschgeweihe an der Wand und überraschenderweise Einzelbetten. Das kostenlose Frühstück wird in einem eleganten offenen Café serviert. Den Gästen stehen kostenlos Fahrräder zur Verfügung. Ein Tuk-Tuk kostet von der Stadt aus 150 Rs.

The Safari LUXUSHOTEL $$$
(567 7620; www.ceylonhotels.lk; Kataragama Rd.; EZ/DZ mit Frühstück ab 144/155 US$; ❄☎☀) Das ehemalige staatliche Gasthaus wurde mit privaten Investitionen aufgemöbelt und in das Tophotel von Tissa umgewandelt. Klassische Musik erklingt in der schwülen tropischen Luft, ein herrlicher Swimmingpool reicht fast bis zum Seeufer – und die Zimmer? Nun ja, sie sind vornehm (Businessclass), wirken aber leider irgendwie steril.

Vikum Lodge GÄSTEHUS $
(071 464 7254; vikumlodge@gmail.com; an der Kataragama Rd.; Zi. ohne Klimaanlage 1800 Rs, EZ/DZ mit Klimaanlage 2000/2500 US$; ❄) Das blumige Juwel von einer Pension versteckt sich hinter einer matschigen Seitenstraße in einer herrlich friedlichen Lage. Die liebevoll gepflegten Zimmer mit Bad sind sehr

schön, aber die eigentliche Attraktion ist das üppig wuchernde Pflanzenparadies, das sie umgibt. Zum Haus gehört ein kleines Restaurant, das chinesische und sri-lankische Küche (300–500 Rs) im Angebot hat.

Hibiscus Garden Hotel BUNGALOW $$
(223 9652; www.hibiscus-garden.com; an der Kataragama Rd.; EZ/DZ mit Frühstück 5600/6600 Rs; ✴︎🛜🏊) Es wird noch etwas dauern, bis in der neuen Anlage der Garten voll ausgewachsen ist und für eine tropische Atmosphäre sorgt. Davon einmal abgesehen ist das Hibiscus Garden Hotel eine sehr gute Unterkunft mit hübschen Zimmern in separaten Bungalows. In den Sümpfen und Teichen um das Hotel lassen sich gut Vögel beobachten, danach können die Vögel wiederum die Gäste beim Faulenzen am Swimmingpool beobachten. Das Hotel liegt am nordöstlichen Ende des Sees; zunächst Richtung Hotel Chandrika fahren und dann den Schildern folgen (links abbiegen).

Hotel Sun Sinda HOTEL $$
(223 9078; Kataragama Rd.; EZ/DZ mit Frühstück 4300/5400 Rs; ✴︎🏊) Die Gäste werden von kleinen Wasserschalen voller Blütenblätter und von Teichen begrüßt, in den so viele bunte Tropenfische schwimmen, dass mancher gleich darin schnorcheln möchte. Wen das nicht reizt, kann sich in *den ebenfalls lockenden Pool stürzen. Es ist ein durchaus akzeptables Hotel, aber es gab Beschwerden über kaputte Klimaanlagen und einen schmutzigen Swimmingpool (er schien beim letzten Besuch jedoch recht sauber zu sein). Die Zimmer sind luftig und komfortabel, das Restaurant eher kahl und hallend.

Priyankara Hotel HOTEL $$$
(223 7206; www.priyankarahotel.com; Kataragama Rd.; EZ/DZ mit Frühstück 110/120 US$; ✴︎🛜🏊) Die Zimmer mit hohen Holzdecken, träge rotierenden Ventilatoren, Hartholzmöbeln und modernen Badezimmern verströmen viel koloniales Flair. Der Blick fällt auf den tollen Swimmingpool, von dem man wiederum über großartige Reisfelder und Ententeiche schaut. Nach jüngst erfolgten Preiserhöhungen ist es nun ziemlich übertreuert.

Hotel Lake Side Tourist Inn HOTEL $$
(493 1186; Tissawewa Rd.; mit/ohne Klimaanlage EZ 3500/4000 Rs, DZ 4000/4500 Rs; ✴︎🛜🏊) Das Hotel ist vor allem auf Reisegruppen ausgerichtet und wirkt ein bisschen alt und trostlos. Aber für Leute, die nichts für die Backpackerbuden übrighaben und nicht flüssig genug für die teuren Unterkünfte sind, ist es genau das Richtige.

Peacock Reach Hotel PENSION $$
(223 9095; peacockreach@sltnet.lk; Kataragama Rd.; EZ/DZ 3000/3500 Rs; ✴︎🛜) Das neue Haus, ein Stück hinter der Hauptstraße nach Osten, sieht aus wie eine der Prunkvillen aus spanischen und südamerikanischen Seifenopern, die man kennt (und es macht den Eindruck, dass es genauso unstabil wie deren Filmkulisse gebaut ist). Für das Haus spricht hingegen die Kombination aus ruhiger Lage und fairem Preis.

Hotel Chandrika HOTEL $$
(223 7143; www.chandrikahotel.com; Kataragama Rd.; EZ/2BZ 74/80 US$; ✴︎🏊) Das etwas kitschige Hotel ist sehr beliebt bei Reisegruppen und mit den komfortablen, wenn auch sterilen Zimmern um einen palmengesäumten Hof und netten Pool eine recht anständige und empfehlenswerte Unterkunft. Das Personal ist sehr aufmerksam und freundlich. Das Restaurant serviert seinen Gästen leckeres Curry.

DEBERAWEWA

River Face Inn GÄSTEHUS $
(077 389 0229; asamarasooriya@yahoo.com; an der Hambantota Rd.; Zi. 1500 Rs) Zur Zeit der Recherche war das Haus noch ein unabgeschlossenes Projekt, das darin steckende Potenzial aber schon erkennbar. Die vier gefliesten Zimmer sind elegant, geräumig und liegen beschaulich mit Blick auf den Fluss. Der Besitzer kocht ganz gut.

Tissa Inn HOTEL $$
(223 7233; www.tissainn.com; Wellawaya Rd.; EZ/DZ 2350/3000 Rs; ✴︎) Das alte Hotel etwa 1500 m vom Deberawewa-Uhrenturm entfernt ist aufs zauberhafteste verwohnt. Es lohnt sich, einige der hohen Zimmer anzuschauen, da die Qualität unterschiedlich ist. Die besten sind blitzblank und haben gestärkte Bettwäsche und surrende Ventilatoren.

🍴 Essen

Royal Restaurant SRI-LANKISCH $$
(Main St.; Hauptgerichte 200–300 Rs) Hier werden die Gäste königlich begrüßt und erhalten ein adäquates Festmahl aus leckeren Currys, die jeden satt und zufrieden machen. Viele einheimische (lärmende) Großfamilien genießen hier ihr Mittagessen.

New Cabanas Restaurant SRI-LANKISCH $$

(Kataragama Rd.; Hauptgerichte 300–650 Rs) Ein einfaches, nach allen Seiten offenes Restaurant mit preisgünstigem Reis und Curry (650 Rs). Das Gästebuch ist voller Geschichten zufriedener Gäste, die den freundlichen Besitzern loben, die schmackhaften Gerichte empfehlen und die lokale Atmosphäre rühmen.

Refresh Hotel INTERNATIONAL $$$

(Kataragama Rd.; Hauptgerichte 800–1000 Rs; 11–22 Uhr) Es scheint, dass im Restaurant des Hotels alle Touristen essen – was nicht weiter überrascht, da es eines der wenigen Restaurants im Viertel ist. Das Essen ist jedoch sehr auf westliche Gaumen ausgerichtet und nicht nur extrem fad, sondern auch sehr überteuert. Abgesehen davon ist es eines der wenigen Restaurants mit westlichem Flair.

ⓘ Praktische Informationen

Fast alles Notwendige befindet sich in der Main Road, wo es auch ein kleines Postamt gibt. Viele Einkaufsmöglichkeiten gibt es nicht, aber einige nützliche Dienstleister. Die **Hatton National Bank** (Main Rd.), **Commercial Bank** (Main Rd.) und **Peoples Bank** (Main Rd.) haben internationale Geldautomaten. **High Speed Internet** (Main Rd.; Std. 50 Rs; 7.30–22 Uhr) mag zwar nicht so schnell wie erhofft sein, aber schlecht ist es auch nicht.

ⓘ An- & Weiterreise

Nur wenige Busse fahren direkt ins Hügelland. Wer keinen erwischt, muss an der Wirawila Junction (19 Rs, 30 Min.) und/oder in Wellawaya (80 Rs) umsteigen. In den Nationalpark Yala fahren keine Busse. Größere Zielorte, die von Tissa aus angefahren werden:

Colombo normal/klimatisiert 250/380 Rs, 9 Std.
Galle normal/kliamtisiert 130/210 Rs, 4 Std.
Kataragama 28 Rs, 1 Std.
Tangalla 75 Rs, 2 Std.

Rund um Tissamaharama

VOGELRESERVAT WIRAWILA WEWA

Die Straße zwischen Hambantota und Wellawaya verläuft zwischen dem Nord- und Südabzweig nach Tissa auf einem Damm über den großen Wirawila Wewa. Die weitläufige Wasserfläche bildet das Vogelreservat Wirawila Wewa. Die Vögel lassen sich am besten frühmorgens beobachten.

KIRINDA
047

Das winzige Kirinda (10 km südlich von Tissa) liegt zwischen zwei Extremen. Auf der einen Dorfseite erstrecken sich hinter sandigen Straßen und maroden Gebäuden herrlich leere Strände, die ideal für lange Abendspaziergänge sind (Baden ist hier wegen heftiger Strömungen und brechender Wellen gefährlich). Auf der anderen Seite gehen wuchernde Wälder und ausgedörrte Savannen in wildreiche Nationalparks über. Das Dorf selbst entwickelte sich um einen buddhistischen Schrein, der auf ein paar gewaltigen, runden Felsbrocken errichtet wurde. Vor der Küste ist das wellengepeitschte Riff der **Great Basses** mit einem einsamen Leuchtturm zu sehen. Das Tauchrevier um das Riff zählt zu den besten des Landes, aber es ist nichts für unerfahrene Taucher. Die Zeitspanne für Tauchmöglichkeiten ist ebenfalls sehr eng, sie beschränkt sich auf den Zeitraum Mitte März bis Mitte April. Weitere Infos zum Tauchen an den Great Basses (und anderswo) siehe www.divesrilanka.com. Alle folgenden Unterkünfte organisieren Safaris in die Nationalparks.

🛏 Schlafen & Essen

Suduweli PENSION $$

(072 263 1059; www.beauties-of-nature.net; 2BZ 1000–1500 Rs, ohne Bad 500 Rs, Bungalows 2000–2500 Rs; @) Das himmlische Fleckchen auf einem alten Farmgelände liegt etwas außerhalb des Dorfs. Die Unterkunft besteht aus schlichten, aber sauberen Zimmern im Haupthaus und einer Handvoll komfortabler und ruhiger (alpin wirkender) Hütten im Garten. Der kleine See auf dem Gelände lockt ganze Schwärme regenbogenfarbener Vögel an, überall sieht man krächzende Frösche und huschende Eidechsen. Auch Moskitos muss man mögen: Ganze Wolken davon schwirren hier herum.

Temple Flower Guesthouse PENSION $

(492 2499; templeflowerguest@yahoo.com; Zi. 1500–3000 Rs) Eine zauberhafte kleine Pension mit einer wunderbaren grünen Veranda im Kolonialstil, die von mehreren adrett ausgestatteten Zimmern geteilt wird. Oben gibt es noch weitere Zimmer mit abgesenkten Duschen, einige mit Meerblick und einige mit unverputzten Steinwänden. Das Essen ist so ansprechend wie die Unterkunft. Der äußerst freundliche und hilfsbereite Besitzer serviert zum hervorragenden Frühstück echten Filterkaffee.

Elephant Reach LODGE $$$
(567 7544; www.elephantreach.com; EZ/DZ ab 125/150 US$; ❄︎🌐🌊) Eine Spitzenunterkunft am Dorfrand. Die eleganten öffentlichen Räume faszinieren mit ihren Möbeln aus krummem Holz, die Zimmer sind gut geplant: Sie haben große Duschen, Steinböden, Hanfvorhänge, und in einigen gibt es auch Fernseher und DVD-Spieler. Der wunderbare Pool windet sich wie eine Wasserschlange durch den Garten. Falls das Personal einem ein Zimmer oben und nach hinten raus andrehen will, sollte man auf dem Absatz kehrt machen.

❶ An- & Weiterreise

Von Tissa nach Kiranda fährt alle halbe Stunde ein Bus (20 Rs) ab, Tuk-Tuks kosten 500 Rs.

Nationalpark Yala

Der Nationalpark Yala (auch Ruhunu genannt) ist das Wirklichkeit gewordene *Dschungelbuch*: Affen jagen durch die Bäume, Pfauen stolzieren in ihrem schönsten Kleid umher und Leoparden schleichen wie Schatten durch das Gebüsch. Das weitläufige Gebiet aus Trockenwäldern und offenen Savannen ist eine der Hauptattraktionen in diesem Teil Sri Lankas. Es ist zwar nicht gerade Kenia, aber eine Safari hier lohnt all die Zeit, Mühen und Kosten.

◉ Sehenswertes

Yala ist eine Kombination aus streng geschütztem Naturreservat und Nationalpark und umfasst ein 1268 km² großes Naturschutzgebiet aus Busch, Trockenwald, Grasflächen und brackigen Lagunen. Das Gebiet ist in fünf Blöcke aufgeteilt, der am häufigsten besuchte ist der Block I (141 km²). Der auch Yala West genannte Abschnitt war ursprünglich ein Jagdrevier, wurde aber 1938 unter Schutz gestellt.

Yala gilt mit etwa 25 Leoparden allein im Block I als einer der besten Naturparks der Welt zum Sichten dieser Großkatzen. Die Unterart *Panthera pardus kotiya*, die hier lebt, ist endemisch. Die beste Besuchszeit sind die Monate Februar bis Juni/Juli, wenn der Wasserspiegel im Park niedrig ist. Es gibt hier zwar um die 300 Elefanten, aber sie halten sich von den am stärksten besuchten Teilen des Parks fern. Mit etwas Glück lassen sich ein zotteliger Lippenbär oder ein fuchsartiger Schakal blicken. Sambare, Sikahirsche, Wildschweine, Krokodile, Büffel, Mungos und Affen wiederum sind nicht so scheu und häufiger zu sehen.

Etwa 215 Vogelarten wurden in Yala gezählt, von denen viele Zugvögel aus dem winterkalten Norden sind. Zu ihnen zählen Weißflügelseeschwalben, Brachvögel und Spießenten. Einheimische Vogelarten sind Ceylonhühner, Nashornvögel, Pirole und jede Menge Pfauen.

Trotz des reichen Tierlebens erschwert der lichte Wald manchmal die Sichtung der Tiere. Zum Glück gibt es die kleinen Lichtungen und zahlreichen Wasserlöcher, an denen sich die Tiere sammeln. Das Ende der Trockenzeit (März bis April) ist die beste Besuchszeit, da sich die Tiere während und kurz nach der Regenzeit über ein weites Gebiet verteilen.

Neben all den Wildtieren birgt Yala auch die Reste einer einst blühenden menschlichen Siedlung. Die Klostersiedlung **Situlpahuwa** hatte wohl in ihrer Blütezeit einmal 12 000 Einwohner. Inzwischen sind die Gebäude restauriert und eine wichtige Pilgerstätte. Die *vihara* (buddhistische Anlage) **Magul Maha Vihara** aus dem 1. Jh. v. Chr. und der *chetiya* (buddhistischer Schrein) **Akasa Chetiya** aus dem 2. Jh. v. Chr. deuten auf eine blühende Gemeinde hin, die vermutlich zum alten Königreich Ruhunu gehörte.

Yala ist ein sehr beliebter Nationalpark, vielleicht fast schon zu beliebt. Da die Anzahl der Fahrzeuge kaum kontrolliert wird, herrscht hier in der Hauptsaison oft ein ziemlicher Wirbel. Um ihren Kunden all die populären Tiere zeigen zu können, kurven manche Safarifahrer rücksichtslos querfeldein durch den Park. Auf jeden Leoparden oder Elefanten, der dumm genug ist, aufzutauchen, stürzen sofort Dutzende Safarijeeps, die das arme Viech jagen, bis es erschöpft ist und nicht mehr kann. Ende 2011 entdeckten die Parkbehörden einen toten Leoparden, der vermutlich von einem Safarijeep überfahren wurde.

Im Interesse der Wildtiere sollte daher jeder Safariteilnehmer seinen Fahrer bitten, die Tiere nicht zu verfolgen.

🛏 Schlafen

Der Nationalpark war zwar zum großen Teil nicht vom Tsunami 2004 betroffen, zwei Hotelanlagen nahe der Küste wurden jedoch zerstört (49 Menschen kamen ums Leben – ein Denkmal am Strand neben den Resten einer der Hotelanlagen erinnert an sie).

DER LANGE WEG NACH KATARAGAMA

45 Tage vor Beginn des jährlichen Kataragama-Fests am esala *poya* (Vollmond) macht sich eine Gruppe von Gläubigen auf die Pada-Yatra-Pilgerreise durch ganz Sri Lanka. Die Pilger auf dem Weg zur Erleuchtung glauben, dass sie auf den Spuren des Gottes Kataragama (oder Murugan) und der Veddas wandeln, die die erste Pilgerreise auf diesem Weg machten.

Der Weg folgt ab der Halbinsel Jaffna der Ostküste, führt über Trincomalee und Batticaloa nach Okanda, dann durch den Nationalpark Yala bis Kataragama. Es ist ein mühsamer Weg, die Pilger sind unterwegs auf die Gastfreundschaft der Einheimische und der Tempel angewiesen, in denen sie Essen und Unterkunft erhalten. Während der Bürgerkriege der jüngeren Zeit war die Reise äußerst gefährlich und konnte nicht immer vollendet werden.

Die Pilger versuchen rechtzeitig zum ekstatischen Höhepunkt des Fests einzutreffen: Elefanten paradieren, Trommler trommeln, Gläubige legen Gelübde ab und bitten um die Gunst der Götter und beweisen in bestimmten Nächten ihre bußfertige Ergebenheit durch extreme Selbstkasteiung. Einige hängen sich an Haken an ihrer Haut auf, andere rollen sich halbnackt durch den heißen Sand in der Nähe des Tempels. Manche laufen über glühende Kohlen – „über Blumen schreiten" heißt das hier. Vor ihrer Prüfung fasten, meditieren und beten die Feuerläufer, baden im Menik Ganga (dem Fluss Menik) und beten dann im Tempel Maha Devale. Gestärkt in ihrem Glauben schreiten sie schließlich unter den anfeuernden Rufen der Zuschauer über den glühenden Pfad. Das Fest endet offiziell mit einer Wasserzeremonie im Menik Ganga, die Regen für die Ernte bringen soll.

Heute gibt es keine Unterkünfte im Park mehr, auch in naher Zukunft wird es wohl keine geben.

Chaaya Wild Yala
LODGE $$$
(☎047-223 9449; www.chaayahotels.com; EZ/DZ Vollpension 264/298 US$; ❄@🌐≋) Chaaya Wild Yala direkt vor dem Parkeingang ist die ultimative Edel-Buschunterkunft, die für ihre Gäste Safaris organisiert. Vermietet werden individuell eingerichtete Bungalows mit Satellitenfernsehen, Kühlschrank und Überwürfen im Elefantenlook. Apropos Elefanten: Sie trotten oft nachts durch das Gelände der Lodge, ihr Stampfen ist nicht gerade schlafförderlich. Das Hotel nutzt Sonnenenergie, das meiste Abwasser wird wiederaufbereitet und es gibt ein Aufforstungsprojekt.

ⓘ Praktische Informationen

Die Eintrittskarte zum **Nationalpark Yala** (Erw./Kind 15/8 US$, Jeep & Führer 250 Rs, Bearbeitungsgebühr pro Gruppe 8 US$, plus 12 %MwSt.; ⓞOkt.–31. Aug. 6–18.30 Uhr) wird im Hauptbüro nahe dem Eingang etwa 21 km von Tissa entfernt verkauft. Dort sind auch ein paar ausgestopfte Tiere zu sehen. Die Straße ab Tissa ist holprig, aber passierbar für jeden Wagen mit hoher Radaufhängung. Realistisch gesehen, ist die einzige sinnvolle Möglichkeit, den Park zu besuchen, die Teilnahme an einer Safari (s. S. 133).

Kataragama
♪047

Kataragama liegt geschützt zu Füßen der Hügel etwa 15 km nordöstlich von Tissa. Die Pilgerstadt ist eine faszinierende Mischung aus pompösen Prozessionen, frommer Extravaganz und einem Kick fernöstlicher Ekstase am Zielpunkt einer landesweiten Pilgerreise. Neben dem Adam's Peak (Sri Pada) ist dies die wichtigste Pilgerstätte in Sri Lanka und für Buddhisten, Muslime und Hindus ein heiliger Ort. Es ist einer dieser wunderbaren Orte, wo die absonderlichsten Legenden lebendig werden und in den Räucherschwaden Magie schwebt. Viele glauben, dass König Dutugemunu hier im 2. Jh. v. Chr. einen Schrein für Kataragama Deviyo (den hiesigen Gott) bauen ließ und dass die buddhistische Kirivehera-Dagoba aus dem 1. Jh. v. Chr. stammt. Aber es wird angenommen, dass die Stätte schon länger für die Singhalesen bedeutend war.

Im Juli und August zieht das überwiegend hinduistische **Kataragama-Fest** Tausende Gläubige an, die eine zweiwöchige Pilgerfahrt hinter sich haben (s. Kasten oben). Abgesehen von diesem Fest ist an Wochenenden und an den *Poya*-Tagen am meisten in der Stadt los. Dann kann es schwierig werden, eine Unterkunft zu finden. Zu anderen Zeiten wirkt sie wie eine Geisterstadt. Wer in Tissamaharama übernachtet, kann den Ort im Rahmen eines Tagesausflugs besuchen.

◉ Sehenswertes

Der heilige Bereich liegt, von der Stadt aus gesehen, auf der anderen Seite des Menik Ganga, eines schokoladenfarbenen Flusses (schmeckt aber nicht so!), in dem sich die Pilger reinigen, bevor sie zu den Schreinen gehen. Der wichtigste Schrein ist der **Maha Devale,** in dem die Lanze des sechsköpfigen, zwölfarmigen Hindugotts Murugan (Skanda) aufbewahrt ist, der wohl dem Kataragama Deviyo entspricht. Zahlreiche Gläubige bringen hier täglich um 4.30, 10.30 und 18.30 Uhr (Sa nicht um 4.30 Uhr) Opfergaben. Vor dem Schrein stehen zwei große Felsbrocken, auf den Pilger unter Gebeten brennende Kokosnüsse werfen. Die Schreine **Kirivehara** und **Sivam Kovil** sind jeweils Buddha und Ganesha gewidmet (dem Gott, der Hindernisse beseitigt und intellektuelle Bestrebungen fördert). Dort steht auch ein **Buddhabaum**.

Hinter der Tempelanlage steht die große, weiße, buddhistische **Kirivehara-Dagoba**.

Im muslimischen Viertel nahe dem Ortsrand erhebt sich die wunderschöne **Ul-Khizr-Moschee** mit bunten Kacheln und hölzernen Türrahmen. Im Inneren der Moschee sind zwei Heilige bestattet.

Neben den Schreinen gibt es einige weitere Sehenswürdigkeiten in der Tempelanlage. Das **Archäologische Museum** (Eintritt mit Spende; ◉10.30–12.30 & 18.30–21 Uhr) zeigt eine Sammlung hinduistischer und buddhistischer Sakralobjekte sowie große Fiberglasnachbildungen von Statuen aus ganz Sri Lanka. Zur Zeit der Recherche war das Museum zeitweilig geschlossen. Ein anderes **Museum** zeigt buddhistische Statuen.

🛏 Schlafen & Essen

Die Unterkünfte in Kataragama sind jämmerlich und übertuert. Von daher empfiehlt es sich, in Tissa zu übernachten und nur einen Tagesausflug nach Kataragama zu unternehmen.

Mandara Rosen BUSINESSHOTEL $$$
(📞223 6030; www.mandararesorts.com; Tissa Rd.; EZ/DZ mit Frühstück 103/130 US$; ❄️🛜🏊) Das Mandara Rosen ist die feinste Adresse im Ort und war ursprünglich für Geschäftsleute gedacht, die allerdings nie kamen. Die Qualität der Zimmer entspricht dem Preis, das Beste am Hotel ist der Pool mit seiner Unterwasser-Soundanlage – das Personal legt auf Wunsch gern die Titelmelodie vom *Weißen Hai* auf...

Sunhil's Rest PRIVATZIMMER $$
(📞567 7172; 61 New Town; Zi. mit/ohne Klimaanlage 2800/1800 Rs; ❄️) Ein fröhliches Privathaus am Ortsrand. Die Zimmer sind in leuchtenden Farben gestrichen und haben ein Bad. Vom Busbahnhof ist es über die Straße nach Tissa in wenigen Gehminuten erreicht.

Jayasinghe Holiday Resort HOTELANLAGE $$
(📞223 5146; Tissa Rd.; EZ/DZ mit Frühstück 4290/5060 Rs; ❄️🏊) Das Hotel erinnert an ein englisches Feriencamp im Winter, ist aber für eine Übernachtung in Kataragma recht preisgünstig. Der Swimmingpool ist beliebt bei den lokalen Fröschen.

ℹ Praktische Informationen

Es gibt eine **Bank of Ceylon** (Tissa Rd.) mit Geldautomat und ein **Postamt** (Tissa Rd.). Vom Informationsbüro im heiligen Bereich ist nicht viel zu erwarten.

ℹ An- & Weiterreise

Häufige Busverbindungen gibt es mit Tissamaharama (28 Rs, 1 Std.).

Zentrales Hochland

Inhalt »

Von Colombo
nach Kandy 142
Kandy 143
Adam's Peak
(Sri Pada) 162
Kitulgala 164
Nuwara Eliya 167
Nationalpark Horton Plains
& World's End 175
Haputale 178
Bandarawela 181
Ella 182
Badulla 187
Nationalpark
Udawalawe 190
Sinharaja Forest
Reserve 191

Auf ins zentrale Hochland!

Bei Sri Lanka denken wohl die meisten zunächst an goldene Strände. Aber diese Insel hat auch eine andere Seite: Wenn sich im Hochland die Nebelschwaden nach und nach auflösen, blickt man auf smaragdgrüne Teppiche aus Teeplantagen, auf Wasserfälle und Bergwälder, die sich an gezackte Bergketten schmiegen. In dieser Region ist auch tagsüber ein Fleecepulli nützlich, und abends kuschelt man sich am besten vor ein loderndes Kaminfeuer. Im Hochland wandern Besucher (scheinbar) ans Ende der Welt, treten in Buddhas Fußstapfen, paddeln in einem reißenden Fluss, lassen sich von Trommeln und traditionellen Tänzen einlullen und finden sich plötzlich inmitten von hundert wilden Elefanten wieder.

Angesichts dieser vielen Attraktionen ist es kein Wunder, dass sich so mancher Besucher nach seinem Sri-Lanka-Urlaub weniger an die Strände als vielmehr an seine Erlebnisse im welligen Hochland erinnert.

Gut essen

» The Old Course
Restaurant (S. 173)
» Sharon Inn (S. 150)
» Cafe Chill (Nescoffee
Shop) (S. 185)

Schön
übernachten

» Lavender House (S. 167)
» The Kandy House (S. 160)
» Royal River Resort (S. 166)
» Waterfall Homestay (S. 184)
» Tea Trails (s. Kasten S. 165)

Reisezeit
Nuwara Eliya

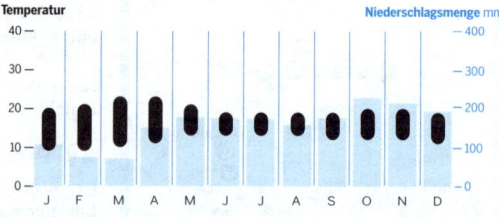

Jan. Klare Tage, kühle Nächte und die Zeit der Wallfahrt auf den Adam's Peak.

April Am singhalesischen Neujahr gibt es Pferderennen und Events in Nuwara Eliya.

Juli–Aug. Elefanten ziehen für die Kandy Esala Perahera ihr bestes Outfit an.

Highlights

❶ Das **Kandy Esala Perahera** (S. 151) mit Elefanten, Trommlern und Tänzern

❷ Eine geruhsame Wanderung durch die Bergwälder der **Knuckles Range** (S. 161)

❸ Der von Fackeln beleuchtete Aufstieg zum heiligen **Adam's Peak** (Sri Pada; S. 162)

❹ Eine gemächliche **Zugfahrt** mit Teepflückern von **Haputale** nach **Ella** (S. 165)

❺ **Ella** (S. 182): entspannte Tage bei exzellentem Essen und herrlichen Spaziergängen

❻ Das **Sinharaja Forest Reserve** (S. 191) mit guten Möglichkeiten zur Vogelbeobachtung

❼ Ein Blick auf das atemberaubende **World's End** (S. 176) bei Sonnenaufgang

❽ Der **Nationalpark Uda Walawe** (S. 190) mit seinen vielen Elefanten

Von Colombo nach Kandy

Die **Henerathgoda Botanic Gardens** liegen bei Gampaha, etwa 30 km nordwestlich von Colombo an der Straße nach Kandy. Hier wurden die ersten Gummibäume Asiens gepflanzt. Ein paar der Originalbäume stehen noch heute in den rund 15 ha großen Gärten, neben rund 400 anderen sehenswerten Pflanzenarten.

Das Dorf **Cadjugama**, etwa 50 km von Kandy entfernt, ist für seine Cashewkerne berühmt. Bunt gekleidete Straßenhändler bieten den vorbeifahrenden Autofahrern Cashews an, die sie in den umliegenden Wäldern geerntet haben. Bei Km 48 liegt **Radawaduwa**, das für seine Rattanartikel bekannt ist.

Kegalle, 77 km von Colombo entfernt, ist diejenige Stadt, die dem **Elefantenwaisenhaus von Pinnewala** am nächsten liegt. In der Nähe erhebt sich der Felshügel **Utuwankandu**, auf dem im 19. Jh. der Wegelagerer Saradiel in der Manier Robin Hoods den Reisenden auflauerte, bis ihn die Briten schließlich hinrichteten.

In **Kadugannawa** schaut man gleich nach dem landschaftlich schönen Anstieg von Straße und Bahnlinie Richtung Südwesten auf den riesigen Bible Rock. Hier erinnert eine Säule an den englischen Ingenieur Captain Dawson, der 1862 die Straße von Colombo nach Kandy baute.

Cadjugama, Kegalle und Kadugannawa liegen an der A1 und werden von den Bussen angefahren, die zwischen Colombo und Kandy verkehren. Nach Kadugannawa und zu den Henerathgoda Botanic Gardens bei Gampaha gelangt man mit dem Zug.

ELEFANTENWAISENHAUS PINNEWALA

Über nichts in Sri Lanka gehen die Ansichten der Leser so sehr auseinander als über das von der Regierung betriebene **Elefantenwaisenhaus** (Erw./Kind 2000/1000 Rs, Videokamera 1500 Rs; ☻8.30–18 Uhr) nahe Kegalle. Es wurde eingerichtet, um verlassene oder verwaiste Elefanten zu schützen, und ist eine der größten Attraktionen Sri Lankas. Doch inzwischen hat es in den Augen vieler seinen eigentlichen Anspruch aus den Augen verloren und ist mehr ein Zoo als irgendetwas anderes. Einige Leute lieben diesen Platz und die Chance, Elefanten nahezukommen – viele andere halten ihn jedoch für reine Abzockerei ohne jeden tierschützerischen Wert. Welchem dieser Lager man auch angehört: Wohl nirgendwo sonst auf der Insel (außer bei Prozessionen, *peraheras*) kann man so viele Dickhäuter auf einmal sehen!

Auf dem Areal leben rund 80 unterschiedlich alte Elefanten. Auch wenn sie gut versorgt werden: Die britische Born Free Foundation (www.bornfree.org.uk) steht der Organisation dennoch kritisch gegenüber. Ihre Begründung: Die Elefanten sind in ständigem Kontakt mit Menschen, außerdem wird in der Station auch gezüchtet. Wer nun unsicher ist, ob er dennoch hinfahren soll, kann sich anhand der Website ein eigenes Bild machen.

Für die Elefanten sind *mahouts* (Elefantenhäuser) zuständig, die dafür sorgen, dass die Tiere zur rechten Zeit fressen und sich nicht gegenseitig gefährden. Ansonsten laufen die Elefanten frei auf dem Gelände herum. Jeden Tag von 10 bis 12 und von 14 bis 16 Uhr werden sie zum Baden an einen nahen Fluss geführt. Gefüttert werden sie um 9.15, 13.15 und 17 Uhr. Für 250 Rs dürfen Besucher einen Babyelefanten mit der Flasche füttern (was jedoch nicht im Sinne der Born Free Foundation ist). Nachmittags ist das Licht für Fotoaufnahmen günstiger, dann gibt es aber auch mehr Besucher auf dem Gelände. Bei starkem Regen wird das Bad im Fluss manchmal gestrichen, weil der Wasserstand zu hoch ist.

2 km von Pinnewala entfernt (an der Straße zwischen Karandupona und Kandy) liegt die **Millennium Elephant Foundation** (www.millenniumelephantfoundation.org; Eintritt 600 Rs, Elefantenritt pro 30 Min. 3000 Rs; ☻8–17 Uhr). Die dort lebenden Elefanten wurden aus gefährlichen Situationen gerettet (z. B. aggressiven *mahouts* weggenommen) oder verbringen hier ihren Ruhestand nach jahrelanger Arbeit in den Tempeln. Freiwillige Mitarbeiter sind immer willkommen: Eine einmonatige Freiwilligenstelle kostet inklusive Kost und Logis 150 000 Rs. Die Organisation betreibt auch einen mobilen tierärztlichen Service.

An der Straße zwischen der Millennium Elephant Foundation und Pinnewala können mehrere duftende **Gewürzgärten** besichtigt werden. Der Zoo von Colombo zieht derzeit nach und nach in die Gegend um Pinnewala um.

🛏 Schlafen & Essen

Die meisten Besucher machen einen Tagesausflug nach Pinnewala, es gibt aber vor Ort auch ein paar Gästehäuser, falls es für die Weiterfahrt nach Kandy zu spät wird.

Für beide unten genannten Hotels gilt: Wer hier nur zu Mittag isst, muss zugleich den Eintritt zum Elefantenwaisenhaus bezahlen (obwohl die Hotels nicht auf dessen Gelände stehen). Wer hier übernachtet, muss nichts dafür zahlen, die Elefanten zur Mittagszeit am Fluss zu beobachten – für die Station selbst ist jedoch die Eintrittsgebühr zu entrichten.

Hotel Elephant Park   HOTEL $$
(035-226 6171; www.pinnalanda.com; EZ/DZ inkl. Frühstück 5100/5450 Rs; ❄) Das Hotel verfügt über ein paar gepflegte gefliese Zimmer, einige mit Blick auf die Elefantenbadestelle am Fluss. Das Restaurant bietet viele durchschnittliche, überteuerte einheimische und westliche Gerichten.

Hotel Pinnalanda   HOTEL $$
(035-226 5297; www.pinnalanda.com; EZ/DZ inkl. Frühstück 3500/4200 Rs; ❄) Direkt gegenüber dem Elephant Park, mit demselben Management. Etwas besserer Flussblick, dafür aber dunklere, langweiligere Gästezimmer.

❶ An- & Weiterreise

Das Elefantenwaisenhaus liegt ein paar Kilometer nördlich der Straße von Colombo nach Kandy. Von Kandy nimmt man den Bus Richtung Kegalle und steigt an der Karandunpona-Kreuzung vor Kegalle aus (45 Rs). An der Kreuzung steigt man in den Bus 881 (20 Rs) von Kegalle nach Rambukkana, in Pinnewala wieder aus. Ein Tuk-Tuk von der Kreuzung nach Pinnewala kostet ca. 300 Rs. Von Kandy bis zur Kreuzung fährt man rund eine Stunde, weiter nach Pinnewala zehn Minuten. Auch zwischen Colombo und Kegalle verkehren Busse.

Am Bahnhof Rambukkana an der Bahnlinie Colombo–Kandy, rund 3 km nördlich des Waisenhauses, halten alle Züge auf dieser Strecke. Von Rambukkana fahren Busse in Richtung Kegalle (10 Rs).

Kandy
081 / 112 000 EW. / 500 M

An manchen Tagen ist der Himmel über Kandy von hartnäckigem Nebel verhangen, der an den Hügeln um den schönen See im Zentrum zu kleben scheint. Wenn die sanften Brisen von den Hügeln herab den Nebel vertreiben, enthüllen sie farbenfrohe Häuser und Hotels inmitten von Kandys unglaublich bewaldeter Umgebung. Im Stadtzentrum schlittern Tuk-Tuks um rutschige Ecken und besprühen die bunten Seidensaris einheimischer Frauen mit Pfützenwasser. Kandy ist eine Stadt, die sogar noch gut aussieht, wenn es regnet.

Und wenn der Regen aufhört – was häufig und plötzlich passiert –, präsentiert der kobaltblaue Himmel Kandy als Sri Lankas zweite „richtige" Stadt neben den heller leuchtenden Lichtern Colombos. Geschäftige Straßenmärkte und noch geschäftigere Busbahnhöfe und Restaurants sorgen für städtisches Flair. Historische und kulturelle Sehenswürdigkeiten gibt es hier zahlreiche. Ein unbestrittener Vorteil gegenüber der 115 km entfernten Hauptstadt: Dank seiner Lage auf 500 m Höhe bietet Kandy ein kühleres und angenehmeres Klima als Colombo.

Kandy war die Hauptstadt des letzten singhalesischen Königreichs, das 1815 an die Briten fiel – nachdem es zuvor den Portugiesen und Niederländern drei Jahrhunderte lang standgehalten hatte. Die Briten brauchten dann ganze 16 Jahre, um eine Straße von Kandy nach Colombo zu bauen. Die Einwohner sind stolz darauf, etwas anders zu sein als die Bewohner der tiefer gelegenen Teile der Insel.

Bekannt ist Kandy vor allem für die große Kandy Esala Perahera (s. Kasten S. 151). Dieses zehn Tage dauernde Fest endet mit dem Nikini-*poya* (Vollmond) am Ende des Monats Esala (Juli/Aug.). Doch die Stadt hat so viel Sehenswertes, dass sie auch zu jeder anderen Zeit einen Besuch wert ist. Einige der schönsten Boutiquehotels des Hochlands schmiegen sich an die Hügel rund um Kandy, die Stadt ist auch ein guter Standort für Ausflüge in die wenig besuchte (aber sehenswerte) Knuckles Range.

Der *A–Z Street Guide*, den es in der Buchhandlung Vijitha Yapa gibt, enthält eine detaillierte Straßenkarte von Kandy. Die Touristeninformation bietet weniger gutes Material.

❂ Sehenswertes

Kandy Lake   SEE
Das dominierende Merkmal der Stadt ist der Kandy Lake, den Sri Wickrama Rajasinha, der letzte Herrscher des Königreichs Kandy, 1807 anlegen ließ. Mehrere kleine lokale Stammesführer protestierten, weil sich ihre Leute nicht an der Arbeit für dieses Großprojekt beteiligen wollten. Um die Proteste zu beenden, wurden die Männer skrupellos auf dem Seeboden gepfählt. Auf

Kandy

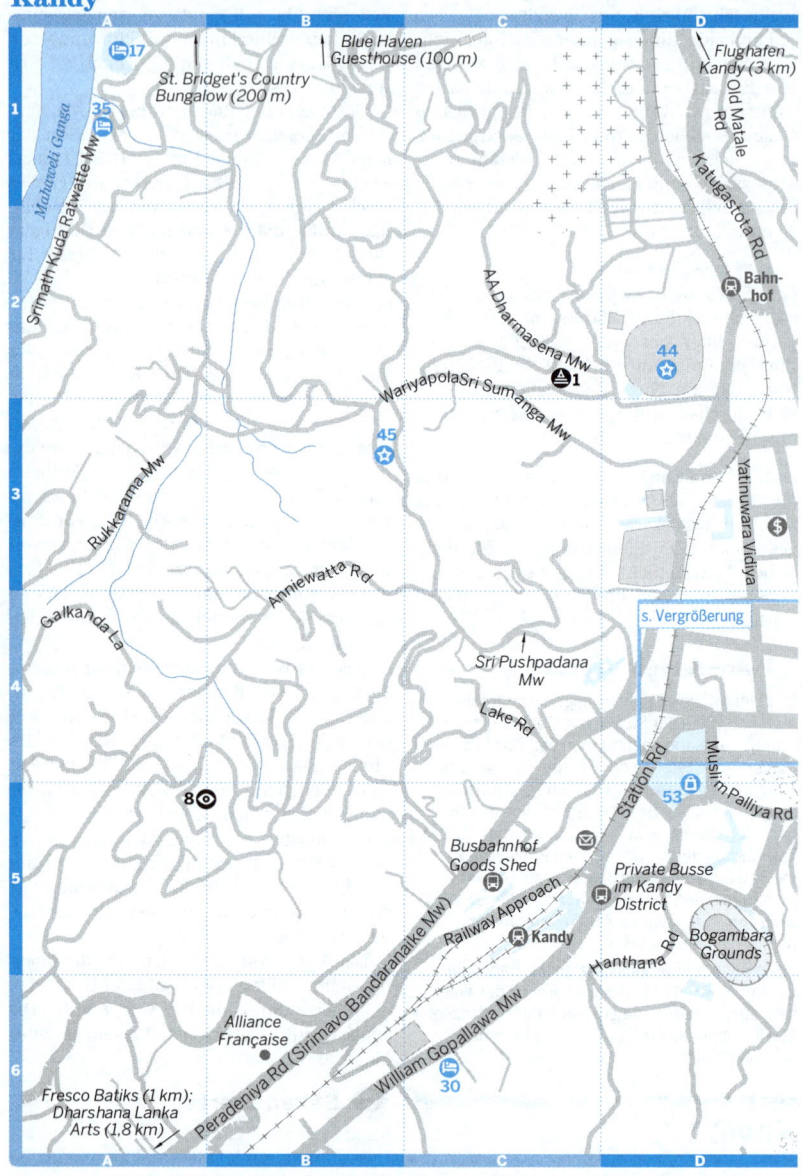

der Insel in der Mitte des Sees befand sich einst der persönliche Harem des Herrschers Sri Wickrama Rajasinha. Später nutzten die Briten das Erland als Munitionslager. Das Seeufer verschönerten die britischen Invasoren mit einer festungsähnlichen Mauer. Die kreisförmige Einfriedung am Südufer, vor dem Kloster Malwatte Maha Vihara, ist das Badehaus der Mönche.

Ein gemütlicher Spaziergang am Seeufer entlang lässt sich mit ein paar Ruhepausen auf Sitzbänken gut auf ein paar Stunden

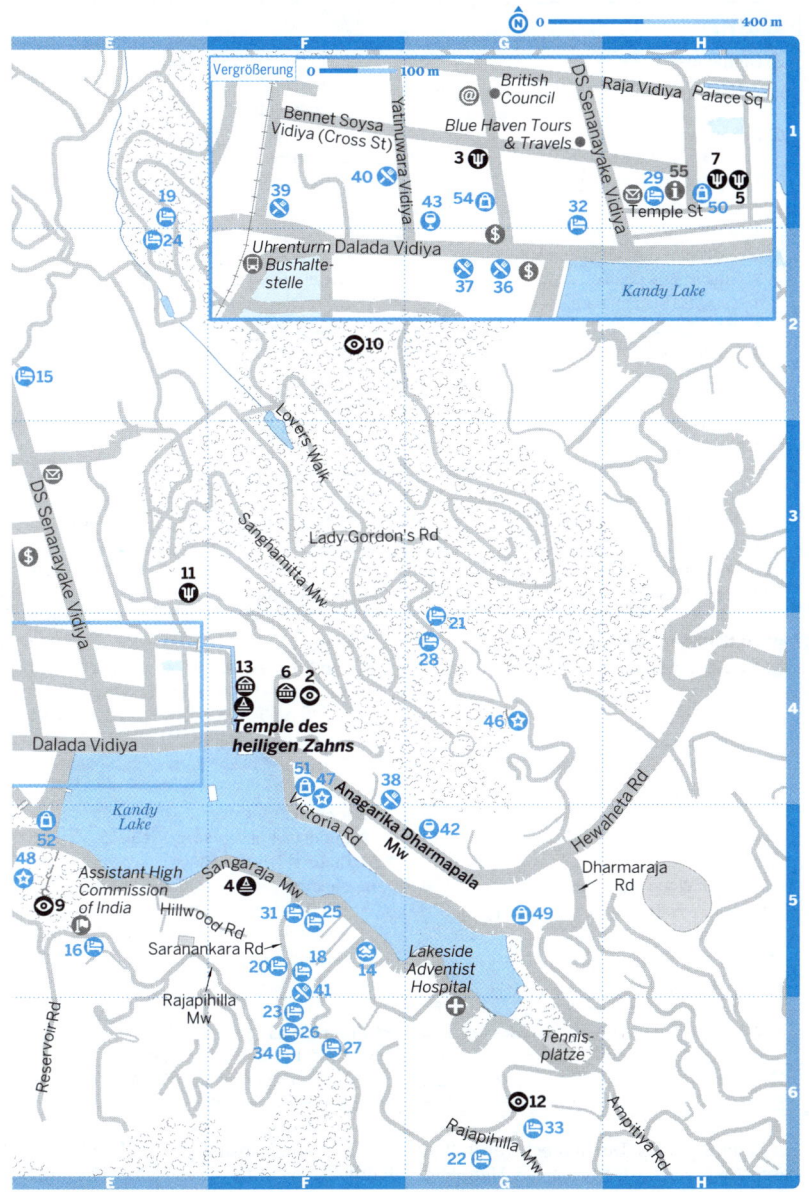

ausdehnen. Nur die stinkenden und lärmenden Busse am südlichen Ende des Sees trüben die Beschaulichkeit. Am schönsten ist der Weg rund um den Tempel des heiligen Zahns. Allein reisende Frauen sollten die Warnung (s. S. 335) beachten.

Tempel des heiligen Zahns TEMPEL
(Sri Dalada Maligawa; Erw./Kind 1000 Rs/frei, Videokamera 300 Rs; ⏱5.30–20 Uhr, *puja* 5.30–6.45, 9.30–11 &18.30–20 Uhr) Im Tempel gleich nördlich des Sees wird Sri Lankas bedeutendste buddhistische Reliquie verwahrt:

Kandy

◎ Highlights
Tempel des heiligen Zahns F4

◎ Sehenswertes
Alut Maligawa .... (siehe 13)
1 Asgiriya Maha Vihara C2
Audienzhalle .... (siehe 13)
2 British Garrison Cemetery..................... F4
Buddhist Publication Society ... (siehe 49)
3 Kataragama Devale G1
4 Malwatte Maha Vihara F5
5 Natha Devale H1
6 Nationalmuseum F4
7 Pattini Devale H1
8 Queens Hotel A5
Rajah Tusker Hall .... (siehe 13)
9 Royal Palace Park E5
Sri Dalada Museum .... (siehe 13)
Sri Lanka Trekking .... (siehe 18)
10 Udawattakelle Sanctuary F2
11 Vishnu Devale E3
12 Wedamedura Ayurveda G6
13 International Buddhist Museum F4

◎ Aktivitäten, Kurse & Touren
14 Hotel Suisse F5

◎ Schlafen
15 Burmese Rest E2
16 Castle Hill Guest House E5
17 Chaaya Citadel A1
18 Expeditor F5
19 Forest Glen E1
20 Freedom Lodge F5
21 Green Woods G4
22 Helga's Folly G6
23 Highest View F6
24 Kandy Cottage E2
25 Lake Bungalow F5
26 Lakshmi Guest House F6
27 McLeod Inn F6
28 Nature Walk Resort G4
29 Olde Empire Hotel H1
30 Palm Garden Guest House C6
31 Pink House F5
32 Queens Hotel G1
33 Royal Tourist Lodge G6
34 Sharon Inn F6
35 Villa Rosa A1

◎ Essen
Bake House .... (siehe 43)
36 Cargills Food City G2
37 Devon Restaurant G2
38 History Restaurant F4
39 Kandy Muslim Hotel F1
Olde Empire Hotel .... (siehe 29)
40 Paiva's Restaurant F1
41 Restaurant F5

◎ Ausgehen
42 PUB G5
Pub Royale .... (siehe 32)
43 The Pub G1

◎ Unterhaltung
44 Asgiriya-Stadion D2
45 Blackout B3
46 Kandy Lake Club G4
47 Kandyan Art Association &
Cultural Centre F4
48 Mahanuwara YMBA E5
Sri-Lanka-Cricket-Büro .... (siehe 44)

◎ Shoppen
49 Buddhist Publication Society G5
50 Cultural Triangle Office H1
51 Kandyan Art Association &
Cultural Centre F4
52 Laksala E5
53 Hauptmarkt D5
54 Vijitha Yapa G1

◎ Praktisches
55 Touristeninformation (Zentrale) H1
Touristeninformation (Filiale) ... (siehe 37)

---

ein Zahn Buddhas. Der Tempel wurde 1998 beschädigt, als in der Nähe des Haupteingangs eine Bombe der Organisation LTTE (Liberation Tigers of Tamil Eelam) hochging. Inzwischen sind die Schäden repariert, gleichzeitig aber auch die Sicherheitsmaßnahmen verstärkt worden: So werden inzwischen alle Besucher durchsucht.

Unabhängig arbeitende Guides bieten für rund 500 Rs ihre Dienste an, am Ticketschalter sind kostenlose Audioführer erhältlich. Seit Kurzem erleichtert ein Aufzug körperlich eingeschränkten Reisenden den Zugang zum Tempel.

Den ganzen Tag pilgern Gläubige und Touristen zum Tempel, vormittags sind jedoch weniger Touristen dort. Aus Respekt vor den Gläubigen sollte man Kleidung tragen, die Beine und Schultern bedeckt, und die Schuhe ausziehen.

Während der *puja* (Opferritual oder Gebet) ist der streng bewachte Raum mit dem Zahn für Gläubige und Besucher geöffnet. Der Zahn ist aber nicht zu sehen, denn er wird in einem goldenen Kästchen in Form einer Dagoba (Stupa) aufbewahrt, in dem sich sechs weitere ineinandergeschachtelte dagobaförmige Kästchen, eines kleiner als das vorherige, befinden.

Die meisten Besucher dürfen nur von der Tür aus einen Blick auf den Altar mit dem Kästchen werfen – also aus 3 m Abstand. Wächter achten darauf, dass sich die Warteschlange weiterbewegt, sodass niemand länger als 15 Sekunden in die Schreinkammer schauen kann.

Alut Maligawa

Hinter dem Schrein steht der dreistöckige Alut Maligawa. In diesem neuen, größeren Schreinsaal sind Dutzende sitzender Buddhastatuen untergebracht, die thailändische Gläubige gespendet haben. Der Saal ist einem thailändischen buddhistischen Schrein nachempfunden – zu Ehren der Thai-Mönche, die während der Regierungszeit von König Kirti Sri Rajasinha die Ordinationslinie Sri Lankas wieder einführten. Die oberen zwei Etagen des Alut Maligawa beherbergen das **Sri Dalada Museum** (7.30–18 Uhr) mit seiner überwältigenden Sammlung vergoldeter Geschenke, die dem Tempel dargebracht wurden. Briefe und Tagebucheinträge aus britischer Zeit erzählen vom überraschend großen Respekt der Kolonisten gegenüber der Zahnreliquie. Fotoaufnahmen zeigen die Schäden, die die Lkw-Bombe von 1998 verursachte.

Audienzhalle

Im nördlichen Teil des Geländes steht die Audienzhalle aus dem 19. Jh., die nur über den Tempel des heiligen Zahns zugänglich ist. Die Steinsäulen dieses Freiluft-Pavillons sind so gemeißelt, dass sie wie Holzpfähle aussehen. In der **Rajah Tusker Hall** daneben wird der ausgestopfte Körper von Rajah ausgestellt, dem 1988 verstorbenen Maligawa-Elefantenbullen (s. Kasten S. 151).

International Buddhist Museum

(www.sridaladamaligawa.lk/ibm; Eintritt 500 Rs; 9–20 Uhr) Hinter dem Haupttempel, aber immer noch innerhalb der Anlage, befindet sich in den Gebäuden des früheren Obersten Gerichtshof das neue International Buddhist Museum. Es präsentiert Fotos, Modelle und andere Exponate, die den Buddhismus rund um den Globus veranschaulichen. Viele der gezeigten Statuen und sonstigen Exponate sind jedoch Kopien.

LP TIPP Teemuseum — MUSEUM

(Karte S. 158; www.pureceylontea.com/teamuseum; Eintritt 400 Rs; Di–So 8.15–16.45 Uhr) Dieses Museum, ein wichtiger Halt bei jeder Tee-Tour in Sri Lanka, ist in der alten Hanthana Tea Factory von 1925 untergebracht. Das Gebäude, 4 km südlich von Kandy an der Straße nach Hanthana, stand über ein Jahrzehnt leer, ehe es das Sri Lanka Tea Board und die Planters' Association of Sri Lanka restaurierten. Gezeigt werden Ausstellungen über die Teepioniere James Taylor und Thomas Lipton (s. Kasten S. 176) und allerlei altes Gerät zur Teeherstellung. Kundige Führer beantworten auch die kompliziertesten Fragen, danach gibt es im Teesalon im Obergeschoss ein kostenloses Tässchen Tee.

Nationalmuseum — MUSEUM

(Erw./Kind 500/300 Rs, Kamera 160 Rs; Di–Sa 9–17 Uhr) In dem Gebäude, in dem einst die Konkubinen des Königs von Kandy wohnten, sind heute königliche Insignien und Exponate aus dem singhalesischen Alltag vor der Ankunft der Europäer ausgestellt. Leider sind die Ausstellungsstücke sehr schlecht beschriftet, präsentiert und ausgeleuchtet. Zu sehen ist auch eine Kopie der Vereinbarung von 1815, die die Provinzen von Kandy unter britische Hoheit stellte. In dem Dokument wird ein wichtiger Grund für diesen Akt genannt:

> ... die Grausamkeiten und Unterdrückungen durch die Malabar-Herrscher, die willkürliche und ungerechte körperliche Folter, die Verhängung von Todesstrafen ohne Prozess und zuweilen gar ohne Anklage oder ohne Wahrscheinlichkeit eines Verbrechens, die allgemeine Missachtung aller Bürgerrechte und Verstöße dagegen – all dies ist offenkundig, ungeheuerlich und untragbar geworden.

Sri Wickrama Rajasinha wurde „aufgrund seiner ständigen Gesetzesübertretungen und der Verletzung der heiligsten Pflichten eines Herrschers vom Amt des Königs gestoßen", und die Provinzen Kandys wurden dem Britischen Empire überantwortet.

In der Audienzhalle mit ihren hohen Säulen fand 1815 die Versammlung der Oberhäupter Kandys statt, die zur Abtretung des Königreichs an die Briten führte.

Das Nationalmuseum bildet zusammen mit vier *devales* (Tempelanlagen) und zwei Klöstern – nicht jedoch dem Tempel des heiligen Zahns – eine von Sri Lankas Stätten des Kulturdreiecks (s. S. 156).

GRATIS British Garrison Cemetery   FRIEDHOF
(8–17 Uhr) Auf diesem Friedhof, der wenige Gehminuten bergauf hinter dem Nationalmuseum liegt, gibt es 163 Grabstätten. Der berührendste Aspekt dieses melancholischen Orts ist, wie jung die meisten der hier Bestatteten waren, als sie starben – wer 40 Jahre wurde, war schon hochbetagt. Einige kamen durch Hitzschlag, Elefanten oder Dschungelfieber ums Leben. Auch die Cargills, berühmt durch ihre Supermarktkette, liegen hier begraben. James McGlashan überlebte die Schlacht bei Waterloo, fiel jedoch später den Moskitos zum Opfer. Spenden für die Erhaltung des Friedhofes werden gerne genommen.

Devales   TEMPEL
In Kandy gibt es vier *devales* für die Götter, die Anhänger Buddhas waren und Sri Lanka beschützen. Drei der vier *devales* befinden sich in der Nähe des Tempels des heiligen Zahns. Der älteste ist der **Natha Devale** aus dem 14. Jh. Er erhebt sich auf einer Steinterrasse mit einem schönen *Vahalkada*-Tor (einer massiven behauenen Steinplatte). Auf dem Gelände stehen Bodhibäume und Dagobas. Der schlichte **Pattini Devale** neben dem Natha Devale ist der Göttin der Reinheit gewidmet. Zum **Vishnu Devale** auf der anderen Seite der Raja Vidiya führen in Stein gehauene Stufen. Dieser Tempel hat auch ein Trommelhaus. Der wichtige Hindugott Vishnu ist Sri Lankas Schutzpatron und steht für die Vermischung von Hinduismus und Buddhismus.

Etwas abseits, inmitten des hektischen Treibens der Kotugodelle Vidiya, erhebt sich der bunt bemalte Torturm des **Kataragama Devale**. Der Kriegsgott Murugan ist hier mit sechs Köpfen und zwölf bewaffneten Händen dargestellt.

Klöster   TEMPEL
Die Haupt-*viharas* (buddhistische Tempelanlagen) in Kandy sind von hoher Bedeutung – die Hohepriester der zwei bekanntesten (Malwatte und Asgiriya) sind die einflussreichsten in ganz Sri Lanka. Die Tempel sind die Zentren zweier der wichtigsten *nikayas* (Mönchsorden), die Oberhäupter der Mönche verwalten auch den Tempel des heiligen Zahns. Der **Malwatte Maha Vihara** befindet sich vom Zahntempel aus gesehen auf der anderen Seeseite. Und der **Asgiriya Maha Vihara** mit einer großen liegenden Buddhafigur steht an der Wariyapola Sri Sumanga Mawatha nordwestlich des Stadtzentrums.

Udawattakelle Sanctuary   WALD
(Erw./Kind unter 12 Jahre 644/322 Rs; 8–18 Uhr) Nördlich des Sees liegt dieser unter Schutz gestellte Wald mit gewaltigen Bäumen, Vögeln und vielen frechen Affen. Vogelliebhaber können sich nach Vereinbarung schon um 6 Uhr das Konzert in der Morgendämmerung anhören.

Wer allein im Wald unterwegs ist, sollte aufmerksam sein: Überfälle passieren zwar selten, kommen aber vor. Besonders allein reisende Frauen sollten vorsichtig sein.

Zum Eingangstor geht es gleich nach dem Postamt an der DS Senanayake Vidiya rechts. Letzter Einlass ist um 16.30 Uhr.

Aktivitäten
Mehrere Institutionen in Kandy unterrichten Besucher in Meditationstechniken und Buddhismus. Nähere Einzelheiten über Kurse sind bei der **Buddhist Publication Society** (S. 155) zu erfahren. Viele Zentren bieten kostenlose Kurse an, Spenden sind aber erbeten und sehr geschätzt. Weitere Informationen siehe S. 158.

In Kandy gibt es zahlreiche Spazierwege, z. B. durch den **Royal Palace Park** (Eintritt 100 Rs; 8.30–16.30 Uhr). Von dem von Sri Wickrama Rajasinha angelegten Park schaut man über den See. Weiter oben an der Rajapihilla Mawatha ist die Aussicht über See, Stadt und Hügel noch besser. Für längere Spaziergänge bieten sich die Wege an, die von der Rajapihilla Mawatha abzweigen. Die Unterkünfte in der Stadt erteilen gern Auskunft.

Amaya Hills   AYURVEDA
(Karte S. 158; www.amayaresorts.com; Heerassagala; Gesichtsbehandlung 2500 Rs, Ölmassage & Dampfbad 4000 Rs) Die schönste Ayurveda-Einrichtung der Gegend findet man etwas außerhalb von Kandy, an einer kurvigen Straße in den Hügeln: das farbenfrohe Behandlungszentrum der Ferienanlage Amaya Hills (S. 161). Ein Tuk-Tuk von Kandy hierher kostet um die 1000 Rs. Ein Mittagessen und ein paar Stunden am herrlichen Pool machen den Ausflug perfekt.

Wedamedura Ayurveda AYURVEDA
(www.ayurvedawedamedura.com; 7 Mahamaya Mawatha; Behandlungen 1250–5000 Rs) Das Ayurveda-Zentrum im Südosten des Sees hat männliche und weibliche Masseure. Das Pauschalangebot für 700 € pro Woche beinhaltet auch Übernachtung und Verpflegung. Die Räume sind etwas dunkel und trist – das Zentrum Suwamadura (S. 182) in Ella ist einladender.

Victoria Golf & Country Resort GOLF
(www.golfsrilanka.com; Green Fee 5000–6500 Rs, Caddy 600 Rs pro Runde) Das Victoria Resort 20 km östlich von Kandy ist auf drei Seiten vom Victoria-Stausee umgeben, im Hintergrund erhebt sich die Knuckles Range. Ein Mittagessen im Clubhaus lohnt sich schon wegen der Aussicht. Der anspruchsvolle 18-Loch-Golfplatz gilt als der beste des indischen Subkontinents.

Sri Lanka Trekking WANDERN
(602 996070; www.srilankatrekking.com) Sumone Bandara und Ravi Kandy von Sri Lanka Trekking (in der Pension Expeditor) organisieren Wanderungen in und um Kandy sowie Camping- und Trekkingausflüge in die Knuckles Range (S. 162). Möglich sind auch Mountainbike- und Raftingtouren an anderen Orten des Hochlands.

Schlafen

Kandy bietet seinen Besuchern viele gute Unterkünfte, die luxuriöseren Hotels stehen häufig in toller Lage oben auf Hügeln. Im Umkreis von etwa 45 Autominuten eröffnen immer mehr kleine Häuser im Boutiquestil (s. S. 161). Diese ruhig gelegenen Hotels eignen sich gut als Ausgangsbasis für Tagesausflüge rund um Kandy – man ist jedoch aufs eigene Auto angewiesen.

Während der Kandy Esala Perahera sind Unterkünfte drei- bis viermal so teuer wie sonst. Eine Zimmerreservierung ist dann ratsam, und wer lange im Voraus bucht, hat sogar Chancen auf bessere Preise.

Die meisten Unterkünfte sind in oder bei der Anagarika Dharmapala Mawatha zu finden – die Buslinien 654, 655 und 698 (man kann auch einfach an der Bushaltestelle am

---

DIE GESCHICHTE DES ZAHNS

Es heißt, der heilige Zahn des Buddha wurde bei dessen Einäscherung 483 v. Chr. aus den Flammen gerettet und im 4. Jh. n. Chr. – in den Haaren einer Prinzessin versteckt– nach Sri Lanka geschmuggelt. Zunächst kam er nach Anuradhapura, im Lauf der wechselvollen Geschichte Sri Lankas wanderte er durchs Land, ehe er schließlich in Kandy landete. 1283 verschleppten ihn indische Invasoren zurück in ihre Heimat, von wo er von König Parakrambahu III. wieder zurück nach Sri Lanka gebracht wurde.

Der Zahn gewann nach und nach als Herrschaftssymbol an Bedeutung: Es hieß, dass, wer auch immer die Zahnreliquie besaß, das Recht hatte, über die Insel zu herrschen. Im 16. Jh. sollen die Portugiesen den Zahn beschlagnahmt, fortgeschafft und mit katholischem Eifer in Goa verbrannt haben. „Stimmt nicht", sagen die Singhalesen. Die Portugiesen hätten nur eine Nachbildung gestohlen, während der echte Zahn sicher verwahrt war. Noch immer kursieren Gerüchte, dass die echte Reliquie an einem sicheren Ort versteckt werde und der Zahn im Tempel nur eine Kopie sei.

Der Tempel des heiligen Zahns wurde größtenteils unter Kandys Königen von 1687 bis 1707 und von 1747 bis 1782 errichtet. Die gesamte Tempelanlage war Teil des königlichen Palastes. Der imposante rosa-weiße Bau ist von einem Graben umgeben. Der achteckige Turm im Graben, erbaut unter Sri Wickrama Rajasinha, diente zur Aufbewahrung einer bedeutenden Sammlung von *Ola*-Manuskripten auf (Blättern der Talipotpalme). Dieser Bereich des Tempels wurde 1998 durch die Bombenexplosion stark beschädigt.

Der Hauptschrein – ein zweistöckiges, rechteckiges Gebäude namens Vahahitina Maligawa – steht im Zentrum eines gepflasterten Hofs. Das auffällige, vergoldete Dach über der Reliquienkammer haben japanische Gönner finanziert. Die Explosion 1998 legte Teile der Vorderwand frei. Darunter kamen mindestens drei Schichten Malereien aus dem 18. bis 20. Jh. zum Vorschein, die die *perahera* (s. Kasten S. 151) und verschiedene *jataka* (Geschichten aus dem Leben Buddhas) illustrieren.

Sri-lankische Buddhisten glauben, dass sie im Leben mindestens einmal zu diesem Tempel pilgern müssen, weil Gebete an diesem heiligen Ort für das Karma wichtig sind und dieses unendlich verbessern.

Uhrturm nach der „Sanghamitta Mawatha" fragen) fahren dorthin.

Die meisten Hotels haben eigene Restaurants. die die Gäste verköstigen.

Sharon Inn
HOTEL $$

(220 1400; www.hotelsharoninn.com; 59 Sarankara Rd.; Zi. 3000–4500 Rs; ✱@🕿) Das Sharon Inn ist eines der ältesten Hotels der Stadt und noch immer eines der besten. Tolle Aussicht und blitzsaubere, mit sri-lankischem Kunsthandwerk dekorierte Zimmer sorgen für einen relaxten Aufenthalt. Die günstigeren Zimmer haben Gemeinschaftsbäder. Es ist eines der bestgebuchten Ferienhotels der Stadt, die Besitzer geben gerne Tipps und organisieren Wagen mit Fahrer. Das Abendbüfett um 19.30 Uhr (900 Rs) ist der beste Weg, sich in die heimische Küche zu verlieben. Wer hier nicht übernachtet, sollte telefonisch einen Tisch reservieren.

Villa Rosa
BOUTIQUEHOTEL $$$

(221 5556; www.villarosa-kandy.com; Asigiriya; EZ 85–125 US$, DZ 125–180 US$; ✱🕿) Die Villa Rosa mit vielen Antiquitäten und herrlichem Blick über eine einsame Schleife des Mahaweli River ist die Art von Haus, die man auch selber bauen würde, so man denn nach Sri Lanka zieht. Es hat große Zimmer mit Holzböden und kühlen, neutralen Farben sowie gemütliche Lounges und eine gut bestückte Bibliothek. In einem separaten Pavillon befinden sich ein Yoga- und ein Meditationszentrum.

Freedom Lodge
PRIVATUNTERKUNFT $$

(222 3506; freedomomega@yahoo.com; 30 Sarankara Rd.; EZ/DZ inkl. Frühstück 3000/3500 Rs; 🕿) Ein wunderbarer Ort! Die Freedom Lodge wird von einer netten Familie geführt, ist von hohen Palmen umgeben und bietet sechs makellose Zimmer, exzellentes Essen und ein wirklich familiäres Flair. Die Badezimmer würden auch einem luxuriösen Hotel gut zu Gesicht stehen! Angesichts all dieser Pluspunkte ist es klar, dass die Freedom Lodge seit Jahren als eine der besten Unterkünfte der Stadt gilt.

St Bridget's Country Bungalow
PRIVATUNTERKUNFT $

(221 5806; www.stbridgets-kandy.com; 125 Sri Sumangala Mawatha, Asigiriya; EZ/DZ 1500/2500 Rs; @) Mitten in einem dschungelartigen Wald voller Vögel steht dieses herrliche Familienhaus mit acht tadellosen, wenn auch kleinen Gästezimmern (und noch winzigeren Bädern), das eine herzliche Atmosphäre und eine hervorragende Küche bietet (ist das Gästebuch voller Lobeshymnen). Von der Stadt läuft man 20 Minuten, die Fahrt mit dem Tuk-Tuk kostet 150 Rs.

Kandy Cottage
GÄSTEHAUS $$

(077 255 6487; www.kandycottage.com; 160 Lady Gordon Dr., Sri Dalada Thapowana Mawatha; EZ 2200 Rs, DZ 4136–6600 Rs; @) Das weiß getünchte Kandy Cottage steht versteckt in einem bewaldeten Tal. Die drei Zimmer sind mit massiven Holzmöbeln und polierten Betonböden ausgestattet und verströmen Bohème-Flair. Das Hotel liegt zehn Gehminuten vom Zentrum entfernt.

Queens Hotel
HISTORISCHES HOTEL $$$

(223 3026; Dalada Vidiya; EZ/DZ inkl. Frühstück ab 76/92 US$; ✱🕿) Atmosphäre und Lage sind die Hauptgründe, hier einzuchecken. Während andere asiatische Hotelveteranen aufgemotzt wurden, hat das Queens seine altmodischen Zimmer mit charmanten Blumenmotiven und blank polierten Dielen bewahrt, ebenso seine Lobby, die groß genug für ein eintägiges Cricket-Match wäre. Ab und an gibt es zwar kein heißes Wasser, aber noch immer ist dies *der* angesagte Platz während der Kandy Esala Perahera. Zum Tempel des heiligen Zahns und zur Königlichen Palastanlage sind es nur einige wenige Schritte, nebenan lockt das gemütliche Pub Royale.

McLeod Inn
GÄSTEHAUS $

(222 2832; mcleod@sltnet.lk; 65A Rajapihilla Mawatha; Zi. 2500–2000 Rs; 🕿) Das McLeod könnte alleine schon für den grandiosen Seeblick viel mehr verlangen als es tatsächlich tut. Stattdessen konzentriert man sich auf ein entspanntes, familiäres Flair, blitzsaubere Zimmer und Kandys wohl besten Balkon für die Abendgestaltung mit einem guten Buch und einem kühlen Drink.

Expeditor
GÄSTEHAUS $$

(223 8316; www.expeditorkandy.com; 41 Sarankara Rd.; Zi. 1500–3500 Rs) Viele Topfpflanzen, Balkons mit schöner Aussicht und die Möglichkeit, mit den Besitzern ihre Wohnbereiche zu teilen, verleihen dem Expeditor ein behagliches Bed-and-Breakfast-Feeling. Die Familie organisiert auch Trekkingtouren (S. 148) in die Umgebung.

Nature Walk Resort
GÄSTEHAUS $$

(222 4337; www.naturewalkhr.net; 9 Sanghamitta Mawatha; Zi. 2000–3000 Rs; ✱🕿) Terra-

kottafliesen und Glastüren führen auf Balkone mit tollem Waldblick. Die Zimmer sind geräumig und luftig. Morgens begeistern Horden von Affen, abends ganze Geschwader von Fledermäusen die Gäste.

Castle Hill Guest House PRIVATUNTERKUNFT $$
(222 4376; 22 Rajapihilla Mawatha; EZ/DZ 3450/4200 Rs; @) Vom wunderschönen Garten hat man einen schier atemberaubende Aussicht auf den See, die Stadt und die dahinter liegenden Berggipfel. Die Gästezimmer werden den hohen Erwartungen, die der Garten weckt, nicht ganz gerecht, sie liegen aber ruhig – weit weg vom Touristentrubel – und begeistern mit authentischer 1930er-Architektur und -Einrichtung.

Burmese Rest GÄSTEHAUS $
(274 DS Senanayake Vidiya; EZ/DZ 300/500 Rs) Angesichts der niedrigen Preise (das Burmese Rest ist die mit Abstand günstigste Unterkunft in Kandy) wäre zu erwarten, dass diese einstige Pilgerherberge eher abstoßend ist. Doch tatsächlich ist hier alles sauber und gepflegt, und das Gebäude selbst ein Juwel. Alle Zimmer haben Gemeinschaftsbäder. Die Mönche sind freundlich, und der Innenhof ist eine langsam verfallende Oase voller Schildkröten. Das Hinweisschild, dass Ausländer hier nur mit Erlaubnis der myanmarischen Regierung (die das Haus besitzt – ein Grund für manche, es zu meiden) übernachten dürfen, kann man getrost ignorieren. Es empfiehlt sich, eigene Bettlaken mitzubringen.

Lake Bungalow PRIVATUNTERKUNFT $
(222 2075; shiyan_duruwile@gmail.com; 22/2B Sangaraja Mawatha; Zi. 1800 Rs) Die Einrichtung erinnert schwer an die 1970er-Jahre, doch der rüschige Oma-Touch schafft gleichzeitig eine echte Wohlfühlatmosphäre. Mit der gut ausgestatteten Küche eignet sich das Haus auch für Selbstversorger. Die Gäste wohnen über einer Vorschule, sollten sich also auf lauthals gesungene Kinderlieder

KANDY ESALA PERAHERA

Die *perahera* (Prozession) in Kandy wird zu Ehren der Zahnreliquie im Tempel des heiligen Zahns (Sri Dalada Maligawa) veranstaltet. Das Fest dauert zehn Tage im Monat Esala (Juli/Aug.) und endet zur *Nikini-poya* (Vollmond im Aug.). Kandys wichtigste Nacht im Jahr ist gleichzeitig der Höhepunkt dieses frenetisch gefeierten Fests. In den letzten Jahren wurde das Event wegen der sinkenden Elefantenpopulation etwas kleiner abgehalten – früher nahmen mehr als 100 Dickhäuter teil –, aber noch immer ist das Fest eines der faszinierendsten in ganz Asien.

Die ersten sechs Abende laufen noch relativ ruhig ab, doch in der siebten Nacht geht es richtig los: Die Prozession wird immer länger und pompöser (auch die Übernachtungspreise steigen entsprechend).

Genau genommen ist die Prozession eine Kombination aus fünf einzelnen peraheras. Vier beginnen in den vier *devales* der Stadt (*devales* sind Tempelanlagen, in denen hinduistische oder sri-lankische Gottheiten verehrt werden, die auch Anhänger und Diener Buddhas sind): Natha, Vishnu, Kataragama und Pattini. Die fünfte und prächtigste *perahera* startet am Sri Dalada Maligawa selbst.

Die Prozession wird von Tausenden Tänzern und Trommlern aus Kandy angeführt, die den Rhythmus schlagen, mit Peitschen knallen und bunte Fahnen schwingen. Ihnen folgen lange Prozessionen von bis zu 50 Elefanten. Der Maligawa-Elefantenbulle ist von oben bis unten geschmückt und trägt einen riesigen Baldachin, unter dem in der letzten Nacht eine Nachbildung des Kästchens liegt, das die Zahnreliquie birgt. Vor dem Elefanten wird ein Teppich aus weißem Leinen ausgebreitet.

Die Esala Perahera in Kandy ist Sri Lankas pompösestes Spektakel und wird schon seit vielen Jahrhunderten gefeiert. Schon 1681 beschrieb es der englische Kapitän Robert Knox in seinem Buch *An Historical Relation of Ceylon*. Am Poya-Tag im Juni zieht eine kleinere Prozession durch die Stadt, und zu besonderen Anlässen gibt es ebenfalls spezielle *peraheras*.

Sitzplätze entlang der Straße bei der großen *perahera* muss man mindestens eine Woche im Voraus reservieren, sie kosten zwischen 5000 und 6500 Rs. Hat die Prozession bereits angefangen, kann man noch relativ preiswerte Sitzplätze im hinteren Teil der Tribünen ergattern.

einstellen. Ein weiteres Plus: Das Haus wirkt deutlich weniger touristisch als die meisten anderen Unterkünfte.

Royal Tourist Lodge GÄSTEHAUS $$
(222 2534; royalxx@slt.lk; 201 Rajapihilla Mawatha; Zi. 2200 Rs; @☎) Hübsche Bambusmöbel, Gartenpatios und familiäres Flair sorgen dafür, dass sich die Royal Tourist Lodge mehr wie ein Privathaus als ein Gästehaus anfühlt. Besonders gut ist sie für jene geeignet, die längere Zeit haben, sich auf das Familienleben einzulassen.

Lakshmi Guest House GÄSTEHAUS $
(222 2154; www.lakshmipg2.lkguide.com; 57/1 Saranankara Rd.; Zi. ab 1650 Rs, ohne Bad 1100 Rs; @☎) Das Lakshmi, eines der vielen guten Gästehäuser an der Saranankara Road, ist eine günstige, saubere und fröhliche Unterkunft und gehört den Besitzern des Palm Garden. Das heißt: Gutes Essen und zuvorkommender Service sind garantiert.

Highest View GÄSTEHAUS $$
(223 3778; www.highestview.com; 129/3 Saranankara Rd.; Zi. inkl. Frühstück 3000 Rs, ohne Bad 2000 Rs; @) Die Aussicht ist nicht ganz dem Namen entsprechend superlativisch – diese Ehre gebührt wohl eher dem McLeod Inn –, aber doch recht nett. Pastellfarbene Zimmer, ruhige Lounges und ein großes Restaurant mit Bar bilden in der Summe eine gute Unterkunft an der kurvenreichen Saranankara Road. Mr. Thuvan, der Manager, ist eine Nummer für sich.

Forest Glen GÄSTEHAUS $$
(222 2239; www.forestglenkandy.com; 150/6 Lady Gordon's Dr., Sri Dalada Thapowana Mawatha; Zi. 2000–3500 Rs) Die herrlich abgeschiedene Familienpension an einer kurvigen Straße am Rand des Naturschutzgebietes Udawattakelle vermietet einfache, sehr ruhige Zimmer. Besonders Vogelliebhaber steigen hier gern ab, die Stadt liegt nur zehn Gehminuten entfernt. Mit seinem kleinen Spielplatz ist das Haus auch bei Familien sehr beliebt.

Green Woods GÄSTEHAUS $
(223 2970; www.greenwoodskandy.com; 34A Sanghamitta Mawatha; Zi. 1800 Rs) Wer auf dem Balkon dieses einladenden Hauses mit kleinen, schlichten Zimmern ein paar Stunden verbringt, wird zumindest ein paar der über 45 Vogelarten erspähen, die das Gästebuch auflistet. Das von Gärten und Wald umgebene Green Woods ist eine erholsamer Rückzugsort von der Hektik in Kandy. Vielleicht wird man von Hund Chico in aller Frühe geweckt – dann sieht man umso mehr gefiederte Freunde.

Blue Haven Guesthouse GÄSTEHAUS $$
(222 9617; www.bluehavenguesthouse.com; 30/2 Poorna Lane, Asgiriya; EZ/DZ 2970/4400 Rs; ☎) Die frisch renovierten Gästezimmer sind in allen Regenbogenfarben gestrichen und bieten fantastische Aussicht auf die Knuckles Range, sind aber definitiv überteuert. Der Inhaber, Mr. Linton, ist ein unterhaltsamer Gastgeber und organisiert Mietwagen und Ausflüge. Ein Tuk-Tuk in die Stadt kostet 200 Rs.

Chaaya Citadel GÄSTEHAUS $$$
(Colombo 011-230 6600; www.chaayahotels.com; 124 Srimath Kuda Ratwatte Mawatha; EZ/DZ inkl. Frühstück 168/173 US$; ✽☎≋) Das Chaaya Citadel am Fluss ist eine von Kandys schönsten Ferienanlagen für Pauschaltouristen. Es bietet schicke Zimmer in Schokotönen mit grauem Schiefer, eine luftige Lobby und eine Poolbar. Insgesamt ist es etwas zu teuer. Wer hier nicht nächtigt, sollte dennoch im Restaurant zu Mittag essen und dann kostenlos im Pool baden. Man findet das Chaaya 5 km westlich von Kandy, ein Taxi kostet einfach etwa 600 Rs.

Olde Empire Hotel HISTORISCHES HOTEL $
(222 4284; www.oldeempirehotel.com; 21 Temple St.; Zi. 748–2200 Rs) In dem Hotel in Gehnähe zum Tempel des heiligen Zahns führen koloniale Flure zu den einfachen Zimmern, von denen nur einige eigene Bäder haben. Es gibt einen Balkon mit Seeblick und ein günstiges, populäres Restaurant.

Pink House GÄSTEHAUS $
(077 961 8552; 15 Saranankara Rd.; Zi. 1300 Rs, ohne Bad 900 Rs) Das Pink House ist eine Reminiszenz an die frühen Tage der Reisen übers Land. Tony Wheeler nächtigte hier, als er für den ersten Lonely-Planet-Reiseführer über Sri Lanka recherchierte. Fast 30 Jahre später steht das Haus noch immer für ein sehr herzliches Familienflair mit Kids, Hunden und, seien wir ehrlich, ziemlich viel Dreck – aber wer in den alten Zeiten der klassischen Weltreisen schwelgen will, ist hier genau richtig.

Palm Garden Guest House GÄSTEHAUS $$
(223 3903; www.palmgardenkandy.com; 8 Bogodawatte Rd., Suduhumpola; Zi. 2500–3500 Rs; ☎@) Das moderne Gästehaus (vom Bahn-

hof die Straße hoch) kann nicht mit toller Aussicht brillieren, aber die Zimmer sind geräumig und blitzsauber. Und im Dachrestaurant mit Bar arbeiten die freundlichsten Leute der Stadt. Zum Angebot gehören ein Auto- und Motorradverleih, aber ein Tuk-Tuk reicht völlig (100 Rs ins Zentrum).

 **Essen**

Ein Restaurantbesuch in Kandy kann zum Reinfall werden. Im Zentrum gibt es ein paar einfache Lokale, aber keines ist auch nur im Entferntesten als nobel zu bezeichnen. Die meisten Besucher essen deshalb abends gleich im Hotel. Besonders gut sind die Büfetts (ab 19.30 Uhr) im **Sharon Inn** (222 2416; Büfett 900 Rs), im **Palm Garden Guest House** (Büfett 900 Rs) sowie im St. Bridget's Country Bungalow. Nicht-Gäste sind willkommen, müssen aber spätestens am Nachmittag einen Tisch reservieren.

Wer an der Sarankankara Road wohnt und nicht mehr in die Stadt marschieren mag, kann in einem namenlosen **Restaurant** sri-lankische Standardgerichte für rund 150 Rs bestellen.

Devon Restaurant   INTERNATIONAL $
(11 Dalada Vidiya; Hauptgerichte 150–350 Rs) Das große und gut besuchte Restaurant mit Bäckerei hat eine umfangreiche Karte mit sri-lankischen und chinesischen Klassikern, ein paar lustlosen westlichen Gerichten und „gesunden" Salaten (die Variante mit Speck, Ei und Pommes-Sandwich ist ganz sicher sehr gesund!). Der Hauptraum ist eine schicke, kantinenähnliche Angelegenheit und übertrifft in Sachen Noblesse die meisten anderen Lokale der Stadt. Schon wegen der Kinderstühle ist das Devon bei den Familien unter den Gästen sehr beliebt.

Kandy Muslim Hotel   SRI-LANKISCH $
(Dalada Vidiya; Hauptgerichte 100–350 Rs) Nein, das ist kein Hotel, sondern ein stets voll besetztes Restaurant, in dem es Kandys beste Samosas, super gewürzte Currys und Berge aus frisbee-großen, aber hauchdünnen Fladenbroten *(naan)* gibt. Ein Spektakel veranstaltet der Typ, der vor der Tür *kotthu* (klein gehacktes Fladenbrot mit Fleisch und Gemüse) zubereitet.

History Restaurant   INTERNATIONAL $$
(27A Anagarika Dharmapala Mawatha; Hauptgerichte 350–550 Rs; 12–23 Uhr) Angesichts der Gerichte aus Indien, Italien, Thailand und Sri Lanka könnte das Restaurant gut auch „Geografie" heißen. Das Essen ist okay und die Auswahl an Alkoholika gut, aber der eigentliche Grund für einen Besuch sind die tollen Schwarz-Weiß-Fotos vom alten Kandy. Und: Nein, nur im Hintergrund laufenden PowerPoint-Präsentation über Kandys Geschichte muss man sich keine Notizen machen. Das History ist ein bisschen schwer zu finden: Es liegt im Obergeschoss eines graubraunen Hauses über einer Bäckerei (die auch nicht schlecht ist).

Paiva's Restaurant   SRI-LANKISCH $$
(37 Yatinuwara Vidiya; Hauptgericht 300–400 Rs) Das Reis-Curry zu Mittag ist eine gute Einführung in die sri-lankische Küche. Zur Auswahl stehen drei verschiedene Reisarten und unterschiedliche Currys. Abends können auch chinesische und nordindische

---

NICHT VERSÄUMEN

HELGA'S FOLLY

Hätten Gaudí und Dalí ein Horrorhotel entworfen, wäre wohl **Helga's Folly** (223 4571; www.helgasfolly.com; 32 Frederick E. de Silva Mawatha; EZ/DZ inkl. Frühstück 200/210 US$;) dabei herausgekommen: eine Mischung aus Hotel, Kunstgalerie und Surrealistentraum. Helga's Folly mit 35 Zimmern ist das ausgefallenste und absolut außergewöhnlichste Hotel Sri Lankas. Gestaltet hat es die exzentrische Besitzerin Helga da Silva, die in den 1950er-Jahren in einer Welt aus Hollywoodgrößen, Künstlern, Schreiberlingen, Politikern und allgegenwärtigen Intrigen aufwuchs. Sie ist weltweit eine der ganz wenigen Hotelbetreiber, die nicht zu viele Gäste aufnehmen möchten! Die britische Rockband Sterophonics widmete ihr einen berühmt gewordenen Song (Madame Helga). Helgas fantastisches Haus hat bei den Übernachtungsgästen sicherlich für viele Alpträume gesorgt. So ungewöhnlich das Ambiente auch ist: Schaut man mal hinter all den Schnickschnack, erkennt man doch, wie zerschlissen alles ist. Statt hier zu nächtigen, sollte man lieber nur auf einen Drink reinschauen – immerhin ist es für viele Leute die interessanteste Sehenswürdigkeit in Kandy.

Köstlichkeiten à la carte bestellt werden. Die netten Kellner überbringen dem Koch gern den Wunsch „spicy please". Und das Bier sollte kalt sein, gell!

Bake House SRI LANKISCH $
(36 Dalada Vidiya; Hauptgerichte 80–150 Rs) Das Bake House unterhalb von The Pub ist die Vielseitigkeit schlechthin: Leckere Backwaren bekommt man am Tresen zum Mitnehmen, und ein Essbereich unter weiß getünchten kolonialen Bogen lädt zum Sitzen ein. Am besten kurz nach 15 Uhr kommt, wenn der zweite Backgang des Tages fertig ist und die Snacks noch warm sind.

Olde Empire Hotel SRI LANKAN $
(222 4284; 21 Temple St.; Hauptgerichte 100–150 Rs) Der einfache Speisesaal des Old Empire Hotel hat viel Charakter. Serviert werden Reiscurrys, auch Lunchpakete können nen bestellt werden. Die Blumen auf den Tischen sind jeden Tag frisch, das Essen ist leider nur so lala.

Ausgehen

In dieser heiligen Stadt sind die Lizenzvergaben für Pubs, Bars und Diskos sehr streng geregelt. Der typische Einwohner Kandys geht früh schlafen, für die anderen gibt es ein paar Etablissements für einen Gin-Tonic am Abend. Die Top-Hotels haben ebenfalls anständige Bars.

The Pub BAR
(232 4868; 36 Dalada Vidiya; 17–24 Uhr) Hält, was der Name verspricht: Carlsberg und Lion Lager vom Fass, ein paar Cocktails und hin und wieder einen Jazz-Gig am Samstagabend. Das westlich geprägte Essen (Pommes, Pasta, Club-Sandwich) ist langweilig und überteuert, aber der Blick vom Balkon auf Kandys hektische Rushhour in der Abenddämmerung ist ein wunderbarer Tagesabschluss.

Pub Royale BAR
(Dalada Vidiya; 16–24 Uhr) Diese düstere, etwas verstaubte Kopie eines englischen Pubs ist eine wunderbar ruhige Oase, während draußen an der Kreuzung der Verkehr tobt. Neben dem Queens Hotel.

PUB BAR
(27A Anagarika Dharmapala Mawatha; 17–24 Uhr) Ein riesiges rotes Neonschild über dem Chinarestaurant Bamboo Garden weist den Weg zu dieser Bar mit großen Holztischen und tollem Blick auf den See.

Unterhaltung
Nachtclubs
Kandys zwei Nachtclubs befinden sich in Hotels. In beiden haben Frauen freien Eintritt, gemischte Paare zahlen 500 Rs. Männer, die nicht im Hotel wohnen, werden normalerweise nicht reingelassen. Die Herren der Schöpfung müssen lange Hosen, geschlossene Schuhe und Hemd tragen.

Blackout NACHTCLUB
(Swiss Residence Hotel, 23 Bahirawakanda; Do-Sa) Das Blackout im Swiss Residence Hotel ist der einzige Danceclub der Stadt. Ein Tuk-Tuk hierher kostet einfach ca. 250 Rs.

Le Garage NACHTCLUB
(Karte S. 158; 223 3521/2; Amaya Hills, Heerassagala; Sa 21–3 Uhr) Mit dem Tuk-Tuk sind esvon Kandy aus 30 Minuten nach Südwesten (500 Rs) bis zur Amaya-Hills-Disko, die nur samstags geöffnet ist.

Sport
Im einfachen Asgiriya-Stadion nördlich des Zentrums jubeln bis zu 10 000 Fans bei internationalen Tages- und Testspielen. Das kompakte Stadion gehört zu den schönsten Veranstaltungsorten für internationale Cricketspiele. Die Eintrittspreise variieren je nach Popularität der Teams: Tickets für die Spiele Indien gegen Sri Lanka sind die teuersten. Sitzplätze auf der Tribüne kosten bis zu 3000 Rs, Stehplätze bekommt man schon für 200 Rs. Die Karten können noch am Spieltag selbst gekauft werden, Tribünenplätze sind im Sri Lanka Cricket Office (223 8533) im Stadion bis zu einem Monat im Voraus buchbar.

Rugby wird von Mai bis September auf den Nittawella Rugby Grounds gespielt.

Shoppen

Der staatliche Kunsthandwerksladen Laksala westlich vom See ist billiger als die Läden im Kandyan Art Association & Cultural Centre. Das große Laksala-Geschäft in Colombo ist allerdings noch deutlich besser.

Im Zentrum von Kandy findet man Läden mit einem großen Angebot an antiken Schmuck und Silbergürtel. Kunsthandwerk ist auch auf dem farbenfrohen Hauptmarkt (Station Rd.) zu finden.

In Kandy gibt es auch ein paar Batikproduzenten. Originelle Designs bieten die Läden Upali Jayakody (Peradeniya Rd.) und Fresco Batiks (Peradeniya Rd.). In der Nähe haben sich auch Antiquitätenhändler nie-

NICHT VERSÄUMEN

KANDYS TÄNZER & TROMMLER

Kandys Tanzvorführungen mit prächtigen Kostümen, wirbelnden Tänzern und bejubelten Feuerspuckern ist ein Muss für jeden Besucher. Die Shows sind eigentlich keine Kandy-Tradition, sondern auf die Unterhaltung des Publikums ausgerichtet. Sie vermischen Kostüme und Tänze aus dem ganzen Land, sodass auch die berühmten Teufelstänze der Westküste (die dort leider nur selten aufgeführt werden) zu sehen sind.

An allen drei Veranstaltungsorten beginnen die Shows um 17.30 Uhr (30 Min. vorher sollte man da sein) und dauern eine Stunde. Der Eintritt kostet überall 500 Rs.

» **Kandy Lake Club** (Sanghamitta Mawatha) 300 m die Sanghamitta Mawatha hoch findet man diesen Club. Die vorderen Zuschauerreihen sind meistens für Gruppen reserviert – um einen guten Platz zu ergattern, muss man spätestens 20 Minuten vor Beginn da sein. Diese Show hat die aufwendigsten Kostüme.

» **Kandyan Art Association & Cultural Centre** (Sangharaja Mawatha) Das Zentrum am Nordufer des Sees ist der angesagteste Schauplatz und oft voller Reisegruppen. Das Fotografieren ist hier besser möglich als im Kandy Lake Club. Wer früh genug da ist, kann noch den Ausstellungsraum und die Werkstätten besichtigen.

» **Mahanuwara YMBA** (5 Rajapihilla Mawatha) Das Gästehaus der YMBA (Young Men's Buddhist Association) südwestlich vom See ist viel zurückhaltender. Die Performance ist genauso gut wie in den anderen Clubs, der Andrang aber etwas geringer.

Die Trommler von Kandy sind auch täglich im Tempel des heiligen Zahns (S. 149) und in den anderen Tempeln des Areals zu hören. Ihr Trommeln signalisiert den Beginn und das Ende der *puja* (Opferritual oder gebet)..

---

dergelassen, beispielsweise **Dharshana Lanka Arts** (923 Peradeniya Rd.).

Kandyan Art Association & Cultural Centre   KUNSTHANDWERK

(Sangharaja Mawatha) In einem Showroom aus der Kolonialzeit ist eine gute Auswahl an Lack- und Messingarbeiten sowie anderem hiesig Kunsthandwerk zu finden. Ein paar Handwerker lassen sich bei der Arbeit über die Schulter schauen.

Buchläden

Buddhist Publication Society   BÜCHER

(www.bps.lk; 54 Victoria Rd.; ⊘Mo–Fr 9–16.30, Sa 9–12.30 Uhr) Die Buddhist Publication Society 400 m nordöstlich des Zahntempels ist eine gemeinnützige Organisation, die Buddhas Lehren verbreitet. Zuweilen halten heimische Gelehrte und Mönche Vorträge. Die Buchhandlung ist sehr gut sortiert. Weitere Infos und kostenlose Downloads findet man im Internet. Ein guter Platz, um nach Meditationskursen zu fragen.

Cultural Triangle Office   BÜCHER

(⊘8–16.15 Uhr) Hier lassen sich zahlreiche Bücher über die antiken Städte erstehen. *Kandy* von Dr. Anuradha Seneviratna ist ein informativer und lesenswerter Schmöker über die Stadtgeschichte. Im Sortiment ist auch *The Cultural Triangle* mit Hintergrundwissen über die antiken Stätten, herausgegeben wird das Buch von der Unesco und dem Central Cultural Fund.

Vijitha Yapa   BÜCHER

(5 Kotugodelle Vidiya) Vijitha Yapa verkauft Zeitschriften und Zeitungen (auch ausländische), außerdem Kartenmaterial, Belletristik und Sachliteratur.

ⓘ Praktische Informationen

Gefahren & Ärgernisse

Nach Einbruch der Dunkelheit sollte man die Seitengassen des Zentrums meiden. Dort treiben sich fast nur Kerle rum, die Spielhöllen und zwielichtige Bars aufsuchen.

Kundenfänger sind rund um den Bahnhof und am See unterwegs. Sie erzählen von Gästehäusern, die mysteriöserweise geschlossen bzw. dichtgemacht wurden oder voller Kakerlaken sind. All diese offenkundigen Lügen sind Grund genug, im Voraus ein Zimmer zu buchen; die meisten Pensionen holen die Gäste dann am Bahnhof ab. Achtung auch vor Typen, die behaupten, im Hotel des Angesprochenen zu arbeiten. Fragt man nach: „Which hotel?", machen sie sich kleinlaut davon. Bei der Recherche wurde von Frauen berichtet, die bei Dunkelheit am See allein unterwegs waren und bedrängt wurden. Um auf Nummer sicher zu gehen, sollte frau am besten ein Tuk-Tuk zurück zur Unterkunft nehmen.

Geld

Folgende Banken haben Geldautomaten und Schalter zum Geldwechseln:
Bank of Ceylon (Dalada Vidiya)
Commercial Bank (Kotugodelle Vidiya)
Hatton National Bank (Dalada Vidiya)
HSBC (Kotugodelle Vidiya)

Internetzugang

Im Stadtzentrum finden sich zahlreiche Internetcafés (besonders in der Kotugodelle Vidiiya), alle verlangen rund 60 Rs pro Stunde. Viele Hotels bieten WLAN-Anschluss.

Kulturzentren

Alliance Française (642 Peradeniya Rd.; ☺Mo–Sa 8.30–18 Uhr) Die Alliance organisiert Filmabende (auf Französisch, häufig mit englischen Untertiteln), es gibt Bücher, Zeitschriften und einen guten Kaffee. Auch Nicht-Mitglieder dürfen die Bibliothek aufsuchen und in den Büchern schmökern.

British Council (www.britishcouncil.org/srilanka; 88/3 Kotugodelle Vidiya; ☺Di–Sa 9–17, So 9–14.30 Uhr) Britische Zeitungen, CDs, Videos und DVDs, zuweilen auch Filmabende, Ausstellungen und Theater. Nicht-Mitglieder dürfen nach Vorlage ihres Ausweises Zeitungen lesen.

Medizinische Versorgung

Lakeside Adventist Hospital (☏222 3466; 40 Sangaraja Mawatha) Hier arbeitet englischsprachiges Personal.

Post & Telefon

Die Hauptpost befindet sich gegenüber vom Bahnhof. Eines der kleineren Postämter steht an der Kreuzung Kande Vidiya und DS Senanayake Vidiya. Auslandsgespräche kann man in vielen privaten Telefonläden führen.

Touristeninformation

Cultural Triangle Office (☺8–16.15 Uhr) Das Büro befindet sich in einem Kolonialgebäude ganz in der Nähe der Touristeninformation. Hier werden Bücher verkauft, eine zusammengeschusterte DVD über Kandys Geschichte wird gezeigt, und man kann Sammeltickets für das Kulturdreieck kaufen, die viele Sehenswürdigkeiten der antiken Städte einschließen. In Kandy gelten die Tickets für die vier hinduistischen *devales* – für Kataragama, Natha, Pattini und Vishnu –, zwei Klöster (Asgiriya und Malwatte) und das Nationalmuseum. Bei den *devales* und Klöstern ist es üblich, etwas zu spenden (50 Rs oder mehr). Weitere Infos über diese Tickets siehe S. 207.

Tourist Information Centre (☏222 2661; 9 Dalada Vidiya; ☺8–16 Uhr) Ist im Kandy City Centre Building untergebracht.

 An- & Weiterreise

Bus

Kandy hat einen Busbahnhof (den turbulenten Goods Shed) und mehrere Bushaltestellen beim Uhrenturm. Am Goods-Shed-Busbahnhof fahren die Fernbusse los, die Regionalbusse z. B. nach Peradeniya, Ampitiya, Matale und Kegalle am Uhrenturm. Ein paar private Intercity-Expressbusse (z. B. nach Negombo und Colombo) fahren an der Station Road zwischen Uhrenturm und Bahnhof ab. Wer sich nicht zurechtfindet, fragt am besten einen Einheimischen.

Um nach Sigiriya zu gelangen, muss man in Polonnaruwa umsteigen.

Flugzeug

Sri Lankan Air Taxi (www.srilankan.lk/airtaxi) bietet am Montag, Mittwoch, Freitag und Sonntag Flüge nach und von Colombo (einfach ca. 7000 Rs) an.

Taxi

In der Nähe des Zahntempels warten viele Taxifahrer auf Kundschaft für längere Fahrten. Die Pensionen und Hotels organisieren zwar Taxifahrten, billiger ist es aber häufig, die Fahrer selbst anzusprechen. Wer ein Auto inklusive Fahrer und Benzin mieten will, muss mit Kosten von etwa 5500 Rs pro Tag rechnen. Ein Kleinbus liegt bei rund 6500 Rs am Tag.

Einige Unterkünfte bieten Tagesausflüge zu allen drei Zielen des Kulturdreiecks (Sigiriya, Anuradhapura und Polonnaruwa) an, was aber sowohl für den Fahrer als auch für die Fahrgäste eher eine Strapaze als ein Vergnügen bedeutet und geradezu zum Rasen einlädt. Besser plant man in Anuradhapura, Sigiriya oder Polonnaruwa eine Übernachtung ein.

Ein Taxi zum Bandaranaike International Airport kostet etwa 4600 Rs, nach Colombo rund 5500 Rs.

Blue Haven Tours & Travels (☏077 737 2066; www.bluehaventours.com; 25 Trincomalee Rd.) ist eines von vielen Mietwagen- und Tourunternehmen, ein Auto mit Fahrer kostet hier 50 US$ am Tag.

Zug

Kandys Bahnhof ist zwar ein wichtiger Halt im inselweiten Schienennetz, aber dennoch recht unübersichtlich (was nicht wirklich überrascht). Fahrkarten kann man im Bahnhof (5.30–17.30 Uhr) bis zu zehn Tage im Voraus kaufen oder reservieren.

Im Zug nach Badulla sind die Plätze in der 1. Klasse des Aussichtswaggons sehr beliebt. Der Zug fährt in Colombo los und hält u. a. in

BUSSE VON KANDY

REISEZIEL	HALTESTELLE	PREIS (RS) KLIMAANLAGE	PREIS (RS) OHNE ANLAGE	FAHRZEIT (STD.)
Colombo	Station Rd	240	121	3–4
Negombo	Station Rd	-	120	3–4
Nuwara Eliya	Goods Shed	180	93	2
Ratnapura	Goods Shed	-	134	6
Anuradhapura	Goods Shed	285	148	3–4
Polonnaruwa	Goods Shed	-	142	3

Kandy, Hatton (nahe Adam's Peak), Nanu Oya (Bahnhof für Nuwara Eliya), Haputale und Ella. Wer für diese Ziele am Schalter kein Ticket mehr bekommt, spricht am besten mit dem Bahnhofsvorsteher, der manchmal noch weitere Plätze für Touristen vergeben kann.

Ziele und Preise der Züge ab Kandy:

Badulla 2./3. Klasse 270/145 Rs
Bandarawela 230/125 Rs
Colombo 190/105 Rs
Ella 240/130 Rs
Haputale 210/115 Rs
Hatton 110/65 Rs
Nanu Oya (für Nuwara Eliya) 160/90 Rs

Unterwegs vor Ort

Bus
Busse in die äußeren Stadtteile Kandys und in Städte der Umgebung wie Peradeniya, Ampitiya, Matale und Kegalle fahren beim Uhrenturm ab.

Taxi
Die Taxis von **Radio Cabs** (223 3322) mit Klimaanlage und Taxameter sind eine komfortable Alternative zum Tuk-Tuk. Wenn es regnet und der Bedarf groß ist, muss man allerdings manchmal etwas aufs Taxi warten. Bei Taxis (Kleinbussen) ohne Taxameter sollte man vor der Fahrt einen Preis aushandeln.

Tuk-Tuk
Die Tuk-Tuk-Fahrt vom Bahnhof ans südöstliche Ende des Sees kostet 100 bis 150 Rs, von Ausländern verlangen die Fahrer häufig sehr viel mehr. Wer jedoch standhaft bleibt, wird ungefähr den ortsüblichen Preis bekommen.

Rund um Kandy
081

Es gibt ein paar Sehenswürdigkeiten, die sich außerhalb der Stadt befinden und durchaus einen Halbtagsausflug wert sind.

Sehenswertes & Aktivitäten

Peradeniya Botanic Garden
GARTEN
(www.botanicgardens.gov.lk; Erw./Kind 1100/550 Rs; 7.30–17 Uhr) Einst war dieser schöne Garten, der an drei Seiten von einer Schleife des Mahaweli Ganga begrenzt wird, exklusiv den Mitgliedern von Kandys Königshaus vorbehalten. Heute ist die 60 ha umfassende Anlage der größte botanische Garten Sri Lankas – blaues Blut ist für das Betreten nicht mehr erforderlich.

Der Garten bietet eine schöne Orchideensammlung und eine stattliche Allee aus Königspalmen, die 1950 gepflanzt wurden. Ein Highlight ist die riesige javanische Birkenfeige auf dem großen Rasen. Sie bedeckt eine Fläche von 2500 m² und wirkt wie eine gigantische, lebende geodätische Kuppel, die sich Escher oder Hundertwasser ausgedacht haben könnten. Ein paar umherstaksende Krähen verleihen dem Ganzen einen unheimlichen Touch.

Kanonenkugelbäume und Sabalpalmen säumen elegante Wege, an den Bäumen der Seychellenpalmen-Allee (*coco de mer*) hängen bis zu 20 kg schwere Kokosnüsse.

Im Gewürzgarten beim Eingang kann man Muskat, Zimt und Nelken anschauen und riechen, ohne von einem Verkäufer bedrängt zu werden. Die Leuchterblumen ganz in der Nähe lohnen auch einen Blick, ebenso Riesenbambus und Gummibäume sowie die Gedenkbäume – ein Sammelsurium an mit Bäumen, die Prominente und weniger Prominente gepflanzt haben. Die Größe der Bäume korrespondiert mit der historischen Bedeutung jener, die sie gepflanzt haben.

Am Wochenende suchen Massen von romantisch gesinnten Besuchern den Garten auf, an jeder Ecke stolpert man über schmusende Pärchen.

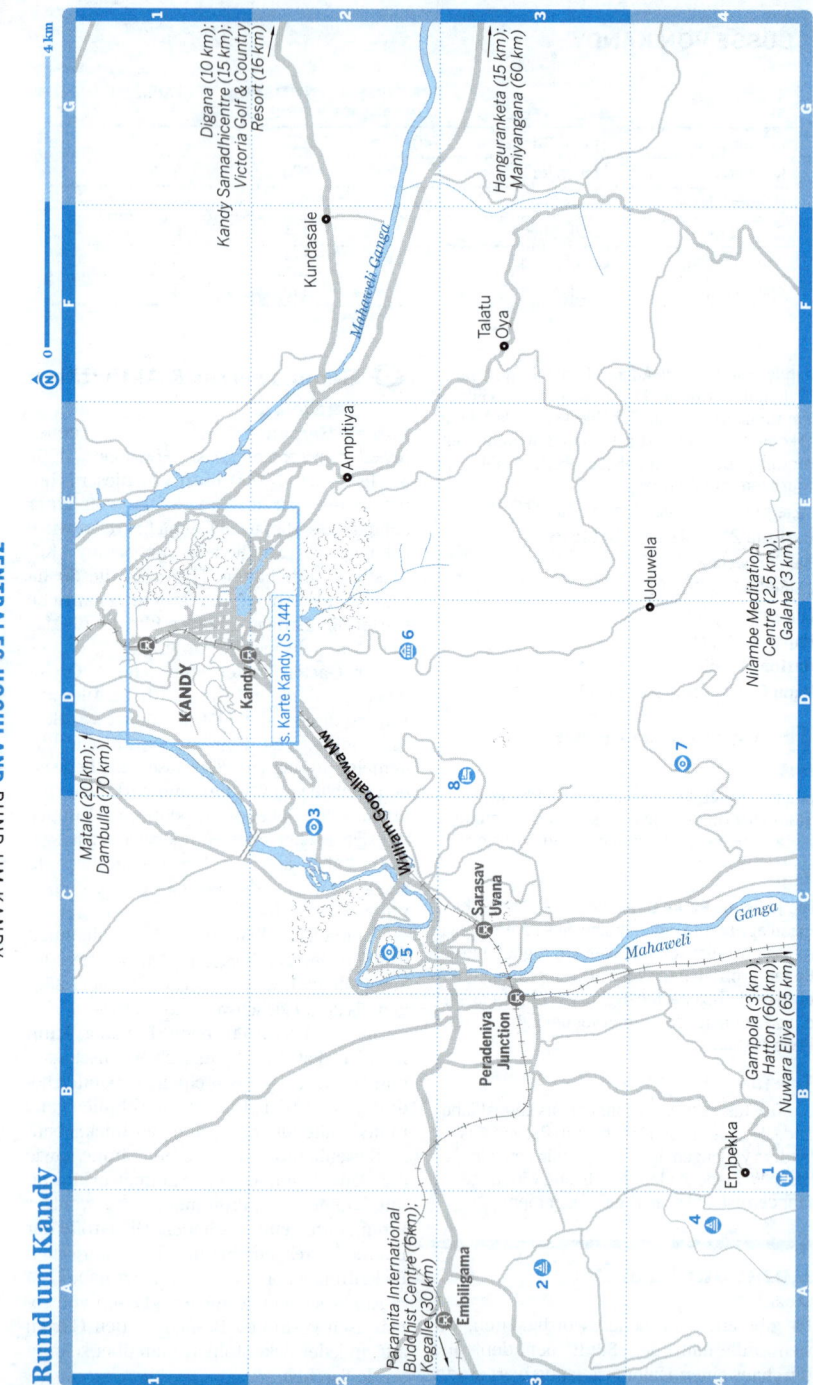

Rund um Kandy

Sehenswertes
1 Embekka Devale B4
2 Gadaladeniya-Tempel..........................A3
3 Kandy Garrison Cemetery C2
4 Lankatilake-Tempel.............................A4
5 Peradeniya Botanic Gardens..............C2
6 Teemuseum D2

Aktivitäten, Kurse & Touren
Amaya Hills ....(siehe 8)
7 Dhamma Kuta Vipassana
    Meditation Centre............................ D4

Schlafen
8 Amaya Hills...D3

Unterhaltung
Le Garage................................... (siehe 8)

Wem der Sinn eher nach Essen als nach Knutschen steht, kann sich auf der überdachten Terrasse der teuren Cafeteria ca. 500 m nördlich vom Eingang mit westlichem oder sri-lankischem Essen stärken (Hauptgerichte 550–1000 Rs). Günstiger kommt ein Picknick, dabei muss man sich aber gegen aufdringliche Hunde wehren.

Von Kandys Haltestelle am Uhrenturm fährt der Bus 644 (15 Rs) zum botanischen Garten. Ein Tuk-Tuk von Kandy kostet etwa 700 Rs (hin & zurück), ein Kleinbus rund 1500 Rs. Viele Taxifahrer verbinden die Fahrt zum botanischen Garten mit dem Elefantenwaisenhaus in Pinnewala oder einer Tempelrundfahrt (s. S. 158).

Kandy Garrison Cemetery   FRIEDHOF
(Deveni Rajasinghe; ◷10–12, 13–18 Uhr) Der wunderbar gepflegte Friedhof für britische Kolonisten wurde 1817 eingeweiht und wird von der Commonwealth War Graves Commission verwaltet. Es gibt hier zwar viele Gräber aus dem 19. Jh., die meisten stammen aber aus dem Zweiten Weltkrieg. Der berühmteste „Bewohner" ist Sir John D'Oyly, ein Kolonialbeamter, der 1815 die unblutige Eroberung der Stadt Kandy plante und 1824 an der Cholera starb. Der Friedhof liegt 2 km südwestlich von Kandy. Spenden sind willkommen.

Tempel
Wer die interessanten Tempel rund um Kandy besucht, bekommt nicht nur einen Eindruck von der sri-lankischen religiösen Kultur, sondern sieht auch noch viel von der wunderbaren Landschaft. Die hier beschriebene Rundfahrt führt zu drei hinduistisch-buddhistischen Tempeln aus dem 14. Jh. und am Eingang des botanischen Gartens vorbei – wer will, kann dort einen Zwischenstopp einlegen. Zur Tour gehören auch ganz ordentliche Fußmärsche. Wer darauf keine Lust hat, kann sich auf einen oder zwei Tempel beschränken oder ein Tuk-Tuk zu allen drei nehmen. Die Fahrt von Kandy aus kostet rund 3000 Rs. Fährt man mit dem Bus und legt die Strecken dazwischen zu Fuß zurück, muss man manchmal nach dem Weg fragen, weil die Rundtour nicht ausgeschildert ist.

Embekka Devale   TEMPEL
(Eintritt 150 Rs) Mit Bus 643 (über Embekka nach Vatadeniya), der regelmäßig vom Uhrenturm in Kandy losfährt, gelangt man in einer Stunde ins Dorf Embekka, das rund 7 km hinter dem botanischen Garten liegt. Vom Dorf aus führt ein 1 km langer Fußweg durch eine schöne Landschaft zum Tempel aus dem 14. Jh. Die fein geschnitzten Holzsäulen stammen angeblich aus einer königlichen Audienzhalle in Kandy. Dargestellt sind Schwäne, Adler, Ringer und tanzende Frauen. Jeden September findet hier eine *perahera* statt.

Lankatilake-Tempel   TEMPEL
(Eintritt 300 Rs) Vom Embekka Devale geht man 3 km zu Fuß an Reisfeldern vorbei, bis links der Tempel erscheint. Von Kandy aus fährt Bus 644 direkt zum Lankatilake-Tempel, die Alternative sind die Busse nach Kiribathkumbara oder Pilimatalawa, die an derselben Haltestelle abfahren wie der Bus nach Embekka. Der Tempel ist zweigeteilt: eine Hälfte ist buddhistisch, die andere hinduistisch. Zu sehen sind eine Buddhastatue, Malereien aus der Kandy-Zeit, Felsinschriften und steinerne Elefanten. Ein Aufseher schließt das Heiligtum auf, wenn es nicht schon offen ist. Im August wird eine *perahera* abgehalten.

Die Kulisse ist ebenso eindrucksvoll wie der Tempel selbst.

Gadaladeniya-Tempel   TEMPEL
(Eintritt 200 Rs) Nach weiteren 3 km Fußmarsch gelangt man zum Gadaladeniya-Tempel. Alternativ nimmt man einen der Busse, z. B. Bus 644, dorthin. Zu dem auf einem Felsvorsprung erbauten Tempel mit mehreren kleinen Teichen führen in den Fels gehauene Stufen. Der buddhistische Tempel mit hinduistischem Nebengebäude

wurde ungefähr zeitgleich wie der Lankatilake-Tempel und Embekka Devale erbaut.

Zur Zeit der Recherche zu diesem Buch war der Tempel unter einem Gerüst und einem Blechdach verborgen, um ihn vor weiteren Regenschäden zu schützen.

Die Hauptstraße von Colombo nach Kandy liegt keine 2 km vom Gadaladeniya-Tempel entfernt. Bis zu Km 105 ist es ein netter Spaziergang. Von der Hauptstraße aus fährt fast jeder Bus zum botanischen Garten Peradeniya oder nach Kandy.

Meditation

Nilambe Meditation Centre   MEDITATION
(www.nilambe.net) In der Nähe der Nilambe-Bungalow-Kreuzung rund 13 km südlich von Kandy liegt das Nilambe Meditation Centre. Bus 633 (Richtung Delthota über Galaha fahren, bei der Office-Kreuzung aussteigen) braucht dorthin eine Stunde. Täglich finden hier Meditationskurse statt, es gibt einfache Unterkünfte für 40 Personen. Der Aufenthalt kostet inklusive Verpflegung 800 Rs pro Tag. Decken werden zur Verfügung gestellt, es ist aber anzuraten, sein eigenes Laken mitzubringen. Weil es keinen Strom gibt, sollte auch eine Taschenlampe ins Gepäck gehören. Von der Office-Kreuzung führt ein 3 km langer, steiler Fußweg durch Teeplantagen nach Nilambe, die Fahrt mit einem Tuk-Tuk kostet 250 Rs. Die Taxifahrt von Kandy hierher liegt bei 1400 Rs.

Dhamma Kuta Vipassana Meditation Centre   MEDITATION
(238 5774; www.kuta.dhamma.org; Mowbray, Hindagala) Das Zentrum bietet kostenlose Zehntageskurse im Meditationssystem nach S. N. Goenka an, eine Buchung im Voraus ist obligatorisch. Es gibt nach Geschlechtern getrennte Schlafsäle für 90 Teilnehmer. Der Kursplan hängt in der Buddhist Publication Society in Kandy aus. Vom Uhrenturm in Kandy fährt der Bus Richtung Mahakanda dorthin (bei der letzten Haltestelle aussteigen). Weiter geht es 2 km zu Fuß steil bergauf; die Tuk-Tuk-Fahrt kostet 250 Rs. Ein Taxi von Kandy zur Bushaltestelle kommt auf 900 Rs.

Paramita International Buddhist Centre   MEDITATION
(257 0732; www.paramitaibc.org) Das Zentrum befindet sich auf der Bolana-Passhöhe, 1 km hinter Kadugannawa an der Straße nach Colombo. Angeboten werden einwöchige Kurse, saubere Unterkünfte für Frauen und Männer, prächtige Gärten und eine Bibliothek mit reichlich Lesestoff.

Schlafen

Wer sich nach Ruhe sehnt und auf schattigen Wanderwegen den Blick auf die hügelige Landschaft genießen will, sollte außerhalb Kandys übernachten. Zur Auswahl stehen mittelpreisige bis luxuriöse Möglichkeiten; einige hübsche Häuser lohnen den etwas tieferen Griff in den Geldbeutel.

The Kandy House   BOUTIQUEHOTEL $$$
(492 1394; www.thekandyhouse.com; Amunugama Walauwa; Zi. inkl. Frühstück ab 326 US$; @🛜🏊) Vor fast 200 Jahren wohnte in der schönen Villa mit Hof die Familie eines Kandy-Anführers. Heute bietet das restaurierte und mit niederländischen Antiquitäten dekorierte göttliche Boutiquehotel alles, was das Flitterwöchner-Herz begehrt. Alle Zimmer sind nach heimischen Schmetterlingen benannt; die besten Suiten haben herrliche Verandas. Ein Infinity-Pool im Garten schwappt fast in die smaragdgrünen Reisfelder über. Leider haben die Zimmer keine Klimaanlage. Der Mindestaufenthalt: beträgt zwei Nächte.

Kandy Samadhicentre   BOUTIQUEHOTEL $$$
(447 0925; www.thekandysamadhicentre.com; Kukul Oya Rd., Kandy; Zi. 200–300 US$) Das Samadhicentre – teils Öko-Lodge, teils Ayurveda-Zentrum – ist vielleicht die Unterkunft mit dem höchsten Relaxfaktor in der Gegend. 13 Pavillons verteilen sich über einen bewaldeten Hügel, jedes Zimmer ist mit asiatischen Stoffen und Himmelbett ausgestattet. Die einfacheren „Mud House"-Zimmer haben kein warmes Wasser, aber dasselbe ruhige Flair. Die Preise scheinen etwas zu hoch gegriffen, was aber den Gästen nichts auszumachen scheint (s. Kommentare im Gästebuch). Das vegetarische Essen stammt aus biologischem Anbau, Alkohol gibt es keinen. Zum Angebot gehören Reiki und Shiatsu-Massage (3500 Rs). Die Fahrt hierher (von Kandy aus 50 Min. gen Osten) kostet 2500 Rs; bei der Zimmerbuchung kann man die Abholung vereinbaren.

Amaya Hills   HOTELANLAGE $$$
(447 4022; www.amayaresorts.com; Heerassagala; EZ/DZ inkl. Frühstück 151/163 US$; ❄@🛜🏊) Hut ab vor den Architekten, die das Beste aus der herrlichen Lage von Amaya Hills gemacht haben. Das Hotel liegt in den Hügeln 20 Autominuten von Kandy

entfernt. Hier findet man eine schöne offene Lobby, einen Pool auf einer Klippe und 100 sehr komfortable Gästezimmer mit warmen Holztönen und mit typischen Kandy-Motiven. Das gut ausgestattete Ayurveda-Zentrum und die Disko Le Garage stehen auch Nicht-Gästen offen. Ein Tuk-Tuk nach Kandy kostet 500 Rs, mit eigenem Wagen mit Fahrer kommt man günstiger weg.

Östlich von Kandy

Kandy ist ein wichtiger Verkehrsknotenpunkt, die meisten Reisenden fahren weiter Richtung Westen nach Colombo, nach Norden zu den alten Städten oder nach Süden in andere Regionen des zentralen Hochlands. Doch es ist auch möglich, Richtung Osten nach Mahiyangana und Badulla zu fahren sowie nach Monaragala und weiter zur Arugam Bay und zum Nationalpark Gal Oya. Auch Batticaloa im Nordosten ist von Kandy aus gut mit dem Bus zu erreichen.

Buddha soll in Mahiyangana gepredigt haben – eine Dagoba markiert die entsprechende Stelle. Es gibt zwei Straßen nach Mahiyangana: Die A26 nach Norden führt am Victoria Golf Club und am Victoria-Stausee vorbei nach Madugoda, ehe sie sich in 18 Haarnadelkurven hinunter ins Mahaweli-Tiefland und in die trockenen Ebenen schraubt. Die Busfahrt auf dieser Straße ist eine der brenzligsten des Landes. Auf dem Weg nach oben droht der Motor zu überhitzen, auf dem Weg bergab muss man Angst haben, dass die Bremsen versagen. Viele Fahrzeuge schaffen es nicht und liegen dann unten im Dschungel.

Fahrer bevorzugen deshalb die Straße entlang der Südufer von Victoria- und Randenigala-Stausee, die schneller und in besserem Zustand ist. Sie wird jedoch bei Anbruch der Dunkelheit gesperrt, weil die Scheinwerfer die Elefanten aus dem Naturschutzgebiet anlocken. Wer von Kandy in die Hügel der Provinz Uva (mit Städten wie Ella und Haputale) fahren will, nimmt besser diese Straße und dann die Route, die Richtung Süden nach Badulla führt, als jene über Nuwara Eliya.

KNUCKLES RANGE

Den Namen verdankt die Knuckles Range ihren Gipfeln, die wie die Fingerknöchel einer geballten Faust aussehen. Auf der Bergkette findet man vereinzelt noch den ansonsten selten gewordenen Bergwald. Die Gegend, die herrliche Wanderwege und Möglichkeiten zur Vogelbeobachtung bietet, ist unter ausländischen Besuchern recht unbekannt, weshalb man hier noch die Möglichkeit hat, abseits der ausgetretenen Pfade zu marschieren.

Wanderer müssen sich aber gut vorbereiten; ein kundiger Führer ist geradezu lebensnotwendig.

Die Hotels in der Knuckles Range organisieren Wandertouren. In Kandy erledigen dies Sumone und Ravi von Sri Lanka Trekking (S. 149) oder **Mr. M. G. Nishantha** (077 918 8292). Bei Klettertouren auf die Gipfel ist ein Führer vorgeschrieben. Regenkleidung und Mittel gegen Blutegel gehören unbedingt in den Rucksack. Wer nicht nur ein paar Stunden am Fuß der Berge umherwandern möchte, muss auch Campingausrüstung und genügend Proviant mitnehmen (auch hierbei sind die oben genannten Personen hilfreich).

In den Ausläufern der Knuckles liegen kleine Dörfer, hier kann jeder wandern gehen. Die hohen Berge jedoch liegen in einem Naturschutzgebiet, für das man 650 Rs Eintritt zahlen muss. Am Eingang werden keine Tickets verkauft, normalerweise besorgt der Führer sie im Vorfeld bei den Parkbehörden.

Eine gute Informationsquelle, um sich einen Überblick über diese Region zu verschaffen, ist die Website www.knucklesrange.org.

🛏 Schlafen & Essen

Rangala House BOUTIQUEHOTEL $$$
(081-240 0294; www.rangalahouse.com; 92B Bobebila Rd., Makuldeniya, Teldeniya; Zi. inkl. Frühstück 156 US$;) Der von Gewürzbäumen umgebene Bungalow an einem steilen, bewaldeten Hang gehörte früher einem Teepflanzer. Das Rangala House ist ein Paradebeispiel für die ruhigen, schönen Boutiquehotels, von denen immer mehr in Sri Lanka entstehen. Es hat nur vier Doppelzimmer und einen großen Wohn-Ess-Bereich mit offenem Kamin und einer tollen Aussicht – über Berge, Dschungel und die Lichter Kandys in der Ferne –, vielleicht der besten der ganzen Insel. Der große Pool wird mit Solarenergie geheizt, und die 15 m lange Veranda – samt Grill – ist abends beliebter treffpunkt der gesamten Gästeschar und angesagter Platz fürs Stelldichein. Das freundliche und kompetente Personal organisiert sehr gute Trekkingtouren auf die Knuckles-Gipfel. Kreditkarten werden nicht akzeptiert.

Green View
HOTEL $$

(☎081-567 1436; www.greenviewholidayresort.com; Karagahinna, Elkaduwa; EZ/DZ ab 2420/3300 Rs) Die Lodge an einem Hang bietet eine grandiose Sicht auf ein bewaldetes Bergtal. Die sieben Zimmer sind sauber, aber leider ohne jeden Charakter; insgesamt zeigt das Haus leichte Altersschwächen. Angestellte führen die Gäste gern auf leichten Wanderungen oder auch schwierigeren Touren durch die Knuckles Range. Wer ein Zimmer gebucht hat, wird in Kandy abgeholt.

Hunas Falls Hotel
HOTEL $$$

(☎081-494 0320; www.hunasfallskandy.com; Elkaduwa; EZ/DZ inkl. Vollpension ab 201/221 US$; ✷@✧≋) Das Hotel für Pauschalurlauber steht am Rand einer Teeplantage. Auch wenn es bei Reisenden aus Indien und dem Mittleren Osten sehr beliebt ist: Das Hunas ist – offen gestanden – ein recht hässlicher und unpersönlicher Fleck in einer ansonsten grandiosen Umgebung.

❶ An- & Weiterreise

Ein Taxi von Kandy nach Elkaduwa kostet ca. 1500 Rs. Eine Alternative ist der Bus nach Wattegama (Abfahrt beim Uhrenturm in Kandy), wo man dann in einen anderen Bus nach Elkaduwa umsteigen muss.

Adam's Peak (Sri Pada)

2243 M

Dieser hohe Berg im wunderschönen südlichen Hochland beflügelt seit Jahrhunderten die Fantasie und ist seit über 1000 Jahren ein Pilgerziel. Die Könige Parakramabahu und Nissanka Malla von Polonnaruwa ließen auf dem Weg nach oben *ambalamas* (Rastplätze für müde Pilger) errichten.

Der Berg hat mehrere Namen: Adam's Peak (der Ort, wo Adam nach der Vertreibung aus dem Paradies zum ersten Mal einen Fuß auf die Erde setzte), Sri Pada („Heiliger Fußabdruck", den Buddha auf seinem Weg ins Paradies hier hinterließ) oder – ganz besonders poetisch – Samanalakande („Schmetterlingsberg", auf dem die Schmetterlinge zum Sterben kommen). Manche glauben auch, dass der riesige „Fußabdruck" auf dem Gipfel vom hl. Thomas, dem ersten Apostel Indiens, oder sogar von Shiva persönlich stammt.

Die Pilgersaison beginnt am *Poya*-Tag im Dezember und dauert bis zum **Vesak-Fest** im Mai. Im Januar und Februar ist am meisten los. Den Rest des Jahres wird der Tempel auf dem Gipfel nicht genutzt, zwischen Mai und Oktober verschwindet er häufig in den Wolken. In der Pilgersaison erklimmen viele Wallfahrer und ein paar wenige Touristen die unzähligen Stufen.

Startpunkt ist das kleine Dorf Dalhousie (del-*house*), 33 km südwestlich von Hatton, das an der Zugstrecke und der Straße Colombo–Kandy–Nuwara Eliya liegt. In der Saison wird die Pilgerroute von Lichterketten beleuchtet, ansonsten ist eine Taschenlampe nötig. Viele Pilger wählen den längeren, anstrengenderen – aber genauso gut markierten und beleuchteten – Aufstieg von Ratnapura über das Carney Estate, weil dieser ihnen hoffentlich als größerer Verdienst angerecht wird.

In der Morgendämmerung zeigt sich in den ersten Sonnenstrahlen das Hochland im Osten, während im Westen das Land zur Küste hin abfällt. Bei klarer Sicht ist das 65 km entfernte Colombo auszumachen.

Doch den Coup hebt sich der Adam's Peak für kurz nach Sonnenaufgang auf: Die Sonne wirft einen perfekten Schatten des Gipfels auf die dunstigen Wolken in Richtung Küste. Wenn die Sonne dann höher steigt, zieht sich dieser unheimliche Schattenkegel schnell zum Gipfel zurück und verschwindet schließlich ganz.

🏃 Aktivitäten

Den 7 km langen Aufstieg von Dalhousie kann man schon kurz nach Einbruch der Dunkelheit in Angriff nehmen – für die Nacht auf dem Gipfel sollte man aber einen guten Schlafsack mitnehmen. Oder man steigt gegen 2 Uhr nachts auf. Nach oben führen größtenteils Stufen (ca. 5200), mit Verschnaufpausen erreicht man den Gipfel in zweieinhalb bis vier Stunden. Auch die Wanderer, die erst um 2.30 Uhr losgehen, schaffen es noch problemlos, vor Sonnenaufgang (ca. 6.30 Uhr) oben zu sein. An einem *Poya*-Tag jedoch braucht man wegen der Pilgermassen ein paar Stunden mehr – bis zu neun Stunden.

Vom Parkplatz aus geht es zunächst eine halbe Stunde leicht bergauf, unter einem Eingangsbogen hindurch und dann an der Dagoba der japanisch-sri-lankischen Freundschaft vorbei. Danach wird der Weg steiler und geht schließlich in Stufen über. Am Weg nach oben stehen mehrere Teehäuser. Manche sind die ganze Nacht hindurch geöffnet, ein paar wenige auch außerhalb

BESUCH BEI DEN VEDDAHS

Sri Lanka war lange vor dem Auftauchen der Singhalesen oder Tamilen bewohnt. Die Ureinwohner, Veddahs (Jäger) genannt, sollen vor rund 18 000 Jahren hier angekommen sein und teilten sich die Insel bis vor Kurzem ohne große Probleme mit den anderen Völkern Sri Lankas. Heute stehen sie wie andere Ureinwohner Südasiens unter enormem Druck, inzwischen gibt es nur noch wenige Hundert reinblütige Veddhas.

Die letzte Hochburg der Veddahs ist die Gegend um das Dorf **Dambana** östlich der Kleinstadt **Mahiyangana**. Wer Veddhas treffen möchte, nimmt sich in Dambana einen Übersetzer und begibt sich in den hübschen Weiler **Kotabakina**, das meistbesuchte Veddha-Dorf. Hier wird man (für einen erklecklichen Preis) mit Tanz, Gesang und einer gespielten Jagd unterhalten.

Das alles wirkt zuweilen arg gestellt, aber man sollte bedenken: Das Geld, das der Tourismus den Dörfern einbringt, und der Wunsch der Besucher, traditionelle Stammeskultur zu erleben, tragen dazu bei, dass die Veddahs nicht von der etablierten sri-lankischen Kultur „geschluckt" werden.

Bester Standort, um in dieser Gegend den Keddhas einen Besuch abzustatten, ist die weitläufige, aber dünn besiedelte Stadt Mahiyangana. Das einzige Highlight der Stadt selbst ist die **Mahiyangana-Dagoba**, in der der Legende nach Buddha bei seinem ersten Besuch der Insel gepredigt haben soll.

In Mahiyangana gibt es ein paar Unterkünfte, die aber nicht eben auf Ausländer ausgerichtet sind. Busse fahren von hier u. a. nach Kandy, Badulla und Polonnaruwa.

---

der Pilgersaison. Müll, Alkohol, Zigaretten, Fleisch und Musikaufnahmen sind amtlich verboten – nicht zuletzt deshalb herrscht eine ehrfürchtige Atmosphäre.

Auf dem Gipfel kann es kalt sein, deshalb lohnt es nicht, allzu früh vor Sonnenaufgang oben zu sein und dann frierend herumzusitzen. Auf jeden Fall ist warme Kleidung ein Muss, für den Gipfel noch etwas Zusätzliches zum Drüberziehen. Auch genügend Wasser sollte man einpacken. In der Saison kann man in Dalhousie an Marktständen Jacken und Mützen kaufen. Outdoor-Kleidung zu Schnäppchenpreisen sind auf dem Markt von Nuwara Eliya (S. 169) zu bekommen. Einige Pilger warten oben auf die Priester, um vor dem Abstieg noch im Morgenopfer darzubringen. Allerdings steigt die Sonne schnell, und es wird rasch heiß – allzu lange sollte man sich also nicht aufhalten.

Der Abstieg ist für viele die anstrengendste Etappe. Die schier endlosen Stufen machen auch den stärksten Knien zu schaffen, und wenn die Schuhe nicht optimal passen, tun auch bald die Zehen weh. Wanderstöcke oder auch einfach ein kräftiger Ast entlasten die Beine auf jeden Fall enorm. Gegen die stechende Morgensonne ist eine Kopfbedeckung ratsam. Und unten angelangt, lohnt es sich, die Beinmuskulatur gut zu dehnen, sonst humpelt man noch Tage später.

Zwischen Juni und November, wenn der Weg nicht beleuchtet ist und kaum Leute unterwegs sind, werden Wanderer angehalten, zumindest zu zweit zu gehen. Ein Guide kostet rund 1000 Rs.

Gegen die Blutegel, die einen hier drangsalieren können, hilft ein ayurvedischer Balsam, der im Siddhalepa Ayurveda Hospital hergestellt wird. Er kostet nur ein paar Rupien und ist in ganz Sri Lanka erhältlich.

Schlafen & Essen

Dalhousie ist der beste Ausgangspunkt für den Aufstieg auf den Adam's Peak und bietet auch die besten erschwinglichen Übernachtungsmöglichkeiten. Mittelklasse- und Luxusunterkünfte gibt es dagegen in Dikoya (s. Kasten S. 165).

Außerhalb der Pilgersaison lassen die Busfahrer die Wanderer eventuell auf Dalhousies Hauptplatz aussteigen, während der Saison fahren sie bis zur Stelle, wo der Aufstieg beginnt. Dann haben auch immer ein paar Teehäuser geöffnet – teilweise die ganze Nacht hindurch –, in denen man ein Frühstück und Proviant bekommt.

Die meisten Pensionen findet man links, wenn man nach Dalhousie reinfährt.

LP TIPP **Slightly Chilled** GÄSTEHAUS $$
(☎051-351 9430; www.slightlychilled.tv; Dalhousie; Zi. 2500 Rs; @🛜) Dalhousies beste Unterkunft ist nicht nur „slightly", sondern eigentlich „very chilled". Die großen,

farbenfrohen Zimmer haben blankpolierte Holzböden und eine tolle Sicht auf den Adam's Peak. Es gibt ein luftiges Restaurant, einen Mountainbikeverleih und Infos über Wanderwege in der Region. Abends laufen manchmal Filme auf einer Großleinwand. Die Pension befindet sich linker Hand, wenn man ins Dorf reinfährt.

Green House PRIVATUNTERKUNFT $
(060-222 3956; Dalhousie; Zi. 600–800 Rs) Das Haus auf der anderen Seite der Brücke (am Anfang des Wanderwegs) wird mit grünem Anstrich, einem Garten voller Topfpflanzen und einem Pavillonrestaurant seinem Namen voll und ganz gerecht. Einige der kleinen Zimmer haben Gemeinschaftsbäder, in jedem liegen hübsche Bettdecken auf den Betten. Die nette tamilische Familie arrangiert Trekkingführer und bereitet den müden Wanderern nach dem Abstieg vom Adam's Peak ein entspannendes Kräuterbad (300 Rs).

White House HÜTTE $
(077 791 2009; Dalhousie; Zi. 600–750 Rs) Bietet einfache, aber saubere Zimmer in knarzenden Holzhütten – jene mit Warmwasser kosten mehr. Betrieben wird das White House von einem Mann und seinem gutmütigen Hund. Der schöne Garten und das natürliche Schwimmbecken im Fluss tragen zum entspannten Flair der Unterkunft bei. Führungen durch die Teegärten kosten 2000 bis 3000 Rs am Tag.

River View Wathsala Inn HOTEL $$
(052-227 7427; Dalhousie; Zi. 2000–3200 Rs, ohne Bad 1500 Rs) Dalhousies angesagtestes Hotel für Reisegruppen bietet 14 geräumige Zimmer, teilweise mit Gemeinschaftsbad. Wegen der vielen Balkone, Ecken und Winkel wirkt es größer, als es ist – man findet immer ein einsames Plätzchen, um die Aussicht zu genießen. Der Startpunkt für den Aufstieg liegt zehn Gehminuten entfernt.

White Elephant Hotel HOTEL $$
(051-350 7377; www.hotelwhiteelephant.com; Dalhousie; Zi. 3000 Rs; @🕿) Das neue Hotel hat Dalhousies protzigste Zimmer: Sie sind sehr geräumig und haben saubere Fliesenböden. Alles ist hier ein bisschen arg glitzernd – deshalb ist das White Elephant bei Einheimischen beliebter als bei Ausländern.

❶ Praktische Informationen

In Dalhousie gibt es keine Bank; die nächsten Geldautomaten findet man in Hatton.

Infos über den Adam's Peak liefert www.sripada.org.

❶ An- & Weiterreise

Ein Taxi von Hatton nach Dalhousie kostet 1500 Rs.

Bus

Busse nach Dalhousie fahren in der Pilgersaison ab Kandy (vom Busbahnhof Goods Shed), Nuwara Eliya und Colombo. Ansonsten fährt man erst nach Hatton oder Maskeliya (ca. 20 km auf der Straße Hatton–Dalhousie).

Das ganze Jahr über fahren Busse zwischen Hatton und Colombo, Kandy und Nuwara Eliya. Direktverbindungen gibt es auch von Nuwara Eliya und Colombo nach Maskeliya.

Während der Pilgersaison fahren Busse im 30-Minuten-Takt von Hatton über Maskeliya nach Dalhousie (60 Rs, 2 Std.). Oder man nimmt einen Bus von Hatton nach Maskeliya (30 Rs, letzte Abfahrt ca. 18 Uhr) und steigt dort in einen Bus nach Dalhousie um (30 Rs, letzte Abfahrt ca. 19 Uhr).

Zug

Der *Podi-Menike*- und der *Udarata-Menike*-Zug aus Colombo kommen in Hatton um 11.30 bzw. 14.15 Uhr an. Sie fahren weiter nach Nanu Oya (Bahnhof für Nuwara Eliya), Gleiches gilt für die Regionalzüge, die in Hatton um 7.35 und 16.20 Uhr losfahren. In der Gegenrichtung (nach Colombo) fährt der *Podi Menike* durch Haputale und Nanu Oya und erreicht Hatton um 14.13 Uhr; der *Udarata Menike* verlässt Hatton um 10.55 Uhr. Der Postzug fährt um 22.52 Uhr.

Kitulgala
036

Kitulgala entwickelt sich zusehends zum Extremsport-Zentrum Sri Lankas. Zurzeit sind die meisten Gäste noch junge Adrenalinjunkies aus Colombo, doch auch immer mehr und mehr ausländische Besucher entdecken dieses Dorado für Wildwasserrafter, Dschungelwanderer und Höhlenforscher.

Der zweite Grund für Kitulgalas Ruhm: Hier drehte David Lean 1957 sein oscargekröntes Filmepos *Die Brücke am Kwai*. Ein gepflasterter Weg führt zum Drehort am Ufer des Kelaniya Ganga. Der Weg ist an der Hauptstraße ausgeschildert, Richtung Adam's Peak rund 1 km vom Plantation Hotel entfernt. Es ist schier unmöglich, diesen Weg zu betreten, ohne dass einem „Führer" für ein paar Rupien ihre Dienste anbieten. Wer den Film gesehen hat, wird einige Schauplätze wiedererkennen. Angeblich

ABSTECHER

BEI DEN TEEPFLANZERN

Nach dem Abstieg vom Adam's Peak will man die müden Beine ausstrecken und einfach nur relaxen. Der ideale Ort dafür sind die schönen Bungalows in Teeplantagen inmitten der herrlichen Landschaft rund um den Berg.

Die Castlereagh Family Cottages stehen an der Hauptstraße zwischen Hatton und Dikoya und sind mit dem Bus erreichbar. Bei Tea Trails werden die Gäste in Colombo, Kandy oder Hatton abgeholt. Ein Taxi von Hatton zu jeder der Unterkünfte kostet ca. 1200 Rs.

Castlereagh Family Cottages (051-222 3607; Norton Bridge Rd., Dikoya; Hütte inkl. Frühstück ab 3300 Rs) Die hübsch eingerichteten Hütten stehen unter Eukalyptusbäumen in einer tollen Lage am Castlereagh-Stausee. Die kleinere Hütte hat ein Doppelzimmer und ein Zimmer mit zwei Stockbetten, die größere hat drei Doppel- und ein Kinderzimmer. In beiden Hütten gibt es eine Küche und Warmwasser. Gleich nach der Brücke weist ein Schild den Weg.

Castlereagh Holiday Bungalow (051-222 3688; www.castlereigh.net; Norton Bridge Rd., Dikoya; Hütte inkl. Frühstück 3800 Rs) Auf dem Anwesen, das sich auf einem Hügel hinter den Castlereagh Family Cottages befindet, steht in einem Blumengarten ein schöner Steinbungalow. Die ideale Abendgestaltung: zunächst in den Korbstühlen die Aussicht genießen, dann im Zimmer ein Kaminfeuer entfachen und darüber nachdenken, warum hier überall Bilder von spanischen Stierkämpfen hängen.

Tea Trails (011-230 3888; www.teatrails.com; Dikoya; EZ/DZ inkl. Vollpension 339/ 443 €;) Für alle, die es etwas edler lieben: Hier nächtigt man in vier Bungalows im Kolonialstil, die im späten 19. und frühen 20. Jh. für die britischen Manager der Teeplantage gebaut wurden. Die komplett restaurierten Häuser bieten heute „kolonialen Luxus" schlechthin: Jeder Bungalow hat sechs große Schlafzimmer, einen geräumigen Speise- und Aufenthaltsbereich sowie Veranda und Garten mit Blick auf den Castlereagh-Stausee. Im Preis enthalten sind westliche und sri-lankische Mahlzeiten (von einem lokalen Chefkoch zubereitet), Wein sowie natürlich Tee aus eigener Produktion. Zum Personal gehören ein erfahrener Führer, der Wanderungen von Bungalow zu Bungalow (und weiter) anbietet, und ein einheimischer Tee-Experte. Abends gönnt man sich auch mal einen Single-Malt-Whisky oder einen Gin-Tonic am Kamin. Die Tea-Trails-Bungalows gehören zu Sri Lankas besten Plätzen, um sich dem Luxusleben hinzugeben.

---

liegen die Zugwaggons, die in der Schlussszene in den Fluss stürzten, noch immer auf dessen Grund. Um nachzusehen, muss man seine eigene Taucherausrüstung mitbringen.

Ein paar Kilometer von Kitulgala entfernt erstreckt sich ein ausgedehntes **Höhlensystem**, in dem 28 000 Jahre alte menschliche Überreste gefunden wurden. Alle der unten aufgeführten Hotels arrangieren für Interessierte Höhlenführungen.

🚶 Aktivitäten

Wildwasserrafting RAFTING

Der Fluss Kelaniya Ganga, der durch Kitulgala fließt, ist das beste Wildwasserrafting-Revier in Sri Lanka. Zur normalen 7 km langen Tour gehören sieben Stromschnellen (Level 2 bis 3). Sie kostet 30 US$ pro Person, inklusive Transport und Mittagessen. Auf dem Wasser ist man rund zwei Stunden unterwegs. Erfahrene Rafter können nach Vereinbarung auch Stromschnellen mit Level 4 bis 5 durchfahren. Fast jedes Hotel organisiert Raftingtouren, es gibt an der Hauptstraße aber auch mehrere spezielle Sportagenturen. Alle haben mehr oder weniger dieselben Angebote zu annähernd gleichen Preisen.

Am Kelaniya Ganga findet man auch ein paar gute **Badeplätze**; besonders beliebt ist die Stelle neben dem Plantation Hotel.

Dschungel-Trekking WANDERN

Kitulgala liegt zwischen steilen Hügeln, die mit dichtem Wald bedeckt sind. Eine Tageswanderung durch diesen Dschungel ist ziemlich anstrengend. Ein Führer (15 US$) ist angebracht, ebenso gutes Schuhwerk, wasserfeste Kleidung und Mittel gegen Blutegel. Die meisten Hotels arrangieren gerne einen Führer und schlagen Routen vor. Der erfahrenste „Jungle Man" der Gegend ist Channa Perera vom Rafter's Retreat (s. unten), er kennt die hiesige Flora und Fauna wie seine Westentasche.

Vogelbeobachtung VOGELBEOBACHTUNG

Die Gegend ist für ihren Vogelreichtum berühmt – 23 von Sri Lankas 27 endemischen Arten flattern in diesen Wäldern umher. Auch in Sachen Tipps für Vogelbeobachter ist Channa Perera vom Rafter's Retreat der beste Ansprechpartner.

Schlafen & Essen

LP TIPP Royal River Resort BOUTIQUEHOTEL $$$
(Plantation Resort; 036-492 0790; www.plantationgrouphotels.com; Eduru Ella; EZ/DZ inkl. Halbpension 10 910/14 525 Rs; ✴︎🐕) Brautpaare sollten sich nach dem „Ja, ich will" für die Flitterwochen hierher zurückziehen. Das wunderbar einsame Hotel, 6 km von Kitulgala entfernt, versteckt sich inmitten von Dschungel und Teeplantagen. Es bietet vier altmodische (aber tatsächlich neue) Holzhütten, die zwischen Findlingen und Wasserfällen errichtet wurden. Die Zimmer sind in Kolonialfarben hübsch dekoriert und haben Steinböden, offene Kamine und Himmelbetten. Daneben locken ein gutes Restaurant und ein fantastischer Pool.

Rafter's Retreat HÜTTEN $$
(228 7598; www.raftersretreat.com; EZ/DZ inkl. Halbpension 55/80 US$; ☎) Ein schöner, über 85 Jahre alter Bungalow aus der Kolonialzeit ist das Zentrum dieser Institution für Rafter und Vogelbeobachter, die sich am Flussufer entlang erstreckt. Die zehn umweltfreundlichen, aber leicht übertreuerten Hütten am Fluss sind schlicht, bieten aber viel Privatsphäre. Die drei Zimmer unweit des alten Hauses sind sauber und geräumig und haben unglaublich hohe Decken. Das luftige Restaurant am Ufer bietet sich für ein paar Bierchen an und serviert exzellentes Essen. Der immer fröhliche Besitzer Channa führt die Gäste gern in seinem wundervollen Haus herum, das noch sein Großvater gebaut hat. Hier werden verschiedene Touren und sportliche Unternehmungen arrangiert.

Kitulgala Rest House HOTEL $$
(228 7233; www.ceylonhotels.lk; EZ/DZ inkl. Frühstück 6600/7480 Rs; ✴︎) Eine Ecke des Speiseraums in diesem alten Gästehaus ist ein veritabler Schrein für David Leans Film *Die Brücke am Kwai* mit Schwarz-Weiß-Standaufnahmen an der Wand. Das Hotel diente tatsächlich als Szenenkulisse. Das elegante Gebäude im Kolonialstil ist bereits über 70 Jahre alt, die Gäste wohnen in 20 Zimmern mit Verandas zum Fluss hin. Satellitenfernsehen und Minibars sind modernere Annehmlichkeiten.

Plantation Hotel HOTEL $$$
(228 7575; www.plantationgrouphotels.com; Kalukohutenna; EZ/DZ inkl. Frühstück 7725/8710 Rs; ✴︎🐕) Die Zimmer der Business-Class sind leider überteuert. Im Restaurant am Fluss serviert wird den Gästen „westliche und östliche" Küche.

🛈 An- & Weiterreise

Mit dem Bus gelangt man leicht nach Kitulgala. Wer aus Ratnapura kommt, steigt in Avissawella in den Bus Richtung Hatton um und in Kitulgala wieder aus (50 Rs). Für die Weiterreise von Kitulgala aus nimmt man an der Hauptstraße einen Bus nach Hatton (50 Rs).

Von Kandy nach Nuwara Eliya

Die Straße von Kandy nach Nuwara Eliya überwindet fast 1400 Höhenmeter. Die 80 km lange Asphaltstrecke durch jadegrüne Teeplantagen und vorbei an kristallklaren Stauseen bietet viele interessante Stopps an Wasserfällen und Teeläden.

Der **Kothmale-Stausee** (auch als Puna-Oya-Stausee bekannt), ein kleines Stück die Straße hoch, ist Teil des Mahaweli Development Project. Einheimische machen ihn für die Wetterlaunen in den letzten Jahren verantwortlich. Etwa 1,5 km von der Straße entfernt stürzen sich die **Ramboda-Fälle**, ein grandioser Doppel-Wasserfall, 108 m in die Tiefe.

An der A5 befindet sich 5 km vor Nuwara Eliya die **Labookellie Tea Factory** (☉8–18.30 Uhr). Die Teefabrik steht direkt an der Straße und eignet sich schon deshalb für eine Besichtigung. Die Touren sind allerdings extrem kurz und knapp gehalten – extra dafür herzufahren, lohnt sich nicht. Auf jeden Fall wird guter Tee zu guten Preisen angeboten, und man kann ihn auch gleich probieren (Tasse mit Schokokuchen 60 Rs). Die Teeproduzenten **Glenloch** und **Blue Field** in der Nähe haben ähnliche Angebote, aber etwas weniger Besucher.

Bei Nuwara Eliya stehen am Straßenrand Stände mit allem möglichen Obst und Gemüse – ein Vermächtnis von Samuel Baker, der 1846 hierherkam und Nuwara Eliya zu seinem Sommersitz erkor. Er liebte Feldfrüchte aller Art und führte viele davon in Sri Lanka ein – unter anderem solche, die zahlreiche Kinder in aller Welt „niemals" essen würden. An der steilen Straße nach Nuwara Eliya stehen Kinder, die Blumen verkaufen. Wer mit der Liebsten unterwegs ist, weiß, was er zu tun hat.

🛏 Schlafen & Essen

Lavender House BUNGALOW $$$
LP TIPP
(052-225 9928; www.thelavenderhouseceylon.com; EZ/DZ inkl. Frühstück ab 300/325 US$; ❄) Von den vielen umgebauten Teeplantagen-Bungalows in Sri Lanka ist dieses reizende alte Holzhaus vielleicht das schönste. Mit den prächtigen alten Himmelbetten und den Churchill-Porträts überm offenen Kamin entspricht das Haus genau dem, was man sich als Wohnung eines kolonialen Teeproduzenten vorstellt. Moderne Kunst, schicke Badezimmer, dicke Kissen und ein Infinity-Pool (mit grandioser Aussicht) sorgen für zusätzlichen Glanz. Der Kothmale-Stausee liegt ganz in der Nähe. Eine Zimmerreservierung ist obligatorisch.

Pussellawa Rest House HOTEL $$$
(077 351 9073; www.heritagepussellawa.lk; EZ/DZ inkl. Frühstück 110/122 US$; ❄@) Das 120 Jahre alte Gästehaus in Pussellawa, 45 km von Kandy entfernt, wurde vor Kurzem privatisiert und renoviert. Es bietet nun etwas teure, aber auch sehr komfortable Zimmer mit altmodischem Flair.

Ramboda Falls Hotel HOTEL $$$
(052-225 9582; www.rambodafall.com; EZ/DZ inkl. Halbpension 61/71 US$, Hütten EZ/DZ inkl. Halbpension 130/140 US$) Die motelartige Anlage liegt 58 km von Kandy entfernt in der Nähe der Ramboda-Fälle und des Kothmale-Stausees. Vor allem vom Restaurant hat man einen tollen Blick auf die Wasserfälle. Die Zimmer sind sauber und geräumig, aber die Hütten entschieden zu teuer. Das hochpreisige, dem Hotel angeschlossene Restaurant bietet ein sri-lankisches Mittagsbüfett (1000 Rs) und ist so etwas wie ein Pflichtstopp für vorbeifahrende Reisegruppen.

Maussawa Estate Eco Lanka Villa VILLA $$$
(051-223 3133; www.ecolanka.com; EZ/DZ inkl. Vollpension 40–45/60–85 €) Die Anlage kombiniert Ökotourismus mit einem international bekannten Fair-Trade-Garten. Die Eco Lanka Villa liegt mitten in einem 20 ha großen Wald unweit des Dorfes Pundaluoya nordwestlich von Nuwara Eliya. Die Fahrt von der Hauptstraße zwischen Kandy und Nuwara Eliya gestaltet sich als herrliches Abenteuer. Ist man angekommen, gibt man sich dem Trekking, der Vogelbeobachtung und dem Baden im Fluss hin. Abends relaxt man in der Hauptvilla oder im luftigen Gartenrestaurant. Das biologisch angebaute, vegetarische Essen ist sehr lecker. Ein Teil des Profits geht an die Dorfbevölkerung. Eine Reservierung ist erforderlich.

Nuwara Eliya
052 / 25 966 EW. / 1889 M

Die sri-lankische Fremdenverkehrsindustrie bezeichnet Nuwara Eliya gern als „Little England". In der Tat hat das Spielzeugstadt-Ambiente etwas von einem Dorf auf den englischen Land, aber mit einem verwirrend surrealistischen Einschlag: Tuk-Tuks huschen an roten Telefonzellen vorbei, in der Nähe warten vor einem viktorianischen Postamt aus rosa Backstein farbbeschmierte Wasserbüffel auf ihren Einsatz beim tamilischen Fest Thai Pongal. Ein gepflegter Golfplatz geht nahtlos in einen Teppich aus Teeplantagen über. Das staubige, lebhafte Zentrum der Stadt ist ein typisch sri-lankisches Wirrwarr – aber kratzt man ein bisschen an der Oberfläche, kommen Bungalows aus der Kolonialzeit, maniküre Hecken und hübsche Rosengärten zum Vorschein.

Früher war Nuwara Eliya („Stadt des Lichts") wegen des kühlen Klimas der Lieblingsplatz der hart arbeitenden (und schwer trinkenden) englischen und schottischen Pioniere in Sri Lankas Teeindustrie. Von November bis Februar herrscht in der Stadt ein regnerisches, nebliges Wetter. Während der Frühlingsferien im April bevölkern Urlauber aus dem ganzen Land Nuwara Eliya, die hier Pferde- und Sportwagenrennen besuchen und das sri-lankische Neujahrsfest feiern

---

TEE & SRI LANKA

Tee bildet nicht nur im zentralen Hochland eine wichtige Lebensgrundlage, sondern ist auch ein bedeutender Teil der gesamten nationalen Kultur – sowohl als Heißgetränk der Wahl als auch als Grundpfeiler der Wirtschaft. Mehr über Tee siehe S. 317..

Nuwara Eliya

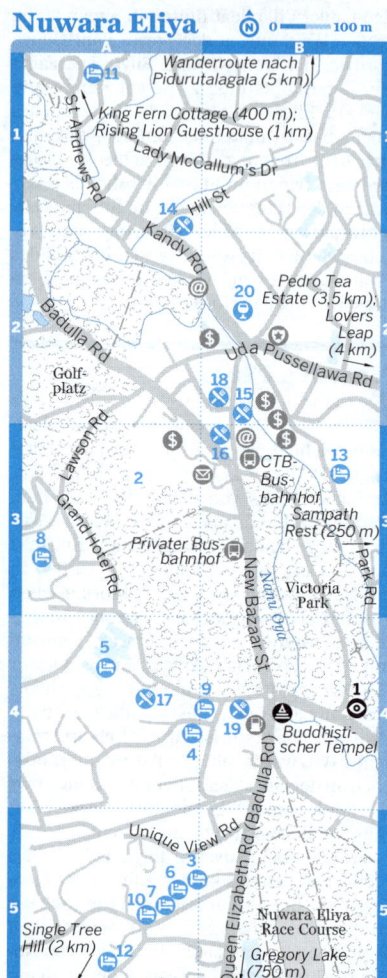

Nuwara Eliya

◎ Sehenswertes
1 Victoria Park Ticketbüro & Eingang B4

🅰 Aktivitäten, Kurse & Touren
   Hill Club ....(siehe 8)
2 Nuwara Eliya Golf Club......................A3

🛌 Schlafen
3 Alpine Hotel A5
4 Ceybank Rest A4
5 Grand Hotel A4
6 Grosvenor Hotel................................A5
7 Haddon Hill Hotel..............................A5
8 Hill Club A3
9 Hotel Glendower B4
10 Single Tree Hotel A5
11 St Andrew's Hotel A1
12 Teabush Hotel A5
13 The Trevene......................................B3

🍴 Essen
14 Cargills Food City..............................A1
15 Zentraler Markt.................................B2
16 De Silva Food Centre........................B3
   Grand Hotel ....(siehe 5)
17 Grand Indian A4
   Hill Club ....(siehe 8)
   King Prawn Restaurant ....(siehe 9)
18 Milano Restaurant.............................B2
   Old Course Restaurant ....(siehe 11)
19 Restaurant Two.................................B4

🍸 Ausgehen
   Lakeview Pub ....(siehe 3)
20 The Pub B2

wollen. Die Zimmerpreise steigen sprunghaft, und Nuwara Eliya wird zur rührigen Partystadt. Das restliche Jahr sind Tee und Gemüse die Eckpfeiler der Wirtschaft. Besucher nächtigen in kolonialzeitlichen Hotels, testen ihr Handicap auf dem Golfplatz, spielen ein paar Runden Billard und genießen die kuriose Kombination aus Althergebrachtem und Modernem.

In der Stadt lungern unzählige Kundenfänger herum, die gegen eine Kommission Gäste in Pensionen oder Hotels locken wollen. Sie fangen sie am Bahnhof Nau Oya ab und erzählen Stories von geschlossenen, von Kakerlaken verseuchten oder verfallenen Unterkünften. Am besten ignorieren.

Geschichte
Ganz früher war Nuwara Eliya eine unbewohnte Region mit Wäldern und Wiesen im Schatten des Pidurutalagala (auch bekannt als Mount Pedro, 2524 m). 1819 „entdeckte" der Kolonialoffizier John Davy die Gegend, ein Jahrzehnt später entstand hier ein Sanatorium, und es entwickelte sich eine einzigartige britische Kreation.

Später wurde die Region dafür bekannt, dass man hier „englisches" Obst und Gemüse wie Kopfsalat und Erdbeeren für die Kolonisten ziehen konnte. Kaffeebohnen gehörten zu den ersten hier angebauten Produkten. Doch als die Kaffeeplantagen einer

Seuche zum Opfer fielen, verlegten sich die Kolonisten auf Tee. Die ersten Teeblätter Sri Lankas wurden auf dem Loolecondera Estate in den Bergen zwischen Nuwara Eliya und Kandy geerntet. Da sich die Tee-Experimente als erfolgreich erwiesen, wurde die Stadt schnell zur „Teehauptstadt" des Hochlands – einen Titel, den sie auch heute noch mit Stolz trägt.

Wie anderswo im Hochland arbeiten auf den Teeplantagen hauptsächlich Tamilen, die die Briten aus Südindien hierhergebracht hatten. Zwar haben sich die Nachkommen dieser „Plantagen-Tamilen" (so werden sie genannt, um sie von den Tamilen im Norden Sri Lankas zu unterscheiden) aus dem ethnischen Konflikt in Jaffna und im Norden rausgehalten, dennoch kommt es hin und wieder zu Spannungen zwischen ortsansässigen Singhalesen und Tamilen. Während des Aufruhrs 1983 wurde die Stadt teilweise geplündert.

Im nahen Hagkala lebt eine große muslimische Gemeinde, aber gewalttätige Konflikte sind dort kein Thema.

◉ Sehenswertes

Victoria Park PARK
(Erw./Kind 60/30 Rs; ☉Sonnenaufgang bis Sonnenuntergang) Der Victoria Park im Zentrum der Stadt ist einer der schönsten und gepflegtesten Stadtparks in Südasien. Ein Spaziergang durch die manikürten Rasenanlagen ist in der Tat ein Vergnügen. Wenn die Blumen blühen – von März bis Mai sowie von August bis September –, ist der Park voller Leben. Hier sind auch viele Hochlandvögel wie Kaschmir-Zwergschnäpper, Bengalenpitta und Kapmeise beheimatet.

Am Ende des Parks gibt es einen kleinen Spielplatz und einen Miniaturzug.

Pedro Tea Estate TEEFABRIK
(Eintritt 100 Rs; ☉8–11 & 14–16 Uhr) Wer sehen will, wo sein Frühstückstee herkommt, sollte zum Pedro Tea Estate fahren, das rund 3,5 km östlich von Nuwara Eliya an der Straße nach Kandapola liegt. Die Führungen durch die 1885 gebaute Fabrik, in der noch viele Gerätschaften aus dem 19. Jh. stehen, dauert eine halbe Stunde. Wegen der Art von Tee, die hier verarbeitet wird (ein sehr milder Tee), wird hauptsächlich nachts gearbeitet, wenn es kühler ist. So ist es sehr unwahrscheinlich, dass man beim Schneiden oder Trocknen der Blätter zuschauen kann. Von dem schönen Teehaus der Anlage überblickt man die Plantagen. In der Fabrik herrscht ein Fotografierverbot. Ein Tuk-Tuk von Nuwara Eliya kostet hin und zurück (inkl. Wartezeit) 350 Rs. Vom Busbahnhof in Nuwara Eliya fährt auch der Bus Richtung Ragalla (Linie 743) dorthin.

Gregory Lake SEE
(Eintritt 10 Rs; ☉Sonnenaufgang bis Sonnenuntergang) In den lange vernachlässigten Gregory Lake am südlichen Stadtrand hat die Stadtverwaltung in den letzten Jahren viel Engagement und Geld gesteckt. Mit den frisch gepflasterten Wegen (für Kinderwagen und Rollstühle geeignet) am Ufer ist der See ein beliebter Treffpunkt. Man kann auch **Boote** ausleihen (Ruderboot 1500 Rs für 30 Min., Motorboot 2000 Rs für 20 Min.) oder auf **Pferden** (2500 Rs pro Std.) um den See traben. Dazu kommen Picknicktische, ein kleines Restaurant und eine Snackbar.

Lovers Leap AUSSICHTSPUNKT
Vom Pedro Tea Estate führt ein sehr schöner, 5 km langer (Rund-)Weg zum **Lovers Leap**, einem spektakulären Aussichtsplatz mit Wasserfall. An der Fabrik die Straße überqueren und den Schildern zum Bungalow des Plantagenmanagers folgen. An der Gabelung hier nimmt man den linken Weg und marschiert noch etwa eine Viertelstunde.

Hakgala Gardens GARTEN
(Erw./Kind 1100/550 Rs; ☉8–17 Uhr) Die wunderbar verwilderten Hakgala Gardens – eine herrlich ruhige Oase – liegen 10 km südöstlich von Nuwara Eliya (und rund 200 m tiefer). Der Legende nach wurde Hanuman, der Affengott, von Rama in den Himalaya geschickt, um ein bestimmtes Heilkraut zu finden. Doch Hanuman vergaß, nach welcher Pflanze er suchen sollte, und beschloss kurzerhand, in seinem Maul einen ganzen Brocken vom Himalaya mitzubringen, in der Hoffnung, dass die richtige Pflanze darauf wachse. Und diese Gärten hier stehen auf einem Felsen mit dem Namen Hakgala, „Maul-Felsen".

Die sri-lankische Regierung, die den Garten managt, hat den Eintrittspreis in den letzten Jahren leider vervierfacht; den heutigen Ticketpreis ist der Garten definitiv nicht wert.

Von Nuwara Eliya aus nimmt man den Bus Richtung Welimada.

Seetha-Amman-Tempel TEMPEL
Auf dem Weg zu den Hakgala Gardens steht in Sita Eliya bei Km 83 der farbenprächtige

hinduistische Seetha-Amman-Tempel. Hier soll der Dämonenkönig Rawana einst Sita gefangen gehalten haben. Täglich betete sie zu Rama, dass er kommen und sie retten möge. Auf dem Felsen am anderen Flussufer sieht man kreisrunde Vertiefungen: angeblich Fußabdrücke vom Elefanten Rawanas. Tamilische Hochzeitsgesellschaften kommen gern zur *puja* her (8, 13, 14, 18 Uhr).

 Aktivitäten

Im Grand Hotel, im St. Andrew's Hotel, im Hill Club und im Hotel Glendower gibt es Billardzimmer. Besucher, die nicht in einem der Hotels wohnen, dürfen für 250 Rs die Stunde spielen.

Golf

Nuwara Eliya Golf Club — GOLF
(223 2835; Green Fee 18-Loch-Runde 4000–5000 Rs, Green Fee 10-Loch-Runde 3000–4000 Rs, Caddy 560 Rs) Es dauerte nicht lange, bis die Teepflanzer in ihrer Urlaubsstadt ein Gelände für ihre Drives und Putts angelegt hatten. Schon 1889 gründeten sie diesen Club. Der Nuwara Eliya Golf Club nördlich der Grand Hotel Road wird wunderbar gepflegt, träge Hunde bewachen die Greens.

Wasserhindernisse – in Form von Flüssen und Bächen – erschweren bei sechs Löchern das Einputten. Eine Tagesmitgliedschaft kostet 500 Rs, Schläger können für 1000 Rs pro Tag ausgeliehen werden, Golfschuhe für 150 Rs pro Tag. Der Dresscode des Clubs: Für Männer sind Hemd mit Kragen, lange Hosen oder Shorts in angemessener Länge sowie Socken und Schuhe vorgeschrieben. Frauen sollten „anständige" Golfkleidung tragen, also vermutlich nicht allzu viel Bein zeigen. Zum Club gehören eine einladende, holzgetäfelte Bar, eine Badmintonhalle und ein Billardzimmer. Im **Speiseraum** (Hauptgerichte 450–950 Rs) werden den Gästen englische Klassiker wie Lammkotelett mit Minzsauce, aber auch immer mehr asiatische Gerichte serviert.

Radfahren

Mountainbiker finden in den Hügeln vor der Stadt viele steile Pisten. Im Single Tree Hotel gibt es einen **Mountainbike-Verleih** (1000 Rs pro Tag). Ziemlich anstrengend, aber definitiv spektakulär ist der 10 km lange Tagesausflug durch die üppig grünen Teeplantagen zur Labookellie Tea Factory (S. 166). Dabei sind einige Steigungen zu bewältigen, die rasanten Talfahrten entschädigen dafür aber allemal.

Pferderennen

Der **Sri Lanka Turf Club** (www.srilankaturfclub.com) sponsert Pferderennen auf dem 1875 angelegten Nuwara Eliya Race Course. Die wichtigste Veranstaltung im Jahr sind die Rennen um den Governor's Cup, die rund um das singhalesische und tamilische Neujahrsfest im April stattfinden. Die Rennen beginnen meist gegen 10.30 Uhr.

Wandern

Sri Lankas höchster Berg, der **Pidurutalagala** (2524 m), erhebt sich hinter der Stadt. Ganz oben steht der Sendemast eines der wichtigsten Fernsehsenders der Insel; für die Öffentlichkeit ist der Gipfel tabu. Etwa 4 km kann man bis zu einem betonierten Wasserspeicher hochwandern, alles darüber ist Hochsicherheitszone. Von der Keena Road führt ein schmaler Pfad an einer Schlucht entlang durch einen Eukalyptuswald (der die Stadt mit Feuerholz versorgt) in den seltenen Nebelwald.

Eine Alternative ist die rund eineinhalbstündige Wanderung auf den **Single Tree Hill** (2100 m). Auf der Queen Elizabeth Road geht es Richtung Süden, dann die Haddon Hill Road hoch bis zum Funkmast und hier auf dem linken Weg weiter. In den Hotels bekommt man eine eher einfache Wanderkarte für die Umgebung.

Wer längere Touren in Angriff nehmen will, fragt im Single Tree Hotel nach. Wanderungen mit Führer in den Hügeln kosten rund 1500 bis 2000 Rs. Das Personal organisiert auch längere Campingausflüge.

Warme Kleidung, beispielsweise. fürs Trekking, findet man auf dem **Markt** an der New Bazaar Street. Hier werden sri-lankische Markenklamotten zu Schnäppchenpreisen verhökert.

Tennis

Hill Club — TENNIS
(222 2653; www.hillclubsrilanka.net; Std. 500 Rs) Der Club verfügt über vier Tennisplätze, die Leihgebühr für Bälle und Schläger ist im Preis inbegriffen. Aufpassen, dass kein Ball in der Residenz des sri-lankischen Präsidenten nebenan landet!

Geführte Touren

Die meisten Hotels der Stadt arrangieren Tagesausflüge mit dem Auto oder Allradwagen in den Nationalpark Horton Plains (S. 175). Der Pauschalpreis für bis zu fünf Fahrgäste beträgt 3500 Rs (Parkgebühren müssen extra bezahlt werden). Eine der besseren Touren im Allradwagen bietet das Single Tree Hotel. Die Fahrt zum Parkeingang dauert etwa eine Stunde.

Im Single Tree arrangiert man auch Ausflüge zum Pedro Tea Estate und zum Lovers Leap (1500 Rs). Und das ultimative Spritzerlebnis bietet die Wasserfall-Tagestour (Van 3500 Rs) zu fünf Wasserfällen und zur Labookellie Tea Factory.

Schlafen

Nuwara Eliyas preiswerte Hotels sind oft echt trostlos, es lohnt sich also, bei der Unterkunft ein bisschen wählerisch zu sein. Die Auswahl an Häusern im Kolonialstil ist gut, aber für eine Nacht in einem alten Gemäuer muss man auch deutlich mehr berappen. Anders als im Rest des Landes gibt es hier kaum gute Gästehäuser für Rucksacktouristen. Zwei Ausnahmen sind das Single Tree Hotel und das exzellente King Fern Cottage.

Fast zu jeder Jahreszeit braucht man zum Schlafen eine warme Decke. In ein paar Hotels wird an kühlen Abenden der Kamin angezündet – es gibt keine gemütlichere Art, sich bei Nieselwetter zu wärmen.

Während der „Saison" rund um das srilankische Neujahrsfest im April sind Zimmer drei- bis fünfmal so teuer wie sonst. Die Preise steigen auch an langen Feiertagswochenenden und im August, wenn die Pauschaltouristen aus dem Ausland kommen.

LP TIPP St. Andrew's Hotel HERITAGE-HOTEL **$$$**
(222 3031; www.jetwinghotels.com; 10 St. Andrew's Dr.; Zi. inkl. Frühstück ab 130 US$; @🕿) Nördlich der Stadt steht dieses georgianische Herrenhaus auf einem gepflegten Hügel mit Blick auf den Golfplatz. Einst war es Sitz eines Teepflanzer-Clubs, heute ist das sorgsam renovierte Haus mit Abstand das luxuriöseste der hiesigen Hotels aus der Kolonialzeit. Die Zimmer bieten eine Melange aus Alt und Neu, außerdem finden sich Glanzstücke wie eine Cocktailbar mit alten „Graffiti" an der Wand (Happy Hour 19–20 Uhr), eine Bibliothek mit verstaubten Büchern, in denen es sich schmökern lässt, und loderndem Kaminfeuer, ein Billardzimmer und das sehr gute Restaurant Old Course. Das Hotel beschäftigt einen Naturkundler, der auf dem Anwesen und darüber hinaus exzellente Führungen anbietet. Apropos: Der Garten mit seinen terrassierten Grünflächen und weißen gusseisernen Möbeln ist geradezu gemacht für den stilechten Nachmittagstee.

Die gleichen Leute betreiben im nahe gelegenen Ambewella das **Warwick Gardens** (Zi. inkl. Frühstück ab 290 US$), ein wunderbar restauriertes Teepflanzerhaus mit fünf Gästezimmern, die den Begriff „kolonialer Glamour" neu definieren.

LP TIPP The Trevene HISTORISCHES HOTEL **$$**
(222 2767; www.hoteltrevenenuwaraeliya.com; 17 Park Rd.; EZ/DZ inkl. Frühstück 3500/4500 Rs; @🕿) In einer schönen Kolonialvilla befindet sich dieses exzellente Hotel. Die Zimmer haben so viel altmodischen Charme, dass man kaum selbst noch reinpasst. Das ist aber kein großes Problem, weil es in den öffentlichen Bereichen genügend gemütliche Nischen gibt, in die man sich an einem verregneten Tag mit einem Buch zurückziehen kann. Und wenn die Sonne lacht, lockt sowieso der Garten mit seinem grandiosen Ausblick. Manager Sydney ist ein fröhlicher, freundlicher Typ.

King Fern Cottage GÄSTEHAUS **$$**
(490 0503; www.kingfernguesthousenuwaraeliya.com; 203/1A St Andrews Dr; EZ/DZ 1100/1320 Rs; ☾Nov.–Mai; @🕿) Das King Fern ist zweifellos Nuwara Eliyas flippigste Bleibe mit riesigen handgefertigten Betten, flauschig weicher Bettwäsche und lässigem Flair. Manchmal holt der Besitzer Nishantha abends seine Trommel für eine spontane Session am Kamin raus. Alles spielt sich in einem Holzpavillon an einem plätschernden Bach ab. Und auch wenn sich das nach „rustikal" anhört, ist es doch alles andere als das. Die Zimmer sind makellos sauber und künstlerisch gestaltet. Nishantha ist zudem ein kundiger Wanderführer und holt seine Gäste auch am Bahnhof Nanu Oya ab, wenn sie vorher anrufen.

Hotel Glendower HISTORISCHES HOTEL **$$$**
(222 2501; 5 Grand Hotel Rd.; EZ/DZ inkl. Frühstück ab 8450/9000 Rs; @🕿) Das weitläufige Kolonialgebäude hat dazu passende Zimmer, die man sich aber vorab zeigen lassen sollte, da sie qualitativ große Unterschiede zeigen. Die besseren Zimmer bieten das beste Preis-Leistungs-Verhältnis unter den Heritage-Häusern der Stadt. Neben sehr viel Charme bietet das Hotel noch einen hübschen Garten (samt Krocketplatz), eine behagliche Bar mit unzähligen Spirituosen, aus denen sich allerlei Drinks mixen lassen, und ein Billardzimmer mit Full-Size-Tisch. Im dazugehörigen King Prawn Restaurant wird gute Chinaküche serviert.

Grosvenor Hotel
HISTORISCHES HOTEL $$

(222 2307; 6 Haddon Hill Rd.; EZ/DZ inkl. Frühstück 2750/3850 Rs) Vor 100 Jahren war dies die Residenz des Kolonialgouverneurs: lange Flure, geräumige Gästezimmer und Stilmöbel machen das Grosvenor zu einer von Nuwara Eliyas besten Kolonialunterkünften. Topmoderne Oberlichter erhellen die alte Bibliothek – der perfekte Ort, um sein Reisetagebuch auf den neuesten Stand zu bringen. Ehe man sich für ein Zimmer entscheidet, lohnt der Blick hinter ein paar Türen: Manche Zimmer waren beim letzten Besuch unangenehm klamm.

Single Tree Hotel
GÄSTEHAUS $$

(222 3009; singletreehtl@sltnet.lk; 178 Haddon Hill Rd.; EZ/DZ 2000–2500/2500–3500 Rs; @) Nuwara Eliyas beliebteste Pension für Rucksackreisende besteht aus einem Hauptgebäude, in dem die hellen Zimmer mit viel Holz verziert sind. Die Gästezimmer im Anbau sind etwas düsterer und weniger einladend, aber noch immer gut. Die rührigen Besitzer haben eine Flut von Vorschlägen für Trekking, Ausflüge in die Umgebung und Transportmöglichkeiten. Leider haben sich Leser beschwert, dass sie trotz Reservierung nicht das Zimmer bekommen haben, was ihnen versprochen worden ist.

Ceybank Rest
HISTORISCHES HOTEL $$

(222 3855; EZ/DZ inkl. Frühstück 3300/5900 Rs; @) Vor Kurzem übernahm (ausgerechnet!) die Bank of Ceylon dieses frühere Wohnhaus eines britischen Gouverneurs. Die riesigen Zimmer – und noch größeren Suiten – stammen aus der Zeit, als noble Reisende für einen mehrmonatigen Aufenthalt noch mit mindestens drei Überseekoffern unterwegs waren. Teakholzmöbel und eine schöne alte Bar machen die Zeitreise ins 19. Jh. perfekt. Es ist ein altes, knirschendes Gemäuer, sodass man mit lebhaften Träumen rechnen muss.

Teabush Hotel
HISTORISCHES HOTEL $$$

(222 2345; 29 Haddon Hill Rd.; EZ/DZ 8700/10 060 Rs; @) Den 140 Jahre alten Teepflanzer-Bungalow zieren unzählige antike Möbel. Der altmodische Charme der öffentlichen Bereiche wird von den etwas tristeren Gästezimmern beeinträchtigt, aber die Aussicht vom Restaurant entschädigt dafür. Der Rasen auf dem Dach – ja, tatsächlich! – ist der perfekte Platz für den Sundowner. Der hauseigene Naturführer bietet sportlichen und naturinteressierten Gästen Wander- und Vogelbeobachtungstouren an.

Hill Club
HERITAGE-HOTEL $$$

(222 2653; www.hillclubsrilanka.net; 29 Grand Hotel Rd.; Zi. inkl. Frühstück ab 12 500 Rs; @) Elegant und würdevoll kontrolliert der steinverkleidete Hill Club die Umgebung. Der Club ist das eindrucksvollste Relikt aus Nuwara Eliyas Kolonialzeit. Bis 1970 war er britischen Gentlemen vorbehalten – eine der Bars schrieb noch bis vor wenigen Jahren „men only" vor. Inzwischen sind auch Frauen und Einheimische zugelassen, und die Mitglieder wiederum haben auch Zutritt zu Londoner Clubs. Mitglieder auf Zeit (Tag 100 Rs) sind sehr willkommen, schließlich bringen sie Geld in die Kasse. Die Tennisplätze dürfen sowohl Hausgäste als auch Besucher nutzen. Die Rasenflächen und Gärten sind perfekt gepflegt. Die Suiten sind geräumig, die normalen Zimmer aber klein und für den Preis nicht wirklich gut ausgestattet (im St. Andrew's bekommt man das Kolonialflair günstiger). Das Dinner im Hill Club ist ein einzigartiges Retro-Erlebnis (s. Kasten S. 174).

Grand Hotel
HERITAGE HOTEL $$$

(222 2881; www.tangerinehotels.com; Grand Hotel Rd.; EZ/DZ inkl. Frühstück 176/189 US$; @) Das riesige Gebäude im Pseudo-Tudorstil steht direkt neben dem Golfplatz. Hier gibt es tadellose Rasenflächen, eine Leselounge und ein holzverkleidetes Billardzimmer. Die Gästezimmer sind groß und komfortabel. Dass sich alles ein bisschen künstlich und erzwungen anfühlt, liegt daran, dass das Originalgebäude nur ein Bungalow war. Sehr beliebt bei Touristen aus dem Mittleren Osten und Indien.

Sampath Rest
GÄSTEHAUS $$

(223 4690; 8A Wedderburn Rd.; EZ/DZ inkl. Frühstück 2500–3500 Rs; @) Das Sampath Rest ist ein faszinierendes kleines, modernes Gästehaus. Die Möbel im Speiseraum sind wie für eine Hochzeit ausstaffiert, die Zimmer sind sauber und luftig und, Verzeihung, rotzgrün gestrichen (keine Angst, es wirkt recht schön!). Eine nette Familie kümmert sich um Haus und Gäste.

Alpine Hotel
HOTEL $$$

(222 3500; www.alpineecotravels.com; 4 Haddon Hill Rd.; EZ/DZ inkl. Frühstück 6600/8250 Rs; @) Von außen wirkt das Hotel mit seiner Holzverkleidung und den großen Sprossenfenstern außerordentlich imposant. Die 25 Zimmer sind anständig, ein paar allerdings recht muffig. Es gibt ein großes Restaurant und einen Pub mit Billard

und Darts. Mountainbikes kann man für 1000 Rs pro Tag ausleihen.

Rising Lion Guesthouse   HOTEL $$
(222 2083; www.risinglionhotel.com; 3 Sri Piyatissapura; Zi. 2000–3000 Rs; @) Das Rising Lion über der St. Andrews Road ist vielleicht das höchstgelegene Hotel im Land und bietet eine herrliche Aussicht auf die von Nebel umwaberten Berge. Zur künstlerisch angehauchten Einrichtung gehören Retro-Objekte aus den 1970er-Jahren und Büffelköpfe. Hier kann man schnell vergessen, dass man in einem tropischen Land ist. Ein Zimmer mit Balkon (und tollem Blick) ist den Aufpreis wert.

Haddon Hill Hotel   GÄSTEHAUS $
(490 3675; 8B Haddon Hill Rd.; Zi. 2000 Rs) Hier besinnt man sich auf das Wesentliche: einfache Zimmer und Gemeinschaftsküche. Die dicken Decken auf den Betten und die füßewärmenden Teppiche schaffen Behaglichkeit zu einem anständigen Preis.

✘ Essen & Ausgehen

Fürs Mittagessen gibt es in der Stadt viele gute, günstige Optionen, zu Abend isst man wohl besser im eigenen Gästehaus oder in einem der nobleren Hotelrestaurants. Pubs öffnen gegen 16 Uhr, meist bekommt man hier aber nach Mitternacht nichts mehr.

Selbstversorger können sich auf dem zentralen Markt mit frischen Produkten und in der **Cargills Food City** (Kandy Rd.) mit Konserven eindecken.

LP TIPP The Old Course Restaurant   INTERNATIONAL $$$
(222 3031; 10 St. Andrew's Dr; Vier-Gänge-Menü 1800 Rs, Hauptgerichte 1000–1600 Rs; 12–14.30, 18–22 Uhr) Das Old Course Restaurant im St. Andrew's Hotel kombiniert das kulinarische Erbe des Britischen Empire mit moderner asiatischer Kochkunst. Heraus kommt eine tolle Fusionsküche. Ambiente und Service sind klasse, man wirbt damit, den größten Weinkeller Sri Lankas zu haben. Eine Flasche Wein ist hier alles andere als billig, manche kosten sagenhafte 500 US$. Das Old Course ist zwar ein formelles Restaurant, verzichtet aber auf den lächerlichen Dresscode anderer Etablissements in der Stadt. Das Essen ist wirklich erstklassig.

LP TIPP Grand Indian   INDISCH $$
(Grand Hotel Rd.; Hauptgerichte 400–600 Rs; 11–23 Uhr) Das Restaurant vor dem Grand Hotel wirkt zwar ein bisschen wie eine Cafeteria, Essen und Service sind aber hervorragend – die Thalis hier haben viele Fans. Im Gegensatz zu anderen Lokalen herrscht hier immer reger Betrieb, sodass man manchmal auf einen Tisch warten muss. Um die Ecke befindet sich eine gute Bäckerei.

Hill Club   WESTLICH $$$
(222 2653; 29 Grand Hotel Rd.; Menü 1800 Rs; 18–23 Uhr) Ein Abendessen im Hill Club ist ein echtes Event. Das Fünf-Gänge-Menü besteht hauptsächlich aus herzhaften Gerichten wie Roastbeef, die samt aller Beilagen um Punkt 20 Uhr auf den Tisch kommen. Das Ganze hat verblasste Kolonialeleganz: Kellner servieren mit Handschuhen, es gibt Leinentischtücher und Leinenservietten. Männer müssen im formellen Speisesaal entweder Krawatte und Jackett (kann man auch ausleihen, aber zuweilen sind schon alle weg) oder die sri-lankische Nationaltracht tragen. Die Damen sollten sich ebenfalls angemessen kleiden, mit Kleid oder langen Hosen. Im legereren À-la-carte-Restaurant des Hill Club ist der Dresscode nicht gar so streng. Wer nicht im Hotel übernachtet, zahlt 100 Rs für die Tagesmitgliedschaft. Die Küche erfüllt nicht jedermanns Erwartungen – v. a. angesichts der hohen Preise –, dennoch ist es ein tolles Erlebnis (s. Kasten S. 174). Wer ein Stündchen vor dem Dinner kommt, kann noch einen Drink in einer der Bars nehmen. Es ist gar nicht so lange her, dass die „Casual Bar" den Herren vorbehalten war. Im neuen Jahrtausend nun sind alle Geschlechter willkommen, aber es heißt, dass Sri-Lanker einer bestimmten „Klasse" schon mal abgewiesen werden.

Grand Hotel   INTERNATIONAL $$$
(222 2881; Grand Hotel Rd.; Abendmenü 2050 Rs) Schicke Kellner servieren ein Fünf-Gänge-Menü aus asiatischen und westlichen Gerichten, dazu spielt ein Pianist am Flügel. Aber wie das Hotel selbst, wirkt auch hier alles ein bisschen übertrieben und künstlich. Elegante, formelle Kleidung ist für die Gäste obligatorisch.

King Prawn Restaurant   CHINESISCH $$
(Hotel Glendower, 5 Grand Hotel Rd.; Hauptgericht 400–600 Rs; 12–14 & 18–22 Uhr) In einem Speisesaal wie im England der 1930er-Jahre wird hauptsächlich chinesisches Essen serviert, aber auch thailändische Einflüsse sind unübersehbar. Es gibt eine gute Auswahl an Seafoodgerichten, die allerdings angesichts der Lage im Landesinneren recht teuer sind.

> **HILL CLUB: REISE IN DIE VERGANGENHEIT** *BRETT ATKINSON*
>
> 1885 baute sich ein heimwehkranker britischer Kaffeebaron diese Zuflucht vor der Hitze an der sri-lankischen Küste. Der Hill Club ist ein melancholisches Denkmal für die glorreichen Tage des Britischen Empire. Das einzige Geräusch in der Bibliothek ist das Ticken der Standuhr. Churchills *History of the Second World War* liegt hier unter Porträts der königlichen Familie.
>
> Ein Abendessen im schäbig-eleganten Speisesaal ist ein Erlebnis für sich, allerdings gibt es einen obskuren Dresscode, der an der Rezeption angeschrieben ist: „Informelle Kleidung ist erlaubt, außer nach 19 Uhr, wenn Gentlemen Krawatte und Jackett tragen sollen. Die Kleidung der Ladys soll jener der Herren angemessen sein. Sri-lankische Nationaltracht ist selbstverständlich gestattet."
>
> Ich ahne, dass mein verstaubtes Reise-Outfit nicht als sri-lankische Nationaltracht durchgeht, und werde in eine Garderobe geleitet, die die Zeit vergessen hat. Dort suche ich also ein flottes Ensemble zusammen, das einem Alte-Schule-Dinner mit Tafelsilber gerecht würde. Die Auswahl ist mindestens eine Generation alt: Ich entscheide mich für ein Polyesterjackett mit breitem Revers und Krawatte, das eigentlich einen Lautstärkeregler bräuchte. Mit getrimmten Koteletten und einem Ford Capri wäre ich ein Doppelgänger von Bodie oder Doyle aus der 1970er-Serie *Die Profis*.
>
> Das Dinner geht noch weiter zurück als in diese Zeit des schlechten Geschmacks. Die getippte Speisekarte verspricht Hühnchen (offensichtlich aus der Dose) und Hammelbraten (tatsächlich aber Ziege) mit Minzsauce. Kartoffeln lyonnaise und Lauch au gratin sorgen für einen trotzigen, um nicht zu sagen verzweifelten internationalen Touch. Aufmerksame Kellner wuseln herum und wundern sich vielleicht, warum so viele von ihnen heute Dienst haben. Die Orangenmousse zum Nachtisch ist ein kleines Highlight, ehe ich die Kellner mit ein paar Frames im Billardzimmer vor den Kopf stoße. Draußen ist das 21. Jh., zu diesem Zeitpunkt bin ich mir da allerdings nicht so sicher.

Der Service ist zwar eher steif und unpersönlich, aber sehr schnell.

Milano Restaurant SRI-LANKISCH $
(94 New Bazaar St.; Hauptgerichte 180–380 Rs) Die etwas noblere Version des De Silva Food Centre nebenan. Freundliche Kellner servieren gute sri-lankische, westliche und chinesische Gerichte. Mit einem süßen Gebäck und einer Tasse Kaffee ist man für den Rest des Nachmittags gestärkt.

De Silva Food Centre SRI-LANKISCH $
(90 New Bazaar St.; Hauptgerichte 180–250 Rs) Das preisgünstige Lokal an einer lauten, lebhaften Straße bietet sri-lankische und chinesische Küche. Die vegetarischen *rotti* sind gute Mittagssnacks.

Restaurant Two SRI-LANKISCH $
(Grand Hotel Rd.; Hauptgericht 150–250 Rs) Billiges, schlichtes, aber ruhiges, halboffenes Restaurant am Golfplatz. Vorsicht: Das Essen kann sehr scharf sein!

The Pub BAR $
(20 Kandy Rd.; ◷16 Uhr bis spätabends) Die billigste Bar der Stadt ist für alleinreisende Frauen nicht zu empfehlen.

Lakeview Pub BAR $
(Alpine Hotel, 4 Haddon Hill Rd.; ◷16 Uhr bis spätabends) Dunkles Holz, Billard, Darts und eine Terrasse mit Seeblick machen den Pub so beliebt, das Einheimische und Urlauber das Pub gerne abends aufsuchen.

❶ Praktische Informationen

Alle hier aufgeführten Banken haben Geldautomaten und Schalter zum Geldwechseln.
Bank of Ceylon (Lawson Rd.)
Commercial Bank (Park Rd.)
Hatton National Bank (Badulla Rd.)
Kavinro Internet Cafe (Kandy Rd.; Std. 60 Rs; ◷8.30–19 Uhr) Verlässliche Verbindungen.
People's Bank (Park Rd.)
Postamt (Badulla Rd.)
Seylan Bank (Park Rd.)

❶ An- & Weiterreise

Bus
Die Haltestelle der staatlichen CTB-Busse befindet sich beim großen Kreisverkehr im Zentrum, die Haltestelle für private Busse etwas weiter die Straße hoch. Die Fahrt von Kandy dauert rund vier Stunden und kostet je nach Bustyp zwischen 88 und 190 Rs. Der Anstieg auf die

Höhe ist spektakulär. Busse fahren alle 30 bis 60 Minuten. Es gibt auch Verbindungen von/nach:
Colombo Normal 190 Rs, Intercity-Express 380 Rs, 6 Std.
Haputale 85 Rs, 2 ½ Std.
Matara Intercity-Express 360 Rs, 7–8 Std., Abfahrten 7–9.40 Uhr
Welimada 46 Rs, 1 Std.

Flugzeug

Sri Lankan Air Taxi (www.srilankan.lk/airtaxi) bietet montags und samstags Linienflüge von und nach Colombo.

Zug

Der nächste Bahnhof ist in Nanu Oya – 9 km von Nuwara Eliya entfernt an der Straße nach Hatton und Colombo. Auf die wichtigsten Züge warten Anschlussbusse – die Kundenfänger ignoriert man am besten. Die meisten Unterkünfte in Nuwara Eliya holen ihre Gäste – häufig gratis – am Bahnhof ab, wenn sie ein Zimmer reserviert haben. Ein Taxi vom Bahnhof kostet rund 400 Rs.
Badulla 2./3. Klasse 140/80 Rs
Bandarawela 90/50 Rs
Colombo 450/270 Rs
Ella 110/60 Rs
Haputale 80/40 Rs
Hatton 60/30 Rs
Kandy 160/90 Rs
Ein Sitzplatz im 1.-Klasse-Aussichtswaggon kostet pauschal 750 Rs, egal wo man ein- und aussteigt. Da die wenigen Plätze sehr gefragt sind, lohnt sich die frühzeitige Reservierung. Nicht alle Züge haben 1.-Klasse-Waggons.

Nationalpark Horton Plains & World's End

Die **Horton Plains** (Erw./Kind 15/8 US$, Auto 125 Rs, Jeep 250 Rs, Servicegebühr pro Gruppe 8 US$, Mehrwertsteuer 12 %) sind eine wunderschöne, ruhige und fremde Welt mit hervorragenden Wanderwegen im Schatten von Sri Lankas zweit- und dritthöchstem Gipfel: Kirigalpotta (2395 m) und Totapola (2359 m). Die „Ebenen" selbst sind ein hügeliges, über 2000 m hohes grasbewachsenes Plateau. Für Abwechslung sorgen Flecken dichten Walds, Felsen, filigrane Wasserfälle und im Dunst liegenden Seen. In der überraschend abwechslungsreichen Landschaft sind unzählige Tiere zu Hause.

Das Plateau endet abrupt am World's End, einer grandiosen Klippe, die jäh um 880 m abfällt. Wer nicht in aller Frühe hier ist, findet das „Ende der Welt" oft nebelverhangen vor, besonders in der Regenzeit von April bis September. Am besten kommt man zwischen 6 und 10 Uhr, ehe die Wolken aufziehen. Dann überblickt man unten im Tal die winzig erscheinenden Teeplantagen-Dörfer und kann weit Richtung Süden und Küste schauen. Abends und frühmorgens sind lange Hosen und Pulli angesagt, tagsüber wird es jedoch schnell warm, sodass auch ein Sonnenhut ganz nützlich ist. Von Januar bis März ist der Himmel am klarsten.

Sehenswertes & Aktivitäten

World's End AUSSICHTSPLATZ
Dies ist der einzige Nationalpark Sri Lankas, den Besucher auf eigene Faust, wenn auch ausschließlich auf markierten Wegen, durchstreifen dürfen. Der Weg zum World's End ist 4 km lang, danach macht er eine Schleife zu den Baker's Falls (2 km) und führt dann wieder zum Eingang zurück (weitere 3,5 km). Für den gesamten, 9,5 km langen Rundweg braucht man höchstens drei Stunden. Ab 9 oder 10 Uhr legt sich über alles dichter Nebel. Danach sieht man vom World's End aus nur noch eine weiße Nebelwand. Wer zwischen 5.30 und 6 Uhr in Nuwara Eliya oder Haputale startet, kann bis 7 Uhr am World's End sein und die grandiose Aussicht genießen.

An Sonn- und Feiertagen wird es hier oft sehr voll. Und trotz der Hinweisschilder machen junge Sri-Lanker so viel Lärm, dass sie die Tiere mit Sicherheit vertreiben.

Die Führer vom Nationalparkbüro verlangen ca. 750 Rs. Die freiwilligen Guides arbeiten zwar eigentlich kostenlos, erwarten aber einen ähnlichen Betrag. Einige kennen sich mit der Flora und Fauna des Park sehr gut aus. Alleinreisende Frauen sollten schon aus Sicherheitsgründen einen Guide nehmen. Geradezu begeistert vom Park und unglaublich kenntnisreich in Sachen Pflanzen und Tiere ist der Führer **Nimal Herath** (077 618 9842; hrthnimal@gmail.com). Er wird normalerweise vom Single Tree Hotel (S. 172) als Guide und Jeepfahrer beschäftigt, arbeitet aber auch auf selbstständiger Basis.

Feste, bequeme Wanderschuhe, Hut, Sonnenbrille und Sonnencreme sind ein Muss. Auch Proviant und Wasser sollte man mitbringen, denn der Imbiss im Farr Inn ist teuer. Im Hotel kann man sich ein Frühstück einpacken lassen – fürs Picknick am World's End. Das Wetter auf dem Plateau kann schnell kippen: War es eben noch sonnig und klar, ist es in der nächsten Minute kalt und neblig. Warme Kleidung zum Überziehen schadet also nicht (um 7 Uhr morgens ist es hier noch richtig frisch!). Es ist verboten, die Wege zu verlassen. Toiletten findet man im Farr Inn.

Am World's End gibt es keine Schutzgeländer, und es hat schon tödliche Unfälle gegeben, als Unvorsichtige, die dem Abgrund zu nahe kommen, abstürzten. Kinder sollten am Klippenrand besonders gut festgehalten werden!

Die Hauptattraktion des Parks ist zweifellos World's End, aber auch die Wanderung übers Plateau habt ihre Reize. Es gibt einen kürzeren (3 km) – und weniger schönen – Weg zu einem Platz, der „Poor Man's World's End" genannt wird. Der Weg befindet sich gleich hinterm Eingangstor des Parks, es muss die normale Eintrittsgebühr bezahlt werden.

Tierwelt
TIERWELT

Die Horton Plains sind eine wichtige Wasserscheide und Einzugsgebiet mehrerer Flüsse und Bäche, die das ganze Jahr über Wasser führen. Deshalb leben hier viele Tierarten, die sich auf einem Streifzug durch den Park sichten lassen. Die letzten Elefanten verließen in der ersten Hälfte des 20. Jhs. das Gebiet, aber es gibt hier noch ein paar Leoparden. Sambarhirsche und Wildschweine sieht man in der Morgen- und Abenddämmerung auf den Wiesen. Manchmal erblickt man Weißbartlanguren im Wald an der Straße nach Ohiya und noch seltener im Gehölz am World's End (sie geben keuchende Grunzlaute von sich). Die endemischen Ceylon-Hutaffen zeigen sich manchmal ebenfalls.

Vogelliebhaber kommen hier voll auf ihre Kosten. Endemisch sind hier z. B. Schmuckbülbül, Cistensänger, Graukopf-Maustimalie, Ceylon-Brillenvogel, Indische Amsel, Ceylon-Pfeifdrossel, Ceylon-Schnäpper und Schmuckkitta. Zu den hier lebenden Greifvögel gehört auch der Bergadler.

Das Grasland ist von einer buscheligen Grassorte namens *Crosypogon* bedeckt, in den sumpfigeren Gebieten wachsen ausgedehnte Torfmoospolster (Sphagnum). Der schirmförmige, weiß blühende Küstenbaum *(Calophyllum)* bildet das Blätterdach des Bergwalds. Die kleinwüchsigen Bäume und Büsche sind voller Flechten und Moos. Eine bemerkenswerte Pflanze ist auch der *Rhododendron zelanicum* mit blutroten Blüten. Die *Strobilanthes* mit violetten Blättern blüht im Alter von fünf Jahren erstmals und stirbt danach.

Farr Inn
WAHRZEICHEN

Das Farr Inn ist eine Institution. Früher diente das Haus als Jagdhütte hochrangiger britischer Kolonialoffiziere. Heute sind hier ein Restaurant und ein Besucherzentrum mit Ausstellungen zu Flora, Fauna und Geologie des Nationalparks untergebracht. Ein kleiner Souvenirstand in der Nähe führt Bücher über die Tiere und Pflanzen des Parks.

👉 Geführte Touren

Nahezu alle Unterkünfte in Nuwara Eliya und Haputale organisieren Ausflüge zu den Horton Plains und World's End. Preis: ca. 3500 Rs pro Kleinbus.

SIR THOMAS LIPTON – EIN GEWITZTER SCHOTTE

Seinen Namen liest man im Teeregal in jedem Supermarkt, aber Sir Thomas Lipton war schon ein erfolgreicher Geschäftsmann, bevor er sich zum größten Player in der globalen Teeindustrie mauserte.

Von 1870 bis 1888 schuf er aus dem elterlichen Lebensmittelladen in Glasgow eine landesweite Kette mit 300 Filialen. Irgendwann erkannte er das Potenzial, das im Teehandel steckte. Gerissen umging er die traditionellen Londoner Großhandelsmärkte und kaufte sich gleich seine eigenen Teeplantagen in Sri Lanka. In seinen 300 eigenen Läden konnte er dadurch den Tee einem bis dato unerschlossenen Markt, der Arbeiterklasse, günstiger verkaufen. Er erfand auch den erfolgreichen Werbeslogan „Direkt aus dem Teegarten in die Teekanne".

Liptons weltumspannende Ambitionen waren nicht auf den Handel beschränkt. 1909 stiftete er die Thomas Lipton Trophy für ein internationales Fußballturnier – 21 Jahre vor der ersten Weltmeisterschaft. Zudem versuchte er unermüdlich (und erfolglos), den America's Cup für Segler zu gewinnen. Aufgrund seines durch die Presse in aller Welt bekanntes Interesse an den beiden Sportarten wurde sein Markenname schnell auf beiden Seiten des Atlantiks zum Begriff.

🛏 Schlafen & Essen

Das Ministerium für Tierschutz betreibt zwei einfache Bungalows mit Übernachtungsmöglichkeit: die Giniheriya Lodge und die Mahaeliya Lodge mit jeweils zehn Betten. Ausländer zahlen 16,80 US$ pro Tag plus Eintrittsgebühr für den Park. Dazu kommen noch pro Kopf 75 Rs für die Bettwäsche und pro Gruppe 35 US$ Servicegebühr. Lebensmittel und Petroleum muss man mitbringen. Schlafsaalplätze gibt es für 8 US$ plus die oben genannten Gebühren. Die Lodges sind nur geöffnet, wenn Gäste da sind. Vorherige Anmeldung beim **Department of Wildlife Conservation** (📞011-256 0380; 382 New Kandy Rd., Malambe) in Colombo ist obligatorisch.

❶ Praktische Informationen

Eintrittskarten bekommt man im **National Park Office** (⏲6–18.30 Uhr) beim Farr Inn. Kartenverkauf bis 16 Uhr.

❶ An- & Weiterreise

Mit dem Taxi braucht man von Haputale zum Farr Inn eineinhalb Stunden (hin & zurück 3500 Rs). Hinter Ohiya geht es in engen Kurven durch den Wald bergauf, ehe die Straße das offene Plateau erreicht. Unterwegs sieht man schon mal Affen.

Die Fahrt von Nuwara Eliya zum Farr Inn dauert ca. eine Stunde (Kleinbus hin & zurück ca. 3500 Rs). Dies ist die beliebtere Route. Bei der Rückfahrt kann man sich beim Bahnhof Pattipola absetzen lassen, um den Nachmittagszug nach Haputale und Ella zu nehmen (13.30 Uhr).

Taxi

Das Taxi vom Bahnhof Ohiya zum/vom Farr Inn (einfach 40 Min.) kostet hin und zurück ca. 2000 Rs, inkl. Wartezeit.

Zug & zu Fuß

Wer will, kann bis zum World's End laufen, muss auf dem 30 km langen Rundweg aber mit einigen heftigen Steigungen rechnen. Theoretisch ist es auch möglich, einen Nachtzug nach Ohiya zu nehmen und in den frühen Morgenstunden loszumarschieren. Aber weil die Züge oft Verspätung haben, läuft man Gefahr, die 15 km zum World's End gelaufen zu sein und dann doch nur Wolken zu sehen. Wer wirklich wandern will, sollte also einen Tag vor der Wanderung nach Ohiya fahren. Für den 11,2 km langen Marsch auf der Straße von Ohiya zum Farr Inn braucht man zweieinhalb bis dreieinhalb Stunden (nachts ist dort eine Taschenlampe erforderlich). Danach sind es weitere eineinhalb Stunden zum World's End. Für den Rückweg nach Ohiya sollte man zwei Stunden einplanen. Von der Hauptstraße aus hat man eine tolle Aussicht. Schneller geht es, wenn man am Bahnhof Ohiya ein Tuk-Tuk zum Farr Inn und zum Startpunkt des Wanderwegs nimmt (2000 Rs).

Konditionsstarke Wanderer können auch von Pattipola, dem nächsten Bahnhof von Nuwara Eliya aus, zum Farr Inn laufen (ca. 10 km auf einer Piste für Allradwagen). Auch von den Bambarakanda-Wasserfällen kommt man hin – sie liegen ca. vier Stunden unterhalb des Plateaus (S. 178). Wer daraus eine zweitägige Tour machen möchte, startet in Haputale.

Belihul Oya
📞045

Belihul Oya ist eine hübsche hügelige Region und lohnt einen Abstecher auf dem Weg vom oder ins zentrale Hochland. Es liegt 35 km von Haputale und 57 km von Ratnapura entfernt. Die Wanderung von hier auf die Horton Plains ist sehr anstrengend.

Etwa 14 km vor Haputale, bei Kalupahana, befinden sich die **Bambarakanda-Wasserfälle**. Mit dem Bus gelangt man zur Kalupahana-Kreuzung, von da geht es mit dem Tuk-Tuk auf einer kaum vorhandenen Piste weiter (350 Rs).

Mit 240 m Fallhöhe sind die Bambarakanda-Fälle die höchsten Sri Lankas. Im März und April sind sie am schönsten, doch auch sonst lohnen sie nach heftigen Regenfällen einen Besuch (bleibt es lange trocken, dann schrumpfen sie zuweilen zum enttäuschenden Rinnsal). In der Nähe beginnt die anspruchsvolle vierstündige Wanderung auf die Horton Plains.

Bambarakanda Holiday Resort GÄSTEHAUS $
(📞057-357 5699; www.bambarakanda.com; Zi. inkl. Halbpension 1900 Rs) Ein paar Hundert Meter vor den Wasserfällen liegt diese rustikale Ferienanlage. Wer sich mal so richtig zurückziehen will, ist hier genau richtig. Die Zimmer sind sehr einfach gehalten und ein bisschen schäbig – das ist aber nicht weiter schlimm, denn angesichts der Nähe zu den Fällen und der interessanten Umgebung ist man sowieso ständig draußen in der Natur. Mit dem eigenen Fahrzeug kommt man am leichtesten dorthin.

River Garden Resort HOTELANLAGE $$
(📞228 0222; rivergardenbeli@gmail.com; Hütte EZ/DZ 48/60 US$, Safarizelt pro Pers. inkl. Vollpension 50 US$) Drei Hütten mit blitzsauberen Zimmern verteilen sich auf einem terrassierten schattigen Garten über einem

Bach. Man kann auch in komfortablen „Safarizelten" mit festen Betten nächtigen, sie stehen unterhalb des Restaurants. Zum Resort gehört eine „Eco Lodge", die 9 km entfernt liegt und sechs Schlafplätze bietet (190 US$). Das River Garden Resort arrangiert mehrtägige Abenteuerprogramme mit Kanufahrten, Trekking, Mountainbiketouren, Felsenklettern und Höhlentouren.

Haputale
057 / 5238 EW. / 1580 M

Die hauptsächlich tamilische Stadt Haputale liegt am südlichen Rand des zentralen Hochlands und schmiegt sich an einen schmalen, zu beiden Seiten steil abfallenden Felsgrat. Von oben sieht man an klaren Tagen die Südküste, nachts erkennt man den Leuchtturm von Hambantota in der Ferne. An weniger klaren Tagen hängt der Nebel, wie von Magneten angezogen, an den Hängen. Ob mit oder Nebel: Dieser Teil des Landes ist einfach ein Traum.

Das Stadtzentrum ist ein staubiges Gewimmel aus Autos, Tuk-Tuks und kleinen Läden. Aber schon nach ein paar Schritten aus der Stadt hinaus genießt man eine herrliche Aussicht. Die Eisenbahngleise am steilen Hang sind ein kleiner Triumph der Ingenieurskunst des 19. Jhs.

In Haputale sind heute singhalesische und tamilische Einflüsse vorherrschend, doch auch das Erbe der britischen Teepflanzer lebt hier weiter. An den Hängen erstrecken sich Teeplantagen mit eleganten Bungalows. In dem feuchtkalten, wolkigen Klima müssen sich die britischen Siedler einst wie zu Hause gefühlt haben. Auf dem Friedhof der hübschen anglikanischen Kirche (St. Andrew's) an der Bandarawela Road sind viele rührende Erinnerungen an die alten Zeiten zu finden.

In den letzten Jahren hat das touristische Interesse an Haputale seltsamerweise nachgelassen. Die Stadt bietet ihren Besuchern jedoch gute, günstige Unterkünfte und ist ein hervorragender Standort für die Erkundung des Nationalparks Horton Plains und anderer Sehenswürdigkeiten in der Gegend. Manch einem reicht es schon, einfach nur bei einem Spaziergang die kühle Bergluft zu genießen. Die Gästehäuser arrangieren Fahrten in Vans und Allradwagen zu den Horton Plains (3500 Rs).

Weitere Informationen liefert die privat geführte Website www.haputale.de (englischsprachig; nur der Gerichtsstand ist in Deutschland).

Sehenswertes

LP TIPP **Dambatenne Tea Factory** TEEFABRIK
(Eintritt 200 Rs; Okt.–Juli tgl. 8–18 Uhr, Aug.–Sept. Di–Sa 8–18 Uhr) Ein paar Teefabriken in dieser Gegend freuen sich über Besucher. Am bekanntesten ist Dambatenne, die 1890 von Sir Thomas Lipton gegründet wurde, einer der berühmtesten Persönlichkeiten in der Geschichte des Teeanbaus (s. Kasten S. 176). Beim Rundgang durch die Fabrik lernt man den ganzen Produktionsprozess kennen: Fermentierung, Rollen, Trocknen, Schneiden, Sieben und Klassifizieren. Die Führung ist wahrscheinlich die umfassendste der gesamten Region, aber leider gibt es keine Möglichkeit, ein Tässchen zu probieren. Weitere Details über die Teeproduktion siehe S. 317.

Die Fabrik liegt zwar 11 km von Haputale entfernt, ist aber leicht zu erreichen. Der Bus für die Fabrikarbeiter (Bus 326; 23 Rs) fährt alle 25 Minuten von der Haltestelle, an der die Busse nach Bandarawela starten, zur Fabrik und wieder zurück. Ein Tuk-Tuk kostet hin und zurück ca. 500 Rs.

LP TIPP **Adisham-Kloster** KLOSTER
(Eintritt 100 Rs; Sa & So, *Poja*-Tage & Schulferien 9–12.30 & 13.30–16.30 Uhr) Das wunderbar ruhige Benediktinerkloster findet man 3 km westlich von Haputale: Einfach die Temple Road am Bergrücken entlang bis zur Ausfahrt Adisham fahren. Das elegante Steingebäude gehörte einst dem Teepflanzer Sir Thomas Lester Villiers. Als Erinnerung an seine britische Heimat ließ er mitten in der tropischen Landschaft englische Cottage-Gärten und Rasenflächen anlegen. Zum perfekten England-Feeling gehört auch ein Daimler samt englischem Chauffeur. Adisham ist eines von weltweit gerade mal 18 Klöstern des Silvestriner-Ordens, einem im 13. Jh. gegründeten Unterorden der Benediktiner. Innen darf man den Aufenthaltsraum und die Bibliothek besichtigen, die bis unter die Decke mit verstaubten wissenschaftlichen Schinken über die Lebensgeschichten britischer Könige und Kolonialfiguren gefüllt ist – *The Love Affairs of Mary Queen of Scots* war der anzüglichste Titel, den die Autoren beim Besuch vorfanden.

In einem kleinen Laden gibt es Produkte aus den hübschen Gärten und Obsthainen der Mönche. Die Erdbeermarmelade oder

Haputale

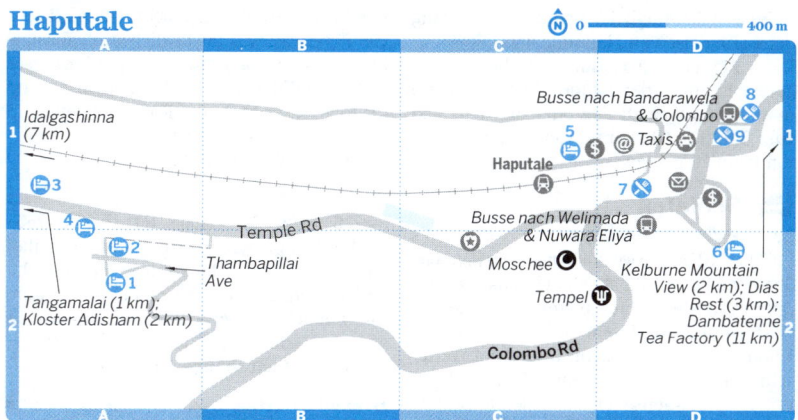

das Gelee aus wilden Guaven ist vielleicht eine gute Bereicherung des nächsten Frühstücks in einem Guesthouse.

Ein Taxi kostet hin und zurück ca. 500 Rs inkl. Wartezeit. Vor Adisham führt die Straße durch **Tangamalai**, einem Vogel- und Naturschutzgebiet, das über keinerlei Besuchereinrichtungen verfügt.

Diyaluma-Wasserfälle WASSERFALL
Auf dem Weg nach Wellawaya kommt man an den Diyaluma-Fällen vorbei. Die Wasserfälle liegen 5 km hinter der Ortschaft Koslanda und sind mit 171 m die dritthöchsten Sri Lankas. Der Fluss, der vom Koslanda-Plateau hinabstürzt, ist relativ schmal, schwillt aber nach heftigen Regen schnell an. Der Wasserfall schießt über eine Klippe und ergießt sich in einem dicken Strahl in ein Becken. Wer mit dem Bus unterwegs ist, fährt von Haputale Richtung Wellawaya und steigt in Diyaluma aus (1¼ Std.).

Ein lohnenswertes Ziel sind die schönen (zum Baden geeigneten) Wasserbecken und eine Reihe von Minifällen oberhalb des Hauptwasserfalls, zu denen man hochklettern kann. Vom Fuß der Wasserfälle geht man zunächst 500 m die Straße runter und biegt dann scharf links ab. Von hier sind es noch 20 Minuten, bis man eine kleine Gummifabrik erreicht, wo man links den Berg hochläuft. Der Weg ist nicht gut zu erkennen, obwohl es ein paar weiße Pfeile an den Felsen gibt. Am besten fragt man die Ortsansässigen, um sicher zu gehen und sich nicht zu verlaufen. Oben gabelt sich der Pfad: Der rechte, besser zu erkennende Weg führt zu den Wasserbecken, der linke zur Klippe des Hauptfalls.

Haputale

🛏 Schlafen
1 Amarasinghe Guest House..................A2
2 Bawa Guest House A2
3 Hyacinth Cottage A1
4 Olympus Plaza Hotel A1
5 Royal Top Rest Inn............................C1
6 Sri Lak View Holiday Inn D2

🍴 Essen
7 Lanka Tea Centre............................. D1
8 Risara Bakers D1
9 Sri Vani Vilas Hotel D1

NOCH MEHR SEHENSWERTES
Um noch mehr spektakuläre Ausblicke zu genießen – vorausgesetzt, das Wetter spielt mit –, nimmt man den Zug nach **Idalgashinna**, 8 km westlich von Haputale. Auf der Wanderung zurück, die entlang der Bahnstrecke verläuft, bieten sich auf beiden Seiten grandiose Ausblicke.

Der Blick vom Aussichtsplatz **Lipton's Seat** in der Nähe der Dambatenne-Teefabrik kann es mit jenem am World's End aufnehmen – und kostet nichts. Der schottische Teebaron Sir Thomas Lipton überschaute von hier sein expandierendes Reich. Von der Fabrik aus führt ein ausgeschilderter schmaler Pflasterweg 7 km durch üppige Teeplantagen zum Aussichtpunkt. Die Wanderung dauert ca. zweieinhalb Stunden. Die ersten Busse von Haputale fahren um 6.30 Uhr dorthin. Wer so früh den Marsch in Angriff nimmt, sieht unterwegs die tamilischen Teepflücker auf ihrem Weg zur Arbeit.

Beliebt ist auch die Wanderung entlang der Bahngleise von Haputale nach **Pattipola** (14 km, eine Tagestour), dem höchstgelegenen Bahnhof des Landes. Von hier kann man seinen Weg zu Fuß oder mit dem Taxi zum Bahnhof Ohiya und weiter zu den Horton Plains fortsetzen.

🛏 Schlafen

Sri Lak View Holiday Inn HOTEL $
(☏226 8125; www.srilakviewholidayinn.com; Sherwood Rd.; EZ/DZ ab 900/1300 Rs; @) Haputales bestes Hotel bietet 16 makellose Gästezimmer und eine mehrere Hundert Kilometer weite Aussicht. Bei gutem Wetter schmeckt das Bierchen am Abend auf der mit Gras bewachsenen Terrasse am besten, ansonsten lässt man sich im gemütlichen Restaurant nieder. Die vielen Empfehlungen von Lesern lassen darauf schließen, dass das Hotel wohl einiges richtig macht.

Amarasinghe Guest House PRIVATUNTERKUNFT $
(☏226 8175; Thambapillai Ave.; Zi. 1500 Rs) Das helle Haus in ruhiger Lage ist eines von Haputales ältesten und besten Guesthouses. Es gibt acht einfache Zimmer – die meisten mit Balkon – und ein komfortables Restaurant. Der Garten drum herum ist eine blühende tropische Oase (toll ist auch der Gemüsegarten!). Mr. Amarasinghe holt seine Gäste ohne Aufpreis vom Bahnhof ab. Wer lieber zu Fuß geht, folgt den Schildern zum Bawa Guest House, geht aber danach die Treppe runter und dann noch 10 m links.

Olympus Plaza Hotel HOTEL $$
(☏226 8544; www.olympusplazahotel.com; Temple Rd.; EZ/DZ inkl. Frühstück 4350/6000 Rs; @🛜) Dieses mehrstöckige Etablissement bringt einen Hauch flottes Businesshotel-Feeling ins verschlafene Haputale. Die modernen Gästezimmer mit abstrakter Kunst an den Wänden, dicken Matratzen, heißer Dusche und herrlicher Aussicht (von den meisten Zimmern jedenfalls) sind ideal für alle, die sich dem Weit-weg-von-daheim-Gefühl hingeben wollen. An den Wochenenden werden hier häufig Hochzeiten gefeiert.

Kelburne Mountain View BOUTIQUEHOTEL $$$
(☏226 8029; www.kelburnemountainview.com; Bungalow 15 995 Rs) Das Kelbourne liegt etwa 2 km östlich vom Bahnhof Haputale und ist ein wunderbarer Ort, um ein paar Tage auszuspannen – aber ausschließlich in der Gruppe (in jedem Bungalow schlafen mehrere Personen). Wer das nicht will, zahlt sehr viel für etwas, was tatsächlich ganz normale Zimmer sind. Die großen Pluspunkte dieses Hotels sind die schönen Blumengärten und die tolle Aussicht. In der Küche schwingt ein Einheimischer den Kochlöffel. Eine Reservierung ist obligatorisch.

Royal Top Rest Inn HOTEL $
(☏226 8178; 22 Station Rd.; EZ/DZ 750–1100/850–1300 Rs) Unweit vom Bahnhof steht dieses nette Haus mit guter Aussicht, einem fröhlich-bunten Gemeinschaftsraum und einfachen, aber sauberen Zimmern. Es gibt ein Restaurant, einen kleinen Außenbereich und einen sonnigen Balkon.

Hyacinth Cottage PRIVATUNTERKUNFT $
(☏226 8283; Temple Rd.; Zi. 1000 Rs) Das Hyacinth ist ein schlichtes, aber reizendes Familienhaus mit sieben Gästezimmern samt Bad (mit warmem Wasser). Auf der kleinen Terrasse mit Blick über die Landschaft lässt es sich gut abhängen.

Dias Rest GÄSTEHAUS $
(White Monkey; ☏568 1027; Thotulagala; Zi. & Hütte 1200 Rs) Dias Rest, umgeben von Teefeldern und Obstbäumen, liegt 3 km östlich des Bahnhofs. Es bietet seinen Gästen ein heimeliges Flair, zwei sehr kühle Doppelzimmer und eine Hütte, die für Familien geeiebgnet ist. Die Aussicht an klaren Tagen steht der am World's End nicht nach. Der Besitzer ist ein erfahrener Guide und kann für jede Wetterlage die richtigen Wanderungen empfehlen. Ein Tuk-Tuk vom Bahnhof dorthin kostet ca. 250 Rs.

Bawa Guest House PRIVATUNTERKUNFT $
(☏072 915 7616; 32 Thambapillai Ave; Zi. ab 800 Rs) Die himmelblau-mintgrüne Villa fungiert in der vierten Generation als Gästehaus. In den vergangenen 30 Jahren hat die nette Familie ihre Kombination aus wohnlich-kitschiger Einrichtung und herzlicher Bewirtung perfektioniert. Wer zu Fuß zum Bawa Guest House gehen will, folgt der Temple Road, bis ein gelbes Schild Richtung Süden zum Bawa Guest House weist. Dann geht es eine Treppe hinunter und auf einem Weg noch etwa 250 m weiter.

🍴 Essen

Am besten isst man in der eigenen Unterkunft, es gibt aber ein paar brauchbare Lokale für ein schnelles Essen, z. B. für *dosas* (papierdünne Pfannkuchen), *rotti* oder Reiscurrys. Zu empfehlen sind das **Lanka**

Tea Centre (Temple Rd.) gegenüber der Haltestelle für Busse, die nach Welimada und Nuwara Eliya fahren, und das Sri Vani Vilas Hotel (Dambatenne Rd.) bei der Haltestelle für Busse nach Bandarawela.

Die besten Samosas der Stadt bekommt man bei Risara Bakers. Hier sollte man reinschauen, wenn man am frühen Nachmittag hungrig von World's End zurückkommt. Um ca. 14 Uhr gibt es ofenfrisches, noch warmes Gebäck.

🛈 Praktische Informationen

In Haputale gibt es eine **Bank of Ceylon** (Station Rd.) und eine **People's Bank** (Colombo Rd.), beide haben Wechselschalter und Geldautomaten. Das Postamt steht direkt im Stadtzentrum. **Website Link** (No 3 UC Complex, Station Rd.) bietet Internet (Std. 60 Rs), Skype und Auslandstelefonate. Hier kann man sich auch Fotos auf CD brennen lassen.

🛈 An- & Weiterreise

Bus

Busse fahren nach Bandarawela (25–30 Rs je nach Route, 1 Std.), Ella (72 Rs, 1 Std.), Nuwara Eliya (80 Rs, 3 ½ Std., 8 & 14 Uhr) und Tangalla (180 Rs, 4 Std.).

Zug

Haputale liegt an der Bahnstrecke Colombo – Badulla, man kann also mit dem Zug direkt nach Kandy oder Nanu Oya (für Nuwara Eliya) fahren. Wie bei allen Zügen kostet der Platz im 1.-Klasse-Aussichtswaggon 750 Rs, egal wo man aussteigt.
Bandarawela 2./3. Klasse 20/15 Rs, 30 Min.
Colombo 330/180 Rs, 8½–9 Std.
Ella 50/25 Rs, 1 Std.
Kandy 210/115 Rs, 5½ Std.
Nanu Oya 80/40 Rs, 1½ Std.
Ohiya 30/20 Rs, 40 Min.

Bandarawela

♪ 057 / 7103 EW. / 1230 M

In Bandarawela, 10 km nördlich von Haputale, ist es merklich wärmer. Die geschäftige Marktstadt ist eine gute Basis für Ausflüge in die Umgebung und ein Verkehrsknotenpunkt mit Straßen in den Osten oder weiter ins Hochland hinein. Wegen des angenehmen Klimas ist die Stadt auch ein beliebter Altersruhesitz. Am Sonntagmorgen findet hier ein lebhafter Markt statt. Darüber hinaus bietet Bandarawela nicht viel mehr als ein schönes altes Hotel mit Kolonialcharme.

Bandarawela

🛌 Schlafen
1 Bandarawela Hotel B2
2 Orient Hotel A1
3 Vernon Guest House A1

🍴 Essen
4 Mlesna Tea Centre....................A2

⊙ Sehenswertes & Aktivitäten

Dowa-Tempel   TEMPEL

An der Straße nach Badulla steht ca. 6 km östlich von Bandarawela der zauberhafte Dowa-Tempel – malerisch an einem Bach rechts von der Straße. Unterhalb der Straße ist eine schöne, 4 m hohe stehende Buddhafigur in den Fels gehauen. Die ebenfalls aus dem Fels gemeißelten Wände des Höhlenschreins sind mit prächtigen buddhistischen Malereien in sri-lankischem Stil verziert. Der Tempel ist eine Art kleinere Version des Tempels in Dambulla (S. 199). Wie im dortigen Royal-Rock-Tempel suchte im 1. Jh. v. Chr. König Valagamba (Vattajamini Ahhya) während seines 14-jährigen Exils – nach der Vertreibung aus Anuradhapura – auch hier Unterschlupf. Der Legende nach führt der unterirdische Tunnel unter dem Tempel bis nach Kandy. Wer mit dem Bus kommt, übersieht den Tempel leicht (den Tunnel noch leichter). Am besten fragt man den Busfahrer, wo man aussteigen soll. Ein Tuk-Tuk oder ein Taxi von Bandarawela kostet 600 bis 700 Rs inkl. Wartezeit. Im Tempel ist eine Spende erbeten.

Schlafen & Essen

Bandarawela

Hotel HISTORISCHES HOTEL $$$

(222 2501; www.aitkenspencehotels.com; 14 Welimada Rd.; EZ/DZ inkl. Frühstück 85/100 US$;) Vor etwa 70 Jahren hörte man in diesem altehrwürdigen Teepflanzer-Club klugerweise auf, das Mobiliar zu erneuern. Heute, im neuen Jahrtausend, bietet das Hotel eine vergnügliche Kolonialshow mit einzigartigem Flair. Also: Tropenhelm aufsetzen, Wandershorts, Handschuhe und lange Socken anziehen und das Geschehen aus einem der bequemen Sessel beobachten. Es gibt große Zimmer mit hohen Decken, eine gemütliche Bar und einen Billardsalon. In das ruhige Hotel, hoch oben inmitten eines Gartens, kann man sich herrlich vor der staubigen Stadt flüchten.

Orient Hotel HOTEL $$

(222 2407; 12 Dharmapala Mawatha; EZ/DZ inkl. Frühstück 70/90 US$;) Im Orient Hotel ist man sichtlich um einen gehobeneren Standard bemüht. Die Zimmer sind hell, die Wandmalereien erinnern aber an einen Kindergarten. Zum Angebot gehören ein Billardzimmer und ein sonniger Biergarten. Hier und da sind Reisegruppen in der Karaoke-Lounge anzutreffen.

Vernon Guest House GÄSTEHAUS $

(222 2328; www.vernonguesthouse.com; 32/9 Esplanade Rd.; Zi. 1000–1500 Rs) Die schöne alte Villa steht am Ende einer ruhigen, mit Laub bedeckten Gasse. Die Gästezimmer sind leider trist und finster, aber der Preis für die Übernachtung ist okay.

Mlesna Tea Centre CAFÉ $

(Welimada Rd.) So tief im Teeland sollte man sich in diesem herrlichen Teeladen und Café einen der hochwertigen Tees aus den hiesigen Hügeln gönnen.

Praktische Informationen

Das Postamt befindet sich in der Nähe des Bandarawela Hotel.

Bank of Ceylon (Badulla Rd.) Geldautomat.

Hatton National Bank (Badulla Rd.) Geldautomat.

An- & Weiterreise

Bus

Busse fahren nach:

Badulla 45 Rs

Ella 35 Rs

Haputale 25 bis 30 Rs (je nach Route)

Nuwara Eliya 75 Rs

Welimada 41 Rs

Fernbusse fahren nach Colombo (214 Rs, 6 Std.), Tissamaharama, Tangalla und Galle. Busse nach Tissa, Tangalla und Galle fahren vom Fernbusbahnhof an der Esplanade Road ab. Um nach Tissa oder an die Südküste zu kommen, muss man in Wellawaya umsteigen.

Zug

Bandarawela liegt an der Bahnstrecke Colombo – Badulla. 1.-Klasse-Tickets für die Aussichtswaggons kosten generell 750 Rs (außer in den Zügen nach Polonnaruwa) – egal wo man aussteigt.

Badulla 2./3. Klasse 60/30 Rs

Colombo 340/185 Rs

Ella 30/15 Rs

Haputale 20/15 Rs

Kandy 230/125 Rs

Nanu Oya (für Nuwara Eliya) 90/50 Rs

Polonnaruwa 440/240 Rs

Ella

057 / 1041 M

Willkommen im beliebtesten Dorf im zentralen Hochland – dem idealen Ort, um in einigen der besten Gästehäusern des Landes ein paar Tage zu entschleunigen und zu relaxen. Der Blick durch die Schlucht von Ella Gap ist grandios, und in einer klaren Nacht sieht man in der Ferne sogar das Licht des Great-Basses-Leuchtturms an der Südküste flackern. Aber zu etwas Bewegung sollte man sich schon aufraffen: z. B. zu einem entspannten Spaziergang durch die Teeplantagen zu Tempeln, Wasserfällen und Aussichtsplätzen. Nach der Wanderung erwartet mit die beste hausgemachte sri-lankische Küche und der Luxus einer ausgedehnten ayurvedischen Behandlung.

Aktivitäten

Suwamadura AYURVEDA

(567 3215; 25 Grand View, Passara Rd.; 1-stündige Behandlung 3000 Rs; 8–22 Uhr) Das mustergültige Zentrum mit geschultem

Ella

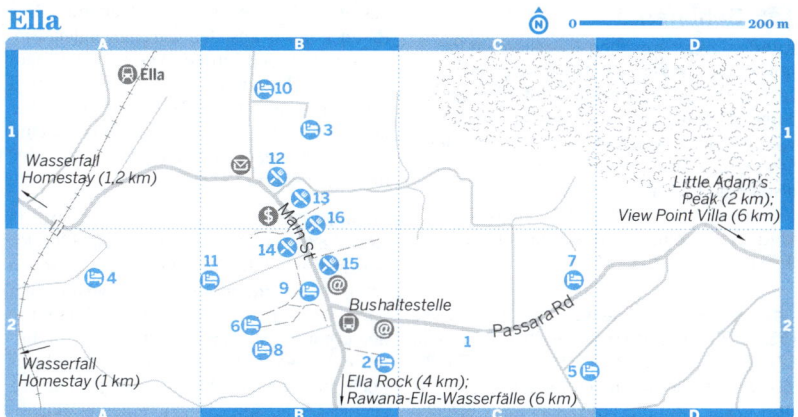

Personal offeriert die ganze Bandbreite an ayurvedischen Behandlungen wie Massage, Dampfbad, Kräutersauna und warmen, wohltuenden Shirodara-Stirnguss (s. S. 337). In der Kräutersauna werden 50 verschiedene Kräuter verwendet. Das ist Verwöhnung pur nach einem langen Tag auf den Beinen! Im Dorf gibt es weitere Einrichtungen, aber dieses hier ist das renommierteste.

Wandern

Ella ist ein Dorado für Wanderer, die meisten Unterkünfte geben ihren Gästen handgezeichnete Wegekarten mit auf den Weg. Einer der Spaziergänge führt auf einen Hügel, der Little Adam's Peak genannt wird. Zunächst geht man die Straße nach Passara entlang bis zu einem Blumenladen auf der rechten Seite, gleich nach Km 1. Weiter geht es dann auf dem Weg links vom Laden. Little Adam's Peak ist der höchste Hügel auf der rechten Seite und gut ausgeschildert; der zweite Pfad nach rechts führt bis zum Gipfel hoch. Teilweise verläuft der Weg durch eine Teeplantage. Für die insgesamt etwa 4,5 km lange Wanderung sollte man hin und zurück rund eineinhalb Stunden einplanen. Die letzten 20 Minuten auf dem Hinweg geht es bergauf, ansonsten ist der Weg sehr leicht. Am besten startet man früh am Morgen so gegen 7 Uhr, dann trifft man unterwegs tamilische Familien auf ihrem Weg zur Arbeit in den Plantagen. Vom Gipfel des Little Adam's Peak sieht man Wasserfälle und Teefabriken durch den Nebel schimmern, der häufig an den Hügeln der Umgebung zu kleben scheint.

Die Wanderung auf den Ella Rock ist anstrengender, und man sollte mit einem Guide gehen (die Abzweigung von den Bahngleisen ist leicht zu übersehen, und die Gefahr, sich im Wald zu verlaufen, ist groß). Die meisten Gästehäuser organisieren einen Führer für 1500 Rs pro Gruppe. Die Rundwanderung dauert drei bis vier Stunden; die Aussicht von oben ist atemberaubend.

Leichter ist der 2,5 km lange Marsch entlang der Bahnlinie (Richtung Bandarawela) zu den kleinen Rawana-Wasserfällen.

Ella

Aktivitäten, Kurse & Touren
1 Suwamadura C2

Schlafen
2 Beauty Mount Tourist Inn B2
3 Eeshani Guest Inn B1
4 Ella Highest Inn A2
5 Green Hill C2
6 Hill Top Guest House B2
7 Little Folly C2
8 Rawana Holiday Resort B2
9 Rock View Guest House B2
10 Sun Top Inn B1
11 Zion View B2

Essen
12 Bakery B1
13 Cafe Chill (Nescoffee Shop) B1
14 Curd Shop B2
15 Down Town Rotti Hut B2
16 Dream Café B1
Little Folly Restaurant .... (siehe 7)

Praktisches
Dream Café .... (siehe 16)

🛏 Schlafen

Kundenfänger sprechen Touristen am Bahnhof an und sagen, das Hotel ihrer Wahl sei zu teuer, geschlossen oder rattenverseucht. Tatsächlich hat Ella in Sachen Unterkünfte, vor allem bei Gästehäusern, einen hohen Standard – den Lügenmärchen sollte man also keine Beachtung schenken.

In der Zeit um Weihnachten und Neujahr können die Zimmerpreise doppelt so hoch liegen wie hier angegeben.

LP TIPP Waterfall Homestay GÄSTEHAUS $$
(567 8933; www.waterfalls-guesthouse-ella.com; EZ/DZ/3BZ inkl. Frühstück 3500/4000/5000 Rs; 📶) Das wunderbar abgeschiedene Haus mit drei Gästezimmern führt ein australisches Paar mit viel Sinn für Kunst und Design. Das fast schon organisch wirkende Gebäude ist perfekt in den Hügel eingepasst und bietet tolle Sicht auf die Rawana-Fälle, die von den Bäumen rund um das Gästehaus perfekt eingerahmt werden. Jedes der extravagant dekorierten Zimmer ist individuell gestaltet, alle haben hochwertiges Mobiliar. Die unvergesslichen Mahlzeiten werden auf der Terrasse serviert. Die 1,5 km in die Stadt legen Tuk-Tuks für 150 Rs zurück.

LP TIPP Zion View GÄSTEHAUS $$
(📞072 785 5713; www.ella-guesthouse-srilanka.com; Zi. 55–60 US$; 📶) Das Zion View ist ein erstklassiges kleines Gästehaus. Die Zimmer haben riesige Sprossenfenster, richtig heiße Duschen und mediterran angehauchte Terrassen mit Hängematten und Lehnstühlen. Das Frühstück auf der sonnigen Terrasse mit Blick durch den Ella Gap ist das perfekte Ella-Erlebnis. Besitzer Sena, der in der Schweiz in die Lehre ging, und seine charmante Frau Rashinika wissen, was Reisende wollen, und tun ihr Möglichstes, die Wünsche zu erfüllen. Im Restaurant bekommt man hervorragende Reiscurrys. Auch mit Kindern ist man hier richtig, weil es hier alles gibt, was die Kleinen brauchen – sogar einen Spielgefährten. Ganz neu ist der hauseigene Ayurveda-Raum.

View Point Villa COTTAGE $$
(📞077 357 3851; www.viewpoint-villa-ella.com; 8 Mile Post, Passara Rd.; 3500–5000 Rs; 📶) Fährt man von Ella 6 km Richtung Passara, kommt man zu dieser herrlich einsam gelegenen Anlage. In den bunt bemalten Häuschen mit hohen Holzdecken gibt es einige der besten Bäder des zentralen Hochlands. Das Essen kommt aus dem angrenzenden Bio-Garten. Von den luftigen Verandas hat man einen wunderbaren Blick auf die Hügel und Teeplantagen. Ein Tuk-Tuk von Ella hierher kostet etwa 300 Rs. Für Touren ins Umland stehen den Gästen Leihmotorräder zur Verfügung (Tag 600 Rs).

Little Folly CHALET $$
(📞222 8817; Zi. 1750 Rs, Hütte 2500–3000 Rs; @) Zwei urige Rotkäppchen-Hütten stehen versteckt in einem Wald, in dem zwar kein böser Wolf, aber ein paar Affen wohnen. Die neu erbauten Hütten ganz aus Holz sind luftig, hell und sauber. Im Haupthaus gibt es noch ein einfaches kleines, hellgrün gestrichenes Gästezimmer sowie einen erstklassigen Laden für Tee und Kuchen.

Eeshani Guest Inn PRIVATUNTERKUNFT $$
(📞222 8703; Zi. 3000 Rs; @📶) Das tolle neue Zwei-Zimmer-Etablissement führt ein liebenswertes altes Paar, das gern mit den Gästen zu einer Tasse Tee zusammensitzt. Das Haus ist voller verblichener Hochzeitsfotos der Söhne und Töchter der beiden. Der Blumengarten ist ein zusätzliches Plus, das Highlight sind aber die Bäder: Eines hat sogar eine Wanne, die wie eine zusammengerollte Schlange aussieht.

Green Hill GÄSTEHAUS $
(📞578 6845; wemalasooriya@yahoo.com; EZ/DZ 2200/2500 Rs; @) Zwei hinreißende Zimmer mit großartiger Aussicht zum Ella Gap. Zu den Zimmern in Hellblau gehören Terrakottabäder. Die Pension steht rund fünf Gehminuten von Ella entfernt an einem schlammigen Weg. Das Essen wird zu Recht gelobt.

Ambiente HOTEL $$
(📞222 8867; www.ambiente.lk; Kitalella Rd.; Zi. 2640–3520 Rs, 3 BZ 3080–4180 Rs; @) Von der motelartigen Anlage hoch über einer Teeplantage hat man Blick auf Ellas „Big Three": Little Adam's Peak, Rawana-Wasserfälle und Ella Gap. Die Zimmer sind durchaus komfortabel und sauber, der recht hohe Preis erklärt sich wohl eher durch die grandiose Aussicht. Die Hunde des Hauses, Tim und Tina, sind die perfekten Wanderführer. Ein Tuk-Tuk vom Bahnhof kostet 250 Rs. Zu Fuß ist der Weg mit dem steilen Anstieg nicht zu empfehlen.

Hill Top Guest House GÄSTEHAUS $$
(📞222 8780; EZ/DZ 2250/2500 Rs; 📶) Blitzblanke Zimmer, ein großartiger Blick auf

den Ella Gap und die nette Gastgeberfamilie machen das Hill Top zu einem der besten Gästehäuser in Ella. Die üppig grünen Gärten drum herum sorgen für Privatsphäre. Zu essen gibt es gute sri-lankische Küche.

Sun Top Inn — GÄSTEHAUS $$
(222 8673; suntopinn@sltnet.lk; Zi. inkl. Frühstück 2800–3600 Rs; @🕾) Das (von Lesern empfohlene) sonnenuntergangsgelbe Gästehaus steht an einem schattigen Sträßchen. Vom Bahnhof kann man bequem zu Fuß dorthinlaufen. Das Sun Top mit kleinen, gepflegten Zimmern und einem sonnigen Gemeinschaftsbereich wird von einer sympathischen Familie betrieben, die ihren Gästen kostenlos Fahrräder ausleiht.

Beauty Mount Tourist Inn — GÄSTEHAUS $
(222 8760; Zi. 1000 Rs, Hütte 1750–2000 Rs) Das Beauty Mount bietet einfache Zimmer und etwas modernere Häuschen an einem bewaldeten Hügel mitten in Ella. Der Besitzer baut organischen Kaffee an. Und seine Reiscurrys sind ein Gedicht. Dorthin gelangt man auf dem Weg über den Fluss und den Hügel hinauf.

Rawana Holiday Resort — GÄSTEHAUS $
(222 8794; nalankumara@yahoo.com; Zi. 1800–2500 Rs; 🕾) Hoch auf einem Hügel mit Blick über Ella thront dieses Gästehaus in Familienhand. Es gibt sechs Zimmer mit Balkon und toller Aussicht sowie vier billigere Zimmer nach hinten raus. Im großen offenen Restaurant wird eine exzellente Küche serviert.

Rock View Guest House — GÄSTEHAUS $
(222 8561; Zi. 1500 Rs) Das Rock View war ursprünglich der Bungalow eines schottischen Teepflanzers. Heute werden makellose, frisch gestrichene Zimmer mit Holzböden und hohen Decken sowie in einem Anbau neue Zimmer mit tollem Blick zum Ella Gap vermietet. Eine Familie führt das Haus bereits seit 50 Jahren, an den Wänden hängen viele rührende Familienandenken.

Ella Highest Inn — PRIVATUNTERKUNFT $
(072 409 8725; Zi. 1000 Rs) Das Highest Inn ist eher ein gemütliches Bed-and-Breakfast als ein Gästehaus. Es gibt eine Gemeinschaftslounge mit asiatischer Kunst, Stereoanlage und DVD-Player sowie saubere, einfache Gästezimmer. Drum herum gibt es nur eine Teeplantage und (solange niemand hier baut – was so unwahrscheinlich nicht ist) die totale Einsamkeit.

✕ Essen & Ausgehen

Ellas Unterkünfte sind ideal, um erstklassige sri-lankische Gerichte zu probieren, hier wird vielleicht sogar die beste Küche in ganz Sri Lanka gekocht. In allen Gästehäusern und Hotels werden Mahlzeiten serviert – man muss sich allerdings etwa vier Stunden vorher anmelden. Favoriten sind u. a. das Rawana Holiday Resort, das Zion View, das Mount Tourist Inn, das Hill Top Guest House, das Green Hill und Sita's Heaven. In vielen Hotelrestaurants geben die Köche sogar Reiscurry-Kurse. Im Rawana Holiday Resort kann man sich auf verschiedene Gerichte freuen, darunter süß-saure Auberginen, scharfes Kartoffelcurry und die Hausspezialität Knoblauchcurry mit ganzen Zehen (schmeckt besser, als es klingt!). Eine Anmeldung ist für das Abendessen bis zum Nachmittag erforderlich.

In den letzten Jahren wurden in dem verschlafenen Ort ein paar Bars eröffnet, in denen man auch noch spät am Abend etwas trinken kann. Nach einer anstrengenden Wanderung über Hügel und Teeplantagen schmeckt das kühle Bierchen dann umso besser.

Dickmilch (aus Büffelmilch) mit Sirup aus der *Kitul*-Palme (manchmal fälschlicherweise Honig genannt) ist eine viel gelobte lokale Spezialität.

ⓘ Cafe Chill (Nescoffee Shop) — INTERNATIONAL $$
(Main St.; Hauptgericht 300–700 Rs; 🕾) Die kühle, kompakte Café-Bar an der Straße ist haargenau das, was Traveller wollen: Hier gibt es minzige Mojitos, coole Beats, Sport im Fernsehen, kostenlosen WLAN-Anschluss und einen schnellen Kontakt zu anderen Gästen. Das Essen ist ebenfalls okay, unbedingt probieren sollte man die *lamprais* (langsam im Bananenblatt gegartes Fleisch und Gemüse). Während der Recherche stand die Eröffnung eines neuen Anbaus an – damit verkürzen sich hoffentlich die Warteschlangen an besonders betriebsamen Abenden!

Curd Shop — INTERNATIONAL $
(Main St.; Hauptgerichte 150–250 Rs) Das winzige Lokal bei der Bushaltestelle eignet sich ideal fürs Frühstück vor dem frühmorgendlichen Marsch zum Little Adam's Peak – hier zahlt man rund 15 % weniger als in den Hotels. Der auf Rucksackreisende ausgerichtete Laden bietet gute Dickmilch mit Sirup und

kotthu rotti. Hier kann man sich auch mit Sandwiches als Wanderproviant eindecken.

Dream Café
INTERNATIONAL $$

(Main St.; Hauptgerichte 300–500 Rs; 🛜) Viele Leser empfehlen dieses Restaurant mit seinem schattigen Garten. In dem kleinen internationalen Treff gibt es einen guten Espresso, leckere westliche Gerichte wie Tortilla-Chicken-Wraps, aber auch Smoothies und Salate für die Gesundheitsbewussten. Allzu streng sollte man aber nicht mit sich sein: Das Bier ist gut kalt und nach einem anstrengendem Wandertag eine Wohltat.

Little Folly Restaurant
CAFÉ $

(Kuchen 120 Rs) Nachmittags um drei im zentralen Hochland: Es ist Teatime, und zum Tee gehört ein Stückchen selbst gebackener Zitronen- oder Schokokuchen. Kann man sich dafür einen besseren Platz denken als dieses nette Café am Waldrand?

Down Town Rotti Hut
SRI-LANKISCH $

(Main St.; *rotti* ca. 250 Rs) Das Restaurant hatte beim letzten Besuch eben erst aufgemacht, aber es wird wohl schnell für einige der leckersten (und üppigst portionierten) *rotti* der Stadt bekannt sein.

Praktische Informationen

In Ella gibt es eine Post und eine Filiale der **Bank of Ceylon** mit Geldautomat. Viele Gästehäuser und ein paar der größeren Restaurants bieten Internetzugang (meist WLAN). Im Cafe Chill (Nescoffee Shop) kann man in Secondhand-Taschenbüchern schmökern.

An- & Weiterreise

Bus

Rund 9 km hinter Bandarawela zweigt von der Straße nach Badulla die Straße nach Ella ab. Die Busfahrpläne ändern sich häufig, am besten fragt man im Curd Shop (wo viele Busse halten) oder gegenüber bei Rodrigo Communications nach den aktuellen Abfahrtszeiten.

Busse fahren nach Badulla (45 Rs), Bandarawela (35 Rs) und Wellawaya (55 Rs).

Nach oben und von Kandy muss man in Badulla umsteigen. Busse nach Matara (CTB/Intercity-Express 150/278 Rs) halten ab ca. 6.30 bis 14.30 Uhr einmal die Stunde in Ella. Die Busse sind meistens ziemlich voll, wenn sie Ella erreichen, am wenigsten ist um die Mittagszeit los. Es ist immer möglich, einen Bus nach Wellawaya zu nehmen und von dort an die Südküste oder nach Monaragala (für die Arugam Bay) weiterzufahren. Täglich um 8 Uhr morgens fährt ein Bus nach Galle (310 Rs).

Zug

Ella liegt eine Stunde entfernt von Haputale und Badulla an der Bahnstrecke Colombo – Badulla. Der Abschnitt von Haputale (über Bandarawela) nach Ella führt durch eine besonders schöne Landschaft. Etwa 10 km nördlich von Ella, bei Demodara, macht die Bahnstrecke eine Schleife um einen Hügel und unterquert sich selbst in einem Tunnel 30 m tiefer.

Ellas Bahnhof ist wunderbar altmodisch, aber die Fahrpläne sind übersichtlich ausgehängt. Möglicherweise lungern auch hier Kundenfänger herum, manchmal steigen sie schon ein paar Stationen vor Ella ein. Entgegen ihren Schauermärchen gehören Ellas Unterkünfte zu den besten im Land. Plätze in der Aussichtswagenklasse kosten 750 Rs und sollten im Voraus reserviert werden.

Fahrkartenpreise:

Badulla 2./3. Klasse 40/20 Rs
Bandarawela 350/410 Rs
Colombo 350/190 Rs
Haputale 50/25 Rs
Kandy 240/130 Rs
Nanu Oya (für Nuwara Eliya) 110/60 Rs

Rund um Ella

Von Ella aus kann man den **Dowa-Tempel** besuchen; siehe S. 181.

Die **Uva Halpewaththa Tea Factory** kann im Rahmen von Führungen (150 Rs) besichtigt werden. Man fährt mit dem Bus Richtung Bandarawela, steigt an der Kumbawela-Kreuzung aus und hält den Bus nach Badulla an. Direkt bei Km 27 (in der Nähe des Halpe-Tempels) steigt man aus. Von hier sind es noch 2 km bis zur Fabrik. Ein Tuk-Tuk ab Ella kostet hin und zurück 600 Rs.

Die 19 m hohen **Rawana-Ella-Wasserfälle** befinden sich vom Ella Gap ca. 6 km in Richtung Wellawaya. In der Regenzeit schießt das Wasser hier geradezu den Berg hinunter – weshalb die Rawana-Ella-Wasserfälle als die „wildesten" Sri Lankas gelten. In der Trockenzeit fließt dagegen manchmal gar nichts. Verkäufer bieten kleine Snacks und billigen Schmuck an; „Guides" wollen einem den Wasserfall zeigen, der nicht zu übersehen ist.

Weiter die Straße hoch führt kurz vor Ella eine Seitenstraße nach links zu einem kleinen **Tempel** und einer **Höhle**, die mit dem Ramayana in Verbindung gebracht wird. Den Tempel, der zu einem Kloster gehört, kann man besuchen – Schuhe und Hut – falls man eine Kopfbedeckung zum Schutz

Rund um Ella

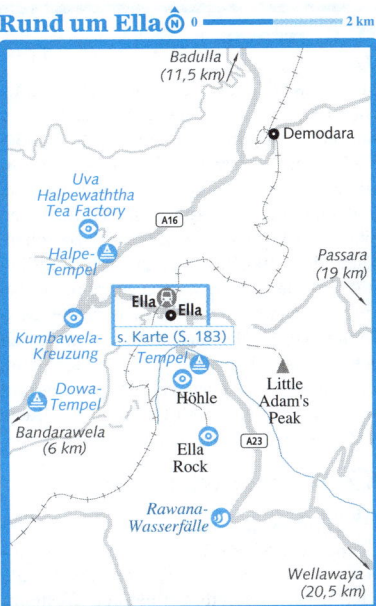

⊙ Sehenswertes

Die meisten Sri-Lanker, die nach Badulla fahren, besuchen entweder den Muthiyagana Vihara oder den Kataragama Devale.

Muthiyagana Vihara TEMPEL

In der weitläufigen buddhistischen Anlage im Südosten der Stadt steht eine weiß getünchte Dagoba. Bei Festen wird der hier residierende Elefant herumgeführt.

Kataragama Devale TEMPEL

In diesem Tempel werden Statuen der Gottheiten Kataragama, Saman und Vishnu angebetet. Das Besondere an diesem *devale* ist, dass er im Kandy-Stil und nicht im südindischen tamilischen Stil errichtet wurde. Er hat eine lange, hölzerne Schreinhalle mit Wandmalereien, die eine *perahera* (Prozession) illustrieren.

St. Mark's Church KIRCHE

Geschichtsfans sollten die St. Mark's Church besuchen und die Inschriften auf den Grabsteinen entziffern. In der Kirche erinnert eine Gedenktafel an den Elefantenjäger Major Rogers, der von einem Blitz getötet wurde. Er soll 1845 nach einem sehr schweren Gewitter in Haputale auf seine Veranda getreten sein und zu seiner Frau gesagt haben: „Jetzt ist es vorbei." Danach erschlug ihn ein letzter Blitz. Die Hinterbliebenen der 1500 Elefanten, die er innerhalb von vier Jahren umgebracht hatte, trompeteten wahrscheinlich schadenfroh. Rogers' Grabstein in der Nähe von Nuwara Eliya ist inzwischen entzweigebrochen – vermutlich wurde er von einem weiteren Blitz aus himmlischer Energie getroffen.

Dunhinda-Wasserfälle WASSERFALL

(Eintritt 200 Rs) 5 km nördlich von Badulla befinden sich die 63 m hohen Dunhinda-Fälle. Am schönsten sind sie im Juni und Juli, aber auch in allen anderen Monaten sind sie einen Ausflug wert. Hier lässt es sich gut picknicken, man muss sich aber vor den diebischen Affen in Acht nehmen! Von Badulla fahren alle 30 Minuten Busse dorthin (30 Rs). Von der Haltestelle läuft man dann noch 1 km auf einem klar erkennbaren Weg. Gutes Schuhwerk ist wichtig, weil man zum Teil richtig kraxeln muss.

Unterwegs kommt man an einem kleineren Wasserfall vorbei, am Ende des Pfads gibt es einen guten Aussichtsplatz. Am Weg stehen mehrere Imbissbuden. Feiertage und Wochenenden sollte man nach Möglichkeit meiden, weil es hier dann sehr voll werden

gegen die Sonne trägt – müssen aber vorher abgelegt und Beine und Arme bedeckt werden. Die Höhle befindet sich in einer Spalte des Bergs, der zum Ella Rock aufsteigt. Hier soll der König von Lanka gelebt haben, ehe er Sita gefangen nahm. Jungen zeigen einem die Stelle, wo der steile, zugewachsene und glitschige Pfad zur Höhle beginnt.

Badulla

♪ 055 / 42 572 EW. / 680 M

Badulla, 235 km östlich von Colombo und Hauptstadt des gleichnamigen Distrikts, ist der südöstlichste Punkt des Hochlands und verkehrstechnisch das Tor zur Ostküste. Es ist auch eine der ältesten Städte Sri Lankas. Die Portugiesen hielten Badulla kurze Zeit besetzt, bei ihrem Rückzug setzten sie die Häuser in Brand. Für die Briten war die Stadt ein wichtiges gesellschaftliches Zentrum. Doch außer hübschen Gärten und einem Uhrenturm sind alle Zeugnisse jener Zeit – etwa eine Rennstrecke und ein Cricketclub – im typisch sri-lankischen Gewusel untergegangen. In Badulla endet die Bahnstrecke von Colombo durchs zentrale Hochland. Zu britischer Zeit war der Bahnhof ein wichtiger Umschlagplatz für Plantagenprodukte nach Colombo.

kann. Ein Tuk-Tuk von Badulla kostet hin und zurück 500 Rs.

🛏 Schlafen & Essen

Seit ein paar Jahren haben sich Badullas billigere Unterkünfte zu Stundenhotels entwickelt. Von daher gibt man besser ein bisschen mehr für seine Unterkunft aus – oder fährt gleich die knappe Stunde weiter nach Ella und quartiert sich dort ein. Wer wirklich seine Rupien zählen muss, ist in ein paar der günstigeren Gästehäuser in Bahnhofsnähe gut aufgehoben.

An der Lower Street, in der Nähe der Kreuzung mit der Bazaar Street, findet man viele Restaurants. Selbstversorger können Lebensmittel in **Cargills Food City** (Post Office Rd.) einkaufen, und auf dem farbenfrohen **Markt** gegenüber dem Postamt gibt es ein erstaunlich reichhaltiges Angebot an Obst und Gemüse.

Hotel Onix
HOTEL $$

(☎222 2426; 69 Bandaranayake Mawatha; Zi. inkl. Frühstück ab 3500 Rs; ❄☆) Das für Hochzeiten beliebte Hotel ist überteuert, aber die großen Zimmer sind nun mal die besten der Stadt – was offen gestanden nicht viel zu sagen hat!

Dunhinda Falls Hotel
HOTEL $$

(☎222 3028; 69 Bandaranayake Mawatha; mit/ohne Klimaanlage EZ 2500/1250Rs, DZ 2950/2000 Rs; ❄) Das Hotel ist sauber und nett, aber das hauseigene Motto „Unvergleichliche Klasse" mag für Badulla seine Richtigkeit haben – anderswo wäre es schlicht unglaubwürdig.

ℹ Praktische Informationen

Die **Bank of Ceylon** (Bank Rd.) hat einen Geldautomaten und Wechselschalter.

ℹ An- & Weiterreise

Bus
Colombo 244–720 Rs je nach Bustyp
Ella Privatbus 46 Rs
Kandy 200 Rs
Monaragala 88 Rs
Nuwara Eliya 94 Rs

Zug

Das 1.-Klasse-Ticket für den Aussichtswaggon kostet 750 Rs, egal wo man aussteigt. Von Badulla aus fahren Züge nach Colombo (2./3. Klasse 370/205 Rs) und Kandy (270/145 Rs).

Wellawaya
🎵 055

In Wellawaya endet das zentrale Hochland. Hier beginnt die trockene Ebene, auf der sich einst das uralte singhalesische Königreich Ruhunu erstreckte. Wellawaya besteht aus wenig mehr als einer Straßenkreuzung, und außer den Buduruwagala-Schnitzereien gibt es in der Gegend nicht viel zu sehen. Nach der Tuk-Tuk-Fahrt zu den Buddhastatuen von Buduruwagala klärt man also am besten, wie man von hier wieder wegkommt. Die Straße nach Norden führt durch den spektakulären Ella Gap ins Hochland, jene nach Süden nach Tissamaharama und an die Küste, jene nach Osten an die Küste und jene nach Westen nach Colombo.

◉ Sehenswertes

🏆 LP TIPP Buduruwagala
MONUMENT

(Eintritt 200 Rs; ⏰9–17 Uhr) Etwa 5 km südlich von Wellawaya zweigt von der Straße nach Tissa eine Seitenstraße gen Westen in westlicher Richtung den Fels gehauenen Buddhastatuen von Buduruwagala. Ein kleines Schild weist den Weg entlang einer 4 km langen Straße, die mehrere kleine Seen passiert. Unterwegs sieht man viele Vögel, z. B. Reiher.

Der Name Buduruwagala leitet sich von den Wörtern Buddha (Budu), Bildnis (*ruva*) und Fels (*gala*) ab. Die Statuen wurden um das 10. Jh. geschaffen und gehören zur Schule des Mahayana-Buddhismus, der in jener Zeit eine kurze Hochblüte in Sri Lanka erlebte. Der riesige stehende Buddha - mit 15 m der größte Sri Lankas – in der Mitte trägt noch Spuren seines ursprünglichen Gewands aus Stuck. Ein langer, orangefarbener Streifen zeigt, dass er einst in leuchtenden Farben bemalt war.

Die mittlere der drei Stauten rechts vom Buddha ist wohl Avalokiteshvara (im Mahayana-Buddhismus der Bodhisattva des Mitgefühls). Links von dieser weiß bemalten Figur steht eine weibliche Statue, wahrscheinlich seine Gefährtin Tara. Der lokalen Legende nach stellt die dritte Statue den Prinzen Sudhana dar.

Die drei Figuren links vom Buddha repräsentieren, jedenfalls für den Laien, einen anderen Stil. Die gekrönte Statue in der Mitte soll Maitreya, der zukünftige Buddha, sein. Links von ihm steht Vajrapani, in der Hand einen *vajra* (einen sanduhrförmigen

Donnerkeil in Form) – ein ungewöhnliches Beispiel für die tantrische Seite des Buddhismus in Sri Lanka. Die Statue rechts stellt entweder Vishnu oder Sahampath Brahma dar. Einige der Statuen haben die rechte Hand mit zwei zur Handfläche gekrümmten Fingern erhoben – eine Geste des Winkens.

Führer bieten hier gegen ein Trinkgeld ihre Dienste an. Ein Tuk-Tuk von Wellawaya aus kostet hin und zurück rund 500 Rs. Die Wanderung von der Kreuzung der Hauptstraße hierher ist zwar schön, aber lang; es kann sehr heiß werden.

Archäologisches Museum MUSEUM
(Eintritt frei; Mi-Mo 8.30–17 Uhr) Das Archäologische Museum an der Ecke der Hauptstraße durch Wellawaya zeigt Stein- und Terrakotta-Artefakte aus Buduruwagala. Die Exponate werden schön präsentiert und beleuchtet, die Beschriftung ist jedoch nur in Singhalesisch gehalten.

Schlafen & Essen

Gegenüber der Bushaltestelle gibt es viele Restaurants und Imbissstände.

Little Rose GÄSTEHAUS $
(567 8360; www.littlerosewellaway.com; 101 Tissa Rd.; Zi. 1500–2000 Rs) Das Little Rose, 500 m von der Bushaltestelle entfernt, ist die beste Unterkunft für alle, die erst am nächsten Tag weiterreisen. Das Landhaus in ruhiger Lage ist von Reisfeldern umgeben und wird von einer netten Familie geführt. Es gibt gutes, preiswertes Essen. Das schuhschachtelgroße Einzelzimmer hat kein eigenes Bad. Ein Tuk-Tuk von der Bushaltestelle kostet ca. 100 Rs.

An- & Weiterreise

Wellawaya ist ein Verkehrsknotenpunkt zwischen dem Hochland und der Süd- und Ostküste. Normalerweise gibt es bis nachmittags Anschlussmöglichkeiten. Busse nach Ella kosten 55 Rs. Will man nach Tissamaharama, muss man an der Pannegamanuwa-Kreuzung umsteigen (70 Rs).

Embilipitiya

047

Embilipitiya ist ein guter Ausgangspunkt für Ausflüge in den Nationalpark Udawalawe: Es liegt nur 23 km südlich des Parkeingangs. Die rührige, moderne Stadt wurde für die Arbeiter der umliegenden, bewässerten Reisfelder und Zuckerrohrplantagen errichtet.

Rund 1,5 km südlich vom Zentrum findet man das **Centauria Tourist Hotel** (223 0514; inkl. Frühstück EZ/DZ 74/85 US$, Hütte EZ/DZ 100/115 US$;), das modernes Design mit lässigem Kolonialflair verbindet. Die Standardzimmer zum See bieten mehr fürs Geld und sind größer als jene in den Hütten, aber dennoch leicht überteuert. Das Restaurant ist gut (Hauptgerichte 440–660 Rs), aber die Shows am Wochenende … na ja: Jungs mit Strohhüten spielen mittelprächtige Versionen alter Boney-M.-Hits, die man schnell wieder vergessen möchte.

Die Bushaltestelle ist im Stadtzentrum zu finden, ebenso Filialen der **Hatton National Bank**, **Seylan Bank**, **People's Bank**, **Commercial Bank** und **Sampath Bank**. Alle haben Geldautomaten und Schalter

Badulla

Sehenswertes
1 Kataragama Devale A2
2 Muthiyagana Vihara B3
3 St Mark's Church A1

Essen
4 Cargills Food City B2
5 Markt A2

zum Geldwechseln, außerdem zahlen Bargeld auf die Kreditkarte aus. Gegenüber dem zentralen Uhrenturm findet man ein **Internetcafé**.

Von der Bushaltestelle oder in der Nähe fahren Busse z. B. nach Tangalla (50 Rs), Matara (100 Rs) und Ratnapura (100 Rs).

Wer in Embilipitiya wohnt und einen Ausflug in den Nationalpark Udawalawe unternehmen möchte, nimmt den Bus nach Tanamalwila (75 Rs) und lässt sich vom Busfahrer am Parktor absetzen.

Nationalpark Udawalawe

Mit seinen Herden von Elefanten, wilden Büffeln, Sambarhirschen und Leoparden ist der **Nationalpark Udawalawe** (Erw./Kind 3375/900 Rs, Servicegebühr pro Gruppe 900 Rs, Fahrzeuggebühr pro Gruppe 200 Rs, Mehrwertsteuer 12 %; ☉6–18 Uhr) Sri Lankas Antwort auf die Savannen-Reservate in Afrika. In Sachen Elefantenbeobachtung übertrifft Udawalawe sogar viele der berühmten ostafrikanischen Nationalparks. Der Park rund um den 308,2 km² großen Udawalawe-Stausee ist nur spärlich bewachsen. Nichtsdestotrotz ist er wunderschön, und in der kargen Vegetation ist es einfach, die Tiere zu beobachten. Udawalawe ist definitiv der Nationalpark in Sri Lanka, den man besucht haben muss!

Der Parkeingang liegt 12 km von der Abzweigung von der Straße Ratnapura – Hambantota und 21 km von Embilipitiya entfernt. Tickets kauft man in einem Gebäude 2 km weiter im Park. Die meisten Besucher buchen in ihrer Unterkunft eine Tour. Wer eines der Allradfahrzeuge samt Fahrer am Parkeingang mieten will, zahlt für bis zu acht Personen für einen halben Tag 3500 Rs. Letzter Einlass ist normalerweise um 17 Uhr. Ein Guide ist im Eintrittspreis inbegriffen. Die Jungs, die anscheinend allesamt Adleraugen für Wildtiere haben, wissen alles über den Park und seine Bewohner. Sie erwarten ein Trinkgeld.

☉ Sehenswertes & Aktivitäten

Im Park leben ca. 500 Elefanten in Herden mit bis zu 50 Tieren. Der Park ist von einem elefantensicheren Zaun umgeben, der verhindert, dass Elefanten raus- und Vieh reinkommt. Die beste Zeit, Elefanten zu beobachten, ist zwischen 6.30 und 10 Uhr vormittags und dann wieder nachmittags zwischen 14 und 18 Uhr.

Außer Elefanten, Sambarhirschen und wilden Büffeln (und vielen domestizierten Büffeln) leben hier auch Mungos, Beuteldachse, Füchse, Warane, Krokodile, Lippenbären und ein paar wenige Leoparden. Es gibt allein 30 Arten von Schlangen und noch mehr Vögel. Zwischen November und April gesellen sich zu den ständig hier nistenden Arten noch Zugvögel aus dem Norden.

Die Tiere im Nationalpark Udawalawe sind aus mehreren Gründen bedroht: sowohl wegen der illegalen Besiedlung und der Beweidung durch Vieh, als auch durch die vielen Besucher in Privatwagen. Weitere Probleme bereiten die Wilderer, die auch „Hakka Patas" einsetzen. Das sind eine Art kleine Granaten, die in Futter versteckt und am Ufer des Udawalawe-Stausees verteilt werden. Die Wilderer wollen damit eigentlich Wildschweine töten, die am Ufer grasen, aber in den letzten Jahren wurden wiederholt auch Elefanten schwer verletzt.

An der Hauptstraße rund um den Park gibt es viele Läden, in denen man Früchte kaufen kann. Ihre Kunden versuchen dann, wilde Elefanten zu füttern, die am Zaun stehen. Man sollte dies besser bleiben lassen, weil sich die Tiere sonst daran gewöhnen und unselbstständig werden. Nicht zuletzt verlieren sie dadurch die Scheu vor Menschen, was wiederum zu Konflikten zwischen Mensch und Elefant führen kann – und aus denen gehen fast immer die Elefanten als Verlierer hervor. Wenngleich der Park es bezüglich der Elefanten leicht mit Ostafrika aufnehmen kann, muss sich die Parkbehörde in Sachen praktischem Naturschutz dennoch den Rivalen in Kenia und Tansania geschlagen gebe

Elephant Transit Home ZOO

(Erw./Kind 500/250 Rs; ☉Fütterung 9, 12, 15, 18 Uhr) In dem Heim, 5 km westlich vom Parkeingang, kümmert man sich um verletzte Elefanten. Der von der Born Free Foundation (www.bornfree.org.uk) unterstützte Komplex ist ein Rehabilitationszentrum für verwaiste Elefanten. Wenn sie sich erholt haben, werden die Tiere wieder in der Wildnis ausgesetzt, hauptsächlich im Nationalpark Udawalawe. Zur Zeit der Recherche zu diesem Buch waren im Elephant Transit Home bereits 64 Dickhäuter gepflegt und wieder freigelassen worden. Die wilde Bande aus rund 30 Elefantenkindern und -teenagern wird viermal am Tag gefüttert. Anders als im Pinnewala Elephant Orphanage kommen Besucher den Elefanten hier nicht nahe, dennoch ist die Fütterung ein Riesenspaß. Die hier geleistete gute Arbeit ist nicht von der Hand zu weisen. Die meisten Anbieter von Allradtouren haben deshalb Fahrten dorthin im Programm. Mehr über Sri Lankas Elefanten siehe S. 308.

Schlafen & Essen

Die meisten Unterkünfte in der Nähe des Udawalawe bieten leider wenig fürs Geld.

Selara River Eco Resort — LODGE $$
(077 643 2815; Walawe Handiya; EZ/DZ 2500/3500 Rs) Die Bungalows aus Lehm und Stein in dieser Anlage am Flussufer könnten gepflegter sein, haben aber immerhin mehr Charakter als die meisten anderen Optionen in der Gegend. Die Bäder haben rustikalen Designer-Schick mit Steinböden und wasserfallähnlichen Duschen. Es gibt keine Klimaanlagen, aber viele kühle Ecken wie z. B. eine zweistöckige Baumhausbar, ausgestattet mit selbst geschreinerten Holzmöbeln. Das Restaurant bietet tollen Süßwasserfisch – es lohnt sich also, sich für die Halbpension zu entscheiden. Ein friedlicher, etwa 1 m langer Waran schleicht hier und da auf Futtersuche herum. Von der Embilipitiya Road geht es rechts auf die Walawe Handiya, nach weiteren 5 km biegt man am Selara-Schild rechts ab.

Kottawatta Village — HOTELANLAGE $$
(047-223 3215; www.udawalawakottawattavillage.com; Uda Walawe Junction; Zi. inkl. Frühstück 3000–6500 Rs; ✱) Die moderne Anlage wird professionell geführt und bietet komfortable, gepflegte Unterkünfte in einem weitläufigen Garten. Vom Parkeingang sind es auf der Straße nach Embilipitiya 8 km dorthin.

Superson Family Guest — PENSION $
(047-347 5172; 90B CDE Place, Uda Walawe; Zi. 750–1200 Rs) Das Gästehaus hat einfache Zimmer und einen hübschen Garten. Das Essen, das den Gästen serviert wird, ist hausgemacht und gut. Die Preisgestaltung scheint allerdings recht flexibel zu sein.

Sinharaja Forest Reserve

Das **Waldreservat** (Eintritt 665 Rs, obligatorischer Guide pro Pers. 350 Rs) ist das letzte große Gebiet mit unberührtem Regenwald in Sri Lanka. Es erstreckt sich auf einem breiten Höhenzug im Herzen der Feuchtzone der Insel. Meist verhüllen dichte Regenwolken den Wald; sie füllen die tiefen Böden mit Wasser und regulieren so den Wasserhaushalt eines Großteils von Sri Lankas Südwesten. Die Unesco hat den Sinharaja Forest Reserve aufgrund seiner großen Bedeutung für das Ökosystem der Insel 1989 zum Weltnaturerbe erklärt.

Sinharaja („König der Löwen") wird von Flüssen begrenzt: vom Koskulana Ganga im Norden und vom Gin Ganga im Süden. Ein Pfad am Beverley Estate vorbei markiert die Ostgrenze in der Nähe der höchsten Erhebung des Parks, des Hinipitigala (1171 m). Im Westen fällt das Land gleichmäßig ab.

Das Schutzgebiet umfasst eine Fläche von 189 km² mit Primär- und Sekundärwald. Von Ost nach West misst es 21 km, von Nord nach Süd nur 3,7 km. Einst war es ein königliches Reservat, in Dokumenten aus der Kolonialzeit wird es Rajasinghe Forest genannt. Vermutlich war es das letzte Refugium des sri-lankischen Löwen.

1840 ging der Wald in den Besitz der britischen Krone über, seither wurde viel unternommen, um ihn zu erhalten. Dennoch schlugen 1971 Holzfäller einzelne Bäume. Die gefällten einheimischen Hartholzbäume wurden durch Mahagonibäume ersetzt. Holzabfuhrschneisen und Wege zogen sich durch den Wald, sogar eine Holzspanfabrik wurde gebaut. Nach intensiven Bemühungen seitens der Naturschützer unterband die Regierung 1977 schließlich das Holzfällen. Die Maschinen wurden demontiert und abtransportiert, die Straßen wuchsen nach und nach zu – Sinharaja war gerettet. Viele Reste sri-lankischen Regenwalds verteilen sich auf die Höhenzüge in einem 20-km-Radius um das Schutzgebiet. Rund um den Wald liegen 22 Dörfer, deren Einwohner das Schutzgebiet betreten dürfen. Sie zapfen Palmen an, um Jaggery (unraffinierter, harter brauner Rohrzucker) und Sirup herzustellen, und sammeln Zweige und Blätter als Brenn- und Baumaterial. Zu bestimmten Zeiten im Jahr werden Heilpflanzen gesammelt. Problematischer ist das Sammeln von Rattan, weil die Nachfrage so groß ist. In Sinharaja sind zudem illegale Edelsteinsucher unterwegs. Die von ihnen hinterlassenen offenen Gruben sind eine Gefahr für Mensch und Tier und können Erosionen verursachen. Und schließlich treiben auch Wilderer ihr Unwesen im Wald.

ABSTECHER

RATNAPURA

Inmitten wasserreicher Täler zwischen Adam's Peak und Sinharaja Forest Reserve liegt Ratnapura („Stadt der Juwelen" auf Sanskrit). Die geschäftige Stadt ist ein berühmtes Zentrum für den Handel mit Edelsteinen aus der Umgebung. In dem regenreichen, schwülen Klima haben sich viele Flussbetten ausgebildet, in denen sich Edelsteine hervorragend finden lassen.

In der Stadt gibt es mehrere „Edelsteinmuseen" mit einfachen Ausstellungen zur Mineralienkunde und mehr als bescheidenen Showrooms, die „regionale" Edelsteine zu „regionalen" Preisen verkaufen.

Rund um Ratnapura befinden sich zahlreiche Edelsteinminen. Obwohl eigentlich keine davon auf Touristen ausgerichtet ist, arrangieren die meisten Hotels auf Wunsch Besuche in den Minen.

Man kann auch Edelsteinhändlern dabei zusehen, wie sie an der Saviya Street nordöstlich vom Uhrenturm ihre Ware verkaufen. Der größte Edelsteinmarkt findet fast jeden Morgen (außer an Poya-Tagen) in Newitigala statt, er liegt 40 Minuten von Ratnapura entfernt (ein Taxi für einen halben Tag kostet ca. 2500 Rs). Auf beiden Märkten schließen die Buden gegen 15 Uhr.

Ein weiterer Grund für einen Aufenthalt in Ratnapura ist eine Wanderung auf den Adam's Peak (S. 162). In der Nähe beginnt nämlich eine der ältesten Routen auf den Berg, der Gilimalai-Pilgerweg. Gipfelstürmer und Wallfahrer beginnen ihre Tour am Ende der Straße beim Carney Estate, 15 km oder eine Stunde per Bus von Ratnapura entfernt. Bis zum Gipfel braucht man sechs bis acht Stunden, für den Abstieg fünf bis sieben Stunden. Blutegel sind hier besonders lästig.

Schlafen kann man nördlich der Stadt im Ratna Gem Halt (✆222 3745; www.ratnapura-online.com; 153/5 Outer Circular Rd.; Zi. 800–2000 Rs), einer von einer Familie geführte Gästehaus mit sieben Zimmern. Die Unterkunft bietet gute sri-lankische Küche, Gastlichkeit und eine tolle Aussicht über die smaragdgrünen Reisfelder. Die billigeren Zimmer haben weder Warmwasser noch einen schönen Ausblick. Der Besitzer ist ein Edelsteinhändler, der auch Kurse in Mineralogie gibt und halbtägige Ausflüge zu Edelsteinminen und -märkten organisiert.

Die beste Zeit für einen Besuch des Parks sind die trockeneren Monate (Aug. & Sept., Jan.–Anfang April). In Hinipitigala nieselt oder regnet es allerdings fast das ganze Jahr: Sinharaja hat eine jährliche Niederschlagsmenge von 3500–5000 mm, selbst in den trockensten Monaten fallen mindestens 50 mm. Die Temperatur schwankt im Jahresverlauf kaum, im Mittel liegt sie bei 24 °C im Waldinneren, bei einer hohen Luftfeuchtigkeit von ca. 87 %.

◉ Sehenswertes & Aktivitäten

In Kotapola, 6 km südlich von Deniyaya, findet man einen herrlichen Felsentempel aus dem frühen 17. Jh. Der Aufstieg dorthin lohnt sich. Die Kiruwananaganga-Wasserfälle gehören mit 60 m Höhe und bis zu 60 m Breite zu den mächtigsten Wasserfällen Sri Lankas. Sie stürzen sich 5 km östlich von Kotapola (an der Straße nach Urubokka) in die Tiefe. Der Kolawenigama-Tempel steht 3 km von Pallegama entfernt, das wiederum 3 km hinter Deniyaya liegt. Der Tempel hat zwar nur bescheidene Größe, ist aber ein außergewöhnlicher Bau, der an Kandys Tempel des heiligen Zahns erinnert. Errichten ließ ihn König Buwanekabahu VII. aus Dankbarkeit, weil die Dorfbewohner einst die Zahnreliquie beschützten. Den Schrein zieren Fresken im Kandy-Stil.

Tiere & Pflanzen

Im Sinharaja-Wald gedeiht eine wahre Fülle an Pflanzen. Die Baumkronen wachsen bis zu 45 m hoch, die nächsthöhere Schicht darunter wird bis zu 30 m hoch. Fast alle Baumarten der unteren Kronenschicht gelten als selten oder gefährdet. Mehr als 65 % der 217 Bäume und Lianen, die ausschließlich in Sri Lankas Regenwäldern vorkommen, sind hier zu finden.

Das größte Raubtier im Sinharaja Forest ist der Leopard, von ihm sieht man aber höchstens mal Losungen oder Spuren. Noch seltener sind Rostkatzen und Fischkatzen.

Sambar- und Muntjakhirsche leben, wie auch Wildschweine, auf dem Waldboden. Recht häufig anzutreffen sind Gruppen aus zehn bis 14 Weißbartlanguren. Es gibt drei Hörnchenarten: das Layard-Palmenhörnchen, das Dunkle Palmenhörnchen und das Sri-Lanka-Riesenhörnchen. Stachelschweine und Gürteltiere watscheln – meist unbemerkt – auf dem Waldboden umher. Zibetkatzen und Mungos sind nachtaktiv, manchmal sieht man aber einen Mungo auch bei Tag durchs Laub flitzen. Sechs Fledermäuse wurden hier gesichtet.

Im Sinharaja-Schutzgebiet leben 45 Reptilienarten, 21 von ihnen sind endemisch. Zu den hier vorkommenden Giftschlangen zählen die Ceylon-Lanzenotter (die auf Bäumen lebt), die Indische Nasenotter und die Ceylonesische Krait (die am Boden lebt). Eine der häufigsten Amphibien hier ist der Frosch *Rana rugosa*, dessen Quaken nachts häufig zu hören ist.

Die Vogelwelt ist sehr vielfältig: 160 Arten hat man gezählt, darunter 18 der in Sri Lanka 20 endemischen Arten. Bekannt ist der Wald für seine gemischten Vogelschwärme, in denen sich verschiedene Arten zum Fressen zusammentun. Solche Gruppen sieht man zwar in vielen Teilen der Welt, aber in Sinharaja bleiben sie besonders lange zusammen und bestehen aus bis zu zwölf Arten. Zuweilen gesellen sich sogar Säugetiere wie Erdhörnchen dazu.

In Sinharaja gibt es leider auch eine Menge Blutegel. In Kolonialzeiten galten sie für die britischen, niederländischen und portugiesischen Soldaten als der ärgste Feind bei der Eroberung des Hinterlands (das damals noch dichter bewaldet war). Ein britischer Schriftsteller behauptete gar, dass Blutegeln mehr Menschen zum Opfer fielen als allen anderen Tieren zusammen. Heute muss niemand mehr unter den Egeln leiden, weil alle Guides Mittelchen gegen die Biester dabeihaben.

Schlafen & Essen

Es ist praktischer, das Sinharaja-Schutzgebiet von Deniyaya aus zu besuchen, wenn man kein eigenes Fahrzeug hat.

DENIYAYA

Rainforest Lodge HOTEL $$
(492 0444; www.rainforestlodge-srilanka.de, auf Deutsch; Zi. 2500 Rs) Zur einsamen Rainforest Lodge führt ein 300 m langer Weg durch eine Teeplantage. Die blitzsauberen, großen Zimmer haben erstklassige Bäder. Von hier oben überblickt man Regenwald, Reisfelder und Teegärten. Die herzliche Gastgeberfamilie serviert gutes Essen. Ausflüge ins Sinharaja-Schutzgebiet kosten 4200 Rs für eine Person und 5500 Rs für zwei, inkl. Proviant, Transport und Guide.

Sinharaja Rest GÄSTEHAUS $
(041-227 3368; sinharaja_rest@yahoo.com; Temple Rd.; Zi. 2000 Rs) Die Brüder Palitha und Bandula Rathnayaka sind zertifizierte Führer – wer bei ihnen wohnt, erspart sich viel Organisation. Die imsgesamt sechs Gästezimmer in ihrem Wohnhaus sind recht schlicht, aber das Essen ist gut und der Garten schön. Tagestouren ins Sinharaja Forest Reserve kosten 3500 Rs pro Person, inkl. Transport, Guide und Mittagessen. Die Eintrittsgebühr wird allerdings extra berechnet. Die Touren können auch von Nichtgästen gebucht werden. Nach Anmeldung (eine Woche im Voraus) arrangieren die Brüder auch Übernachtungen in Waldbungalows.

Deniyaya Rest House HOTEL $
(041-227 3600; Zi. 2000 Rs) Wie die meisten ehemals staatlichen Gästehäuser in Sri Lanka steht auch dieses in der besten Lage der Stadt, samt wunderbarer Aussicht über die Umgebung. Die großen Zimmer sind etwas heruntergekommen, bieten aber ein gutes Preis-Leistungs-Verhältnis. Es gibt ein Restaurant und eine Bar, wo man bei einem Drink seine Blutegelbisse zählen kann. Das Hotel befindet sich gleich hinter der Hauptstraße durch Deniyaya.

KUDAWA

Die Parkverwaltung in Kudawa betreibt ein paar Bungalows mit relativ einfach ausgestatteten Zimmern. Infos erteilt das **Forest Department Headquarter** (011-286 6633; forest@slt.lk; 82 Rajamalwatte Rd., Battaramulla) in Colombo.

Rock View Motel HOTEL $$
(045-567 7990; Weddagala; EZ/DZ 3300/4400 Rs) Praktische, luftige Gästezimmer mit Blick über die Hügellandschaft aus Wald und Teefeldern. Ein Minuspunkt ist die frostige Begrüßung an der Rezeption. 2 km östlich von Weddagala.

Boulder Garden BOUTIQUEHOTEL $$$
(045-225 5812; www.bouldergarden.com; Sinharaja Rd., Koswatta; EZ/DZ 138/245 US$;) Die herrlich gestaltete, aber etwas abgewohnte Ökoanlage bietet seinen Gästen

zehn rustikale Zimmer – zwei davon befinden sich in echten Höhlen – zwischen Felsen und Bächen. Essen gibt es im schönen Gartenrestaurant (aber Achtung: Ein einzelner Gast muss für das Frühstück astronomische 69 US$ berappen!). Alles riecht leicht muffig, aber schließlich ist man ja auch mitten im Regenwald. Zum Freizeitprogramm gehören Kajak-, Mountainbike- und Höhlentouren, Vogelbeobachtung und Abseilen.

Rainforest Edge LODGE $$$

(045-225 5912; www.rainforestedge.com; Balwatukanda, Weddagala; EZ/DZ inkl. Frühstück 173/244 US$; ❄) Oben in den Hügeln, ca. 1 km von Weddagala entfernt, versteckt sich die Anlage mit sieben rustikalen „Hütten", die für den Preis ein bisschen zu rustikal sind. Aber der Blick von der Terrasse ist einfach atemberaubend.

Praktische Informationen

Tickets sind im Hauptbüro der Parkverwaltung in Kudawa und in Deodawa, 5 km von Deniyaya entfernt an der Straße nach Matara, erhältlich.

Die **People's Bank** in Deniyaya hat einen Geldautomaten und Einrichtungen zum Geldwechseln. Im Dorf gibt es auch einen Internetzugang.

Über Geschichte, Flora und Fauna sowie die Probleme des Sinharaja Forest Reserve informiert die Website www.sinharaja.4t.com.

An- & Weiterreise

Es gibt mehrere Zufahrten zum Park, die meistfrequentierten sind jene über Kudawa im Nordwesten und jene über Mederapitiya im Südosten (zu erreichen über Deniyaya). Zur Zeit der Recherche zu diesem Buch befand sich die Straße, die über Mederapitiya führt in einem ordentlichen Zustand, die Straße über Kudawa dagegen war dringend reparaturbedürftig und nur mit Fahrzeugen, die mit Allradantrieb ausgestattet sind, zu bewältigen.

Egal, welchen Weg man nimmt: Man sollte sehr früh losfahren, weil die Straßen häufig durch Überflutungen beschädigt sind und nur langsam vorankommt.

Auto

Wer ein Auto hat, nimmt die Straße durch das Hayes Tea Estate, nördlich von Deniyaya Richtung Madampe und Balangoda (nach Belihul Oya, Haputale und Ratnapura). Diese Strecke ist landschaftlich besonders reizvoll. Auch die Route vom Nord- zum Südeingang des Parks ist sehr schön, aber das Vorankommen ist langsam und beschwerlich.

Bus

Von Ratnapura fahren von 6.45 Uhr bis zum Nachmittag ungefähr stündlich Busse nach Deniyaya (110 Rs). Außerdem verkehren Busse von und nach Galle (120 Rs).

Nach Kudawa gelangt man mit dem Bus, der von Ratnapura nach Weddagala (4 km vor Kudawa) fährt (100 Rs). Dort steigt man in den Bus nach Kudawa um.

Die alten Städte

Inhalt »
Matale............................197
Nalanda 199
Dambulla 199
Sigiriya..........................202
Polonnaruwa 207
Giritale..........................214
Mandalagiri Vihara........215
Habarana.......................216
Ruinen von Ritigala 218
Anuradhapura 219
Mihintale.......................228
Padeniya.......................232
Panduwasnuwara..........232
Ridi Vihara 232
Kurunegala....................233

Gut essen
» A&C Restaurant (S. 198)
» Ancient Villa Hotel (S. 205)
» Heritance Kandalama Hotel (S. 201)
» Milano Tourist Rest (S. 226)

Schön übernachten
» Habarana Rest House (S. 216)
» Hotel Shalini (S. 226)
» Jetwing Vil Uyana (S. 205)
» Rice Villa Retreat (S. 214)

Auf zu den alten Städten!

Verfallene Tempel, längst vergessene Städte und heilige Stätten locken ins Landesinnere. Auf Sri Lankas heißen Zentralebenen gründeten die singhalesischen Dynastien ihre Hauptstädte und gaben künstlerische und architektonische Meisterwerke in Auftrag. Doch auch diese Königreiche zerfielen zu Staub, sodass die Natur das Land wieder zurückerobern konnte.

Seit über einem Jahrhundert legen Archäologen behutsam Schicht für Schicht die Vergangenheit dieser überwucherten Landschaft frei. Die Felsenfestung in Sigiriya, die gewölbten Dagobas von Polonnaruwa und die Buddhafiguren in Anuradhapura gelten heute, neben vielen weiteren Stätten, als Nationalschätze.

Das in diesem Kapitel beschriebene Gebiet wird häufig „Kulturdreieck" genannt. Aber nicht nur die Ruinen, auch die elefantenreichen Nationalparks sind eine Reise wert. Für die diesen Teil des Landes sollte man einige Tage einplanen und sich von Stadt zu Stadt treiben lassen.

Reisezeit
Dambulla

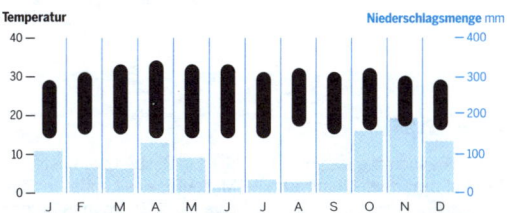

Juni In Mihintale findet alljährlich zum Poson-Vollmond das Poson Poya Festival statt.

Mai–Sept. Viele Elefanten gibt es im gut erreichbaren, zentral gelegenen Nationalpark Minneriya.

Dez.–Feb. Wenn die Strände überfüllt sind, bieten sich kulturelle Stätten als Alternative an.

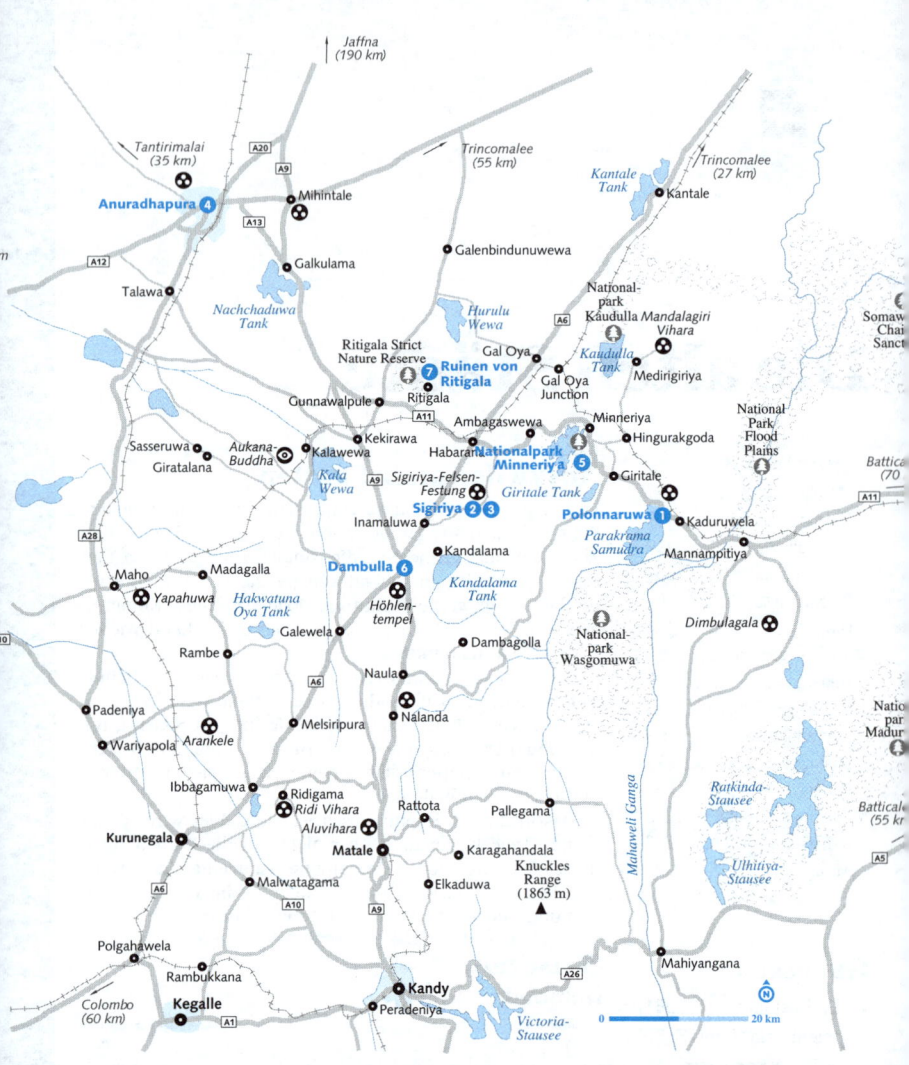

Highlights

❶ Ein Besuch des faszinierenden **Polonnaruwa Quadrangle** (S. 209), um die kunstvollen jahrhundertealten Steinmetzarbeiten zu bewundern.

❷ Das Felsenkloster **Sigiriya** (S. 202), das für grandiose Ausblicke, herausragende Kunstwerke und eindrucksvolle Ruinen bekannt ist.

❸ Ein Besuch des besten Museums des Landes in **Sigiriya** (S. 202), wo man Stunden zubringen kann.

❹ Eine Erkundungstour auf zwei Rädern in der weitläufigen Ruinenstätte **Anuradhapura** (S. 219).

❺ Der üppig grüne **Nationalpark Minneriya** (S. 217), in dem man auf Elefanten und andere Wildtiere trifft.

❻ **Dambulla** (S. 199) mit seinen Felsenhöhlen, in denen sich einige von Sri Lankas großartigsten Fresken, Tempeln und Buddhafiguren befinden.

❼ Die geheimnisumwitterten Ruinen von **Ritigala** (S. 218).

ⓘ Praktische Informationen

Anregungen zur Reiseplanung, Empfehlungen der Autoren, Bewertungen von anderen Reisenden sowie Insidertipps gibt es auf der Website von **Lonely Planet** (www.lonelyplanet.com/sri-lanka/the-ancient-cities).

TICKETS FÜRS KULTURDREIECK

Eintrittskarten für die wichtigsten Stätten und einige kleinere Ruinen im Kulturdreieck verkauft der Central Cultural Fund (CCF), der auch die kulturellen Stätten betreut. Mehr dazu unter www.ccf.lk.

Bis vor Kurzem gab es ein Sammelticket, mit dem alle wichtigen Stätten zu einem günstigeren Preis (im Vergleich zum Einzeleintritt) besichtigt werden konnten. Da dieses Ticket recht beliebt war, lohnt es sich, nachzuprüfen, ob es wieder erhältlich ist oder ob inzwischen eine ähnliche Eintrittskarte verkauft wird.

Eintrittspreise für die wichtigsten Stätten:

Anuradhapura 25 US$
Dambulla 10 US$
Medirigiriya 10 US$
Nalanda 5 US$
Polonnaruwa 25 US$
Ritigala 10 US$
Sigiriya 30 US$

ⓘ Unterwegs vor Ort

Zwischen den Städten des Kulturdreiecks verkehren zahlreiche öffentliche und private Busse, teilweise sogar Züge. Da die Entfernungen nicht allzu groß und die Straßen in gutem Zustand sind, ist das Reisen mit öffentlichen Verkehrsmitteln relativ bequem. Dennoch kann es im Bus zu bestimmten Tageszeiten und in der Urlaubssaison recht voll werden. Zwischen den Hauptorten und den Sehenswürdigkeiten fahren die Busse recht häufig, sodass keine langen Wartezeiten anfallen.

Am einfachsten reist es sich jedoch wie immer mit Auto und Fahrer. Nach der Anreise per Zug oder Bus kann man in den Hotels tageweise ein Auto mit Fahrer buchen.

Matale

♪ 066 / 45 000 EW.

Diese mittelgroße Stadt im Herzen der Insel liegt in einem weiten, fruchtbaren Tal auf 300 m Höhe. Matale ist für die meisten Durchreisenden das Tor zu den alten Städten. Die von verfallenen Bauruinen und Sägewerken gesäumte Straße ins 24 km südlich gelegene Kandy ist nicht besonders angenehm. Hinter Matale lassen sich jedoch Plantagen entdecken, auf denen Vanille, Kautschuk, Chinarinde, Jackfrucht, Kakao und Kardamom wachsen. Die Gegend ist zudem berühmt für *kohila* (eine Art von Brunnenkresse) und kleine, milde Chilischoten.

Die Fahrt durch die Berglandschaft der Knuckles Range im Osten von Matale bietet ein beeindruckendes Panorama. Vom Nordende der Stadt geht es auf der B 38 bergauf zu einem Pass bei Rattota. Im Südwesten schlängeln sich Straßen zu den Bergdörfern Elkaduwa und Karagahandala, bevor sie wieder bergab nach Kandy und zum Victoria Reservoir führen. Weitere Informationen zur Knuckles Range siehe S. 162.

⊙ Sehenswertes

Aluvihara
KLOSTER

(Eintritt 200 Rs; ⊙7–18 Uhr) Wer Höhlentempel aufregend findet, sollte 3 km nördlich von Matale einen Abstecher nach Aluvihara machen. Diese einzigartige Ansammlung von Höhlen verteilt sich pittoresk zwischen den gewaltigen Felsbrocken, die von den Bergen hoch über dem Tal herabgestürzt sind. Die Legende besagt, dass ein Riese drei der Felsen als Stützen für seinen Kochtopf verwendet hat und dass sich der Name Aluvihara (Aschenkloster) auf die Asche seines Lagerfeuers bezieht.

Die erste Höhle enthält einen 10 m langen ruhenden Buddha sowie Deckenfresken mit Lotusmuster. In einer weiteren Höhle sind cartoonartige Fresken mit Höllendarstellungen zu sehen – wer sich auf moralische Abwege begeben will, sollte sich die Sache noch einmal genau überlegen: Die Teufel lassen sich allerhand einfallen, um die Sünder im Jenseits zu peinigen. Einem, der sich sexueller Missetaten schuldig gemacht hat, wird der Schädel aufgeschnitten, woraufhin zwei Dämonen sein Gehirn auslöffeln.

Klettert man einige in den Fels gehauene Stufen hinauf, gelangt man zu einer Höhle, die Buddhaghosa gewidmet ist. Der indische Gelehrte soll hier einige Jahre verbracht und am Tipitaka (buddhistische Schriftensammlung) gearbeitet haben. Obwohl historische Quellen bestätigen, dass Buddhaghosa im 6. Jh. in Anuradhapura gelebt hat, spricht nichts für einen gesicherten Aufenthalt in Aluvihara. Trotzdem sind die Höhlenwände mit Szenen bemalt, die zeigen, wie Buddhaghosa an einem *Ola*-Manuskript (Palmblattmanuskript) arbeitet.

Die Stufen führen weiter zum Gipfel, wo den Besucher eine Dagoba und ein toller Ausblick auf das umgebende Tal erwarten.

Ein Mönchskonzil, das im 1. Jh. v. Chr. in Aluvihara abgehalten wurde, übertrug das Tipitaka erstmals aus der mündlichen Überlieferung und aus singhalesischen Quellen in einen Text auf Pali. Zweitausend Jahre danach zerstörten britische Truppen, die 1848 eine Revolte niederschlugen, die Bibliothek der Mönche. Noch heute sind Mönche, Schreiber und Kunsthandwerker damit beschäftigt, die *Ola*-Manuskripte wiederherzustellen. Besucher können einen Blick in die **Werkstatt** werfen (Spende erbeten); gegen einen kleinen Obolus erhält man auch ein Stückchen *ola* mit dem eigenen Namen.

Die Hin- und Rückfahrt von Matale nach Aluvihara kostet im Tuk-Tuk inklusive Wartezeit etwa 300 Rs, im Bus rund 10 Rs. Autofahrer sollten bergauf um die Stätte herumfahren, um so die erste lange Treppe zu umgehen.

Matale Heritage Centre   KULTURZENTRUM
(222 2404; 33 Sir Richard Aluvihara Mawatha; Eintritt frei; Mo-Sa 9–16 Uhr) Dieses Kunsthandwerkszentrum etwa 2 km nördlich von Matale wirkt etwas verschlafen. Hergestellt und verkauft werden hier regionale traditionelle Produkte wie z. B. Batikstoffe und Stickereien oder Gegenstände aus Holz und Messing. Das Zentrum besteht aus in einem Waldstück verstreut liegenden Bungalows, Werkstätten und Gärten. Das Restaurant Aluvihara Kitchens bietet Gerichte für Vierergruppen an (einen Tag zuvor telefonisch bestellen); für ein Büfett mit zahlreichen Reis-Curry-Gerichten zahlt man 1000 Rs pro Person. Ein Tuk-Tuk von Matale (hin & zurück) kostet mit Wartezeit rund 300 Rs.

Sri Muthumariamman Thevasthanam   TEMPEL
(Eintritt 200 Rs; 6–12 & 16.30–20 Uhr) Dieser interessante Hindutempel liegt am Nordende der Stadt, und zwar nördlich der Haltestelle der Busse Richtung Kandy. Ein Priester zeigt die fünf riesigen, bunten Festwagen, die einmal im Jahr bei einer Feier zum Einsatz kommen.

In Matales hübschem **Park** steht ein Denkmal, das an die Anführer der Matale-Rebellion von 1848 erinnert. An der Straße zwischen Matale und Aluvihara reihen sich **Gewürzgärten** und **Batikläden** aneinander. Zu einem Gartenrundgang gehört ein Kakaotee ohne Milch, der mit Vanille und Banane gesüßt wird. Angeboten werden außerdem diverse Cremes und Wässerchen, die angeblich das Haar schimmern lassen oder gegen Blähungen wirken. Häufig sind die Produkte in manchen dieser Gärten teurer als auf dem Markt in der Stadt.

🛏 Schlafen & Essen

Man muss nicht unbedingt in Matale übernachten, aber falls es mal spät wird, kann man eine der folgenden passablen Unterkünfte ausprobieren.

Sesatha Hotel   GÄSTEHAUS $$
(223 1489; 40 Kohombiliwela; Zi. 2500–3000 Rs; ❄) Von den Balkonen der fünf Zimmer (mit Kühlschrank) schweift der Blick über Reisfelder. Die Ausstattung ist modern, und alles ist sauber. Tagsüber finden häufig Hochzeitsfeiern statt. Auf Wunsch kann man hier auch essen. Das Sesatha liegt 1,5 km südlich der Stadt, etwa 200 m von der Hauptstraße entfernt.

Matale Rest House   GÄSTEHAUS $
(222 2299; Park Rd.; Zi. 800–1200 Rs, mit Klimaanlage zusätzlich 1000 Rs; ❄) Das Gästehaus stand ehemals unter staatlicher Leitung. Die 14 annehmbaren Zimmer bieten dem müden Reisenden keinen großen Komfort, aber zumindest Warmwasser. Vor dem Haus erstreckt sich eine große Rasenfläche. Chinesische und sri-lankische Gerichte kosten rund 800 Rs.

🅛🅟 TIPP A&C Restaurant   SRI-LANKISCH $
(3/5 Sir Richard Aluvihara Mawatha; Mahlzeit 500–900 Rs; 11–15 Uhr) Das A&C ist ein wahrer Genuss. Das ehemalige rein als Wohnhaus genutzte Gebäude beherbergt nun auch ein professionelles Restaurant. Das von den Besitzern selbst gekochte, einheimische Essen ist abwechslungsreich und schmackhaft (das Büfett für 800 Rs ist wirklich zu empfehlen). Das Restaurant liegt an derselben Abzweigung wie das Matale Heritage Centre, allerdings muss man der scharfen Linkskurve folgen, statt auf der Straße zum Heritage Centre zu bleiben.

Bentota Bake House   SRI-LANKISCH $
(77/A Kandy Rd.; Snacks ab 100 Rs; 8–20 Uhr) Das am südlichen Stadtrand gelegene Bake House verkauft eine gute Auswahl an Snacks (frittierte Kleinigkeiten und andere Häppchen). Da es so beliebt ist, wird immer frische Ware angeboten.

ℹ An- & Weiterreise

Der Bus mit der Nr. 593 fährt alle 10 Minuten von Kandy nach Matale (Normal/Intercity Express

43/65 Rs, 1½ Std.). Die Busse nach Dambulla und Anuradhapura halten auch in Aluvihara (10 Rs) und/oder bei den Gewürzgärten. Auf der 28 km langen, hübschen Nebenlinie zwischen Matale und Kandy verkehren täglich sechs Züge (25 Rs, 1½ Std.).

Nalanda

♪066

Nalanda, etwa 25 km nördlich von Matale und 20 km vor Dambulla gelegen, ist für seinen ehrwürdigen **Nalanda Gedige** (Erw./Kind 500/250 Rs; ◉7–17 Uhr) bekannt, der im Stil eines südindischen Hindutempels errichtet wurde und kulturhistorisch interessant ist. An die Eingangshalle schließt sich ein größerer *shikara* (Kultraum mit heiligen Bildern) sowie ein Hof mit einem Umgang an. Allerdings gibt es nirgendwo Hindugottheiten zu sehen, da der Tempel wohl von Buddhisten genutzt wurde. Der Gedige ist eines der ersten Steingebäude Sri Lankas.

Die reich verzierten Steinmauern des Tempels wurden 1975 aus Ruinen zusammengetragen. Vermutlich wurden die Mauern ursprünglich zwischen dem 8. und dem 11. Jh. errichtet. Die Säulenplatte ist mit tantrischen Abbildungen geschmückt – und damit einzigartig in Sri Lanka. Leider sind die Reliefs durch die Einwirkung des Wetters so verwittert, dass kaum mehr etwas zu erkennen ist.

Die Stätte liegt neben einem künstlichen See 1 km östlich der Hauptstraße – ein Schild kennzeichnet die Abzweigung nahe Km 49. Die von Kandy oder Matale kommenden Busse nach Anuradhapura halten an der Kreuzung.

Dambulla

♪066 / 71 000 EW.

Dambullas berühmter königlicher Höhlentempel ist eine Ikone Sri Lankas – der spektakuläre, von einem ruhenden Buddha ausgefüllte Innenraum ist einem vertraut, bevor man die Stätte überhaupt besichtigt hat. Trotz der etwas kommerziellen Atmosphäre, die rund um den Tempel herrscht, ist dies ein bedeutendes Heiligtum, dessen Besuch nur zu empfehlen ist: entweder als Tagesausflug von Kandy aus (öffentliche Verkehrsmittel) oder als Zwischenstopp auf dem Weg von oder nach Sigiriya.

Dambulla ist bestens mit Geldautomaten, Lebensmittelläden und vielen anderen Geschäften versorgt.

🛏 Sehenswertes

LP TIPP ▸**Höhlentempel** TEMPEL
(Erw./Kind 1200 Rs/frei; ◉7.30–18 Uhr) Die wunderschöne königliche Tempelanlage liegt 100 bis 160 m oberhalb der Straße im südlichen Teil von Dambulla. Der Weg hinauf zu den Tempeln führt über eine weite Felsfläche, in die an einigen Stellen Stufen gehauen wurden. Von den Höhlen aus bietet sich ein grandioser Rundblick über die Landschaft. In 20 km Entfernung ist Sigiriya deutlich zu erkennen.

Die Höhlen dienen vermutlich schon seit dem 1. Jh. v. Chr. als Heiligtümer – seit König Valagamba (Vattajamini Ahhaya), der aus Anuradhapura vertrieben worden war, sich hierher flüchtete. Als er seinen Thron wieder zurückerobert hatte, ließ er die Höhlen zu fantastischen Felsentempeln ausgestalten. Nachfolgende Könige führten sein Werk fort. So ließ König Nissanka Malla die Höhlenwände vergolden, weshalb die Anlage nun auch den Namen *Ran Giri* (Goldener Fels) trägt.

Die fünf Höhlen beherbergen ungefähr 150 Buddhafiguren. Die meisten Fresken in den Tempeln stammen aus dem 19. Jh.

Eintrittskarten werden am Tor neben dem monströsen Goldenen Tempel verkauft und am Eingang am Fuße des Hügels kontrolliert. In den Höhlen dürfen Fotos gemacht werden, allerdings nicht von anderen Besuchern.

Höhle I (Devaraja Viharaya)
In der ersten Höhle, dem Tempel des Götterkönigs, befindet sich ein 15 m langer ruhender Buddha. Ananda, Buddhas treuer Schüler, sowie weitere sitzende Buddhas sind daneben abgebildet. In einem kleinen Schrein, der jedoch meist geschlossen ist, wird eine Statue von Vishnu aufbewahrt

Höhle II (Maharaja Viharaya)
Der Tempel des Großen Königs ist wohl die spektakulärste Höhle. Von Ost nach West misst sie 52 m und vom Eingang zur Rückwand immerhin 23 m. Die Höhe beträgt an der höchsten Stelle 7 m. Die Höhle ist nach den zwei darin stehenden Königsstatuen benannt: einmal die bemalte, hölzerne Statue von Valagamba links vom Eingang und weiter im Inneren die Figur von Nissanka Malla. Die wichtigste Buddhastatue der Höhle, die offenbar einst mit Blattgold verziert war, steht unter einem *makara torana* (mit Drachen geschmückter Bogen). Die rechte Hand

Dambulla

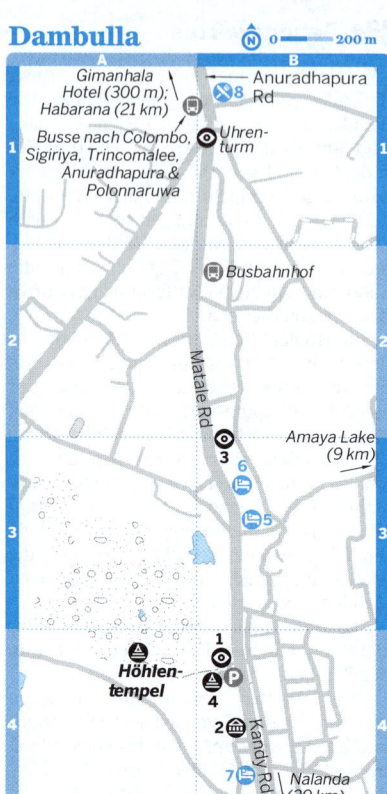

Dambulla

- ◎ **Highlights**
  - Höhlentempel A4

- ◎ **Sehenswertes**
  - 1 Höhlentempel Ticketschalter B4
  - 2 Dambulla Museum B4
  - 3 Markt B3
  - 4 Goldener Tempel B4

- 🛏 **Schlafen**
  - 5 Dambulla Guest House B3
  - 6 Healey Tourist Inn B3
  - 7 Sundaras B4

- 🍴 **Essen**
  - 8 Bentota Restaurant B1

ist zu einer beschützenden Geste erhoben (*abhaya mudra*). An anderer Stelle sind Hindugottheiten dargestellt. Das Gefäß, das in der Höhle aufgestellt ist, dient zum Auffangen des Wassers, das selbst in Trockenperioden von der Decke tropft und für heilige Rituale verwendet wird.

Höhle III (Maha Alut Viharaya)
Der Neue Große Tempel soll im 18. Jh. von einem Lagerraum in ein Heiligtum verwandelt worden sein, und zwar von König Kirti Sri Rajasinghe, einem der letzten Monarchen Kandys. Auch diese Höhle steht voller Buddhastatuen, darunter findet sich ein sehr ansprechender ruhender Buddha. Von Höhle II ist sie lediglich durch eine gemauerte Wand getrennt.

Höhle IV (Pachima Viharaya)
Die relativ kleine, sogenannte Westliche Höhle nimmt in Wirklichkeit nicht den westlichsten Platz ein, diesen nimmt die Höhle V ein. Die zentrale Buddhafigur sitzt unter einem *makara torana* (drachengeschmückter Bogen), die Hände in einer meditativen Geste zu einer Art Schale verschränkt (*dhyana mudra)*. Die kleine Dagoba in der Mitte wurde von Dieben aufgebrochen, die auf der Suche nach den Juwelen der Königin Somawathie waren.

Höhle V (Devana Alut Viharaya)
Diese früher als Lagerraum genutzte Höhle ist unter dem Namen Zweiter Neuer Tempel bekannt. Drinnen liegt ein ruhender Buddha und leistet diverse Hindugottheiten wie etwa Kataragama (Murugan) und Vishnu Gesellschaft.

Goldener Tempel TEMPEL
(www.goldentemple.lk; Eintritt frei) Am Fuß der Höhlentempel steht der moderne Goldene Tempel, ein kitschiger Bau, der 2000 mit finanzieller Unterstützung aus Japan fertiggestellt wurde. Oben auf dem würfelförmigen Gebäude sitzt ein 30 m hoher Buddha in der *Dhammachakka-mudra*-Pose (Inbewegungsetzen des Dharma-Rades), daneben steht ein riesiges Neonschild.

Dambulla Museum MUSEUM
(Erw./Kind 230/115 Rs; ☉7.30–16.30 Uhr) In dem großen Gebäude 500 m südlich des Hauptparkplatzes für die Felsentempel sind Nachbildungen der Kunstwerke aus den Tempeln sowie einige Artefakte ausgestellt und auf Englisch detailliert erklärt. Die Objekte verdeutlichen die Entwicklung srilankischer Kunst von den Höhlenmalereien bis zu den Fresken des 18. Jh. Das Personal führt Besucher gerne herum.

Großmarkt   MARKT

(Matale Rd.; ⊙12–3 Uhr) Selbst wer nicht auf der Suche nach einer Lastwagenladung Bananen ist, wird von diesem gigantischen Großmarkt südlich des Stadtzentrums fasziniert sein. Hier gibt es die ganze Bandbreite der Produkte, die in Sri Lanka wachsen und gedeihen. Was an einem Tag mit unfassbarer Energie herumgekarrt wird (Augen auf und aus dem Weg), wird schon am nächsten Tag in Colombo verkauft.

🛏 Schlafen & Essen

Wer in Dambulla übernachten will, hat drei Möglichkeiten: in der Nähe der Höhlentempel, nördlich der Stadt in Gesellschaft verschiedener Reisegruppen und weit draußen im Grünen am Amaya Lake (der zum Kandalama Wewa gehört, einem riesigen, alten Speichersee).

In den Unterkünften wird überall auch für die Gäste gekocht; wer auswärts speisen will, sollte das Dambulla Rest House oder das vielgepriesene Heritance Kandalama Hotel ausprobieren.

LP TIPP Heritance Kandalama Hotel   HOTELANLAGE $$$

(555 5000; www.heritancehotels.com; Zi. ab 170 US$; ❄☎🛜) Der Wow-Faktor ist im Kandalama dank des berühmten Stils des bekannten Architekten Geoffrey Bawa kaum zu übersehen (s. Kasten S. 55). Wie eine längst vergessene Stadt versteckt sich das Hotel im Dschungel: Wände und Dächer sind von Schlingpflanzen überwuchert, sodass es völlig mit der natürlichen Umgebung zu verschmelzen scheint. Das preisgekrönte Hotel mit 152 Zimmern verfügt über einen Infinity-Pool mit Blick auf den Kandalama Wewa sowie über beliebte Restaurants, in denen scharfe Currys serviert werden. Angeboten werden Ausflüge zur Vogelbeobachtung und Jeepsafaris. Wie am Amaya Lake existiert auch hier ein vom Hotel unterhaltenes traditionelles Dorf (Puranagama). Das Hotel liegt 11 km östlich von Dambulla.

Dambulla Guest House   GÄSTEHAUS $$

(228 4799; www.ceylonhotels.lk; Kandy Rd.; Zi. 3900–7000 Rs; ❄🛜) Dieses ehemals regierungseigene Gästehaus wurde gründlich renoviert und besticht nun durch ein attraktives Design. Die vier gemütlichen Zimmer – drei groß, eines klein – sind in dunklem Holz und cremefarbenen Accessoires gehalten. Im kleinen Restaurant wird Essen serviert, das etwas vom Üblichen abweicht (Hauptgerichte ab 500 Rs). Vorne hinaus sitzen die Gäste bei einem Bier entspannt unter Bäumen und schauen dem regen Treiben auf den Straßen zu.

Amaya Lake   HOTELANLAGE $$$

(446 8100; www.amayaresorts.com; Villa ab 130 US$; ❄🛜☎) Die weitläufige, elegante Anlage umfasst 126 schicke Villen in einem ruhigen Garten. (WLAN ist nur in der Lobby verfügbar). Zum Komplex gehören Tennisplätze, ein umwerfender Pool und ein Ayurveda-Spa. Direkt neben einem traditionellen Dorf wurden elf Öko-Lodges aus regionalen Naturbaustoffen in althergebrachter Weise errichtet; das Wasser ist solarbeheizt. Die ayurvedische Küche der Restaurants kocht mit Kräutern und Gemüse, die im Dorf angebaut werden. Von Dambulla aus führt die Straße für 3 km Richtung Kandalama. Dann links abbiegen, 6 km entlang des Stausees fahren, und schon ist das Ziel erreicht.

Sundaras   GÄSTEHAUS $$

(072 708 6000; www.sundaras.com; 189 Kandy Rd.; EZ/DZ 35/40 US$; ❄🛜) Dieses kleine, moderne Gästehaus liegt nur einen kurzen Fußmarsch von den Höhlen und dem Museum entfernt. Die sieben Zimmer verteilen sich auf zwei Stockwerke. Zwar ist die Möblierung schlicht, dafür gibt es aber Warmwasser und einen Garten. In der Nähe befinden sich weitere günstige Pensionen.

Healey Tourist Inn   PRIVATUNTERKUNFT $

(228 4940; 172 Kandy Rd.; EZ/DZ 1200/ 1500 Rs; 🛜) Hier fühlt man sich wie bei einer Gastfamilie: Die fünf Zimmer sind etwas beengt, haben aber Warmwasser. Es gibt auch einen Gemeinschaftskühlschrank. Nicht der wahre Luxus, dafür aber sehr freundliche Gastgeber. Zu den Höhlen und zur Bushaltestelle ist es ebenfalls nicht weit.

Little Dream   GÄSTEHAUS $

(072 289 3736; Zi. nur mit Ventilator 1200 Rs, mit Klimaanlage 2500 Rs; ❄) Wer eine einheimische Familie und das Leben auf dem Lande kennenlernen möchte, für den ist das Little Dream die perfekte Unterkunft. Sie liegt außerhalb der Stadt in der Nähe des Dammes am Kandalama-Stausee und damit ideal, um der drückenden Nachmittagshitze zu entfliehen. Genauso nett ist es, einfach in der Hängematte zu dösen. Das Gästehaus erreicht man nach ca. 8 km of der Straße zum Amaya Lake; ab dem Uhrenturm sind für ein Tuk-Tuk rund 400 Rs fällig. Die Versuche der Fahrer, einen zu einer anderen

Unterkunft überreden zu wollen, sollte man am besten einfach ignorieren.

Gimanhala Hotel HOTEL $$
(228 4864; gimanhala@sltnet.lk; 754 Anuradhapura Rd.; Zi. 6000–7000 Rs; ※@≋) Das solide Mittelklassehotel ist eine moderne Unterkunft und liegt günstig an der Hauptstraße nördlich der Stadt. Das Haus steht etwas zurückversetzt in einer Anlage mit Swimmingpool und Garten. Bei kleinen Gruppen ist das Hotel mit seinen 17 gut ausgestatteten Zimmern recht beliebt. Die täglichen Büfetts richten sich nach dem Geschmack der Touristen.

Pelwehera Village Resort HOTEL $$
(228 4281; www.pelweheraresort.com; Anuradhapura Rd.; Zi. 60–90 US$; ※☎≋) Soliden Komfort ohne Schnickschnack – dafür steht dieses zweistöckige Hotel nördlich der Stadt, das sich als perfekter Standort eignet, um einen der kulturellen und historischen Höhepunkte Sri Lankas zu erkunden. Die 28 modernen Zimmer haben einen Kühlschrank, einen Sitzbereich im Freien und gute Betten. Es gibt ein Spa und einen großen Pool für die wohlverdiente Ruhepause, wenn man nach einem anstrengenden Tag von der Besichtigung der Höhlentempel heimkehrt.

Bentota Restaurant SRI-LANKISCH $
(Anuradhapura Rd.; Mahlzeit ab 300 Rs; ⊙8–20 Uhr; ※) Diese im Stadtzentrum gelegene Filiale einer bekannten Restaurantkette bietet eine große Auswahl an kleinen Gerichten und anderen exquisiten Leckereien (ok, eher Reis und Currys).

ℹ An- & Weiterreise

Dambulla befindet sich 72 km nördlich von Kandy an der Straße nach Anuradhapura, die sich mitten in der Stadt mit der Straße nach Colombo und Trincomalee (A 6) kreuzt.

In Habarana, 23 km nördlich, befindet sich die nächste Bahnstation. Vom modernistischen Busbahnhof fahren Busse in regelmäßigen Abständen nach:
Anuradhapura 80 Rs, 2 Std.
Colombo 150 Rs, 5 Std.
Kandy 74 Rs, 2 Std.
Polonnaruwa 74 Rs, 1¾ Std.
Sigiriya 27 Rs, 45 Min.

Ein Tuk-Tuk kostet in der Stadt 100 Rs; die Fahrer versuchen besonders verbissen, ihre Fahrgäste zu bestimmten Unterkünften zu bringen (wo sie Provisionen kassieren). Da heißt es konsequent bleiben.

Sigiriya
066 / 1500 EW.

Der hoch aufragende Felsen in Sigiriya gilt als wichtigste Stätte des Kulturdreiecks und ist selbst von Weitem ein atemberaubender Anblick. Die historisch Interessierten freuen sich über die königlichen und sakralen Wurzeln des Ortes. Kunstfetischisten begeistern sich an den leuchtenden Fresken hoch oben an den Wänden. Und der Durchschnittstourist erstarrt einfach ehrfürchtig angesichts des grandiosen Anblicks und der beeindruckenden archäologischen Entdeckungen. Die gesamte Anlage ist wunderschön – von den mit Seerosen bedeckten Gräben bis hin zu den ruhigen, versteckten Ecken in den Wassergärten.

Geschichte

Aus geologischer Sicht ist Sigiriya der erhärtete Magmablock eines erloschenen Vulkans, den die Erosion schon vor langer Zeit hinweggefegt hat. Natürliche Höhlen durchlöchern den Fels, Überhänge bieten Schutz und wurden im Lauf der Jahrhunderte durch fleißiger Hände Arbeit erweitert und umgebaut. Womöglich war der Fels bereits in prähistorischer Zeit bewohnt.

Man erzählt sich, dass die Felsformation während der Herrschaft von König Kassapa (477–495 n. Chr.), der auf dem Gipfel angeblich einen Garten anlegen und einen Palast errichten ließ, eine herrschaftliche und militärische Funktion hatte. Laut dieser Theorie war König Kassapa auf der Suche nach einer uneinnehmbaren Residenz, nachdem er seinen eigenen Vater, König Dhatusena von Anuradhapura, vom Thron gestoßen und ermordet hatte.

Nach dem 14. Jh. wurde der Klosterkomplex aufgegeben. Der britische Archäologe H.C.P Bell entdeckte 1898 die Ruinen, die 1907 von dem britischen Forscher John Still weiter ausgegraben wurden.

Die Unesco erklärte Sigiriya 1982 zum Weltkulturerbe.

◉ Sehenswertes

Sigiriya (www.adstp.sltda.lk; Erw./Kind 30/15 US$; ⊙Eintrittskarten 8.30–17.30 Uhr) ist eine historische Stätte, jedoch kein Heiligtum, weshalb keine Sarongs getragen werden müssen. Eine Besichtigung dauert mindestens einen halben Tag.

Bereits am Eingang erwarten den Besucher übereifrige Führer, die auch auf dem Gelände keine Ruhe geben. Wer sich ihrer

Sigiriya

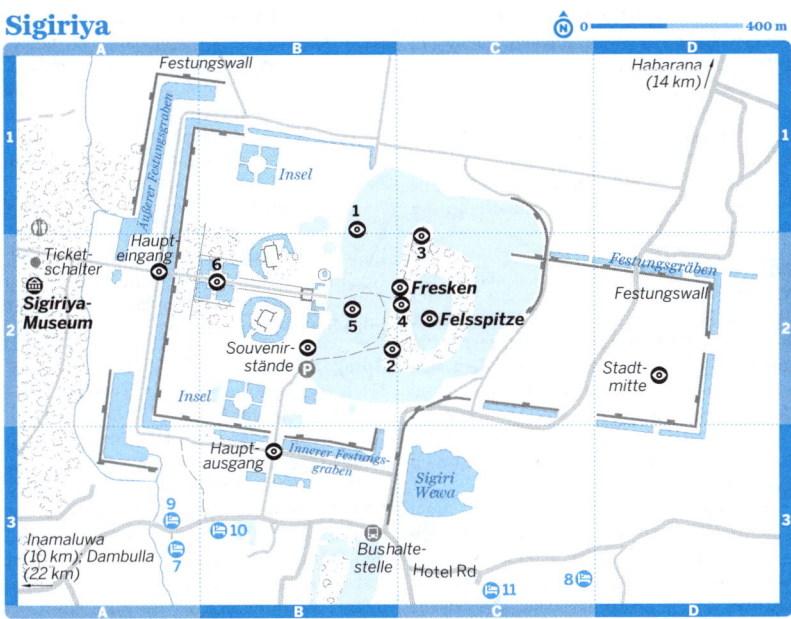

Sigiriya

◎ **Highlights**
- Fresken C2
- Sigiriya Museum A2
- Felsspitze C2

◎ **Sehenswertes**
- 1 Felsgärten B1
- 2 Kobrahöhle B2
- 3 Löwentatzen & Treppe zur Bergspitze C2
- 4 Spiegelwand C2
- 5 Terrassengarten B2
- 6 Wassergärten B2

🛏 **Schlafen**
- 7 Flower Inn A3
- 8 Hotel Sigiriya C3
- 9 Nilmini Lodge A3
- 10 Sigiriya Guest House B3
- 11 Sigiriya Village C3

Dienste bedienen will, sollte den Preis sorgfältig aushandeln.

Ganz in der Früh oder am späten Nachmittag entgeht man dem großen Ansturm und der schlimmsten Hitze am besten. Für den Auf- und Abstieg sind zwei Stunden einzuplanen; wenn viel los ist, auch etwas mehr. Unbedingt reichlich Wasser mitnehmen (in der Nähe des Ausgangs warten auch Getränkeverkäufer)! Auf der Spitze des Felsen empfiehlt sich eine Kopfbedeckung, da es oft zu windig für einen Sonnenschirm ist, um sich vor der brennenden Sonne zu schützen. Der Aufstieg (370 Höhenmeter!) führt steil nach oben und ist für Ungeübte ziemlich anstrengend. Vorsicht vor „Helfern", die einem erst unter die Arme und dann in die Tasche greifen wollen: Oben verlangen sie plötzlich Unsummen für ihre Hilfe. Reizvoller sind da schon die überall herumhüpfenden Hutaffen mit Pagenschnitt.

LP TIPP Sigiriya-Museum MUSEUM
(⊙8.30–17.30 Uhr) Auch wenn es hier keine spektakulären Ruinen und Felsen gibt, ist dieses neue Museum trotzdem lohnenswert. Die detailreichen, spannenden Ausstellungsstücke und Modelle bieten den besuchern einen hervorragenden Einblick in die Anlage und erklären die kulturelle und historische Bedeutung, die über die Schönheit der Natur noch weit hinausgeht.

Hier wird die inzwischen belegte Theorie erläutert, wonach Sigiriya schon immer ein buddhistisches Kloster gewesen ist – auch wenn die Einheimischen auf der romantischeren Vorstellung beharren, dass es sich um einen Palast oder eine Festung gehandelt hat. Das erklärt auch die Namen, die üblicherweise für die verschiedenen Teile der Felsenstadt verwendet werden: Sie beziehen sich auf die Annahme, es habe sich einst um einen königlichen Palast gehandelt. Unter den Artefakten fällt besonders die große, dralle steinerne Göttin ins Auge.

Das Museum befindet sich in der Nähe des Tickethäuschens, gleich außerhalb der Sigiriya-Stätte.

Königliche Gärten — GÄRTEN
Wer die Stätte betritt, erblickt am Fuß des Felsens die weitläufigen Landschaftsgärten, bestehend aus Wasser-, Fels- und Terrassengärten. Ein wunderbarer Ort, an dem sich ein wenig die Stille genießen lässt (und den man vielleicht nach dem Abstieg gerne noch einmal aufsucht): Leise plätschert das Wasser, während die Vögel in den Bäumen zwitschern.

Die meisten Besucher nähern sich dem Felsen durch das westliche Tor, das auch am reichsten verziert ist. Zuerst führt der Weg durch bezaubernde, symmetrische **Wassergärten** an der Westseite des Felsens entlang: Schwimmbecken, kleine Inseln mit Pavillons, die während der Trockenzeit als Paläste genutzt wurden, sowie Bäume säumen den Weg zum Felsen, der wie eine mythische Erscheinung aus dem Dschungel aufragt. Über einige Treppen zwischen den Felsen am Fuß von Sigiriya geht es zur Westwand und dann steil nach oben.

Die **Felsgärten** sind die Grundmauern von längst zerfallenen Gebäuden. Die stufenartigen Vertiefungen in der Seite der Felsbrocken waren die Fundamente von Ziegelmauern und Holzpfosten. Beeindruckend sind die Felsen der Zisterne und der Audienzhalle.

Am Fuß von Sigiriya wurden **Terrassengärten** angelegt.

Fresken — KUNST
Etwa nach der Hälfte des Aufstiegs schraubt sich eine Freiluft-Wendeltreppe von der Hauptstrecke weg zu einer langen, überdachten Galerie in der Felswand.

In dieser Nische befindet sich eine Reihe von Fresken, die dralle Damen mit Wespentaille zeigen. Sie werden gerne als *apsaras* (Wolkenmädchen oder himmlische Nymphen) oder als König Kassapas Konkubinen gedeutet. Moderne Theorien gehen davon aus, dass die Bilder eine Seite von Tara symbolisieren – eine Bodhisattva und zugleich eine der wichtigsten Figuren im tantrischen Buddhismus. Sie gleichen stilistisch den Felsbildern von Ajanta in Indien, unterscheiden sich aber durch die klassisch-realistische Darstellung. Niemand kennt die genaue Entstehungszeit der eindrucksvollen Fresken, wobei es unwahrscheinlich ist, dass sie tatsächlich aus dem 5. Jh. stammen (König Kassapas Regierungszeit).

In der Felsgalerie waren die Bilder perfekt vor der Sonne geschützt und sind deshalb immer noch gut erhalten. Im späten Nachmittagslicht leuchten die Farben am schönsten. Es ist nicht erlaubt, die Bilder mit Blitz zu fotografieren.

Spiegelwand — KUNST
Nach dem Abstecher zur Freskengalerie schmiegt sich der Pfad eng an die Felswand. Auf der anderen Seite bewahrt eine 3 m hohe Mauer Besucher vor dem Absturz.

Diese Mauer wurde mit einer glänzenden Oberfläche beschichtet, auf der Besucher schon vor 1000 Jahren ihre Kommentare zu den Frauenbildnissen der Galerie hinterlassen konnten – zumindest erzählt man sich das so rund um Sigiriya. Die aus dem 6. bis 14. Jh. stammenden Graffitis sind für Wissenschaftler von großer Bedeutung, da sie die Entwicklung der singhalesischen Sprache und Schrift zeigen und die Wertschätzung von Kunst und Schönheit belegen. Leider sind die antiken Botschaften unter dem Gekrakel moderner Besucher kaum mehr zu erkennen.

Eine typische Inschrift lautet: „Die Damen, die goldene Ketten auf ihren Brüsten tragen, verlocken mich. Nach dem Anblick der holden Frauen sehne ich mich nicht mehr nach dem Himmel." Oder: „Eine rehäugige junge Frau aus den Bergen erzürnt mich. In ihrer Hand trägt sie eine Perlenschnur, und ihr Blick zeigt, dass sie unsere Rivalin ist."

Löwentatzen — STATUE
Am Nordende des Felsens endet der enge Pfad schließlich auf dem weiten Plateau, dem der Felsen seinen Namen verdankt – dem Löwenfelsen oder Sigiriya. Der britische Archäologe H. C. P. Bell, der für einen Großteil der Ausgrabungen in Sri Lanka verantwortlich zeichnet, entdeckte bei Ausgrabungen 1898 zwei riesige steinerne Löwentatzen. Einst saß ein gigantischer, aus Ziegelsteinen gemauerter Löwe an diesem Ende des Felsens. Das letzte Stück des Aufstiegs führte auf einer Treppe zwischen den Löwentatzen hindurch direkt in das Maul.

Das Löwensymbol erinnert die den Felsen erklimmenden Gläubigen daran, dass Buddha der Sakya-Simha, also der Löwe des Sakya-Clans war und dass seine Botschaft so machtvoll wie Löwengebrüll wirkte.

Von dem Löwen aus dem 5. Jh. sind heute nur noch die ersten Stufen und die Tatzen zu erkennen. Um das Plateau zu erreichen, muss man einige in den Fels gehauene Kerben hochklettern, die zum Glück von einem Geländer gesichert werden.

Felsspitze NATUR

Das terrassierte Felsplateau erstreckt sich über 1,6 ha und stand einst voller Gebäude, von denen heute nur noch die Fundamente zu sehen sind. Stellt man sich die imposante und ehemals dicht bebaute Anlage vor, wird auch verständlich, wie Legenden über einen Palast oder gar eine Festung die etwas banalere Realität überwuchern konnten, wonach sich auf der Spitze des Felsen schlicht und einfach ein Kloster befunden hat. Das 27 x 21 m große, aus dem Fels gehauene Wasserbecken erinnert an einen modernen Swimmingpool, obwohl es wahrscheinlich lediglich als Wasserspeicher gedient hat.

Dr. Raja de Silva, ehemals Mitglied von Sri Lankas Archäologischer Kommission, betonte, dass es keinerlei Belege für eine Palastanlage auf dem Plateau gäbe. Steinerne Fundamente, Pfostenlöcher, sichtbare Fundamente für Querwände oder Fensterflügel oder gar sanitäre Einrichtungen sind nirgendwo zu entdecken. Stattdessen ist eine umschlossene Terrasse neben den Ruinen einer Dagoba zu sehen, was darauf schließen lässt, dass es sich um einen Meditationsplatz handelt.

Eine glatte Steinbank (der sogenannte Königsthron, wahrscheinlich ein weiterer Meditationsplatz) steht 30 m entfernt. Wer hier sitzt, kann den Blick weit über den Dschungel schweifen lassen, so wie Kassapa – oder die buddhistischen Mönche – vor über 1500 Jahren.

Kobrahöhle NATUR

Dieser Felsen verdankt seinen Namen der Ähnlichkeit mit dem Nackenschild einer Kobra. Der Abstieg zum Südtor und zum Parkplatz führt hier vorbei. Eine Inschrift aus dem 2. Jh. n. Chr. unter dem Felsvorsprung bezeugt, dass die Höhle dem Herrscher Naguli gehörte, der sie wiederum einem Mönch übereignete. Die verputzten Innenwände waren einst mit Blumenmustern und Tierbildern geschmückt.

☞ Geführte Touren

Rund um den Felsen wimmelt es nur so vor Tieren und Naturschauspielen. Die großen Hotelanlagen – Elephant Corridor, Hotel Sigiriya und Jetwing Vil Uyana – bieten verschiedene **Naturausflüge** ab etwa 2000 Rs an. Auch Nicht-Hotelgäste können an den Touren teilnehmen, die meist von einem Naturführer begleitet werden.

🛏 Schlafen & Essen

Sigiriyas wachsende Beliebtheit sorgt dafür, dass ständig neue Läden eröffnen. Hotels und Pensionen aller Preisklassen gibt es in der Nähe der Stätte und entlang der Straße nach Inamaluwa.

In den Pensionen bekommt man eine leckere Mahlzeit mit Reis und Curry für etwa 500 Rs. Wer Ausgefallenes möchte, sollte die Restaurants des Ancient Villa Hotel, des Jetwing Vil Uyana oder des Sigiriya Village ausprobieren. Am Eingang zum Felsmonument gibt es ein schlichtes Café.

Ancient Villa Hotel GÄSTEHAUS $$

(☏ 077 630 2070, 077 857 0343; www.ancientvillasigiriya.com; Sigiriya Rd.; EZ/DZ 2500/3000 Rs; ❄🛜) Die schön zugewachsene Anlage auf halbem Weg zwischen Sigiriya und Inamaluwa liegt an einem kleinen Fluss, der oft von durstigen Elefanten aufgesucht wird. Es gibt fünf Zimmer (weitere sind in Planung), die auf mehrere Cottages mit Fernseher und Kühlschrank verteilt sind – wirklich ein gutes Angebot. Doch das wahre Highlight sind die von Fackeln beleuchteten Barbecues im Sternenlicht unten am Fluss. Wer hier nicht übernachtet, kann für das Barbecue auch telefonisch reservieren.

Jetwing Vil Uyana HOTELANLAGE $$$

(☏ 228 6000; www.jetwinghotels.com; Kibissa; Zi. ab 325 US$; ❄🛜🏊) Nach dem Einchecken in dieser Freiluft-Lodge können die Gäste ihren Willkommenstrunk inmitten der Natur genießen: Im Teich schwimmen Krokodile, Eidechsen huschen durchs Gras, und Elefanten kommen zu einem Nachmittagsbad vorbei. Von außen wirken die 25 einzelnen Chalets etwas rustikal, im Inneren überrascht das genaue Gegenteil. Manche der auf dem großzügigen Gelände verteilten Chalets haben sogar einen eigenen kleinen Pool. Auch ein Spa ist dem Resort angegliedert. Naturwanderungen werden von einem hoteleigenen Naturführer begleitet.

Elephant Corridor — HOTELANLAGE $$$
(☎228 6951; www.elephantcorridor.com; Kibissa; Zi. ab 300 US$; ❄@🛜⛱) Diese Boutique-Ferienanlage, die etwas versteckt auf einem 80 ha großen Areal zwischen den Kandalama Hills und dem Pothana Lake liegt, verdankt seinen Namen den wilden Elefanten, die oft durch diese Gegend ziehen. Die 23 Villen mit ihren hohen Räumen sind luxuriös ausgestattet – mit Fernglas, Staffelei mit Pastellfarben sowie einem kleinen, privaten Indoor-Pool. WLAN gibt es nur in der Lobby mit grandiosem Blick auf den Löwenfelsen. Die Abzweigung, eine Schotterstraße, liegt 4 km hinter der Inamaluwa-Kreuzung an der Straße nach Sigiriya.

Hotel Sigiriya — HOTEL $$$
(☎228 6821; www.serendibleisure.com; Hotel Rd.; EZ/DZ 100/115 US$; ❄@⛱) Das Hotel umfasst 79 gut ausgestattete Zimmer (Minibar, Safe). Vom Speisesaal und vom großen Pool aus bietet sich ein großartiger Blick auf den Felsen (für Nicht-Gäste 250 Rs). Nach Sigiriya kann man gut zu Fuß laufen, obwohl viele Reisegruppen per Bus dorthin fahren. Zahlreich vertreten sind auch Vogelbeobachter, ein hoteleigener Naturführer bietet hoch gelobte Touren zur Beobachtung der heimischen Vogelwelt an (2000 Rs).

Sigiriya Village — HOTEL $$$
(☎223 6803; www.sigiriyavillage.com; Zi. 120–150 US$; ❄@🛜⛱) Eindeutig eines der schönsten Hotels in Sigiriya: Im schimmernden Swimmingpool spiegelt sich der Felsen. In den Genuss dieses Anblicks kommen für 250 Rs auch Nicht-Gäste. Ein weiterer Pluspunkt dieses 124-Zimmer-Hotels: Das Gemüse für das ansprechende Freiluft-Restaurant wird im Garten nach biologischen Kriterien angebaut. Viele freunden sich schnell mit den hauseigenen Gänsen an. Nur einige Zimmer haben einen WLAN-Anschluss.

Grand Regent — HOTEL $$
(☎567 0136, 482 2444; www.grandregenthotel.com; Sigiriya Rd.; Zi. 3500–4000 Rs; ❄) Die schönen, schattigen acht Hütten stehen rund um mehrere Froschteiche. So großartig, wie der Name verheißt, sind die Zimmer allerdings nicht – eher durchschnittlich. Dafür ist das Restaurant ganz nett, außerdem gibt es Ayurveda-Massagen. Das Hotel liegt rund 4 km hinter der Inamaluwa-Kreuzung.

Sigiriya Guest House — GÄSTEHAUS $$
(☎228 6299; www.ceylonhotels.lk; EZ/DZ 5200/6000 Rs; ❄🛜) Dieses schlicht, aber geschmackvoll eingerichtete Gästehaus verspricht einen wundervollen Blick auf den Felsen sowie eine friedliche und ruhige Atmosphäre für einen entspannten Aufenthalt, besonders auf der langen Veranda. Die 14 Zimmer sind sauber; das Restaurant kann es mit der Schönheit Sigiriyas allerdings nicht aufnehmen. WLAN ist teuer.

Hotel Eden Garden — HOTEL $$
(☎228 6635; www.edengardenlk.com; Sigiriya Rd., Inamaluwa; Zi. 4000–6000 Rs; ❄🛜⛱) Trotz des etwas abschreckenden Äußeren lässt es sich hier gut aushalten: Zur Auswahl stehen 35 große, saubere Zimmer, einige davon mit Balkon, von denen man auf einen gepflegten Garten blickt. Einen Pool gibt es ebenfalls (250 Rs für Nicht-Gäste). Die günstigeren Zimmer haben lediglich einen Ventilator. Nur 100 m hinter der Kreuzung nach Inamaluwa.

Nilmini Lodge — GÄSTEHAUS
(☎567 0469, 077 306 9536; nilmini_lodge@yahoo.com; Zi. 800–2000 Rs; ❄🛜) Dieses kleine, einfache Gästehaus (einige Zimmer nur mit Ventilator und Gemeinschaftsbad) ist dennoch sauber und für einen kurzen Aufenthalt völlig in Ordnung. Außerdem liegt die Unterkunft nicht weit vom Felsen entfernt. Bei drei Übernachtungen bekommt man eine kostenlose Rundtour in einem Morris Minor, der schon ein halbes Jahrhundert auf der Kühlerhaube hat. Fahrräder können umsonst geliehen werden.

Flower Inn — GÄSTEHAUS $
(☎567 2197, 568 9953; Zi. 1200–2000 Rs) Blumenliebhaber sind in dieser zentral gelegenen, kleinen Pension bestens aufgehoben: Überall blühen echte und künstliche Blumenm in üppiger Pracht. Die neun Zimmer (einige für Familien geeignet, andere dafür mit ausgestopften Tieren bevölkert) werden von der freundlichen Familie, die sich viel Mühe gibt, gut in Schuss gehalten. Und das Essen ist ebenfalls lecker und nach heimischen Rezepten zubereitet, sprich: scharf, frisch und günstig.

Sigiri Holiday Inn — GÄSTEHAUS $
(☎228 6330; sholidayinn@yahoo.com; Sigiriya Rd.; Zi. 1500–2200 Rs; ❄) Diese Pension mit sieben Zimmern liegt 500 m hinter der Inamaluwa-Kreuzung an der Sigiriya Road. Ein hübsches Fleckchen mit blitzsauberen Bädern und einem Restaurant im Freien. Die Zimmer im Erdgeschoss sind kleiner, haben einen Ventilator und nur kaltes Wasser.

Holiday Cottage
GÄSTEHAUS $$

(072 764 5477; Sigiriya Rd.; Zi. 25–45 US$; ❄☎) Die zwei Zimmer auf diesem riesigen Anwesen sind gut ausgestattet (Kühlschrank, schöner Sitzplatz im Freien). Am besten im Garten ein kühles, erfrischendes Bier trinken und die Zimmer gut durchlüften, damit der Aufschlag für die Klimaanlage nicht so hoch ausfällt.

Shoppen

Sigiriya Crafts Complex
KUNSTHANDWERK

(Sigiriya Rd.) Immer noch harren einige Kunsthandwerker in diesem regierungseigenen Handwerksdorf, etwa auf halber Strecke zwischen Inamaluwa und Sigiriya, aus. Die leerstehenden Gebäude einfach ignorieren und schnurstracks zu den Schnitzern, Steinmetzen usw. marschieren.

 Praktische Informationen

In Dambulla sollte man sich mit Vorräten und Bargeld eindecken, das kleine Dorf in der Nähe des Eingangs zur Felsenstätte bietet nur die absoluten Basics wie Wasserflaschen.

Anregungen zur Reiseplanung, Empfehlungen der Autoren, Bewertungen von anderen Reisenden sowie Insidertipps finden sich auf der Homepage von **Lonely Planet** (www.lonelyplanet.com/sri-lanka/the-ancient-cities/sigiriya).

NICHT VERSÄUMEN

EINE ERKUNDUNGSTOUR RUND UM SIGIRIYA

Per Fahrrad kann man die gesamte Gegend um Sigiriya hervorragend erkunden: Auf zwei Rädern geht es durch wuchernden Dschungel, vorbei an wilden Elefanten, Hunderten von Vogelarten und archäologischen Stätten. Der beste Ausgangspunkt ist der **Pidurangala Rock**. Diese historische Stätte, 1 km nördlich von Sigiriya umfasst neben einem Tempel noch ein winziges Museum und ist nie überlaufen. Sehr lohnenswert ist die Besteigung des Felsens: Von oben hat man einen umwerfenden Blick auf den noch berühmteren Felsen im Süden.

Eine weitere schöne, 25 km lange Radtour führt auf Nebenstraßen über den Amaya Lake und den großen Speichersee Kandalama Wewa nach Dambulla.

An- & Weiterreise

Sigiriya liegt etwa 10 km östlich der Hauptstraße von Dambulla nach Habarana. Die Abzweigung liegt bei Inamaluwa. Busse von und nach Dambulla verkehren ab etwa 7 Uhr alle 30 Minuten (27 Rs, 45 Min.). Der letzte Bus nach Dambulla fährt gegen 19 Uhr (besser noch einmal nachschauen) ab. Tuk-Tuks fahren von Dambulla nach Sigiriya (ca. 1000 Rs, Verhandlungssache).

Sigiriya mit Umgebung bietet sich für Fahrradtouren an. Einfach in der Unterkunft nach Leihrädern fragen. Sigiriya Village vermietet Mountainbikes an (Nicht-)Gäste für 300 Rs pro Stunde.

Polonnaruwa

027 / 110 000 EW.

Vor 800 Jahren herrschten die Könige von Polonnaruwa aus über Sri Lankas Zentralebenen. Damals war die Stadt ein lebhaftes Handelszentrum und ein religiöser Mittelpunkt. Anhänger der freien Marktwirtschaft feilschten um seltene Waren, während die Frommen in einem der zahlreichen Tempel ihre Gebete sprachen. Diese ruhmreichen Zeiten überdauerten in den archäologischen Schätzen, die ganz gut erahnen lassen, wie die Stadt zu ihrer Hochzeit ausgesehen hat. Wer die alten Städte richtig kennenlernen will, muss unbedingt diesen Archäologiepark besuchen. Schon das Quadrangle (Viereck) ist eine Reise wert.

Zudem liegt Polonnaruwa nahe der elefantenreichen Nationalparks, was sicher zu seiner Beliebtheit beiträgt.

Geschichte

Drei Jahrhunderte war Polonnaruwa die Hauptstadt zweier Königreiche: der Chola und der Singhalesen. Obwohl die Stadt beinahe 1000 Jahre alt ist, hat sie doch bei Weitem nicht das Alter und die Größe von Anuradhapura, ist dafür aber besser erhalten.

Im 10. Jh. erhob die südindische Chola-Dynastie nach der Eroberung Anuradhapuras Polonnaruwa zur Hauptstadt, da es aufgrund seiner Lage besser gegen eine mögliche drohende Rebellion des Königreichs der Ruhunu-Singhalesen im Südosten zu verteidigen war. Auch gab es wohl weit weniger Moskitos! Als der singhalesische König Vijayabahu I. die Cholas im Jahre 1070 von der Insel vertrieb, behielt er Polonnaruwa als Hauptstadt bei. Unter König Parakramabahu I. (regierte 1153–86) erlebte Polonnaruwa seine Blütezeit. Der Herrscher errichtete große Gebäude, legte wunder-

Polonnaruwa

Polonnaruwa

◉ **Highlights**
- Audienzhalle B4
- Quadrangle B3
- Königspalast................................B4

◉ **Sehenswertes**
- 1 Archäologisches Museum..................A4
- 2 Königliches Bad..............................B4
- 3 Buddha Seema Prasada B1
- 4 Gal Vihara......................................B1
- 5 Königliche Ratshalle.........................A4
- 6 Kiri Vihara B1
- 7 Lankatilaka B1
- 8 Nissanka Mallas Palast A4
- 9 Pabula Vihara B3
- 10 Potgul Vihara................................A6
- 11 Rankot Vihara...............................B2
- 12 Königliche Bäder...........................A4
- 13 Shiva Devale Nr. 1.........................B3
- 14 Shiva Devale Nr. 2.........................B3
- 15 Statue..A6

🛏 **Schlafen**
- 16 Devi Tourist Home.........................B4
- 17 Leesha Tourist Home.....................B5
- 18 Manel Guest House B6
- 19 Palm Garden Guest House B5
- 20 Polonnaruwa Rest House A4
- 21 Samudra Guest House..................B6
- 22 Siyanco Holiday Resort.................A5
- 23 Village Polonnaruwa....................A6

✴ **Essen**
- Binora Restaurant ....(siehe 21)
- 24 Sathosa B6

ℹ **Praktisches**
- 25 Ticketschalter............................A4

Nissanka Malla (regierte 1187–96) war der Nachfolger von Parakramabahu I. und trieb sein Königreich in den Ruin, da er es seinem Vorgänger gleichtun wollte. Im 13. Jh. wurde Polonnaruwa (wie auch Anuradhapura) das Opfer indischer Invasoren und ebenfalls aufgegeben, als sich in der Folge das Machtzentrum der Singhalesen auf die Westseite der Insel verlagerte.

1982 nahm die Unesco die alte Stadt Polonnaruwa in die Weltkulturerbeliste auf.

schöne Parkanlagen an und schuf als Höhepunkt einen 25 km² großen Stausee, der Parakrama Samudra (Meer von Parakrama) genannt wurde. Der heutige See umfasst drei ältere Staubecken, ist also vermutlich nicht der Originalsee.

◉ Sehenswertes

Zwischen den Ruinen kann man problemlos einen ganzen Tag verbringen. Sie sind in fünf Gruppen aufgeteilt: eine kleine Ansammlung in der Nähe des Polonnaruwa Rest House am Ufer des Stausees, die Gruppe mit dem Königspalast östlich des Polonnaruwa Rest House, eine sehr kompakte Gruppe ein Stückchen nördlich der Königspalast-Gruppe (Quadrangle genannt), eine Reihe von Strukturen, die sich über ein weitläufiges Gelände weiter nördlich verteilen (die sogenannte nördliche Gruppe) und schließlich die kleine südliche Gruppe Richtung Neustadt. Darüber hinaus existieren noch einige weitere, über das Gelände verstreute Ruinen. An den wichtigsten Stätten sind Informationstafeln angebracht, die die Besucher mit hilfreichen Erklärungen versorgen.

Mit einem Fahrrad lässt sich die Gegend sehr gut erkunden. Weitere Informationen zum Eintritt siehe S. 213.

Archäologisches Museum — MUSEUM
(9–18 Uhr) Das Archäologische Museum ist ganz hervorragend. Die Besucher spazieren von einem Ende zum anderen und kommen dabei durch eine Reihe von Räumen, die jeweils einem bestimmten Thema gewidmet sind: die Zitadelle, die äußere Stadt, die Klosteranlage und die Peripherie sowie die Hindu-Monumente. Der letztgenannte Raum enthält eine Auswahl an wunderbaren Bronzefiguren. Besonders spannend sind die maßstabsgetreuen Modelle der Gebäude, darunter das *vatadage* (rundes Reliquienhaus), die zeigen, wie die Gebäude sozusagen zu ihren „Lebzeiten" wohl ausgesehen haben.

KÖNIGSPALAST
Diese Gebäudegruppe stammt aus der Regierungszeit von Parakramabahu I. Sein **Königspalast** hatte beeindruckende Ausmaße (31 m x 13 m) und angeblich sieben Stockwerke. In den 3 m dicken Mauern finden sich Löcher für die Bodenbalken zweier weiterer Stockwerke. Falls es jedoch wirklich vier weitere Stockwerke darüber gegeben haben sollte, waren diese vermutlich aus Holz. Das Dach des Hauptgebäudes, das insgesamt 50 Zimmer umfasste, wurde von 30 Säulen gestützt.

Auch Parakramabahus **Ratshalle** ist einen Besuch wert: Bemerkenswert ist ein Fries mit Elefanten in unterschiedlichsten Positionen. Am Ende der Treppe sitzen hübsche Löwen.

In der südöstlichen Ecke des Palastgeländes befindet sich der **Pool** (Kumara Pokuna). Zwei der Wasserspeier mit Krokodilsmaul sind noch erhalten.

QUADRANGLE
Unweit der Ruinen des Königspalastes liegt das sogenannte Quadrangle: eine kompakte Ruinengruppe auf einer erhöhten, von einer Mauer umgebenen Fläche. Das Gelände weist die höchste Gebäudedichte der alten Städte auf – eine wahre Spielwiese für Archäologen. Außer den im Folgenden beschriebenen Ruinen lohnt auch ein Blick auf das **Haus der ruhenden Buddhastatuen**, das **Kapitelhaus,** den **Bodhisattvaschrein** und den **Bodhibaumschrein**.

Vatadage — RUINE
Das in der südöstlichen Ecke des Quadrangle gelegene *vatadage* (rundes Reliquienhaus) ist typisch für seine Art. Der unterste Sockel hat einen Durchmesser von 18 m. Die vier Aufgänge zur zweiten Terrasse sind von besonders schönen Wächterfiguren geschmückt. Der Mondstein am Nordeingang gilt als der prachtvollste von Polonnaruwa, obwohl er nicht von der gleichen Qualität wie manche Steine in Anuradhapura ist. Die vier Eingänge führen zur zentralen Dagoba mit vier Buddhafiguren. Die steinerne Wand wurde wohl erst später angebaut, wahrscheinlich von Nissanka Malla.

Thuparama Gedige — RUINE
Am Südende des Quadrangle befindet sich der kleinste *gedige* in Polonnaruwa (leerer buddhistischer Tempel mit dicken Mauern), der allerdings auch einer der schönsten ist und noch ein Dach hat: Der Thuparama Gedige ist hinduistisch geprägt und stammt vermutlich aus der Regierungszeit von Parakramabahu I. In der Innenkammer gibt es einige Buddhabildnisse, die im späten Nachmittagslicht jedoch kaum zu erkennen sind.

Polonnaruwa Quadrangle

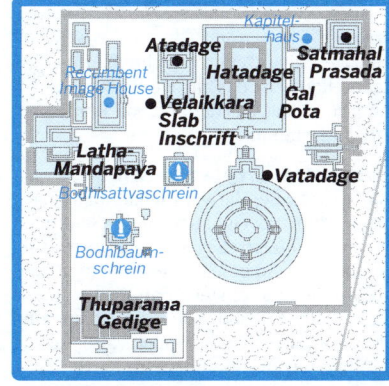

Gal Pota
MONUMENT

Das Gal Pota (Steinernes Buch) auf der Nordseite ist ein monumentales, steinernes *Ola*-Buch. Die Länge beträgt 9 m, die Breite 1,5 m; die Höhe schwankt zwischen 40 cm und 66 cm. Darauf eingemeißelt ist die längste Steininschrift Sri Lankas (und davon gibt es eine Menge), die das Werk Nissanka Malla zuschreibt. In dem Text geht es hauptsächlich um seine königlichen Tugenden, aber es fehlt auch nicht der Hinweis, dass der 25 t schwere Felsen über 100 km von Mihintale hierher transportiert wurde.

Hatadage
RUINE

Bei der ebenfalls von Nissanka Malla erbauten Hatadage handelt es sich um eine Zahn-Reliquienkammer, die, so heißt es, in 60 Tagen erbaut wurde. Wer am Eingang stehen bleibt, kann die symmetrische Anordnung der Türen bewundern, die auf einen Fluchtpunkt in der Ferne zulaufen.

Latha-Mandapaya
RUINE

Der recht umtriebige Nissanka Malla war auch für das Latha-Mandapaya verantwortlich. Dieser einzigartige Bau besteht aus einem steinernen Spalierzaun – eine eigentümliche Nachahmung eines hölzernen Zauns mit Pfosten und Querbalken rund um eine sehr kleine Dagoba. Die Dagoba wiederum ist von Steinsäulen in Form von Lotusstielen mit Knospen umgeben. Man erzählt sich, dass Nissanka Malla in dieser Umfriedung saß, um buddhistischen Texten zu lauschen.

Satmahal Prasada
MONUMENT

In der nordöstlichen Ecke steht das ungewöhnliche Satmahal Prasada im Stil einer Zikkurat: Es besteht aus sechs kleiner werdenden Stockwerken (es waren einmal sieben) in Form einer Pyramide.

Atadage
MONUMENT

Atadage, ein weiterer Schrein für eine Zahnreliquie, ist das einzige Bauwerk in Polonnaruwa, das aus der Zeit von König Vijayabahu I. stammt.

RUND UM DAS QUADRANGLE

Von der Straße, die vom Quadrangle nach Norden führt, zweigt kurz vor der Stadtmauer eine Schotterstraße rechts ab. Die meisten der nachfolgend beschriebenen Bauten (und noch viele andere) stehen an dieser Straße. Einige der Gebäude dieser Gegend sind Shiva Devales (Hindutempel), also Relikte der Invasion aus Südindien im 10. Jh.

Shiva Devale Nr. 1
TEMPEL

Südlich des Quadrangle belegt der aus dem 13. Jh. stammende Hindutempel Shiva Devale Nr. 1 den indischen Einfluss nach Polonnaruwas singhalesischer Blütezeit. Bemerkenswert sind die hohe Qualität und die ungewöhnliche Passgenauigkeit der Steinmetzarbeit. Das kuppelförmige Ziegeldach ist eingestürzt. Bei der Ausgrabung dieses Gebäudes kam eine Reihe von hervorragend gearbeiteten Bronzefiguren ans Tageslicht, die heute im Archäologischen Museum ausgestellt sind.

Shiva Devale Nr. 2
TEMPEL

Der stilistisch ähnliche Shiva Devale Nr. 2 ist das älteste Bauwerk in Polonnaruwa und entstammt der kurzen Chola-Zeit, als die indischen Eindringlinge die Stadt gründeten. Im Gegensatz zu vielen anderen Gebäuden, die in den alten Städte entstanden, wurde dieser Tempel komplett aus Stein errichtet, sodass er heute noch beinahe im Originalzustand zu bewundern ist.

Pabula Vihara
TEMPEL

Der auch unter dem Namen Parakramabahu Vihara bekannte Tempel Pabula Vihara ist eine typische Dagoba aus der Zeit von Parakramabahu I. Zudem ist dies die drittgrößte Dagoba in Polonnaruwa.

NÖRDLICHE GRUPPE

Um die weit verstreuten Ruinen nördlich der Stadtmauer in aller Ruhe zu besichtigen, braucht man ein Fahrrad oder ein anderes Fahrzeug. Zu den Ruinen gehören die Gal Vihara, Sri Lankas womöglich berühmteste Gruppe von Buddhabildnissen, und die Klosteranlage Alahana Pirivena. Alahana Pirivena umfasst Rankot Vihara, Lankatilaka, Kiri Vihara, Buddha Seema Prasada und andere dazugehörige Gebäude. Der Name bedeutet so viel wie „Krematoriumscollege" – auf dem Gelände wurden seit Parakramabahus Zeiten auch Mitglieder der Königsfamilie eingeäschert.

Rankot Vihara
TEMPEL

Die 54 m hohe Dagoba Rankot Vihara ist die größte in Polonnaruwa und die viertgrößte der Insel. Sie stammt vermutlich aus der Zeit König Nissanka Mallas. Wie auch bei den anderen wichtigen Dagobas in Anuradhapura und Polonnaruwa besteht die Kuppel aus Erde in einem verputzten Ziegelmantel. Zum Vorbild nahmen sich die Erbauer eindeutig den Stil von Anuradhapura. Im Krankenhaus aus dem 12. Jh., das nebenan steht, wurden chirurgische Instrumente gefunden, die unseren heutigen angeblich recht ähnlich sehen.

Buddha Seema Prasada — RUINE
Das höchste Gebäude der Gruppe Alahana Pirivena war ehedem die Versammlungshalle des Klosters. Hübsch anzusehen ist die *mandapaya* (erhöhte Plattform mit Schmucksäulen).

Lankatilaka — RUINE
Erbaut wurde der riesige Lankatilaka *gedige* mit 17 m hohen Mauern von Parakramabahu. Vijayabahu IV. ließ den Tempel zwar später restaurieren, aber leider ist inzwischen das Dach wieder eingestürzt. Der breite Mittelgang, der zu einer enormen, kopflosen Buddhastatue führt, lässt an eine Kathedrale denken. Die Außenmauern des *gedige* sind mit Basreliefs verziert, die typische Gebäude aus Polonnaruwa in ihrem Originalzustand zeigen.

Kiri Vihara — TEMPEL
Der Bau der Dagoba Kiri Vihara wird Königin Subhadra zugeschrieben, der Ehefrau von König Parakramabahu. Ursprünglich hieß der Tempel Rupavati Chetiya. Der jetzige Name bedeutet „milchweiß": Als man den alles überwuchernden Dschungel nach 700 Jahren des Vergessens rodete, war der ursprüngliche Kalkputz noch perfekt erhalten. Auch heute noch stellt dieser Tempel, abgesehen von den restaurierten Gebäuden, die am besten erhaltene Dagoba in Polonnaruwa dar.

Gal Vihara — MONUMENT
Die Gruppe von wunderbaren Buddhabildnissen markiert vermutlich den Höhepunkt singhalesischer Steinmetzkunst. Sie gehören zu Parakramabahus nördlichem Kloster. Gal Vihara besteht aus vier Einzelfiguren, die alle aus einem langen Granitblock geschnitten wurden. Ursprünglich stand jeder Buddha in seinem eigenen Statuenhaus. Die in den Fels hinter den Standbildern gehauenen Vertiefungen für die Holzpfosten sind noch deutlich zu erkennen.

Der stehende Buddha ist 7 m hoch und gilt als der schönste der Reihe. Die ungewöhnliche Armhaltung und der traurige Gesichtsausdruck führten zu der Theorie, dass es sich um ein Bildnis von Buddhas Schüler Ananda handelt, der betrübt ist über den Eingang seines Herrn ins Nirvana: Die ruhende Buddhafigur liegt gleich daneben. Da die Statue aber ihre eigene Einfriedung hat und außerdem weitere Bildnisse mit dieser Armhaltung entdeckt wurden, ist man von dieser Theorie wieder abgerückt und hält nun alle Figuren für Buddhas.

Die Figur des ruhenden Buddha, der ins Parinirwana eintritt, ist 14 m lang. Auffallend sind die leichte Vertiefung des Kissens unter dem Kopf sowie das Radsymbol am Kissenrand. Die anderen beiden Statuen stellen den sitzenden Buddha dar. Der in der kleinen Felsennische ist etwas kleiner und nicht ganz so kunstvoll gearbeitet.

Nelum Pokuna — TEICH
Linker Hand des nördlichen Straßenabschnitts führt ein Feldweg zu dem ungewöhnlichen Nelum Pokuna (Lotusteich), der einen Durchmesser von 8 m besitzt. Er besteht aus fünf konzentrischen, absteigenden Ringen mit jeweils acht Blütenblättern und wurde vermutlich von Mönchen genutzt.

Tivanka-Statuenhaus — MONUMENT
Die nördliche Straße endet am Tivanka-Statuenhaus. Tivanka bedeutet so viel wie „dreimal gebogen" und bezieht sich darauf, dass die Buddhastatue darin in einer dreifach geschwungenen Haltung dargestellt wurde, die sonst nur bei weiblichen Statuen zu finden ist. Sehr sehenswert sind auch die von Steinmetzen geschaffenen, lebhaft herumhüpfenden Zwerge an der Außenseite sowie die schönen Fresken im Inneren, bei

---

> **UNTERWEGS IN POLONNARUWA**
>
> Polonnaruwa hat drei unterschiedliche Stadtteile:
>
> In der **Old Town** (Altstadt) nahe der archäologischen Stätte liegen ein kleines Ladenzentrum, Hotels und das wichtigste Museum. Das Gebiet mit tropisch-entspannter Atmosphäre grenzt an den Topa Wewa (Topa-Stausee).
>
> Die **New Town** (Neustadt) befindet sich südlich der Altstadt. Auch hier gibt es Hotels, aber davon abgesehen ist nicht viel los.
>
> **Kaduruwela**, 4 km östlich der Altstadt, ist das Haupteinkaufsgebiet der Gegend. Hier befinden sich die (Bus-)Bahnhöfe, die Banken und wichtigen Einrichtungen, daneben gibt es natürlich eine Menge Verkehr und wenig Sehenswertes.

denen es sich um die einzigen erhaltenen Wandgemälde in Polonnaruwa handelt. Einige ließ Parakramabahu III. im Zuge seiner Restaurierungsmaßnahmen anfertigen, die anderen Fresken sind dagegen wesentlich älteren Datums.

SÜDLICHE GRUPPE
Die kleine südliche Gruppe liegt nahe der Luxushotelanlagen, sie kann im Rahmen einer netten Fahrradtour entlang des Topa-Wewa-Damms besucht werden. Auf der angenehmen Fahrt begegnen einem mehr Kühe mit Ibissen als Menschen.

Der ungewöhnliche Bau der **Potgul Vihara** ist auch unter der Bezeichnung Bibliotheks-Dagoba bekannt. In dem hohlen, dagoba-artigen Gebäude mit den dicken Mauern wurden vermutlich heilige Bücher aufbewahrt. Genau genommen handelt es sich um einen runden *gedige* umgeben von vier kleineren Dagobas: die beliebte singhalesische Fünfpunktanordnung in Form eines Rechtecks (ein Objekt an jeder Ecke und eines in der Mitte).

Ein weiteres interessantes Element der südlichen Gruppe ist die 4 m hohe **Statue** am Nordende. Auffallend ist die lebensnahe Gestaltung der menschlichen Figur, im Gegensatz zu den normalerweise idealisierten oder stilisierten Buddhafiguren. Wen die Statue nun darstellt, ist recht umstritten. Manche meinen, bei dem Objekt in seiner Hand handle es sich um ein Buch, weswegen die Figur nur der indische Vedenlehrer Agastya sein könne. Weiter verbreitet ist jedoch die Theorie, dass diese bärtige, stattliche Gestalt niemand anderes als König Parakramabahu I. mit dem „Joch des Königtums" ist. Wiederum andere behaupten, dass der König einfach nur ein Stück Papaya in der Hand hält…

REST-HOUSE-GRUPPE
Ein paar Schritte nördlich des Polonnaruwa Rest House stehen die Ruinen des **Palastes Nissanka Mallas**, die schon beinahe zu Staub zerfallen sind. Die Ruinen, die dem Polonnaruwa Rest House am nächsten liegen, waren einst die **Königlichen Bäder**.

Königliche Ratshalle MONUMENT
Am Nordende der Gruppe befand sich die Königliche Ratshalle. Dort stand einst der steinerne Königsthron, der einem Löwen nachempfunden war und nun in Colombos Nationalmuseum ausgestellt wird. Jede Säule in der Ratsjhalle trägt den Namen des Ministers, dessen Sitz direkt daneben stand. Der nahe gelegene Hügel verwandelt sich bei hohem Wasserstand im Speichersee in eine Insel. Darauf sind noch die Überreste eines kleinen königlichen Sommerhauses zu sehen.

Schlafen

Es gibt keinen Grund, nicht gleich in oder nahe der Altstadt zu nächtigen. In der Neustadt existieren mehrere große, aber wenig aufregende Hotels. Eine breitere Auswahl findet man in Giratale.

Samudra Guest House GÄSTEHAUS $
(222 2817, 077 692 8813; Habarana Rd.; Zi. 700–2700 Rs;) Das Samudra ist ein großzügiges, altes Haus mit einem charmanten Besitzer: Der Service ist freundlich, und die schlichten Zimmer eignen sich für Schnäppchenjäger (mit Ventilator und kaltem Wasser). Die Pension organisiert auch Safaris in die Nationalparks Minneriya und Kaudulla für insgesamt ca. 4000 Rs (1–3 Pers.). Fahrräder können für 200 Rs gemietet werden.

Devi Tourist Home PRIVATUNTERKUNFT $
(222 3181; Lake View Watte; Zi. 1000–2500 Rs;) Was die Freundlichkeit angeht, zählt diese bescheidene Bleibe unter den preiswerten Unterkünften zu den besten. Die fünf Zimmer (das günstigste nur mit Ventilator) sind rund um einen Garten angeordnet. Das Haus liegt etwa 1 km südlich der Altstadt an der Church Road (an der Hauptstraße steht ein Hinweisschild). Der überschwängliche Besitzer ist Malaie und gehört somit einer relativ kleinen Volksgruppe in Sri Lanka an. Fahrräder verleiht er für 200 Rs pro Tag.

Palm Garden Guest House GÄSTEHAUS $
(222 2622, 077 795 7595; a.mahavitana@hotmail.com; New Town Rd.; Zi. Ventilator/Klimaanlage 1000/1800 Rs;) Diese in einer ruhigen Nebenstraße gelegene Unterkunft bietet dem müden Reisenden eine Oase der Ruhe. Entweder man speist auf der zimmereigenen Terrasse, leiht sich ein Rad (200 Rs) oder entspannt einfach im Schatten einer Palme. Gäste werden an der Bushaltestelle abgeholt – einfach anrufen.

Leesha Tourist Home PRIVATE UNTERKUNFT $
(072 334 0591; 105/A New Town Rd.; Zi. 1200 Rs) Dieser in der Nähe anderer Budgetunterkünfte gelegene Neuzugang verfügt über drei Zimmer in einer angenehm familiären Anlage direkt südlich der Altstadt. Die Zimmer sind einfach und blitzsauber.

Auf der überdachten Terrasse stehen lange Tische, an denen man endlich das Tagebuch weiterführen oder stattdessen Parcheesi spielen kann.

Manel Guest House   GÄSTEHAUS $
(222 2481; New Town Rd.; Zi. 2000–3000 Rs; ❄@) An diesem stillen Fleckchen gleich außerhalb der Altstadtmauer bietet das Manel neun geräumige Zimmer zu unterschiedlichen Preisen an, je nachdem, ob mit Ventilator oder Klimaanlage. Auf der Veranda wird leckeres Essen serviert. Der Mitbesitzer, Mr. Bandula, klappert die Stadt nach potenziellen Gästen ab – gut möglich, dass er einen anspricht, bevor man das Guesthouse erreicht hat.

Polonnaruwa Rest House   PENSION $$
(222 2299; www.ceylonhotels.lk; Potgul Mawatha; Zi. 60–80 US$; ❄@) Dieses in die Jahre gekommene Gästehaus am Topa Wewa verlockt mit einer grandiosen Aussicht. Das Hotel wurde in den 1950er-Jahren anlässlich eines Besuchs von Königin Elizabeth II. um eine Queen's Suite erweitert und ist aus der Gegend nicht mehr wegzudenken. Eine Renovierung ist allerdings längst überfällig. Doch bis dahin genießen die Gäste die angenehme Atmosphäre, die sich nach einiger Zeit auf der Veranda oder nach dem Essen im verrückten, rundum verglasten Speisesaal einstellt (das Essen ist allerdings weniger königlich). Unbedingt im Voraus buchen, besonders die Queen's Suite.

Siyanco Holiday Resort   HOTEL $$
(222 6868; 1st Channel Rd.; Zi. 3500–7000 Rs; ❄🛜) Das zentral in der Altstadt gelegene Hotel ist zweigeteilt: Im älteren Teil gibt es 15 einfache, oft auch dunkle Zimmer. Der neue Flügel hat dafür die besten Zimmer in Museumsnähe. Die 37 modernen und recht großen Hotelzimmer verfügen u. a. über Kühlschränke und TV.

Village Polonnaruwa   HOTEL $$
(222 2405; Potgul Mawatha; Zi. 2000–4000 Rs; ❄@🛜) Dieser motelartige Bau im Stil der 1970er-Jahre haut einen nicht gerade vom Hocker – Gleiches gilt für die anderen Hotels der Neustadt. Für das Haus spricht aber, dass es sauber und für ein Hotel relativ günstig ist (die billigsten Zimmer haben nur einen Ventilator). Das Haus in Seenähe liegt 2 km südlich der Altstadt. Wer woanders schläft, kann hier aber für 500 Rs etwas essen oder trinken und dann ungestört in den erfrischenden Pool hüpfen.

✖ Essen

Es gibt eigentlich kaum einen Grund, das Hotel oder das Gästehaus zum Essengehen zu verlassen, da es in der Gegend keine herausragenden Restaurants gibt.

Binora Restaurant   SRI-LANKISCH $
(Habarana Rd.; Hauptgericht ab 200 Rs; ⏲8–21 Uhr) Die charmanten Besitzer des Samudra Guest House betreiben auch dieses schlichte Café in der Hauptstraße der Altstadt: Auf den Tisch kommen gute Reis-Curry-Gerichte, gebratener Reis und verschiedene teuflisch scharfe Sachen.

Sathosa   LEBENSMITTELLADEN $
(⏲24 Std.) Dieser kleine Markt, der sich gegenüber der People's Bank befindet, Snacks und alles, was man für ein gemütliches Picknick in einer lauschigen Ecke des Archäologieparks braucht.

ℹ Praktische Informationen

Informationen gibt es am **Ticketschalter** des Museums (222 4850; www.ccf.lk/polonnaruwa; Erw./Kind 25/12,50 US$; ⏲7.30–18 Uhr).

Der Archäologiepark schließt zwar um 18 Uhr, aber die Besucher können bis zum Einbruch der Dunkelheit bleiben. Der Eingang liegt an der Habarana Road, etwa 1 km nördlich des Museums. Bei der Gruppe am Polonnaruwa Rest House und bei der südlichen Gruppe werden die Eintrittskarten nicht kontrolliert.

Obwohl die Tickets nur zum einmaligen Eintritt berechtigen, unterschreiben die Kontrolleure das Ticket gerne mit Datum, sodass man später wiederkommen kann: erst ein Besuch am Morgen, dann eine Mittagspause im Schatten und schließlich eine erneute Besichtigungstour am späten Nachmittag. Tuk-Tuk-Fahrern, die einem aufbinden wollen, dass man bei einer Mitfahrt kein zusätzliches Eintrittsticket mehr braucht, sollte man keinen Glauben schenken.

In der Altstadt und in Kaduruwela gibt es Geldautomaten.

Post (Batticaloa Rd.) Im Zentrum der Altstadt.
Sachira Communication Centre (70B Habarana Rd.; Std. 100 Rs; ⏲7.30–22 Uhr) Internetzugang.
Star Telecom (Kaduruwela; Std. 100 Rs; ⏲9.30–20 Uhr) Internet; im Busbahnhof
Touristenpolizei (23099; Batticaloa Rd.) In der Altstadt am Hauptkreisverkehr.

ℹ An- & Weiterreise
Bus

Polonnaruwas Hauptbusbahnhof befindet sich in der Batticaloa Road in Kaduruwela, 4 km östlich der Altstadt. Zwar fahren die Busse aus und in den Westen durch die Altstadt, wer aber einen Sitzplatz will, sollte in Kaduruwela zusteigen.

Auf den folgenden Hauptrouten verkehren die Busse bis 16 Uhr recht häufig:

Anuradhapura 120 Rs, 3 Std.
Colombo normal/Klimaanlage 220/380 Rs, 6 Std.
Dambulla über Habarana Klimaanlage 73 Rs, 1 Std.
Kandy normal/Klimaanlage 80/150 Rs, 3 Std.

Zug

Polonnaruwa liegt an der Strecke Colombo – Batticaloa, etwa 30 km südöstlich von Gal Oya, wo die Nebenbahnlinie von der Hauptbahnlinie Colombo – Trincomalee abzweigt. Der Bahnhof befindet sich in Kaduruwela, unweit der Busstation.

Hier halten u. a. folgende Züge:

Batticaloa 1./2./3. Klasse 850/150/85 Rs, 2 Std., 5 Züge tgl.
Colombo 1./2./3. Klasse 750/500/270 Rs, 6–7 Std., 3 Züge tgl.

ⓘ Unterwegs vor Ort

Zwischen Altstadt und Kaduruwela verkehren Busse in regelmäßigen Abständen (10 Rs). Ein Tuk-Tuk-Fahrer verlangt 200 Rs.

Fahrräder sind bestens für Polonnaruwas Monumente inmitten der schattigen Waldgebiete geeignet. Die meisten Pensionen vermieten Fahrräder für etwa 200 Rs pro Tag. Eine sehr hübsche Route führt entlang der Potgul Mawatha (Seestraße).

Giritale

☎ 027 / 14 500 EW.

Giritale, ein verschlafenes Nest am gleichnamigen Stausee aus dem 7. Jh., liegt 12 km nordwestlich von Polonnaruwa an der Habarana Road. Obwohl es hier lediglich Unterkünfte gibt, bietet sich der Ort auch als Ausgangsbasis für Touren nach Polonnaruwa und in den Nationalpark Minneriya an, besonders im eigenen Fahrzeug.

🛏 Schlafen

Im Großen und Ganzen übertrifft Giritales Auswahl an Übernachtungsmöglichkeiten diejenige von Polonnaruwa.

LP TIPP Rice Villa Retreat GÄSTEHAUS $$
(☎ 077 630 2070; dimuthu81@hotmail.com; 21st Mile Post, Polonnaruwa Rd., Jayanthipura; EZ/DZ 2500/2750 Rs; ❄🛜) Dieses entzückende neue gästehaus besitzt zwei kleine Bungalows in einem üppig-grünen Reisfeld. Neben Warmwasser und Satellitenfernseher gehört auch jeweils eine nette Veranda mit Aussicht zum Komfort. Die Klimaanlage kostet 750 Rs pro Nacht. Die fürsorglichen Besitzer bereiten köstliche Mahlzeiten zu (Frühstück/Abendessen 350/650 Rs). Frühzeitig reservieren und gleichzeitig die Abholung von der Bushaltestelle, die sich 3,5 km östlich der Stadt befindet, vereinbaren!

Giritale Hotel HOTEL $$$
(☎ 224 6311; www.giritalehotel.com; Zi. ab 90 US$; ❄@) Edelunterkunft auf einem Hügel über weiteren Luxusanwesen: Von jedem Zimmer genießen die Gäste einen weiten Blick über den Stausee. Wer Glück hat, entdeckt Elefanten am anderen Ufer. Das Haus ist gut geführt, kommt aber allmählich in die Jahre, was auch für den Pool gilt.

Deer Park HOTELANLAGE $$$
(☎ 224 6272; www.deerparksrilanka.com; Zi. ab 120 US$; ❄@🛜🏊) Dieses weitläufige Resort unter Bäumen am Stausee überzeugt mit geräumigen Gästewohnungen. Alle 77 Cottages haben einen hübschen Gartensitzplatz, manche auch eine Freiluft-Dusche. Von den exklusivsten Zimmern aus blickt man auf den Giritale-Stausee. Eines der Restaurants der Anlage versteckt sich zwischen den Baumwipfeln. Das Angebot für die Gäste umfasst u. a. verschiedene Naturführungen und Spa-Anwendungen.

Peacock Solitude Hotel GÄSTEHAUS $$
(☎ 224 5454, 077 178 8683; peacocksolitude@hotmail.com; EZ/DZ 30/35 US$; ❄🛜) Ein gemütliches Nest abseits der Straße in einem hübschen, kleinen Hain. Hier in einem der schlichten, aber komfortablen Zimmer möchte man sich gerne häuslich einrichten. Das Hotel liegt 4 km westlich von Giritale.

Wood Side Tour Inn GÄSTEHAUS $
(☎ 224 6307; www.woodsidetourinn.com; Polonnaruwa Rd.; Zi. 800–2000 Rs; ❄) Eine günstige Unterkunft mit gleich zwei weiteren Pluspunkten: dem hübschen Garten und dem riesigen Mangobaum. Die zehn älteren Zimmer mit Ventilator wirken etwas nüchtern, sind aber soweit in Ordnung. Eine Klimaanlage, ein wenig Farbe und einen Balkon, um an den Mangos zu schnuppern, bieten dafür die fünf neueren Zimmer.

ⓘ An- & Weiterreise

Die häufig verkehrenden Busse zwischen Polonnaruwa im Osten und Habarana und anderen

INSIDERWISSEN

NIMAL PIETHISSA – SO WIRD MAN MAHOUT

Nimal Piethissa lebt in Habarana und arbeitet als Mahout (Elefantenführer). Nimal ging drei Jahre lang in Kandy in die Lehre, bevor er sich als Mahout selbstständig machte. Wir trafen ihn am Habarana-Wasserloch, wo Mahouts zur täglichen Elefantenwäsche vorbeikommen.

Warum hast du diesen Beruf gewählt? Schon als kleiner Junge mochte ich Elefanten und wollte mit ihnen arbeiten. Meine Eltern waren einverstanden und erlaubten mir, die Schule zu verlassen, um als Mahout in die Lehre zu gehen. Die Bezahlung ist o.k., etwa 7000 Rs pro Monat, und der Job macht viel Spaß. Der Nachteil ist, dass es kein sehr angesehener Job ist. Europäer z. B. stellen sich die Arbeit sehr romantisch vor, aber in Sri Lanka gilt sie als Drecksarbeit. Wenn ich einem Mädchen aus der Gegend von meiner Tätigkeit erzähle, ist es gleich abgeschreckt; keine will wirklich einen Mahout heiraten.

Was ist der schwierigste Teil deines Jobs? Die Tiere sind ziemlich temperamentvoll. Am schwierigsten ist es also, ihr Temperament zu zügeln und mit ihnen zurechtzukommen, wenn sie verärgert sind. Futter, meist etwas Süßes oder Obst, beruhigt sie wieder. Sie lieben Zuckerrohr, Ananas und Bananen. Wenn das nicht funktioniert, massieren wir sie und pressen dabei auf bestimmte Punkte mit dem *hindua* (Elefantenstab). Wenn es ihnen nicht gut geht, geben wir ihnen Medizin: Die Blätter des Cohomba-Baums wirken wahre Wunder.

Wie kontrollierst du die Tiere? Meist mit dem „*hindua*". Die Leute erschrecken, wenn wir die Elefanten schlagen. Aber die Tiere sind so groß, dass sie das nicht weiter stört. Das ist so, wie wenn uns jemand mit einem Essstäbchen traktiert. Außerdem haben wir 26 Befehlswörter, z. B. bedeutet „daha" so viel wie „geh los" und „ho" heißt „Stopp".

Wie viel fressen sie? Bis zu 300 kg pro Tag – hauptsächlich Gras, aber auch Kokosschalen und Obst. Da sie auch nachts fressen müssen, stehen wir meist gegen 2 Uhr und um 5 Uhr auf. Elefanten legen auf Futtersuche, wenn es sein muss, weite Strecken zurück. Ihr Geruchssinn ist besser als der der meisten Säugetiere – sie riechen Futter aus einer Entfernung von 15 km.

Mit welchen Elefanten kann man am besten arbeiten? Es gilt als Ehre, mit Königselefanten zu arbeiten. Dies sind die Elefanten, deren Abbilder in den Tempeln zu sehen sind. Ein Königselefant berührt mit sieben Punkten die Erde – mit den vier Beinen, dem Schwanz, dem Rüssel und dem Penis.

Wie lange leben Elefanten? Manche werden bis zu 70 Jahre alt – wenn sich ein guter Mahout um sie kümmert!

Orten im Westen halten alle im sogenannten Zentrum von Giritale. Die Unterkünfte liegen allerdings nicht in der Nähe der Haltestelle, weshalb man vorab mit dem Hotelpersonal eine Abholung vereinbaren sollte.

Mandalagiri Vihara

In der Nähe von Medirigiriya, etwa 30 km nördlich von Polonnaruwa, steht der Mandalagiri Vihara, ein *vatadage*, das dem in Polonnaruwa aufs Haar respektive auf den Stein gleicht. Während das *vatadage* von Polonnaruwa zwischen den anderen Gebäuden fast untergeht, steht der Mandalagiri Vihara allein auf einem Hügel. Die Stätte ist nicht überlaufen, die Fahrt dorthin über eine ruhige Landstraße recht angenehm.

Womöglich stand hier bereits im 2. Jh. ein Gebäude. Das heutige Monument wurde jedoch im 7. Jh. von Aggabodhi IV. errichtet. Zum *vatadage* mit konzentrischen Kreisen aus 16, 20 und 32 Säulen rund um die Dagoba führt eine Granittreppe hinauf. Vier große Buddhastatuen markieren die vier Himmelsrichtungen. Die Stätte ist bekannt für ihre sorgfältig gearbeiteten Steinwände. Gleich daneben gab es einst ein Krankenhaus – zu sehen ist heute nur noch eine Badewanne in Sargform.

Eintrittskarten (Erw./Kind 10/5 US$) werden selten kontrolliert.

Mandalagiri Vihara lässt sich am besten auf einer Halbtagestour von Giritale aus besichtigen. Unterkünfte oder Restaurants sind keine in der Nähe, nicht einmal in Medirigiriya. Ohne eigenes Fahrzeug wird dieser Ausflug also zur Odyssee.

Habarana

♪066

Das kleine Städtchen – ein regionaler Verkehrsknotenpunkt – ist ein beliebter Ausgangspunkt für Safaris in die Nationalparks Minneriya und Kaudulla. Es gibt Unterkünfte in jeder Preisklasse und eine recht gute Verkehrsanbindung: So befindet sich in Habarana beispielsweise die für Dambulla und Sigiriya nächstgelegene Bahnstation.

Wer auf einem Elefanten rund um den Stausee reiten möchte, zahlt pro Person und Stunde den stolzen Preis von 20 bis 30 US$. Am Fluss unweit der Stadt kann man den Mahouts dabei zusehen, wie sie ihre Elefanten abschrubben. Außer den Führern wissen auch die meisten Einheimischen, wie man dorthin kommt.

Schlafen & Essen

Das Habarana Rest House liegt direkt an der Hauptkreuzung: Statt Tiere kann man hier Safari-Guides beobachten, die auf der Jagd nach Kundschaft sind. Die anderen Unterkünfte liegen etwa 500 m weiter südlich, abseits der Dambulla Raod.

LP TIPP Habarana Rest House   GÄSTEHAUS $$
(♪227 0003; www.ceylonhotels.lk; Zi. ab 3900 Rs; ❋☎) Die vier Zimmer dieses einstöckigen, von einem netten Garten umgebenen Gästehauses teilen sich eine lange, angenehm schattige Veranda. Das Haus steht direkt an der Kreuzung, sodass man in aller Ruhe von seinem Stuhl aus den Trubel, der in Habarana herrscht, beobachten kann. Kürzlich wurde das Anwesen renoviert und kommt jetzt ein wenig stilvoller daher, was man besonders im Restaurant merkt, wo auch der WLAN-Empfang am besten ist.

Cinnamon Lodge   HOTELANLAGE $$$
(♪227 0012; www.cinnamonhotels.com; Zi. ab 135 US$; ❋@☎≋) Die 137 großzügigen (Maisonette-)Zimmer verströmen portugiesisches Kolonialflair. Ein 11 ha großer, üppig bewachsener Garten sorgt für den grünen Touch. Ein Naturpfad führt zu einer Baumhausplattform, von der aus sich Vögel und Affen beobachten lassen. Ein Spa gibt es hier natürlich auch. Das Lotus, eines der drei Restaurants, kocht mit Zutaten aus biologischem Anbau. Die Lodge gehört zu Sri Lankas bester Hotelgruppe.

Chaaya Village   HOTELANLAGE $$$
(♪227 0047; www.chaayahotels.com; Zi. ab 100 US$; ❋@☎≋) Dieses gut geführte Top-Resort bietet 108 großzügige Zimmer im Reihenhausstil mit eigener Veranda. Das Restaurant grenzt an den Swimmingpool, weitere Sportstätten und ein Spa ergänzen das Angebot. Die Lage direkt am See animiert schon vor dem Frühstück die Gäste, sich zur Vogelbeobachtung auf einen Spaziergang zu begeben. Das Resort liegt neben der Cinnamon Lodge.

Habarana Inn   GÄSTEHAUS $
(♪227 0010; Dambulla Rd.; Zi. 1500–3100; ❋) Die preiswerteste Unterkunft der Stadt ist das Habarana Inn, eine schlichte Herberge. Die acht Zimmer sind sauber und einfach möbliert, die meisten haben nur einen Ventilator, der einem träge Kühle Luft zufächelt. Das Haus liegt direkt hinter der Cinnamon Lodge an der Dambulla Road. Im Restaurant wird sri-lankisches (Reis mit Curry 600 Rs), westliches und chinesisches Essen serviert.

❶ An- & Weiterreise

Bus

Die Busse halten an der Kreuzung vor dem Habarana Rest House. Regelmäßige Verbindungen bestehen nach:

Anuradhapura 82 Rs, 2 Std.
Dambulla Klimaanlage 40 Rs, 30 Min.
Polonnaruwa 38 Rs, 30 Min.

Zug

Der Bahnhof befindet sich 1 km nördlich der Stadt an der Trincomalee Road. Die unregelmäßig verkehrenden Züge fahren nach:

Batticaloa 2./3. Klasse 180/100 Rs
Colombo 2./3. Klasse 300/160 Rs
Polonnaruwa 2./3. Klasse 90/50 Rs

An der 6 km westlich gelegenen Bahnstation Palugaswewa halten regelmäßig Schnellzüge.

Rund um Polonnaruwa & Habarana

In den Nationalparks rund um Polonnaruwa und Habarana bekommt man wunderbar Elefanten und andere Tiere zu sehen, ohne sich wie im Nationalpark Yala auf die Füße zu steigen. An manchen Tagen muss man nicht einmal in den Park hinein, denn die Elefanten verlassen auch die Parks und streifen ungehindert durch die Landschaft, besonders nördlich von Sigiriya.

NATIONALPARK MINNERIYA

Dieser vom alten Minneriya-Stausee geprägte Park bietet auf 88,9 km² zwischen reichlich Buschwerk und lichtem Wald genügend Schutz für Hutaffen, Sambarhirsche, Leoparden und Elefanten – um nur die wichtigsten Tiere zu nennen. Die meisten Tiere bekommt man in der Trockenzeit zwischen Mai und September zu sehen. Der Stausee ist bis dahin ausgetrocknet, sodass die Tiere dort grasen können. 200 oder manchmal sogar mehr Elefanten kommen während des sogenannten „Treffens" zum Fressen und Baden hierher; Scharen von Vögeln, wie z. B. kleine Kormorane und Buntstorche, fischen im flachen Wasser.

Der Eingang zum Park liegt an der Straße zwischen Habarana und Polonnaruwa. Das Besucherzentrum am Eingang verkauft Tickets und informiert über den Park.

NATIONALPARK KAUDULLA

Der Park grenzt an den alten Kaudulla-Speichersee und bildet einen 66,6 km² großen Elefantenkorridor zwischen dem Nationalpark Somawathiya-Chaitiya und dem Nationalpark Minneriya. Der Besuch des nur 6 km von der Straße zwischen Habarana und Trincomalee entfernten Parks (an der Gal-Oya-Kreuzung) wird gerne als Safaritour von Polonnaruwa und Habarana aus angeboten, da die Chancen, den Elefanten richtig nahe zu kommen, recht gut stehen. Im Oktober streifen bis zu 250 Elefanten durch den Park, darunter Herden aus jungen Elefantenbullen. Außerdem leben dort Leoparden, Fischkatzen, Sambarhirsche, die vom Aussterben bedrohten Rostkatzen und Lippenbären. Für einen Besuch eignen sich am besten die Monate Oktober bis März, man kann ihn also perfekt mit dem Besuch von Minneriya verbinden.

Praktische Informationen

Die Parks können nur in Begleitung eines offiziellen Führers in einem Fahrzeug (Jeep oder Truck des Führers) besucht werden. In beiden Parks werden regelmäßig Touren angeboten: Zur Hochsaison warten die Guides schon im Jeep am Parkeingang. Normalerweise bucht man den Trip aber über die Pension oder das Hotel oder man schnappt sich einen der Führer, die an den Hauptkreuzungen in Habarana herumstehen. Insgesamt wird für eine vierstündige Safari pro Person ein Preis von 40 US$ (inkl. Eintrittspreise und Führer) verlangt.

Außer dem eigentlichen Führer begleitet auch ein Park-Ranger jede Tour. Obwohl dieser Service eigentlich kostenlos ist, sollte jede Gruppe dem Ranger etwa 500 Rs Trinkgeld geben. Die Parks haben von Sonnenaufgang bis zur Abenddämmerung geöffnet:

Nationalpark Minneriya Erw./Kind 1800/900 Rs, Servicegebühr 1000 Rs, Fahrzeuggebühr 250 Rs

Nationalpark Kaudulla Erw./Kind 1100/660 Rs, Servicegebühr 900 Rs, Fahrzeuggebühr 250 Rs

---

NICHT VERSÄUMEN

DAS ELEFANTENTREFFEN

Zwischen August und September lässt sich im Nationalpark Minneriya eines der großartigsten Naturschauspiele Asiens beobachten: Über 200 Elefanten versammeln sich mehrere Wochen lang an einem Fleck, was unter dem Namen „the Gathering" – „das Treffen" bekannt wurde. Lange dachte man, die Elefanten kämen in der Trockenzeit hierher, um ihren Durst zu stillen. Inzwischen weiß man, dass die natürlichen Phänomene, die dahinterstecken, weitaus komplexer sind.

Die Elefanten sammeln sich rund um den Minneriya-Stausee aus dem 3. Jh. n. Chr. Man nahm an, sie kämen wegen des Wassers, das nicht versiegt, selbst wenn kleinere Wasserlöcher austrocknen. Biologen haben jedoch herausgefunden, dass die Elefanten vom Rückzug des Wassers und dem trockenfallenden Land angezogen werden: Wenn der See schrumpft, bleiben große Flächen sumpfiger Erde zurück, die bald von zartem, üppig sprießendem Gras bedeckt ist: ein Leckerbissen für die Elefantenhorden.

Wie so vieles in Sri Lanka ist auch dieses Treffen gefährdet. Während die Wasserbehörde in den vergangenen Jahren das Wasser aus dem Stausee immer langsam in kleinere Teiche umleitete, ließ man den See 2011 gefüllt, um Wasser für die wachsende Landwirtschaft im Umland bereitstellen zu können. Bei großer Trockenheit wollte man das Wasser dann für die Bewässerung der landwirtschaftlichen Flächen freigeben (was letztendlich nicht nötig war). Das führte jedoch dazu, dass viele Elefanten nicht wie gewohnt frisches Futter vorfanden.

Ruinen von Ritigala

Ein Abenteuer à la Indiana Jones im Dschungel von Sri Lanka: Mitten im **Ritigala Strict Nature Reserve** verstecken sich die ausgedehnten, von Pflanzen überwucherten Ruinen einer beeindruckenden Kloster- und Höhlenanlage. Die 24 ha große archäologische Stätte wirkt, auf die Besucher einsam und verlassen, fast ein wenig morbide. Die zerbröckelten Steingebäude, herabgestürzten Skulpturen und ehemals heiligen Höhlen thronen auf einem Hügel, der zwar mit 766 m nicht gerade hoch ist, aber in der ihn umgebenden flachen, trockenen Landschaft deutlich hervorsticht.

Die wahre Bedeutung des Names Ritigala ist unklar – *gala* heißt „Fels" auf Singhalesisch, aber *riti* erinnert an das Paliwort *arittha*, das „Sicherheit" bedeutet. Ritigala war also möglicherweise im 4 Jh. v. Chr. ein Zufluchtsort, den selbst Könige aufsuchten, wenn sie sich vor angreifenden Feinden schützen sollten.

Auch in der Mythologie nimmt Ritigala einen wichtigen Platz ein: Von hier aus soll Hanuman (der Affenkönig) nach Indien gesprungen sein, um Rama zu berichten, wo Sita vom König auf Lanka gefangen gehalten wurde. Die Mythologie erklärt auch die große Zahl an Heilpflanzen in Ritigala: Hanuman soll bei seiner Rückkehr nach Lanka mit Heilpflanzen aus dem Himalaya (für Ramas verwundeten Bruder) einige Kräuter über Ritigala verloren haben.

Den Mönchen erschienen die Höhlen von Ritigala, von denen über 70 Stück entdeckt wurden, perfekt für ein Asketenleben geeignet. Die königliche Familie erwies sich als großzügige Unterstützer: Besonders hervor tat sich König Sena I., der im 9. Jh. den *Pamsukulika*-Mönchen (Lumpenroben-Mönchen) ein Kloster baute.

Nach der Invasion der Chola im 10. und 11. Jh. wurde Ritigala aufgegeben. Jahrhundertelang war die Stätte verlassen und geriet fast in Vergessenheit, bis sie schließlich von britischen Landvermessern im 19. Jh. entdeckt wurde. Der britische Kolonialbeamte und Archäologe H. C. P. Bell erforschte und kartographierte sie 1893.

Sehenswertes

In Ritigala findet sich keines der üblichen heiligen Objekte: kein Bodhibaum, kein Reliquienhaus und keine Buddhafiguren. Die einzigen Verzierungen sind an den Latrinensteinen des Dschungelklosters angebracht: Vermutlich zeigten die Mönche ihre Verachtung für weltliche Dinge, indem sie auf die schönen Steinskulpturen urinierten.

In der Nähe des Bungalows, in dem die Archäologiebehörde untergebracht ist, befinden sich die Überreste eines *banda pokuna* (künstlicher Teich), der sich während der Regenzeit offenbar mit Wasser füllt. Die Lage ist höchst stimmungsvoll, denn im Hintergrund erhebt sich der steile, üppig bewachsene Hügel wie ein grünes Amphitheater. Von hier aus spaziert man über einen gepflasterten Pfad durch den Wald bergauf an einer Spendenhalle vorbei zu einer **Palastruine** und einem **Klosterkrankenhaus,** wo noch heute die Mühlsteine und riesigen Steinbadewannen zu sehen sind. Ein kurzer Abstecher bringt die Besucher zu einer Art Steinfestung, der aber eher ein Aussichtspunkt ist.

Als Nächstes am Weg liegen die für Dschungelklöster typischen Doppelplattformen. Hier sind auch die **Latrinensteine** zu besichtigen, die früher allerdings wohl an einem anderen Platz standen. Wissenschaftler glauben, dass die Plattformen der Meditation dienten sowie für Lehr- und Zeremoniezwecke eingesetzt wurden. Man kann auf dem Hügel stundenlang durch das Unterholz krabbeln, eine Machete wäre dabei manchmal ganz praktisch.

🛈 Praktische Informationen

Nur wenige Leute nehmen den Weg zu den Ruinen von Ritigala auf sich, was sie umso spannender macht. Einzeltickets kosten 10/5 US$ pro Erw./Kind.

Die dort beschäftigten Mitarbeiter der Archäologiebehörde wirken etwas verschlossen. Mindestens einer wird sicher darauf bestehen, die Besucher bei ihrer Tour zu begleiten (500 Rs Trinkgeld sind pro Gruppe mehr als genug). Wer besonders neugierig ist und jeden Stein einzeln begutachten will, wird vom Guide bald allein gelassen (was nicht das Schlechteste sein muss). Bevor man jedoch eine Karte der Anlage zu Gesicht bekommt, wird ein Führer darauf bestehen, dass man seine Begleitung (und Bezahlung) akzeptiert.

Für den Rundgang sollte man etwa drei Stunden einrechnen, für die Anfahrt abseits der Hauptstraße zusätzliche Zeit.

🛈 An- & Weiterreise

Ritigala liegt 14 km nordwestlich von Habarana und 42 km südöstlich von Anuradhapura. Aus Richtung Habarana kommend, biegt man bei

Km 14 ab. Von da an sind es 6,2 km auf einer gut geteerten Straße entlang der Reisfelder bis zur Einfahrt ins Naturreservat: Auf den letzten 2,3 km lässt der Straßenzustand stark zu wünschen übrig und führt durch dichten Dschungel zum Parkplatz bei den Ruinen. Nach heftigen Regenfällen ist die Straße möglicherweise unpassierbar.

Anuradhapura

025 / 62 000 EW.

Die Ruinen von Anuradhapura zählen zu den eindrucksvollsten Stätten Südasiens. Der riesige Komplex umfasst eine große Zahl an archäologischen und architektonischen Wundern: enorme Dagobas, hoch aufragende Ziegeltürme, uralte Wasserbecken und verfallene Tempel. Sie alle wurden während Anuradhapuras tausendjähriger Herrschaft über Sri Lanka erbaut. Auch heute noch werden einige der heiligen Stätten und Tempel genutzt. Die aufgrund der vielen Zeremonien sehr lebendige Atmosphäre von Anuradhapura steht in scharfem Kontrast zur etwas morbiden Stimmung rund um die Ruinen von Polonnaruwa.

Das moderne Anuradhapura ist eine ganz hübsche, wenn auch ausufernde Stadt. Die meisten Hotels und Pensionen stehen im Schatten mächtiger alter Bäume; die Hauptstraße ist ganz ordentlich, vor allem im Vergleich zu den hässlichen Betonlandschaften in vielen anderen Stadtzentren.

Geschichte

Hauptstadt wurde Anuradhapura erstmals 380 v. Chr. unter Pandukabhaya. Der Aufstieg zu ihrer wahren Größe gelang der Stadt jedoch erst während der Herrschaft von Devanampiya Tissa (reg. 247–207 v. Chr.), als der Buddhismus seinen Weg nach Sri Lanka fand. Bald verwandelte sich Anuradhapura in eine große, glitzernde Stadt, nur um dann Opfer südindischer Invasoren zu werden – ein Schicksal, das sich 1000 Jahre lang ständig wiederholte. Doch schließlich führte der singhalesische Held Dutugemunu aus seinem Unterschlupf im Süden eine Armee zur Befreiung Anuradhapuras heran. Das „Dutu" in seinem Namen bedeutet übrigens „ungehorsam", was sich folgendermaßen erklärt: Sein Vater, der um das Leben seines Sohnes fürchtete, verbot ihm, einen Versuch zu Anuradhapuras Befreiung zu wagen. Dutugemunu gehorchte jedoch nicht und schickte seinem Vater stattdessen Frauenschmuck – ein feiner Hinweis auf den mangelnden Mut des Herrn Papa.

Dutugemunu (reg. 161–137 v. Chr.) startete ein gigantisches Bauprogramm und ließ u. a. einige der noch heute eindrucksvollsten Gebäude Anuradhapuras errichten. Weitere bedeutende Könige folgten, so Valagamba (reg. 109–103 v. Chr.), der seinen Thron bei einer anderen indischen Invasion verlor (später aber zurückeroberte), sowie Mahasena (reg. 276–303 n. Chr.), der letzte „große" König von Anuradhapura und Erbauer der

> **ABSTECHER**
>
> ## DER AUKANA-BUDDHA
>
> Die Legende besagt, dass der großartige, 12 m hohe, stehende **Aukana-Buddha** (Eintritt 500 Rs) während der Herrschaft Dhatusenas im 5. Jh. geschaffen wurde (obwohl manche Quellen ihn eher ins 12. oder 13. Jh. datieren). Aukana bedeutet „Sonne essend": Tatsächlich ist die beste Zeit für die Besichtigung die Morgendämmerung, wenn die ersten Sonnenstrahlen die feinen Gesichtszüge der riesigen Statue besonders gut in Szene setzen.
>
> Obwohl die Statue am Rücken noch immer mit dem Felsen verbunden ist, aus dem sie herausgemeißelt wurde, handelt es sich bei dem Lotussockel um einen frei stehenden Felsen. Die erhobenen Hände des Buddha (*ashiva mudra*) sind eine Segensgeste, während das Feuer über seinem Kopf die Macht der völligen Erleuchtung symbolisiert.
>
> Besucher müssen einen Sarong tragen; Eintrittskarten gibt es nach der ersten steilen Treppe. Am Parkplatz werden Getränke verkauft, die jedoch nicht immer gekühlt sind.
>
> ### An- & Weiterreise
>
> Der Aukana-Buddha steht 800 m vom Dorf Aukana entfernt. Vom Knotenpunkt Kekirawa an der Buslinie zwischen Dambulla und Anuradhapura verkehren Busse nach Aukana (30 Rs, 30 Min, alle 30 Min.).
>
> Aukana ist auch per Zug erreichbar (Strecke von Colombo nach Trincomalee und Polonnaruwa). Täglich halten vier Züge. Vom Bahnhof läuft man 1 km bis zur Statue.

Anuradhapura

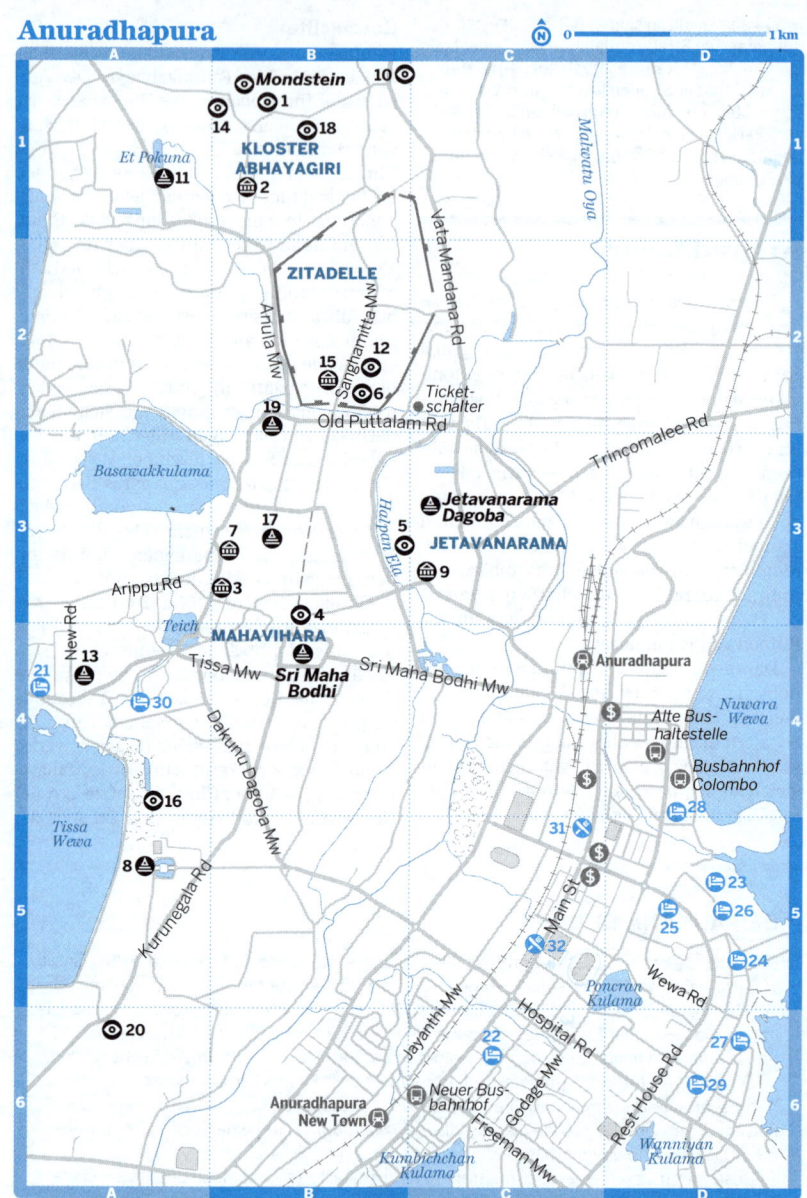

kolossalen Jetavanarama-Dagoba. Er hielt außerdem den Rekord im Bau von Stauseen: 16 Stück sowie einen großen Kanal gehen auf seine Initiative zurück. Anuradhapura überlebte noch 500 Jahre und wurde dann von Polonnaruwa abgelöst. Trotzdem drangsalierten südindische Eindringlinge die Stadt immer wieder. Ein Grund dafür waren das gerodete Land und die großen Straßen – Zeugnisse der einstigen Bedeutung Anuradhapuras –, die den Invasoren das Eindringen erleichterten.

Anuradhapura

◉ Highlights
Jetavanarama-Dagoba		C3
Mondstein		B1
Sri Maha Bodhi		B4

◉ Sehenswertes
1	Abhayagiri-Dagoba	B1
2	Abhayagiri-Museum	B1
3	Archäologisches Museum	B3
4	Bronzepalast	B3
5	Buddhistisches Geländer	B3
6	Dalada Maligawa	B2
7	Volksmuseum	B3
8	Isurumuniya Vihara	A5
9	Jetavanarama-Museum	C3
10	Kuttam Pokuna	B1
11	Lankarama	A1
12	Mahapali-Refektorium	B2
13	Mirisavatiya-Dagoba	A4
14	Ratnaprasada	B1
15	Königspalast	B2
16	Königliche Lustgärten	A4
17	Ruvanvelisaya-Dagoba	B3
18	Samadhi-Buddha	B1
19	Thuparama-Dagoba	B2
20	Vessagiriya	A6

◉ Schlafen
21	Boa Vista	A4
22	French Garden Tourist Rest	C6
23	Grand Tourist Holiday Resort	D5
24	Hotel Randiya	D5
25	Hotel Shalini	D5
26	Lake View Tourist Guest House	D5
27	Milano Tourist Rest	D6
28	Nuwarawewa Rest House	D4
29	Saubagya Inn	D6
30	Tissawewa Grand	A4

◉ Essen
31	Casserole	C5
	Family Super	(siehe 31)
32	Salgado Hotel & Bakery	C5

◉ Sehenswertes

Für die ausgiebige Besichtigung der Weltkulturerbestätte **Anuradhapura** (www.ccf.lk/anuradhapura) sollte man einige Tage einplanen. Auf S. 227 finden sich wichtige Tipps für die Planung.

Die Stätte umfasst ein riesiges Gelände. Folgende Gebäudekomplexe zählen zu den Hauptsehenswürdigkeiten:

Mahavihara Anuradhapuras spirituelles Zentrum mit dem beeindruckenden Sri Maha Bodhi.

Kloster Abhayagiri Eine Gruppe über 2000 Jahre alter Ruinen, die sich über ein relativ großes Gebiet im Norden des Geländes verteilen.

Zitadelle Eine kompakte Ansammlung verschiedener tausendjähriger Gebäude.

Jetavanarama Eine riesige Dagoba und ein wichtiges Museum auf einem eher kleinen Areal.

Die Hauptsehenswürdigkeiten befinden sich auf einem 3 km² großen Areal. Einzelne Stätten wie etwa die Zitadelle lassen sich zu Fuß erkunden, doch mit einem Fahrrad kommt man besser voran. Autofreie, hübsche Pfade verbinden die wichtigsten archäologischen Stätten. Auch für die verstreut liegenden Anlagen im Westen und Süden, darunter auch die Königlichen Lustgärten, braucht man ein Fahrrad, mit dem man zudem bequem vom Hotelviertel im Osten zu den Ruinen strampeln kann. Dazwischen liegt das lebhafte, moderne Zentrum Anuradhapuras mit den zwei Busbahnhöfen.

MAHAVIHARA
Mahavihara ist das Herz des alten Anuradhapura, in dem oft religiöse Zeremonien abgehalten werden. Dazu erscheinen zahllose Menschen im Festgewand, aber auch Händler, die Opfergaben, Snacks, Spielsachen und Erfrischungen verkaufen. Die Ruinen stammen aus dem Zeitraum 300 v. Chr. bis 11. Jh. n. Chr.

LP TIPP Sri Maha Bodhi   HEILIGER BAUM
(Eintritt 200 Rs) Der Sri Maha Bodhi (heiliger Bodhibaum) spielt in Anuradhapura eine wichtige Rolle – sowohl in spiritueller Hinsicht als auch in physischem Sinne. Zurück geht der riesige Baum auf einen kleinen Ableger, den die Prinzessin Sangamitta, die Schwester Mahindas (der die buddhistische Lehre in Sri Lanka verbreitete), aus Bodhgaya in Indien mitgebracht hatte. Er ist damit das Bindeglied zum geografischen Herkunftsort der singhalesischen Religion.

Der heilige Bodhibaum ist der älteste, historisch belegte Baum der Welt: Seit über 2000 Jahren hegte und pflegte ihn eine ununterbrochene Reihe von Wächtern, selbst während der indischen Besatzungszeit. Es gibt nicht nur einen einzelnen Baum hier, sondern eine ganze Gruppe. Das älteste und heiligste Exemplar steht auf der obersten Plattform. Die zur Plattform hinaufführenden Treppen sind uralt, die goldene Einfriedung dagegen neueren Datums. Die Einfriedung und andere Elemente rund um die Bäume sind mit Gebetsfahnen geschmückt. Am Wochenende und besonders an *Poya*-Tagen legen Tausende von Gläubigen hier Opfergaben nieder. Ausgesprochen voll wird es im April und Dezember, wenn sich die Pilger für *snana puja* (Opfergaben oder Gebete) versammeln.

Mehr Informationen zu *poya* sind im Kasten auf S. 23 nachzulesen.

Bronzepalast — HISTORISCHE STÄTTE

Die Ruinen des Bronzepalastes, der seinen Namen dem längst verschwundenen Dach verdankt, sind unweit des Bodhibaums zu besichtigen. Von dem Riesenpalast, der einst neun Stockwerke gehabt haben soll, in denen 1000 Mönche und Diener Platz fanden, lassen sich lediglich noch die mageren Überreste von 1600 Säulen bewundern.

Das ursprünglich von Dutugemunu vor über 2000 Jahren errichtete Gebäude wurde über die Jahrhunderte mit jeweils abnehmender Könnerschaft viele Male umgebaut. Die heute noch stehenden Säulen (hinter der Absperrung) sind die einzigen Relikte der letzten Renovierung, die Parakramabahu irgendwann im 12. Jh. veranlasst hatte.

Ruvanvelisaya-Dagoba — TEMPEL

Die hinter dem Volkskundemuseum gelegene, wunderbare weiße Dagoba wird von einer Mauer geschützt, auf deren Fries Hunderte Schulter an Schulter nebeneinander stehende Elefanten abgebildet sind. Abgesehen von ein paar Tieren am westlichen Eingang sind die meisten Elefanten moderne Kopien der Originale, die aus dem Jahre 140 v. Chr. stammen.

Die Dagoba gilt als König Dutugemunus schönstes Bauwerk. Als er auf seinem Sterbebett lag, drapierte man eine Verkleidung aus Bambus und Stoff um die Dagoba, sodass der König vor seinem Tode noch sein „vollendetes" Meisterwerk bewundern konnte. Im Lauf der Zeit wurde die Dagoba bei indischen Invasionen stark beschädigt. Heute beträgt ihre Höhe nur mehr 55 m; sie ist also deutlich niedriger als der Originalbau. Auch hat sie nicht mehr die frühere „Blasenform". Eine Kalksteinstatue südlich der großen Dagoba trägt angeblich die Züge von König Dutugemunu.

Das Gelände rund um die Dagoba erinnert an einen gepflegten, grünen Park, hier und da durchsetzt von Ruinen, ehemaligen Teichen und Wasserbecken sowie einer Sammlung von Säulen und Pfeilern, die sich recht pittoresk in alle Richtungen neigen. Etwas südöstlich der Dagoba steht eines von Anuradhapuras vielen Mönchsrefektorien. Die Laienanhänger waren rund um die Uhr damit beschäftigt, die zahllosen Mönche zu verköstigen und sie bei Laune zu halten.

Thuparama-Dagoba — TEMPEL

Nördlich der Ruvanvelisaya-Dagoba steht in einer beschaulichen Waldlandschaft die älteste Dagoba Sri Lankas, wenn nicht der ganzen Welt: die Thuparama-Dagoba. Sie wurde im 3. Jh. v. Chr. von Devanampiya Tissa errichtet. Darin wird, so heißt es, Buddhas rechtes Schlüsselbein aufbewahrt. Die ursprüngliche Kuppel in Form eines Reisbergs wurde 1862 restauriert und in eine konventionellere Glockenform mit einer Höhe von 19 m umgebaut.

Die schlanken, kapitellgekrönten Säulen des *vatadage* umgeben das Bauwerk in vier konzentrischen Kreisen, was diese Dagoba von anderen unterscheidet. Einbuchtungen am Fuß der Dagoba lassen vermuten, dass es einmal 176 Säulen gab, von denen heute jedoch nur noch 41 erhalten sind. Obwohl einige Wissenschaftler aus Sri Lanka glauben, dass die Säulen einst ein konisches Dach aus Holz trugen, gibt es für diese Theorie keine archäologischen Belege. Auch existieren keine bekannten Vorläufer in Südindien, wo die Dagoba-Prototypen für alle anderen derartigen singhalesischen Bauten stehen.

KLOSTER ABHAYAGIRI

Üppiger Dschungel droht diese bedeutende Ruinenstätte zu überwuchern, deren Entstehungszeit einige Jahrtausende zurückliegt. Hier herumzustromern – ob mit oder ohne Ziel – gehört zu den größten Vergnügungen, die Anuradhapura zu bieten hat.

Abhayagiri-Dagoba — TEMPEL

Die im 1. oder 2. Jh. v. Chr. errichtete, riesige Abhayagiri-Dagoba (die in manchen Büchern und auf einigen Karten mit der von Jetavanarama verwechselt wird) bildete das Zentrum eines Klosters, in dem einst rund 5000 Mönche lebten. Der Name bedeutet „Hügel des Schutzes" oder „Furchtloser Hügel" (obwohl ein paar einheimische Führer die Bezeichnung „Giri" für den Namen eines hier ehemals ansässigen Jain-Mönchs halten). Das Kloster gehörte zur „Schule des geheimen Waldes", einer häretischen Sekte, die sowohl den Mahayana- als auch den Theravada-Buddhismus studierte. Der chinesische Reisende Faxian (oder Fa Hsien) besuchte 412 n. Chr. das Kloster.

Vermutlich wurde die Dagoba mehrere Male neu aufgebaut, bevor sie ihre endgültige Höhe von 75 m erreichte. Eines der interessanten Basreliefs nahe der westlichen Treppe zeigt einen Elefanten, der gerade einen Baum zieht. An der Nordseite kann ein Stein mit Buddhas Fußabdruck bewundert werden. Ungewöhnlich sind die Mondsteine aus konzentrischen Steinplatten an der Ost- und Westseite.

LP TIPP Mondstein HISTORISCHE STÄTTE

Die Ruine einer Mönchsschule aus dem 9. Jh., die nordwestlich der Abhayagiri-Dagoba steht, ist weithin berühmt für den schönsten gemeißelten Mondstein Sri Lankas. Wer die meisten unterschiedlichen Tierarten darauf findet, hat gewonnen. Dieses ruhige, schattige Plätzchen unter Bäumen, die von Schmetterlingen umflattert werden, eignet sich perfekt für eine Pause während der Ruinenbesichtigung. Oft wird die Stätte fälschlich als Mahasenas Palast oder als Pavillon der Königin bezeichnet. Hübsch anzusehen sind die schönen Stufen mit den plumpen, kleinen Figuren.

Ratnaprasada HISTORISCHE STÄTTE

Ein Stückchen weiter auf der gewundenen Straße hinter den Mondsteinen warten die eindrucksvollsten Wächtersteine von Anuradhapura. Die aus dem 8. Jh. stammenden Steine zeigen einen Kobrakönig, ihre Ausführung gilt als absoluter Höhepunkt in der Entwicklung und Formgebung von Wächtersteinen. Das fällt besonders auf, wenn man sie mit den Wächtersteinen an der Mirisavatiya-Dagoba am Ufer des Tissa Wewa vergleicht, die um einiges älter sind.

Im 8. Jh. ließ sich ein neuer, asketischer (*tapovana*) Mönchsorden am Rande der Stadt nieder, und zwar mitten unter den niedrigen Kasten, zwischen Müllbergen und Verbrennungsstätten. Seine Klöster waren zwar groß, aber nicht besonders kunstvoll gebaut. Verzierungen waren nur an den Toiletten angebracht, die nun im Archäologischen Museum zu sehen sind. Die Mönche von Ratnaprasada (Juwelenpalast) boten Menschen, die Ärger mit der Obrigkeit hatten, Unterschlupf, was zu einem ordentlichen Krach mit dem König führte. Als Höflinge in Schwierigkeiten in Ratnaprasada um Asyl baten, schickte der König seine Mannen, um die Abtrünnigen zu fangen und hinzurichten. Die ob der Entweihung der heiligen Stätte entrüsteten Mönche verließen daraufhin das Kloster in Scharen. Das gleichfalls empörte, einfache Volk belagerte Ratnaprasada, fing die Königstreuen, richtete sie hin und zwang den König, sich bei den abgereisten Mönchen zu entschuldigen und sie zur Rückkehr zu bewegen.

Südlich von Ratnaprasada steht das **Lankarama,** ein *vatadage* aus dem 1. Jh. v. Chr.

Abhayagiri-Museum MUSEUM

(◉10–17 Uhr) Das von Chinesen gegründete Abhayagiri-Museum (gleich südlich der Abhayagiri- Dagoba) erinnert an den chinesischen buddhistischen Mönch Faxian, der im 5. Jh. Anuradhapura besuchte. Faxian lebte einige Zeit im Abhayagiri-Kloster: Dort übersetzte er buddhistische Texte, die er später zurück nach China brachte. Das Museum ist zweifellos das spannendste in ganz Anuradhapura: Ausgestellt sind eine Sammlung von Latrinenplatten, Schmuck, Töpferwaren und religiöse Skulpturen der heiligen Stätte. Im Buchladen werden Werke über das Kulturdreieck verkauft.

Samadhi-Buddha MONUMENT

Nach der Besichtigung der Wächter- und Mondsteine geht es von Abhayagiri weiter nach Osten zu dieser Statue aus dem 4. Jh. Der in Meditation versunkene Buddha gilt als einer der schönsten der Insel. Pandit Nehru, ein bekannter Führer der indischen Unabhängigkeitsbewegung, soll die britische Gefangenschaft überstanden haben, indem er regelmäßig vor einem Foto dieser Statue meditierte.

Kuttam Pokuna (Zwillingsteiche) WASSERBECKEN

Die Swimmingpools gleichenden Zwillingsbecken gelten als die schönsten künstlichen Badebecken in Anuradhapura, sie liegen östlich der Sanghamitta Mawatha. Wahrscheinlich wurden sie von Mönchen des zur Abhayagiri-Dagoba gehörigen Klosters genutzt. Die Becken gleichen sich zwar in der Anlage, haben aber unterschiedliche Größen: Das südliche Becken ist mit 28 m Länge kleiner als das 40 m lange nördliche Becken. Das Wasser gelangte durch das Maul eines *makara* (aus verschiedenen Arten zusammengesetztes, mythologisches Tier) in das größere Becken und floss dann durch eine unterirdische Röhre zum kleineren Becken. Bemerkenswert sind die fünfköpfige Kobrafigur nahe des *makara* sowie das Wasserfiltersystem am nordwestlichen Ende der Becken.

ZITADELLE

Obwohl sie jünger ist als die anderen Ruinen in der Nähe, verfiel die Zitadelle fast vollständig. Nur noch wenige spärliche Überreste zeugen von den einst hohen Mauern, die sie umgaben.

Königspalast   HISTORISCHE STÄTTE

Etwa 1,5 km südlich der Zwillingsteiche Kuttam Pokuna, entlang der Sanghamitta Mawatha, befindet sich der Königspalast, der von Vijayabahu I. im 12. Jh. errichtet wurde, nachdem Anuradhapura den Status als singhalesische Hauptstadt verloren hatte. Der Palast belegt, dass zumindest versucht wurde, in der alten Hauptstadt eine sichere Basis zu errichten.

Nicht weit entfernt liegen eine tiefe, alte Quelle und das **Mahapali-Refektorium**, das für seinen riesigen Trog (fast 3 m lang und 2 m breit) bekannt ist, den die Laienanhänger für die Mönche mit Reis füllten. Im Umfeld des Königspalasts steht auch der **Dalada Maligawa**, ein Zahnreliquien-Tempel, möglicherweise der erste „Tempel des Zahns" (Buddhas heiliger Zahn kam 313 n. Chr. nach Sri Lanka).

JETAVANARAMA

Jetavanarama-Dagoba   TEMPEL

Die enorme Kuppel der Jetavanarama-Dagoba erhebt sich auf einer Lichtung beim Sri Maha Bodhi, dem heiligen Baum. Die Dagoba wurde im 3. Jh. von Mahasena erbaut. Ursprünglich war sie vielleicht über 100 m hoch, heute sind es nur noch rund 70 m (so hoch wie die Abhayagiri-Dagoba). Bei ihrem Bau war es das dritthöchste Gebäude der Welt nach zwei ägyptischen Pyramiden. Ein alter britischer Reiseführer rechnete mal nach und kam zu dem Ergebnis, dass im soliden Backsteinkern der Dagoba genug Steine verbaut wurden, um eine 3 m hohe Mauer zu errichten, die sich von London nach Edinburgh erstrecken würde.

Dahinter erheben sich die Ruinen eines Klosters, das 3000 Mönchen Platz bot. Bei einem Gebäude sind noch die über 8 m hohen Türpfosten erhalten, die gewaltigen zusätzlich noch 3 m in den Boden ragen. Früher gaben die massiven Türen den Blick auf eine große Buddhastatue frei.

Buddhistisches Geländer   HISTORISCHE STÄTTE

Ein kleines Stück südlich der Jetavanarama-Dagoba steht auf der anderen Straßenseite ein steinernes Geländer, das einer Holzwand nachempfunden ist. Das Geländer umschließt ein 42 x 24 m großes Areal, dessen Gebäude längst verschwunden sind.

Jetavanarama-Museum   MUSEUM

(8.30–17.30 Uhr) Ein britisches Kolonialgebäude von 1937 dient heute als stilvoller Rahmen für einige der in Jetavanarama gefundenen Schätze. Die hier ausgestellten Objekte sind sehr kunstfertig und detailreich gearbeitet, besonders im Vergleich zu den Artefakten anderer Stätten. Nicht verpassen sollte man den fein gemeißelten Latrinenstein in Raum 1. Die Schatzkammer trägt ihren Namen zu Recht: Sie zeigt wunderschönen Schmuck, Ketten, Steinmetzarbeiten und Töpferwaren. Bemerkenswert ist der goldene Buddha aus dem 7. Jh.

MUSEUMSVIERTEL

Anuradhapuras Hauptmuseum ist das Archäologische Museum, das Objekte aus den meisten Stätten zeigt. Zwei weitere Museen, das Abhayagiri-Museum und das Jetavanarama-Museum, sind eng mit ihren jeweiligen namensgebenden Dagobas verbunden.

Archäologisches Museum   MUSEUM

(Mi–Mo 8–17 Uhr, an Feiertagen geschl.) Das ehemalige britische Verwaltungsgebäude aus der Kolonialzeit beherbergt heute eine interessante Sammlung von Kunstgegenständen, Steinmetzarbeiten und Alltagsobjekten aus Anuradhapura und anderen historischen Stätten Sri Lankas.

Zu sehen ist eine restaurierte Reliquienkammer, die bei der Ausgrabung der Kantaka-Chetiya-Dagoba im nahe gelegenen Mihintale zum Vorschein kam. Interessant ist auch das Modell des *vatadage* der Thuparama-Dagoba. Es zeigt, wie es mit Holzdach ausgesehen haben könnte. Letztendlich ist aber alles Spekulation, es gibt keinen sichtbaren oder lesbaren Nachweis, z. B. in Form einer Inschrift.

Auf dem Museumsgelände befinden sich auch die gemeißelten Latrinenplatten aus Anuradhapuras westlichen Klöstern, deren Mönche dem luxuriösen Klosterleben ihrer weltlicheren Brüder entsagt hatten. Um ihre Verachtung für die verweichlichten „Luxusmönche" zu zeigen, schufen die Mönche der westlichen Klöster wunderschöne Steintoiletten zum Hocken, auf deren Rückseite die

Klöster ihrer Mönchsbrüder eingemeißelt waren. So zeigten Latrinensteine u.a. den Gott des Reichtums, der gerade mit vollen Händen Goldmünzen in das Loch schüttet. Verteilt über das Gelände finden sich weitere interessante und spannende Skulpturen.

Volkskundemuseum MUSEUM
(Eintritt 100 Rs; Sa–Mi 8.30–17 Uhr; an Feiertagen geschl.) Ein kleines Stück nördlich des Archäologischen Museums gibt es ein Volkskundemuseum mit staubigen Ausstellungsstücken, die das ländliche Leben in Sri Lankas nördlicher Zentralprovinz illustrieren.

WEITERE STÄTTEN
Südlich und westlich der historischen und heiligen Stätten warten noch weitere wichtige Anlagen.

Mirisavatiya-Dagoba TEMPEL
Die Mirisavatiya-Dagoba ist eine von drei sehr interessanten Stätten, die man bei einem Spaziergang oder einer kurzen Fahrt entlang des Ufers des Tissa Wewa besichtigen kann. Die riesige Dagoba gegenüber dem Tissawewa Rest House wurde von Dutugemunu erbaut, nachdem er die Stadt im 2. Jh. v. Chr. erobert hatte. Man erzählt sich, dass Dutugemunu in dem Stausee baden wollte und sein reich verziertes Zepter am Ufer ins Erdreich steckte. Als er aus dem Wasser stieg, konnte er sein Zepter, das eine Buddhareliquie enthielt, nicht mehr herausziehen. Da ihm dies Glück verheißend erschien, ließ er an dieser Stelle die Dagoba errichten. Nordöstlich davon lag ein weiteres Mönchsrefektorium mit den üblichen Riesentrögen, in die die Gläubigen gekochten Reis schütten konnten.

Königliche Lustgärten HISTORISCHE STÄTTEN
Folgt man dem Ufer des Tissa Wewa von der Mirisavatiya-Dagoba aus, gelangt man bald zu den weitläufigen Königlichen Lustgärten. Der auch Goldfischpark genannte Garten hat eine Größe von 14 ha. Im Park wurden zwei Teiche mit schönen Elefantenreliefs kunstvoll rund um die großen Felsen angelegt. Hier soll Prinz Saliya (Dutugemunus Sohn), das bürgerliche Mädchen Asokamala getroffen haben, in das er sich verliebte und das er schließlich heiratete. Durch die Heirat verlor er seinen Thronanspruch.

Isurumuniya Vihara TEMPEL
(Eintritt 200 Rs; 8–18 Uhr) Der Felsentempel aus der Zeit von Devanampiya Tissa (reg. 247–207 v. Chr.) weist einige sehr schöne Steinmetzarbeiten auf. Ein oder zwei (darunter die vergnügt planschenden Elefanten) stehen noch an ihrem ursprünglichen Platz auf dem Felsen neben einem rechteckigen Pool, der sich aus dem Tissa Wewa speist. Die meisten Artefakte wurden jedoch in ein kleines Museum innerhalb des Tempels gebracht. Am bekanntesten ist die Skulptur der „Liebenden" aus dem 5. Jh. n. Chr., die im kunstvollen Stil der indischen Guptadynastie (4. und 5. Jh.) gefertigt wurde. Davor befindet sich ein recht hübscher Lotusteich.

Vessagiriya KLOSTER
Südlich des Isurumuniya Vihara liegen zahlreiche Überreste des Vessagiriya-Höhlenklosters, das ebenfalls etwa aus dem 2. Jh. v. Chr. stammt.

Stauseen WASSERBECKEN
In Anuradhapura gibt es drei große Stauseen. Der größte davon, **Nuwara Wewa,** liegt östlich der Stadt und bedeckt etwa 12 km². Er wurde etwa 20 v. Chr. angelegt und liegt ein gutes Stück von der Altstadt entfernt. Der 160 ha große **Tissa Wewa** ist der südlich gelegene Speichersee in der Altstadt. Am ältesten (etwa 4. Jh. v. Chr.) ist der 120 ha große **Basawakkulama** (das tamilische Wort für Speichersee lautet *kulam*) im Norden. Nordwestlich des Basawakkulama befinden sich die Ruinen der **westlichen Klöster,** wo sich die angeblich nur von Reis ernährenden Mönche in Lumpen kleideten, die sie den Toten abnahmen. Alle drei Stauseen lassen sich in einer gemütlichen Tour gut per Fahrrad oder zu Fuß erkunden.

Geführte Touren
Überall an den Stätten schleichen Führer herum, die man jedoch getrost ignorieren kann. In den meisten Unterkünften können offizielle Führer gebucht werden, falls man Anuradhapura und seine reiche Geschichte intensiver studieren möchte. Die Gebühr beträgt mind. 1500 Rs für zwei Stunden (ohne Fahrzeug).

Einer der besten einheimischen Führer ist **Charitha Jithendra Jith** (077 303 7835; charithjith@yahoo.com).

Schlafen
In Anuradhapura gibt es viele preiswerte und Mittelklasse-Unterkünfte. Da die Besucherzahlen steigen, kommen ständig neue Häuser dazu. Die meisten Unterkünfte konzentrieren sich in und um die Harischandra

TEMPEL-ETIKETTE

Da so viele von Anuradhapuras wichtigen Stätten immer noch als heilig gelten, sollte man bereit dazu sein, seine Schuhe auszuziehen und einen Sarong oder, wenn gewünscht, andere dezente Kleidung zu tragen.

Mawatha unweit des Nuwara Wewa. Wer sich nach einem heißen Besichtigungstag abkühlen möchte, kann auch als Nicht-Gast den großen Pool des Nuwarawewa Rest House für 500 Rs benutzen. Zimmervermittler, die auf Provisionsbasis arbeiten, steigen häufig einige Stationen früher in den Zug und nerven die Fahrgäste. Die Fahrer der Tuk-Tuks sind genauso schlimm. Einfach ignorieren und bei der eigenen Auswahl bleiben.

Milano Tourist Rest   PENSION $$
(222 2364; www.milanotouristrest.com; 40/596 JR Jaya Mawatha; Zi. 1500–3500 Rs; ✳@🛜) Das Milano ist ein gemütliches und modernes Haus mit elf Zimmern, bequemen Betten, Kühlschränken und Satellitenfernseher. Sowohl das Management als auch das Servicepersonal arbeiten sehr professionell. Das Restaurant zählt zu den besten der Stadt: Hier bekommt man gut zubereitetes einheimisches Essen, das an einem der Tische im Garten am leckersten schmeckt.

Hotel Shalini   HOTEL $$
(222 2425; www.hotelshalini.lk; 41/388 Harischandra Mawatha; Zi. 3500–4000 Rs; ✳@🛜) Das Hotel hat einen Anbau im Zuckerbäckerstil mit einem Freiluft-Restaurant, einem Dachgarten und einem Internetcafé. Die Zimmer haben Fenster und sind gut durchlüftet, in einigen gibt es sogar eine Klimaanlage. Im Hotel lassen sich Ausflüge zu den alten Stätten buchen. Die freundlichen Besitzer bieten außerdem (wenn man vorher Bescheid sagt) einen kostenlosen Shuttle-Service zu Busstation und Bahnhof an.

Palm Garden Village Hotel   HOTEL $$$
(222 3961; www.palmgardenvillage.com; Old Puttalam Rd., Pandulagama; Zi. ab 100 US$; ✳🛜🏊) Schön ruhig ist es hier in dieser zurückhaltenden Ferienanlage rund 6 km westlich der Stadt. Die 63 großen Zimmer sind in hübsch angelegten Duplexeinheiten oder eigenen Villen auf dem 38 ha großen Gartengelände untergebracht. Als Extras gibt es Tennisplätze, ein Ayurveda-Spa und hin und wieder einen Elefanten. WLAN ist nur in der Lobby verfügbar. Eine Fahrt mit dem Tuk-Tuk aus der Stadt heraus kostet 400 Rs.

French Garden Tourist Rest   GÄSTEHAUS $
(222 3537; www.frenchgardenanuradhapura.com; 488/4 Maithrepala Senanayaka; Zi. 1800–2500 Rs; ✳🛜) Eine neue Unterkunft an der New Bus Station: Das moderne, zweistöckige Gästehaus hat alles, was man im Urlaub braucht. Die Zimmer sind sehr sauber. Der dazugehörige Garten ist nicht besonders groß und wird durch ein geplantes Café noch kleiner werden.

Tissawewa Grand   HOTEL $$
(222 2299; www.quickshaws.com; Zi. 85–100 US$; ✳) Ein äußerst stilvolles Relikt der Raj-Ära: Das hundertjährige Tissawewa wirkt bis hin zur Duschstange und den Badewannen mit Klauenfüßen sehr authentisch. Neben der Lounge mit Altbauflair und den Veranden gibt es zusätzlich einen 4,4 ha großen Garten, in dem Mahagoni- und Teakbäume wachsen. Wer will, setzt sich in einen der alten Rohrstühle auf der Veranda und sieht den Pfauen beim Paradieren zu. Der Nachteil besteht darin, dass das Hotel eher einem Museum mit minimalem modernen Komfort gleicht. Für Zimmer und Extras zahlt man zudem ganz ordentlich.

Hotel Randiya   HOTEL $$
(222 2868; www.hotelrandiya.com; 19A/394 Muditha Mawatha; Zi. 4300–6500 Rs; ✳@🛜) Von außen wirkt das Hotel, das mit 14 Zimmern vermietet, ist mit seiner Minipalastarchitektur (*walawwa*) recht ansprechend. Leider sind die Zimmer etwas klein geraten, dafür haben die teureren Räume Kühlschränke und hübsche Bäder.

Lake View Tourist Guest House   GÄSTEHAUS $
(222 1593; 4C/4 Lake Rd.; Zi. 1500–2800 Rs; ✳) Dieses an einer Seitenstraße der Harischandra Mawatha gelegene angenehme Gästehaus hat 15 Zimmer, von denen einige mit Warmwasser und Klimaanlage ausgestattet sind. Die im vorderen Gebäudeteil mit Blick auf Mihintale sind am schönsten. Die fröhlichen Besitzer kochen leckeres einheimisches Essen. Fahrräder kann man für 250 Rs mieten.

Nuwarawewa Rest House   HOTEL $$
(222 3265; www.quickshaws.com; Dhamapala Mew; Zi. 50 US$; ✳@🛜🏊) Die Zimmer sind

recht schlicht gehalten. Allerdings ist der Sixties-Look schon wieder so retro, dass er fast schick wirkt. Die Pension liegt nett am See und hat einen passablen Pool, in dem man einerfrischendes Bad nehemn kann. Das WLAN funktioniert nur in einigen Zimmern. Bei manchen Räumen fehlt das Mobiliar für die Veranda, sodass man den Seeblick nicht genießen kann.

Saubagya Inn GÄSTEHAUS $$
(222 3490; JR Jaya Mawatha; Zi. 2750–4000 Rs; ❄) In diesem einfachen Gästehaus kann man über den Preis verhandeln. Die Zimmer sind sauber und schlicht, manche aber nur mit Ventilator ausgestattet.

Boa Vista GÄSTEHAUS $$
(223 5052; www.srilankaboavista.com; 142 Old Puttalam Rd.; Zi. 1500–5000 Rs; ❄@🛜) Die Website mit Jazzmusik kann man getrost ignorieren. Die 15 Zimmer sind einfach eingerichtet. Die Lage am See ist zwar recht hübsch, aber doch etwas ab vom Schuss.

Grand Tourist Holiday Resort GÄSTEHAUS $$
(223 5173; thegranddami@yahoo.com; 4B/2 Lake Rd.; Zi. 2500–4000 Rs; ❄) Die Anlage mit ihren acht Zimmern ist sehr schön, von der Veranda fällt der Blick auf den Nuwara Wewa. Der Aufschlag für die Zimmer mit Klimaanlage lohnt sich, denn in den anderen Räumen kann es doch recht heiß und stickig werden.

✕ Essen

Wenn es mit den Besucherzahlen weiter so bergauf geht, kann es gut sein, dass in Anuradhapura demnächst ein paar Cafés und Restaurants für die zahlreichen Besucher aufmachen. Bis dahin ist die Auswahl jedoch nicht allzu groß. Milano Tourist Rest und das teure Tissawewa Grand sind die besten Adressen, wenn man außerhalb seiner Unterkunft essen will.

Casserole CHINESISCH $$
(279 Main St; Hauptgerichte 70–250 Rs; ☉7–20.30 Uhr; ❄) Das gut besuchte, große Restaurant im 2. Stock serviert einheimisches, chinesisches und westliches Essen. Ein Desserttipp ist das *wattalappam* (Ei, Kokosmilch, Kardamom und Jaggery, eine Art Melassepudding).

Salgado Hotel & Bakery SRI-LANKISCH $
(Mahlzeit 150–300 Rs) Eine Bäckerei im alten Stil, die sri-lankisches Frühstück, kleine Mahlzeiten und Kekse anbietet.

Family Super SUPERMARKT, BÄCKEREI $
(279 Main St; Hauptgerichte 100–250 Rs; ☉7–20.30 Uhr) Anuradhapuras bester Supermarkt führt u.a. importierte Lebensmittel, Sonnenschutz und Insektenmittel. In der separaten Bäckereiabteilung gibt es leckere kleine Mahlzeiten und Eis.

ⓘ Praktische Informationen

Im Geschäftsviertel gibt es in der Main Street und der Dhamapala Mawatha neben Banken und Geldautomaten auch viele Geschäfte für jeglichen Bedarf.

Die meisten Gästehäuser und Hotels haben einen WLAN-Anschluss oder Internetzugang. Auch Nicht-Gäste können sich gegen eine Gebühr einloggen.

Anregungen zur Reiseplanung, Empfehlungen der Autoren, Bewertungen von anderen Reisenden sowie Insidertipps findet man unter **Lonely Planet** (www.lonelyplanet.com/sri-lanka/the-ancient-cities).

Tickets für Anuradhapura

Ein Ticket für die wichtigsten archäologischen Stätten von Anuradhapura kostet 25/15 US$ pro Erw./Kind. Leider gilt diese Eintrittskarte nur noch für einen Tag. Wenn man also nicht mehr als ein Ticket kaufen möchte, muss man strategisch vorgehen. Besonders genau werden die Tickets an folgenden Stätten kontrolliert: Abhayagiri, Zitadelle und Jetavanarama (Stätten und Museen) sowie am Haupt-Architekturmuseum. Man kann also versuchen, diese Besichtigungspunkte an einem Tag abzuklappern und am zweiten Tag diejenigen Stätten zu besuchen, bei denen man einzeln Eintritt zahlt (z. B. den Sri Maha Bodhi und die Mirisavatiya-Dagoba). Bleibt zu hoffen, dass die Behörden diese sehr unpopuläre Eintagsregel bald wieder abschaffen. Bisher hat keiner den Beweis erbracht, dass die Besucher jetzt mehr Geld für Eintrittsgebühren ausgeben als bei der alten Regelung.

Verkauft wird das Anuradhapura-Ticket bei Abhayagiri, Jetavanarama und den Architekturmuseen. Ein praktisch gelegenes Ticketoffice befindet sich auch östlich der Zitadelle.

ⓘ An- & Weiterreise

Bus

Anuradhapura hat drei Busbahnhöfe, die am jeweiligen Ende des Geschäftsviertels liegen. Falls nicht anders angegeben, verkehren die Busse tagsüber regelmäßig zu allen Zielen.

COLOMBO BUS STATION Private Busse mit Klimaanlage und „halbbequeme" Busse (Vorhänge, größere Sitze, keine Klimaanlage) starten von dieser kleinen Haltestelle nahe der Old Bus Station:

Colombo 420 Rs, 5 Std.
Dambulla 150 Rs, 1½ Std.
Kandy 285 Rs, 3 Std.
NEW BUS STATION Er wird auch der „noch nicht fertige" Busbahnhof genannt. Busse nach Osten und Norden fahren hier ab:
Mihintale 27 Rs, 20 Min.
Polonnaruwa 120 Rs, 3 Std.
Trinco 170 Rs, 3½ Std., 2-mal tgl.
OLD BUS STATION Busse in den Süden starten hier und halten auch an der New Bus Station, wobei dort dann kaum mehr Plätze frei sind:
Colombo via Dambulla 220 Rs, 5 Std.
Colombo via Negombo 200 Rs, 5 Std.
Dambulla 80 Rs, 1½ Std.
Kandy 138 Rs, 3 Std.

Zug
Anuradhapuras Hauptbahnhof ist eine Perle des Art déco. Folgende Züge fahren dort ab:
Colombo 1./2./3. Klasse 520/290/160 Rs, 5 Std., 4-mal tgl.
Colombo Intercity Express 2. Klasse 380 Rs, 4 Std., 1-mal tgl.
Kandy, mit Umsteigen in Polgahawela 1./2./3. Klasse 460/260/140 Rs, 6 Std., 4-mal tgl.

❶ Unterwegs vor Ort
Die Stadt ist zu weitläufig, um sie zu Fuß zu erkunden. Eine dreistündige Taxitour kostet rund 1200 Rs, ein Tuk-Tuk etwa 900 Rs. Am besten schnappt man sich ein Fahrrad, das es in den meisten Hotels und Gästehäusern zu mieten gibt (300–500 Rs tgl.).

Zwischen Old und New Bus Station verkehren auf der Main Street zahllose Busse.

Mihintale

025

Das verschlafene Dorf, das von einer sehenswerten Tempelanlage überragt wird, nimmt einen besonderen Platz in den Annalen der sri-lankischen Geschichte ein: 247 v. Chr. jagte König Devanampiya Tissa von Anuradhapura einen Hirsch auf dem Berg von Mihintale, als sich ihm Mahinda näherte, der Sohn des großen buddhistischen Kaisers Ashoka aus Indien. Mahinda prüfte die Weisheit des Königs und als er in ihm einen gelehrigen Schüler fand, bekehrte er ihn zum Buddhismus. Mihintale gilt seitdem als der Ort, an dem der Buddhismus erstmals auf Sri Lanka Wurzeln schlug.

Mihintale liegt 13 km östlich von Anuradhapura.

Jedes Jahr findet am Poson-Vollmond (meist im Juni) in Mihintale ein großes Festival statt – das **Poson Poya**.

Sehenswertes
Um Mihintale zu erforschen, muss man erst einmal den Berg erklimmen. Das tut man am besten am frühen Morgen oder späten Nachmittag, nicht jedoch in der Mittagshitze. Es gibt ein paar windige Führer, die etwa 500 Rs für eine zweistündige, detailreiche Tour verlangen. Wenn der Guide hinter einem die Treppe raufklettert, hat man ihn sozusagen schon gebucht. Ein paar klärende Worte vor dem Aufbruch sind also vonnöten. Alleinreisende Frauen sollten nicht unbegleitet mit einem Führer losziehen.

Treppe   STEILER AUFSTIEG
In mehreren, aufeinander folgenden Abschnitten ziehen sich 1843 alte Granitstufen majestätisch den Berg hinauf (wer sich verzählt, geht zurück auf Los!). Die erste Treppe ist zugleich die breiteste und niedrigste. Je höher man kommt, desto schmaler und steiler werden die Stufen. Wer die Old Road hinauffährt, kann sich zumindest etwas mehr als die Hälfte der Stufen sparen.

Kantaka Chetiya   TEMPEL
Vom ersten Absatz führt eine schmale Treppe zu dieser teilweise verfallenen Dagoba auf der rechten Seite, die heute nur noch 12 m hoch ist (ursprünglich hatte sie eine Höhe von über 30 m). Der Umfang an der Basis beträgt 130 m. Eine Brahmi-Inschrift listet Gaben für die Dagoba auf. Während über die Identität des Erbauers noch gerätselt wird, weiß man, dass Devanampiya Tissa (reg. 247–207 v. Chr.) 68 Höhlenklöster bauen ließ und die Dagoba sicher in deren Nähe stand. König Laji Tissa (reg. 59–50 v. Chr.) gab Ausbauarbeiten in Auftrag. Irgendwann dazwischen wurde also die Dagoba errichtet, die sicher eine der ältesten in Mihintale ist. Sehenswert sind die Friese (s. S. 229). Vier steinerne Blumenaltäre, umringt von gut erhaltenen Skulpturen (Zwerge, Gänse etc.), besetzen die vier Himmelsrichtungen.

Südlich von Kantaka Chetiya, wo ein großer Felsbrocken von einer Höhle geteilt wird, kann man – wenn man nach oben schaut – die vermutlich älteste Inschrift der Insel entdecken. Die Inschrift widmet die schützende Berghöhle der Meditation, jetzt und in alle Ewigkeit. In der Höhle dienten Felsvorsprünge an der Wand als Meditationsplätze für die zahlreichen Mönche, die hier einst lebten. Zur Kontemplation stehen 70 verschiedene Stellen zur Verfügung.

LP TIPP Mönchsrefektorium & Reliquienhaus
RUINE

Auf dem zweiten Treppenabsatz befindet sich das Mönchsrefektorium mit seinen riesigen Steintrögen, die für die Mönche von den Laienanhängern immer wieder mit Reis gefüllt wurden.

Bei dem nahe gelegenen Reliquienhaus stehen zwei mit Inschriften versehene Steinplatten, die während der Regierungszeit von König Mahinda IV. (reg. 975–91) errichtet wurden. Die Inschriften umfassen die das Reliquienhaus betreffenden Regeln sowie Verhaltensvorschriften für seine Hüter. Eine Inschrift besagt klar und deutlich, dass nichts, was zum Reliquienhaus gehört, verliehen oder verkauft werden darf. Eine andere Regel legt die Größe eines Grundstücks fest, das im Austausch für eine zuverlässige Menge an Öl, für Lampendochte sowie Opfergaben (Blumen) hergegeben werden soll. Die auch unter dem Namen „Tafeln von Mihintale" bekannten Regeln definieren die Pflichten der vielen Bediensteten des Klosters, z. B. welche Diener Brennholz sammeln und kochen sollen. Auch die Mönche bekommen Verhaltensregeln genannt: Sie sollen im Morgengrauen aufstehen, ihre Zähne putzen, ihre Robe anziehen, meditieren und dann im Refektorium gekochten Reis frühstücken – aber erst nachdem sie bestimmte Abschnitte der heiligen Schriften rezitiert haben.

Versammlungshalle
RUINE

Diese Halle liegt auf der gleichen Ebene wie das Reliquienhaus. Hier trafen sich die Mönche, um Dinge von allgemeinem Interesse zu besprechen. Der älteste Mönch leitete die Diskussionen von der erhöhten Plattform in der Mitte der Halle aus. 64 Steinsäulen trugen einst das Dach. 1948 begann man mit Konservierungsarbeiten. Hier beginnt auch der Hauptweg zur Ambasthale-Dagoba.

Sinha Pokuna
RUINE

Direkt unterhalb des Mönchsrefektoriums auf dem zweiten Treppenabsatz und unweit des Eingangs an der Old Road befindet sich ein kleiner Pool. Er wird von einem 2 m hohen, stehenden Löwen überragt, der als eine der besten Tierskulpturen des Landes gilt. Wer eine Hand auf jede Pfote legte, stand direkt vor dem Wasserstrahl, der aus dem Maul des Löwen schoss. Am Becken selbst befinden sich noch einige schöne Friese.

Ambasthale-Dagoba
TEMPEL

(Eintritt 500 Rs) Die letzte steile, von Frangipanibäumen gesäumte Treppe führt zu dem Ort, an dem sich Mahinda und der König begegneten. Die Ambasthale-Dagoba wurde genau dort errichtet, wo Mahinda stand. Auf der Position des Königs stellte man dafür eine ihm gleichende **Statue** auf. Auf der anderen Seite der Dagoba befindet sich ein Kloster, hinter dem ein weißer **Buddha** sitzt. Steinsäulen, auf die einst vielleicht Opfergaben gelegt wurden (oder womöglich ein Holzdach trugen), umgeben die Dagoba. Diese sollte von den Besuchern ohne Schuhe

---

FIGURENSYMBOLIK

Die vier *vahalkadas* (Skulpturenplatten) an der Kantaka Chetiya gehören zu den ältesten und am besten erhaltenen des Landes. Außerdem sind es die einzigen, die man in Mihintale gefunden hat.

Vahalkadas blicken in die vier Himmelsrichtungen und sind in mehrere Streifen (jeweils mit einer Art Verzierung) unterteilt. Die obere Reihe enthielt meist Nischen, in die Skulpturen göttlicher Wesen gestellt wurden. An beiden Enden der *vahalkada* steht eine Säule mit einer Tierfigur obendrauf (z. B. ein Elefant oder ein Löwe). Herkunft und Entstehung dieser Skulpturen sind unklar: Eine Theorie besagt, dass sie sich aus einfachen Blumenaltären entwickelt haben. Andere meinen, Anklänge an hinduistisches Tempeldesign zu entdecken.

Bei traditionellen Skulpturen werden die Hauptrichtungen von bestimmten Tieren verkörpert: ein Elefant im Osten, ein Pferd im Westen, ein Löwe im Norden und ein Stier im Süden. Zusätzlich zu diesen Tieren wurden auch Zwerge dargestellt (teilweise mit Tierköpfen), Gänse (die angeblich die Macht besitzen, zwischen Gut und Böse unterscheiden zu können), Elefanten (die oft so dargestellt werden, als ob sie die ganze Struktur tragen würden) und naga (Schlangen, die magische Kräfte besitzen sollen). Die Blumenmuster sind, abgesehen von der Lotusblume, rein ornamental.

Mihintale

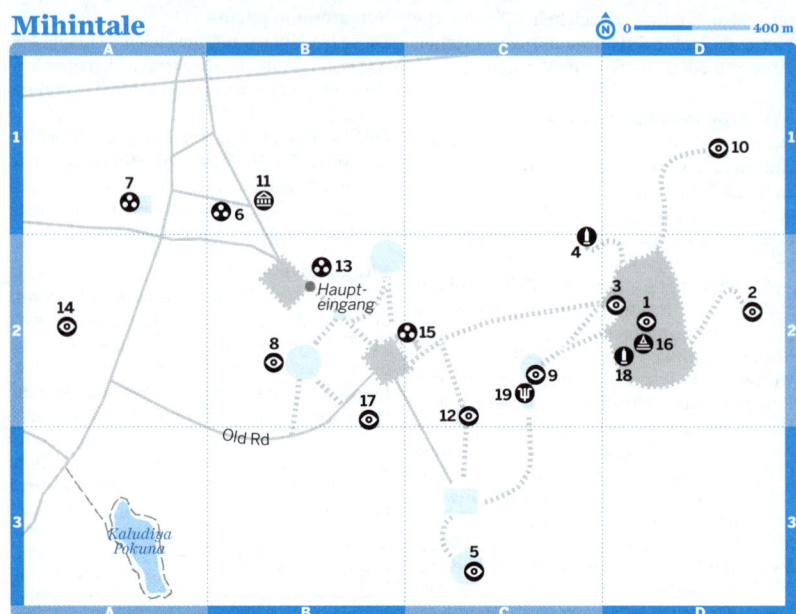

und Kopfbedeckung betreten werden; auch Schirme sind nicht erlaubt.

Der Name Ambasthale bedeutet „Mangobaum" und bezieht sich auf ein Rätsel, mit dem Mahinda die Intelligenz des Königs testete (S. 232).

Ganz in der Nähe liegt **Sela Chetiya** mit einem steinernen Fußabdruck des Buddha. Er ist von einem Geländer umgeben, das mit Gebetsfahnen von Pilgern geschmückt ist. Auch die herumliegenden Münzen sind Opfergaben der Pilger.

Mahaseya-Dagoba   TEMPEL

Ein Steinweg südwestlich der Ambasthale-Dagoba führt hinauf zu einer höheren Dagoba (der wohl größten von Mihintale), die vermutlich als Aufbewahrungsort für Reliquien von Mahinda gebaut wurde. Der **Bodhibaum**, der links der Treppe aufragt, gilt als einer der ältesten Bodhibäume weltweit, die noch leben. Von hier wandert der Blick über Seen und Bäume bis nach Anuradhapura, wo sich am Horizont die Kuppeln und Spitzen der riesigen Dagobas abzeichnen. Ein kleiner **Tempel** (Spenden erbeten) am Fuß der Dagoba beherbergt einen liegenden Buddha sowie quietschbunte, moderne Fresken. Der seitlich gelegene Raum ist ein **Devale** (ein Ort, an dem eine hinduistische oder einheimische, sri-lankische Gottheit verehrt wird) der Statuen der wichtigsten Götter – Ganesha, Vishnu, Murugan (Skanda) und Saman bringt.

Mahindas Höhle   NATUR

Folgt man dem nordöstlich der Ambasthale-Dagoba beginnenden Pfad bergab, gelangt man zu einer Höhle, in der sich ein großer, flacher Stein befindet. Hier soll Mahinda gelebt haben; geruht hat er wohl auf dem Stein. Barfuß ist der Weg zur Höhle allerdings eher eine Qual.

Aradhana Gala   AUSSICHTSPUNKT

Östlich der Ambasthale-Dagoba führt ein steiler Pfad über von der Sonne erhitzte Felsen hinauf zu einem großartigen Aussichtspunkt. Der Weg ist an den meisten Stellen mit einem Geländer gesichert. Aradhana Gala bedeutet übersetzt „Meditationsfelsen".

Naga Pokuna   RUINE

Auf halber Strecke bergab von der Ambasthale-Dagoba zweigt links ein Pfad ab und windet sich um den Hügel herum, auf dem die Mahaseya-Dagoba steht. Hier befindet sich der Naga Pokuna (Schlangenpool), der seinen Namen einem Basrelief auf der Felsseite des Pools verdankt, auf dem das Motiv einer fünfköpfigen Kobra abgebildet ist. Die Figur soll bis zum Grund des Be-

Mihintale

Sehenswertes

1 Ambasthale-Dagoba	D2
2 Aradhana Gala	D2
Versammlungsraum	(siehe 15)
3 Bodhibaum	D2
4 Buddhastatue	C2
5 Et Vihara	C3
6 Krankenhaus	B1
7 Indikatu-Seya-Komplex	A1
8 Kantaka Chetiya	B2
9 Mahaseya-Dagoba	C2
10 Mahindas Höhle	D1
Mönchsrefektorium	(siehe 15)
11 Museum	B1
12 Naga Pokuna	C2
13 Quincunx	B2
14 Rajagirilena	A2
15 Reliquienhaus	C2
16 Sela Chetiya	D2
17 Sinha Pokuna	B2
18 Königsstatute	D2
19 Kleiner Tempel & Devale	C2

ckens reichen. Der Pfad führt wieder zurück zum zweiten Treppenabsatz.

Et Vihara
TEMPEL

Die Überreste der **Et-Vihara-Dagoba** (wörtlich „Elefantenkloster") liegen auf einem noch höheren Hügel (309 m) als die Mahaseya-Dagoba. Der Ursprung des Namens bleibt im Dunklen, aber vermutlich wurde die Dagoba nach dem nahe gelegenen Kloster benannt. Die Tafeln von Mihintale erwähnen Et Vihara und sein Statuenhaus.

Museum
MUSEUM

An der Straße, die zur Treppe führt, steht ein kleines Museum, das jedoch wegen Umbauarbeiten auf unbestimmte Zeit geschlossen ist. Es beherbergt eine überschaubare Sammlung interessanter Artefakte.

Krankenhaus
RUINE

Eine Krankenhausruine und die Reste von im **Quincunxmuster** angeordneten Gebäuden (wie die fünf Punkte eines Würfels) säumen den Straßenabschnitt vor der Treppe, die zum Tempelkomplex führt. Das Krankenhaus bestand aus einer Reihe von Zellen. Zwischen den Ruinen steht ein *bat oruwa* (großer Steintrog). Das Innere ist in Form eines Menschenkörpers gemeißelt, sodass der Kranke sich hineinlegen konnte, um mit heilenden Ölen behandelt zu werden. Inschriften belegen, dass im Krankenhaus verschiedene Spezialisten arbeiteten: So gab es einen *mandova*, also einen Facharzt für Knochen und Muskeln, sowie einen *puhunda vedek*, der sich bestens mit Blutegeln auskannte.

Indikatu-Seya-Complex
RUINE

Wieder auf der Straße, die zurück zur Old Road führt, gelangt man vor der eigentlichen Stätte zu den Resten eines Klosters innerhalb einer verfallenen Steinmauer. Darin stehen zwei Dagobas, wobei die größere unter der Bezeichnung Indikatu Seya (Nadel-Dagoba) bekannt ist. Es existieren Hinweise darauf, dass dieses Kloster den Mahayana-Buddhismus unterstützte. Der Aufbau der Haupt-Dagoba unterscheidet sich von dem der anderen Dagobas in Mihintale: So wurde sie beispielsweise auf einem rechteckigen Sockel errichtet.

Der nahe gelegene Hügel **Rajagirilena** (Königlicher Felsenhügel) wurde nach den dortigen Höhlen mit ihren Brahmi-Inschriften benannt. Eine der Höhlen, zu denen eine Treppe hinaufführt, trägt den Namen Devanampiya Tissa.

Kaludiya Pokuna
WASSERBECKEN

Etwas weiter südlich liegt an der Straße der Kaludiya Pokuna (Becken des dunklen Wassers). Bei der Anlage dieses Wasserbeckens mit seinem aus dem Fels gehauenen Badehaus und der Ruine eines kleinen Klosters wurde besonders auf eine naturgetreue Gestaltung Wert gelegt.

🛏 Schlafen & Essen

Hotel Mihintale
HOTEL $$

(☎226 6599; www.ceylonhotels.lk; Zi. 3500–4000 Rs; ❄@🛜) Obwohl die meisten Leute Mihintale im Rahmen eines Tagesausflugs von Anuradhapura aus besichtigen, ist eine Übernachtung in diesem hübschen 10-Zimmer-Hotel durchaus zu empfehlen. Seltsamerweise sind die preiswerteren Zimmer hier ansprechender als die teureren, da sie jeweils eine nette, kleine Terrasse besitzen. Der Cafépavillon vorne eignet sich gut für eine Erfrischung, nachdem man die höllische Treppe erklommen hat.

ℹ An- & Weiterreise

Mihintale liegt 13 km östlich von Anuradhapura. Busse verkehren regelmäßig von Anuradhapuras New Bus Station (27 Rs, 20 Min.). Ein Taxi hin und zurück, inkl. zwei Stunden Aufenthalt zum Treppensteigen, kostet etwa 1200 Rs; ein

MAHINDAS RÄTSEL

Bevor Mahinda König Devanampiya Tissa in den Buddhismus einführte, musste er die Intelligenz des Königs prüfen. Er beschloss, dem König ein Rätsel aufzugeben, deutete also auf einen Baum und fragte nach dessen Namen. „Dies ist ein Mangobaum", antwortete der König. „Steht daneben ein weiterer Mangobaum?", fragte Mahinda. „Es gibt viele Mangobäume", erwiderte der König. „Und gibt es außer diesem und den anderen Mangobäumen noch weitere Bäume?", fragte Mahinda. „Es gibt noch viele weitere Bäume, aber es sind keine Mangobäume", sagte der König. „Und außer den Mangobäumen und den Nicht-Mangobäumen, gibt es da noch andere Bäume?", fragte Mahinda. „Es gibt diesen Mangobaum hier", sprach der König, der somit den Test bestanden hatte.

Tuk-Tuk-Fahrer verlangt rund 900 Rs. Mit dem Fahrrad braucht man weniger als eine Stunde dorthin.

Padeniya

Etwa 85 km südlich von Anuradhapura und 25 km nordwestlich von Kurunegala steht an der Abzweigung nach Puttalam und Anuradhapura der **Padeniya Raja Mahavihara** (Spenden erbeten) im Kandy-Stil. Wer hier unterwegs ist, sollte ihn besuchen. Der hübsche, mittelalterliche Tempel hat 28 geschnitzte Säulen und am Eingang zum Hauptschrein eine unglaublich detailreich verzierte Tür (angeblich die größte in Sri Lanka). Daneben gibt es ein Statuenhaus aus Lehm sowie eine Bibliothek und einen Predigtsaal mit einer Holzkanzel, die ungewöhnliche Schnitzereien aufweist.

Panduwasnuwara

Wer auf der Durchreise ist, sollte sich die Reste der zeitweiligen Hauptstadt von Parakramabahu I. aus dem 12. Jh. ansehen. Die Stätte wirkt mit ihren stimmungsvollen alten Kanälen und den Ruinen recht verlassen. Noch wurde das weitläufige Gelände (ca. 20 ha) nicht komplett archäologisch untersucht. Im Dorf Panduwasnuwara, wo ein kleines, angestaubtes **Museum** (Spende erbeten) alle Klischees erfüllt, zweigt der Weg zu dieser Stätte ab.

In der Nähe des Eingangs sind ein Graben, die massiven Mauern der Zitadelle und die Überreste eines Palastes zu sehen. Weiter hinten verteilen sich Statuenhäuser, Dagobas und Wohngebäude für die Mönche. Wer der Straße weiter folgt und sich links hält, kommt kurz nach der Schule zu einem restaurierten Zahntempel mit einem Bodhibaum und dahinter zu den Überresten eines Rundpalastes (ehemals wohl mehrstöckig), der von einem Graben umgeben ist.

Viele Geschichten ranken sich um diesen Palast. Wer hat wohl darin gewohnt und wozu wurde er errichtet? Man munkelt, dass der König darin seine Tochter vor den ihr nachstellenden Männern verbarg. Denn es gab eine Prophezeiung, wonach sie einen Sohn gebären sollte, der schließlich den Thron beanspruchen würde. Nach einer anderen Version soll der Palast den Frauen des Königs vorbehalten gewesen sein. Angeblich existierte sogar ein geheimer Tunnel vom Palast des Königs, der unter dem Graben hindurch zum Palast der Königinnen führte. Trotz all dieser amüsanten Geschichten konnten Historiker bis heute nicht den wahren Zweck des Gebäudes herausfinden.

Panduwasnuwara liegt etwa 17 km südwestlich von Padeniya an der Straße von Wariyapola nach Chilaw. Am besten kommt man mit einem eigenen Fahrzeug dorthin

Ridi Vihara

Der „Silberne Tempel" oder **Ridi Vihara** (Spende 200 Rs; ☉7–16 Uhr) erhielt seinen Namen, weil hier im 2. Jh. v. Chr. Silbererz entdeckt wurde. Ein Abstecher lohnt sich wegen der wunderschönen Fresken und der ungewöhnlichen Delfter Kacheln in der Haupthöhle.

Die größte Attraktion ist sicher die goldene Statue in der Haupthöhle **Pahala Vihara** (Unterer Tempel). Dort befindet sich auch ein 9 m langer, ruhender Buddha auf einer Plattform, die mit einer Reihe von blauweißen Kacheln geschmückt ist – ein Geschenk des niederländischen Konsuls. Auf den Kacheln sind Bibelszenen abgebildet, darunter die Vertreibung von Adam und Eva aus dem Paradies und die Verklärung Christi.

König Kirthi Sri Rajasinghe errichtete den **Uda Vihara** (Oberer Tempel) ganz in der Nähe. Den Eingang schmückt ein Mondstein aus der Kandy-Zeit. Es macht Spaß, nach einigen der ausgeklügelten optischen Täuschungen auf den Fresken zu suchen. Bei einem Bild malte der Künstler beispielsweise eine Stelle so, dass sie aus der Ferne wie ein Elefant, von Nahem aber wie neun Mädchen wirkt. In den Höhlen finden sich außerdem Darstellungen von Hindugöttern und von Buddha.

Außerhalb der Tempelanlage steht oben auf einem glatten Felsen eine verlassene Dagoba. Beim Aufstieg kann man rechts eine alte Inschrift entdecken, die in König Dutugemunus Auftrag eingeritzt worden sein soll. Von der verlassenen Dagoba führt ein einfacher zehnminütiger Spaziergang weiter; vorbei an einem modernen Pavillon kommt man zu einem leeren Bungalow. Oben auf dem Felsen öffnet sich ein fantastischer Ausblick.

Ridi Vihara liegt östlich der Straße von Kurunegala nach Dambulla. Wer mit dem Auto von Kurunegala kommt, biegt rechts direkt hinter dem Dorf Ibbagamuwa nach Ridigama ab.

Kurunegala
♪ 037 / 32 000 EW.

Kurunegala ist eine lebhafte Marktstadt und ein wichtiger Verkehrsknotenpunkt zwischen Colombo und Anuradhapura bzw. Kandy und Puttalam. Die Stadt selbst ist weder besonders interessant, noch sehenswert, aber trotzdem lohnend, wenn man sich nach der Fahrt mit Auto oder Bus ein wenig die Beine vertreten will.

An allen Hauptstraßen rund um den Busbahnhof gibt es Geldautomaten.

ABSTECHER

YAPAHUWA

Die **Felsenfestung** (Eintritt 500 Rs; ☻6–18 Uhr) erhebt sich recht eindrucksvoll 100 m über der Ebene – Sigiriya ist allerdings dreimal so hoch und zieht wesentlich mehr Besucher an. Restaurierungen und archäologische Ausgrabungen bringen ständig neue Erkenntnisse über diese faszinierende Festung und heilige Stätte.

Der Granitfelsen Yapahuwa (Feuerfelsen) wurde im frühen 13. Jh. als Rückzugsort genutzt, der sich gut gegen die einfallenden südindischen Armeen verteidigen ließ. Zwischen 1272 und 1284 verlegte König Bhuvanekabahu I. seine Hauptstadt auf den Felsen und bewahrte hier Sri Lankas heilige Buddha-Zahn-Reliquie auf. Indische Invasoren der Pandavandynastie eroberten Yapahuwa 1284 und brachten den heiligen Zahn nach Südindien. Doch schon 1288 wurde er von Parakramabahu I. wieder zurückgeholt.

Yapahuwas **steile, reich verzierte Treppe**, die hinauf zum Felsvorsprung mit dem Zahntempel führt, ist eines der bemerkenswertesten Elemente der Stätte. Einer der Löwen am oberen Ende der Treppe ist sogar auf dem 10-Rs-Geldschein abgebildet. Die Vorbauten entlang der Treppe besaßen äußerst schöne, durchbrochene Steinfenster, wovon eines im Nationalmuseum in Colombo ausgestellt ist. Die restlichen Fenster befinden sich im Museum vor Ort.

Das Museum liegt neben einem Parkplatz etwa 300 m hinter dem Eingang zur Treppe. Zu sehen gibt es Steinskulpturen von Vishnu und Kali, Tonscherben und gemeißelte Steinplatten. Die hervorragenden Erklärungen auf Englisch erläutern viele Details dieser faszinierenden Stätte.

Hinter dem **Museum** kann man an den zerfallenen Mauern der **alten Festung** entlangschlendern. Besonders hübsch ist es zwischen den kleinen Kanälen und steinernen Ruinen. Der **Felsentempel** am Treppenaufgang enthält Fresken und Buddhabildnisse aus Holz und Bronze (13. Jh.). An verschiedenen Stellen öffnen Mönche oder Mitarbeiter der Anlage interessante Objekte für die Besucher, die sich dafür mit einer Spende von 100 Rs erkenntlich zeigen sollten.

An- & Weiterreise

Yapahuwa liegt 6 km vom Bahnhof in Maho entfernt, wo die Linie Colombo – Anuradhapura von der Hauptlinie Colombo – Trincomalee abzweigt. Der Ort liegt außerdem fast 9 km von der Straße zwischen Anuradhapura und Kurunegala entfernt, auf der zahlreiche Busse fahren. Man kann an der Straße Anuradhapura – Kurunegala oder vom Bahnhof aus eine Rundfahrt im Tuk-Tuk zur Stätte buchen (inkl. Wartezeit vor Ort ca. 1000 Rs).

◉ Sehenswertes

Die großen, glatten Felsbrocken, die über dem Ort aufragen, sind sicher das auffälligste Merkmal dieser Stadt. Die Felsen tragen die Namen von Tieren, denen sie ähneln, z. B. Schildkrötenfels, Löwenfels etc. Die Mythologie erklärt die Namen wie folgt: Alle Tiere, die den Wassernachschub der Stadt gefährdeten, wurden einfach versteinert.

Zum **Etagala**, einem großen, schwarzen Felsbrocken östlich der Stadt, führt eine Straße hinauf. Die Gipfelaussicht ist grandios. Auf dem Weg nach oben kommt man an einem Schrein vorbei, dem **Ibbagala Vihara**, am Ende der Straße steht ein **Tempel**, der den Namen des Felsens trägt.

🛏 Schlafen & Essen

Die Auswahl an Unterkünften ist nicht besonders groß. Andererseits gibt es auch nicht viele Gründe, hier zu übernachten.

Hotel Viveka HOTEL $
(☏222 2897; www.hotelviveka.com; 64 North Lake Rd.; Zi. Ventilator/Klimaanlage 2200/2500 Rs; ❄) Die 150 Jahre alte, einstöckige Villa in einem schattigen Viertel der Stadt besitzt eine Veranda mit Seeblick. Die fünf Zimmer gleichen spartanischen Würfeln mit modernen Badezimmern. Im Hauptzimmer hängen einige interessante Fotos. Außerdem findet man hier Kurunegalas geselligste Bar mit Restaurant. Am Wochenende werden in der Villa oft Hochzeiten gefeiert.

LP TIPP ▸ In & Out SRI-LANKISCH $
(18 Puttalam Rd.; Snacks ab 100 Rs; ⏲7–22 Uhr; ❄) Diese Bäckerei mit Café in der Nähe der Bushaltestelle bietet eine gute Auswahl an westlichen und sri-lankischen Gerichten auf der Speisekarte. Zu kaufen gibt es Smoothies, Omeletts und Sandwiches. Das Reis-Curry-Gericht für 150 Rs ist ein ideales Mittagessen. Wenig Zeit? Die kleinen Mahlzeiten schmecken wirklich köstlich.

ℹ An- & Weiterreise

Die Busse fahren von einem chaotischen Busbahnhof in der Mitte eines Blocks im Stadtzentrum ab. Mitten in dieser abgasgeschwängerten Hölle entdeckt man jedoch klar verständliche Schilder für die unterschiedlichen Zielorte, die regelmäßig angefahren werden:

Anuradhapura Express 200 Rs, 2 Std.
Colombo Express 410 Rs, 4 Std.
Kandy Express 80 Rs, 1 Std.
Negombo 150 Rs, 3½ Std.

Züge fahren von einem Bahnhof 2 km südwestlich des Stadtzentrums ab.

Der Osten

Inhalt »

Monaragala	237
Arugam Bay	239
Nördlich der Arugam Bay	245
Südlich der Arugam Bay	247
Ampara	248
Batticaloa	250
Trincomalee	256
Uppuveli & Nilaveli	259

Gut essen

» Hideaway (S. 242)
» Palm Beach (S. 260)
» Crab (S. 261)
» Pigeon Island Beach Resort (S. 262)

Schön übernachten

» Hideaway (S. 242)
» Chaaya Blu (S. 260)
» Palm Beach (S. 261)
» Nationalpark Kumana (S. 248)

Auf in den Osten!

Wer vom kühlen Hochland herunterkommt, betritt gleichsam eine Welt unerforschter, herrlich weißer Strände. Gesäumt werden sie von wild wuchernder tropischer Vegetation. Die farbenfrohen Hindutempel stecken voller himmlischer Wesen, die im Dschungel verstreuten Ruinen rufen die Geister von Mönchen, Königen und Königinnen vergangener Dynastien wach. Die muslimischen Gemeinden – sie bilden die Mehrheit hier im Osten – pflegen bis heute alte Traditionen, die ihre lange Reise von der alten arabischen Welt nach Sri Lanka überdauert haben.

Der Osten hat etwas Abenteuerliches und ist andererseits eine Region, die extrem viel durchmachen musste. Nur langsam erholt sie sich von den Schrecken des Krieges und des Tsunami 2004. Der Wiederaufbau – der Gebäude, aber auch der seelischen Befindlichkeit – ist noch nicht abgeschlossen, und so findet der Reisende hier eine Region vor, die ihre bescheidene touristische Infrastruktur mit herrlich unberührter Natur kompensiert.

Reisezeit

Trincomalee

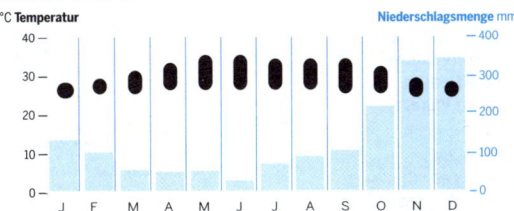

Mai–Juni Zwischensaison; Brutzeit der Vögel in Kumana; gute Zeit zum Sichten von Elefanten.

Juni–Juli Uppuveli, Nilaveli und die Arugam Bay zeigen sich von ihrer schönsten Seite.

Aug.–Sept. Der internationale Surfwettbewerb in der Arugam Bay ist spannend und viel besucht.

Highlights

1. Ein Surf-Stunt auf den endlosen rechten Breaks der **Arugam Bay** (S. 239)

2. **National Park Kumana** (S. 248): Hier kann man sich auf die Suche nach einem scheuen Leoparden oder einer in den Baumwipfeln schlafenden Wildkatze machen

3. Mit Baby-Haien an den Riffen des **Nationalparks Pigeon Island** (S. 262) schnorcheln oder tauchen

4. Im herrlichen Sand von **Uppuveli** (S. 259) oder **Nilaveli** (S. 262) Sandburgen bauen

5. Dem leisen Plätschern des Wassers zuhören und die regenbogenfarbenen Ersvögel beobachten, die an der **Pottuvil Lagoon** (S. 246) rund um die Mangroven herumflitzen

6. Ein Nickerchen in der Hängematte auf einem Hügel am **Lighthouse Point** (S. 247) mit Blick übers Meer

7. Ein Strandspaziergang entlang der ursprünglichen – und völlig leeren – Strände von **Batticaloa** S. 250) und **Vakarai** (S. 254)

8. Ein Besuch des gewaltigen Buddhas in **Maligawila** (S. 238) und der stillen Gemälde in **Yudaganawa** (S. 238)

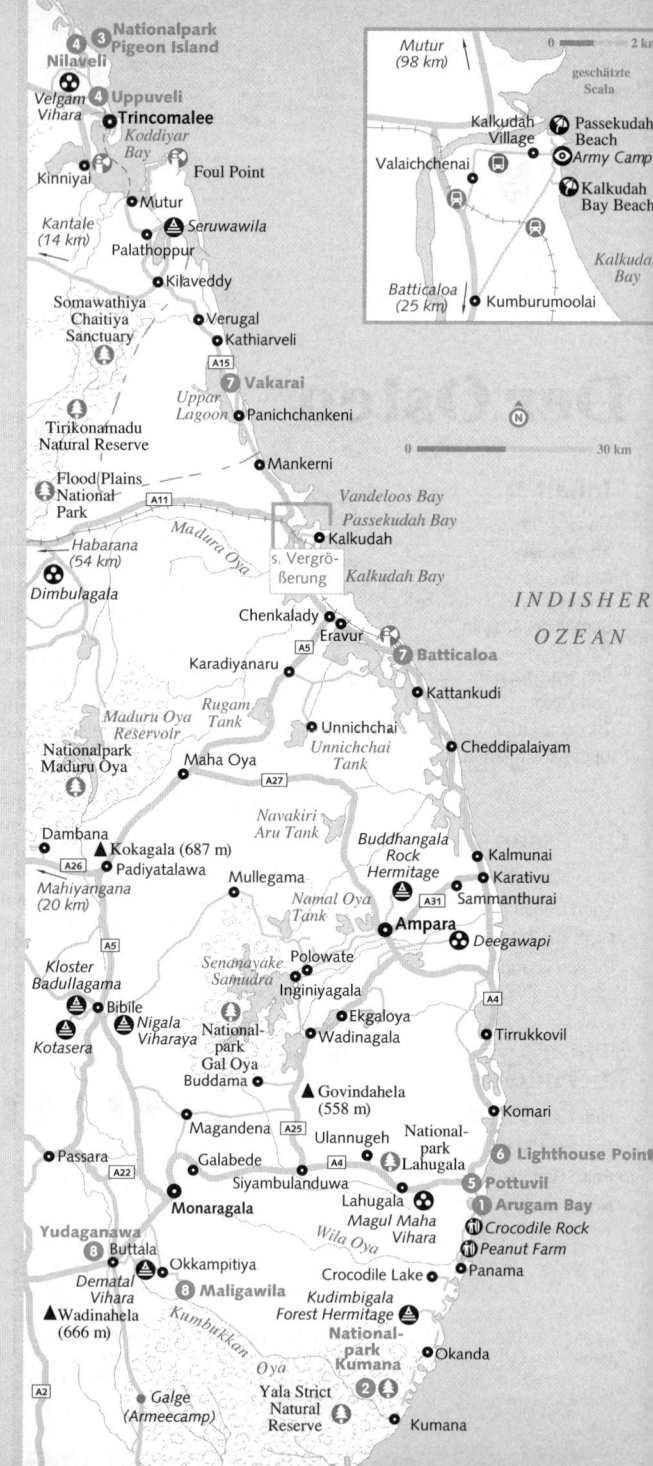

Monaragala

📞055

Wer vom touristischen Hill Country (Hochland) kommt und den Osten Sri Lankas zum Ziel hat, macht auf seinem Weg vielleicht zum ersten Mal in Monaragala Halt. Aufgrund seiner Lage und des herzlichen Willkommens bietet dieser Ort auch wirklich einen guten Einstieg. Wer hingegen vom Osten kommend in die Berge hinauf möchte, wird das dicht belaubte Monaragala als erfrischend kühles Tor zum Hochland empfinden. Der Name bedeutet „Pfauenfels" – Monaragala liegt auch tatsächlich unterhalb des Peacock Rock, einem bewaldeten Bergkegel.

⊙ Sehenswertes & Aktivitäten

Eine einfache, aber wunderschöne Wanderung beginnt unweit des Busbahnhofs. Man marschiert fünf Minuten zum farbenfrohen kleinen hinduistischen **Ganesh Temple** und weiter zu einer in die Jahre gekommenen Gummifabrik, dann hält man sich links und nimmt einen mit Steinen gepflasterten Fußweg, der sich zwischen Feldern mit Findlingen durch die berühmten Kautschukplantagen von Monaragala schlängelt. Erheblich anspruchsvoller gestaltet sich eine Ganztageswanderung auf den Gipfel des dicht bewaldeten **Maragala Rock**. Einen markierten Weg auf den Berg gibt es nicht, man braucht deshalb einen Führer, den die meisten Gästehäuser aber für 1500 bis 2500 Rs organisieren. Vom Gipfel kann man an klaren Tagen die Brandung in der Arugam Bay sehen.

🍴 Schlafen & Essen

Sehr günstige Mahlzeiten bekommt man in den verschiedenen Lokalen rund um den Busbahnhof, die leider auch riesige Scharen von Fliegen anziehen.

Queens Inn   GÄSTEHAUS $
(📞227 7126, 071 836 0839; Obbegoda; EU/DZ/3BZ 1500/1800/2100 Rs) Das reizende kleine Gästehaus liegt 6 km außerhalb von Monaragala in Richtung Pottuvil im Dorf Obbegoda (man übersieht es leicht, weil es so winzig ist). Geführt wird das Queens Inn von einer sehr netten Familie. Die fünf Zimmer gruppieren sich um ein hübsches Restaurant im Freien (Hauptgerichte 150–350 Rs), in dem ein Reis auf den Tisch kommt, den so schnell keiner vergisst. Bei telefonischer Voranmeldung wird für die Abholung in der Stadt ein Tuk-Tuk organisiert. Andernfalls organisiert man sich selbst eines; es kostet 300 Rs.

Victory Inn   HOTEL $
(📞/Fax 227 6100; Wellawaya Rd.; EZ 1500 Rs, DZ mit/ohne Klimaanlage 3500/2500 Rs; ❄) Die Zimmer – einige mit Balkon – sind wunderschön altmodisch, sehr gepflegt und gemütlich. Für den professionellen Service werden von den Gästen 10 % Aufschlag verlangt. Das Restaurant mit seinen hübschen Tischen im Freien und einem ganz ordentlichen Mittagsbüfettt für 350 Rs ist das netteste Lokal von Monaragala.

Sunshine Guesthouse   HOTEL $
(📞227 6313; Wellawaya Rd.; EZ/DZ 1500/2500 Rs) Das Schwesterhotel des Victory konnte sich sein blitzblankes Aussehen – als hätte man es gerade frisch ausgepackt – auch nach mehreren Jahren bewahren. Zur Auswahl stehen den Gästen kleine, ordentliche Zimmer mit Moskitonetzen und einem Minibad. Das freundliche Personal geht nicht immer ans Telefon, die Zimmer sind aber selten ausgebucht.

ℹ Praktische Informationen

Die **Commercial Bank** (Bus Station Rd.) und zig andere Banken in der Wellawaya Road haben einen Geldautomaten. In der Umgebung des Marktes gilt **Samudura Communications** (Internet Std. 50 Rs; ⊙8–18.30 Uhr) als das beste Internetcafé.

ℹ An- & Weiterreise

Monaragala ist ein praktischer Verkehrsknotenpunkt, der eine Verbindung zwischen den östlichen und südlichen Landesteilen und dem Hochland ermöglicht. Hier einige praktische Busverbindungen:

Ampara 160 Rs, 2½ Std., stündl.
Colombo 380 Rs, 7 Std., stündl.
Ella 80 Rs, 2 Std., 6-mal tgl.
Kandy 170 Rs, 5 Std., 4-mal tgl.
Kataragama 90 Rs, 2 Std., 4-mal tgl.
Nuwara Eliya 160 Rs, 4 Std., 9.15 Uhr
Panama (über Pottuvil und Arugam Bay) 125 Rs, 3 Std., 1- bis 2-mal tgl.
Pottuvil (für die Arugam Bay) 105 Rs, 2½ Std., 4-mal tgl.
Siyambulanduwa (für Ampara und die Arugam Bay) 50 Rs, 1 Std., häufig
Wellawaya (über Buttala; für das Hochland) 50 Rs, 1 Std., stündl.

Rund um Monaragala

YUDAGANAWA

Eine mächtige alte Dagoba (Stupa) liegt versteckt in einer Waldlichtung bei Yudaganawa, unweit vom kleinen Dorf Buttala. Nur das untere Drittel ist erhalten, aber dafür entschädigt die hübsche Umgebung. Mit ein bisschen Fantasie kann man sich leicht ausmalen, wie herrlich das Bauwerk einst ausgesehen haben muss. Es soll sich um einen Lehmstupa handeln, der vor 2300 Jahren errichtet wurde, doch die verschiedenen Veränderungen, die im Lauf der Zeit vorgenommen wurden – darunter noch nicht abgeschlossene Restaurationsarbeiten, die in den 1970er-Jahren ihren Anfang nahmen – machen es schwer, seine Geschichte genau zu rekonstruieren.

Interessanter als die Dagoba ist das kleine Gebäude davor: Es beherbergt 300 Jahre alte, geschnitzte Buddhastatuen aus Holz und beeindruckt mit einigen wunderschönen, wenngleich verblichenen Gemälden, die vermutlich aus dem 7. Jh. stammen.

Kurz vor dem Erreichen der eigentlichen Stätte geht es an den reizvollen, mit Moos überwucherten Ruinen des erheblich kleineren **Chulangani Vihara** aus dem 12. Jh. vorbei, eine hübsche, kompakte Dagoba samt den Fragmenten eines Buddha, der bereits aus dem 7. Jh. stammt.

Yudaganawa liegt 3 km von der Ortschaft Buttala entfernt. Wer in Buttala übernachten möchte, kann sein Glück im **Tourist Home** (227 3919; 10/7 Temple Rd.; EZ/DZ/3BZ 800/900/1200 Rs, Hauptgerichte 175–300 Rs), einem Familienbetrieb, versuchen. Die großen, etwas muffigen Zimmer in einem weitläufigen Bungalow werden zu einem anständigen Preis-Leistungs-Verhältnis vermietet. Darmakirti, der Manager, spricht gut Englisch und kennt sich in der Gegend bestens aus.

Es verkehren stündlich Busse von Monaragala nach Buttala (35 Rs). Ein Tuk-Tuk von Buttala kostet 250 Rs (hin & zurück), von Monaragala aus 1300 Rs (hin & zurück). 3000 Rs sind für den Besuch von Yudaganawa und Maligawila zu zahlen.

MALIGAWILA & DEMATAL VIHARA

In einer schattigen Waldlichtung in Maligawila (sprich: Mali-*ga*-wila) liegen die weitläufigen Ruinen des **Pathma Vihara** (Eintritt frei; Sonnenaufgang bis Sonnenuntergang) aus dem 7. Jh. mit zwei beeindruckenden Buddhastatuen. Nach einem kurzen Marsch durch den Wald (links halten) ist eine fantastische 15 m große **Buddhastatue** erreicht, die aus einem einzigen Stein gehauen wurde und beeindruckende 100 t wiegt. Die Figur wurde erst in den 1950er-Jahren entdeckt und ein paar Jahrzehnte später restauriert – und mit einem Kopf versehen. Zu Füßen der Statue legen Pilger oft die Blumenblüten nieder.

Wer ein paar Minuten in die entgegengesetzte Richtung marschiert, steht plötzlich vor dem 10 m hohen **Maitreya Bodhisattva** (Avalokiteshvara), der oben auf fünf Steinterrassen sitzt. Er wurde in den 1950er-Jahren in Einzelteilen entdeckt, von Antiquitätenräubern gesprengt und schließlich 1991 rekonstruiert. Die Statue ist trotz des Gerüstes und des verrosteten Dachs wunderschön.

Von Monaragala (40 Rs) und Buttala (35 Rs) verkehren häufig Busse nach Maligawila. Die Fahrt nach Maligawila von

---

ABSTECHER

TREE TOPS

Die herrlich abgeschieden am Fuß des Weliara Ridge gelegene **Tree Tops Jungle Lodge** (077 703 6554; www.treetopsjunglelodge.com; pro Pers. all-inclusive 140 US$) liegt 8 km von Buttala entfernt. Hier haben die Gäste Gelegenheit, in einem privaten Brunnen im Freien mit Blick auf den Wald ein Bad zu nehmen, die funkelnden Sterne zu bewundern und zu lauschen, ob vielleicht gerade wilde Elefanten unterwegs sind. Auf sie trifft man schon mal bei den Ebenholzbäumen hinter einer der Lehmhütten oder unterhalb des Baumhauses. Das überwiegend vegetarische Essen und die Getränke sind im Preis inbegriffen, ebenso die geführten Wanderungen in die Umgebung, beispielsweise zu den **Arhat Kanda**, den malerischen „Bergen der Erleuchtung". Ohne Reservierung geht gar nichts (mindestens eine Woche im Voraus); bei einem längeren Aufenthalt reduziert sich der Preis. Das Tree Tops betreibt auch **Aliya Safari Camps** (www.aliyasafari.com), das Exkursionen in den Nationalpark Yala und zum wenig besuchten Nationalpark Gal Oya (pro Pers. 135 US$, inkl. Transfer und Mittagessen) bei Ampara anbietet.

Monaragala führt an Dschungel und Reisfeldern vorbei und steht den Ruinen an Schönheit in nichts nach. Wer nach Buttala unterwegs ist, kann auch am **Dematal Vihara** aus dem Bus steigen: Der herrliche Tempel steht inmitten eines Meers aus malerischen Reisfeldern.

Ein Tuk-Tuk von Monaragala kostet für die Hin- und Rückfahrt 1800 Rs; 3000 Rs (hin & zurück) sind für die Rundfahrt mit Besuch der Ausgrabungsstätten Maligawila und Yudaganawa zu rechnen.

Arugam Bay
063

Die hübsche Arugam Bay, eine sichelförmige Bucht mit weichem Sand, bietet einen berühmten Pointbreak und gilt als bester Surfspot des Landes. Aber auch wer sich nicht zur Surfergemeinde zählt, findet hier viel Interessantes: Das Dorf quillt schier über vor Gästehäusern und Restaurants, die sich am Meer entlangziehen, die Atmosphäre ist entspannt und lädt geradezu dazu ein, den Tag einfach in der Hängematte zu vertrödeln. Arugam Bay ist aber auch ein guter Standort für einige abenteuerliche Ausflüge ins Hinterland. In der Nebensaison (Nov.–April) wird es hier dann allerdings sehr ruhig, viele Einrichtungen machen komplett dicht. Aber die Reisezeit ist trotzdem schön, denn es sind wenige Touristen unterwegs, und die Landschaft erstrahlt in einem leuchtenden Grün.

🏃 Aktivitäten

Surfen
Der lange, rechte Pointbreak am südlichen Ende der Arugam Bay gilt als bester Surfspot Sri Lankas; hier ist die Brandung von April bis September gleichbleibend gut. Auch danach findet man noch bis in den November hinein einige schöne – und ruhige – Tage. (An anderen Surfspots ist bis Mai oder Juni gar nichts los.) Einheimische, aber auch Urlauber, versuchen immer wieder, Neulingen weiszumachen, dass die Arugam Bay Weltklasse hat oder gar zu den zehn besten Surfspots der Welt zählt. Derartige Aussagen entpuppen sich beim genauen Hinsehen vor Ort dann aber doch als arg übertrieben. Sicher ist, dass es hier ständig lange und einigermaßen langsam brechende Wellen gibt, die sich ideal für mittelstarke Surfer eignen. Die Brandung erreicht im Schnitt 1 bis 2 m Höhe, nur an wenigen Tagen fällt sie seicht aus. Während der Hauptsaison wird es hier oft voll, Anfänger sollten sich dann besser an den sanften Beachbreak halten, der auch als Baby Point bezeichnet wird.

Es gibt in der Gegend noch zig andere Breaks ähnlicher Qualität, für die eine ordentliche Dünung erforderlich ist, beispielsweise ein Stück weiter nördlich **Pottuvil Point**, eine langsame, rechtsdrehende Welle, die auch für Anfänger gut machbar ist (später in der Saison ist sie meist besser), außerdem **Whiskey Point** und **Lighthouse Point**, die sich ebenfalls beide für Neulinge eignen. In Richtung Süden warten **Crocodile Rock**, **Elephant Rock** und **Peanut Farm** mit zwei Breaks (eine nur für Fortgeschrittene) sowie **Panama** (mit schlechten Beurteilungen) und **Okanda** (der angeblich beste Spot von allen genannten).

Diverse Surfgeschäfte verleihen Surfbretter, erteilen Unterricht und veranstalten auch Campingausflüge zu entfernteren Surfspots. Wer an einem Surfcamp teilnimmt, kann sich gleich morgens in aller Frühe ins Vergnügen stürzen, ohne sich um Essen und Transport Gedanken machen zu müssen. Viele Surfer meinen jedoch, dass es kein Problem darstellt, auf eigene Faust loszuziehen – billiger kommt es auf jeden Fall.

A-Bay Surf Shop SURFGESCHÄFT
(Bodyboards & Surfboards Tag 500 Rs, Unterricht Std. 3000 Rs; ⊗8–20 Uhr) Das etablierte Surfgeschäft verfügt über eine gute Auswahl an alten Surfbrettern, die sich für Anfänger eignen. Außerdem bietet es einen fachmännischen Reparaturdienst, Wachs und Sonnenschutz.

A Frame Surf Shop SURFGESCHÄFT
(Mambo's; 568 7983; Bodyboards Std. 200 Rs, kurze/lange Boards Tag 800/1000 Rs, Unterricht Std. 2000 Rs; ⊗7–20 Uhr) Hier gibt es viele aufgemotzte Surfboards, darunter auch einige für erfahrene Surfer. Der Service lässt allerdings zu wünschen übrig.

Aloha SURFGESCHÄFT
(224 8379; www.aloha-arugambay.com; kurze/lange Boards Tag 1000/1300 Rs, Unterricht Std. 2500 Rs; ⊗6–19 Uhr) Das Gästehaus mit angeschlossener Surfschule verleiht recht neue Boards und hilft Anfängern.

Surf N Sun SURFGESCHÄFT
(224 8600; www.thesurfnsun.com; kurze/lange Boards Tag 800/1000 Rs) Die surfbe-

sessenen Besitzer veranstalten regelmäßig spannende Exkursionen zu den Surfsports Peanut Farm (4000 Rs) und Okanda (6000 Rs). Die Leihbretter sind für Anfänger nicht gerade ideal, Fortgeschrittene dürften gut damit zurechtkommen. Die Öffnungszeiten variieren.

Surfing Sam SURFGESCHÄFT
(☏077 695 6160; surfingsam@ymail.com; Bodyboards Tag 500 Rs, kurze/lange Boards Std. 800/1000 Rs, Unterricht Std. inkl. Board 3000 Rs; ⊗6–20 Uhr) Sam verleiht rund 100 Bretter und organisiert All-inclusive-Ausflüge nach Elephant Rock (7000 Rs),

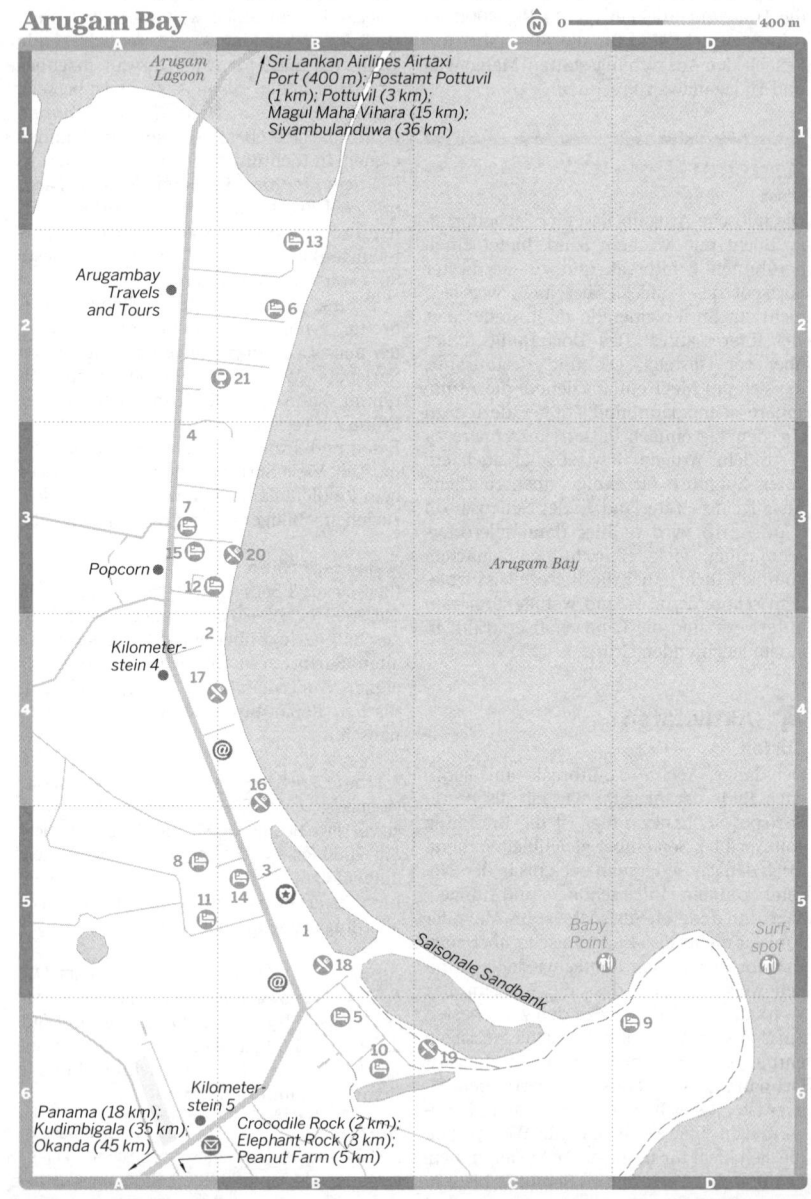

Peanut Farm (8000 Rs) sowie nach Okanda (10 000 Rs).

Schwimmen
Das Meer ist rau, aber zum Schwimmen soweit in Ordnung. Bevor man sich an einem der weniger bekannten Strände in die Fluten stürzt, sollte man einen Einheimischen fragen: Häufig treten starke Strömungen auf. Am sichersten kann man am südlichen Ende der Arugam Bay schwimmen; dort ragt eine Landspitze ins Meer. Der Strand ist zwar attraktiv, wird im Prinzip aber von Fischern genutzt und eignet sich deshalb nicht so toll zum Sonnen und Relaxen.

Naturbeobachtung
Die entspannenden **Mangroventouren** an der Pottuvil Lagoon (S. 246) lassen sich auf eigene Faust organisieren, können aber auch im **Arugam Bay Surf Resort** (224 8189; www.arugambay.lk; Touren für 2 Pers. 3000 Rs) gebucht werden.

Die Aussichten, rund um den Crocodile Rock am Pasarichenai Beach (nur ein Stück südlich der Arugam Bay) Krokodile und Elefanten zu Gesicht zu bekommen, stehen generell gut. Zur **Vogelbeobachtung** bieten sich die verschiedenen Lagunen in der Nähe an, hier sieht man viele Wasser- und Watvögel. Brahminy-Milane kreisen regelmäßig über dem Surfpoint. Die besten Stellen, um das Federvieh zu beobachten, sind die Pottuvil-Lagoon sowie die Teiche und Lagunen zwischen der Arugam Bay und Panama.

Yoga & Ayurveda
AccuYoga Wave Flow   YOGA
(077 640 0618; www.waveflowyoga.com; Unterricht 700 Rs) Ein ganzes Team von Lehrern bietet im Stardust Beach Hotel (während der Hochsaison auch im Mambo's) Yogakurse an. Auch komplette Unterrichtspakete und Workshops sind buchbar.

Traditional Ayur MediCare   AYURVEDA
(071 883 6883; 8–18 Uhr) Dies ist kein luxuriöses Ayurveda-Kurhotel, sondern eine winzige, authentische Klinik, in der ein netter Ayurveda-Doktor seinen Dienst tut. Er behandelt alle Wehwehchen, die den Einzelnen so plagen.

Feste & Events
In der Arugam Bay finden jedes Jahr im August/September die **Sri Lankan Airlines Pro** (www.aspworldtour.com) statt. Es handelt sich dabei um einen wichtigen ASP-Wettbewerb für Männer (World-Longboard-Titel) und Frauen (6 Star World Tour). Die Wettkämpfe werden vormittags am Haupt-Surfpoint der Arugam Bay ausgetragen. Obwohl es auf dem Sand knallheiß wird, strömen Tausende Zuschauer herbei – aus der Nachbarschaft, dem Land und der ganzen Welt.

Arugam Bay

Aktivitäten, Kurse & Touren
	A Frame Surf Shop	(siehe 9)
1	A-bay Surf Shop	B5
2	Aloha	A4
3	Arugam Bay Surf Resort	B5
	Surf N Sun	(siehe 14)
	Surfing Sam	(siehe 1)
4	Traditional Ayur MediCare	A3

Schlafen
5	Freedom Beach Cabanas	B6
6	Galaxy Beach	B2
	Gecko	(siehe 16)
7	Happy Panda Homestay & Very Small Café	A3
8	Hideaway	A5
9	Mambo's	D6
	Nice Place	(siehe 15)
10	PJ's	B6
11	Ram's Place	A5
12	Samantha's Folly	A3
	Siripala Place Surf Cafe	(siehe 19)
13	Stardust Beach Hotel	B2
14	Surf N Sun	B5
15	Tropicana Beach Hotel	A3

Essen
16	Gecko	B4
	Hideaway	(siehe 8)
17	Lucky Beach Hotel	A4
18	Perera Restaurant	B5
	Samanthi's Restaurant	(siehe 5)
19	Siripala Place Surf Cafe	C6
	Surf N Sun	(siehe 14)
20	Tsunami Beach Hotel	B3

Ausgehen
21	Beach Hut	B2
	Gecko	(siehe 16)
	Mambo's	(siehe 9)
	Siam View Beach Hotel	(siehe 18)

Mit den Zimmern wird es dann allerdings eng, deshalb unbedingt im Voraus buchen.

🛏 Schlafen

In vielen der hier aufgeführten Gästehäuser wird auch gekocht. Der Begriff „Cabana" ist weit gefasst und bezeichnet alles – von sehr einfachen Hütten aus Holzplanken oder *cadjan* (Matten aus Kokospalmwedeln) bis hin zu luxuriösen, voll ausgestatteten Massivbungalows. In der Nebensaison sind Preisnachlässe von 20 % bis 35 % möglich.

LP TIPP Hideaway
CABANA $$

(224 8259; www.hideawayarugambay.com; Zi./Bungalow ab 5300/6500 Rs; ❄🛜) Das Hideaway, ein Familienbetrieb, ist eine Art Boutique-Gästehaus. Äußerlich macht es einen einfachen Eindruck, innen steckt es jedoch voller poetischer Details. So finden sich beispielsweise im Club Soda Granatapfelsamen, in der Nähe des Frühstückstischs sitzt ein Paradiesvogel, das Toilettenpapier liegt in einer 100 Jahre alten Messingschale, und eine schneeweiße Katze mit einem blauen und einem grünen Auge hält auf der Privatterrasse ein Nickerchen. Die Bungalows liegen verstreut im wild wuchernden Garten. In der nach vorne offenen Kolonialvilla, die von Bougainvilleen überwachsen wird, gibt es vier Zimmer und Aufenthaltsbereiche mit gemütlichen Sesseln und Balkendecken. Fazit: Das Haus ist stimmungsvoll, elegant und gemütlich zugleich.

LP TIPP Galaxy Beach
CABANA $$

(224 8415; www.galaxysrilanka.com; Cabanas 3000-4000 Rs) Die eleganten, geräumigen Cabanas ragen wie ein (Designer-)Vogel in die Palmen hinauf. Hinter der Terrasse beginnt das private Gartenbad mit Unmengen Bougainvilleen. Die Cabanas im Erdgeschoss sind ebenso raffiniert gebaut; über eine knarrende Holzleiter gelangen die Gäste auf die Dachterrasse. Die Gärten sind herrlich angelegt und gepflegt – urig, schattig und schick zugleich. Auch das Management ist sehr freundlich.

Stardust Beach Hotel
HOTEL, CABANA $$

(224 8191; www.arugambay.com; EZ/DZ/FZ Cabanas 30/35/65 US$, DZ 65–75 US$; 🛜) Das einzige Hotel am Ort im Stil eines richtigen Resorts ist das Stardust Beach unter dänischer Leitung. Es liegt an einem wilden Strandabschnitt am Ende der Bucht. Die Zimmer sind schick, haben einen coolen, modernen Touch, komfortable Möbel, blau-weiß gefliese Bäder und eine schöne Aussicht. Die Einrichtung wirkt auch nebenan im weißen Gebäude im neo-kolonialen Stil sauber und zeitgemäß; die Apartments dort bestehen aus zwei Doppelzimmern und einer offenen Küche mit Wohn- und Essraum. Die Cabanas liegen etwas oberhalb der anderen Unterkünfte von Arugam. Sonderlich freundlich geht es hier allerdings nicht gerade zu. Wer will, kann Yogaunterricht und Massagen (Std. 4300 Rs) buchen. Das Restaurant Stardust's mit Tischen im Freien (Hauptgerichte 750–1200 Rs) zählt zu den schickeren Speiselokalen, auf der Karte finden sich beispielsweise Salate und Hummus (Kichererbsenmousse).

Happy Panda Homestay & Very Small Café
GÄSTEHAUS $

(077 299 0779; karikh@gmail.com; Zi. 1800 Rs; 🛜) Das winzige, nette Gästehaus Happy Panda bietet zwei einfache, saubere Zimmer, die nur 50 m vom Strand entfernt liegen. Die Veranda mit Aufenthaltsbereich (samt Hängematten) ist einladend. Die Besitzerin Natalia plant einen Anbau, zu dem auch ein Meditationsraum gehören soll. Sehr zu empfehlen ist ihr italienischer Kaffee (100 Rs). Das Happy Panda ist vor Ort auch für sein gutes Frühstück bekannt (400 Rs, 9–13 Uhr), und zwar vor allem für den French Toast, von dem alle schwärmen.

Mambo's
CABANA $$

(568 7983, 077 782 2524; www.mambo.nu; Cabanas 40–120 US$; ❄🛜) Das Mambo's ist bei Surfern beliebt, denn es liegt direkt neben dem wichtigsten Surfspot, sodass man sich einfach aus dem Bett rollen lassen kann, um mitten im Geschehen zu landen. Die soliden Bungalows und Cabanas sind ebenfalls hervorragend; sie haben Fliegengitter, sind einfach und bodenständig gestaltet (so wurden die Baumwollvorhänge mit Pflanzenfarben eingefärbt) und haben eine kleine Veranda. Von einigen schaut man aufs Meer. Steinplattenwege schlängeln sich durch schattige Baumgruppen. Das attraktive Bar-Restaurant lockt seine Gäste mit Hängematten, einem Blick auf die Wellen, anständigen Mahlzeiten zu ebenso anständigen Preisen (300–1000 Rs) sowie Partys, die am Samstagabend stattfinden.

Samantha's Folly
CABANA $$

(077 338 7808; www.samanthasfolly.com; „Follies" 1500 Rs, Cabanas 3000 Rs; @🛜) Wozu überhaupt eine Cabana nehmen? Samantha

hat sich „Folly" einfallen lassen – eine Art riesiges Himmelbett aus Bambus mit einem Strohdach darüber. Seinen Krempel verstaut man in großen abschließbaren Kästen, dann sinkt man in von Spiegelchen besetzten Stoffen und Kissen in Edelsteinfarben in tiefen Schlummer. Am nächsten Tag sieht man dann durch die reine Seide, die sich in der Meeresbrise bläht, die Sonne über dem Ozean aufgehen. Es gibt aber auch Cabanas, luxuriöse „Königszelte" (3500 Rs) und Chaiselongues am Strand, dazu einen witzigen Gemeinschaftsbereich, ein gutes Restaurant (Hauptgerichte 350–850 Rs) und einen Surfbrettverleih.

Surf N Sun   CABANA $$
(224 8600; www.thesurfnsun.com; Cottages inkl. Frühstück 35–45 US$) Im üppigen Tropengarten dieser wirklich reizenden Unterkunft verstreut stehen mehrere – etwas überteuerte – Holz-Cottages mit gemütlichen Zimmern und Hängematten, die lethargisch in der sanften Brise schaukeln, sowie Bäumen, die aus der Dusche herauswachsen. Das Grundstück mit einem Wasserfall, wild wuchernder Vegetation und einer schattigen Lounge ist wohl das schönste der ganzen Ortschaft.

Freedom Beach Cabanas   GÄSTEHAUS $
(077 175 9620; www.wix.com/arugambay/freedombeachcabanas; Zi. 2500 Rs) Das relativ neue Gästehaus – ein Familienbetrieb – befindet sich direkt am Strand beim Hauptsurfpoint, liegt jedoch etwas versteckt in einem Garten und gehört zu den besseren Unterkünften an der Arugam Bay. Die Mitarbeiter sind herzlich und hilfsbereit. Die Zimmer – ein jedes hat sein eigenes, erst kürzlich renoviertes Badezimmer – sind kompakt, aber dennoch mit Bedacht eingerichtet und spiegeln nur so vor Sauberkeit; eine kleine Veranda gehört mit dazu. Und dann wäre da noch die „Burg" zu erwähnen: Das schlanke, hohe, spleenige Gebäude kann ab und zu für 1500 Rs gemietet werden. Das Freedom verleiht auch Surfbretter.

Beach Hotel   GÄSTEHAUS $
(077 127 2677; d_asmin@yahoo.com; DZ 1200 Rs) Die hübschen hellblauen Cottages sind einfach, zeugen aber von mehr Liebe als viele teurere Quartiere. In den Zimmern steht bloß ein Tischventilator, aber das ganze Grundstück ist voller Blumen und Sittichen, und das nette Paar, das den Laden schmeißt, nimmt gleich alle Gäste mit großer Herzlichkeit in die Familie auf.

Nice Place   GÄSTEHAUS $
(077 341 2240; Zi. 2500 Rs) Die winzigen Zimmer in diesem ebenso winzigen Gästehaus sind ein bisschen abgewohnt, aber insgesamt herrscht hier eine so angenehme und entspannte Atmosphäre, dass sie dann doch eher nett als klaustrophobisch wirken. Die Zimmer, die Veranden hat vorne hinaus und der kleine tropisch-üppige Garten sind gepflegt, und die Hausmannskost bereitet ein sehr netter Koch zu (einen Tisch reservieren).

Ram's Place   GÄSTEHAUS $
(567 0958; B/Zi. ab 400/1000 Rs) Das Gästehaus unter der Leitung von Ram Sooriya, der wie ein Sadhu aussieht und auch wie ein Asket lebt, bietet extrem einfache Zimmer, einen vergammelten Männerschlafsaal und ein „Flaschenhaus", d. h. eine winzige Hütte mit Spitzdach, deren Fassade aus Flaschen besteht. Alles ist ziemlich abgewohnt, aber billig, und die Atmosphäre ist gut. Außerdem gibt es eine coole **Bibliothek** (Kaution 400 Rs, Leihgebühr 100 Rs) und ein Café, in dem Mr. Ram sein hervorragendes Essen auftischt. Die Mahlzeiten müssen im Voraus und zudem persönlich bestellt werden – „Ich will dich sehen", sagt er immer. Langzeitgäste bekommen eine Ermäßigung. Das Ram liegt hinter dem Sooriyas Hotel.

Siripala Place Surf Cafe   GÄSTEHAUS $
(077 420 8765; Zi. 1500 Rs) Alle Zimmer sind sehr klein und einfach, aber die Gäste kommen, weil die Lage am Strand so toll ist: Wenn man morgens die Tür aufmacht, sieht man schon das Meer. Das Personal ist freundlich; Langzeitgäste erhalten einen Preisnachlass.

PJ's   GÄSTEHAUS $$$
(077 606 5765; www.onya.se; Zi. ab 100 US$; ❄️🛜) Das PJs direkt neben dem Baby Point strebt nach Luxus und macht seinen Job bislang gut: Die riesigen Räume verfügen über eine frostige Klimaanlage, ein schickes, geräumiges Bad, WLAN und Flachbildfernseher. (Aus unerfindlichen Gründen sind die Zimmer mit allerdings eher unpassenden Hochbetten bestückt.) Die neuen Zimmer im 1. und 2. Stock präsentieren sich noch nobler und bieten einen sagenhaften Blick, der weit über die Bucht reicht. Doch diese ganze Pracht ist dann doch eine Enklave hinter Mauern, wird von Hunden bewacht und hat wenig Lokalkolorit. Gut für Gäste, die sich gern ohne einheimisches Flair am Strand aufhalten.

Gecko
CABANA $$

(224 8212; www.geckoarugambay.com; Cabanas 2800–4900 Rs, Zi./Suite 3800/6900 Rs) Das Gecko ist vor allem wegen des leckeren Essens bekannt, jedoch auch als cooler Spot zum Abhängen. Die Zimmer können sich sehen lassen: Sie sind kompakt, aber schick mit hübschen Wandleuchtern und einem eingebauten Schreibtisch eingerichtet. Von der Veranda nach vorne hinaus schaut man auf den gemütlichen, begrünten Hof. Die Cabanas entsprechen in der Gegend dem Standard, im Gegensatz zu anderen haben sie jedoch Bäder. Und die geräumige Suite eignet sich ideal für Familien.

Essen & Ausgehen

In den meisten Restaurants an der Arugam Bay wird Alkohol ausgeschenkt.

LP TIPP Hideaway
INTERNATIONAL $$$

(224 8259; www.hideawayarugambay.com; Hauptgerichte 900–1400 Rs, Flasche Wein 2500–7500 Rs) Auf der täglich wechselnden Speisekarte dieses hübschen Restaurants stehen immer frisch zubereitete Gerichte mit Zutaten aus der Region – von denen einige aus dem hauseigenen Biogarten draußen stammen, andere aus dem Ozean auf der anderen Straßenseite. Die Gerichte sind stark mediterran beeinflusst – so gibt es beispielsweise einen Salat mit leckeren Calamari, Rauke und Strauchtomaten. Das Ambiente mit blühenden Bougainvilleen und dem Gekreische der Affen, die in den Bäumen herumturnen, ist überaus romantisch. Einen Tisch reservieren.

LP TIPP Tsunami Beach Hotel
SRI-LANKISCH, EUROPÄISCH $$

(Hauptgerichte 400–850 Rs; 12–16 & 18–24 Uhr) Der Name des Hotels ist vielleicht ein bisschen unglücklich gewählt, doch die sri-lankischen und westlichen Gerichte sind hier wirklich herausragend zubereitet. Das Reiscurry zählt zu den besten der ganzen Gegend. Das Hühnchen in Zitronenbutter und die Garnelen, die auf spanische Art zubereitet werden, sind ebenfalls sehr zu empfehlen. Beide Speisebereiche – die luftige Terrasse vor dem Haus wie auch die Tische am Strand unter Palmen und Pinien – laden zum Verweilen ein. Die Bestellung sollte man etwa eine Stunde im Voraus abgeben, denn alles wird absolut frisch zubereitet – und das dauert eben.

Lucky Beach Hotel
SRI-LANKISCH $$

(Hauptgerichte 350–700 Rs; 6–1 Uhr) Das Restaurant hoch über dem Sandstrand in einem wackeligen Pfahlbau mit fantastischem Ausblick und einem himmlischen Lüftchen bietet sich an, um die Wellen zu beobachten und einen leckeren Fisch zu essen. Oft dauert es zwar ewig, bis das Essen kommt, aber die Küche ist wirklich gut. Das Lokal ist auch wegen seiner Happy Hour beliebt, probieren sollte man mal den Favorit der Einheimischen: Arrak mit Sprite.

Samanthi's Restaurant
SRI-LANKISCH $$

(077 175 9620; Freedom Beach Cabanas; Hauptgerichte 250–675 Rs) Das Samanthi's, das zur Anlage der Freedom Beach Cabanas gehört, liegt nur ein paar Schritte vom Hauptsurfspot und Baby Point entfernt. Nicht nur die Gerichte sind hier der Hit, sondern auch die fröhlichen einheimischen Frauen, die den Laden schmeißen und alle aus einer Familie stammen. Die Reiscurrys (ab 350 Rs) müssen im Voraus bestellt werden, die anderen Gerichte sind die übliche A-Bay-Mischung aus westlichen und gemäßigt sri-lankischen Speisen. Unbedingt probieren sollte man das frische Obst mit Honig und Büffelquark: Diese Joghurtart ist eine Spezialität der Region.

Gecko
INTERNATIONAL $$

(www.geckoarugambay.com; Hauptgerichte 480–900 Rs) Das legere Restaurant überzeugt mit seiner hervorragenden und abwechslungsreichen Speisekarte. Die meisten Gerichte sind hausgemacht, darunter Salate, Pasta, Burger, Fisch und Pommes, es gibt aber auch für Heimwehkranke ein komplettes englisches Frühstück, Müsli und Apfelstrudel. Einige der Zutaten kommen aus dem ein paar Kilometer entfernten Garten des Gecko. Lecker ist auch der Eistee (140 Rs), der auf Sri Lanka aus unerfindlichen Gründen leider nur selten zu finden ist.

Siripala Place Surf Cafe
SRI-LANKISCH $$

(Hauptgerichte 400–850 Rs) Das Lokal befindet sich direkt neben der Stelle, wo der Fisch aus dem tiefblauen Meer angelandet wird. Kein Wunder also, dass Fisch und Meeresfrüchte hier absolut fangfrisch und lecker zubereitet sind. Für die perfekte Kulisse sorgen die Aussicht und das laue Lüftchen.

Surf N Sun
MEERESFRÜCHTE, SRI-LANKISCH $$$

(www.thesurfnsun.com; Hauptgerichte 600–1200 Rs) Einige Tische stehen auf der tollen Veranda, die mit niedrigen Polstermöbeln,

Dekokissen und Kerzen beeindruckt. Das Essen ist ebenfalls gut. Der Schwerpunkt liegt auf Meeresfrüchten und Pizza, gelegentlich wird auch der Grill angeheizt.

Perera Restaurant SRI-LANKISCH $$
(Hauptgerichte 250–400 Rs) An der Arugam Bay ist es oft gar nicht so einfach, ein anständiges Reiscurry aufzutreiben, denn an allen Ecken gibt es Burger und Müsli. Das Perera hingegen serviert hausgemachte sri-lankische Gerichte, die einfach und authentisch sind.

Das Mambo's, die Beach Hut, das Gecko und das **Siam View Beach Hotel** (www.arugam.com) veranstalten während der Hochsaison Strand- und Vollmondpartys. Alle vier bieten sich an, um abends einen Drink zu nehmen. Das Siam View braut sein eigenes Bier und mixt zudem im hübschen Dachrestaurant ideenreiche Cocktails mit Arrak.

Praktische Informationen

Die nächsten Geldautomaten befinden sich in Pottuvil.
Arugam Bay Information (www.arugam.info) Reiseinformationen und Tipps vor Ort.
CyberCafé (9–22 Uhr ; WLAN/Internet Std. 100/150 Rs; ❄) Schnelle Internetverbindungen.
Lonely Planet (www.lonelyplanet.com/sri-lanka/the-east/arugam-bay) Ratschläge zur Planung, Empfehlungen des Autors, Beurteilungen von Reisenden und Insidertipps.
Pasarichenai (Postfiliale) (Mo–Sa 8–12 & 13–17 Uhr) Postamt.
Touristenpolizei (011 308 1044) Die Nummer von Colombo wird zur Polizeiwache am Strand weitergeleitet.
Xpress Café (8–22 Uhr; Internet/WLAN Std. 150 Rs)

Gefahren & Ärgernisse

Frauen – vor allem, wenn sie allein unterwegs sind – wird an den Stränden oft unerwünschte Aufmerksamkeit zuteil: Wer sich ein T-Shirt über den Badeanzug zieht oder gleich Shorts und T-Shirt trägt, kann jedenfalls unbehelligter schwimmen. Die Gegend ist konservativ, selbst wenn dies in der Touristenzone nicht so offensichtlich wird, und es ist ein Zeichen von Respekt, sich dezent zu kleiden – was im Übrigen für Frauen wie auch für Männer gilt. Aus diesem Grund sollte man abseits des Strandes nur vollständig bekleidet herumlaufen.

In entlegenen Gebieten wurden Versuche von sexuellen Übergriffen bekannt, genau gesagt im Süden hinter dem Surf Point. Am Strand befindet sich ein Polizeiposten.

Anreise & Unterwegs vor Ort

AUTO Ein Privattaxi mit Klimaanlage nach Colombo kostet 16 000 Rs.
BUS & TUK-TUK Busse steuern das nahe Pottuvil an und fahren auch dort ab. Für die Weiterfahrt zur Arugam Bay (150 Rs) steigt man dann einfach in ein Tuk-Tuk um. Daneben gibt es noch die selten fahrenden Busse von Pottuvil nach Panama, die in Arugam Bay vorbeifahren (einer fährt weiter nach Monaragala). Die Fahrpreise der Tuk-Tuks zu den verschiedenen Surfspots stehen im jeweiligen Kapitel.
FLUGZEUG Arugambay Travels and Tours (224 8224; 8–12, Fr 8–13 Uhr) Die lokale Vertretung von Sri Lankan Airlines bucht Tickets für die Airtaxis nach Colombo, die demnächst ihren Betrieb aufnehmen sollen.
MOTORRAD & FAHRRAD Arugam Bay Surf Resort (224 8189; www.arugambay.lk) Verleiht Motorräder (1200 Rs pro Tag).
Popcorn (075 291 4800; 8.30–21.30, Fr 8.30–15.30 Uhr) Vermietet Fahrräder (Tag/Woche 500/1750 Rs) und Mopeds (1000 Rs pro Tag).
Tropicana Beach Hotel Fahrräder zu 400 Rs pro Tag.

Nördlich der Arugam Bay

POTTUVIL
063

Für die meisten Backpacker ist Pottuvil bloß ein Umsteigeort für die Fahrt zur 3 km weiter südlich gelegenen Arugam Bay. Doch Pottuvil bietet neben mehreren Geldautomaten

SIYAMBULANDUWA

Busse nach Pottuvil verkehren – egal, wo sie losfahren – nur selten. Busse nach Siyambulanduwa gibt es häufiger, und Busse von Siyambulanduwa nach Pottuvil ebenfalls. Wer also den Weg über Siyambulanduwa wählt, kommt aufgrund der guten Anschlüsse mit ziemlicher Sicherheit immer zur Arugam Bay. Die Pottuvil-Busse verkehren nur bis etwa 17 Uhr, wer sie nicht erreicht, kann im sehr gut geführten **Nethmini Hotel** (055-355 0891; www.nethminihotel.com; Ampara Rd.; EZ mit Gemeinschaftsbad/eigenem Bad 750/1050 Rs, DZ ab 1550 Rs; ❄) übernachten: Das Hotel liegt nur 1 km von der Bushaltestelle entfernt.

in der Nähe der Bushaltestelle und einem anständigen Markt auch ein paar (wenn auch bescheidene) Sehenswürdigkeiten sowie tolle Exkursionen durch die Lagune. Zudem lohnt ein Abstecher zum **Dress Well** (Fr geschl.), wo man einen von Kalmunais berühmten handgewebten Baumwoll-Lungis erstehen kann (Sarong; 1200 Rs).

Sehenswertes & Aktivitäten

Pottuvil Lagoon LAGUNE
Die Mangroven, Inseln und Wasserstraßen der Lagune von Pottuvil bilden ein einzigartiges Ökosystem, das die Heimat von riesigen Waranen, Krokodilen, Braunliests und gelegentlich auch Elefanten (die es nicht mögen, wenn sie gestört werden!!!) sowie Adlern, Pfauen, Reihern und Affen ist. Wer die großartige Tierwelt erleben will, dem sei die zweistündige **Mangroven-Ökotour** (www.arugambay.com/pages/eco.html; pro 4-Pers-Boot 2500 Rs; 6 & 16 Uhr) empfohlen. Während der beschaulichen Fahrt sind nur die Geräusche des durchs Wasser gleitenden Ruders und die Vögel in den Bäumen zu hören. Die Touren wurden als Beitrag zur Bewahrung der Mangrovenwälder von einheimischen Fischern konzipiert und werden von internationalen Organisationen für nachhaltiges Reisen empfohlen. Die Touren können über das Arugam Bay Surf Resort (S. 241) gebucht werden, für die Fischer ist es jedoch lukrativer, wenn sie direkt bei ihnen gebucht werden. Einziges Problem sind die Sprachbarrieren: Die meisten Bootsführer sprechen nur Tamilisch. Ihre **Hidiyapuram Fishermen's Cooperative Society** (075 097 0525, 077 861 9959), eine Kooperative der Fischer, unterhält ein Büro an der Südseite der Lagune. Am besten ruft man an und bucht den Ausflug, so gut es telefonisch eben geht; man wird dann vor Ort erwartet. Ein Tuk-Tuk von der Arugam Bay dorthin kostet 800 Rs (hin & zurück).

Pottuvil Point STRAND
Etwa 2 km hinter dem Büro der Fischervereinigung befindet sich am Ende eines malerischen, halbmondförmigen Sandstrands der wunderschöne Pottuvil Point mit einer langsamen, rechts brechenden Welle, die sich ideal für Surfanfänger eignet. Vor Ort befinden sich ein rustikales **Restaurant** (Hauptgerichte 200–350 Rs) und ein Gästehaus, das inzwischen geöffnet haben sollte. Die Fahrt mit dem Tuk-Tuk zum Pottuvil Point kostet hin und zurück 800 Rs.

Pottuvil

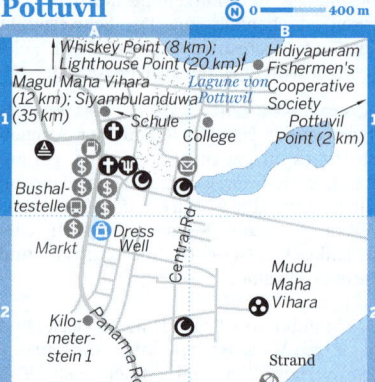

Mudu Maha Vihara RUINE
Versteckt in den Gassen von Pottuvil befinden sich die alten Ruinen des Mudu Maha Vihara. Dieser verfallene, schöne kleine Tempel versinkt teilweise schon in den sich immer weiter ausbreitenden Sanddünen. In der Anlage erhebt sich eine beeindruckende 3 m hohe stehende Buddhastatue, die von zwei Bodhisattvafiguren flankiert wird. Der **Strand** direkt dahinter ist weitläufig, schön und unberührt, allerdings wegen des rauen Meeres und starker Strömungen zu gefährlich zum Schwimmen.

An- & Weiterreise

Tuk-Tuks zur Arugam Bay kosten 150 Rs.

BUS Neben den weiter unten aufgeführten Bussen verkehren auch zwei komfortable Großraumfahrzeuge nach Colombo (500/700 Rs, 8 Std., 16/19.30 Uhr), außerdem ein neuer Bus mit Klimaanlage (750 Rs, 21 Uhr). Es besteht außerdem die Möglichkeit, in Monaragala in einen der zahlreichen Busse nach Colombo umzusteigen. Hier einige nützliche Verbindungen mit Privatbussen und Bussen des Central Transport Board (CTB):

Ampara 109 Rs, 3 Std., 2-mal tgl.
Batticaloa 115 Rs, 4 Std., 5-mal tgl.
Colombo 347 Rs, 8 Std., 2-mal tgl.
Monaragala 105 Rs, 2½ Std., stündl. bis 13 Uhr
Panama (über Arugam Bay) 25 Rs, 1 Std., 5-mal tgl.

FLUGZEUG Bei Drucklegung dieses Reiseführers plante **Sri Lankan Airlines** (1979; www.srilankan.lk) die Einrichtung eines regelmäßigen Flugbetriebs mit dem Airtaxi, das auf der Strecke Colombo – Arugam Lagoon (Karte S. 240) verkehren soll.

WHISKEY POINT

Whiskey Point erreicht man am Strand entlangspazierend in drei Minuten vom Pottuvil Point aus, über die Straße ist man länger unterwegs. Der Point eignet sich gut für Surfanfänger, die Wellen sind ab Ende April beständig. Das SaBaBa Surf Café (077 711 8132; Hauptgerichte 350–900 Rs; 7-22 Uhr) ist das erste am Whiskey Point eröffnete Café mit gemütlichen Kissen auf der Holzveranda, Liegen am Strand und Partys am Freitagabend – mit Feuerjongleuren. Der nette Besitzer Babaiya will jetzt auch noch Cabanas bauen. Eigentlich erübrigt sich der Hinweis in diesem Reiseführer ja, aber es sollen nur Leute „mit Gemeinschaftssinn und echtem Interesse" kommen.

Ein Tuk-Tuk kostet ab der Arugam Bay 1200 bis 1500 Rs für die Hin- und Rückfahrt, einschließlich drei Stunden Wartezeit; die Fahrt dauert 20 Minuten.

LIGHTHOUSE POINT

Wer Gemeinschaftssinn und sportliches Interesse hat, es aber gern ruhig und einfach mag, ist am Lighthouse Point richtig, wo eine weitere rechts brechende Welle auf Anfänger und fortgeschrittenere Surfer wartet. Die beschaulichen Hilltop Beach Cabanas (077 374 1466; dil0422@yahoo.com; Cabanas mit Gemeinschaftsbad 1000–1500 Rs) auf einem Hügel direkt hinter dem Strand werden vom charismatischen Dilani gemanagt, der auch ein Superkoch (Hauptgerichte 300–485 Rs) und eine gute Seele ist. Von den drei der Cabanas ist die auf Pfählen am besten; durch die Muschelgirlanden genießt man eine unübertreffliche Aussicht. Die Zimmer verfügen zwar über Solarstrom, der aber nur Strom für Licht liefert, die Bäder befinden sich draußen unter Bäumen. Ab Mai/Juni kann hier toll gesurft werden. Green House, ein weiterer Surfspot etwas nördlicher, lässt sich in 15 Minuten zu Fuß erreichen. Von der Arugam Bay kostet ein Tuk-Tuk 2000 Rs hin und zurück.

Südlich der Arugam Bay

VON DER ARUGAM BAY NACH PANAMA

Südlich der Arugam Bay erstrecken sich kilometerlange, unberührte Sandstrände. In der Nähe der Surfpoints lassen sich über die Küstenstraße u. a. Crocodile Rock (400 Rs, für die Rückfahrt mit dem Tuk-Tuk), Elephant Rock (800 Rs) und Peanut Farm (1000 Rs) erreichen. Die schmale Straße nach Panama verläuft nicht direkt an der Küste; an der Straße liegen Lagunen, an denen sich Wasser- und Watvögel, Wasserbüffel und manchmal sogar Elefanten sehen lassen. Die wunderschöne Landschaft erinnert an die Savanne. Panama selbst ist ein Konglomerat aus staubigen Hütten, die einem das Gefühl vermitteln, am Ende der Welt zu sein. Die einzigen Sehenswürdigkeiten sind eine schmucke weiße Dagoba sowie der Sandstrand, 1 km östlich vom Ort, der einen weiten Bogen ausbildet und keinerlei Schatten bietet. Die Brandung ist hier in der Regel sehr stark, sodass man hier nicht gefahrlos schwimmen kann. Durch die Shorebreaks ist auch das Surfen kein Vergnügen. Am nördlichen Ende des Strands unweit einer Fabrik, die Quallen verarbeitet (sie landen in Fernost im Kopftopf...), liegt ein relativ lahmer rechter Pointbreak, der sich für Anfänger eignet. Ein Tuk-Tuk von der Arugam Bay kostet hin und zurück 1500 Rs, man kann aber auch auf den – selten fahrenden – Bus warten. Die Straße nach Panama liegt stellenweise sehr tief und steht deshalb während der Regenzeit häufig unter Wasser.

VON PANAMA NACH OKANDA

Die sagenhafte 47 km² große Kudimbigala Forest Hermitage ist ein Gewirr aus Felsbrocken mitten in dichtem Dschungel. Die Einsiedelei mit über 200 Schreinen und Einsiedlerbehausungen befindet sich in Höhlen oder geschützt unter Felsüberhängen. Sechs buddhistische Mönche leben noch immer hier. Die Relikte sind an sich nicht sonderlich interessant, doch die Atmosphäre ist beeindruckend, außerdem bietet sich vom höchsten Felsen, den eine Dagoba krönt, ein sagenhafter Panoramablick über die extravagante Landschaft und das Blätterdach des Waldes. In Richtung Küste lugen stellenweise die Lagune und auch Sandbänke hervor, und im äußersten Südwesten zeichnet sich in der Ferne das zackige Weliara Ridge am Horizont ab. Kudibigala wird gern in Kombination mit Kumana oder Okanda besichtigt. Ein Tuk-Tuk kostet 2500 Rs (hin & zurück). Da die Einsiedelei noch in Betrieb ist, sollte man auf dezente Kleidung achten.

Die Straße von Arugam nach Okanda endet am Eingangstor zum Nationalpark Kumana. Unmittelbar östlich vom Tor liegt Okanda, ein saisonales Fischerdorf und Heimat des Okanda Sri Murugan Kovil. Die Tempelanlage ist zwar relativ klein,

> **ABSTECHER**
>
> ## MAGUL MAHA VIHARA
>
> Etwa 12 km westlich von Pottuvil liegt diese beeindruckende Ruine aus dem 5. Jh. v. Chr. beschaulich im Wald. Der Tempel wurde von König Dhatusena (473–453 v. Chr.) errichtet und gehörte früher vermutlich mit zum Königshof. Am Fuß des einstigen Tempels befindet sich ein wunderschöner, gut erhaltener Mondstein; er ist außen mit Elefanten verziert, auf denen bisweilen kleine Reiter sitzen – eine ungewöhnliche Darstellung. Interessant sind hier auch der erhöhte, gut erhaltene Stupa, der von Steinlöwen bewacht wird, das runde Reliquienhaus (*vatadage*) auf einer kreuzförmigen Plattform, das an der Basis unten vermeintlich von Steinsäulen und kauernden Löwen „getragen" wird (eine optische Täuschung) sowie ein übel zugerichteter, kopfloser Buddha. Einen Blick lohnen auch die geschwungenen Geländer in Form von Elefantenrüsseln an den Treppen. Die Stätte befindet sich 1 km südlich der A4 zwischen den beiden Kilometersteinen 308 und 309.

doch beeindruckt der Haupttempel mit seinem bunten *gopuram* (Eingangsturm), der bei der Pada-Yatra-Wallfahrt nach Kataragama (S. 137) von Bedeutung ist. Tausende Pilger versammeln sich zwei Wochen vor dem Juli-*poya* (Vollmond) an dieser Stelle, um dann die letzte und gefährlichste fünftägige Etappe der insgesamt 45-tägigen Wallfahrt von Jaffna nach Kataragama zurückzulegen. Dem Tempel kommt eine enorme spirituelle Bedeutung zu, denn er markiert den Zeitpunkt, als Murugan (Skanda) und seine Gefährtin Valli mit Steinbooten in Sri Lanka ankamen.

Nur fünf Minuten zu Fuß vom Tempel entfernt erstreckt sich ein sagenhafter cremeweißer Strand mit einem tollen rechten Point-Break, der bei den Surfern hoch im Kurs steht.

NATIONAL PARK KUMANA & KUMANA RESERVE

Der 357 km² große **Park** (☎063-363 5867; ⊙6–18.30 Uhr) wird häufig noch mit seinem alten Namen bezeichnet: Yala East. Hierher verschlägt es erheblich weniger Besucher als in den benachbarten Nationalpark Yala, in dem immer viel los ist. Positiv ist, dass man sich hier nicht so wie im Zoo vorkommt, negativ, dass weniger Arten und generell nicht so viele Tiere hier leben. Dennoch lassen sich Leoparden, aber auch Elefanten, Pfaue, weiße Kobras, wilde Büffel und Unmengen von Vögeln sehen. Im Park leben außerdem rund ein Dutzend Bären, die sich allerdings kaum einmal blickenlassen.

Am bekanntesten ist das 200 ha große **Vogelreservat Kumana**, ein ornithologisch hochinteressanter Mangrovensumpf, 22 km hinter Okanda. Brutzeit ist von Mai bis Juni. Es wurden hier schon die auf Sri Lanka überaus seltenen asiatischen Riesenstörche gesichtet, häufiger trifft man – sogar außerhalb des Reservats – Malabarhornvögel, Smaragdspinter, Schwarzkopfrupiale und Buntstörche.

Der Eintrittspreis ist gesalzen: 10 US$ pro Person, 250 Rs für den Jeep sowie eine Servicegebühr von 8 US$. Zwölf Prozent des Betrags kommt als Steuer hinzu. Jedes Auto muss von einem Führer begleitet werden, der oft nicht einmal Englisch spricht. Die Gästehäuser an der Arugam Bay sind gern behilflich, einen Jeep mit Fahrer zu organisieren – derzeit zu 10 000 Rs für den ganzen Tag. (So teuer ist das in Anbetracht der schlechten Straßen im Park dann allerdings auch wieder nicht.) Eine andere Möglichkeit ist, bei **Siddiq** (☎077 481 7774) anzurufen, einem Unternehmen, das für seine Fahrer und Tierbeobachtung immer begeisterte Kritiken erhielt. Im Park lassen sich **Campingausflüge** arrangieren, sodass man die Tiere auch bei Sonnenaufgang oder in der Abenddämmerung beobachten kann – den besten Zeiten für Tiersichtungen. Die Preisberechnung gestaltet sich noch komplizierter: 20 US$ pro Person, 27 US$ pro Gruppe, 250 Rs für den Jeep plus 12 % Steuer. Die Fahrer von der Arugam Bay verlangen für zwei Personen 300 US$, inklusive Transport, Abend- und Morgensafari, Ausrüstung und Mahlzeiten.

Ampara

☎063 18 000 EW.

Das legere Ampara liegt inmitten einer grünen Landschaft mit Reisfeldern, Seen und Palmhainen. Der Ort selbst ist nicht gerade fesselnd, aber in der Umgebung warten auf die Besucher dann doch einige – bescheidene – Sehenswürdigkeiten.

👁 Sehenswertes

Westlich vom Uhrturm und dem Busbahnhof führt die DS Senanayake Road vorbei am malerischen Ampara Tank (Stausee) nach Inginyagala. Am Kilometerstein 1 bietet sich Ganesh im **Sri Manika Pillaiyar** (Inginyagala Rd.) ein schöner Blick übers Wasser. Nach weiteren 3 km führt eine Abzweigung auf der rechten Seite zur großen, anmutigen **Japanischen Friedenspagode**, die auch unter dem Namen Sama Chaitya bekannt ist. Der von den Rauchschwaden, die von Räucherstäbchen herrühren, erfüllte **Bildnisraum** gleich beim Eingang mit Buddhastatuen und einem bunten Altar ist jedoch erheblich interessanter, und zwar vor allem, wenn der hier ansässige Mönch und eine Nonne trommeln und singen. Außerdem verteilt die Nonne oftmals Süßigkeiten an die Besucher.

Der Hauptgrund für einen Besuch sind jedoch meist die Herden von **wilden Elefanten,** die hier vorbeikommen; die Tiere wurden in den letzten Jahren allerdings immer scheuer und lassen sich nicht mehr so oft sehen wie früher. Am besten versucht man sein Glück zwischen 17 und 18 Uhr. Die Elefanten passieren dann einen schmalen Durchgang vor der Pagode oder laufen über das Feld dahinter. Für Vogelliebhaber ist die Plattform der Pagode ganz praktisch: Von dort lassen sich Hunderte **Wasservögel** beobachten, die über den See flitzen.

Der Chinese & Western Food Court und die Tree Tops Jungle Lodge (S. 238) veranstalten Bootsafaris im sehr untouristischen **Nationalpark Gal Oya**, 22 km westlich des Städtchens.

🛏 Schlafen & Essen

Ambhasewana Guest   GÄSTEHAUS $
(222 3865; 51st Ave.; Zi. mit/ohne Klimaanlage 1500/750 Rs; ❄) Bei der Ankunft in diesem netten kleinen Gästehaus bot sich folgende Szene: Der Besitzer hockte gerade oben in einem großen Mangobaum, in dem er eine Antenne anbrachte. Er lachte, weil es so witzig war, vom Baum oben ein Gespräch zu führen. Und das brachte dann wiederum seine Frau in dem kleinen Laden unter dem Baum zum Lachen – positive Schwingungen allenthalben also.

Und dazu noch: Schatten, blühende Pflanzen und luftige Zimmer zu Schnäppchenpreisen in einer ruhigen Seitenstraße, die bloß ein paar Blocks vom Stadtzentrum entfernt liegt.

Monty Guest House   HOTEL $$
(222 2169; www.montyhotel.com; 1st Ave.; EZ/DZ/3BZ 1500/2000/2250 Rs, mit Klimaanlage ab 2500/3000/3250 Rs; ❄🌐📶) Die moderne Lobby des Monty präsentiert sich ganz in Beton und warmem Holz. Die Zimmer sind nicht so schick, in den neueren dominieren aber klare Linien und moderne Möbel. (Leider sind die Zimmer ohne Klimaanlage nur halbwegs akzeptabel.) Das Restaurant (Hauptgerichte 250–600 Rs) bringt im geschmackvollen Speiseraum und auf der kühlen Terrasse eine breite Palette an einheimischen und westlichen Gerichten auf den Tisch: Der panierte Seer-Fisch (eine Thunfischart) mit Pommes ist einfach umwerfend gut. Das Restaurant befindet sich in einem Wohnviertel, rund zehn Gehminuten südlich der Commercial Bank.

Chinese & Western Food Court   CHINESISCH, SRI-LANKISCH $$
(222 2215; terrelb@gmail.com; Stores Rd.; Hauptgerichte 250–650 Rs; ⏱11–22 Uhr) Das reizvollste Restaurant von Ampara verfügt über einen kleinen Garten mit vielen Topfpflanzen und empfiehlt sich für einen Drink oder ein Abendessen. Zu den Spezialitäten zählen frittierter Kuttelfisch und verschiedene Gerichte mit *kankun*, einer Pflanze, die der Trichterwinde ähnelt. Sogar einfache Speisen wie Nudeln mit Ei und Tamarinde werden hier gekonnt zubereitet und so zu einer Besonderheit. Das C&W vermietet auch einige Zimmer (ab 4250 Rs), die zwar allen möglichen Schnickschnack aufweisen, aber trotzdem nicht gepflegt sind.

New City   SRI-LANKISCH $
(Keells New City Supermarket; Hauptgerichte 100–150 Rs; ⏱6–21 Uhr) Von den vielen Billiglokalen rund um den Uhrturm ist das New City das freundlichste und charaktervollste. Hier wird mittags ein Reiscurry gezaubert, das lecker ist und satt macht, abends schallt das Gehacke des *Kotthu*-Zubereiters durchs Lokal. Für den Hunger zwischendurch gibt es eine große Auswahl an kleineren Gerichten (u. a. Frittiertes).

Indika Bakery & Sweet Delight   FASTFOOD $
(Kachcheri Rd.; Imbiss 20–75 Rs; ⏱6.30–19.30 Uhr) Das auch unter dem Namen „Indika Bakers with Sweet Delights" bekannte Lokal bekommt einen Preis für den besten Namen. Der Laden ist hell, sauber und modern – einfach ideal für ein Erfrischungsgetränk.

❶ Praktische Informationen

Mehrere Banken der Stadt haben einen Geldautomaten, darunter die **Commercial Bank** (DS Senanayake Rd.). **SabeeCom.Net & Bookmart** (Regal Junction; Internet Std. 50 Rs; ☺So–Fr 8.30–18.30 Uhr) bietet Internetzugang.

❶ An- & Weiterreise

Vom Busbahnhof in Ampara fahren CTB- und Privatbusse in verschiedene Richtungen. Wer zur Arugam Bay möchte, kann einen Bus nach Siyambulanduwa (75 Rs, 8-mal tgl.) nehmen und dort umsteigen oder mit dem Minibus über Akkaraipattu (47 Rs, stündl.) nach Pottuvil fahren. Nach Batticaloa verkehrt ein Minibus über Kalmunai (40 Rs, häufig). Hier einige nützliche Verbindungen:

Batticaloa 84 Rs, 3 Std., 6 Uhr
Colombo Standard/halb-luxuriös 370/490 Rs, 10 Std., 9-/4-mal tgl.
Kandy Standard/klimatisiert 220/400 Rs, 5½ Std., häufig, vor allem morgens
Nuwara Eliya 274 Rs, 9 Std., 6.45 Uhr
Pottuvil (für die Arugam Bay) 109 Rs, 3 Std., 14 Uhr

Rund um Ampara

BUDDHANGALA

Mit rund 150 m ist die **Buddhangala Rock Hermitage** (Einsiedelei; Spenden willkommen; ☺6–20 Uhr) der höchste Punkt in dieser Gegend. Von oben eröffnet sich ein weiter Panoramablick, und so mancher soll hier in der Abenddämmerung schon Elefanten gesehen haben. Die Stätte ist angeblich 1800 Jahre alt. Als der alte Tempel, dessen Relikte links vom Haupttheiligtum stehen, 1964 ausgegraben wurde, entdeckte man eine goldene Schatulle mit einem Zahn von Buddha. Diese Schatulle befindet sich jetzt in der Dagoba und wird alljährlich im Juni drei Tage lang ausgestellt, meist rund um den *Poya*-Tag (Vollmond).

Unter einem Überhang, wo sich eine alte Höhle befindet, werden interessante Schätze wie in einem Museum präsentiert, u. a. ein menschliches Skelett, das zur Meditation genutzt wird. Die Stätte ist wunderschön, doch mangels englischen Erläuterungen – oder eines Führers – erschließt sich ihre spirituelle Bedeutung nur schwer. Mit etwas Glück ist aber vielleicht gerade ein Mönch da, der Englisch spricht. Ein Tuk-Tuk vom 7 km entfernten Ampara kostet 700 Rs (hin & zurück).

DEEGAWAPI

Einer Legende zufolge ist Deegawapi (Dighavapi Cetiya) der einzige Ort im Südosten Sri Lankas, den Buddha besucht hat. Der Stupa wurde unter der Herrschaft von König Saddhatissa (137–119 v. Chr.) errichtet und im 2. und 18. Jh. restauriert, bevor der Dschungel sich seiner bemächtigte und ihn komplett überwucherte. 1916 wurde das Heiligtum dann wiederentdeckt. Seit Jahrzehnten steht der Deegawapi nun im Mittelpunkt von Streitereien.

Viele Singhalesen behaupten, die überwiegend muslimische Bevölkerung habe sich absichtlich auf den Grund und Boden der alten Dagoba (sprich: der Singhalesen) niedergelassen; viele Muslime, die seit Jahrhunderten in dieser Region leben, betrachten das Bauwerk hingegen als Ausgangspunkt der singhalesischen Kolonisation.

Die Stätte ist jedoch nicht so interessant, um den doch recht langen Umweg zu rechtfertigen. Die zentrale Dagoba, die aus rotem Backstein errichtet ist, ist zwar gewaltig, doch fehlt die schöne Lage im Wald, wie sie das ähnliche Yudaganawa aufweist. Ausgrabungen sind nun aber geplant, anschließend auch die Restaurierung des Stupa, sodass die Stätte an Attraktivität gewinnen wird – was allerdings sicher auch die ethnischen Differenzen schürt. Das kleine **Archäologische Museum** (Eintritt frei; ☺8–17 Uhr) gleich in der Nähe lohnt ebenfalls einen Besuch.

Batticaloa

📄065

Batticaloa, kurz Batti, verfügt über keinerlei Sehenswürdigkeiten, die man unbedingt gesehen haben muss. Doch die Atmosphäre ist angenehm und die Stadt hat durchaus ihren Charme, vor allem dann, wenn das Sonnenlicht durch die Palmwedel gefiltert und von den umliegenden Lagunen widergespiegelt wird. Die Strände rund um die Stadt sind herrlich, allerdings in einem etwas desolaten Zustand. Batticaloa hatte in der Vergangenheit schwer unter den Wirren des Bürgerkriegs zu leiden, macht heute jedoch einen friedlichen und freundlichen Eindruck. Nachts ist auf den Straßen nichts los, die Einheimischen empfehlen aber trotzdem, bei Dunkelheit nicht allein herumzulaufen; lieber ein Tuk-Tuk nehmen.

⊙ Sehenswertes & Aktivitäten

Puliyanthivu
STADTVIERTEL

Puliyanthivu präsentiert sich angenehm entspannt. Kolonialgebäude wie etwa das **St. Michael's College** (Central Rd.) und die gedrungene **Methodist Church** (Post Office Rd.) aus dem Jahr 1838 zeugen von schlichter Eleganz und haben ihren Reiz. Von den Dutzenden Kirchen sind die mexikanisch angehauchte **St. Anthony's Church** (St Anthony's St.) und die prächtige türkise **St. Mary's Cathedral** (St Mary's St.) am sehenswertesten. Die Kathedrale wurde bei Kämpfen zwischen Tamilen und Muslimen zum Teil zerstört und 1994 wieder aufgebaut. Von den vielen Hindutempeln beeindruckt der **Anipandi Sitivigniswara Alayar** (Hospital Rd.) mit seinem herrlichen *gopuram* optisch am meisten. Die **Jami-Us-Salem Jummah Masjid** zählt zu den schöneren Moscheen der Stadt.

Kallady & Navalady
STADTVIERTEL

Batti ist durch eine Brücke mit einer langgestreckten, von Stränden gesäumten Halbinsel verbunden, auf der sich die beiden Viertel Kallady und Navalady befinden. Kallady bietet einen einsamen Strand, der sehr idyllisch ist, sieht man einmal von den Spuren ab, die der Tsunami hinterlassen hat. Den **Thiruchendur-Murugan-Alayam-Temple** (Navalady Rd.) unweit vom Strand zwischen der Third and Fourth Cross Street verwüstete der Tsunami, sodass der kleine, farbenprächtige *gopuram* nun bedenklich schief steht. Der Tempel wurde 1984 als Station auf der Pada-Yatra-Wallfahrt nach Kataragama errichtet. Das Bildnis von Murugan soll die Augen geöffnet haben, bevor der Maler die geöffneten Augen gezeichnet hat. Wer gern schwimmt, kann sich am **Kallady Beach** mit seinem kleinen Steg oder weiter nördlich am herrlichen **Navalady Beach** in die Fluten stürzen (was allerdings kaum jemand tut). Aus diesem Grund empfehlen die Einheimischen, nicht allein zu weit abseits der Wege umherzustreifen.

Imperial Saloon
HEILIGTUM

(Trinco Rd.; ☉8.30–20.30, So 8.30–13 Uhr) Wer sich in der Stadt aufhält, sollte sich in diesem Salon die Haare schneiden lassen (300 Rs), denn er ist ein Kunstwerk. Jeder Millimeter ist mit dekorativen Malereien, künstlichen Blumen, Pailletten, Filigranarbeiten, Buntglas und Lamettagirlanden geschmückt. Im rückwärtigen Bereich befindet sich unter einem künstlichen Himmel ein glaubensübergreifendes Heiligtum, in dem Durga, Maria und der Buddha ein Auge auf alles haben.

Niederländisches Fort
FESTUNG

(Bazaar St; ☉8.30–16.15 Uhr) Das weitläufige Verwaltungsgebäude *(kachcheri)* der Festung von Batti ist von 6 m dicken Mauern umgeben. Im Fort selbst befinden sich Ministerien; das Bauwerk ist nicht sonderlich interessant, beherbergt jedoch ein winziges **Museum** mit mehreren spannenden Exponaten, die allerdings nur auf Tamilisch beschriftet sind. Am östlichen Eingangstor stehen diverse Kanonen, die das District Secretariat Office bewachen. Ein schöner Blick auf das Fort bietet sich auf der anderen Seite vom Wasser neben der winzigen **Auliya-Moschee** (Lady Manning Dr.) mit ihrem ausgefallenen grünen Minarett.

Sri Lanka Diving Tours
TAUCHEN

(☏031 371 7451, 077 061 5205; www.srilanka-divingtours.com; Navalady) Die im Deep Sea Resort stationierte Tauchschule hat sich auf Schiffswracks spezialisiert – aus einem konkreten Grund: Hier liegt die HMS *Hermes*, ein britisches Schiff, das japanische Bomber 1942 versenkten. Der Tauchgang ist nur für Tec-Taucher machbar (der fünftägige Zertifikatskurs für sehr fortgeschrittene Taucher wird hier ebenfalls angeboten); weniger Geübte können in dieser Gegend an diversen Felsen tauchen. Ein Tauchgang kostet 40 US$, der Kurs im offenen Gewässer 335 US$.

Batticaloa Market
MARKT

(Lloyds Ave.) Hier kann man sich in entspannter Umgebung mit Obst und Andenken für die Daheimgebliebenen eindecken – beispielsweise mit Löffeln aus Kokosnussrinde und Palmzucker.

🛏 Schlafen

Viele Hotels befinden sich in Kallady. Mit dem Tuk-Tuk kommt man von der Innenstadt für 150 Rs dorthin.

YMCA
GÄSTEHAUS $

(☏222 2495; Boundary Rd.; EZ/DZ/3BZ ab 690/920/1150 Rs, mit Klimaanlage 1725/2300/2875 Rs; ❄) Mann, ist das billig hier! Die Zimmer sind – vor allem im neuen Flügel – riesig, die Lage ist zentral und ruhig. Und das Personal ist so freundlich und dienst-

Batticaloa

beflissen, dass sich schon der Gedanke aufdrängt, dass da was im Busch sein könnte (ist es aber nicht, die sind wirklich nur hilfsbereit). Die Zimmer sind allerdings nicht gerade die saubersten, und zu essen gibt es hier auch nichts – aber bei dem Preis ist das doch eigentlich egal, oder?

Riviera Resort HOTEL $
(✆222 2164/5; www.riviera-online.com; New Dutch Bar Rd., Kallady; EZ/DZ ab 750/1200 Rs, DZ mit Klimaanlage ab 3000 Rs; ❄@☎) Das Hotel am Wasser mit wild wuchernden Gärten und Blick auf die Kallady-Brücke und die Lagune ist ein friedlicher Flecken Erde, es liegt nicht einmal 1 km nördlich der Brücke. Zur Auswahl steht eine ganze Reihe an ordentlichen, sauberen Bungalows. Die billigeren Zimmer könnten mal einen Eimer Farbe vertragen, verfügen aber über heißes Wasser und Moskitonetze und haben durch ihre Balkendecken auch irgendwie Stil. Die teureren Zimmer sind wunderschön möbliert, mit hübschen Bettüberwürfen geschmückt und haben zusätzlich eine kleine Terrasse. An der Lagune stehen Bänke, um die Aussicht zu genießen – eine gute Idee.

Deep Sea Resort GÄSTEHAUS $
(✆031 371 7451, 077 061 5205; www.srilanka-divingtours.com; Navalady; Zi. mit/ohne Klimaanlage 4000/2500 Rs; ❄@☎) Auch wer nicht beabsichtigt, mit den ebenfalls im Komplex untergebrachten Mitarbeitern von Sri Lanka Diving Tours zum Tauchen zu gehen, ist mit dem winzigen Deep Sea Resort bestens bedient – es liegt allerdings etwas abseits. Das unlängst im ruhigen Navalady (etwa 5 km von der Kallady Brücke entfernt) eröffnete Gästehaus verfügt über frische, moderne Zimmer und ein Restaurant in einer Gartenlaube mit Blick auf die Lagune (Hauptgerichte 450–700 Rs). Dort kann man sich perfekt die fangfrischen Meeresfrüchte

Batticaloa

◎ Sehenswertes
 1 Anipandi Sitivigniswara Alayar A4
 2 Auliya-Moschee C2
 3 Niederländisches Fort C3
 4 Niederländisches Fort-Museum C3
 5 Imperial Saloon B1
 6 Jami-Us-Salem Jummah Masjid B3
 7 Markt B2
 8 Methodistenkirche B4
 9 St. Anthony's B3
 10 St. Mary's Cathedral B3
 11 St. Michael's College B3

🛌 Schlafen
 12 Subaraj Inn B2
 13 YMCA A1

🍴 Essen
 14 RN Buffet & Take Away A3
      Subaraj Inn .... (siehe 12)
 15 Sun Shine Fast B1
 16 Sun Shine Fast B1
 17 TD Foods & Takeaway A3

🍷 Ausgehen
 18 Café Chill C2

---

schmecken lassen und nebenbei vielleicht einen Roman schreiben.

Subaraj Inn   HOTEL $
(222 5983; 6/1 Lloyds Ave.; Zi. mit Klimaanlage ab 2200 Rs; 🅿🛜) Das komfortable und irgendwie kuriose Subaraj gehört zu dem Typ Hotel, in dem das Personal eine Uniform trägt und die Zimmer altmodisch, aber absolut ordentlich sind. (Die preisgünstigen Zimmer zu 990 Rs, die ohne Klimaanlage auskommen müssen, sind nicht zu empfehlen: sie sind eng und stickig.) Das Haus wird professionell geführt, existiert schon seit ewigen Zeiten und hat eine nette Bar mit Restaurant zu bieten.

Hotel Bridge View   HOTEL $
(222 3723; www.hotelbridgeview.com; 63/24 New Dutch Bar Rd., Kallady; EZ/DZ/3BZ ab 1120/ 1300/1560 Rs; 🅿) Das 1 km von der Brücke entfernte Gartenhotel vom alten Schlag ist reizend. Alle Zimmer sind von Pflanzen umgeben, aus irgendwelchen unerfindlichen Gründen sind jedoch die Räume im alten Teil besser als die im neuen Flügel. Der besagte Blick auf die Brücke existiert allerdings bloß in der Fantasie. Im Restaurant (Hauptgerichte 250–450 Rs) gibt es ordentliche Meeresfrüchte und Currys.

Railway Station   GÄSTEZIMMER $
(222 4471; Station Rd.; DZ/FZ 700/1000 Rs) Der Bahnhof von Batti beherbergt wenig genutzte, aber erstaunlich ordentliche Zimmer für Gäste, die in Besitz einer Fahrkarte sind. Unschlagbar, wenn jemand morgens in aller Frühe zum Zug muss.

Essen & Ausgehen

RN Buffet & Take Away   SRI-LANKISCH $$
(42 Covington Rd.; Mittagsbüfett 450 Rs; ⏰11–14.30 Uhr) Dieses blitzsaubere kleine Speiselokal, das sich über einem Kolonialwarenladen befindet, serviert ein köstliches Mittagsbüfett, das aus sechs nicht übermäßig scharfen Gerichten besteht. Lecker ist auch das Gebäck. Das Lokal wird von einem reizenden Paar geführt.

TD Foods & Takeaway   SRI-LANKISCH $
(15 Covington Rd.; Hauptgerichte 150–320 Rs) Das winzige TD funkelt nur so vor bunten Lichtern und chinesischen Laternen und befindet sich direkt neben einem tamilischen Musikgeschäft – anders ausgedrückt: das beste Ambiente, das man sich nur vorstellen kann. Das Lokal ist bei Familien beliebt, die sich die hervorragenden Biryanis, Nudeln und *kotthu rotti* (gehackte Teigfladen mit Gemüse) schmecken lassen.

Riviera Resort   SRI-LANKISCH $
(222 2164/5; www.riviera-online.com; New Dutch Bar Rd.; Hauptgerichte 100–350 Rs; ⏰12–15 & 17–22 Uhr) Im altmodischen Riviera wird der Drink auf der Veranda kredenzt, wo ein Angestellter auch die Bestellung der Gäste entgegennimmt. Etwa eine Stunde später werden die Gäste in den Speiseraum gerufen, wo auf der weißen Tischdecke allerlei köstliche Gerichte dampfen. Das Essen ist die relativ lange Wartezeit auf alle Fälle wert. Das Riviera ist für seine Krabbencurrys (ab 200 Rs) und das Cashewcurry (260 Rs) bekannt.

Seven Star   SRI-LANKISCH $
(New Kalmunai Rd., Kallady; Reis & Curry 100–200 Rs) Ein einfaches einheimisches Lokal, in dem es leckeres Reiscurry gibt – das beste weit und breit, wie die Scharen an Mittagsgästen, die das Lokal tagtäglich belagern, gerne bestätigen. Das Seven Star liegt ein Stück nördlich vom Uhrturm.

Sun Shine Fast
SRI-LANKISCH $

(315 Trinco Rd.; Hauptgerichte 160–250 Rs) Das Sun Shine mit zwei direkt gegenüberliegenden Filialen bietet mittags ein leckeres Reiscurry, abends bekommt man kleinere Gerichte und Kuchen und nachts Nudeln und frittierten Reis zum Mitnehmen. Das Essen ist einfach, aber gut.

Subaraj Inn
SRI-LANKISCH $$

(6/1 Lloyds Ave.; Hauptgerichte 175–650 Rs; ⊙12–15 & 19.30–21.30 Uhr) Die Bar und das Restaurant sind gemütlich, und schnell kommt ein Gespräch in Gang, was wohl auch daran liegt, dass während des Krieges hier viele Expats herumhingen. Auf der Speisekarte stehen überwiegend einheimische und chinesische Gerichte.

Café Chill
CAFÉ $

(9 Pioneer Rd.; Getränke & Snacks 40–150 Rs; ⊙9–21 Uhr) Kaffee, Tee, Säfte und Lassis schmecken herrlich in der entspannten Atmosphäre, zu der die Windspiele, die niedrigen Sessel und Tische aus Baumstämmen, die zum Teil im Freien stehen, das Ihre beitragen. Das Flair ist super, und der Espresso schafft es langsam auch bis hierher.

❶ Praktische Informationen

Die **Bank of Ceylon** (Covington Rd.), die **Commercial Bank** (Bar Rd.) und die **People's Bank** (Covington Rd.) verfügen alle über einen Geldautomaten.

Google World (Station Rd.; Internet Std. 40 Rs; ⊙8.30–20.30 Uhr) Das flotteste Internet in der ganzen Stadt.

Post (Post Office Rd.; ⊙Mo–Fr 7–20, Sa 7–18, So 7–17 Uhr)

Public Library (Bazaar St; Internet Std. 30 Rs; ⊙9–17 Uhr, Mi & *Poya*-Tage geschl.) Öffentliche Bibliothek mit Internetzugang.

SunNetCafe (Trinco Rd.; Internet Std. 40 Rs; ⊙8–20 Uhr)

Touristeninformationskiosk (Bazaar St.; ⊙9–17 Uhr)

Tripna Travels & Tours (St Anthony's St.; ⊙Mo–Fr 9–17.30, Sa 9–13 Uhr)

❶ An- & Weiterreise

BUS CTB-Busse, Privat- und Minibusse unterhalten nebeneinander alle Bushaltestellen in der Munai Street, fahren aber dennoch oft in der Nähe vom Polizeirevier ab (vorher anfragen). Kalmunai ist als Drehkreuz der Minibisse wichtig; wer also in Batticaloa nicht die passende Verbindung findet, sollte sich nach diesem Ort erkundigen. Bei Drucklegung des Reiseführers mussten die Busse nach Trinco noch die lange Strecke fahren; sobald die Küstenstraße repariert ist, verkürzt sich die Fahrzeit. Hier einige nützliche Verbindungen:

Ampara 84 Rs, 3 Std., 2-mal tgl.

Badulla 205 Rs, 6 Std., 5-mal tgl.

Colombo 275 Rs, 9 Std., 3-mal tgl.

Jaffna (über Vavuniya) 380 Rs, 7 Std., 10-mal tgl.

Kalmunai 60 Rs, 1½ Std., alle 15 Min.

Polonnaruwa 75 Rs, 1½ Std., stündl.

Pottuvil (für die Arugam Bay) 125 Rs, 5 Std., 14-mal tgl.

Trincomalee 201 Rs, 7 Std., 10-mal tgl.

Valaichchenai (für Passekudah und Kalkudah) 48 Rs, 1 Std., alle 15 Min.

ABSTECHER

VAKARAI

Kalkudah und Passekudah sind hübsch, aber an den weißen Sand von Vakarai (etwa 20 km nördlich) reichen sie nicht heran. Am schönsten lassen sich diese Strände im Rahmen eines unkonventionellen Aufenthalts in den **Tranquility Coral Cottages** (☏011-262 5404; http://tccvakaraisl.com; Sallithievu Rd., Pannichankerni; Cottages inkl. Mahlzeiten 4000–8000 Rs) genießen. Die Lage des Tranquility ist schlichtweg traumhaft: Die Anlage befindet sich am Ende einer Landzunge neben einem aufgelassenen Luftwaffenstützpunkt mit Blick auf eine üppig bewachsene Insel, die mit dem Strand durch eine Sandbank verbunden ist. Strom gibt es hier nur abends. Die drei Cottages sind einfach eingerichtet – das schönste liegt nur ein paar Schritte vom Wasser entfernt. Eine Köchin zaubert hervorragende Gerichte mit Fischen, die gleich in der Nähe aus dem Meer geangelt wurden – aber sie ist auch so ziemlich die Einzige hier. Kein Wunder, dass man ohne einen eigenen fahrbaren Untersatz nur schwer dorthin kommt – aber es ist möglich: Von Batti nimmt man den Bus nach Vakarai (107, Rs 3 Std., 6-mal tgl.) und steigt an der Kreuzung Sallithievu aus; zum Tranquility sind es dann noch 2 km zu Fuß.

Die meisten Backpacker geben den Privatbussen nach Colombo den Vorzug:

Royal Cool Bar & Sweet House (Trinco Rd.; 6–22 Uhr) Nach Colombo (normal/klimatisiert 500/750 Rs, 21 und 21.30 Uhr) und Trincomalee (270 Rs, 3-mal tgl.).

Surena Travels (222 6152; Munai St; 16.30–20.30 Uhr) Nach Colombo (500 Rs, 10 Std., 20.30 Uhr).

FLUGZEUG Helitours (011 311 0472, 011 314 444; www.airforce.lk, helitours@slaf.gov.lk) von der sri-lankischen Luftwaffe bietet Flüge mit Militärmaschinen vom Flughafen Batticaloa, 2 km südwestlich von der Bushaltestelle, zur Ratmalana Air Force Base in Colombo an. Die Flieger verkehren dienstags in beide Richtungen (einfache Strecke 6100 Rs). **Sri Lankan Airlines** (1979; www.srilankan.lk) plant ebenfalls Flugverbindungen nach/von Colombo.

ZUG Intercityzüge sollte man im hilfreichen **Bahnbüro** (222 4471; 8.30–16 Uhr) lang im Voraus buchen.

Colombo Intercity express 3./2./1. Klasse 320/500/900 Rs, 7½ Std., 7.15 Uhr

Colombo semi-express 3./2. Klasse 230/420 Rs, 7.15 Uhr (9 Std.) und 17.45 Uhr (11 Std.)

Trincomalee semi-express (Transfer in Gal Oya) 3./2. Klasse 150/280 Rs, 5 Std., 7.15, 10.30, 17.45 und 20.15 Uhr

RAWANA & DER SWAYAMBHU LINGAM

Der Funkmast gegenüber vom Swami Rock gilt als die mythische Heimat des zehnköpfigen Dämonenkönigs Rawana. Im Ramayana ist er der hinduistische Bösewicht, der für die ruchlose Entführung von Ramas Gattin Sita verantwortlich zeichnet. Neben Sita soll er auch den bedeutenden Swayambhulingam nach Sri Lanka gebracht haben, den er auf einem tibetischen Berggipfel geraubt hatte; dieser avancierte zum Objekt unglaublicher Verehrung. 1624 zerstörten missionierende katholische Portugiesen dann den Bergtempel und stürzten die gesamte Anlage – einschließlich *lingam* – ins Meer. Erst 1962 fand ein Taucherteam, dem auch der Schriftsteller Arthur C. Clarke angehörte, den Schatz im Meer. Clarke beschreibt die Entdeckung in seinem Buch *The Reefs of Taprobane*. Für den Kameramann Mike Wilson, der den *lingam* als Erster entdeckte, war das Erlebnis so tiefgreifend, dass er Beruf und Familie aufgab und von da an als Hindu Swami Siva Kalki (siehe http://kataragama.org/sivakalki.htm) lebte.

Rund um Batticaloa

BATTICALOA LIGHTHOUSE

Der **Leuchtturm** von Batticaloa (Palameenmadu) und die umliegende Küste sind schöne Ziele für einen netten Familienausflug (Wochenenden meiden). Der eigentliche Reiz, die Gegend um Batticaloa aufzusuchen, besteht im ruhigen Meer mit seinen Sandbänken, Inseln und Buchten, das zum ausgiebigen Schwimmen einlädt. Wer gern Vögel und Krokodile beobachtet, unternimmt einen **Bootsausflug** (350–3000 Rs; 8–19 Uhr). Das **Environmental Learning Centre** (065-306 4646; EZ/DZ 750/1200 Rs) gegenüber vom Leuchtturm vermietet ein paar winzige, tadellose Zimmer, der nagelneue **Sunrise Resort** (065-222 2451; sunrise_batti@yahoo.com; Zi. ab 2500 Rs; ✱) bietet Zimmer und ein Restaurant.

Von Batticaloa aus kostet ein Tuk-Tuk 350 Rs; es soll jedoch auch eine Bootsverbindung vom Batticaloa Gate in der Stadt zum Leuchtturm eingerichtet werden – sicher eine malerische Fahrt. Wer eine solche unternehmen möchte, sollte am besten in der Touristeninformation nachfragen, wie weit die Pläne schon gediehen sind.

KALKUDAH & PASSEKUDAH BEACH

An beiden Seiten der mit Palmen bestandenen Landspitze Kalkudah nördlich von Batticaloa zieht sich ein atemberaubender, geschwungener Sandstrand entlang. Die Hotels und Unterkünfte, die einst die Straße südwestlich des Dorfes Kalkudah säumten, fielen alle dem Krieg oder dem Tsunami zum Opfer, doch langsam entwickelt sich der Tourismus wieder, und zwar sogar recht flott. Der am nördlichsten gelegene Passekudah Beach ist jedenfalls wunderschön mit seinem seichten Wasser; allerdings vergnügen sich hier oft ganze Busladungen voller Einheimischer. Wer noch ein Stück weiter nach Norden marschiert, ist dann jedoch meist für sich allein.

Der Kalkudah Bay Beach liegt jenseits einer Landspitze im Süden und ist total verwaist. Das Meer ist hier rauer, der Strand aber herrlich breit und schön. Ein Militärcamp am Ende der Straße von Valaichchenai nach Kalkudah blockiert den Hauptzugang; einfach das Camp umrunden und die Stichstraße zum Strand 800 m weiter südlich nehmen.

Einige der besten Gästehäuser liegen etwa 2 km zurückversetzt vom Strand an der Straße von Valaichchenai nach Kalkudah, so auch das **New Land Guesthouse** (065-568 0440; Zi. 1000 Rs, Hauptgerichte 200–250 Rs) mit einer schattigen Terrasse, Gärten, einfachen, aber luftigen Zimmern (um das große bitten!) und angenehmem Flair sowie das **Victoria Guest House** (065-077 957 8968; victoriaghouse@yahoo.com; EZ/DZ ab 1500/2000 Rs, Hauptgerichte 250 Rs;). Victoria ist die Mutter des Besitzers, der das Simla Inn gleich nebenan leitet. Sie ist bekannt für ihre leckeren Currys, aber auch für ihr Durchhaltevermögen während des Kriegs und nach dem Tsunami. Heute führt ihre Tochter Mercy in ihrem Gästehaus ein strengeres Regiment. Das **Moni Guesthouse** (065-365 4742; DZ mit/ohne Klimaanlage 2500/1500 Rs) liegt mitten im Geschehen, es bietet ein familiäres Ambiente und Strandnähe.

Busse von Batticaloa nach Valaichchenai (48 Rs, 1 Std., alle 15 Min.) fahren eine Haltestelle in Pethalai an, dort kostet ein Tuk-Tuk zum Strand (inkl. Wartezeit) 300 Rs (hin & zurück). Nach 17 Uhr verkehren weniger Busse; in diesem Fall macht es Sinn, zur Kreuzung Valaichchenai an der A15 (Trinco Rd.) zu laufen. Diese liegt etwa 1 km vom Valaichchenai-Markt entfernt, dort kann man einen der vielen Fernbusse heranwinken. Ein Tuk-Tuk vom Markt zum Strand kostet einfach/hin & zurück 200/400 Rs.

Es gibt zusätzlich noch einen Bahnhof namens Kalkudah: Er ist winzig klein, total abgelegen und befindet sich 2 km südwestlich vom Kalkudah Beach an der selten benutzten Abkürzung von Kumburumoolai kommend. Hier muss man aussteigen und in Richtung Norden über das gut gekennzeichnete Minenfeld zur Zugangsstraße zum Strand gehen.

Trincomalee

026 / 57 000 EW.

Trincomalee (Trinco) durchlitt während des Krieges schwere Zeiten, doch langsam blüht diese faszinierende Stadt wieder auf. Sie liegt an einem der schönsten Naturhäfen der Welt und ist so alt, dass es kaum zu glauben ist: Möglicherweise befand sich hier die Stätte des historischen Gokana aus dem *Mahavamsa* (Große Chronik), der hiesige Shiva-Tempel am Trikuta-Berg ist im hinduistischen Text der Vayu Purana erwähnt. Die meisten Backpacker kommen nur auf dem Weg zu den nahen Stränden Uppuveli und Nilaveli durch die Stadt. Trinco hat jedoch seinen Reiz, bietet den Besuchern jede Menge Geschichte und eine interessante, vielfältige Bevölkerung.

Der Trumpf Trincomalees ist sein fantastischer Tiefwasserhafen, der in der Geschichte das Ziel vieler Angriffe war: Bis zur Übernahme durch die Briten im Jahr 1795 hatte die Stadt bereits siebenmal den Kolonialherrn gewechselt. Heute kontrollieren die Streitkräfte Sri Lankas das Fort Frederick sowie das von den Briten erbaute Flugfeld China Bay im Süden.

Sehenswertes & Aktivitäten

Fort Frederick & Umgebung FESTUNG
Das von den Portugiesen errichtete Fort Frederick wurde von den Niederländern umgebaut. Heute schmücken britische Insignien den tunnelartigen Zugang, der die massiven Mauern durchstößt. Ein Großteil der Festung befindet sich unter Militärhoheit, es besteht jedoch die Möglichkeit, bis zu der großen, neuen **Buddhastatue** am **Gokana- Tempel** zu spazieren. Die Straße führt dann weiter bis zum malerischen **Swami Rock**, einer 130 m hohen Klippe mit dem Spitznamen „Lovers' Leap" und dem ehrwürdigen **Koneswaram Kovil** (6–11, 11.30–13.30 & 16.30–19 Uhr). Er ist einer von Sri Lankas *pancha ishwaram*, der fünf historischen Hindutempel, die Shiwa geweiht sind und errichtet wurden, um die Insel vor Naturkatastrophen zu schützen. Der Tempel beherbergt einen *lingam* (hinduistisches Phallussymbol), genau gesagt den **Swayambhu Lingam** (s. Kasten S. 255); der Tempel gilt deshalb auch als eine der spirituell bedeutendsten Hindustätten Sri Lankas. Das originale Heiligtum ist vermutlich erheblich älter, doch der Tempel existierte schon mindestens um 300 und wurde im Lauf der Jahre von allen und jedem umgebaut – von der Chola-Dynastie bis zum Königreich Jaffna (sein *gopuram* soll für die Seeleute vom Meer zu sehen gewesen sein), bis die Portugiesen ihn schließlich zerstörten. Das derzeitige Bauwerk datiert aus dem Jahr 1952. Vor dem Tempel lohnt ein Blick auf ein Stück der originalen Struktur oben auf einem Felsblock. Sie wur-

de vor der Errichtung des neuen Tempels zur Andacht genutzt. *Puja* (Gebetszeit) ist um 6.30 Uhr, 11.30 Uhr und 16.30 Uhr. Die Schuhe müssen am Fuß des Hügels abgegeben werden (10 Rs).

Religiöse Sehenswürdigkeiten
SAKRALBAUTEN

Der **Kali Kovil** (Dockyard Rd.) hat von den vielen Hindutempeln in Trinco den beeindruckendsten und auch auffälligsten *gopuram*. Die anderen wirken äußerlich relativ schlicht, so auch der **Kandasamy Kovil** (Kandasamy Kovil Rd.), der Murugan geweiht ist. Von den Kirchen ist die katholische **St Mary's Cathedral** (St Mary's St.) aus dem Jahr 1852 mit ihrer himmelblauen, neubarocken Fassade besonders attraktiv.

Strände
STRÄNDE

Die Strände von Trinco befinden sich im nahen Uppuveli und Nilaveli, die **Dutch Bay** ist ebenfalls empfehlenswert. Die Bucht eignet sich eher für einen Spaziergang, aber man kann trotz der bisweilen gefährlichen Strömungen auch schwimmen. **Manayaweli Cove** ist ein ansprechender Fischerstrand, der sich ebenfalls zum Schwimmen eignet. Wie man hinkommt? Einfach am **Manayaweli Pond** (oder: Dhoby-See) vorbeigehen, an dessen Ufer die Einheimischen ihre Wäsche waschen. Das verschmutzte Wasser des **Inner Harbour** (Innerer Hafen) eignet sich keinesfalls für ein Bad!

🛏 Schlafen

Aus gutem Grund ziehen die meisten Backpacker es vor, sich in Uppuveli einzuquartieren, das nur 6 km weiter nördlich liegt.

Silver Star Inn
HOTEL $

(222 2348; Fax 222 1889; 27 College St; DZ/3BZ ab 1300/2000 Rs, 3BZ/4BZ mit Klimaanlage 3500/5000 Rs; ❄) Das freundliche Silver Star gilt als das beste Hotel der Stadt mit sauberen Zimmern samt Moskitonetzen sowie nettem Personal. Die Zimmer im zweistöckigen Gebäude kommen teurer, bieten dafür aber eine hübsche Aussicht. Außerdem liegen sie weiter von der Küche und dem Hochzeitssaal entfernt, wo es, wenn Abendveranstaltungen stattfinden, oft laut zugeht (vorher erkundigen).

Welcombe Hotel
HOTEL $$

(222 3885/6; www.welcombehotel.com; 66 Orr's Hill Lower Rd.; EZ/DZ ab 74/78 US$; ❄🛜🏊) Langsam lässt der Effekt zwar nach, aber wegen seiner japanisch angehauchten modernen Perspektiven und Linien gilt das Welcombe in architektonischer Hinsicht als das interessanteste Hotel von Trincomalee. Der Pool und die Balkone haben Meerblick, das Personal ist freundlich, und der Preis lässt sich oft aushandeln. Jedenfalls ist das Hotel – zumindest für Trincomalee – ein nettes kleines Refugium am Meer (oder zumindest nicht ewig weit weg davon). In einer früheren Inkarnation befand sich hier ein Marinezentrum, zu dem angeblich auch eine Folterkammer gehört haben soll. Na dann gute Nacht!

Sun Flower
HOTEL $

(222 7078; 154 Post Office Rd.; DZ mit/ohne Klimaanlage 2000/1000 Rs) Ein einfaches, ruhiges Hotel über einer Bäckerei, von der gelegentlich Duftwolken aufsteigen, wenn ein Kuchen gebacken wird – aber leider auch genauso stinkende Wolken vom Müll auf der Straße. Das Sun Flower ist gepflegt und ruhig und die Besitzer sind sehr nett – die Duschen allerdings bestenfalls lauwarm. Außerdem sind ausgerechnet die Zimmer mit Klimaanlage auch noch mit Moskitonetzen bestückt – das verstehe einer.

🍴 Essen & Ausgehen

Ajmeer Hotel
SRI-LANKISCH $

(65 Post Office Rd.; Hauptgerichte 100–250 Rs; ⏱5.30–22.30 Uhr) In dem beliebten Halal-Lokal gibt es mittags hervorragende Reiscurrys (100–190 Rs) – sogar die vegetarische Variante ist köstlich. Immer wieder wird nachgereicht, die Portionen sind gewaltig, und die Atmosphäre ist sehr nett.

Anna Pooram Vegetarian Restaurant
SÜDINDISCH $

(415 Dockyard Rd.; Snacks 15–80 Rs, Reis & Curry 120–150 Rs) Das einfache, kleine, rein vegetarische Lokal bietet *idlis* (Reiskuchen), *sambar* (suppenartiges Linsengericht mit Gemüse), Tee und Snacks, für den großen Hunger kann aber auch ein richtiges Mittagessen bestellt werden. Es stehen zwar ein paar Tische herum, aber eigentlich sind alle Gerichte zum Mitnehmen gedacht.

Welcombe Hotel
EUROPÄISCH $$

(222 2373; 66 Orr's Hill Lower Rd.; Hauptgerichte 450–750 Rs; ⏱11–15.30 & 19–21.30 Uhr) In diesem Hotel-Restaurant können die Gäste

Trincomalee

nett im Freien mit Blick auf den Hafen essen. Auf den Tisch kommen authentische und meist gelungene westliche Gerichte, beispielsweise Lammkotelett in Wein-Rosmarin-Soße und Riesengarnelen mit Zitronen-Knoblauch-Butter. Das Welcome ist aber auch eine nette Adresse für einen abendlichen Drink.

New Parrot Restaurant SRI-LANKISCH $
(96 Main St; Hauptgerichte 100–300 Rs; ⊙12–14 & 17–20 Uhr, So abends geschl.) Der gebratene Reis schmeckt immer gut, ebenso *kotthu* und die Nudelgerichte.

Green Park Beach Hotel INDISCH $$
(312 Dyke St.; Hauptgerichte 375–600 Rs; ⊙) Auf der umfangreichen Speisekarte stehen Gerichte aus Nordindien, vor allem lockt hier jedoch das kostenlose WLAN.

ⓘ Praktische Informationen

Die **Commercial Bank** (Central Rd.) und **HNB** (Court Rd.) haben Geldautomaten, die auch wirklich funktionieren.

Khethush Internet Browsing Spot (380 Court Rd.; Internet Std. 40 Rs; ⊙Mo–Sa 8–20 Uhr)

Lonely Planet (www.lonelyplanet.com/sri-lanka/the-east/trincomalee) Bietet Ratschläge,

Trincomalee

◎ Highlights
Manayaweli Cove	D5
Swami Rock	D1

◎ Sehenswertes
Buddhastatue	(siehe 2)
1 Fort Frederick	C3
2 Gokana-tempel	C2
3 Kali Kovil	B3
4 Kandasamy Kovil	D1
5 Koneswaram Kovil	B4
6 St Mary's Cathedral	C4
Swayambhu Lingam	(siehe 5)

🛏 Schlafen
7 Silver Star Inn	B3
8 Sun Flower	B4

🍴 Essen
9 Ajmeer Hotel	B4
10 Anna Pooram Vegetarian Restaurant	B3
11 Green Park Beach Hotel	C4
12 New Parrot Restaurant	B2

Empfehlungen der Autoren, Kommentare von Backpackern und Insidertipps.

Post (Post Office Rd.; ⊙Mo–Sa 7–19, So 8.30–16.30 Uhr)

Trincomalee Public Libary (Dockyard Rd.; Internet Std. 40 Rs; ⊙Di–So 8.30–17.30) Die öffentliche Bibliothek bietet Internetzugang in heller, freundlicher Umgebung.

ZainabCom (Dockyard Rd.; ⊙8.30–20.30 Uhr) Für Telefonate ins Ausland (Min. 4 Rs).

❶ An- & Weiterreise

BUS Die Küstenstraße nach Batticaloa war während der Recherchen zu diesem Reiseführer noch gesperrt. Nach Beendigung der Reparaturarbeiten an der A15 verkürzt sich die Fahrzeit. Hier einige nützliche CTB- und Privatbusverbindungen:

Anuradhapura Rs 185, 4 Std., 3-mal tgl. vormittags

Batticaloa (über Habarana und Polonnaruwa) 200 Rs, 7 Std., 10-mal tgl.

Colombo ab 240 Rs, 7 Std., häufig

Colombo (klimatisiert; im Voraus buchen) 490 Rs, 6 Std., 2-mal abends

Jaffna (über Vavuniya) 270 Rs, 7 Std., 8-mal tgl.

Kandy 210 Rs, 5 Std., 16-mal tgl., plus zwei Busse tgl. mit Klimaanlage (358 Rs)

Uppuveli/Nilaveli 12/22 Rs 20/30 Min., alle 20 Min.

FLUGZEUG Helitours (☎011 311 0472, 011 314 444; www.airforce.lk, helitours@slaf.gov.lk), die kommerzielle Fluggesellschaft der Luftwaffe Sri Lankas, führt mit ihren Militärflugzeugen Passagierflüge vom China Bay Airfield, 13 km südlich der Stadt, zum Luftwaffenstützpunkt Ratmalana bei Colombo. Flüge in beide Richtungen werden montags und freitags angeboten (einfach 4100 Rs, 1 Std.).

Bei Drucklegung dieses Reiseführers plante **Sri Lankan Airlines** (☎1979; www.srilankan.lk) eine Airtaxi-Verbindung auf der Strecke Colombo – Trincomalee.

ZUG Zwei Züge am Tag verkehren auf der Strecke Trincomalee – Colombo Fort, darunter auch ein Direktzug, der mit Schlafwagen ausgestattet ist. In jedem Zug besteht die Möglichkeit, in Gal Oya umzusteigen, um nach Batticaloa zu gelangen; der Abendzug ist allerdings nicht empfehlenswert: Der Zwischenaufenthalt ist lang und spät. Reservierungen sind in der **Trincomalee Station** (☎222 2271; ⊙ Buchungen 8–12 Uhr) möglich.

Verbindungen ab Trincomalee:

Batticaloa 3./2. Klasse 150/280 Rs, 5 Std., 7 Uhr

Colombo (Schlafwagen) 3./2./1. Klasse Schlafwagen 270/450/750 Rs, 9 Std., 7.30 Uhr

Colombo ohne Reservierung (Umsteigen in Gal Oya) 3./2. Klasse 205/370 Rs, 9 Std., 7 Uhr

Uppuveli & Nilaveli
☎026

Jetzt, da der Frieden eine beschlossene Sache ist, erkunden immer mehr Backpacker Uppuveli und Nilaveli. Die Szene ist hier erheblich lockerer und umgänglicher – und die Gästehäuser sind auch einen Tick teurer als an der Arugam Bay. Die Anwohner von Nilaveli behaupten, dass das Wasser in Uppuveli nicht so klar sei wie in Nilaveli, aber die Uppuvelier kontern dann gleich, dass ihr Strand im Vergleich zu den weiten Freiflächen Nilavelis erheblich gemütlicher ist. Wie dem auch sei: Pigeon Island, eine hübsche Insel mit Riff, die 1 km vor Nilaveli aus dem Meer ragt, gefällt allen. Sie eignet sich perfekt für einen Tagesausflug zum Schnorcheln und Tauchen.

UPPUVELI

Uppuveli, 6 km von Trincomalee entfernt, breitet sich weniger weit aus als Nilaveli und bietet deutlich mehr Billigunterkünfte; manche sind jedoch überteuerte Betonkästen, in denen jede Nacht Partys für das hiesige Hotelpersonal steigen. Man kann hier zum Tauchen und Schnorcheln losziehen, aber bessere Möglichkeiten für diese Aktivität gibt es in Nilaveli.

Sehenswertes & Aktivitäten

Commonwealth War Cemetery FRIEDHOF
(Nilaveli Rd.; Sonnenaufgang bis Sonnenuntergang) Wer eine Pause vom Strandleben einlegen möchte, sollte einen Spaziergang zu diesem wunderschön angelegten Friedhof unternehmen. Er ist die letzte Ruhestätte von mehr als 600 Militärangehörigen des Commonwealth, die im Zweiten Weltkrieg in Trinco ums Leben kamen, die meisten während eines japanischen Angriffs 1942, bei dem über ein Dutzend Schiffe versenkt wurden.

Salli Muthumariamunam Kovil TEMPEL
Der Salli Muthumariamunam Kovil befindet sich direkt am Strand; über die Straße sind es von Uppuveli 4 km, mit dem Boot bloß einen Sprung. Der Tempel liegt jenseits vom Fishermen's Creek und ist durch bewachsene Felsen vor neugierigen Blicken geschützt.

Sri Lanka Diving Tours TAUCHEN
(222 1611, 071 132 3974; www.srilanka-diving tours.com; Chaaya Blu) Das Tauchzentrum Chaaya Blu's zählt zu den besseren Unternehmen in dieser Gegend. Es bietet dreitägige Zertifikatskurse im offenen Gewässer an, die 410 US$ kosten. Außerdem veranstaltet es vor Ort Ausflüge zum Tauchen und Schnorcheln – so auch nach Pigeon Island (80 US$ für zwei Tauchgänge, 40 US$ zum Schnorcheln) und – für fortgeschrittene Taucher – zum Swami Rock in Trincomalee sowie zum Irakkandy-Schiffswrack. Auf dem Programm stehen auch Tauchunterricht für Kinder sowie geführte Bootsausflüge und Angelexkursionen.

Auf eigene Faust mit allerlei exotischem Meeresgetier schnorcheln oder einfach mit der Schwimmbrille im Wasser herumpaddeln kann man am Nordende des Strands von Uppuveli; auch seltene Fische sollen hier schon gesichtet worden sein.

Schlafen

Palm Beach GÄSTEHAUS $$
(222 1250; DZ mit /ohne Klimaanlage 3800/3200 Rs, Anbau EZ mit Gemeinschaftsbad 1500 Rs, DZ 2700 Rs; Nov.–Jan. geschl.;) Das Palm Beach liegt nicht nur wegen der geschmackvoll eingerichteten Zimmer mit dunklen Holzmöbeln, den hübsch gemusterten Vorhängen und den hochwertigen Moskitonetzen das beste Gästehaus in dieser Gegend. Es ist auch blitzblank – die Zimmer werden täglich geputzt – und liegt mitten in einem friedlichen, schattigen Garten nur ein paar Meter vom Strand entfernt. Ein paar richtig nette Haustiere wohnen hier auch noch. Ach ja, auch das Essen und der Espresso sind sehr gut. Sogar die Zimmer im günstigeren Anbau sind freundlich und blitzsauber und erinnern mit Netzen, Holzmöbeln und einem frischen weißen Anstrich auf nette Art an Mönchszellen. Im Voraus buchen.

Chaaya Blu HOTELANLAGE $$$
(222 1611; www.chaayahotels.com; EZ/DZ inkl. Frühstück 215/230 US$, EZ/DZ Chalets inkl. Frühstück 245/260 US$;) Die sagenhafte Einrichtung des Chaaya könnte gar nicht besser zur strahlenden Sonne und dem blauen Meer passen: Zwischen Blütenweiß (auch der Wände) und Tiefblau setzen orangefarbene Dekokissen, Textilien und künstlerische Mosaiken Akzente, in der offenen Lobby sind die wuchtigen Säulen mit Spiegelkacheln gefliest. Die luftigen, gemütlichen Zimmer und Chalets am Strand wurden mit Bedacht gestaltet und liegen am besten Strandabschnitt von Uppuveli. Auch das Essen ist hervorragend. Und wer online bucht, bekommt sogar einen Preisnachlass.

Coconut Beach Lodge GÄSTEHAUS $
(222 4888, 492 5712; sujeevah@yahoo.com; Zi. mit/ohne Klimaanlage 5000/2500 Rs) Das Coconut Beach liegt nicht nur direkt am Strand, sondern verfügt auch über mehrere Terrassen und eine Laube, von denen aus sich während der Happy Hour die Lodge bewundern lässt. Alle sind sehr um das Wohl der Gäste bemüht. In den Standardzimmern finden sich im Bad kleine Kunstwerke; die Zimmer mit Klimaanlage im Haupthaus haben eine luftige Balkendecke, viele Kunstwerke und wirken gemütlich.

Sea Lotus Park HOTELANLAGE $$$
(222 5327; www.lotustrinco.com; EZ/DZ 8100/8700 Rs, Bungalows 6300/6775 Rs;) Die Anlage ist irgendwie die weniger kultige Variante des Chaaya Blu – perfekt funktional mit allem nur erdenklichen Schnickschnack, einem Pool und professionellem Service, aber ohne Stil. Die unlängst renovierten Zimmer wirken durch die Flachbildfernseher recht modern und haben Meerblick. Doch die – etwas verfallenen – Bungalows

Uppuveli

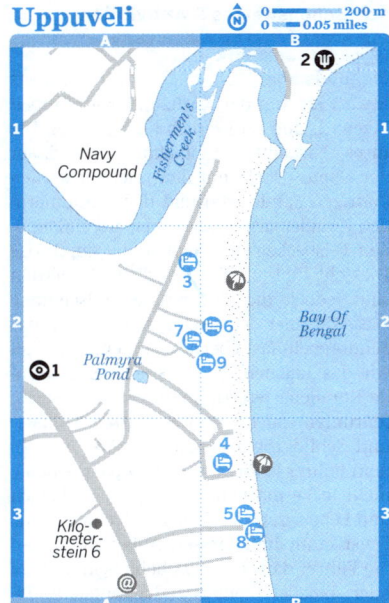

Uppuveli

◉ Sehenswertes
1 Commonwealth War Cemetery..........A2
2 Salli Muthumariamunam Kovil............B1

⦿ Aktivitäten, Kurse & Touren
Sri Lanka Diving Tours ....(siehe 3)

🛏 Schlafen
3 Chaaya Blu...................................A2
4 Coconut Beach Lodge........................B3
5 French Garden Regish......................B3
6 Golden Beach Cottage B2
7 Jaysh Resort.................................A2
8 Palm Beach...................................B3
9 Sea Lotus Park B2

⊗ Essen
Coconut Beach Lodge...............(siehe 4)
Crab ....(siehe 3)
Palm Beach.................................(siehe 8)
Sea Lotus Park ....(siehe 9)

mit Veranda zum Strand hinaus bieten einen so herrlichen Blick, dass die Gäste noch jahrelang davon träumen.

Jaysh Resort GÄSTEHAUS $
(☎320 7015; Zi. ab 2500 Rs; ❄) Das Jaysh wirkt älter als die vier Jahre, die es eigentlich erst auf dem Buckel hat, dafür liegt das Gästehaus aber extrem ruhig neben dem Sea Lotus Park. Ein schmaler Pfad führt zum Strand hinunter.

Golden Beach Cottage GÄSTEHAUS $
(☎721 1243; Zi. ab 2000 Rs) Die Zimmer sind nichts Besonderes, aber das Grundstück mit Picknicktischen ist in Ordnung und befindet sich an einem wunderschönen Strandabschnitt südlich vom Chaaya Blu .

French Garden Regish GÄSTEHAUS $
(☎222 1705; Zi. 1200–1800 Rs) Das Gästehaus liegt zwar direkt am Strand, das einzig Empfehlenswerte ist jedoch der Preis. Das beste der French-Garden-Häuser.

🍴 Essen & Ausgehen

LP TIPP Crab INTERNATIONAL $$$
(Chaaya Blu; Hauptgerichte 600–1300 Rs; ⊙12–23 Uhr) Das Chaaya Blu hat sich mit seinen exzellenten Mittags- und Abendbüfetts (ab 1650 Rs) einen Namen gemacht, die im Hauptrestaurant im Freien stattfinden. Das Café Crab lockt mit einfallsreichen Vorspeisen (Fusionsküche), kreativen leichten Mittagsgerichten (mit vielen Meeresfrüchten) und einer herrlichen Lage am Strand. Damit kann es das Chaaya Blue locker in den Schatten stellen, und zwar vor allem an heißen Tagen. Unbedingt probieren sollte man mittags den Fajita-Fischwrap mit Pommes und Salat (680 Rs) oder die herausgebackenen Krabben-Mais-Fritter mit Gurkendip, grüner Salsa und einer fruchtigen Tomatensoße (1040 Rs). Die Speisekarte der Bar ist umfangreich, die Getränke kosten jedoch extra, und das nicht zu knapp. Der Service lässt sich arg viel Zeit.

LP TIPP Palm Beach ITALIENISCH $$$
(☎222 1250; Hauptgerichte 800–950 Rs; ⊙12–14 & 18.30–21 Uhr, Nov.–Jan. geschl.) „Im Palm Beach gibt es echt gutes italienisches Essen", sagte einmal ein Italiener in Uppuveli. „Und ich meine nicht gut nach srilankischen, sondern gut nach italienischen Maßstäben." Die Küchenchefin des Palm Beach – Dona heißt sie – lässt sich jeden Tag eine neue Speisekarte einfallen; sie basiert auf den Produkten, die auf dem Markt und in ihrem Garten gerade besonders appetitlich wirken. Aus all dem zaubert Dona dann exquisite Klassiker wie Spaghetti mit Tintenfisch und Tomaten, wobei eine Bruschetta mit einem guten Tropfen Wein immer den

Auftakt bildet. Der beste Cappuccino aller Zeiten rundet zum Schluss das Gelage ab. Wer das nette schnörkellose Restaurant ausprobieren möchte, sollte unbedingt einen Tisch reservieren!

Sea Lotus Park INTERNATIONAL $$
(222 5327; Hauptgerichte 400–800 Rs;) Auf der Speisekarte stehen Zehntausende von Gerichten, aber eigentlich hat sich dieses Restaurant auf alles spezialisiert, das mit Fisch, Curry oder der sri-lankischen Variante von Pasta zu tun hat. Außerdem wird noch an den Steaks, dem Cordon bleu vom Huhn und dergleichen gearbeitet. Die Gäste genießen ihr Essen in schöner Atmosphäre am Strand.

Coconut Beach Lodge SRI-LANKISCH $
(222 4888, 492 5712; Hauptgerichte 300–450 Rs) Das relativ neue Coconut Beach bietet bislang nur einige wenige Gerichte an – Reiscurry, gebratenen Reis etc. –, aber alles sorgfältig und mit Liebe zubereitet und im kleinen Patio bei Kerzenschein ganz romantisch serviert. Ein paar Stunden vorher einen Tisch bestellen.

Praktische Informationen

In Uppuveli gibt es keine Banken; man sollte sich deshalb in Trinco mit Geld eindecken.
Jatheik GameNet Cafe (Nilaveli Rd.; Internet Std. 60 Rs; Mo–Sa 8.30–20 Uhr)
St Joseph's Medical Service (Nilaveli Rd.; 24 Std.) Medizinisches Zentrum, das rund um die Uhr geöffnet hat.

An- & Weiterreise

Busse verkehren auf der Strecke Irakkandy-Trincomalee im 20-Minuten-Takt; wer nach Trincomalee (12 Rs, 20 Min.) oder Nilaveli (12 Rs, 10 Min.) möchte, gibt dem Fahrer einfach ein Handzeichen. Ein Tuk-Tuk nach Trinco kostet 300 Rs, nach Nilaveli 500 Rs.

NILAVELI

Jahrelang galt Nilaveli mit seinen Palmen, die sich über den goldenen Sandstrand neigen, als einer der schönsten Strände, die Sri Lanka zu bieten hat. Auch schnorcheln und tauchen kann man hier herrlich, außerdem ist eine hervorragende Tauchschule vorhanden. Mitten am Strand befindet sich allerdings ein riesiges Militärcamp – was einem bewusst macht, dass Nilaveli nicht weit von der alten Kampflinie entfernt liegt.

Sehenswertes & Aktivitäten

LP TIPP Nationalpark Pigeon Island TAUCHREVIER
Etwa 1 km von der Küste entfernt dümpelt Pigeon Island im herrlich blauen Meer. Die Insel – Niststätte der Cauchoistauben, daher der Name – lockt mit ihrem feinen weißen pudrigen Sandstrand und den schimmernden Korallengärten, aber auch mit einladenden Felsbecken und Pfaden, die durch das Dickicht führen. Die eigentliche Attraktion sind jedoch die Unterwasserlandschaften. Das Riff hier ist seicht, sodass sich das Schnorcheln fast ebenso spannend gestaltet wie das Tauchen, zudem sind hier Dutzende Korallenarten, Hunderte von Rifffischen (darunter auch Schwarzspitzen-Riffhaie) und Schildkröten beheimatet. Wer mit einem Führer loszieht, muss ein paar Scheine mehr lockermachen, dafür gibt es Pflanzen und Lebewesen zu sehen, die sich auf eigene Faust kaum finden lassen. Außerdem tragen die Führer dazu bei, dass beim Schnorcheln oder Tauchen kein Schaden entsteht. Pigeon Island wurde 2003 zwar zum Naturschutzgebiet erklärt, Verhaltensmaßregeln bestehen jedoch kaum, und die Zunahme des Tourismus zeigt bereits negative Auswirkungen auf die Riffe und ihre Bewohner. Die Regierung erhebt für den Besuch von Pigeon Island mehrere Gebühren: Der Eintritt kostet für Erw./Kinder 10/5 US$, die Servicegebühr beträgt pro Gruppe 8 US$, die Gebühr pro Boot 125 Rs. Zu der Gesamtsumme kommt noch eine Steuer von 12 %. Bezahlt wird im **Ticketbüro des Pigeon Island National Park** (320 3850; 6–17.30 Uhr) am Strand, bevor es losgeht. Wer mit der Poseidon Diving School oder einem der Hotels unterwegs ist, legt hier einen Stopp ein. Neben den hier aufgeführten Veranstaltern bietet auch Chaaya Blu in Uppuveli Ausflüge zur Insel an. Noch ein Hinweis: Am Marinestützpunkt in Trincomalee befindet sich eine Dekompressionskammer, die sich mit dem Krankenwagen – angeblich – in zehn Minuten erreichen lässt.

LP TIPP Poseidon Diving School TAUCHEN
(077 706 9442; www.divingsrilanka.com) Die empfehlenswertesten Veranstalter von Tauch- und Schnorchelexkursionen um Pigeon Island verlangen 50 € für drei Personen, inklusive Ausrüstung und Boot. Es besteht auch die Möglichkeit, für 800 Rs am Tag die Ausrüstung zu leihen. Zertifikats-

Nilaveli

Nilaveli

🟠 Aktivitäten, Kurse & Touren
    Nilaveli Private Boat Service .....(siehe 1)
1. Nationalpark Pigeon Island
    Ticketverkauf........................ A1
2. Poseidon Diving School B3

🔵 Schlafen
3. Nilaveli Beach Hotel........................... A1
4. Nilaveli Garden Inn................................ A1
5. Pigeon Island Beach Resort A1
    Pigeon Island View Guest House ....(s. 2)
6. Seaway Hotel..B2
7. Shahira A2

kurse im offenen Gewässer kosten 300 €, einzelne Tauchgänge auf Pigeon Island oder anderswo 30 €. Poseidon bietet auch **Exkursionen zur Walbeobachtung** (pro 3 Pers. 130 €) an; in der Früh um sechs Uhr fängt der 10 km lange Ausflug an.

Nilaveli Private Boat Service   TAUCHEN
(☎071 593 6919) Die Bootsführervereinigung organisiert Ausflüge nach Pigeon Island zu Festpreisen – 1500 Rs für zwei Personen, jeder weitere Teilnehmer kostet 150 Rs mehr. Feilschen erübrigt sich von daher. Die Kapitäne halten sich am Strand beim Ticketschalter auf; sie sind auch gern behilflich, wenn jemand eine Schnorchelausrüstung leihen möchte (2 Std. 250 Rs). Das Unternehmen bietet zudem **Ausflüge zum Fischen** (2250 Rs) sowie **Exkursionen zur Walbeobachtung** (pro 4 Pers. 10 000 Rs) an.

Nilaveli Beach Hotel   TAUCHEN
(☎223 2295/6; www.tangerinetours.com) Das renommierte Hotel bietet Exkursionen zum Tauchen (30 €) und zum Schnorcheln (ab 2400 Rs) rund um Pigeon Island an, außerdem Zertifikatskurse im offenen Gewässer (325 €) und Angelausflüge (ab 2500 Rs).

🛏 Schlafen & Essen
Nilaveli breitet sich weit aus, die meisten Quartiere liegen mindestens 400 m von der Hauptstraße entfernt. In allen Unterkünften wird gut gekocht.

Nilaveli Beach Hotel   HOTELANLAGE $$$
(☎223 2295/6; www.tangerinetours.com; EZ/DZ mit Klimaanlage inkl. Frühstück ab 120/130 US$, Frühstücksbüfett/Mittag-/Abendessen 1000/1800/2000 Rs; ❄️🛜🏊) Das Nilaveli Beach Hotel hat ganz eindeutig das schönste Grundstück weit und breit – ausgedehnt, mit schattigen Hainen, in denen Hängematten baumeln, einem sagenhaften Poolbereich, einem schönen Strand und Blick auf Pigeon Island. Die Architektur wirkt organisch und funktional, wobei Brunnen und Beton kreative Akzente setzen, sodass ein harmonisches Gleichgewicht aus Modern und Urig entsteht – besonders bei den Cottages. Das Restaurant schätzen viele wegen des Büfetts; es hat sich auf Pasta und Meeresfrüchte spezialisiert. Der Speisebereich am Pool mit Blick auf den Strand (Hauptgerichte 800–1300 Rs), leckerem Essen, guten Drinks und viel Flair ist vielleicht sogar noch eindrucksvoller.

Pigeon Island View Guest House   GÄSTEHAUS $$
(☎223 2238; DZ/3BZ ab 4000/5000 Rs; ❄️) Das Pigeon Island View direkt am Strand wird oft mit dem Pigeon Island Resort verwechselt, das fast genauso heißt. Dieses Gästehaus ist im mittleren Preissegment die schönste Unterkunft weit und breit und bietet Beschaulichkeit, einen schönen Strand und Inselblick, wie sie sonst nur die teureren Herbergen in Nilaveli vorweisen können. Wie viele Anwohner, so hat auch der Besitzer dieser

Unterkunft nach dem Tsunami geduldig das zweistöckige Gebäude wieder aufgebaut – und zwar wirklich schön. Die Zimmer sind schlicht, aber luftig und sehr gepflegt; das Personal ist freundlich. Wer mit der Poseidon Diving School zum Tauchen gehen will, sollte sich hier einquartieren: Die Schule befindet sich nämlich gleich vor Ort.

Shahira GÄSTEHAUS $

(273 3338, 567 0276; http://shahirahotel.com; DZ/3BZ 2200/3300 Rs) Die Zimmer in dieser reizenden kleinen Unterkunft haben vorne eine Veranda für einen hübschen Garten hinaus, die mit Stühlen zum Entspannen möbliert ist. Dass das Shahira hinter einem Wachturm samt bewaffneten Soldaten liegt, stört die wenigsten. Die Zimmer haben keine Klimaanlage und auch kein warmes Wasser, sind aber sauber. Toll sind der antike Touch und die Atmosphäre – eine Seltenheit in dieser Gegend.

Seaway Hotel HOTEL $$

(223 2212; Zi. ab 3500 Rs; ✷) Bei Drucklegung dieses Reiseführers war das Seaway noch recht neu, es bleibt also abzuwarten, wie sich das Hotel in den nächsten Jahren entwickelt. Jetzt zumindest macht alles schon einen guten Eindruck. Die hellen zitronengelben Zimmer sind riesig und verfügen über eine Veranda; sie liegen einen Tick zurückversetzt vom schönen, ruhigen Strand. Das Personal ist freundlich, und das Strandrestaurant hat seinen Betrieb inzwischen sicher auch schon voll aufgenommen. Ein Minuspunkt: die unschöne Lage direkt neben dem Militärstützpunkt.

Pigeon Island Beach Resort HOTEL $$$

(492 0633; www.pigeonislandresort.com; EZ/DZ/3BZ mit Klimaanlage inkl. Frühstück ab 120/150/203 US$, ✷☏✱) Die Zimmer in diesem langen, einstöckigen Gebäude sind für den Preis nicht gerade berauschend, auch haben nur die Suiten einen schönen Blick (wer wohl auf die glorreiche Idee gekommen ist, das Gebäude senkrecht zum Strand zu stellen?). Hinter dem Garten und dem großen Pool erstreckt sich dann aber einer der schönsten Strände der Ostküste, und das Restaurant (Hauptgerichte 800–1200 Rs) bekommt begeisterte Kritiken für seine Meeresfrüchte und das Büfett. Der luftige Speise- und Loungebereich mit antiken Möbeln, Rattanlampen und einer kühlen Brise sind ebenfalls nett. Wer nicht hier logiert, sollte in dem hübschen Ambiente jedenfalls zumindest einen Drink nehmen oder essen gehen.

Nilaveli Garden Inn HOTEL $$

(223 2228; www.hotel-garden-inn.de; Deutsch; EZ/DZ/3BZ ab 2750/4100/4700 Rs; ✷) Das Hotel ist zwar ein bisschen schmuddelig und einfach, aber trotzdem bei den Besuchern sehr beliebt. Es liegt nicht direkt am Strand, aber zumindest in der Nähe, und zum Ticketschalter des Nationalpark Pigeon Island ist es nicht weit.

ⓘ An- & Weiterreise

Einfach einen Bus, der nach Trincomalee (22 Rs, 30 Min., alle 20 Min.) fährt, heranwinken. Ein Tuk-Tuk dorthin kostet 800 Rs, nach Uppuveli 500 Rs.

Jaffna & der Norden

Inhalt »

Vavuniya 267
Insel Mannar &
Umgebung 269
Jaffna 272
Halbinsel Jaffna 283
Jaffnas Inseln 286

Gut essen

» Manattrii (S. 280)
» Mangos (S. 280)
» Green Grass (S. 281)
» Bastian Hotel (S. 281)
» Malayan Café (S. 281)

Schön übernachten

» Theresa Inn (S. 277)
» Morgan's Residence (S. 278)
» Manattrii S. 278)
» Sarras Guest House (S. 278)
» Baobab Guest House (S. 271)

Auf nach Jaffna & in den Norden!

Hoch aufragende Hindutempel in Regenbogenfarben, Frauen in kunstvoll drapierten, farbenfrohen Saris auf Fahrrädern und warme, nach Obstbäumen duftende Brisen spiegeln den ganz eigenen Charakter von Sri Lankas Norden wider. Über einer trockenen Landschaft mit langer Küste und aquamarinblauem Meer brennt die Sonne. Intensiv ist auch das Licht: weißglühend in den Salzebenen der Region Vanni, kristallklar auf den Koralleninseln und an den Stränden. Weich und gebrochen wirkt es in den grünen Vororten und im kampferprobten Zentrum der Stadt Jaffna.

Hinzu kommen die kulturellen Unterschiede, sei es in Sprache, Küche oder Religion. Die tamilische Kultur besitzt ureigene Traditionen, und die Menschen sind stolz auf ihr Erbe. Anspannung liegt noch immer in der Luft. Gespräche über die tamilische Geschichte sparen die jetzige Militärpräsenz selten aus. Im Mittelpunkt stehen jedoch heute Versöhnung, Wiederaufbau und Wiederbeleben der reichen Traditionen des sri-lankischen Nordens.

Reisezeit

Jaffna

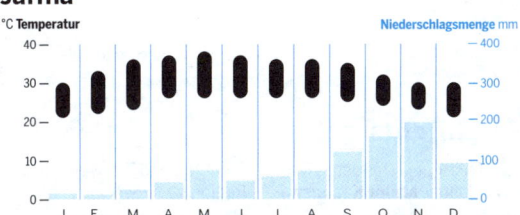

Feb. Kleine Spanne zwischen Monsunzeit und Hitze, etwas Regen, alles grünt bereits.

Juni–Juli Die Hochsaison präsentiert sich mit Sonne, mäßiger Hitze und Karuthakolamban (Jaffna-Mangos).

Juli–Aug. Jaffnas außergewöhnliches Nallur-Fest mit Paraden und ritueller Selbstgeißelung.

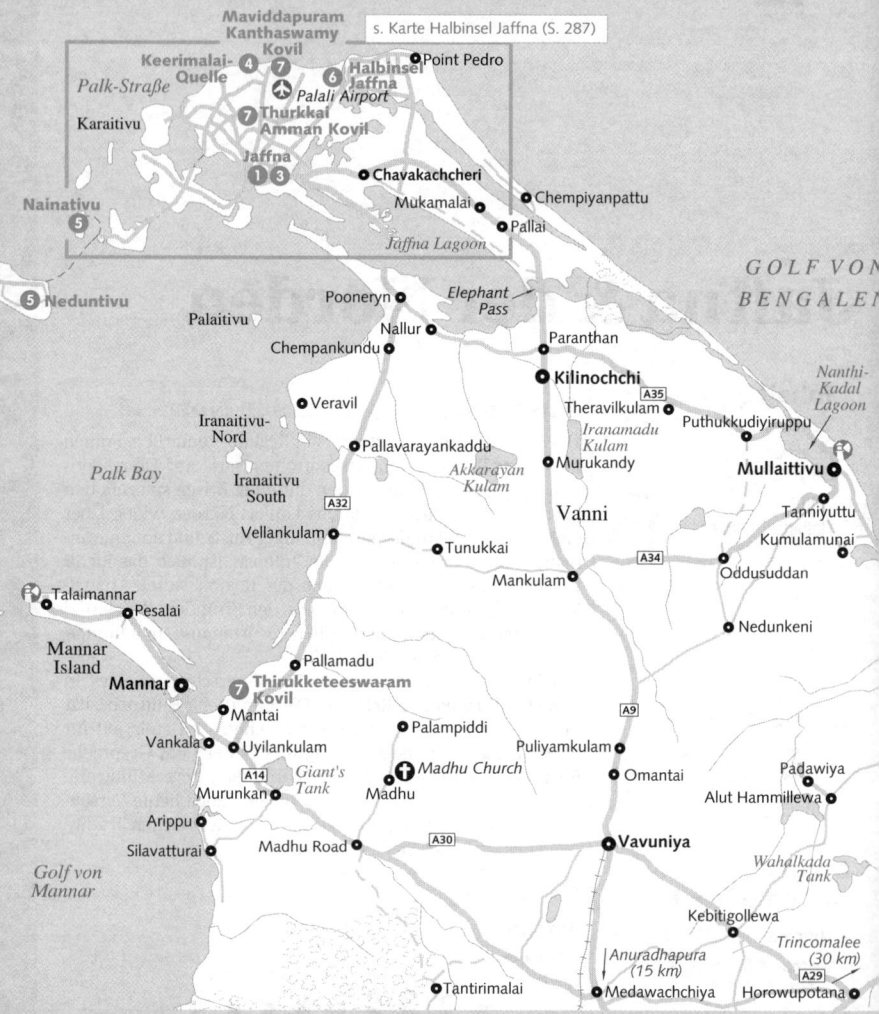

Highlights

① An der *puja* (religiöses Ritual) in Jaffnas **Nallur Kandaswamy Kovil** (S. 273) teilnehmen

② Die Folgen des Krieges sowie die Bemühungen um Konsolidierung kennenlernen und ihnen mit Respekt begegnen.

③ Den reizvollen **Markt** (S. 282) von Jaffna erkunden und den Duft von Kaffee, Früchten und Zigarren aus der Region genießen

④ Die **Keerimalai-Quelle** (S. 284) besuchen und ein Bad in ihrem heilsamen Wasser nehmen

⑤ Bootsfahrt zur Insel **Nainativu** (S. 287) oder zur Insel **Neduntivu** (S. 288)

⑥ Fahrt über die **Halbinsel Jaffna** (S. 283), entlang stiller Strände mit Blick auf die Fischerboote

⑦ Im **Maviddapuram Kanthaswamy Kovil** (S. 284), **Thirukketeeswaram Kovil** (S. 270) oder **Thurkkai Amman Kovil** (S. 284) Hindu-Traditionen erleben

Geschichte

Seit jeher hat sich der Norden vom Rest der Insel unterschieden. Selbst unter Kolonialherrschaft behielt diese Region eine gewisse Eigenständigkeit. Vor allem die Stadt Jaffna spielte schon immer eine bedeutende Rolle. Dort fand auch eines der Schlüsselereignisse statt, die den Weg zum Bürgerkrieg förderten: 1981 setzte eine Gruppe Singhalesen die Stadtbibliothek von Jaffna in Brand, was als massive Beleidigung der traditionsreichen tamilischen Geisteskultur betrachtet wurde. Zwei Jahre später begann der Krieg und Jaffna blieb über Jahre ein Brennpunkt der Gewalt. Letztlich wurde Sri Lankas Norden allgemein mit Gewalt gleichgesetzt – aber dann auch wieder mit Frieden: Der Krieg endete 2009 an der Küste von Mullaittivu.

Klima

Der Norden umfasst zwei unterschiedliche Landschaften: das Tiefland der Halbinsel Jaffna mit ihren vorgelagerten Inseln und die riesengroße Vanni, ein flaches, karges Gebiet. Während des größten Teils des Jahres ist die Region extrem trocken; anders sieht es aus, wenn nach dem Nordostmonsun, der zwischen Oktober und Januar herrscht, die Vegetation aufblüht.

Vavuniya

024 / 75 000 EW.

Fast der gesamte Güterverkehr auf dem Landweg zwischen Colombo und dem Norden führt durch die geschäftige Stadt Vavuniya (*wau-nja*). Für Reisende bildet sie eine bequeme Zwischenstation auf der Tour vom Süden nach Jaffna. Auch wenn dieser ziemlich heruntergekommene Trucker-Verkehrsknotenpunkt wenig Sehenswertes bietet, lässt sich hier durchaus ein schöner Nachmittag verbringen.

Sehenswertes

Die Stadt gruppiert sich rund um den **Vavuniya Tank**, einen hübschen Stausee. Den besten Panoramablick gewährt der weitläufige Ganesha-Tempel **Kudiyiruppu Pillaiyar Kovil**. Fotogener ist der **Kandasamy Kovil** (Kandasamy Kovil Rd.), ein dem hinduistischen Gott Murugan (auch Skanda genannt) geweihter Tempel. Sein *gopuram* (Torturm) ist reich verziert, auch wenn die Farben mittlerweile ein wenig verblasst sind. Im Allerheiligsten befindet sich eine vergoldete Muragan-Darstellung. Beeindruckend ist die schöne **Grand Jummah Mosque** (Horowapatana Rd.), eine Moschee mit einem grünblauen Anstrich und den glänzenden goldenen Zwiebeltürmen.

Vavuniyas bescheidenes **Archäologisches Museum** (Horowapatana Rd.; Eintritt frei; ⊙9–17 Uhr) besitzt einige interessante Exponate. Reizvoll archaisch wirken die Terrakottafiguren aus dem 10. bis 15. Jh. Die schönen Buddhastatuen aus Mannar-Kalkstein in dem zentralen sechseckigen Raum stammen aus dem 5. bis 8. Jh.

Von der Stadt aus bringt eine 3 km lange Threewheeler-Fahrt (150 Rs) auf der A29 Besucher zu dem friedlich schönen Gelände mit den Ruinen des **Madukanda Vihara** (Horowapatana Rd.). Als Buddhas heiliger Zahn im 4. Jh. von Indien nach Anuradhapura gebracht wurde, war der Tempel angeblich die vierte Raststation der Reisenden. Eine weiße Dagoba (Stupa) und eine 150 Jahre alte Pappelfeige (auch Buddha- oder Bodhibaum genannt) stehlen den alten Ruinen die Schau. Für die Rückkehr nach Vavuniya kann man jeden Bus anhalten, der hier vorbeikommt und Richtung Stadt fährt.

Schlafen & Essen

Hotel Swarkka   GÄSTEHAUS $
(222 1090; Soosapillaiyarkulam Rd.; EZ/DZ ab 1750/2250 Rs, mit Klimaanlage ab 2250/2750 Rs; ❄) In den sehr einfachen Zimmern fließt kein heißes Wasser, und der Tempel auf der gegenüberliegenden Straßenseite bringt einigen Lärm mit sich (*puja* 17 Uhr). In dem von einer Familie betriebenen Haus machen jedoch die freundliche, heimelige Atmosphäre und die sauberen Zimmer mit Internetanschluss vieles wett. Die beste Wahl sind die „Luxuszimmer", die preisgünstige Alternative (Economy, 1250 Rs) ist jedoch nicht zu empfehlen. Auf Wunsch sind Snacks erhältlich, und das Personal hilft beim Ausleihen von Fahrrädern.

Hotel Nelly Star   HOTEL $
(222 4477; jerome.nellyrest@gmail.com; 84 2nd Cross St.; Zi mit/ohne Klimaanlage 2700/1900 Rs, VIP 3950 Rs, Hauptgerichte 200–600 Rs; ❄) Durch das schicke Gebäude mit pastellfarbenem Anstrich scheint das Nelly Star eine Klasse besser zu sein als die anderen Unterkünfte in Vavuniya. Das Hotel hat jedoch einige grundlegende Probleme. Die Standardzimmer sind zwar die besten Zimmer in der Stadt, erfüllen aber keineswegs die entsprechenden Erwartungen. Angesichts der Pulks gaffender Männer am und im

Vavuniya

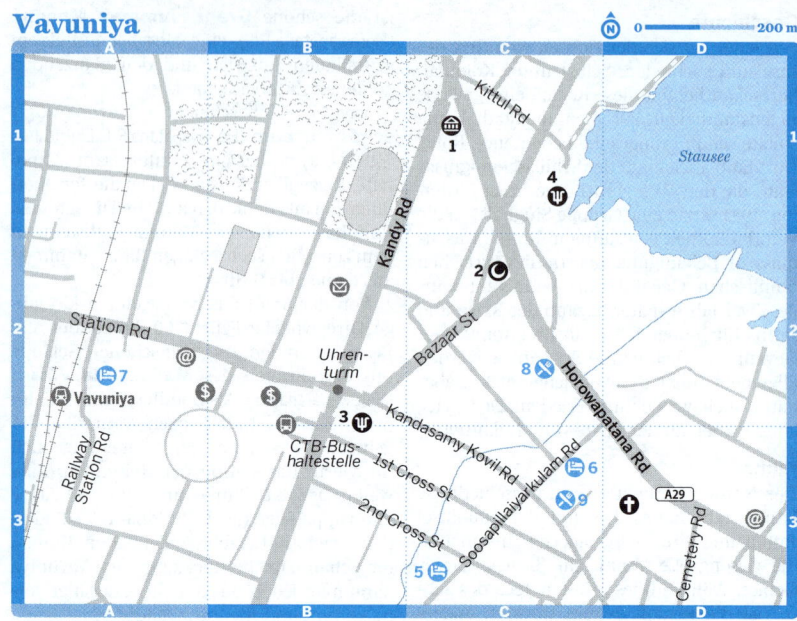

Vavuniya

Sehenswertes
1. Archäologisches Museum C1
2. Grand Jummah Mosque C2
3. Kandasamy Kovil B2
4. Kudiyiruppu Pillaiyar Kovil C1

Schlafen
5. Hotel Nelly Star C3
6. Hotel Swarkka C3
7. Pulley's Balmoral A2

Essen
8. Royal Garden Restaurant C2
9. Ryana Restaurant C3

Swimmingpool dürfte Frauen die Lust aufs Badevergnügen vergehen.

Pulley's Balmoral GÄSTEHAUS $
(222 2364; Railway Station Rd.; EZ/DZ ab 1300/1800 Rs, ohne Bad 850/1000 Rs, Hauptgerichte 80–350 Rs; ❄) Diese alte Villa liegt in einem schönen, großen Palmengarten gegenüber vom Bahnhof. Alles in allem ist das Haus ziemlich abgewirtschaftet. Die Gemeinschaftsbäder sind trostlos, und in den Zimmern mit Klimaanlage gibt es keine richtigen Fenster. Vorteilhaft sind jedoch die freundliche Atmosphäre der Unterlunft und die günstige Lage in Bahnhofsnähe.

Ryana Restaurant SRI-LANKISCH $
(47/8 Kandasamy Kovil Rd.; Hauptgerichte 100–225 Rs) In dem bei Einheimischen beliebten Restaurant ist das *kotthu rotti* (in Streifen geschnittenes Fladenbrot mit Gemüse) so scharf, dass es förmlich die Zunge lähmt. Da es aber so köstlich schmeckt, nimmt man das in Kauf. Das kleine Lokal mit sehr freundlichem Personal ist sauberer, als es auf den ersten Blick wirkt.

Royal Garden Restaurant INDISCH, PIZZERIA $$
(492 2677; 200 Horowapatana Rd.; Hauptgerichte 140–350 Rs; 10–22 Uhr) Lichterketten beleuchten den hübschen Garten mit kleinen Pavillons und schönen Bäumen. 300 Rs kostet das leckere, üppige Curry mit Pilzen, *paneer* (indischem Frischkäse) und Masala. Viele Gerichte gibt's auch zum Mitnehmen.

ℹ Praktische Informationen

Unzählige Durchreisende tummeln sich in Vavuniya, und nach Einbruch der Dunkelheit sind die Straßen stockfinster. Frauen müssen vorsichtig sein, wenn sie nachts alleine unterwegs sind. Vavuniya, das Tor zum Norden, ist eine sehr konservative Stadt. Mädels und Schwule tun gut daran, sich sittsam und unauffällig zu kleiden.

Zu Vavuniyas zahlreichen Banken mit Geldautomaten zählen die Commercial Bank und die HNB.
Post (Kandy Rd.; ⏰Mo–Sa 8–20 Uhr)
SeeNet (395/1 Horowapatana Rd.; Internet pro Std. 50 Rs; ⏰Mo–Sa 8.30–19 Uhr)
Vastec (1. Stock, 65 Station Rd.; Internet pro 15 Min./Std. 15/40 Rs; ⏰9.30–20 Uhr)

❶ An- & Weiterreise

Einer Reise nach Jaffna steht nichts im Wege, sofern sich die Lage im Land nicht wesentlich verändert. Auf jeden Fall ist es ratsam, sich kurz vor dem Antritt der Reise in den Norden nach möglichen Änderungen der Reisebestimmungen zu erkundigen (s. auch Kasten unten und S. 271). Über die aktuelle Sicherheitslage informiert z.B. die Homepage des Auswärtigen Amtes der Bundesrepublik Deutschland.

BUS Vavuniyas Haltestelle der CTB-Busse (Busse des Central Tourist Board) befindet sich am Uhrenturm. In der 2nd Cross Street sammeln sich die weniger gut organisierten privaten Busse; sie haben die gleichen Fahrpreise. Von Vavuniya steuern die Busse z. B. folgende Zielorte an:
Anuradhapura 60 Rs, 1 Std., alle 30 Min.
Colombo CTB/private Busse „semi-luxury" 250/360 Rs, 7 Std., alle 30 Min.
Jaffna 148 Rs, 4 Std., alle 30 Min.
Kandy 170 Rs, 5 Std., 10-mal tgl.
Mannar 89 Rs, 2 Std., stündl.
Trincomalee 105 Rs, 4 Std., stündl.

ZUG Das **Railway Booking Office** (📞222 2271; ⏰7–10 & 16–17 Uhr) in Vavuniya gibt Auskunft über die aktuellen Zugverbindungen und Abfahrtszeiten. Die im Krieg zerstörten Bahnanlagen werden nach und nach instand gesetzt. Der Zug auf der Strecke Colombo–Vavuniya hält in Anuradhapura.
Anuradhapura 3./2./1. Klasse 50/90/160 Rs, 1 Std., 14.30 und 22 Uhr
Colombo, Intercity-Zug 3./2. Klasse 270/450 Rs, 3./1. Klasse mit Platzreservierung 345/700 Rs, 7 Std., 17.45 Uhr
Colombo, Schnellzug 3./2./1. Klasse 185/330/600 Rs, 9½ Std., 15.20 und 19 Uhr

Insel Mannar & Umgebung

🎵023

Mannar ist eine schöne küstennahe Insel mit einer sehr trockenen Landschaft, viel weißem Sand, Palmen, Möwen, Seeschwalben, Wildeseln, schmalen Straßen und kleinen Fischerbooten. Da die langgestreckte

---

DIE STRASSE NACH JAFFNA

Während des Krieges war die A9 häufig die einzige erlaubte (sofern nicht gerade gesperrte) Landroute durch **Tamil Eelam**, das damals von der LTTE, den sogenannten Befreiungstigern, kontrollierte Vanni-Gebiet. In der flachen, savannenähnlichen Region (kurz „Tigerland" genannt) herrschten besondere Verhältnisse. Kontrollpunkte der SLA (Sri Lanka Army) und der LTTE (Liberation Tigers of Tamil Eelam) unterbrachen immer wieder die Fahrt. Und jedes Mal prüften Soldaten, ob die für das LTTE-Gebiet geltenden Zoll- und Einreisebestimmungen eingehalten wurden. So dauerte die Reise von Vavuniya nach Jaffna bis zu 16 Stunden.

Heute dauert die Fahrt nur noch ungefähr vier Stunden, und die Kontrollstopps beschränken sich auf eine kleine Bretterbude. Gemäß den behördlichen Vorschriften notieren hier Regierungssoldaten die Namen der Reisenden und fotokopieren die Reisepässe. Das Ganze dauert um die zehn Minuten.

Ein „Sicherheitsstopp" ganz anderer Art ist der Besuch des kleinen **Ankaran-Tempels** in Murukandy. Die Einheimischen glauben, ein Gebet in diesem Tempel garantiere eine sichere Reise. Daher machen Fahrzeuge aller Art, inklusive Busse, hier einen „Fürbitte-Halt".

Kilinochchi war einst der Verwaltungssitz der LTTE und die Hauptstadt von Tamil Eelam. Bevor die Regierungstruppen 2009 die Stadt einnahmen, erlitt sie schwere Kriegsschäden. Nach dem Krieg ließ die Regierung ein Denkmal mit Gedenktafeln aufstellen, die ihre Sicht der Ereignisse widerspiegeln.

Die letzte Strecke der Fahrt führt durch Salzpfannen und schließlich über den **Elephant Pass**, einen eigenartig schönen, 1 km langen Damm. Er bildet das schmale Bindeglied zwischen der Halbinsel Jaffna und dem Festland. Um den Elefantenpass in ihren Besitz zu bringen, lieferten sich die Kriegsparteien extrem harte Kämpfe.

Die A9 wird Zug um Zug instandgesetzt und erweitert, sodass die Fahrt durch das ehemalige „Tigerland" mit der Zeit wohl noch schneller vonstattengeht.

DIE KIRCHE UNSERER LIEBEN FRAU VON MADHU

Die **Kirche** (⊙6–20 Uhr) ist Sri Lankas heiligste christliche Stätte. Ihre Mauern hüten eine kleine, aber hoch verehrte Statue der hl. Maria mit Kind. Katholiken, die unter der Herrschaft der protestantischen Niederländer von Mannar hierherflohen, um sich der Verfolgung zu entziehen, brachten die Statue 1670 nach Madhu. Schon bald wurden der Statue Wunder zugeschrieben, und Madhu ist seitdem ein Wallfahrtsort – und in moderner Zeit wiederum eine Zufluchtsstätte für Flüchtlinge. Die heutige Kirche stammt von 1872. Hoch aufragende Säulen schmücken das sehr schlichte Kirchenschiff. An der Außenseite bildet die in Cremeweiß und einem hellen Grünlichblau bemalte längliche Säulenhalle das auffallendste Element. Zu den jährlich stattfindenden zehn Festen der Kirche strömen Pilgerscharen, insbesondere an Mariä Himmelfahrt am 15. August.

Um zur Kirche zu gelangen, muss man auf der Verbindungsstraße zwischen Vavuniya und Mannar bei Km 47 auf die Madhu Road abzweigen und noch 12 km weiterfahren. Die auf der Strecke Vavuniya–Mannar verkehrenden Busse lassen Fahrgäste an der Madhu-Kreuzung aussteigen (55 Rs). Hier gibt es einen Teestand und in der Regel Tuk-Tuks, die Besucher zur Kirche bringen (hin & zurück 900 Rs, inklusive Wartezeit).

Insel weit in die Meerenge, die Palkstraße, hineinragt, beträgt die Entfernung zu Indiens Küste nur ungefähr 30 km. Aufgrund dieser Lage war die Insel stark vom Kriegsgeschehen betroffen, weil sie die Pforte von und nach Indien bildete und zum Ziel zahlreicher Flüchtlinge wurde. 1990 hat die LTTE die große muslimische Bevölkerungsguppe von der Insel vertrieben. Teile der Insel sind noch heute zerstört. Die Verbindungsstraße zwischen Vavuniya und Mannar war überaus hart umkämpft. Noch heute sind die meisten Dörfer an der Strecke unbewohnt und alle 50 m tauchen am Straßenrand Bunker und Wachtürme auf.

Unabhängig von all dem: Die Stadt **Mannar** ist ein freundlicher, angenehmer Ort. Ein 3 km langer Damm verbindet das Festland mit der Stadt. Ihre touristischen Attraktionen sind bescheiden, dafür bietet sie Reisenden auf dem Weg von Colombo nach Jaffna eine ruhigere und reizvollere Verschnaufpause als Vavuniya. Mannars sternförmige **Festung** wurde von den Portugiesen erbaut und später von den Niederländern übernommen. Heute nutzt das Militär die Anlage. 1,2 km nordöstlich der Stadt steht an der Palimunai Road ein großer **Baobab** (Afrikanischer Affenbrotbaum). Vermutlich haben arabische Händler den ursprünglich in Afrika beheimateten Baum 1477 angpflanzt. Seine Krone wirkt wie eine riesige Kugel, und sein Stamm hat einen Umfang von 19 m.

Etwa 38 km von der Stadt entfernt, liegt am westlichen Ende der Insel die Ortschaft **Talaimannar**. Vom nahen Pier setzten früher Fähren zur indischen Insel Pamban (auch Rameswaram-Insel genannt) über. Direkt vor der Küste erstreckt sich die **Adam' Bridge** (Adamsbrücke) – eine Kette aus Riffen, Sandbänken und winzigen Inseln, die von der Insel Mannar fast bis zur Insel Pamban reicht. Das indische Nationalepos *Ramayana* erzählt, es handle sich um die Trittsteine des Übergangs, den der Affenkönig Hanuman schuf, um dem Helden Rama zu helfen, seine Frau Sita zu retten. Der dämonische König von Lanka hatte Sita entführt, aber dank der Brücke konnte Rama sie wieder nach Hause holen. An Mannars Küste markiert ein verlassener Leuchtturm den Beginn der Adam's Bridge. Heute nimmt die Marine das Gebiet in Anspruch und organisiert einen **Bootsausflug** (pro Pers. 500 Rs; ⊙8–16 Uhr) zur ersten Sandbank der „Brücke".

Auf dem Festland, 13 km von der Stadt Mannar entfernt, befindet sich der **Thirukketeeswaram Kovil**. Wie der Naguleswaram Kovil gehört er zu den *pancha ishwaram*, den fünf historischen sri-lankischen Shiva-Tempeln, die errichtet wurden, um die Insel, das heutige Sri Lanka, vor Naturkatastrophen zu schützen. Es ist ein imposantes Bauwerk mit einem hoch aufragenden, farbenprächtigen *gopuram* (Torturm). In Pavillons rund um den Tempel stehen fünf gigantische Prozessionswagen (*ratha* oder *juggernauts* genannt), die in jedem Februar bei dem beeindruckenden **Mahasivarathiri-Fest** zum Einsatz kommen. Zum Thirukketeeswaram Kovil führt eine Seitenstraße zwischen Km 76 und 77 auf der Straße von Mannar nach Vavuniya. Nach dem Abzweigen sind es noch 4,5 km bis zum Tempel.

Zwischen Mannar und dem Tempel verkehren regelmäßig Busse. Ein Tuk-Tuk kostet hin und zurück 800 Rs.

🛏 Schlafen & Essen

Baobab Guest House   GÄSTEHAUS $
(📞222 3155; 70 Field St, Sinnakadai; EZ/DZ 1000/1600 Rs, mit Klimaanlage 1800/2500 Rs; ❄) In dem überaus sauberen, ordentlichen Haus stehen den Gästen ein gemütlicher Aufenthaltsraum, eine Küche und ein Esszimmer zur Verfügung. Auf der gegenüberliegenden Straßenseite befindet sich ein Lebensmittelladen. Bemerkenswert sind die traditionellen roten Steinfußböden und die an jedem Fenster angebrachten Fliegengitter. Auf Wunsch besorgt das Personal Leihfahrräder. Die Bushaltestelle liegt einige Hundert Meter entfernt.

 Mannar Red Rest   GÄSTEHAUS $
(📞222 2277; mannarbeo@redcross.lk; 4 Field St., Sinnakadai; EZ/DZ/3BZ 750/1200/1800 Rs, mit Klimaanlage 1800/2000/2500 Rs; ❄🕸@) Betrieben wird das Haus vom Roten Kreuz, das damit die humanitäre Arbeit vor Ort unterstützen und Einheimischen Jobs bieten möchte. Das Red Rest ist eine ausgezeichnete Wahl. Die Zimmer (mit Internetanschluss) sind einfach, aber hübsch. Auf Umweltfreundlichkeit wird in jeder Hinsicht geachtet. Der Leiter des Hauses ist überaus kenntnisreich und hilft einem mit etlichen Informationen weiter. Er weiß sicher auch, ob man das bislang gesperrte Vogelschutzgebiet auf dem Festland wieder besuchen kann. Auf Wunsch kümmert sich das Personal um Leihfahrräder. Die Bushaltestelle liegt einige Hundert Meter entfernt.

Choice Restaurant   SRI-LANKISCH $
(Grand Bazaar; Hauptgerichte 100–300 Rs) Das kleine, einfache Speiselokal in einer lebhaften Gasse des Grand Bazaar wirkt etwas schäbig. Doch die Biryanis (Reisgericht mit unterschiedlichen Zutaten) und das Curry mit Reis und Fisch schmecken lecker. Obendrein ist das Personal freundlich. Auf dem Fernsehbildschirm im Gastraum laufen meistens tamilische Filme.

Hotel Pilawoos   SRI-LANKISCH $
(Grand Bazaar; Hauptgerichte 80–300 Rs; ⏲6–24 Uhr) Das einfache Speiselokal liegt direkt am Hauptverkehrskreisel. Es bietet zahlreiche Reis-und-Curry-Gerichte, *kotthu* sowie schmackhafte Hoppers (eine Art Pfannku-

---

ℹ SICHERHEITSHINWEISE

In Sri Lankas Norden herrscht Frieden. Dennoch sollten sich nordwärts Reisende zeitnah und vor Ort über die offiziellen Reise- und Sicherheitsbestimmungen im Detail informieren. Verhaftungen und das „Verschwinden" von Menschen kommen immer noch gelegentlich vor. Die Ursachen der Unruhen sind noch längst nicht komplett abgebaut. Reisende sollten in jeder Situation stets den Respekt und einen kühlen Kopf bewahren.

Trotz der enormen Bemühungen der NGOs (Non-Governmental organisations, nichtstaatliche Organisationen), die Massen an Minen, Blindgängern und anderen Kampfmitteln zu räumen, ist diese Sisyphusarbeit noch keineswegs geschafft. Der Rat lautet daher: Nur Straßen und sehr festgetretene Wege benutzen. Keine Spaziergänge an einsamen Stränden unternehmen und auf jeden Fall sämtliche Sperrhinweise beachten.

Die Einheimischen sprechen nicht gern offen über Politik. Besucher sollten dies respektieren und sich sensibel und taktvoll verhalten. Vorsicht ist beim Fotografieren angebracht. Soldaten, Militärposten, strategisch wichtige Orte wie Brücken oder Häfen dürfen nicht abgelichtet werden.

Besucher werden weitaus häufiger mit Kontrollpunkten des Militärs, gesperrten Straßen und Sperrzonen konfrontiert als mit Gewalttakten. Generell ist es geboten, seinen Reisepass immer und überall mit sich zu führen. Wer in den Norden reisen möchte, sollte neben den behördlichen Informationsquellen auch den regionalen Nachrichtenmedien Aufmerksamkeit schenken. Die beiden sehr unterschiedlichen Sichtweisen innerhalb des Landes lassen sich unter www.defence.lk und www.tamilnet.com (auf Englisch) nachlesen.

Wer sich als Deutscher länger als nur vorübergehend in Sri Lanka aufhalten möchte, kann sich sicherheitshalber in eine Liste der Deutschen Botschaft eintragen lassen. Die Registrierung erfolgt über die Homepage des Auswärtigen Amtes.

chen aus Reismehl, Palmzucker und Kokosmilch; 10 Rs). Den „sugar sambar" sollte sich keiner entgehen lassen.

❶ Praktische Informationen

In Mannar gibt es eine **Post** (Field St.) und einige Banken mit Geldautomaten, z. B, die **Commercial Bank** (Main St.).

❶ Anreise & Unterwegs vor Ort

Zum Zeitpunkt der Recherche für dieses Buch wurde an der Bahnstrecke von Colombo über Medawachchiya nach Mannar noch gearbeitet. Irgendwann soll der Zug wieder fahren, und auch der Fährverkehr zwischen den Inseln Mannar und Pamban (Rameswaram-Insel) soll wieder aufgenommen werden. Das Nachfragen vor Ort lohnt sich auf jeden Fall, da sich die Situation schnell ändern kann. Bis dahin bleiben die Busse. Von der zentralen Bushaltestelle in Mannar (Stadt) fahren Busse nach:

Colombo 345 Rs, 8 Std., 3-mal tgl.
Jaffna 157 Rs, 4 Std., 4-mal tgl.
Tallaimannar 54 Rs, 1 Std., stündl.
Thirukketeeswaram Kovil 19 Rs, 20 Min., 8-mal tgl.
Vavuniya 89 Rs, 2 Std., stündl.

Jaffna (Stadt)

♪ 021 / 111 000 EW.

Kriegsjahre, Emigration, Embargos sowie die Verluste von Leben und Besitz haben die Kunst, Kultur und den Optimismus in dieser historischen tamilischen Stadt zum Erliegen gebracht. In sehr hohem Maße zeigt das Militär seine Präsenz, was bei der hart um die Existenz kämpfenden Bevölkerung zu Klagen über Beeinträchtigungen und Übergriffe führt. Friedens- und Aussöhnungsprozesse lassen sich eben nicht übers Knie brechen, sind aber voll im Gange.

Jedenfalls flackern Hoffnungsschimmer auf, und Jaffna erholt sich langsam. Viele der Menschen, die während der Kämpfe die Stadt verlassen haben, kehren zurück. Die Stadt bemüht sich nach Kräften, erneut die Bastion der traditionsreichen Hindukultur zu werden, die sie einmal war. Bis dieser faszinierende, bescheidene, von Touristen wenig besuchte Ort wieder in einem eigenen Alltagsleben Fuß fasst, dauert es auf seine Zeit. Von Palmen beschattete Vororte aus Kolonialzeiten, gespickt mit wunderschönen Tempeln, umgeben das kompakte Geschäftszentrum der Stadt. Viele, die Jaffna besuchen, legen mehr Wert auf einen Einblick in das Leben und den Kampf der Tamilen als auf irgendwelche touristischen Attraktionen. Wie auch immer, Jaffna ist eine angenehme Stadt und ein guter Ausgangspunkt, um die Halbinsel Jaffna und ihre vorgelagerten Inseln zu erkunden.

Geschichte

Jahrhundertelang war Jaffna Ceylons (heute Sri Lankas) religiöses und kulturelles Zentrum der tamilischen Hindus. Seine beste Ära erlebte die Stadt während der Zeit des Königreichs Jaffna. Dessen mächtige tamilische Königsdynastie mit Sitz in Nallur herrschte ab 1215 gut 400 Jahre lang. Doch die Portugiesen setzten als Kolonialherren alles daran, das Reich zu zerbrechen. Als sie 1619 Cankili II., den letzten König, gefangen nahmen, hatten sie ihr Ziel erreicht. (Seine Reiterstatue steht an der Point Pedro Road nahe den Ruinen des Königpalastes.) In Jaffna zerstörten sie systematisch die Hindutempel und setzen eine riesige Welle der zwangsweisen Christianisierung in Gang.

Einige Jahrzehnte später mussten die Portugiesen nach einer harten dreimonatigen Belagerung ihr „Sahnestückchen Jaffna" den toleranteren Niederländern überlassen. Unter der 140 Jahre währenden niederländischen Herrschaft entwickelte sich die Stadt zu einem wichtigen Handelszentrum. Jaffna florierte auch unter den Briten, die 1795 die Herrschaft übernahmen. Allerdings legten die Briten bereits den Samen für die zukünftigen ethnischen Konflikte, indem sie Jaffnas Tamilen bevorzugten (s. S. 309).

Jaffna spielte eine ausschlaggebende Rolle auf dem Weg zum Krieg. In den frühen 1980er-Jahren eskalierten die Spannungen, und Jaffna blieb zwei Jahrzehnte lang eine gesperrte Kriegszone. Tamilische Guerillas, Truppen der SLA (Sri Lankan Army) und sogenannte Friedenstruppen (s. S. 311) besetzten im mehrmaligen Wechsel die Stadt. Mehr als die Hälfte ihrer Bevölkerung ging in die Emigration. 1990 zwang die LTTE die wenigen in Jaffna verbliebenen Singhalesen und sämtliche muslimischen Einwohner, die Stadt zu verlassen. Jaffna litt unter endlosen Bombardements und einer lähmenden Blockade. Waren, mit denen hier einst gehandelt wurde, kosteten das 20-fache des Marktpreises. Dazu gehörte auch das Benzin – wohl einer der Gründe, warum so viele Einwohner Fahrrad fahren. Nachdem die SLA 1995 die Stadt zurückerobert hatte, besserte sich unter der Herrschaft des Militärs die Situation nicht wesentlich.

Mit dem Waffenstillstand von 2002 ließ der Besatzungsdruck nach, und Jaffna kehrte ins Leben zurück. Es gab wieder Inlandsflüge, und Flüchtlinge, Vertriebene und lange abwesende Emigranten kehrten zurück. Neue Geschäfte öffneten, und Bauprojekte gingen an den Start.

2006 kam es erneut zu Kampfhandlungen, und bis zum Ende des Krieges 2009 blieb die Lage krisenanfällig. Begleitet vom Wunsch nach Stabilität werden heute Wiederaufbau und Konsolidierung vorangetrieben. Die Einwohnerzahl auf der Halbinsel Jaffna liegt noch unter dem Vorkriegsstand. Nach Schätzung der NGOs sind von den aus dem Norden Vertriebenen um die 200 000 noch nicht wieder zurückgekehrt.

⊙ Sehenswertes

Die geschäftlichen Aktivitäten spielen sich in dem Wirrwarr der Gassen zwischen der Hospital Road, Kasturiya Road und Kankesanturai (KKS) Road ab. Wer gerne Räder rollen lässt: Jaffna eignet sich bestens zum Fahrradfahren.

Nallur Kandaswamy Kovil   TEMPEL

(Temple Rd.; Spenden erwünscht; ⊙4–19 Uhr) Der ungefähr 1,5 km nordöstlich vom Stadtzentrum gelegene Nallur Kandaswamy Kovil ist das beeindruckendste religiöse Bauwerk in Jaffna. Außerdem zählt er zu Sri Lankas bedeutungsvollsten Hindutempeln. Er ist dem Gott Murugan (auch Skanda genannt) geweiht. Die *puja* findet um 5, 10, 12, 16.15 (kleine *puja*), 16.30 (spezielle *puja*), 17 und 18.45 Uhr statt. Ein wenig erinnert sie an eine Kakophonie, denn die Gläubigen haben mehrere Möglichkeiten, ihre Opfergaben darzubringen. Außer Murugans Bildnis im Messingrahmen befinden sich rund um das innere Allerheiligste Schreine anderer Hindugottheiten, darunter der von Murugans elefantenköpfigem Bruder Ganesha. An dem heiligen Baum im südlichen Innenhof des Tempels kann jeder den ganzen Tag über beten – verbunden mit einem Ritual: Vor dem Tempel sind Tücher mit eingewebten goldenen Fäden erhältlich. In solch ein Tuch wickelt man ein paar Münzen und bindet es dann während des Gebets an den Baum. Zum Abschluss wird die große Messingglocke geläutet.

Der heutige *kovil* (Tempel) wurde im Jahr 1734 erbaut. Den ursprünglichen Bau aus dem 15. Jh. haben die Portugiesen 1620 zerstört. Dekorative Messingarbeiten, überdimensionale Wandgemälde und Säulenhallen schmücken das weitläufige, luftige Bauwerk. Säulen umgeben das mit Stufen versehene heilige Becken. Beherrscht wird das Bild von dem ockergelben, mit Götterfiguren übersäten *gopuram* (Torturm), von dem eine Seite zur Point Pedro Road weist. Freundliche, teilweise Englisch sprechende Priester beantworten bereitwillig Fragen zum Tempel und zu seinen Traditionen. Jeder Besucher muss seine Schuhe ausziehen, und zusätzlich gilt: Männer dürfen den Tempel nur mit freiem Oberkörper betreten. Im Juli/August steht der Tempel alljährlich im Mittelpunkt eines riesigen, spektakulären Hindufestes, das 25 Tage dauert. Den Höhepunkt bildet am 24. Tag die Parade mit zahlreichen Prozessionswagen und Gläubigen, die sich auf eine grausame Weise selbst geißeln.

Gotteshäuser   SAKRALBAUTEN

Jaffnas unzählige **Hindutempel** sind leicht an ihren rot-weiß gestreiften Mauern zu erkennen. Ihre Vielfalt reicht von kleinen Schreinen bis hin zu ausgedehnten Anlagen mit *mandapaya* (erhöhten Plattformen mit dekorativen Säulen), verzierten Teichen und einem hoch aufragenden *gopuram*. Besonders prachtvoll ist der **Miralliamman Kovil** in der Nähe von Nallur.

Jaffnas Fülle an **Kirchen** spiegelt die hohe Anzahl seiner christlichen Einwohner wider. Vor dem Krieg waren es 12 % der Bevölkerung, heute sind es deutlich weniger. Wer sich die vielen schönen katholischen und evangelischen Kirchen anschauen möchte, macht zugleich einen interessanten Streifzug durch versteckt liegende, kleine begrünte Gassen. **St. James'** (Main St.), ein klassischer, italienisch anmutender Kirchenbau, ist die größte Kirche. **Our Lady of Refuge Church** ragt an der Hospital Road Ecke 4th Cross Street auf und wirkt wie die weiß angestrichene Version einer englischen Dorfkirche. Schlichte klassische Linien zeigt die erstaunlich große, luftige **St. Mary's Cathedral** (Cathedral Rd.). Ihr seltsam gerieffeltes Eisendach wird von einem meisterhaften Holzgewölbe getragen.

Der einzige Andachtsort für Buddhisten ist das **Sri Nagavihara International Buddhist Centre** (Stanley Rd.), das 1995 nach dem Einmarsch der Regierungstruppen schnell wieder aufgebaut wurde. In lebhaften Farben erstrahlt die **Jummah Mosque** (Jummah Mosque Lane).

Jaffna

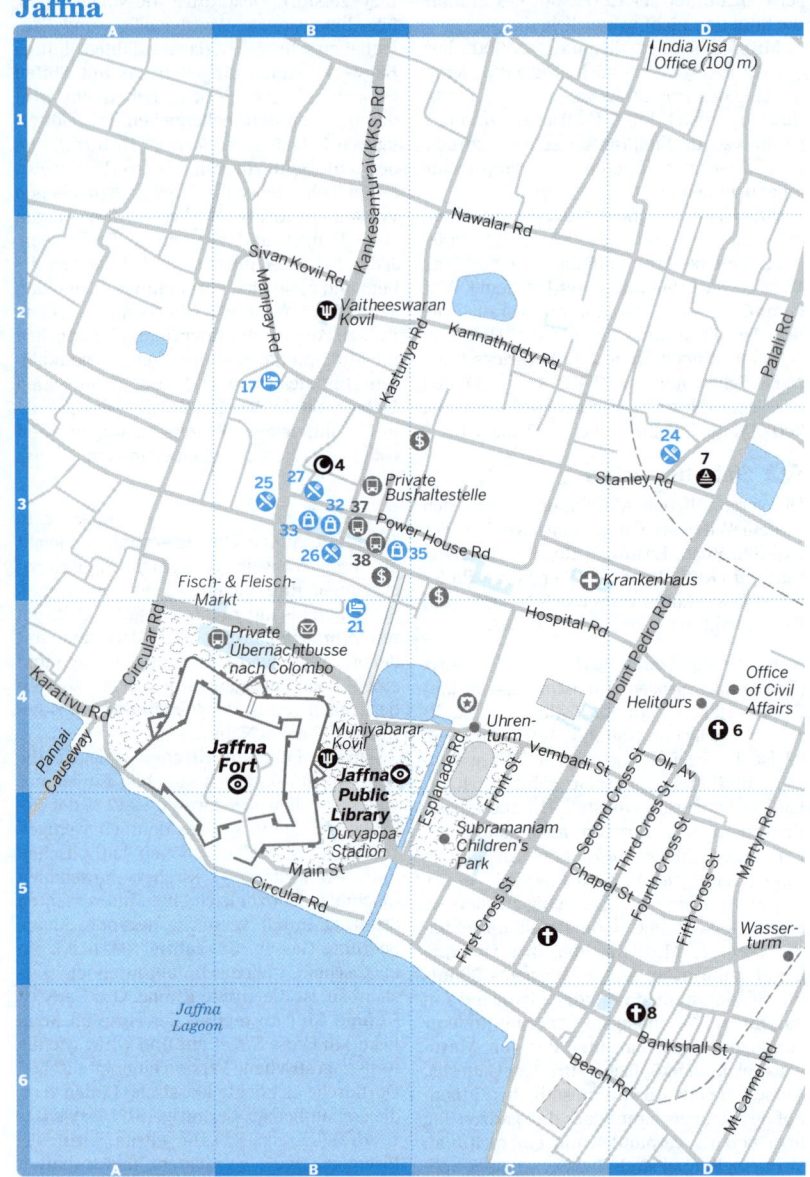

Jaffna Public Library BIBLIOTHEK
(Esplanade Rd.; 9–19 Uhr) Es spricht für sich, dass Jaffnas Bibliothek von Jaffna zu den ersten öffentlichen Gebäuden zählte, die nach dem Waffenstillstand von 2002 wieder aufgebaut wurden. Nach der von Ausschreitungen begleiteten Wahl der Bezirksregierung der Provinz Jaffna steckte eine aufgebrachte regierungsfreundliche Gruppe (oder Truppe?) die Bibliothek in Brand. Nur wenige Aktionen hatten solch eine Schlüsselfunktion für den späteren Ausbruch

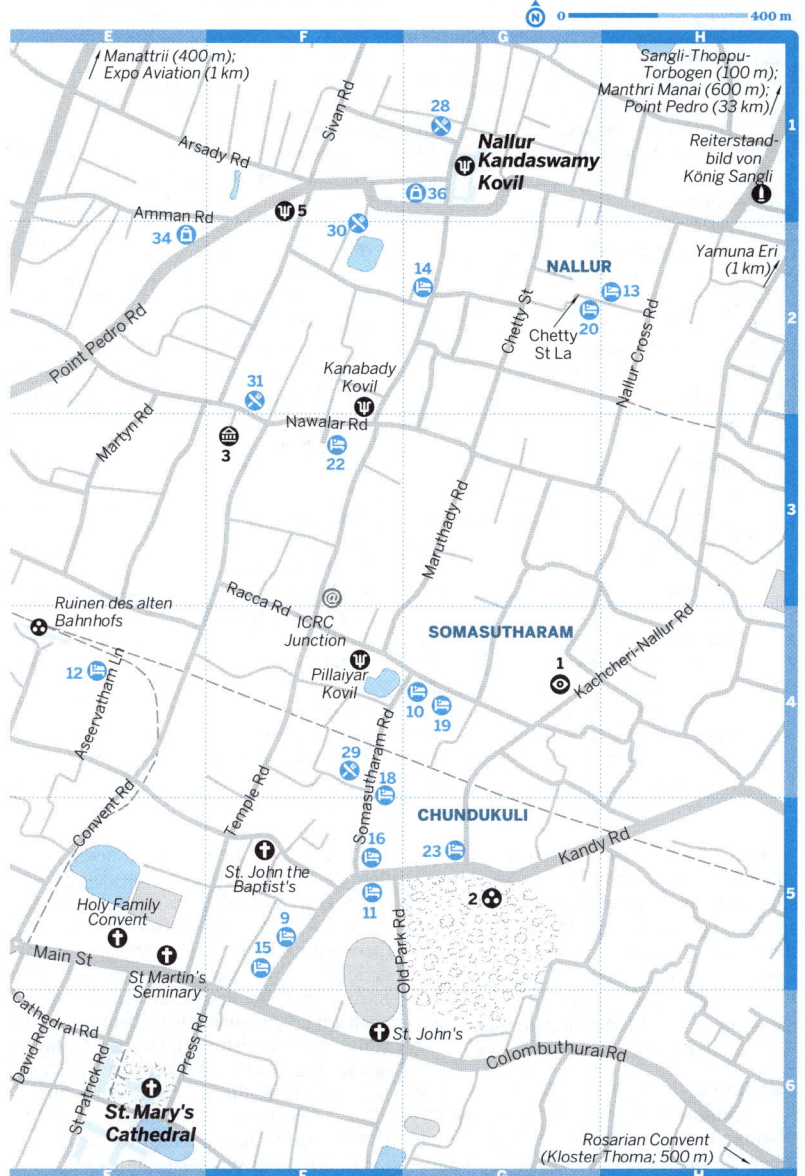

des Krieges wie dieser Brand. Lange Zeit nämlich betrachteten Jaffnas Einwohner ihre Stadt als eine der erlesensten Kulturmetropolen Asiens. Die 1841 eingeweihte Bibliothek war eine historische Institution und ein bedeutsames tamilisches Kulturzentrum. Die weltbekannte Sammlung umfasste mehr als 90 000 Bände. Hinzu kamen unzählige Schriften, darunter unersetzliche tamilische Dokumente wie die einzige erhaltene Fassung der *Yalpanam Vaipavama*, einer Geschichte von Jaffna.

Jaffna

◎ Highlights
- Jaffna Fort B4
- Jaffna Public Library B4
- Nallur Kandaswamy Kovil G1
- St. Mary's Cathedral E6

◎ Sehenswertes
- 1 Alliance Française G4
- 2 Früheres Kachcheri G5
- 3 Archäologisches Museum Jaffna F3
- 4 Jummah Mosque B3
- 5 Miralliamman Kovil F1
- 6 Our Lady of Refuge Church D4
- 7 Sri Nagavihara International Buddhist Centre D3
- 8 St. James' D6

◎ Schlafen
- 9 Bastian Hotel F5
- 10 Blue Haven G4
- 11 Expo Pavilion F5
- 12 Green Grass E4
- 13 Lux Etoiles H2
- 14 Morgan's Residence G2
- 15 New Bastian Hotel F5
- 16 Palan's Multicentre & Lodge F5
- 17 Pillaiyar Inn B2
- 18 Sarras Guest House F4
- 19 Theresa Inn G4
- 20 Thinakkural Rest G2
- 21 Tilko Jaffna City Hotel B4
- 22 Uthayan Guest House F3
- 23 YMCA G5

◎ Essen
- Bastian Hotel .... (siehe 9)
- 24 Cosy Restaurant D3
- 25 Food City B3
- Green Grass .... (siehe 12)
- 26 Hotel Rolex B3
- Lux Etoiles .... (siehe 13)
- 27 Malayan Café B3
- 28 Mangos G1
- 29 New Rest House F4
- 30 Rio Ice Cream F2
- 31 TCT Multi-Trade Centre F2

◎ Ausgehen
- Morgan's Residence .... (siehe 14)

◎ Shoppen
- 32 Anna Coffee B3
- 33 Jaffna Market B3
- 34 Ms Ruby Sorupan E2
- 35 Poobalasingham Book Depot B3
- 36 Saravana Tex G1

◎ Transport
- 37 CTB Bus-Haltestelle B3
- 38 Minibus-Haltestelle B3
- RB Booking Centre .... (siehe 32)

Beim Wiederaufbau hielten sich die Architekten originalgetreu an den Neo-Mogulstil des ursprünglichen Gebäudes. Bücherspenden kamen aus aller Welt. Heute ist die Bibliothek ein heller, geräumiger Ort, der wieder seine Kraft aus sich selbst schöpft. Vor dem Gebäude thront eine Statue der Saraswati – der hinduistischen Göttin der Weisheit und Gelehrsamkeit.

Fort Jaffna FESTUNG
Architektonisch betrachtet, zählt Jaffnas Festung wohl zu den besten niederländischen Festungen in Asien. Die niederländische Regierung finanziert derzeit weitgehend eine umfassende Restaurierung, die der Festungsanlage sicher noch mehr Imposanz verleiht. Darüber sind verständlicherweise nicht alle Tamilen glücklich, denn jahrhundertelang war die Festung natürlich in erster Linie ein Symbol fremder Herrschaft über Jaffna. Die Festung wurde 1680 auf einer früheren portugiesischen Bastion errichtet. 1792 kamen die als Dreiecke angelegten Verteidigungswälle hinzu, um die klassische Vauban-Sternform zu erzielen (benannt nach ihrem Erfinder, dem Militärarchitekten Marquis des Vauban). Auf alten Karten lässt sich der mehreckige Grundriss noch gut erkennen; heute verbergen sich die Wälle unter bewachsenen Hängen. Während des Krieges nutzten Regierungstruppen die Festung als Feldlager. Nach einer 107-tägigen grausamen Belagerung eroberte die LTTE – die damals den Rest von Jaffna unter Kontrolle hatte – 1990 die Festung und zerstörte sie zum größten Teil. Wann der Wiederaufbau beendet ist, lässt sich schwer voraussagen. Bis dahin kann jeder durch die Ruinen wandern, die seit 2012 der Öffentlichkeit wieder voll zugänglich sind, sich Eindrücke über den festungsbau des 17. und 18. Jhs. verschaffen und den Fortgang der Bauarbeiten beobachten.

Kriegsruinen   RUINEN

Langsam nimmt Jaffna wieder seine alte Gestalt an, und die Kriegsschäden sind weitgehend beseitigt. Doch östlich der Festung sind im ehemaligen Regierungsviertel immer noch Kriegsruinen zu sehen, z. B. das frühere **Kachcheri**. Dieses Verwaltungszentrum ist übersät mit Einschüssen von Gewehrkugeln und Schrapnells. Moos überzieht die Mauern des Gebäudes, das langsam in sich zusammenfällt.

Die Fischergemeinde zwischen der Beach Road und der Lagune hat ebenfalls immens unter den Kämpfen gelitten. Jahrelang war die Gegend Sperrgebiet, und die Fischer mussten Kontrollposten passieren, um zu dem nur ein paar Blocks entfernten Wasser zu gelangen. Für Besucher bildet das heute freundliche Viertel mit seinen immer noch sichtbaren Kriegsnarben allerdings einen ungewohnten Anblick.

Archäologisches Museum Jaffna   MUSEUM

(Nawalar Rd.; Spende erbeten; ⊙Mi–Mo 8–16.45 Uhr) Das ungepflegte, aber interessante Museum versteckt sich in der hintersten Ecke eines chaotischen Gartens hinter dem Betonbau einer Veranstaltungshalle. Wer Einheimische nach dem Weg fragt, erhält wirre Antworten, denn viele kennen das Museum überhaupt nicht. Vor dem Eingang stehen zwei rostige niederländische Kanonen, die von der Festung stammen. Auch ein paar Walknochen liegen herum. Sehenswert sind die Buddhatorsos aus dem 15. Jh., die in Kantarodai gefunden wurden. Interessant ist der „Topf mit sieben Mäulern". Um Töne zu erzeugen, wird das irdene Gefäß mit Wasser gefüllt, und die Öffnungen werden rhythmisch mit der Handfläche abgedeckt.

Königspalast   RUINEN

Über 400 Jahre lang war Nallur die Hauptstadt des Königsreichs Jaffna. Auch wenn das einige Fantasie erfordert, lohnt es sich, die wenigen Überreste anzusehen. Der **Yamuna Eri** (abseits der Chemmani Rd.), ein u-förmiger Teich aus behauenen Steinen, ist verwahrlost, aber intakt. Der Überlieferung nach ließ der König Wasser aus dem heiligen indischen Fluss Yamuna holen, um das Becken erstmals zu füllen. Vermutlich diente der Teich den Frauen der königlichen Familie als Badebecken. Er liegt hinter dem Spielplatz an der Chemmani Road, ungefähr 500 m von der Verbindungsstraße Kachcheri–Nallur entfernt. Gleich um die Ecke, an der Point Pedro Road, befindet sich der **Cankili Thoppu**, der im Original erhaltene Torbogen des Eingangs zum Königspalast. In der Nähe steht das immer noch schön wirkende, heute verfallene **Manthri Manai** (Unterkunft der Minister). Bevor die Portugiesen es in Beschlag nahmen, wohnte ein Prinz darin.

Alliance Française   KULTURZENTRUM

(☎222 8093; alliancejaffna@yahoo.com; 61 Kachcheri–Nallur Rd.; ⊙9–17 Uhr) In einem kühlen, grünen Teil der Stadt unterhält die Alliance ein Kulturzentrum. In der Lounge liegen französische und englische Zeitungen aus. Die Bibliothek umfasst Bände in Englisch, Französisch, Tamilisch und Singhalesisch. Zum Teil sind es Übersetzungen von der einen in die andere Sprache. Gelegentlich werden Filme vorgeführt.

🎪 Feste & Events

Neben den religiösen Festen feiert die Stadt Jaffna im März aller ungeraden Jahre das **Jaffna Music Festival** (www.jaffnamusicfestival.org). Auf dem Programm stehen die volkstümliche Musik und die Volkstänze, die viele Familien in Sri Lankas Norden und Osten seit Generationen pflegen. Die Alliance Française unterstützt das ausgezeichnete **European Film Festival** (www.europeanfilmfestsrilanka.com), das in Jaffna, Kandy, Colombo und Galle im Oktober/November stattfindet.

🛏 Schlafen

Seit dem Kriegsende, der Öffnung der A9 und dem Wegfall der speziellen Reiseerlaubnis haben in Jaffna unzählige Guesthouses eröffnet. Viele befinden sich in den grünen Stadtteilen Chundukuli und Nallur. Eine rechtzeitige Reservierung ist zu empfehlen.

LP TIPP Theresa Inn   GÄSTEHAUS $

(Do Drop Inn; ☎222 8615, 071 856 5375; calistusjoseph89@gmail.com; 72 Racca Rd.; EZ/DZ/4BZ 1250/1500/2000 Rs, mit Klimaanlage 2000/2250/3500 RS; ❄) Im schlichten Theresa Inn wird alle Energie am richtigen Platz eingesetzt. Die Zimmer sind supersauber, im Bad fließt heißes Wasser, und an den Fenstern sind Fliegengitter angebracht. Die freundliche Familie, die das Haus betreibt, kümmert sich zuvorkommend um die Wünsche ihrer Gäste, seien es nun Essen, Tee oder Mietauto. Schon bei der Ankunft stehen Fahrräder bereit. Nicht alle Taxifahrer in Jaffna kennen die Racca Road, deshalb

JAFFNAS „SCHLAFHÄUSER"

Obwohl die Tradition der Hindus das Einäschern ihrer Verstorbenen vorschreibt, brach die LTTE mit der Tradition. Sie ließ ihre Kämpfer in exakt aufgereihten Gräbern mit genau gleichen Grabplatten begraben. Die gefallenen „Tigers" nannte man *maaveerar* – Märtyrer oder Helden – und ihren Friedhof Maaveerar Thuyilum Illam, was so viel heißt wie „Schlafhäuser der Märtyrer". Die ersten Beerdigungen fanden Anfang der 1990er-Jahre statt, nicht lange nachdem 1989 der 27. November zum Maveerar Naal (Heldentag) erklärt worden war. Bei den Gräbern gehen die Meinungen auseinander. Die einen betrachten die Gräberfelder als eine natürliche Art, die Toten zu ehren, während andere darin ein Mittel der Propaganda sehen.

Als die SLA (Sri Lankan Army) 1995 die Halbinsel Jaffna besetzte, zerstörte sie viele dieser Friedhöfe. Nach dem Waffenstillstand 2002 ließ die LTTE sie wieder herrichten. Doch als die Armee 2006 und 2007 die Gebiete im Osten der Region eroberte – und schließlich auch nach Kriegsende – wurden sämtliche Friedhöfe in Sri Lankas Norden und Osten dem Erdboden gleichgemacht. Das Gleiche geschah mit allen Denkmälern, die mit der LTTE in Zusammenhang standen. Vielen Tamilen, darunter besonders die betroffenen Familien, bedauerten dieses Vorgehen. Auf dem Gelände des eingeebneten Friedhofs in Kopay, nur wenige Kilometer nordöstlich von Jaffna, errichtete die SLA Anfang 2011 einen Militärstützpunkt. Medienberichten zufolge will die Armee nichts von der ehemaligen Trauerstätte gewusst haben.

ein Orientierungstipp: Die Straße liegt nahe der ICRC-Kreuzung.

Manattrii
GÄSTEHAUS $$

(320 7665; www.manattrii.com; 250 Palali Rd., Kantharmadam; DZ mit/ohne Klimaanlage 3900/3500 Rs; ❄) Von Jaffnas wunderschönen alten Bauwerken wurden viele im Krieg zerstört und leider durch moderne Gebäude ersetzt. Sherine Xavier eröffnete das Manattrii, um Jaffnas traditionelle Architektur zu bewahren und zu zeigen. Das von Grund auf restaurierte Haus stammt aus dem 19. Jh. Sein Grundriss orientiert sich an der südindischen Vastu-Lehre (die dem Feng-Shui ähnelt). Ein nach oben offener Raum bildet das Zentrum des Gebäudes. Regen dringt hier ein, und die Hitze entweicht. Auf der gemütlichen Veranda und im Essbereich ist es auch an heißen Tag so kühl wie im gesamten Haus. Der traditionelle Gebetsraum ist heute ein Gästezimmer. Ganz perfekt ist das Manattrii allerdings nicht: Aus den Duschen fließt nur kaltes Wasser, und der Straßenlärm lässt sich nicht überhören. Auf jeden Fall aber vermittelt diese Unterkunft einen Hauch vom alten Jaffna und ist daher das Richtige für Nostalgiker.

Morgan's Residence
GÄSTEHAUS $$

(Maria's, UN Guesthouse; 222 3666; 103 Temple Rd.; EZ/DZ mit Klimaanlage 3500/4000 Rs; ❄) Deckenbalken, weiß gestrichene Wände, nostalgische Himmelbetten mit Moskitonetzen, Muscheln auf schmalen Fensterbänken, stylische Spiegel und illustre Gäste, zu denen auch schon Angelina Jolie zählte – all das bietet dieses Gästehaus. Seine vier Zimmer besitzen mehr Charakter als die meisten anderen Unterkünfte in der Stadt. Die beiden besten Zimmer (in einem davon hat Angie übernachtet) haben heißes Wasser und eine abgeschirmte Veranda. Mahlzeiten werden auf Wunsch serviert. Auf der Gartenterrasse hinter dem Haus genießen NGO-Mitarbeiter gerne ihren Drink. Bis auf ein kleines Schild an der Tür ist das Haus nicht gekennzeichnet. Sehr frühzeitige Reservierung ist zu empfehlen.

Sarras Guest House
GÄSTEHAUS $

(222 3627, 077 717 2039; 20 Somasutharam Rd.; Zi mit/ohne Klimaanlage ab 2500/2000 Rs; ❄) Vier frisch renovierte Zimmer stehen zur Verfügung: in einem hübschen alten Kolonialhaus mit dicken Mauern, traditionellen roten Steinfußböden, zahlreichen weiß gestrichenen Holzvertäfelungen und der schönsten Holzwendeltreppe der Welt. Toll sind die beiden Doppelzimmer im obersten Stockwerk, vor allem das eine, das durch die Fenster an drei Seiten, einem polierten alten Dielenboden und besonders hell ist und mit Art-déco-Möbeln aufwartet. Jedes Zimmer hat ein eigenes Bad mit heißem Wasser. Frühzeitige Reservierung ist ratsam, sie kann direkt oder auch übers Theresa Inn erfolgen.

Expo Pavilion
HOTEL $$

(222 3790, 077 234 8888; expopavilion@expoavi.com, http://www.expo-pavilion-jaffna-srilanka.lakpura.com; 40 Kandy Rd.; EZ/DZ/3BZ mit Klimaanlage inkl. Frühstück 6000/7500/9000 Rs; ❄🛜) Zu den am schönsten ausgestatteten Räumen in der Stadt zählen die sieben Zimmer dieses Hotels. Es befindet sich in einem hübschen, geräumigen, in Gelb und Weiß gehaltenen Kolonialhaus. Ocker und dunkles Holz prägen das Ambiente der Zimmer mit Klimaanlage und Bädern mit heißem Wasser, in denen alles blinkt und blitzt. Manche der Zimmer verfügen über einen Balkon. In der Lobby gibt es einen kostenlosen WLAN-Zugang. ExpoAir, die Fluglinie und Betreiberin des Hotels, bietet Flugverbindungen von und nach Colombo, was für die Reiseplanung praktisch ist. Der einzige Nachteil: Das Hotel verlangt zusätzlich zum Zimmerpreis 22 % Dienstleitungsgebühr. An der Straße nach Palali hat die Expo ein weiteres Hotel in einem restaurierten Haus aus dem 19. Jh. eröffnet.

Palan's Multicentre & Lodge
GÄSTEHAUS $

(222 3248; 71 Kandy Rd.; 3BZ/FZ 2500/3500 Rs, mit Klimaanlage 3500/5500 Rs; ❄) Die wenigen Zimmer in dem Familienhaus mit hübschem Garten sind frisch gestrichen. Fußböden und Badezimmer blitzen und blinken vor Sauberkeit. Und damit alles so bleibt, werden die Gäste gebeten, ihre Schuhe am Eingang auszuziehen. In Sachen Sauberkeit schaut die Familie jedem auf die Finger, was vielleicht nicht jedem Gast gefällt. Gästen mit Putzfimmel dürfte es hier besonders gut gefallen.

Tilko Jaffna City Hotel
HOTEL $$

(222 5969; www.cityhoteljaffna.com; 70/6 KKS Rd.; EZ 2500–7500 Rs, DZ 3500–8750 Rs; ❄@) Das seit Langem bestehende Spitzenklassehotel liegt mitten in einem schönen großen Garten mit Delfin-Springbrunnen. Die meisten Zimmer sind schick, und das Hotel bietet das volle Programm: Fitnesscenter, Businesscenter, superkorrekt gekleidetes Personal usw. Nur das rot-goldene Dekor in den Luxuszimmern wirkt reichlich übertrieben. Und manche der Möbel sehen schon ein wenig schäbig aus. Das Hotel bietet verschiedene Übernachtungs- und Verpflegungsarrangements.

New Bastian Hotel
HOTEL $$

(222 7374; 11 Kandy Rd.; EZ/DZ/3BZ mit Klimaanlage 2500/3200/3800 Rs; ❄) Hübsche Kletterpflanzen überwuchern das Hotel. Bei NGO-Mitgliedern ist es sehr beliebt – das war schon während des Krieges so. Wie die Besitzer erzählen, muss es damals hier wohl wie im Hotel Ruanda (aus dem gleichnamigen Film von Terry George) gewesen sein: ein sicherer Platz inmitten schlimmster Kämpfe. Das Hotel samt seinen modernen Zimmern (mit TV) ist sehr gepflegt, auch wenn die Heißwasserversorgung nicht in allen Bädern funktioniert. Rauchen und harte Getränke sind im Haus nicht erlaubt.

Lux Etoiles
HOTEL $$

(222 3966; www.luxetoiles.com; 34 Chetty St. Lane; DZ mit Klimaanlage 4070–6270 Rs; ❄) Wenn es ihn gäbe, müsste das Lux Etoiles den Preis für die am besten festgezurrten Bettlaken in ganz Jaffna bekommen. Und vielleicht auch den für die saubersten Zimmer. Die Preise sind eine Spur zu hoch, und die Zimmer besitzen wenig Flair. Immerhin wirbt das Haus mit dem Slogan „The best Hotel in Jaffna" und das Personal ist hochmotiviert, diesem Anspruch gerecht zu werden. Wie auch immer, wenn's was nützt ... Vielleicht gibt es ja deshalb in jedem Bad eine Badewanne, zumindest eine kleine ...

Thinakkural Rest
HOTEL $

(222 6476; 45 Chetty Street Lane; DZ mit/ohne Klimaanlage 2750/1650 Rs; ❄) Die Zimmer sind geräumig, aber nicht riesig. Ihre Atmosphäre ist so anheimelnd wie der freundliche Empfang. Bei manchen der Zimmer ohne Klimaanlage geht's zum Bad über den Flur, es sind aber trotzdem keine Gemeinschaftsbäder. Alles, nur kein Flair strahlt die hauseigene Bar aus. Ein besserer Rückzugsort ist die luftige, friedliche Terrasse im Obergeschoss.

Pillaiyar Inn
HOTEL $

(222 2829; www.pillaiyarinn.com; 31 Manipay Rd.; EZ/DZ/3BZ ab 1800/2200/2800 Rs, mit Klimaanlage 2500/3500/4500 Rs; ❄@) Das freundliche, altmodische, professionell geführte Haus ist eine Institution in der Stadt. Es liegt abseits der Straße in einem schönen Garten. Morgens liegt die Tageszeitung vor der Zimmertür – heutzutage kein Standardservice mehr. Immerhin, ein wenig Auffrischung könnten die Zimmer durchaus vertragen, vor allem die im Anbau. Im Vergleich dazu besser sind die Zimmer im Hauptgebäude oder im neuen Flügel mit seinen riesigen, wenn auch sterilen Räumen. Das Essen schmeckt ausgezeichnet, sofern einen während der ewig langen Wartezeit nicht der Hungertod ereilt. Das Hotel betreibt einen

Bastian Hotel
GÄSTEHAUS $

(222 2605; 37 Kandy Rd.; DZ mit Gemeinschaftsbad ab 1500 Rs, EZ/DZ mit Klimaanlage ab 2500/3200 Rs) Die Besitzer versuchen, ihre Gäste ins (teurere) New Bastian zu bugsieren. Muss aber nicht sein, denn die ruhigen, Zimmer hier besitzen viel Atmosphäre. Obendrein stehen auf der Speisekarte des Restaurants ein paar richtig gute Gerichte. Nur die Bar (11–14 & 17–21 Uhr) ist ein wenig dürftig.

YMCA
GÄSTEHAUS $

(222 2499; 109 Kandy Rd.; 2BZ mit Gemeinschaftsbad 750 Rs) Das Haus ist immer rappelvoll. und kaum jemand vom Personal spricht Englisch. Doch die Zimmer sind frisch gestrichen, hübsch, luftig und geradezu missionarisch ordentlich. Passabel und sauber sind die Gemeinschaftsduschen, wenn auch reichlich düster. Mädels sollten erst mal die Atmosphäre beschnuppern und sich die Leute genauer ansehen, bevor sie einchecken. Die Kantine (5–19 Uhr) im Nebenhaus ist cool, aber schmuddelig.

Uthayan Guest House
GÄSTEHAUS $

(222 2330; 392 Nawalar Rd.; DZ mit/ohne Klimaanlage 2500/1500 Rs) Dem faden Uthayan fehlt jeglicher Stil. Doch der freundliche Manager, die ruhige Lage, die hellen, luftigen Zimmer und die weißen Bettüberwürfe aus Waffelpiqué machen das wett.

Blue Haven
HOTEL $$

(222 9958; www.bluehavenjaffna.com; 70 Racca Rd.; Zi 3300 Rs; ❄︎🛜🏊) Einen Preis für die „bestgepflegten Zimmer der Welt" gewinnt das Blue Haven gewiss nicht. Immerhin sind die Räume groß und recht neu. Weder heißes Wasser noch Klimaanlage fehlen. Außerdem sind der Swimmingpool und der kostenlose WLAN-Zugang nicht zu verachten.

Green Grass
HOTEL $$

(222 4385; www.jaffnagreengrass.com; 33 Aseervatham Lane, Hospital Rd.; EZ/DZ/3DZ mit Klimaanlage 3000/3300/3850 Rs; ❄︎🛜🏊) Mit den lindgrün angestrichenen Wänden zeigen die Zimmer einen Hauch von Stil. Doch bei dem Preis sollten sie eigentlich nicht so abgenutzt sein. Immerhin befinden sie sich in einem hübschen Gebäudekomplex, der sich rund um den Swimmingpool in einem schönen Garten erstreckt. Vorteile sind das ausgezeichnete Bar-Restaurant, der kostenlose WLAN-Zugang und die vom Hotel betriebene Busverbindung zwischen Colombo und Jaffna. Auch Nichtgäste können den Pool (pro Std. 200 Rs; 8–20 Uhr) nutzen.

✗ Essen & Ausgehen

Wer die südindische Küche ausprobieren möchte, findet dazu in Jaffna reichlich Gelegenheit. Beliebte Gerichte vor Ort sind: rot gefärbter *pittu* (eine Mischung aus Reismehl und Kokosraspel, in einer Bambusform gedämpft), *idiyappam*, auch *string hoppers* genannt (zu Pfannkuchen oder flachen Spiralen geformte, dünne Reisnudeln) und *vadai* (frittierte Snacks, wie Doughnuts geformt, aus Linsenmehl und Gewürzen). Wer ein Gläschen trinken will, darf sich nicht wundern: Es gibt in Jaffna kaum eine echte Kneipe, die nicht schäbig und anrüchig wirkt. Noch seltener sind von Frauen geführte Kneipen zu finden – Jaffna war und ist eben eine sehr konservative Stadt.

📘 TIPP Manattrii
SRI-LANKISCH $$

(320 7665; www.manattrii.com; 250 Palali Rd., Kantharmadam; Hauptgerichte 300–600 Rs) Obwohl sich in der Stadt eine bessere Qualität wohl kaum finden lässt, ist das Manattrii nicht allein wegen seines guten Essens interessant. Die Ziele sind höher gesteckt: Beim Kochen geht es hier zugleich auch immer um das Bewahren und Wiederbeleben von Jaffnas traditioneller regionaler Küche. Im Mittelpunkt stehen daher die Rezepte, Zutaten und Zubereitungstechniken der Region. Bei den traditionellen eintopfartigen Gericht *koottu* (200 Rs) stammen sämtliche Zutaten wie Gemüse, Hülsenfrüchte, Palmwein, Kokosmilch und Gewürze aus der Gegend. Süchtiger als das Original machen die „Jaffna-Nachos": Pappadams (dünne frittierte Fladen aus Linsenmehl) mit einem regionalen Dip nach Guacamole-Art.

Mangos
SÜDINDISCH $

(Nallalaxmy Ave, 359 Temple Rd.; Mittagsmenü 180–240 Rs; 10.30–22 Uhr) Meistens füllen tamilische Großfamilien dieses rein vegetarische Speiselokal bis auf den letzten Platz. Zugleich warten weitere Familien in einer langen Schlange auf frei werdende Tische. Im Mangos kommen die besten südindischen Gerichte der Stadt auf den Tisch. *Idli* (Linsen-Reiskuchen), *dosa* (hauchdünne, knusprige Fladen) und *uttapam* (herzhafte dicke Fladen aus Reis- und Urdbohnenmehl, mit Zwiebeln, grünen Chilis, Koriander und Kokosnuss belegt) sind Spitzenklasse. Die servierten Köstlichkeiten kosten zwischen 70 und 160 Rs. Besonders gut schmeckt mittags die riesige Portion Reis und Curry – bei dem Rezept mischt sich die indische mit der sri-lankischen Küche. Eine freundliche Bedienung serviert das Essen in einem strohgedeckten Pavillon gleich beim Tempel um die Ecke. Dem Genießen und Wohlfühlen steht hier nichts im Wege.

Green Grass   INDISCH, BAR $$
(www.jaffnagreengrass.com; 33 Aseervatham Lane, Hospital Rd.; Hauptgerichte 300–490 Rs; 10–22 Uhr;) Sein Bar-Restaurant in einem schönen Garten mit Pool macht das Green Grass zu einem der behaglichsten Lokale der Stadt. Unter einem Mangobaum entspannt ein Getränk (Lion Lager 250 Rs) zu schlürfen, dürfte wohl jedem gefallen. Ausgezeichnet schmecken auch die Jaffna-Spezialitäten sowie die Gerichte der indischen und chinesischen Küche. Besser geht's nicht. Das Restaurant (6.30–22 Uhr geöffnet) in den Innenräumen des Green Grass bietet die gleiche Speisekarte, doch die Atmosphäre ist ziemlich eintönig.

Bastian Hotel   SRI-LANKISCH $$
(1. Stock, 37 Kandy Rd.; Hauptgerichte 200–400 Rs; 9.30–21.30 Uhr) Reis und Curry schmecken hier nicht nur unglaublich gut, sondern wie hervorragende Hausmannskost. Kein Wunder, hier wird auf Anweisung und nach Rezepten der mütterlichen Besitzerin gekocht. Ihre Gerichte können sich mit dem Essen der besten Restaurants der Stadt messen. Auch Vegetarier kommen voll auf ihre Kosten.

Malayan Café   SRI-LANKISCH $
(36–38 Grand Bazaar; Reis & Curry 100 Rs; 7–20.30 Uhr) In dem beliebten Speiselokal alter Schule stehen Marmortische und lange verglaste Holzvitrinen. Am Hausschrein glimmen gelegentlich Räucherstäbchen, deren Duft durch den Raum zieht. Mittags gibt es ein köstliches Reis-und-Curry-Gericht. Snacks und leichte Gerichte sind den ganzen Tag über erhältlich. Die preisgünstigen vegetarischen Gerichte werden auf Bananenblättern serviert und mit der Hand gegessen. Nach dem Essen falten die Gäste die Blätter zusammen und werfen sie selbst in den Abfallschacht im Händewaschbereich. Falls der Andrang beim Händewaschen zu groß wird, können zumindest Frauen in den weiter hinten gelegenen Familienraum ausweichen.

Lux Etoiles   SRI-LANKISCH $$
(222 3966; www.luxetoiles.com; 34 Chetty St. Lane; Hauptgerichte 650 Rs;) Wie schon aus der Werbung des Restaurants hervorgeht, steht hier Jaffnas Küche im Mittelpunkt. Eine besondere Spezialität verbirgt sich hinter dem Namen *maruthuva*. Es ist ein Krabbencurry und zugleich eine Medizin, denn es enthält eine geheime Kräutermischung, der eine heilende Wirkung zugeschrieben wird. Tischreservierung ist zu empfehlen.

New Rest House   SRI-LANKISCH $
(222 7839; 19 Somasutharam Rd.; Hauptgerichte 125–250 Rs; 11–15 & 17.30–21.30 Uhr) In einem einfachen, gemütlichen Speiseraum kommt hier ein tolles Essen auf den Tisch. Die Reis-und-Curry-Varianten schmecken außergewöhnlich gut, sind aber nicht so ideal für Vegetarier. Für Jaffna ungewöhnlich ist es, dass den Gästen auch Bier serviert wird. Das New Rest bietet außerdem drei Zimmer mit einer Menge Flair, falls man übernachten möchte. Nur sollte sie mal jemand gründlich putzen.

Hotel Rolex   SRI-LANKISCH $
(340 Hospital Rd.; Hauptgerichte 80–250 Rs) Grasgrün dominiert als Farbe in diesem netten kleinen Speiselokal. Meistens tummeln sich hier jede Menge Männer (im hinteren Teil befindet sich eine Damentoilette). Sein freundliches Personal, die gute Auswahl an Gerichten und die Nusseiscreme sind einen Besuch wert.

Cosy Restaurant   NORDINDISCH $$
(222 5899; 15 Sirampyadi Lane, Stanley Rd.; Hauptgerichte 240–490 Rs; 11–23 Uhr;) Die große Attraktion in diesem Restaurant ist der Tandoori (Tandoor-Ofen). Morgens um 6 Uhr wird er angeheizt und sorgt dann den ganzen Tag über für knuspriges *naan* (Fladenbrot) und ein saftiges *chicken tikka* (in Gewürzen mariniertes geröstetes Hühnerfleisch; 440 Rs). Die Gerichte (alle auch zum Mitnehmen) auf der langen Speisekarte stammen überwiegend aus der Punjabi- und der chinesischen Küche.

Rio Ice Cream   EISCREME $
(448A Point Pedro Rd.; Eiscreme & Eisbecher 40–140 Rs; 8–22 Uhr;) Zu den typischen Vergnügungen in Jaffna gehört der Besuch einer der drei Eisdielen hinter dem Nallur Kandaswamy Kovil. Ins Rio gehen die Einheimischen besonders gern, da es mit leckeren Eissorten lockt.

Morgan's Residence BAR
(103 Temple Rd.; 6–22 Uhr) Die Gartenbar in diesem nicht gekennzeichneten, grundsoliden Gästehaus ist beliebter Treffpunkt der NGO-Typen. Ein Lion Lager (Bier) kostet 250 Rs, ein Flasche Wein 2750 Rs.

Auf dem Jaffna-Markt gibt es die besten Lebensmittel. **Food City** (175 KKS Rd.; 8–20 Uhr) und das **TCT Multi-Trade Centre** (327 Nawalar Rd.; 7–21.30 Uhr) sind die Supermärkte der Stadt.

Shoppen

Jaffna-Markt MARKT
(Hospital Rd.) Jaffnas farbenfroher Obst- und Gemüsemarkt liegt westlich der Bushaltestelle. Das Marktareal umfasst jedoch auch mehrere der wunderschönen umliegenden Straßenzüge. Direkt auf dem Markt, hinter den Bananen, verkauft **Mr M Chandresakaran's Stall** die berühmte *suruthu* (pro Stück 3 Rs), Jaffnas traditionelle Zigarre (genauso ungesund wie jede kubanische und wie das Rauchen überhaupt). In dem hübschen alten Laden **Anna Coffee** (No 4, Modern Market; Mo–Sa 8.30–18 Uhr) gibt es Kaffee (700 Rs pro kg) und Tee (ab 380 Rs pro kg) aus Sri Lanka. Das **Poobalasingham Book Depot** (Hospital Rd.; Mo–Sa 8–20 Uhr) bietet eine ordentliche Auswahl an Zeitungen.

Rosarian Convent WEIN
(Thoma-Kloster; 48 Colombuthurai Rd.; Mo–Sa 8.30–13 & 14–17.30 Uhr) Das Frauenkloster produziert einen eigenen Rotwein (Flasche 300 Rs). Gesüßt und mit Zimt und Nelken gewürzt, schmeckt er wie Glühwein. Hergestellt werden hier auch ein erstaunlich gefärbter Traubensaft (180 Rs) und *nelli crush* (180 Rs) – beides aromatische Fruchtkonzentrate ohne Alkohol. Die Getränke werden auch zu einem etwas höheren Preis auf dem Jaffna-Markt verkauft. Der Konvent befindet sich gegenüber der St. Ann's Church.

Ms Ruby Sorupan BEKLEIDUNG
(320 5358; 89 Point Pedro Rd.; 10–17 Uhr) Die freundliche Schneiderin Ms Ruby Sorupan berät ihre Kunden kompetent, wenn es um traditionelle Kleidungsstücke geht, z. B. eine *salwar kurta* (Ensemble aus langer Tunika mit Hose) oder eine *choli* (Saribluse; um 150 Rs). Jaffnabesucher sollten allerdings darauf achten, dass Mr Sorupan anwesend ist, denn nur er spricht Englisch. Viele der Läden rund um den Nallur-Tempel verkaufen fertige „Salwar-Sets" und Saris, die Geschäfte am Markt bieten geeignete Stoffe als Meterware an.

Saravana Tex STOFFE
(526/529 Point Pedro Rd.; Mo–Sa 8–19.30 Uhr) Unter den Stoffläden rund um den Nallur-Tempel ist Saravana einer der besten.

Praktische Informationen

Die besten von Jaffnas zahlreichen Geldautomaten befinden sind in der **Commercial Bank** (Hospital Rd.) und der **HNB** (Hospital Rd. & Stanley Rd.).

Jaffna Public Library (222 6028/5; Esplanade Rd.; Internet pro Std. 30 Rs; Di–So 9–19 Uhr) Um das Internet zu nutzen, muss man Mitglied werden (Gebühr 50 Rs). Die Mitgliedschaft ist mit keinerlei Verpflichtungen verbunden. Die Bibliothek ist eine der besten und freundlichsten Begegnungsstätten der Stadt.

Lonely Planet (www.lonelyplanet.com/sri-lanka/jaffna-and-the-north/jaffna) Tipps für die Reiseplanung, Empfehlungen der Autoren, Kommentare und Reiseberichte von Sri-Lanka-Besuchern sowie Insidertipps.

Post (Postal Complex, KKS Rd.; Mo–Sa 7–17 Uhr)

Selva Telecommunications Centre (124 Temple Rd.; Internetzugang pro Std. 60 Rs; 7.30–20.30 Uhr) Schnellste Internetverbindung in der Stadt, verfügt auch über Telefonkabinen für internationale Telefonverbindungen.

An- & Weiterreise

Bus

FERNBUSSE Von der gut organisierten **CTB-Bushaltestelle** (222 2281) starten sowohl die Fernbusse als auch die Busse, die das Streckennetz auf der Halbinsel abdecken. Die Abfahrt der Fernbusse erfolgt morgens und am späten Nachmittag. Nützlich sind die Langstreckenverbindungen von Jaffna zu folgenden Zielorten:

Anuradhapura 200 Rs, 5 Std., 1-mal tgl.
Batticaloa 410 Rs, 9 Std., 5-mal tgl.
Colombo 600 Rs, 11 Std., 4-mal tgl.
Kandy 330 Rs, 8 Std., 7-mal tgl.
Mannar 153 Rs, 4 Std., 4-mal tgl.
Trincomalee 324 Rs, 7 Std., 3-mal tgl.
Vavuniya 148 Rs, 4 Std., alle 30 Min.

Ähnliche Fahrpläne und vergleichbare Preise haben die privat betriebenen Busse. An deren Haltestelle, ungefähr 100 m nördlich der CTB-Haltestelle, geht es ziemlich chaotisch zu. Immerhin sprechen hier einige Leute Englisch. Häufig fahren die Privatbusse im Wechsel mit den CTB-Bussen ab.

COLOMBO Alle möglichen Leute betreiben einen klimatisierten Bus, der über Nacht von Jaffna nach Colombo fährt. Dutzende dieser Busse starten bis etwa 21 Uhr am nördlichen Ende der Festungsanlage. Tickets kann man direkt am Bus oder im Voraus im **RB Booking Centre** (15 Grand Bazaar; ⊙8–20 Uhr) kaufen. Bei den meisten Busbetreibern kostet die Fahrt 800 bzw. 1100 Rs für Busse ohne bzw. mit Klimaanlage.

HALBINSEL JAFFNA Unter der jeweils gleichen Liniennummer befahren auch private Minibusse die Routen der CTB-Busse auf der Halbinsel sowie auf den vorgelagerten Inseln. Die Haltestelle der Minibusse befindet sich an einer kleinen blauen Hütte an der Powerhouse Road. Viele der Minibusse kommen von überallher und versammeln sich rund um die CTB-Haltestelle. Dadurch wird es hier richtig voll. Einheimische warnen vor häufigen Taschendiebstählen und grapschenden Diebeshänden. Einige Buslinien verkehren nur selten. Wer nach Jaffna zurückkehren will, sollte sich daher schon vor der Abfahrt zum Zielort nach den Rückfahrzeiten erkundigen. Nützlich sind die Verbindungen mit CTB-Bussen oder Minibussen von Jaffna zu folgenden Zielorten (Buslinien in Klammern):

Kairanagar (Karaithivu), über Vaddukkodai (782, 786) 45 Rs, 1½ Std., alle 30 Min.

Kayts (777) 49 Rs, 36 km, 1 Std., alle 30–60 Min. (die Buslinie 780 verkehrt ebenfalls auf dieser Strecke, die Fahrt dauert aber länger)

Keerimalai (private Minibuses 82, 87, 89) 36 Rs, 1 Std., alle 20 Min.

Kurikadduwan (KKD; 776) 61 Rs, 1½–2 Std., alle 45 Min.

Point Pedro über Nelliady (750) 58 Rs, 1½ Std., alle 30–60 Min.

Point Pedro über Valvettiturai (VVT; 751) 60 Rs, 1½ Std., alle 30–60 Min.

Tellippalai über Chunnakam (für Thurkkai Amman Kovil, Kantarodai, Keerimalai-Quelle; 769) 25 Rs, alle 30–40 Min.

Flugzeug

Jaffnas Flughafen, der Palali Airport, liegt 17 km nördlich der Stadt mitten in einer Hochsicherheitszone.

ExpoAir (222 3891, 222 6297; www.expoavi.com; 14F Palali Rd., Thirunelveli) fliegt mit 12-sitzigen Cessnas zwei mal täglich nach Colombo (einfach/hin & zurück 10 000/19 100 Rs, 75 Min.). Der Shuttlebus zum Flughafen fährt vor dem ExpoAir-Büro an der Palali Road ab.

Helitours (011 311 0472, 011 314 444; helitours@slaf.gov.lk; www.airforce.lk; Hospital Rd.; ⊙10–13 Uhr) ist das kommerzielle Unternehmen der sri-lankischen Luftwaffe. Für die Passagierflüge zwischen Jaffnas Palali Airport und Colombos Ratmalana Airport werden Militärflugzeuge verwendet. In beiden Richtungen fliegen die Maschinen montags, mittwochs und freitags (einfach 9550 Rs, 75 Min.). Der Shuttlebus startet in Jaffna vor dem Stadtbüro der Helitours. Die Passagiere müssen zwei Stunden vor Abflug am Flughafen sein.

Mietwagen

Mit einem Mietwagen die Halbinsel Jaffna zu besuchen, ist bequem, aber teuer. Das Personal der Hotels und Gästehäuser organisiert die Anmietung und informiert über die aktuellen Mietbedingungen. Die Preise bewegen sich zwischen 5000 und 6000 Rs pro Tag, inklusive 100 gefahrene Kilometer und Benzin; jeder weitere Kilometer kostet 35–40 Rs. Mit einer 130-km-Fahrt lässt sich die Halbinsel gründlich erkunden (ohne die Inseln).

Unterwegs vor Ort

ÖFFENTLICHE VERKEHRSMITTEL Von Chundukuli und Nallur fahren alle Busse und Minibusse (ab 7 Rs) auf der Kandy Road und Point Pedro Road Richtung Westen und Südwesten bzw. enden an der CTB-Haltestelle.

Stadtauswärts fährt die Buslinie 769 regelmäßig nach Chundukuli und die Linie 750 über die Point Pedro Road nach Nallur. Die CTB-Bus sind sicherer (was Diebe und „Grapscher" betrifft) und weniger überfüllt als die Minibusse.

TUK-TUK Mit einem Preis von 150 Rs für eine Kurzfahrt oder 500 Rs pro Stunde für eine Stadtrundfahrt sind die Tuk-Tuks in Jaffna deutlich teurer als anderswo im Land. Einheimische empfehlen, aus Sicherheitsgründen das Taxi für eine Fahrt am Abend oder in der Nacht telefonisch zu bestellen (ggf. eine sprachkundige vertrauenswürdige Person um den Anruf bitten). Von guten Fahrern sollte man sich die Telefonnummer geben lassen – zwei zuverlässige sind z. B. **Baskar** (077 921 8122) und **Suman** (077 079 0317).

FAHRRAD Jaffna eignet sich bestens zum Radfahren. Leihfahrräder sind allerdings rar. Das Personal in Gästehäusern hilft in der Regel, ein Fahrrad zu besorgen.

Halbinsel Jaffna

021

Wer über die immer noch ländlichen Vororte der Stadt Jaffna hinausfährt, gelangt in eine Landschaft mit Hainen aus Palmyrapalmen, farbenprächtigen Tempeln, heiligen Quellen und sonnigen Küsten (und mit einigen militärischen Sperrgebieten, die es zu beachten gilt). Herausragende Attraktionen sind hier nicht zu erwarten. Doch alles zusammengenommen ergibt eine interessante Ein- oder Zweittagestour, vor allem wenn man sich für diesen Ausflug ein Fahrzeug mietet.

RICHTUNG KEERIMALAI-QUELLE

Zum ersten Mal seit 20 Jahren ist die Straße zur Keerimalai-Quelle wieder geöffnet, obwohl immer noch viele Gebiete in der Umgebung gesperrt sind. Die Straße endet in Kankesanturai (kurz: KKS). Der Zugang zu dieser Hafenstadt ist noch eingeschränkt.

Von Jaffna (Stadt) geht es zunächst nach Chunnakam. Ein Tuk-Tuk (hin & zurück 300 Rs) bringt Besucher über gewundene Wege zu den 3 km westlich der Stadt gelegenen **Kantarodai-Ruinen** (8.30–17 Uhr). Beeindruckend schön und mysteriös zugleich liegen hier auf einem von Palmyrapalmen gesäumten Gelände rund zwei Dutzend 1 bis 2 m hohe Dagobas (Stupas). Die 2000 Jahre alten Ruinen wurden 1916 in dem Palmenhain entdeckt. Ihr Ursprung ist Gegenstand kontroverser Debatten über die historische Frage: „Wer war zuerst hier?" 1978 ließ Sri Lankas Behörde für Archäologie halbkugelige Steingebilde auf den abgeflachten Überresten errichten. Wie die einen behaupten, sollten die Dagobas damit wieder jene Form erhalten, in der die alte buddhistische Gemeinde sie geschaffen hatte. Andere sehen darin den Versuch, irgendeiner alten Kultur mit eigenen Traditionen (z. B. bei den Bestattungen) eine buddhistische Geschichte überzustülpen. Viele Buddhisten betrachten die Stätte als Purana Rajamaha Vihara (buddhistische Klosteranlage). Daher schätzen sie nicht nur den in der Nähe errichteten kleinen Buddhatempel, sondern auch die SLA-Soldaten, die das Terrain bewachen. Tamilen sehen das anders. Irgendwie wirken diese Steingebilde wie aus einer anderen Welt.

Auf der Höhe von Km 13 der Straße nach KKS liegt das „neue" Dorf **Tellippalai** mit dem großen **Thurkkai Amman Kovil** (5.30–19 Uhr, an manchen Tagen 13–15 Uhr geschl.). Der Hindutempel befindet sich hinter einem ziemlich tiefen, abgestuften Becken. Er ist der Göttin Durga geweiht und lockt wahre Menschenmassen an. Dienstags und freitags sind es vor allem Frauen, denn an diesen Tagen bitten die Anhänger der Göttin in ihren Gebeten um einen guten Ehepartner. Die *puja* findet um 8, 11, 12 und 16 Uhr statt, die Priester sind freundlich. Zum Tempel gehört auch ein Waisenhaus. Zwischen Jaffna und Tellippalai verkehrt die Buslinie 768 (25 Rs); der Bus hält vor dem Tempel.

Einen Kilometer weiter nördlich liegt der **Militärstützpunkt Palali KKS**. Er bildet eine der größten und umstrittensten Hochsicherheitszonen Sri Lankas. Zwischen 1983 und 1993 musste die gesamte Bevölkerung (mehr als 25 000 Familien) das ertragreiche, 58 km² große Agrargebiet verlassen. Alles in dieser Zone wurde zerstört oder für militärische Zwecke umfunktioniert. Dazu zählt auch eine Kalksteingrube, von der nun möglicherweise Gefahren für die Umwelt drohen. Nach dem Krieg hat die SLA kleine Teile des Ackerlandes an die Besitzer zurückgegeben. Doch die ehemaligen Bewohner scheuen sich, gerade jetzt zurückzukehren. Heutzu Tage kann man durch das Gebiet fahren, um zur Keerimalai-Quelle zu gelangen. Der Anblick der vielen seit langem verlassenen Gebäude ohne Dächer, aber mit dicken Bäumen, die mitten durch die Häuser wachsen, wirkt, gelinde gesagt, ausgesprochen gruselig.

An der Abzweigung zur Keerimalai-Quelle steht der **Maviddapuram Kanthaswamy Kovil**, der die Bomben und Plünderungen des Krieges überstanden hat. Seine Anhänger bemühen sich tapfer, den Tempelbetrieb wieder in Gang zu setzen. Um 11.30 Uhr findet die reguläre *puja* statt. Für Besucher, die darum bitten, halten die freundlichen Priester auch eine *puja* außer der Reihe ab.

Nahe der Keerimalai-Quelle befindet sich der aus dem 6. Jh. v. Chr. stammende **Naguleswaram Shiva Kovil**, einer der *pancha ishwaram* (s. S. 270). Von dem ursprünglichen Bauwerk sind nur noch wenige Spuren zu sehen. 1990 bombardierte die Armee den Tempel. Mittlerweile wird er Zug um Zug restauriert, und ein Spaziergang über das friedliche Gelände lohnt sich.

Der Legende nach verdankt die heilige **Keerimalai-Quelle** ihre Berühmtheit dem Besuch einer Chola-Prinzessin im 7. Jh. Während die Prinzessin in dem Quellwasser badete, betete sie zu Murugan. Daraufhin verschwanden nicht nur ihre Verdauungsstörungen, sondern auch die Deformationen in ihrem Gesicht – das einem Bericht zufolge bis dahin einem Pferdegesicht ähnelte. Ob nun mit oder ohne Pferdegesicht, die Quelle ist jedenfalls bis heute ein wunderschöner Platz zum Relaxen. Im Männerbereich führen ringsherum verlaufende Stufen in ein Becken mit klarem, aquamarinblauem Wasser, das sich malerisch vom Meer abhebt. Hohe Mauern umgeben den Frauenbereich mit einem kleineren Bassin. Dem Quellwasser wird eine heilende Wirkung zugeschrieben. Umkleidekabinen sind vorhanden. Frauen sollten in T-Shirt und Shorts oder in einer ähnlich sittsamen Bekleidung baden.

Die Bus-/Minibusfahrt von Tellippalai zur Quelle kostet um die 30 Rs. Bequemer ist es, an der Bushaltestelle in Tellippalai einen Threewheeler zu nehmen (einfach/hin & zurück 300/600 Rs).

Wer mit dem Mietwagen eine Tagestour auf der Halbinsel unternimmt, sollte nach dem Besuch der Keerimalai-Quelle auf der Chunnakam–Puttur Road Richtung Valvettiturai und Point Pedro fahren, um im **Sri Murugan Café** (Vakaiadi; Reis & Curry 180 Rs; ◷5–21 Uhr) zu Mittag zu essen. Dieses altmodische Lokal liegt 3 km westlich von Puttur.

VALVETTITURAI

Auf dem Weg nach Valvettiturai (VVT) liegt der reizvolle **Selvachannithy Murugan Kovil** (auch Sella Sannathy Kovil genannt) in der kleinen Ortschaft Thondaimanaru direkt am Meer. Wie so viele Bauwerke auf der Halbinsel wurde auch dieser wichtige Murugan-Tempel im Krieg erheblich beschädigt. Heute bietet er wieder einen malerischen Anblick und eine lebendige *puja*.

Die wunderschöne Küstenstraße führt in östlicher Richtung nach Valvettiturai (VVT). Die einstige reiche Schmugglerstadt kennen die meisten heute eher als Geburtsort des LTTE-Anführers Vellupillai Prabhakaran. Nach Meinung vieler haben Prabhakarans außergewöhnliche Rücksichtslosigkeit, sein Charisma und seine unerbittliche Zielstrebigkeit entscheidend zum Aufstieg und der Prominenz der LTTE beigetragen. In den 1970er-Jahren entstanden zahlreiche militante Gruppen, die für die Rechte der Tamilen kämpften, doch nur die LTTE erreichte eine immense Schlagkraft. Während der letzten Kriegstage wurde Prabhakarans Tod bekannt gegeben. Einige glauben jedoch, dass er sich im Ausland versteckt hält.

Sicherheitskräfte zerstörten 1985 das von Mauern umgebene **Haus der Familie Prabhakaran** (Vampady Lane). Bei der Aktion kamen auch 70 Zivilisten ums Leben. Bis heute locken die Ruinen immer noch Schaulustige an oder Leute, die Parolen in Tamilisch, Singhalesisch und Englisch auf die Mauerreste sprühen. Für historisch Interessierte, die ein wenig über den Krieg wissen, könnte die Ruine einen Besuch wert sein.

Das zerstörte Haus liegt 400 m westlich der Bushaltestelle in VVT. Auf dem Weg liegt der **Muthumari Amman Kovil** mit seinem schönen *gopuram* – möglicherweise hat hier auch die Familie Prabhakaran gebetet. Vom Tempel aus geht es noch 200 m weiter die Straße hinunter und dann links in den ersten asphaltierten Weg. Das Prabhakaran-Haus befindet sich auf der linken Seite. Von Jaffna fährt die Buslinie 751 (60 Rs, 1½ Std., alle 30–60 Min.) nach VVT.

POINT PEDRO & UMGEBUNG

Von VVT führt die Küstenstraße in einem Bogen nach Point Pedro. In diesem Gebiet wütete 2004 der Tsunami. Einheimische erzählen, Fischerboote seien noch 1 km landeinwärts gefunden worden. Das Gebiet ist wieder aufgebaut worden, aber nur spärlich bevölkert, und der schmale weiße Sandstrand ist menschenleer. Mit Blick auf Fischerboote, den Landungssteg und Fischer, die Riesenmantas (Teufelsrochen) fangen, ist die Fahrt entlang der Küste heute eigentlich wieder sehr angenehm. Beobachten lässt sich mitunter auch, wie Riesenmantas zerlegt werden – ein abscheulicher und zugleich faszinierender Vorgang.

Das marode **Point Pedro** ist neben Jaffna die zweite Stadt auf der Halbinsel. Im Stadtbild lassen sich noch Anklänge an die Kolonialarchitektur erkennen. Im Osten der Stadt liegt ein herrlicher, abgeschiedener Strand. Wer von der Bushaltestelle in Point Pedro 100 m südlich und dann ein Stück östlich läuft, gelangt zu einem kuriosen steinernen **Schlagbaum**. Einheimische behaupten, er stamme aus der niederländischen Kolonialzeit. Knapp 500 m dahinter geht es links auf die zum Meer führende St. Anthony's Lane mit den zwei schönsten **Kirchen** der Stadt. In östlicher Richtung führt die Küstenstraße nach 1 km zum **Point-Pedro-Leuchtturm** (Betreten verboten, keine Fotos machen!). Dahinter erstreckt sich der Strand der Fischer. Rund 2 km entfernt liegt das schönste Areal: der **Munai-Beach** mit seinem hübschen Ausblick auf die Vadamaraadchi-Lagoon. Zum Zeitpunkt der Recherche war das Gelände allerdings geschlossen, und eine baldige Änderung schien nicht in Sicht. Das Tuk-Tuk vom Zentrum von Point Pedro zum Munai Beach kostet für Hin- und Rückfahrt jedenfalls 300 Rs.

Weiter südöstlich, 5 km vom Stadtzentrum entfernt, liegt der sehr verehrte **Valipura Kovil**. Für seinen *gopuram* (Torturm) wurden gedeckte Farben verwendet, was recht ungewöhnlich ist. Im Tempel finden sich einige sehr schöne Krishna-Darstellungen. Im Oktober strömen Tausende zu den berühmten (wiederbelebten) Festlichkeiten beim Tempel. Die *puja* findet täglich um 7, 9.30, 12, und 14.15 Uhr statt, am Sonntag auch um 18 Uhr.

Jaffnas Inseln

Im Südwesten der Halbinsel Jaffna befindet sich eine Ansammlung tief gelegener Inseln. Einige sind miteinander und mit dem Festland durch Dämme verbunden. Ein Streifzug über die Inseln bereitet hier großes Vergnügen, aber nicht wegen irgendwelcher Sehenswürdigkeiten. Vielmehr hypnotisieren die Landschaft, das Meer und das Gefühl, mit dem Boot bis ans Ende der Welt zu fahren.

Für Tagestouren bieten sich unterschiedliche Strecken an: Die eine führt in einer Schleife zur Insel Karaitivu (Karainagar) mit anschließender Fährfahrt zur Insel Velanai und Rückkehr über den Damm. Die zweite Möglichkeit umfasst die Insel Neduntivu (Delft) oder die heilige Insel Nainativu (Nagadipa), verbunden mit einer Fahrt über den Damm nach Kurikadduwan (KKD) und einer Fahrt mit der Fähre.

In dieser Gegend und in den Gewässern war einst die LTTE aktiv, und die sri-lankische Marine zeigt starke Präsenz. Genau genommen ist die Marine sogar Betreiberin der Fähren.

KARAITIVU

Für einen Besuch der Insel Karaitivu sprechen zwei Gründe: Zum einen geht es von hier weiter nach Kayts, zum anderen lockt die Überquerung des langen **Damms** zwischen Jaffna und der Insel. Einfach schön ist der Blick auf das Wasser und die Fischer mit ihren Krabbenfallen. Am Anfang des Damms schimmert auf der rechten Seite der hohe *gopuram* des **Ponnalai Vishnu Kovil** durch die Palmen. Der bei Einheimischen sehr beliebte **Casuarina Beach** von Karaitivu ist zwar klein, aber leicht zu erreichen und sehr familienfreundlich. Kinder in witzigen Klamotten toben umher, und das Militär verkauft an einem eigenen Stand sogar Eiscreme. Umkleidekabinen und Waschräume sind vorhanden. Allerdings gilt wie an jedem Strand in Sri Lanka: Frauen sollten besser T-Shirts und Shorts tragen. Gar nicht familienfreundlich ist der **Toddy Shack** (☉11–14 & 17–19 Uhr, an *Poya*-Tagen geschl.). Die Kneipe ist nicht ausgeschildert und liegt 150 m vom Strand entfernt an der Zugangsstraße zwischen Palmen. Frauen, ob einzeln oder in der Gruppe, sollten sich wohl besser fernhalten, nicht etwa, weil es für sie gefährlich ist, sondern wegen der unangenehmen Pulks stark betrunkener Männer.

Von Jaffna fahren halbstündlich Busse nach **Karainagar** (Buslinien 782 und 786; 45 Rs, 1½ Std.). In der Regel passieren sie die Casuarina-Kreuzung, die 2 km vom Strand entfernt liegt. Auf Wunsch halten die Fahrer an, um Strandbesucher aussteigen zu lassen. Eine Alternative ist die Vallenthallai-Kreuzung, 1 km von der Casuarina-Kreuzung entfernt. An beiden Kreuzungen stehen Tuk-Tuks. Trotz der unterschiedlichen Entfernungen verlangen alle den gleichen Fahrpreis: hin & zurück 300 Rs, inklusive eine Stunde Wartezeit.

Die Busse und Minibusse halten direkt an der kleinen **Fähranlegestelle** von **Kayts**, die sich auf dem Terrain der Marine befindet. In Kayts nimmt die kostenlose Fähre ihren Betrieb um 7 Uhr auf (10 Min., halbstündl., außer zwischen 12.30 und 14 Uhr). Die letzte Fähre von Karaitivu fährt dort um 17.30 Uhr ab.

VELANAI

Die Insel ist auch bekannt unter dem Namen Kayts, benannt nach dem Dorf an ihrer Nordostküste. Ihr einstiger niederländischer Name war Leiden. Auf ihrem Weg zu den Inseln Punkudutivu oder Analaitivu machen viele Ausflügler auf Velanai Halt. Dass auf dieser schönen Insel nur noch so wenige Menschen leben, ist eine Folge des Krieges.

Auf der Strecke von Jaffna (Stadt) nach Velanai führt die Abzweigung zum **Chaatty Beach** am östlichen Ende der Insel. Es ist kein spektakulärer weißer Sandstrand, aber zum Baden gut geeignet und nur 11 km von Jaffna entfernt. Annehmlichkeiten wie Umkleidekabinen, Picknickpavillons und Imbissbuden sind vorhanden. Bikinis kommen allerdings nicht in Betracht. Frauen sollten T-Shirts und Shorts tragen. An die gegenüberliegende Straßenseite grenzt der **Chaatty Maaveerar Thuyilum Illam**, der LTTE-Friedhof (s. S. 278). Wer mit dem Bus fährt, kann alle Linien nehmen, die zwischen Jaffna und Kayts oder Kurikadduwan verkehren. Auf Wunsch hält der Bus bei Km 9 zum Aussteigen. Von hier ist die 2 km lange Straße zum Strand gut ausgeschildert.

Von Karainagar (auf der Insel Karaitivu) bringt die Fähre Reisende nach Velanai und legt beim Dorf **Kayts** an. Rund um den Fähranleger sind ein Dutzend versunkener Fischerboote zu sehen. Dieser Anblick wirkt genauso unheimlich wie die halbverlassene Ortschaft. In der Nähe des Fähranlegers befinden sich drei sehenswerte Kirchen. Zu erreichen sind sie alle über die Sunuvil Road,

Halbinsel Jaffna

die vom Ufer aus geradeaus landeinwärts verläuft. Die erste Querstraße rechts führt zu portugiesischen Kirche des **hl. Jakobus**. Wer hier stattdessen links einbiegt, gelangt zur **Josefskirche**. Weiter geradeaus auf der Sunuvil Road liegt linkerhand die **Marienkirche**. Gleich nach dieser Kirche führt der erste rechts abbiegende asphaltierte Weg nach 600 m zu einem ruhigen **Friedhof** an der Küste – mit Ausblick auf das Fort **Hammenhiel**. Die auf einer küstennahen Insel gelegene Festung wurde im 17. Jh. von den Portugiesen gebaut und später von den Niederländern beschlagnahmt. Heute dient das Bauwerk als Marinecamp. Gerüchten zufolge soll sie in ein Ferienresort umgewandelt werden. Von Jaffna fahren die Buslinien 777 und 780 nach Karainagar (49 Rs, 1 Std., alle 30–60 Min.). Die Busse verkehren vom frühen Morgen bis 17.30 Uhr. Die Fähren nach Analaitivu und Eluvaitivu starten in **Karampan** an der Nordwestküste der Insel.

NAINATIVU & NEDUNTIVU (DELFT)

Auf dem Weg zu diesen beiden abgelegenen Inseln lässt sich einiges Schöne entdecken. Ein langer, reizvoller **Damm** verbindet Velanai mit der Insel Punkudutivu. Fischer waten hier durch die Lagune, um ihre Reusen auszulegen, oder sind mit kleinen Segelkanus unterwegs. Das Dorf **Punkudutivu**, im Dezember 2005 Schauplatz kleinerer Unruhen, besitzt einen der buntesten Hindutempel der Provinz Jaffna. Viele alte Häuser des Dorfes befinden sich jedoch in unterschiedlichen Stadien des Verfalls. Ein schmaler Damm verbindet Punkudutivu mit dem Fährhafen von **Kurikadduwan (KKD)**. Von hier fahren die Fähren zu den Inseln Nainativu und Neduntivu. Die Busse und Minibusse (Linie 776), die zwischen Jaffna (Stadt) und KKD verkehren (61 Rs, 1½ bis 2 Std., alle 45 Min.) nehmen früh am Morgen den Betrieb auf und stellen ihn erst ein, wenn die letzte Fähre nach KKD zurückgekehrt ist.

NAINATIVU (NAGADIPA)

Die 6 km lange, rautenförmige Insel mit Palmenhainen nennen die Tamilen Nainativu und die Singhalesen Nagadipa. Sowohl für Buddhisten als auch Hindus ist der Ort eine heilige Pilgerstätte.

Direkt gegenüber vom Landungssteg liegt inmitten von alten Niembäumen der luftige Hindutempel **Naga Pooshani Amman Kovil**. Verehrt wird hier hauptsächlich die Nagagöttin Minakshi, eine Gefährtin von Shiva. Der Begriff *naga* bezeichnet sowohl die verschiedenen Schlangengottheiten als auch die Ureinwohner der Insel. Frauen, die sich ein Kind wünschen, bitten um den Se-

ELEFANTEN-KAI

Auf Elefanten konnten Südasiens Armeen früher nicht verzichten. Die Dickhäuter transportierten Truppen durch schwieriges Gelände und über Wasserwege. Auf ihrem Rücken gelangten sämtliche schweren Versorgungsgüter von Ort zu Ort. Mit voller Kraft rammten sie Festungstore nieder. Feinden jagten sie Angst ein, wenn sie, nebeneinander aufgereiht, mit ihrem Rüssel Stahlkugeln warfen. Sri Lankas Elefanten waren bekannt für ihre außergewöhnliche Kraft, ihre gewaltige Größe und ihre Intelligenz. Daher wurde die Insel zu Indiens wichtigstem Elefantenlieferanten. Der Handel begann schon um 300 n. Chr. und hatte bis ins frühe 19. Jh. Bestand.

Die meisten Elefanten wurden im Vanni-Gebiet gefangen und nach einem Marsch quer über die Halbinsel Jaffna am Elefanten-Kai in Kayts eingeschifft. (Der Elephant Pass, das Verbindungsstück zwischen der Halbinsel und dem Festland, trägt seinen Namen mit Fug und Recht. Für den Elefantentransport kamen nach Maß angefertigte Holzboote zum Einsatz, die in Kayts gebaut wurden. Der Ort erlangte Berühmtheit als Elefantenhafen.

Auch wenn Elefanten vor Kraft strotzen, reagieren sie auf laute Geräusche mit Angst und Erschrecken. So begann mit der Erfindung von Feuerwaffen der Niedergang ihrer militärischen Schlagkraft und des Elefantenhandels in Kayts.

---

gen der Göttin, den sie während der in Trance versetzenden Mittags-*puja* empfangen. Männliche Gläubige dürfen den Tempel nur ohne Schuhe und mit freiem Oberkörper betreten. Im Juni/Juli steht der Tempel im Mittelpunkt eines beeindruckenden Festes.

Wer auf der Küstenstraße 10 Minuten in südlicher Richtung läuft, kommt zum **Nagadipa-Tempel**. Er ist die einzige große buddhistische Pilgerstätte in Sri Lankas Norden. Der Legende nach kam Buddha auf die Insel, um einen Krieg zwischen einem Nagakönig und seinem Neffen zu verhindern. Die beiden stritten sich um einen juwelenbesetzten Thronsessel. Buddha riet, den Thron dem Tempel zu übereignen. Der wertvolle Thron und der ursprüngliche Tempel sind seit langem verschwunden. Heute erinnert eine schöne, silbern angestrichene Dagoba (Stupa) an die Geschichte. Gleich hinter der Dagoba sitzen drei glücklich aussehende Buddhafiguren in einem Tempel mit Kuppel.

An jedem *Poya*-Tag (Vollmondtag) fahren sowohl Hindus als auch Buddhisten auf die Insel, um diesen für beide wichtigen Tag zu würdigen – und die Gläubigen kommen in großen Scharen. Je nach Andrang verkehren die Fähren (30 Rs, 20 Min.) zwischen KKD und Nainativu von 6.30 bis 17.30 Uhr alle zehn Minuten.

NEDUNTIVU

Die faszinierende, windgepeitschte Insel Neduntivu (Delft) liegt 10 km südwestlich von KKD. Tausende Menschen leben hier, und doch wirkt sie wie menschenleer. Schotterstraßen verlaufen durch Palmenhaine, die Sonne brennt auf aquamarinblaues Wasser und weißen Sand. Ein seltener, alter **Baobab** (Afrikanischer Affenbrotbaum), Niembäume und Kletterpflanzen, deren Ranken sich zum Schaukeln eignen, werfen ein Schlaglicht auf die Vielfalt der Flora. Die Felder sind mit Hunderten von Mauern aus Stein- und Fächerkorallen von Neduntivus Korallenriffen eingefasst. Delft-Ponys, die von niederländischen Pferden abstammen, streifen über kahle Felder, die an die felsige Korallenküste grenzen. Es gibt einen **Riesenfelsen**, der angeblich wächst und deshalb verehrt wird. Ein kurzer Spaziergang vom Fährhafen führt zu einer kleinen, stark verfallenen **niederländischen Festung**. Nur 1 km vom Fähranleger entfernt erstreckt sich **Manal Kanuttadi**, ein schöner Strand. Mit einer zuvor eingeholten Erlaubnis der Marine ist hier Campen erlaubt. Ein kleiner Laden am Fährhafen verkauft Wasser und Snacks, aber wenig handfeste Nahrung – also Proviant mitbringen. Zu Fuß all die Schönheiten der Insel an einem Tag zu erkunden, lässt sich kaum bewerkstelligen. **Nelson** (077 844 8737) bietet eine Inseltour im Pick-up. Die Fahrt kostet für bis zu acht Personen 3000 Rs.

Die Fähren (60 Rs, 40 Min.) starten in KKD um 8.30, 10 und 12.30 Uhr, zurück geht es um 14 Uhr (sonntags um 15 Uhr), 15.30 und 17 Uhr.

Sri Lanka verstehen

SRI LANKA AKTUELL **290**
Endlich herrscht wieder Frieden auf der Insel, der allerdings teuer erkauft wurde. Allmählich blüht das Land wieder auf, was man an den Besucherzahlen ebenso ablesen kann wie am Bau von Autobahnkilometern.

GESCHICHTE **292**
Das kleine Volk hat ein großes historisches Erbe vorzuweisen; das beweisen nicht zuletzt acht Unesco-Welterbestätten.

NATUR & UMWELT..........................**306**
Der Fortschritt schafft natürlich auch Probleme, zumal in einem Land mit so vielen einzigartigen Tier- und Pflanzenarten – und mit so vielen Elefanten!

DIE MENSCHEN IN SRI LANKA **312**
Im Inselstaat leben rund 21 Mio. Menschen mit unterschiedlichen kulturellen Wurzeln

TEE AUS SRI LANKA **317**
Das berühmteste Exportgut der Insel bietet schon auf den Plantagen einen prächtigen Anblick – und später, in der Tasse, mundet der Tee erst recht hervorragend.

SRI LANKA KULINARISCH **324**
Die einfachsten Speisen in Sri Lanka schmecken oft am allerbesten.

Bevölkerung pro km²
SRI LANKA · USA · Deutschland
≈ 30 Menschen

Sri Lanka aktuell

Frieden

Der 26 Jahre lang gewaltsam ausgetragene Konflikt zwischen dem Militär von Sri Lanka und den „Befreiungstigern" von Tamil Eelam (Liberation Tigers of Tamil Eelam; LTTE) wurde im Mai 2009 militärisch entschieden; ein brutaler Krieg wurde auf ebenso brutale Weise beendet. Das Militär ging dabei in einer Offensive gegen die Region vor, die noch von den „Befreiungstigern" kontrolliert wurde. Dabei kamen Tausende von Zivilisten im Norden und Osten des Landes ums Leben, und Hunderttausende mussten fliehen und retteten sich in Flüchtlingslager.

Inzwischen hat eine von der Regierung eingesetzte „Versöhnungskommission" Zeugen angehört und die hohe Zahl der Todesopfer in den Jahren 2008 und 2009 bestätigt. Damals hatten die Anhänger der LTTE beispielsweise Waffen in die Flüchtlingslager eingeschmuggelt, und das Militär ist dann seinerseits gegen diese Lager vorgegangen. Letztlich entscheidend ist aber doch, dass endlich wieder Frieden herrscht und dass das Land seither einen großen Schritt nach vorn getan hat.

Trotz ihrer Schönheit und ihrer Ressourcen hat die Insel das Unglück lange Zeit magisch angezogen. Eigentlich stand das Land schon ein paar Jahre eher vor einer Beilegung des Konflikts, doch dann erreichten am Weihnachtstag des Jahres 2004 die Wellen des Tsunamis die Küsten der Insel. Zehntausende wurden getötet, das Land stürzte ins Chaos, und auch der beinahe vergessene Krieg brach wieder neu aus.

Fortschritt

„Alle sind sich einig, dass wir diesen Krieg nie wieder erleben wollen", sagte ein Sri-Lanker dem Autorenteam. Mit aller Energie machen die Menschen sich daran, den jahrzehntelangen Rückstand in der wirtschaftlichen Entwicklung wieder aufzuholen. Überall entstehen neue

» Bevölkerung: 20,8 Mio. Bruttoinlandsprodukt: 49,7 Mrd. US$
» Bruttoinlandsprodukt pro Kopf: 5220 US$
» Inflationsrate: 5,9 %
» Arbeitslosigkeit: 5,8 %

Top-Titel

Running in the Family Ein heiteres wie nachdenkliches Buch von Michael Ondaatje über das Leben seiner Familie in Colombo in den 1940er-Jahren.
Monkfish Moon Neun Kurzgeschichten von Romesh Gunesekera geben Einblicke in die ethnischen Konflikte des Landes.
The Foundations of Paradise Im Buch von Arthur C. Clarke (1917–2008), der auch in Sri Lanka lebte und 2001: Odysee im Weltall schrieb, spielen Adam's Peak und Sigiriya eine Rolle

Orientierung vor Ort

» *Sri Lanka's Other Half* ist eine Sammlung von Reiseberichten und -informationen für die nördliche Hälfte des Landes; vorgestellt werden der Norden und Osten.

Religionszugehörigkeit
(% der Bevölkerung)

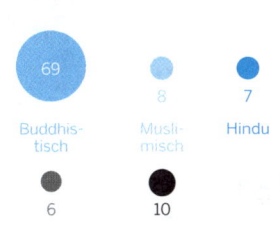

Wenn in Sri Lanka 100 Menschen lebten,

wären 74 Sinhalesen
7 Muslime (Mauren)
5 Indische Tamilen
4 sri-lankische Tamilen
10 anderer Nationalität

Straßen und Flughäfen. Auch in den Regionen, die lange Zeit von der LTTE beherrscht wurden, gibt man sich große Mühe, die Wunden der Vergangenheit zu heilen. Die Wirtschaft boomt, und die Hauptstadt Colombo, ist mittlerweile zur Großbaustelle geworden: Dank des neuen Wohlstands entstehen Läden und Restaurants, historische Gebäude werden restauriert, und die Bewohner genießen Großveranstaltungen.

Die anfängliche Erleichterung nach dem Ende der Kampfhandlungen hat überall im Land einem spürbaren Optimismus Platz gemacht. Präsident Mahinda Rajapaksa blickt wortwörtlich auf all das herab – von riesigen Plakatwänden. Er hat die Aufgabe übernommen, trotz der unleugbaren Leiden eine Versöhnung der einstigen Gegner herbeizuführen.

Blühender Tourismus

Sri Lanka verzeichnet Besucherrekorde: 2011 kamen 800 000 ausländische Gäste ins Land, beinahe 40 % mehr als im Jahr zuvor. Und Tourismusexperten sind sich sicher, dass dies erst der Anfang ist. Die sehr viel kleinere Insel Bali in Indonesien empfing 2011 stolze 2,4 Mio. Besucher.

Sri Lanka ist ein Traumziel: mit betörenden Stränden, einem reizvollen Hochland, acht Unesco-Welterbestätten, Zeugnissen uralter Kulturen, hübsch altmodischen Eisenbahnen und vielem mehr (nicht zu vergessen die Elefanten und Leoparden). In Orten wie Galle und Ella entstehen Pensionen und Hotels; viele davon – etwa die Traveller-Cafés – betreten absolutes Neuland und wenden sich auch an Rucksacktouristen. Das Land befindet sich auf geradezu schwindelerregende Weise im Umbruch, und dieser Wandel dürfte noch eine ganze Weile anhalten.

Für Europäer, die der winterlichen Kälte den Rücken kehren wollen, liegt Sri Lanka um einiges näher als Thailand und nicht ganz so weit entfernt wie die Karibik.

> Sri Lanka ist im kürzeren Ein-Tages-Cricket und im Twenty20-Cricket recht erfolgreich und konnte 1996 den Cricket World Cup erringen. 2007 sicherte sich die Mannschaft aus Sri Lanka zumindest den zweiten Platz hinter Australien. Cricket ist in Sri Lanka geradezu eine Staatsreligion, auch wenn die Erfolgsserie nicht immer anhält.

Dokumentarfilme

» 2008 produzierte die BBC eine Dokumentation unter dem Titel *Hot Spots*: Sri Lanka. Darin geht es auch um die Wurzeln der ethnischen Konflikte.

» Channel Four hat 2011 eine Reportage über *Sri Lanka's Killing Fields* ausgestrahlt.

Top-Websites

Ceylon Today (www.ceylon today.lk) Nachrichten, Sport, Unterhaltung, allgemeine Themen und Wechselkurse.

Daily Mirror (www.dailymirror.lk) Die beste Zeitungs-Website: eine Mischung aus Kommentaren und Kulturthemen.

Gossip Lanka (www.english. gossiplankanews.com) Klatsch und Neuigkeiten aus der Unterhaltungsbranche.

Indi.ca (www.indi.ca) Fakten, Meinungen und Kulturelles, alles verfasst von einem vorzüglichen Journalisten.

Geschichte

Sri Lankas Geschichte ist die Geschichte zweier Völker, die der Singhalesen und die der Tamilen, der beiden größten ethnischen Gruppen der Insel. Das Problem ist nur, dass es dabei zwei komplett verschiedene Geschichtsversionen gibt. Alle historischen oder religiösen Stätten, sogar Ortsnamen, scheinen bereits von Anfang an ganz unterschiedliche Ursprünge in sich zu tragen, wobei in die jeweiligen Geschichten im Laufe der Zeit oft auch völlig gegensätzliche Mythen integriert wurden. Jede Kleinigkeit wird jeweils von einer der beiden Parteien als Beleg dafür angeführt, dass Sri Lanka ausschließlich die Heimat nur einer dieser beiden Volksgruppen ist. Beide Völker beanspruchen also für sich allein das Recht auf die Insel.

Aufgrund ihrer günstigen Lage an uralten Seefahrts- und Handelswegen und wegen der Nähe zu Indien ist die Insel heute eine bunte Mischung aus Besuchern, Einwanderern und Eindringlingen, von Missionaren, Handeltreibenden und Reisenden, die zumeist aus Indien, aber auch aus dem Fernen und dem Nahen Osten gekommen sind. Viele von ihnen blieben und gingen schließlich in der Inselbevölkerung auf. Die Geschichte der Insel ist, wenn man ihre unterschiedlichen Ethnien betrachtet, von ständigem Wandel und entscheidenden Umwälzungen geprägt. Nichtsdestotrotz ist für heutige Inselbewohner ihre Geschichte hochpolitisch und von einer tiefen ethnischen Kluft gezeichnet – einer Kluft, die auf Außenstehende oftmals recht künstlich wirkt.

Frühgeschichte & erste Einwanderung

Die Anfänge von Sri Lankas Geschichte bilden Stoff für Legenden und Sagen. Hat Buddha tatsächlich seinen Fußabdruck am Adam's Peak (Sri Pada) hinterlassen, als er die Insel, die auf dem halben Weg zum Paradies liegen soll, besuchte? Oder war es gar Adam, der seinen Fußabdruck in den Fels drückte, während er einen letzten Blick nach Eden hinüber warf? War die Inselkette, die Sri Lanka mit Indien verbindet, die gleiche,

Ortsnamen der Veddas
- » Gal Oya National Park
- » Nanu Oya
- » Kelaniya Ganga

ZEITACHSE

vor dem 6. Jh. v. Chr.
Die Insel wird von den Veddas (Wanniyala-Aetto) bewohnt; diese Jäger und Sammler sollen bereits vor ca. 40 000 Jahren nach Sri Lanka gekommen sein.

6. Jh. v. Chr.
Vijaya, ein verstoßener nordindischer Königssohn, landet an der Westküste von Sri Lanka. Er errichtet das erste Königreich auf der Insel.

4. Jh. v. Chr.
Indiens erster Dichter verfasst das Hindu-Epos *Ramayana*, in dem der Gott Rama Lanka erobert und den Dämonengott Rawana schlägt. Die Sandbänke vor der Insel Mannar dienten Rama als Brücke.

über die Rama gelangte, um seine Frau Sita aus den Fängen von Rawana, dem Dämonenkönig auf Lanka, zu befreien, wie es im hinduistischen Epos *Ramayana* heißt?

Was immer die Legenden besagen, Tatsache ist, dass die Ureinwohner Sri Lankas die Veddahs sind (die Eigenbezeichnung lautet Wanniyala-Aetto). Ursprünglich lebten diese als Jäger und Sammler und ernährten sich von dem, was ihnen die Urwälder der Insel an Essbarem boten. Über ihre Herkunft ist nur wenig bekannt, dennoch behaupten Anthropologen, die Veddahs kämen ursprünglich aus Indien und möglicherweise aus Südostasien. Sie sollen bereits seit 30 000 bis 40 000 Jahren auf der Insel leben. Wahrscheinlich wanderten sie über eine Landverbindung von Indien nach Sri Lanka ein, die etwa 5000 v. Chr. durch den Anstieg des Meeresspiegels verschwand.

Historiker und Archäologen vertreten unterschiedliche Ansichten über die historischen Ursprünge der Insel. Um 900 v. Chr. bildete sich eine Megalithkultur heraus, die große Parallelen mit ähnlichen Kulturen in Südindien aufwies. So entwickelte sich Anuradhapura bereits in der frühen Eisenzeit zu einer stadtähnlichen Siedlung.

Einige Fundstücke trugen Brahmi-Inschriften (die altindische Schrift ist eine Vorläuferin zahlreicher indischer Schriften) und stammten aus dem 3. Jh. v. Chr.; sie wiesen Parallelen zu nordindischen und südindischen Brahmi-Schriften auf. Auf manchen dieser Gegenstände, die im Norden und Osten gefunden wurden, konnten auch Tamil-Worte entziffert werden. Von den Historikern, aber auch von ganz normalen Menschen auf Sri Lanka werden solche Einzelheiten leidenschaftlich diskutiert. Wie auch immer, auf der Insel gibt es jedenfalls zwei unterschiedliche, ethnisch begründete Geschichtsschreibungen. Vielleicht fanden die Zuwanderungen aus West-, Ost- und Südindien zu einem ganz bestimmten Zeitpunkt statt, und nach und nach vermischten sich die Einwanderer mit der indigenen Bevölkerung.

Anuradhapura

Das im 5. Jh. in Pali abgefasste Epos *Mahavamsa* gilt als die erste historische Quelle des Landes. Andererseits kann man diese Chroniken nicht als wirklich zuverlässige Quelle betrachten, da sie zum einen eine Chronik der singhalesischen Geschichte und ihrer Könige ab dem 3. Jh. v. Chr. ist und zum anderen voller wunderschöner uralter Sagen steckt. Als mythischer Gründervater der Singhalesen gilt Vijaya, ein unmoralischer nordindischer Prinz, der im 6. Jh. v. Chr. lebte. Dem Epos nach war dessen Großvater ein Löwe, und Vijayas Vaters, der Löwenpfoten besaß, heiratete offenbar seine eigene Schwester. Vijaya wurde wegen seines ungebührlichen Verhaltens verbannt, mit seinem Gefolge von 700 Mann musste er auf baufälligen Schiffen Indien verlassen.

Stätten aus der frühen Eisenzeit
» Sigiriya
» Kantarodai
» Tissamaharama

3. Jh. v. Chr.	205–161 v. Chr.	103–89 v. Chr.	1. Jh. v. Chr.
Der indische Herrscher Ashoka schickt seinen Sohn, um Buddhas Lehre zu verbreiten. Devanampiya Tissa, der König von Anuradhapura, wird Buddhist.	Herrschaft des ersten Chola-Königs Elara; er wird im Epos *Mahavamsa* erwähnt. Obwohl Tamile und Hindu, verteilt er Almosen an die buddhistischen Mönche und schart Singhalesen und Tamilen um sich.	Fünf Tamilen-Könige aus Indien herrschen 14 Jahre lang in Anuradhapura. König Valagambahu flieht und versteckt sich in den Höhlen von Dambulla.	In Aluvihara wird zum ersten Mal die bis dahin nur mündlich überlieferte Lehre Buddhas aufgeschrieben.

Statt unterzugehen, landeten die Schiffe unweit der heutigen Stadt Mannar, angeblich an jenem besonderen Tag, an dem Buddha Erleuchtung fand. Vijaya und sein Gefolge ließen sich in der Nähe von Anuradhapura nieder. Schon bald erschien Kuveni, eine Yakka (vermutlich eine Veddah), die mal als teuflische, lasterhafte Königin und mal als 16-jährige Verführerin Vijayas beschrieben wird. Sie überreichte ihm die Krone, unterstützte ihn bei der Unterwerfung ihres eigenen Volkes und hatte zwei Kinder mit ihm, bevor er sie schließlich verbannte. Danach ließ er sich eine Prinzessin – und Frauen für seine Männer – aus dem tamilischen Pandya-Königreich in Südindien kommen. (Dass die Vorfahren der Singhalesen demnach allesamt mit Tamilinnen verheiratet waren, wird von den meisten Sri-Lankern schlicht und einfach übersehen.) Vijayas Regentschaft begründete das Königreich von Anuradhapura, das im 4. Jh. v. Chr. entstand.

Der Einzug des Buddhismus aus Indien erfolgte im 3. Jh. v. Chr., hatte großen Einfluss auf die Entwicklung der Stadt Anuradhapura und legte vermutlich den Grundstein für die heutige singhalesische Kultur. Der Berg Missaka, auf dem das älteste buddhistische Kloster Sri Lankas, Mihintale, steht, soll der Ort sein, an dem König Devanampiya Tissa erstmalig mit der Lehre Buddhas vertraut gemacht wurde. Die frühen buddhistischen Mönche sollen auch einen Ableger des Bodhibaumes, unter dem Buddha erleuchtet wurde, mitgebracht haben. Er steht bis heute in Anuradhapura, behängt mit zahllosen Gebetsfahnen. Starke Bande wurden zwischen dem Königtum und dem Buddhismus auf Sri Lanka geknüpft. Die Könige, die sich der Unterstützung der Klöster bewusst waren, zeigten sich dankbar und stellten den Mönchen Unterkünfte, Wasserreservoirs und Lebensmittel zur Verfügung. So entstand zwischen Staat und Religion eine fast schon symbiotische und kraftvolle Verbindung, eine Verbindung, die auch heute noch sehr lebendig ist.

In der Folgezeit breitete sich der Buddhismus auf der Insel aus und entwickelte sich naturgemäß weiter, als man im 1. Jh. v. Chr. nach der vorher ausschließlich mündlichen Überlieferung dazu überging, die Lehrreden Buddhas niederzuschreiben. Die Mönche Sri Lankas begannen, ellenlange Kommentare und Interpretationen zu den Lehrtexten zu verfassen; sie schrieben auch Bücher über die Pali-Grammatik und sonstige Themen, und so entstand die klassische Literatur des Buddhismus in der Form des Theravada, der „Schule der Ältesten". Von Sri Lanka aus fand der Theravada-Buddhismus schließlich seine weltweite Verbreitung. Als Buddhas Zahnreliquie im Jahr 371 nach Anuradhapura gebracht worden war, wurde dadurch die Stellung des Buddhismus in der singhalesischen Gesellschaft noch zusätzlich gestärkt. Der Buddhismus gab den Singhalesen ihre nationale Identität und inspirierte die Entwicklung der Kultur und Literatur.

Dokumente der Frühgeschichte von Anuradhapura
» Mannar
» Mihintale
» Sri Maha Bodhi
» The tooth relic

4. Jh.	5. Jh.	5. Jh.	5. Jh.
Der Buddhismus erlebt einen weiteren Aufschwung durch die Ankunft der heiligen Zahnreliquie Buddhas in Anuradhapura. Sie wird zu einem Symbol für die Religion und die Hoheitsgewalt über die Insel.	Nach der Ermordung seines Vaters und der Vertreibung seines ältesten Bruders Mugalan erbaut König Kasyapa die Felsenfestung Sigiriya. Mit Hilfe indischer Söldner kehrt Mugalan wieder auf den Thron zurück.	Das *Mahavamsa*-Epos (Große Chronik) wird von buddhistischen Mönchen niedergeschrieben. Es gibt die buddhistische und königliche Geschichte der Insel zum Teil legendenhaft wider.	Der indische Mönch Buddhaghosa studiert in Sri Lanka und schreibt dort *Visuddhimagga*, heute ein Standardwerk des Theravada-Buddhismus.

DER BAU VON WASSERSPEICHERN

Die Wissenschaft vom Anlegen sogenannter Wassertanks oder -reservoires, von der Beachtung der Hangneigung bzw. des Gefälles und vor der Errichtung von Kanälen waren die Voraussetzung für das Entstehen der frühen Zivilisation auf Sri Lanka. Die Wassertanks, die einst in den Ebenen des antiken Herrschaftsgebiets von Rajarata (im nördlich-zentralen Teil des Landes) und Ruhuna (im Südosten) verstreut lagen, waren zunächst von einfacher Bauweise. Ab dem 5. Jh. v. Chr. erreichte der Bau von Speicherbecken solche Dimensionen, dass diese, so lauten die Sagen, nur mit der Hilfe übernatürlicher Kräfte errichtet worden sein konnten. Es heißt, das der Giant's Tank nahe der Insel Mannar von Riesen erbaut wurde. Andere Becken sollen gemeinsam von Menschen und Dämonen errichtet worden sein.

Das Bewässerungssystem, das in einem noch größeren Maßstab bereits im 1. Jahrtausend vor der heutigen Zeitrechnung entwickelt wurde, steht auf einer Stufe mit den antiken Qanaten (unterirdische Kanäle) Persiens und den Kanalbauten der ägyptischen Pharaonen. Die Reservoirs in der Trockenzone stützten und prägten die Zivilisation Sri Lankas mehr als 2500 Jahre lang, bis Kriege und Zwietracht zwischen dem 12. und 14. Jh. über die Insel kamen.

Das Königreich Anuradhapura nahm im 2. Jh. v. Chr. noch die gesamte Insel ein. Im Laufe der Jahrhunderte kamen weitere Reiche und Dynastien auf, mit denen Anuradhapura in Konflikt geriet, insbesondere mit der Dynastie der tamilischen Chola. Das Reichsgebiet von Anuradhapura grenzte an dieses südindische Königreich, was zu militärischen Auseinandersetzungen führen sollte. Viele singhalesische Könige bekämpften die Chola, darunter auch Vijayabahu I. (11. Jh.), der schließlich das weiter südöstlich gelegene Polonnaruwa zur neuen Hauptstadt erklärte.

Viele Jahrhunderte lang konnte sich das Königreich erfolgreich behaupten. Für den Wiederaufbau der Infrastruktur nach Kämpfen und Zerstörungen war das traditionelle System der Zwangsarbeit (genannt *rajakariya*), die man für den König zu leisten hatte, unerlässlich. Durch diese Arbeiten wurden Gebäude wiederhergestellt, Wasserreservoirs und Bewässerungssysteme für die Landwirtschaft wieder angelegt. Das *Rajakariya*-System wurde auf der Insel erst 1832 verboten, als die Briten Gesetze gegen die Sklaverei erließen.

> Der Bodhibaum in Anuradhapura soll etwa 2000 Jahre alt sein, er ist damit der wohl älteste bekannte Baum weltweit.

Polonnaruwa

Aus der nächsten Hauptstadt, Polonnaruwa – die es für zwei Jahrhunderte bleiben sollte –, gingen zwei erwähnenswerte Herrscher hervor: Parakramabahu I. (reg. 1153–1186), dem Neffen von Vijayabahu I., war es nicht vergönnt die tamilischen Chola aus Sri Lanka zu vertreiben, dafür

7.–15. Jh.
Arabische Händler lassen sich auf Sri Lanka nieder und begründen den Islam auf der Insel. Der friedliche Handel mit dem Nahen Osten, ob mit Tamilen oder Singhalesen, blüht.

11. Jh.
Kriegsmüde nach den andauernden Konflikten mit den tamilischen Cholas, verlegt König Vijayabahu I. die singhalesische Hauptstadt nach Polonnaruwa; ein Goldenes Zeitalter bricht an.

1216
Nach dem Untergang von Polonnaruwa entsteht das tamilische Königreich Jaffna als Lehnsstaat des südindischen Königreichs Pandya. Bald erlangt es die Unabhängigkeit, die vier Jahrhunderte währen soll.

» Atadage (S. 210), in Polonnaruwa

verlegte er die Kämpfe nach Südindien und fiel im heutigen Myanmar ein. Unter ihm wurden viele neue Wasserreservoirs auf der Insel angelegt. Außerdem ließ er Polonnaruwa zu einer prachtvollen und representativen Hauptstadt ausbauen.

Sein mildtätiger Nachfolger, Nissanka Malla (reg. 1187–1196), war der letzte König von Polonnaruwa, der sich um das Wohlergehen seiner Untertanen kümmerte. Ihm sollten mehrere schwache Herrscher folgen. Nach dem Verfall des Bewässerungssystems und der Ausbreitung von Krankheiten wurde Polonnaruwa schließlich aufgegeben. Innerhalb von nur wenigen Dekaden wurde die zweite singhalesische Hauptstadt vom Urwald geschluckt.

In der Folgezeit verlagerte sich der singhalesische Machtbereich in den Südwesten der Insel. Zwischen 1253 und 1400 gab es fünf weitere Hauptstädte; keine von ihnen erreichte die Größe von Anuradhapura oder Polonnaruwa. In der Zwischenzeit breitete sich das mächtige Königreich Jaffna über einen großen Teil der Insel aus. Als der arabische Reisende Ibn Batuta Ceylon 1344 aufsuchte, berichtete er, dass es südwärts bis nach Puttalam reichte.

Mit dem Niedergang der singhalesischen Hautstädte im Norden und der darauffolgenden südwärts gerichteten singhalesischen Wanderung trennte eine breite aus Urwald bestehende „Pufferzone" den Norden vom Süden. Die nördlichen Küstenbereiche waren von nun an die Siedlungsgebiete der Tamilen, die Zonen im Inselinneren die der Singhalesen. Viele Jahrhunderte lang trennte der Dschungel die beiden Völker voneinander und bildete so den Keim für die ethnische Zweiteilung Sri Lankas.

Handel & Eroberung
Die Portugiesen

Das im Herzen des Indischen Ozeans gelegene Sri Lanka war schon lange, bevor arabische Händler im 7. Jh. eintrafen, ein Knotenpunkt des Seehandels. Edelsteine, Zimt, Elfenbein und Elefanten waren die wertvollsten Handelsgüter. Frühe muslimische Siedlungen gab es in Jaffna und Galle, doch als die Europäer ankamen, die neben dem Handel auch die Herrschaft über die Insel zum Ziel hatten, flohen viele Muslime aus Angst vor Verfolgung ins Inselinnere.

Als die Portugiesen 1505 erschienen, gab es auf Sri Lanka drei große Reiche: das tamilische Königreich Jaffna sowie die singhalesischen Reiche Kandy und Kotte (bei Colombo). Lorenço de Almeida, der Sohn des portugiesischen Vizekönigs von Indien, stellte freundschaftliche Beziehungen mit dem Königreich Kotte her und erwarb das Monopol am wertvollen Gewürzhandel. Möglicherweise erlangten die Portugiesen sogar die Kontrolle über Kotte.

Nachfahren mosambikanischer Sklaven wurden von den Portugiesen nach Sri Lanka gebracht. Ihr wohl größter Beitrag zur modernen Kultur Sri Lankas ist die Baila-Musik, Liebeslieder mit südländischen Melodien und afrikanischen Rhythmen.

BAILAS

1505	1658	1796	1802
Der singhalesische Machtbereich beschränkt sich auf Kotte im Südwesten. Die Portugiesen erobern die gesamte Westküste, nur Kandy kann sich behaupten.	Nach dem Abkommen mit dem Königreich Kandy begründen die Holländer, die 1602 eingetroffen waren, ein Gewürzmonopol; sie erobern auch den portugiesischen Teil Sri Lankas.	Die Niederlande, daheim unter französische Herrschaft geraten, geben Ceylon an die Briten ab. Die Briten verwalten die Insel vom indischen Madras aus.	Sri Lanka wird britische Kronkolonie. Zunächst gilt die Insel nur als strategisches Bollwerk gegen die französischen Expansionbestrebungen. Schon bald aber erkennt man das kommerzielle Potenzial.

Die Beziehungen zu den Tamilen waren weniger herzlich, und Jaffna konnte erfolgreich zwei portugiesische Expeditionen zurückwerfen, bevor es schließlich 1619 eingenommen wurde; die Portugiesen zerstörten in Jaffna viele schöne Hindutempel und die königliche Bibliothek. Portugal eroberte zunächst die gesamte Westküste und danach den Osten. Nur das Königreich Kandy im zentralen Hochland widerstand dauerhaft.

Mit den Portugiesen kam auch das Christentum – und in seinem Schlepptau Dominikaner und Jesuiten. Viele Gemeinden an der Küste ließen sich zum neuen Glauben bekehren. Die, die sich widersetzten, wurden massakriert, Tempel wurden gebrandschatzt und zerstört. Die Buddhisten flohen nach Kandy, das sich zur Schutzburg des Buddhismus emporschwang. Über drei Jahrhunderte lang konnte sich die Stadt im Hochland der Insel erfolgreich gegen die feindliche Invasion der europäischen Mächte behaupten.

Die Niederländer & die Briten

Als 1602 die Niederländer Sri Lanka erreichten, wollten sie, ebenso wie die Portugiesen, den lukrativen Handel mit Gewürzen aus dem Indischen Ozean an sich reißen. Im Tausch gegen die Unabhängigkeit Sri Lankas überließ Rajasinha II., der König von Kandy, den Niederländern das Gewürzmonopol. Trotz dieser Übereinkunft unternahmen die Niederländer in 140 Jahren mehrere erfolglose Versuche, Kandy zu unterwerfen.

Die Niederländer waren besser organisierter und weitaus stärker am Ausbau der Infrastruktur interessiert als die Portugiesen. Sie bauten Kanäle an der Westküste, über die man Zimt und andere Waren transportieren konnte. Einige dieser Wasserwege kann man heute noch bei Negombo sehen. Auch niederländisches Recht ist in die Rechtsordnung Sri Lankas eingeflossen.

Die Briten betrachteten Sri Lanka zunächst unter strategischen Gesichtspunkten. Sie waren der Ansicht, dass der Hafen von Trincomalee an der Ostküste für die Franzosen als Sprungbrett nach Indien dienen könnte. Nachdem Frankreich 1794 die Niederlande erobert hatte, traten die Niederländer Sri Lanka 1796 an die Briten ab. Die Briten machten die Insel 1802 zur Kolonie und nach dem Sieg über das Königreich Kandy im Jahr 1815 war dann ganz Sri Lanka britisch.

Die Eroberung durch die Briten verunsicherte viele Singhalesen, denn sie glaubten, dass nur die Hüter der heiligen Zahnreliquie in Kandy das Recht hatten, über die Insel zu herrschen. Ihre Befürchtungen schwanden, als ein buddhistischer Mönch die Zahnreliquie aus dem Tempel entwendete und dieses nationale Symbol sicher verwahrte.

Doch die Sorgen und Ängste der Singhalesen wurden mit der Ankunft britischer Siedler in den 1830er-Jahren nur noch größer. In den 1870er-Jahren ersetzten Teeplantagen die Anbauflächen für Kaffee und Kaut-

---

Sir James Emerson Tennent beschreibt in seinem Werk auf anschauliche Weise das Leben auf Sri Lanka im 19. Jh. Eine Ausgabe seiner Erzählungen gibt es im Internet (www.lankaweb.com/news/features/ceylon.html).

Festungen der Europäer

» Batticaloa
» Jaffna
» Matara
» Trincomalee

1815	1832	1843–1859	Spätes 19. Jh.
Die Briten erobern das Königreich Kandy und beherrschen nun die gesamte Insel. Zum ersten Mal steht Sri Lanka komplett unter europäischer Herrschaft.	Nach Änderungen des Eigentumsrechts strömen britische Siedler auf die Insel. Englisch wird Amtssprache, staatliche Monopole werden abgeschafft. Der Anbau von Kaffee wird finanziell gefördert.	Da sich die Singhalesen weigern, auf den Plantagen zu arbeiten, werben die Briten eine Million indischer Tamilen an. Heute machen die Indischen Tamilen 5 % der gesamten Bevölkerung aus.	Arwi, die Tamil-Sprache der Mauren (Nachkommen arabischer Muslime), erreicht ihre Blütezeit mit der Veröffentlichung religiöser Schriften.

WAS STECKT HINTER DEM NAMEN?

Die Änderung des Landesnamens von Ceylon in Sri Lanka war 1972 für viele Menschen außerhalb der Insel sehr verwirrend. Für die Singhalesen dagegen hieß ihre Insel schon immer Lanka, die Tamilen kannten sie unter dem Namen Ilankai. Schon im Epos *Ramayana* wird die Entführung der Königstochter Sita durch den Dämonenkönig von Lanka beschrieben.

In der römischen Antike war die Insel unter dem Namen Taprobane bekannt, bei muslimischen Händlern hieß das Eiland Sarandib (arabisch für „Juweleninsel"). Aus dem Wort Sarandib ging der Begriff der Serendipität hervor, was so viel wie „Glücksfund" oder „glücklicher Zufall" bedeutet. Die Portugiesen verballhornten Sinhala-dvipa (Insel der Singhalesen) in Ceilão. Die Holländer machten daraus Ceylan, die Briten schließlich Ceylon.

Als der Landesname 1972 in Lanka geändert wurde, erfolgte dies mit dem Zusatztitel „Sri", sodass der Staatsname nun „ehrenwerte Insel" bedeutet.

---

schuk. Unter britischem Einfluss änderte sich sogar die Bevölkerungszusammensetzung. Für die Arbeit auf den Plantagen wurden Tamilen aus Südindien angeworben – sogenannte Hochlandtamilen oder Indische Tamilen (diese Tamilen unterscheiden sich sprachlich und kulturell von den Sri-Lanka-Tamilen). Auch die Bevölkerungsverteilung änderte sich: Tamilen aus dem Norden zogen in den Süden nach Colombo, während die Singhalesen nordwärts Richtung Jaffna strömten. Der Bevölkerungswandel unter den Briten war enorm.

Der Weg zur Unabhängigkeit
Wachsender Nationalismus

Anfang des 20. Jhs. traten nationale Bewegungen in Sri Lanka auf den Plan. Schon gegen Ende des 19. Jhs. formierten sich buddhistische und hinduistische Gruppierungen: Sie strebten als Folge des europäischen Kolonialismus nach einer zeitgemäßeren Ausrichtung ihres Glaubens, gleichzeitig versuchten sie, ihre traditionelle Kultur besser gegen die christlichen Missionare zu schützen. Schließlich folgte die Forderung nach größerer Teilhabe der einheimischen Bevölkerung an der Politik. 1910 erreichte diese Bewegung einen ersten kleinen Erfolg: Eines ihrer Mitglieder durfte immerhin schon in die Gesetzgebende Versammlung gewählt werden.

Aus dieser Nationalbewegung ging 1919 der Ceylon National Congress hervor. Als der singhalesische Nationalist Anagarika Dharmapala das Land verlassen musste, wurde der politische Kampf von mehreren singhalesischen und tamilischen Jugendvereinen fortgeführt. 1927 besuchte

1870er-Jahre	1919	1931	1948
Der Kaffeehandel fördert den Ausbau von Straßen, Häfen und Bahnstrecken. Eine Blattfäule führt zu Missernten. Auf den Plantagen wird von nun an Tee angebaut.	Nachdem die Briten 1915 singhalesische Führer wegen kleinerer Vergehen verhaftet hatten, bemühen sich Singhalesen und Tamilen in der Nationalbewegung Ceylon National Congress um die Unabhängigkeit.	Die neue Verfassung ermöglicht die Teilhabe der einheimischen Bevölkerung an der Regierung, die von Singhalesen angeführt wird. Das allgemeine Wahlrecht wird eingeführt, erstmals in Asien auch für Frauen.	Ceylon wird unabhängig und Mitglied im Commonwealth, sechs Monate nach Indien. Die United National Party (UNP) erlangt die Macht und entzieht den Indischen Tamilen die Bürgerrechte.

Mahatma Gandhi junge tamilische Aktivisten in Jaffna, was der Bewegung einen großen Auftrieb verleihen sollte.

Weitere Reformen ergaben sich 1924 durch eine Verfassungsänderung. Von nun an durften auch Einheimische Abgeordnete stellen. Und in der neuen Verfassung von 1931 wurden den Sri-Lankern schließlich die Mitwirkung an der parlamentarischen Willensbildung und das allgemeine Wahlrecht gewährt. Gemäß der Verfassung sollte keine der Volksgruppen die Landespolitik alleine bestimmen. Dafür waren diverse Möglichkeiten zur gegenseitigen Kontrolle vorgesehen, unter anderem gab es ein Gremium, das sich aus allen Volksgruppen zusammensetzte. Doch aufgrund von Streitigkeiten unter den singhalesischen und tamilischen Anführern scheiterten schließlich alle Bemühungen, und der Ceylon National Congress zerbrach, um sich in mehrere ethnisch getrennte Parteien aufzusplittern. Dieser Vorgang sollte allerdings nur einen ersten kleinen Vorgeschmack auf die Probleme geben, die in den nächsten acht Jahrzehnte erfolgen sollten.

Von Ceylon bis Sri Lanka

Ein Jahr nach Indien (1947) konnte auch Ceylon (so lautete der damalige Name von Sri Lanka) seine Unabhängigkeit erklären – am 4. Februar 1948. Ungeachtet der diversen Volksgruppen auf der Insel bildete die United National Party (UNP) – eine Partei, die die Interessen der Englisch sprechenden Elite vertrat – die erste Regierung. Zudem versuchte die UNP die tamilischen Plantagenarbeiter nach Indien auszubürgern, da diese ja Ausländer seien. Das waren ersten Anzeichen für einen singhalesischen Nationalismus.

1956 kam die Sri Lankan Freedom Party (SLFP) an die Macht; unter ihrer Regierung sollten sich die ethnischen Konflikte noch verschärfen. Das Programm der SLFP war sozialistisch, singhalesisch-nationalistisch und buddhistisch geprägt. Als Erstes wollte der Führer der SLFP, S.W.R.D. Bandaranaike, sein Wahlversprechen einlösen, nämlich Singhalesisch zur alleinigen Amtssprache erklären. Dieses Vorhaben war selbstverständlich gegen die Tamilen gerichtet. Diese waren bereits unter den Briten bevorzugt worden, da sie mehrheitlich der englischen Sprache kundig waren. Deshalb waren sie auch überproportional im Staatsdienst vertreten. Dieser Umstand war den Singhalesen stets ein Dorn im Auge, ganz besonders angesichts der schlechten Wirtschaftslage in den 1950er-Jahren. So schürten die Parteien singhalesische Ängste und behaupteten, dass ihre Religion, Sprache und Kultur durch die Inder bedroht würden, deren natürliche Verbündete die Sri-Lanka-Tamilen seien. Die hinduistischen Tamilen sahen sich plötzlich in der Position einer bedrohten Minderheit. Mit dem Slogan „Sinhala only" wurden Sri Lankas tamilische Hindus und Muslime quasi entrechtet: Beinahe 30 % der Bevölkerung

Keine leichte Kost, dafür aber sehr lesenswert: *When Memory Dies* von A. Sivanandan. der Autor schildert in seiner Erzählung das Schicksal einer Familie über drei Generationen hinweg in der Zeit des ethnischen Konflikts.

1956
Die Sri Lankan Freedom Party (SLFP) bekämpft die UNP mit einer nationalistischen Politik. Proteste, ethnisch begründete Aufstände und Konflikte brechen aus, nachdem Singhalesisch die neue Amtssprache wird.

1959
Obwohl S.W.R.D. Bandaranaike 1956 mit einer singhalesischnationalistischen Politik an die Macht kam, macht er den Tamilen Zugeständnisse; deshalb wird er von einem buddhistischen Mönch ermordet.

1959
Sirimavo Bandaranaike folgt ihrem Mann nach und wird erste weibliche Premierministerin der Welt. Sie bekleidet dieses Amt mehrfach und stirbt im Jahr 2000.

» Sirimavo Bandaranaike

verloren ihre Anstellung in den Behörden und der Verwaltung. Die Spannungen unter den Ethnien setzten schon mit dem Ende der britischen Kolonialherrschaft ein, doch erst mit dieser Politik begann der eigentliche ethnische Konflikt auf Sri Lanka.

Ähnliches vollzog sich 1970, als die antitamilische Ausgrenzungspolitik weiter vorangetrieben wurde, indem durch eine pro-singhalesische Quotenregelung die Universitätszulassung tamilischer Studenten erschwert wurde. Ungefähr zur gleichen Zeit folgte ein bewaffneter Aufstand gegen den Staat durch die marxistische, anti-tamilische Jugendbewegung namens People's Liberation Front (Janatha Vimukthi Peramuna, JVP). Mit der neuen Verfassung wurde auch der Landesname von Ceylon in Sri Lanka geändert. Der Buddhismus wurde zur bevorzugten Religion, die zu schützen Aufgabe des Staates wurde.

Wegen der wachsenden Militanz unter den Tamilen wurde ab 1971 für einige Jahre der Notstand für den tamilischen Norden ausgerufen. An der Verschärfung des Konflikts waren Polizei und Armee mitbeteiligt (teilweise wegen des „Sinhala only"-Gesetzes). Die Spaltung zwischen den Volksgruppen wurde größer, die Tamilen empfanden die Notstandsverordnung als Akt der Unterdrückung.

Die Geburt der Tiger

Mitte der 1970er-Jahre strebten mehrere Gruppierungen junger Tamilen, manche von ihnen militant, nach der einem unabhängigen Tamilenstaat mit Namen Eelam (Edles Land). Einer von ihnen war Vellupillai Prabhakaran, Mitbegründer der Liberation Tigers of Tamil Eelam (LTTE; Befreiungstiger von Eelam), die oft auch als Tamil Tigers bezeichnet werden.

Tamil hatte nie den Status einer Amtssprache, abgesehen von Gebieten mit tamilischer Mehrheit. Die Zusammenstöße zwischen Tamilen und Sicherheitskräften eskalierten schließlich in einem Strudel blutiger Gewalt, oft genug waren auch Zivilisten unter den Opfern. Die Situation verschärfte sich, als ein singhalesischer Mob (manche glauben, auf Veranlassung der Regierung) 1981 die Bibliothek von Jaffna niederbrannte. Dort befanden sich wertvolle historische Gegenstände der tamilischen Kultur, darunter antike Handschriften auf Palmblättern.

Kleinere Vergeltungsschläge sollten folgen, aber erst zwei Jahre später, 1983, kam es zu einem aufsehenerregenden Ereignis, als bei einem Anschlag der Tamil Tigers auf eine Militäreinrichtung in der Region Jaffna 13 Soldaten starben. Daraufhin wurden in Colombo zahlreiche Tamilen bei einem Massaker getötet. Bei den anschließenden Pogromen während des sogenannten Black July wurden 400 bis 3000 Tamilen erschlagen oder erschossen. Tamilisches Eigentum wurde geplündert und niedergebrannt. Einige Gebiete mit tamilischer Mehrheit, darunter der Pettah-

---

Enemy Lines: Warfare, Childhood, and Play in Batticaloa von Margaret Trawick ist ein ergreifendes Buch über Leben und Arbeiten im östlichen Sri Lanka und über die Rekrutierung von Teenagern für die LTTE.

Während der Kampfhandlungen in den 1990er-Jahren wurden etwa 1 Mio. Landminen eingesetzt. Um die zahllosen Landminen zu entschärfen, mussten Tausende von Flüchtlingen umgesiedelt werden.

1972
Mit der neuen Verfassung wird Ceylon in Sri Lanka umbenannt. Singhalesisch wird als Amtssprache bestätigt, dem Buddhismus wird eine überragende Stellung unter den Religionen auf der Insel eingeräumt.

1970er-Jahre
Junge Tamilen kämpfen für einen unabhängigen Tamilenstaat im Inselnorden, genannt Eelam. Stärkste Kraft werden die Liberation Tigers of Tamil Eelam (LTTE).

1981
Die Bibliothek von Jaffna mit ihren Werken tamilischer Kunst und Kultur wird vom singhalesischen Mob niedergebrannt. Der Vorfall gibt der tamilischen Unabhängigkeitsbewegung neuen Auftrieb.

1983
Nach einem Anschlag auf eine Militäreinrichtung bei Jaffna kommt es zu landesweiten Pogromen. Dabei kommen während des „Black July" etwa 3000 Tamilen ums Leben.

Distrikt in Colombo, wurden dem Erdboden gleichgemacht. Der Funke der Gewalt sprang auch auf andere Landesteile über.

Regierung, Polizei und Militär schritten nicht gegen die Gewalt ein, ganz im Gegenteil, sie beteiligten sich sogar an den brutalen Übergriffen. Etwa 100 000 Tamilen flohen in den Norden und Osten, wo die Mehrheit der Tamilen lebte – und viele von ihnen schlossen sich dem Widerstand an. (In der Zwischenzeit siedelten viele Singhalesen aus dem Norden und Osten in den Süden über.) Die Schrecken des „Black July" sorgten für internationale Sympathiebekundung für die militanten tamilischen Widerstandsgruppen. Tamilen aus Südindien unterstützten ihre „Brüder" auf Sri Lanka, auch die indische Regierung Indira Gandhis war ihnen wohlgesonnen.

Der Terror auf beiden Seiten, also unter Tamilen wie Singhalesen, wurde fortgeführt, Greueltaten und Massaker fanden auf beiden Seiten statt. Man beschuldigte die Regierung der Folter und Verschleppung von Menschen, die Regierung verwies auf Einschüchterungen und Gewalttaten gegen Zivilisten durch tamilische Widerstandskämpfer.

Die Umsetzung eines geplanten Abkommens im Jahr 1987, das den Tamilen begrenzte Autonomie, einschließlich der Anerkennung der tamilischen Sprache, garantieren sollte, kam allerdings nie zustande. Der Konflikt wuchs sich zu einem 25-jährigen Bürgerkrieg aus und sollte mehr als 100 000 Menschenleben fordern.

Friedensbemühungen
Indische Friedensmission

Im Jahr 1987 drängten Regierungstruppen die LTTE zurück nach Jaffna. Die Regierung Sri Lankas unter J. R. Jayawardene handelte mit Indien einen Vertrag aus, der vorsah, die tamilischen Rebellen zu entwaffnen und den Norden und Osten Sri Lankas zu befrieden. Um dies umzusetzen, entsandte Indien Friedenstruppen (Indian Peace Keeping Force, IPKF) auf die Insel. Dafür sollten die Tamilen in einem bestimmten Gebiet zusammegefasst werden und dort Autonomie erhalten.

Schon bald war klar, dass das nicht funktionieren konnte. Die LTTE kam den Indern zuvor, bevor diese andere tamilische Gruppierungen unterstützen und entwaffnen konnten. Auf singhalesischer Seite bildete sich die frühere Guerillaorganisation JVP von Neuem. Ab 1987 begann diese kommunistische Gruppierung ihren Kampf gegen die sri-lankische Regierung. Ende 1988 überzog sie das Land mit blutigem Terror. Das Land lag wirtschaftlich am Boden, die Regierung schien hilflos. Daraufhin versuchte das Militär die JVP mit allen Mitteln zu vernichten, was ihr schließlich auch gelang – über 10 000 Menschen, darunter viele Zivilisten, verloren ihr Leben.

William McGowans *Only Man is Vile* ist eine prägnante und unerbittliche Darstellung des Bürgerkriegs auf Sri Lanka. Dabei werden auch die komplizierten Hintergründe des ethnischen Konflikts beleuchtet.

Der Tsunami von 2004 kostete 225 000 Menschen in 14 Ländern das leben. Die teilweise bis zu 30 m hohen Wellen erreichten sogar noch die Küsten von Ostafrika.

Juli 1987	1987	1987–1989	1991
Indiens Plan, den Tamilen im Inselnorden eine eigene Provinz mit weitreichender Autonomie zu überlassen, scheitert an Unstimmigkeiten.	Regierungstruppen drängen die LTTE nach Jaffna zurück. Indische Friedenstruppen versuchen, die Lage zu stabilisieren, werden jedoch in den Konflikt mit der LTTE hineingezogen.	Die von der armen Landbevölkerung unterstützte JVP, eine kommunistische Guerillaorganisation nach Vorbild der Roten Khmer, nimmt den Kampf auf. Dabei finden 60 000 Menschen den Tod.	Black Tigers ermorden den indischen Premierminister Rajiv Gandhi wegen der Entsendung indischer Friedenstruppen. Es handelt sich um das wohl erste weibliche Selbstmordkommando der Welt.

Anil's Ghost von Booker-Preis-Gewinner Michael Ondaatje ist ein packender Roman über die Menschenrechte in den Wirren des Bürgerkriegs auf Sri Lanka. Das Buch erhielt mehrere internationale Auszeichnungen, wurde auf Sri Lanka aber teilweise abgelehnt.

In der Zwischenzeit, im März 1990, mussten sich die indischen Friedenstruppen wieder zurückziehen, da sie mehr als 1000 Soldaten verloren hatten. Daraufhin flammte der Krieg zwischen LTTE und der Regierung von Sri Lanka von Neuem auf. Ende 1990 hatte die LTTE Jaffna und weite Teile des Nordens und des Nordostens unter ihre Kontrolle gebracht. Wegen der Entsendung der IPKF wurde der indische Premier Rajiv Gandhi im Mai 1991 von der LTTE ermordet.

Der Waffenstillstand von 2002

Viele Tamilen und Singhalesen sehnten mittlerweile, nach Jahren der Gewalt, den Frieden herbei. In dieser Zeit wurde sogar der Präsident Sri Lankas, Rana-singhe Premadasa, am 1. Mai 1993 ermordet. Dafür wurde die LTTE verantwortlich gemacht, die sich allerdings nicht zu dem Anschlag bekannte. Im darauffolgenden Jahr gewann die People's Alliance (PA) die Parlamentswahlen. Deren Parteivorsitzende, Chandrika Bandaranaike Kumaratunga, die Tochter von Sirimavo Bandaranaike (der ehemaligen Vorsitzenden der SLFP), wurde zur Präsidentin gewählt. Die PA hatte versprochen, den Bürgerkrieg zu beenden, aber der Konflikt ging trotzdem weiter.

Im Jahr 2000 brachte eine norwegische Friedensinitiative die LTTE und die Regierung an den Verhandlungstisch, doch der Waffenstillstand sollte erst nach den Wahlen im Dezember 2001 zustandekommen. Die UNP unter dem neuen Premier Ranil Wickremasinghe kam an die Macht. Die Friedensverhandlungen schritten voran. Obwohl Wickremasinghe und Präsidentin Chandrika Bandaranaike Kumaratunga verschiedenen Parteien angehörten, gingen sie respektvoll miteinander um, bis die Präsidentin 2004 das Parlament auflöste. Sie ging aus den Neuwahlen als Siegerin hervor und löste Wickremasinghe und seine UNP ab.

2002 wurde das von den Norwegern initiierte Waffenstillstandsabkommen beschlossen, vorsichtiger Optimismus machte sich breit. In den Norden kehrten Flüchtlinge und Auswanderer zurück, und mit ihnen zog auch wirtschaftlicher Aufschwung in die verwüstete Region Jaffna ein. Nichtstaatliche Organisationen nahmen ihre Arbeit auf und förderten Erschreckendes zutage: Sie vermuteten, dass etwa zwei Millionen Landminen im Erdboden vergraben lagen.

Die Friedensgespräche kamen dann allerdings ins Stocken, da beide Seiten auf ihren Positionen verharrten. Gegenseitige Anschuldigungen folgten. Im Oktober 2003 wurde die LTTE von den USA als terroristische Vereinigung eingestuft. Manche Beobachter bewerteten diese Einschätzung der USA als positiv, andere sahen darin eine Isolierung der LTTE und befürchteten terroristische Anschläge. Anfang 2004 führten Machtkämpfe innerhalb der LTTE zu neuer Gewalt, die Norweger verließen das Land. Zu diesem Zeitpunkt kontrollierte die sri-lankische Regierung

In *Tamil Tigress* erzählt Niromi de Soyza in einer ebenso umstrittenen wie aufrichtigen Erzählung die fesselnde Geschichte einer ehemaligen Kindersoldatin der Tamilischen Befreiungstiger, die mit 17 Jahren die Schule verließ, um sich der LTTE anzuschließen.

1994	1995–2001	2002	2004
Chandrika Kumaratunga wird Präsidentin und setzt sich für ein Ende der Kampfhandlungen mit der LTTE ein. Ihre Pläne scheitern. 1999 überlebt sie ein Bombenattentat.	Die Feindseligkeiten zwischen dem Militär und der LTTE nehmen zu; es kommt zu mehreren Attentaten, u. a. verübt die LTTE 1998 einen Anschlag auf den Tempel von Kandy, der die heilige Zahnreliquie birgt.	Nach zweijährigen Verhandlungen sichert eine norwegische Friedensmission den Waffenstillstand. Die Lage auf Sri Lanka, vor allem im Norden und Osten, normalisiert sich. Viele Flüchtlinge kehren zurück.	Ein Tsunami trifft auf die Küste. 30 000 Menschen sterben. Doch nicht einmal die Katastrophe eint die Menschen. Die LTTE beschuldigt die Regierung, Hilfslieferungen an die Tamilen zu behindern.

EINE GESTE DES MITGEFÜHLS

Sri Lankas Nationalflagge entstand 1948 und wurde im Laufe der Jahre mehrfach verändert. Im Zentrum steht ein Löwe vor weinrotem Hintergrund. Der Löwe soll bereits das Wappentier Prinz Vijayas gewesen sein. Dieser Prinz soll die Löwenflagge aus Indien nach Sri Lanka gebracht haben. Der Löwe repräsentiert die Singhalesen, das Gold soll für den Buddhismus stehen. Der Flagge wurden 1951 ein grüner und ein orangefarbener Streifen hinzugefügt, die Sri Lankas Muslime und Hindus symbolisieren. 1972 wurden in den Ecken vier Blätter des Banyanbaums ergänzt, die folgende Bedeutung tragen: *metta* (Güte), *karuna* (Mitgefühl), *upekkha* (Gleichmut) und *muditha* (Freude).

einen Großteil der Insel, einschließlich weiter Gebiete der Halbinsel Jaffna. Die LTTE beherrschte nur noch einen kleinen Bereich südlich der Halbinsel Jaffna und Gebietsteile im Osten, Nordwesten und Nordosten.

Nach dem Tsunami

Dann traf die Insel am 26. Dezember 2004 eine furchtbare Katastrophe. Dieses verheerende Ereignis sollte sich nicht nur auf den Friedensprozess auswirken, sondern auch auf das soziale Gefüge Sri Lankas. Die Menschen begingen gerade ihre monatlichen *poya*-Festlichkeiten, also das Vollmond-Fest, als die Flutwellen eines Tsunamis auf die Insel prallten und etwa 30 000 Menschen töteten. Noch viel mehr wurden verletzt, obdachlos oder zu Waisen. Die anfängliche Hoffnung, das Unglück werde die Menschen auf Sri Lanka wenigstens zusammenführen, erfüllte sich letztlich nicht. Vielmehr wurde sogar vermutet, die Regierung behindere oder unterschlage Hilfslieferungen.

In der Zwischenzeit suchte Kumaratunga nach einer Möglichkeit, ihre Präsidentschaft durch eine Verfassungsänderung zu verlängern. Doch ihr Vorhaben wurde vom Obersten Gerichtshof durchkreuzt, der für 2005 Präsidentschaftswahlen anordnete. Unter mehreren Bewerbern stachen zwei Kandidaten hervor: der Premierminister Mahinda Rajapaksa und der Oppositionsführer Ranil Wickremasinghe. Nachdem die LTTE zum Wahlboykott aufgerufen hatte, gewann Rajapaksa mit knappen Vorsprung. Welche Absichten die LTTE mit dem Boykott verfolgte, war weitgehend unklar. Aber der Boykott dürfte Wickremasinghe etwa 180 000 Stimmen gekostet haben – und damit die Präsidentschaft (und möglicherweise eine bessere Chance für den Frieden). Präsident Rajapaksa beabsichtigte nämlich, die norwegische Friedensmission durch Maßnahmen der UN und Indiens zu ersetzen, das Waffenstillstandsabkommen mit der LTTE neu zu verhandeln und die tamilische Autonomie abzulehnen – und er verweigerte Tsunami-Hilfslieferungen an die Tami-

> Der Tsunami von 2004 kostete 225 000 Menschen in 14 Ländern das Leben. Die teilweise bis zu 30 m hohen Wellen erreichten sogar noch die Küsten von Ostafrika.

» Tsunami-Bilder von Kindern

2005
Der singhalesische Nationalist Mahinda Rajapaksa gewinnt die Präsidentschaftswahlen. Er lehnt die Autonomiebestrebungen der Tamilen ab und versagt ihnen Tsunami-Hilfe.

2008
Die Regierung kündigt den 2002 beschlossenen Waffenstillstand und setzt einseitig auf eine militärische Lösung. Zwischen 1983 und 2008 sind etwa 70 000 Menschen ums Leben gekommen.

Mai 2009
Nach fast 30 Jahren ist der längste Krieg Asiens zu Ende. Die LTTE muss nach der Schlacht von Mullaitivu ihre Niederlage eingestehen. Die Hoffnungen der Tamilen bleiben zunächst noch unerfüllt.

len. Diese Politik sollte sich negativ auf den Friedensprozess auswirken. Der LTTE-Führer Prabhakaran drohte daraufhin mit erneuter Gewalt. Bald schon entluden sich die Spannungen, und Sri Lanka taumelte erneut am Abgrund: Morde, Anschläge und Entführungen waren an der Tagesordnung. Man musste das Schlimmste befürchten.

Das Ende des Krieges

Im Jahr 2006 wurde ein weiterer Waffenstillstand geschlossen. Aber bereits zur Jahresmitte war dieses Abkommen gescheitert und wurde für nichtig erklärt. Auf beiden Seiten flammten die Kämpfe in den Jahren 2006 und 2007 wieder auf. Menschenrechtsorganisationen und die internationale Gemeinschaft äußerten scharfe Kritik an den Kriegsparteien. In dieser Phase kam es im Nordosten zu den schwersten Gefechten seit dem Waffenstillstandsabkommen von 2002. Die Friedensverhandlungen in Genf scheiterten.

Crucible of Conflict: Tamil and Muslim Society on the East Coast of Sri Lanka von Dennis McGilvary ist ein Plädoyer für eine bessere Zukunft Sri Lankas, die erst dann funktionieren könne, wenn alle Kulturen der Insel respektiert würden.

Im Januar 2008 kündigte die Regierung das Waffenstillstandsabkommen offiziell auf. Das einseitige Waffenstillstandsangebot der LTTE lehnte sie ebenfalls ab. Verteidigungsminister Gotabhaya Rajapaksa (der jüngere Bruder des Präsidenten) bezeichnete das Angebot der LTTE als Trick, um unter dem Vorwand der Verhandlungsbereitschaft militärisch aufzurüsten.

Die Regierungstruppen eroberten mehrere Gebiete wieder zurück, zum Teil mit den gleichen Mitteln, wie sie die tamilischen Guerillakämpfer einsetzten. Im August drang die Armee in die letzte Hochburg der LTTE ein, in die Dschungelregion Vanni. Die Offensive kam allerdings Ende 2008 vor der Stadt Kilinochchi zum Stillstand. Die LTTE reagierte auf die Niederlagen mit Selbstmordattentaten, z.B. in Anuradhapura, wo 27 Menschen starben.

Im September 2008 forderte die Regierung Sri Lankas UN-Behörden und nichtstaatliche Organisationen auf, die Vanni-Region zu verlassen, da man nicht mehr für ihre Sicherheit garantieren könne. Der Rückzug dieser Organisationen ließ eine tamilische Bevölkerung ohne jegliche humanitäre Hilfe zurück. Auch Journalisten war der Aufenthalt verwehrt. Somit war auch keine objektive Berichterstattung über den Kriegsverlauf mehr möglich.

Regierungtruppen und LTTE lieferten sich Gefechte vor Kilinochchi – der Hauptstadt des inoffiziellen Tamilenstaates –, bis die Regierung nach einer Offensive im Januar 2009 ihren Sieg erklärte. Dies geschah kurz nach der Einnahme von Vanni. Im Februar beliefen sich die Gebietsverluste der LTTE auf 99% im Vergleich zum Vorjahr.

Im Kampfgebiet waren etwa 300 000 tamilische Zivilisten in einem kleine Areal rund um Mullaittivu von Regierungstruppen eingeschlossen. Aufgrund der sich anbahnenden humanitären Katastrophe forderten das Ausland und die UN die Kriegsparteien im Februar 2009 zu einem sofortigen Waffenstillstand auf. Die Kampfhandlungen gingen zwar weiter, aber immerhin konnten zahllose Flüchtlinge die umkämpfte Zone verlassen und sicheres Gebiet erreichen.

Nun behauptete die eine Seite, die Regierungstruppen würden auch Zivilisten außerhalb der belagerten Gebiete beschießen, und die Regierung konterte mit dem Vorwurf, die LTTE missbrauche tamilische Bürger als lebende Schutzschilde bzw. hindere diese am Verlassen des Kampfgebiets. Der UN-Kommissar für Menschenrechte, Navi Pillay, beschuldigte beide Seiten der Kriegsverbrechen. Dennoch blieb die internationale Gemeinschaft untätig.

Das bittere Ende

Im April wurden Zehntausende tamilische Zivilisten zusammen mit Kämpfern der LTTE auf einem schmalen Küstenstreifen von allen Seiten beschossen. Die LTTE bot der Regierung einen einseitigen Waffenstillstand an. Angesichts der erfolgreichen Offensive lehnte der Verteidigungsminister das Angebot aber ab. Auch die Bemühungen schwedischer, französischer und britischer Diplomaten um eine Feuerpause schlugen fehl. Die sri-lankische Regierung wollte sich den militärischen Sieg nicht mehr aus der Hand nehmen lassen.

Die Regierung forderte Kriegsflüchtlinge auf, sichere Gebiete aufzusuchen. Allerdings wurden viele Zivilisten von den Tamil Tigers mit Gewalt daran gehindert. Anderseits berichteten viele Flüchtlinge, dass Soldaten der Armee an Vergewaltigungen und Hinrichtungen beteiligt waren. Im Mai wurden schließlich die letzten verbliebenen Rebellen vom Militär eingekesselt. Die gesamte Führungselite der LTTE, darunter ihr Führer Vellupillai Prabhakaran, wurde dabei getötet. Nach 26 Jahren war der Bürgerkrieg endlich vorüber.

Natur & Umwelt

What Tree Is That? von Sriyanie Miththapala und P. A. Miththapala; mit wunderbaren Zeichnungen von Bäumen und Sträuchern auf Sri Lanka (auf Englisch, auf Singhalesisch und mit botanischen Fachbegriffen).

Zu den größten Schätzen Sri Lankas gehören die exotischen Naturlandschaften mit einer außergewöhnlichen Schönheit und einer Vielfalt an Tier- und Pflanzenarten. Für die Umweltorganisation Conservation International ist Sri Lanka einer von 25 Biodiversitäts-Hotspots weltweit. Das sind Regionen, die eine große Zahl an endemischen Arten aufweisen (das sind Pflanzen und Tiere, die ausschließlich in einem räumlich abgegrenzten Gebiet vorkommen). Sri Lanka belegt dabei Spitzenplätze, und zwar mit 23 % endemischen Pflanzenarten und 16 % endemischen Säugetierarten. Gleichzeitig werden diese Hotspots aber auch als ernsthaft gefährdet eingestuft. Zusammenfassend kann man die Situation für die Flora und Fauna auf Sri Lanka als kritisch bezeichnen.

Denn zu Beginn des 20. Jhs. waren noch rund 70 % der Inselfläche von natürlichen Waldgebieten bedeckt, im Jahr 1998 waren es dagegen nur noch 29 %. In den vergangenen Jahren verzeichnete Sri Lanka die höchste Entwaldungsrate weltweit: Die großen zusammenhängenden Flächen an dichtem Regenwald gingen um 18 % zurück, rund 35 % alter, kleinflächiger Waldgebiete gingen ebenfalls verloren. Man muss nur einmal all die vielen Sägewerke an der Straße zwischen Matale und Dambulla betrachten, in denen die alten Baumriesen zu Brennholz oder für den Holzexport verarbeitet werden, um sich das Ausmaß der Bedrohung für den Regenwald auf Sri Lanka zu vergegenwärtigen.

Chena (Wanderfeldbau) hat einen großen Anteil an dieser Entwaldung; weitere Faktoren sind außerdem Bewässerungsmaßnahmen, Rodungen für das Anlegen von Plantagen bzw. Aufforstungen von Monokulturen, fortschreitende Bebauung, bewaffnete Konflikte und natürlich auch illegale Abholzung.

Der nach Beendigung des Bürgerkriegs ausgelöste Wirtschaftsboom auf Sri Lanka hatte leider auch negative Auswirkungen auf die Umwelt. Für den erhofften ansteigenden Touristenstrom wurden neue Bauprojekte genehmigt. Aber das ist noch nicht alles: Nach dem Tsunami von 2004 wurden auch solche Gesetze gelockert, die den Bau von Hotelanlagen und Restaurants innerhalb der Hochwasserlinie untersagten. Nun

GEFÄHRDETE ARTEN

Die Rote Liste der bedrohten Arten der International Union for Conservation of Nature and Natural Resources (Internationale Union für die Bewahrung der Natur und natürlicher Ressourcen) führt über 60 Arten auf Sri Lanka, deren Bestand als bedenklich beziehungsweise gefährdet eingestuft wird. Dazu gehören der Asiatische Elefant, der Weißbartlangur, der Rote Schlanklori und der Ceylon-Hutaffe. Alle fünf Meeresschildkrötenarten Sri Lankas sind ebenso bedroht, ebenso das Salzwasserkrokodil und der Dugong – all diese Tiere werden wegen ihres Fleisches getötet. Auch mehrere Vogel-, Fisch- und Insektenarten sind gefährdet.

werden in Unawatuna und an vielen anderen Küstenabschnitten neue Gebäude nahezu unmittelbar am Wasser gebaut.

Ein birnenförmiges Juwel

Die Form Sri Lankas gleicht der einer Birne. Die im Indischen Ozean südöstlich der Südspitze Indiens gelegene Insel ist knapp 66 000 km² groß – und damit etwas kleiner als Irland –, hat aber etwa 4,6-mal mehr Einwohner. Diese knapp 21 Mio. Menschen leben auf einer Insel, deren Nord-Süd-Erstreckung etwa 445 km misst ; die Breite von West nach Ost beträgt maximal etwa 225 km. Vergleichbar wäre das mit der Insel Tasmanien, auf der dann die gesamte Bevölkerung Australiens leben würde.

Im Süden der von einem Küstengürtel umgebenen Insel erhebt sich das zentrale Hochland – das Herz des Landes. Die Inselmitte wird von diesem gebirgigen Hochland dominiert, in den dortigen Hochebenen befinden sich die wichtigsten Teeanbaugebiete. Höchster Punkt des Landes ist der Pidurutalagala (Mt Pedro; 2524 m), der die Stadt Nuwara Eliya in der Zentralprovinz überragt. Allerdings ist der nur 2243 m hohe, pyramidenförmige Sri Pada (Adam's Peak) bekannter und auch sehenswerter.

Hunderte von Fließgewässern entspringen dem regenreichen, zentralen Hochland im Süden der Insel. Sie durchfließen die Berg- und tropischen Regenwälder, die terrassierten Felder, die Obstplantagen und Gärten bis hinunter zu den üppigen Reisfeldern in den Ebenen. Die Quelle des Mahaweli Ganga, Sri Lankas längster Fluss, entspringt unweit vom Adam's Peak und mündet nach 335 km in die Koddiyar Bay, den Tiefseehafen von Trincomalee.

Im Norden der Zentralprovinz erhebt sich ein weiteres Gebirge mit sanft geschwungenen Hügeln und wildromantischer Landschaft: die Knuckles Range. Ihre Hügel gehen in die Ebenen über, die sich im Inselnorden erstrecken. Diese Region, der Nord- und Südosten sowie der Osten Sri Lankas sind die arideren Zonen der Insel.

Sri Lankas Küstenlinie weist zahlreiche von Mangroven gesäumte Lagunen sowie Marschland auf – manche dieser Feuchtgebiete stehen heute unter Schutz –, dazwischen eingestreut liegen immer wieder herrliche Sandstrände, die schönsten an der Südwest-, Süd- und Ostküste. Eine Gruppe von niedrigen, flachen Inseln sind der Halbinsel Jaffna im Norden vorgelagert.

Die Tierwelt auf Sri Lanka – und die besteht nicht nur aus den beeindruckenden Elefanten – ist überwältigend, denn die Insel besitzt für ihre verhältnismäßig kleine Fläche eine üppige Fauna. Wenn man in Afrika von den berühmten „Big Five" (Löwe, Leopard, Elefant, Nashorn und Kaffernbüffel) spricht, dann wären das auf Sri Lanka die „Big Four" plus Eins (Leopard, Elefant, Lippenbär, Asiatischer Wasserbüffel plus den riesigen Blauwal in den Küstengewässern). Vertiefende Informationen siehe auch S. 35.

Pflanzen

In der immerfeuchten Zone im Südwesten der Insel ist tropischer Regenwald vorherrschend, mit dichtem Unterholz und hochreichenden Hartholzbäumen, darunter Ebenholz und Teakbaum. Das zentrale Hochland ist die Zone von Berg- und Nebelwäldern, nach oben schließen sich Zwergwald und dann Grasland an.

Zu den bekanntesten Bäumen auf Sri Lanka gehören zahlreiche exotische und farbenprächtige Arten wie Banyanbaum (auch Banyan-Feige oder Bengalische Feige), Bodhibaum (auch Pappel-Feige, Bobaum oder Pipulbaum), Flammenbaum, Rain Tree (Regen-Baum), Eisenholz und Niembaum. Viele dieser Bäume werden in der traditionellen Heilkunst

---

Der gut 13 ha große Horagolla National Park wurde 2004 eröffnet und schützt ein bewaldetes Feuchtgebiet unweit von Nittambuwa, knapp 40 km nordöstlich von Colombo (an der A1).

Der heilige Bodhibaum wurde von Indien nach Sri Lanka gebracht, als Mahinda den Buddhismus im 3. Jh. v. Chr. auf der Insel begründete. In den meisten buddhistischen Tempeln steht ein Bodhibaum, aber der berühmteste von ihnen ist der Sri Maha Bodhi von Anuradhapura, der älteste bekannte Baum der Welt.

Schutz der Elefanten

» Nicht in der Wildnis füttern.
» Keinesfalls die Kettenhaltung von Elefanten unterstützen.
» Nationalparks besuchen, da sich diese um den Erhalt der Tiere kümmern.

auf Sri Lanka wegen ihrer Heilkräfte geschätzt. In den Teeanbaugebieten im Hochland sorgen hohe Eukalyptusbäume für wohltuenden Schatten.

In vielen Privatgärten wachsen einheimische Obstbäume wie Mangobäume, Tamarindenbäume, Indischer Holzapfel und Bananenstauden, aber auch eingeführte Arten wie Papaya und Guave. Der Jackfruchtbaum, der zur Gattung der Brotfruchtbäume gehört, ist besonders spektakulär. Die unterschiedlich großen Früchte dieses Baumes sind bei einer Länge von 30–100 cm und einem Durchmesser von 15–50 cm die größten Baumfrüchte der Welt. Die gelblich-grünen bzw. gelblich-braunen, noppenbesetzten Schalenfrüchte wachsen am Stamm und wiegen 10–15 kg.

Sri Lankas Elefanten

Elefanten nehmen einen ganz besonderen Platz in der Kultur Sri Lankas ein. Im Altertum zählten sie zum königlichen Besitz. Das Töten eines Tieres galt als schwere Straftat. In den Sagen und Legenden sollen Elefanten gar die Mauern der Stupas von Anuradhapura niedergetrampelt haben; bildliche Darstellungen von Elefanten sind auf Sri Lanka weit verbreitet. Auch heute noch sind die Dickhäuter äußerst beliebt. Der Maligawa-Elefant, der auf der Esala-Perahera-Prozession in Kandy in einer Schatulle die heilige Zahnreliquie Buddhas trägt, ist wahrscheinlich der meistverehrte Elefant Sri Lankas. In freier Wildbahn dagegen ist das sogenannte Elefantentreffen im Nationalpark Minneriya das wohl beeindruckendste Wildtiererlebnis (S. 217).

Sri Lankas Elefantenbestand ist aber trotz aller Bemühungen weiterhin stark rückläufig. Die Gefährdung dieser Tiere spielt in den anhaltenden Diskussionen über den sogenannten Mensch-Tier-Konflikt eine große und bedeutende Rolle.

Rückgang des Elefantenbestandes

Gegen Ende des 18. Jhs. lebten ungefähr 10 000 bis 20 000 Elefanten in freier Wildbahn auf Sri Lanka. Mitte des 20. Jhs. zog die dezimierte Population (etwa 1000 Exemplare) in kleinen Herden in den arideren Ebenen umher. Für diesen dramatischen Rückgang kann es keine natürlichen Gründe geben: Duch die von den Briten im großen Stil praktizierte Growildjagd ist die Lebenserwartung der Tiere stark gesunken. Heute sind sich die Experten keineswegs einig, ob die Bestände wieder wachsen oder ob die Zahl immer noch rückläufig ist. Man schätzt den Bestand auf etwa 3000 bis 4000 Exemplare, von denen etwa die Hälfte in Schutzgebieten leben. Dazu kommen noch etwa 300 domestizierte Elefanten.

Der Konflikt zwischen Mensch und Elefant

Die im Elefantenland siedelnden Bauern fürchten sich seit jeher davor, dass die mächtigen Tiere ihre Ernte zertrampeln oder auffressen, Häuser

Alles, was man über Meeresschildkröten wissen möchte, z.B. wann und wo sie ihre Eier legen, findet man unter www.tcpsrilanka.org, der Website des Turtle Conservation Project of Sri Lanka.

UNESCO-WELTERBESTÄTTEN AUF SRI LANKA

» Felsentempel von Dambulla (S. 199)
» Altstadt und Festung Galle
» Ruinenstadt Polonnaruwa (S. 207)
» Heilige Stadt Kandy (S. 143)
» Heilige Stadt Anuradhapura (S. 219)
» Felsenkloster Sigiriya (S. 202)
» Naturschutzgebiet Sinharaja (S. 191)
» Zentrales Hochland, einschließlich Sri Pada Peak Wilderness Reserve (S. 161), Horton Plains National Park (S. 175) und Knuckles Range (S. 161)

GRÜNE RESSOURCEN

Information über den Umweltschutz auf Sri Lanka gibt es auf folgenden Websites:

» **Environment Sri Lanka** (www.environmentlanka.com) Das Amt für Forstwissenschaft und Umwelt an der University of Sri Jayewardenepura hat Informationen über die Flora und Fauna Sri Lankas und Abhandlungen zu Umweltfragen bereitgestellt.

» **Green Movement of Sri Lanka** (www.greensl.net) Ein Zusammenschluss von 150 Gruppen, die sich mit der Bewirtschaftung natürlicher Ressourcen befassen. Neben mehreren Projekten gibt es aktuelle Berichte über die Eingriffe in die Umwelt Sri Lankas, die durch den massiven Straßenbau hervorgerufen werden.

» **Lakdasun** (www.lakdasun.org) Website mit sehr hilfreichem Forum und aktuellen Informationen von sachkundigen Einheimischen darüber, wie man die Naturschönheiten von Sri Lanka entdecken, erforschen und schützen kann.

» **Sri Lanka Wildlife Conservation Society** (SLWCS; www.slwcs.org) Wurde 2008 von der UN als gemeindebasiertes Projekt anerkannt. Die SLWCS bietet Möglichkeiten für ehrenamtliche Tätigkeiten auf Sri Lanka; mehr Informationen darüber siehe S. 336.

---

zerstören oder sogar Menschen töten. Während der Anbauzeit stellen die Bauern etwa drei Monate lang rund um die Uhr Wachen ab, um die unwillkommenen Räuber zu verscheuchen. Es ist gut nachzuvollziehen, dass marodierende Wildelefanten für arme Bauern existenzgefährdend sein können.

Elefanten benötigen etwa 200 kg Nahrung pro Tag, die sie im Allgemeinen auf einer Fläche von etwa 5 km² finden. Doch manchmal gibt es auf solch einem Areal, z.B. in kleineren Schutzgebieten, nicht ausreichend zu fressen. Hunger (und oft sogar Neugier) lassen die Tiere auf der Suche nach Futter auch andere Gegenden aufsuchen und manchmal grenzen die Siedlungsgebiete der Menschen und der Lebensraum der Elefanten direkt aneinander. Der Konflikt zwischen Bauern und Elefanten ist sozusagen vorprogrammiert – dabei geht es beiden nur ums eigene Überleben.

Dieser Teufelskreis ist nur schwer zu durchbrechen. Elektrozäune sollen die Nationalparkgebiete von den Feldern und Weiden trennen, um z.B. zu verhindern, dass die bäuerlichen Viehherden unerlaubterweise im Schutzgebiet grasen. Zuweilen überwinden die Elefanten diese Zäune und sind dann eine Landplage für den Menschen. Mittlerweile gibt es Verkaufsstände entlang des Highways, der an den Nationalpark Uda Walawe grenzt. Dort können Touristen Früchte kaufen, um die Elefanten zu füttern. Das hat sich natürlich bei vielen Elefanten „herumgesprochen", sodass eine wachsende Anzahl der Tiere tagtäglich am Straßenrand auf die Leckereien wartet. Dadurch werden die Tiere allerdings verdorben, und sie vernachlässigen die natürliche Art und Weise der Futtersuche.

Lösungsansätze

Viele Menschen bemühen sich um nachhaltige Lösungen, um den Konflikt zu beenden. Eine Vorschlag lautet: *Menschen einzäunen* — oder besser gesagt: Elefanten aus menschlichen Siedlungsgebieten komplett heraushalten. Dieser Lösungsansatz scheint zu funktionieren; er stammt von der **Sri Lanka Wildlife Conservation Society** (SLWCS; www.slwcs.org), einer preisgekrönten Tierschutzorganisation.

Eine andere Lösung bestände darin, den Bauern eine alternative Existenzgrundlage bzw. Tätigkeit anzubieten, die indirekt auch die Elefanten mit einbeziehen können. So ist z.B. das Sammeln und die kommerzielle

---

The Nature of Sri Lanka mit beeindruckenden Fotos von L. Nadaraja und Beiträgen über Sri Lanka von bedeutenden Autoren und Naturschützern.

Die größten Regenwaldgebiete

» Peak Wilderness (250 km²)
» Knuckles Range (175 175 km²)
» Sinharaja (90 km²)

Verwertung von Elefantendung nur eine von mehreren Möglichkeiten (Produkte aus solchen oder ähnlichen Projekten findet man im Cottage-Craft-Laden in Colombo). Natürlich gibt es noch eine andere Möglichkeit, nämlich unter Einsatz der Gelder, die die Touristen ausgeben, um Elefanten zu beobachten.

Verantwortungsvoll reisen

Die beste Art, verantwortungsvoll und ressourcenschonend durchs Land zu reisen, besteht darin, den eigenen Einfluss so gering wie möglich zu halten. Und das ist gar nicht mal so schwer. Man sollte dabei folgende Tipps beachten:

» **Umweltbewusst auftreten** Sri Lankas Hotel- und Gästehausbesitzer versuchen es ihren Gästen so gemütlich wie möglich zu machen. Die meisten Hotelchefs gehen auf die Wünsche ihrer Gäste ein. Insofern sollte man als Gast sein Anliegen in Sachen Umweltbewusstsein ohne weiteres äußern. Man kann auch negative Dinge ansprechen.

» **Wasserverbrauch beachten** Wenn man im Bergland von Sri Lanka unterwegs ist, dann meint man, die Insel sei überreich mit Wasser gesegnet. Trotzdem ist mancherorts der Wasserbedarf stark gestiegen, sodass die Versorgung damit nicht Schritt halten kann. Man sollte also durchaus die Vorschläge von Hotels annehmen, nicht jeden Tag Bettlaken und Handtücher zu wechseln und damit den Wasserverbrauch zu senken. Man sollte auch Hotels mit Pool meiden – im Meer zu baden ist ja doch viel schöner.

» **Nicht zur Flasche greifen** Eine Flasche Wasser dabeizuhaben ist natürlich bequem, andererseits tragen Flaschen zur Umweltverschmutzung bei. Man kann die Flasche also ruhig mehrmals benutzen, sollte sie allerdings nicht am Wasserhahn auffüllen. Was also tun? Am besten, man fragt im Hotel nach, ob man seine Flasche am dortigen Trinkwasserbehälter auffüllen darf.

» **Strom sparen** Natürlich ist es sehr angenehm, an einem drückend-heißen Nachmittag die Klimaanlage einzuschalten, aber das sollte man vermeiden, da das Stromnetz von Sri Lanka ohnehin schon überlastet ist. Da der Energieverbrauch des Landes mittlerweile stark angestiegen ist, sollte man den eigenen Energiebedarf einschränken.

» **Auf Leihwagen verzichten** Man nehme besser den Bus oder die Bahn. Sogar in Colombo kann man wunderbar spazieren gehen. Es gibt einen herrlichen Weg von den Cinnamon Gardens zum Fort – das ist ganz sicher umweltschonender, als motorisiert unterwegs zu sein. In den Hotels und Guesthouses gibt es inzwischen einen erfreulichen Trend, Fahrräder für die Gäste bereitzustellen. Weite Landstriche auf Sri Lanka lassen sich mit dem Zweirad sehr schön erkunden.

» **Kein Plastik** Auf Plastiktüten bzw. Plastiktrinkhalme verzichten: Man wird dann vielleicht etwas komisch angeschaut, aber damit trägt jeder einen kleinen Teil zum Umweltschutz bei.

Die Menschen in Sri Lanka

Wer Sri Lanka besucht, der bemerkt als erstes, wie ungewöhnlich sanft die Landschaft und die Menschen wirken. *Dagopas* (Stupas) mit weißen Kuppeln und Hindutempel in allen Farben des Regenbogens leuchten vor einem tiefblauen Himmel, in den Moscheen versammeln sich die Gläubigen zum Abendgebet, und Nebelschwaden ziehen über die grünen Bergkuppen mit ihren Teeplantagen. Der Gast begegnet Menschen, die mit Blumen in der Hand unterwegs sind zum Tempel, während Frauen in gelben Saris gemeinsam zum *puja* (Gebet) gehen, wo sie den Göttern ihre Opfergaben darbringen; viele Bewohner heißen die Besucher ihres Landes sehr herzlich und gastfreundlich willkommen.

Aber natürlich ist nicht alles immer nur sanft und freundlich. Flüsse treten über die Ufer, überschwemmen das Land und reißen Menschen mit sich fort. Und wenn ethnische Konflikte aufbrechen, kommt es zu Gewalttätigkeiten, bei denen Menschen zu Tode kommen. Nicht zu leugnen ist auch das Nebeneinander von Armut auf der einen und dem Luxusleben der Reichen auf der anderen Seite. Die Sri-Lanker bemühen sich allerdings, dieses unterschwellige Chaos und die Konflikte auszubalancieren und den Besuchern ein wirklich zauberhaftes Land zu präsentieren. Unterschiedliche Völker und Konfessionen haben sich hier vermischt, und doch haben einige faszinierende Unterschiede durchaus noch Bestand. Besucher werden aber vor allem die Erinnerung an ein überaus großzügiges und gastfreundliches Volk nach ihrem Aufenthalt mit nach Hause nehmen.

Tradition & ethnische Zugehörigkeit

Von alters her kreiste das Leben in Sri Lanka um das *gamma* (Dorf), ein sehr komplex organisiertes Gebilde, in dem jeder seine ganz eigene Aufgabe zu erfüllen hatte. Die Existenz der Menschen gründete vor allem auf der Landwirtschaft, manche Dörfer wandten sich aber auch völlig anderen Erwerbszweigen zu – noch heute entdeckt man auf Reisen zum Beispiel „Bambusrohr-Möbel-*gammas*". Jedes Dorf wurde von einem Gott (oder auch mehreren Göttern) beschützt; meist hatten diese Götter einen Bezug zur jeweiligen Landschaft.

> Über Sitten und Gebräuche der Veddahs informiert die Website www.vedda.org.

Veddahs

Die Veddahs (Jäger), auch Wanniyala-Aetto (Waldmenschen) genannt, bilden das ursprüngliche indigene Volk Sri Lankas. Nach jeder Einwanderungswelle blieb für die Veddahs weniger Waldfläche als Lebensgrundlage übrig. Mittlerweile ist ihre Anzahl auf weniger als 2000 geschrumpft; noch viel kleiner ist die Gruppe derjenigen, die sich selbst noch als Veddahs sehen und die alte Lebensweise ihrer Ahnen beibehalten haben, nämlich ein naturverbundenes Leben als Jäger und Sammler.

Die Kele Weddo (die Urwaldbewohner unter den Veddahs) und die Can Weddo, die sich in Dörfern niedergelassen haben, leben vor allem in der Region zwischen Badulla, Batticaloa und Polonnaruwa.

Singhalesen

Die überwiegend buddhistischen Singhalesen nehmen selbst gelegentlich eine Unterteilung in Tiefland-Singhalesen und Bewohner des Hochlands (Kandy-Singhalesen) vor. Die Kandy-Singhalesen blicken immer noch voller Stolz auf die Zeit zurück, als sie unangefochten über das Hochland herrschten, das ihnen nach wie vor als spirituelles Zentrum des Landes gilt. Auch wenn das mit dem Buddhismus eigentlich nicht so leicht zu vereinbaren ist, pflegen die Singhalesen ein strenges Kastensystem – jeder vom Adligen bis zum umherziehenden Schausteller lässt sich irgendwo in dieses System einordnen.

> Wer sich für die Herkunft von Namen in Sri Lanka interessiert, erfährt Näheres dazu unter http://asiarecipe.com/srinames.html.

Tamilen

Die meisten Tamilen sind Hindus; in kultureller und religiöser Hinsicht sind sie eng mit den Tamilen in Südindien verbunden. Trotzdem sehen sie sich als eigenständige Gruppierung. Das gilt natürlich auch für die Tamilen von Jaffna, die im Norden und Osten des Landes beheimatet sind, und für die „Plantagen-Tamilen", die die Briten im 19. Jh. als Arbeitskräfte in den Teepflanzungen aus Indien holten.

Für Hindus ist das Kastenwesen von großer Bedeutung. Die Tamilen von Jaffna gehören überwiegend der Vellala-Kaste an, die Adligen und bäuerlichen Grundbesitzern vorbehalten ist; die auf den Plantagen beschäftigten indischen Tamilen stammen vorwiegend aus niedrigeren Kasten. Allerdings ändern sich die Zeiten, und die althergebrachten Kastenunterschiede verlieren bei den Singhalesen und Tamilen ganz allmählich an Bedeutung.

Muslime

Sri Lankas Muslime, hier Mauren genannt, sind Nachfahren arabischer und indischer Händler, die schon vor rund 1000 Jahren die Insel bereisten. Um der Verfolgung durch die Portugiesen zu entgehen, zogen viele von ihnen ins Hochland oder an die Ostküste. Bis in die heutige Zeit sind dort ganze Städte wie Hakgala bei Nuwara Eliya überwiegend muslimisch geprägt.

> **Wichtige Wallfahrtsorte**
> » Adam's Peak
> » Kataragama
> » Nainativu

Burgher

Die Burgher sind eine euroasiatische Bevölkerungsgruppe, hervorgegangen aus Mischehen portugiesischer, holländischer und britischer Siedler mit einheimischen Frauen. Lange Zeit hatten die Burgher einen überproportionalen Einfluss auf Politik und Wirtschaft ihres Landes. Seit der wachsende singhalesische Nationalismus ihren Einfluss begrenzt hat, haben viele Burgher das Land verlassen. Burgher erkennt man beispielsweise an Nachnamen wie Fernando, de Silva oder Perera.

Religion

Das Nebeneinander verschiedener Religionen hat in Sri Lanka schon zu mancherlei Konflikten geführt, ein anderer Aspekt wird allerdings oft übersehen: die Ansätze zu einer Vermischung der verschiedenen Glaubensrichtungen. Buddhisten, Hindus, Muslime und Christen nutzen in Sri Lanka viele Pilgerstätten gemeinsam; ein Katholik kann durchaus einem Hindu-Gott seinen Respekt erweisen, und der Buddhismus auf Sri Lanka weist Einflüsse des Hinduismus auf – und umgekehrt. Manches erscheint wie eine Art doppelter oder dreifacher Absicherung – in spiritueller Hinsicht.

> **Religiöse Zentren**
> » Nallur Kandaswamy Kovil, Jaffna
> » Tempel der Heiligen Zahnreliquie, Kandy
> » Kechimalai Mosque, Beruwela
> » Our Lady of Madhu Church, Madhu

POYA-TAGE

Poya- oder *uposatha*-Tage gibt es zu jedem Vollmond. Seit den Tagen Buddhas nutzen Mönche und Laien diese Tage zur inneren Einkehr. Fromme Buddhisten besuchen einen Tempel, fasten ab Mittag und meiden Vergnügungen jeglicher Art. Im Tempel bringen sie Opfer dar, lauschen Vorträgen und meditieren. *Poya*-Tage gelten in Sri Lanka als Feiertage; jeder einzelne dieser Tage ist mit einem bestimmten Ritual verknüpft.

Einige besonders wichtige Tage:
Durutu (Januar) Erinnert an den vermutlich ersten Besuch des Buddhas auf der Insel.
Vesak (Mai) Feiert Geburt und Erleuchtung des Buddhas und seinen Eintritt ins Nirvana (*parinibbana*).
Poson (Juni) Der Tag erinnert an die Ankunft der buddhistischen Lehre in Sri Lanka.
Esala (Juli/August) Während des großen Festivals von Kandy, das u.a. der ersten Predigt des Buddha gedenkt.
Unduwap (Dezember) Tag des Besuches von Sangamitta, der den Setzling des Bodhi-Baums nach Anuradhapura brachte.

Buddhismus

Zum Buddhismus bekennen sich vor allem die Singhalesen; er spielt daher eine bedeutsame Rolle in Sri Lanka, sowohl in spiritueller als auch in kultureller und politischer Hinsicht. Die Literatur, Kunst und Architektur des Landes sind allesamt stark vom Buddhismus beeinflusst. Streng genommen ist der Buddhismus ja gar keine Religion, sondern eine Lebenspraxis und ein moralisches Lehrsystem, das auf den Buddha persönlich zurückgeht. Zwar erlaubt der Begriff „Buddhismus" heutzutage eine klare kulturelle und ethnische Zuordnung, historisch gesehen hat der Buddha jedoch seine Lehren (Dharma) auch an die Gläubigen anderer Religionen gerichtet; eine Konversion hielt er nicht für nötig.

Der Buddha, Prinz Siddharta Gautama, wurde um 563 v. Chr. im heutigen Nepal geboren. Er verzichtete auf die Thronfolge und widmete sein Leben der Suche nach einem Ausweg aus dem menschlichen Leid. Nach vielen Jahren des Studiums und der Meditation entdeckte er die „Vier Edlen Wahrheiten": Leben und Leiden gehören zusammen; Ursachen des Leidens sind u.a. das Streben nach sinnlichen Freuden und materiellen Gütern; um das Leid zu beenden, muss man dieses Streben und Verlangen überwinden; dies erreicht man durch ein moralisches Leben und ein Streben nach Weisheit, die man in der Meditation erlangt. Der Mensch durchlebt auf diesem Weg viele Stufen der spirituellen Entwicklung und benötigt wahrscheinlich mehrere Leben, bis er als Erleuchteter ins Nirvana eingeht und den Kreislauf von Geburt und Tod durchbricht.

Historischer Buddhismus

Als König Devanampiya Tissa die Lehren Buddhas im 3. Jh. v. Chr. für Sri Lanka akzeptierte, konnte der Buddhismus im Land Fuß fassen. Seither bestand eine enge Verbindung zwischen dem buddhistischen Klerus und den Königen von Sri Lanka.

Insgesamt gibt es auf der Welt zwei Hauptrichtungen des Buddhismus: den Theravada- und den Mahayana-Buddhismus. Die Schriften der Theravada-Lehre (Theravada bedeutet „Weg der Älteren") sind in Pali gehalten, einer Sprache, die zu Lebzeiten des Buddha im Norden von Indien gesprochen wurde. Die Texte des Mahayana-Buddhismus (der Name bedeutet „großes Fahrzeug") sind in Sanskrit überliefert. Die Theravada-Form gilt als orthodoxer, die Mahayana-Lehre berücksichtigt auch jüngere Entwicklungen.

Das inhaltsreiche und sehr verständlich geschriebene Buch *Buddhism: Beliefs and Practices in Sri Lanka* von Lynn de Silva berichtet alles Wissenswerte über das buddhistische Erbe der Insel.

In Sri Lanka wird auch der Mahayana-Buddhismus praktiziert, doch die Theravada-Tradition ist weiter verbreitet. Diverse Faktoren haben hier zur Festigung des Buddhismus (vor allem in der Theravada-Ausprägung) beigetragen. Da ist zum einen die sogenannte Große Chronik namens *Mahavamsa*, einer der heiligen Texte des singhalesischen Buddhismus; darin werden die Singhalesen zu Hütern der buddhistischen Lehre berufen. Dieses Vermächtnis hat den jahrhundertealten Konflikt zwischen buddhistischen Singhalesen und hinduistischen Tamilen allerdings eher angefacht. In den Augen mancher Singhalesen ähnelt der Mahayana-Buddhismus nämlich in vieler Hinsicht dem Hinduismus (tatsächlich wurde er in der Frühzeit von manchen Tamilen angenommen), sodass es vielen Anhängern besonders dringlich erschien, der alten Theravada-Lehre die Treue zu halten. Im 10. Jh. wurden dann in Indien buddhistische Stätten zerstört, etwa zur Zeit eines Hindu-Aufstands (in einem populären Hindutext erschien damals Buddha als Inkarnation von Vishnu). All diese Unsicherheiten bestärkten die Singhalesen in ihrem Entschluss, die alte Tradition zu bewahren.

Buddhistischer Nationalismus

Ende des 19. Jhs. entwickelte sich in Sri Lanka der einflussreiche Zweig eines „militanten" Buddhismus, dessen Anhänger davon überzeugt sind, der Buddha habe das singhalesische Volk einst ausersehen, die Insel zu einer Festung des Buddhismus in seiner reinsten Form auszubauen. Die Vertreter dieser Richtung sehen im Christentum und Hinduismus eine Bedrohung der buddhistischen Kultur. In Sri Lanka war der Buddhismus schon immer eng mit der Politik verwoben. Als der Premierminister S.W.R.D. Bandaranaike nach Ansicht mancher Kritiker vom rein singhalesisch-buddhistischen Kurs abwich, wurde er 1959 ausgerechnet von einem buddhistischen Mönch ermordet – trotz des buddhistischen Tötungsverbots.

Bis heute lehnen manche buddhistischen Mönche jeden Kompromiss mit den Tamilen strikt ab. Hardliner unter den Mönchen stellen die Vorhut des singhalesischen Nationalismus, und 2007 erlangten sie mit Hilfe der Partei des nationalen Erbes (Jathika Hela Urumaya; JHU) sogar ein einflussreiches Regierungsamt. Im Gegensatz dazu fühlen sich natürlich viele andere Mönche vor allem dem Geist des Buddhismus und dem Wohlergehen ihrer Anhänger verpflichtet.

Weitere Informationen über den Hinduismus findet man unter www.bbc.co.uk/religion/religions/hinduism und unter www.hinduismtoday.com.

Hinduismus

Tamilische Könige und ihr Gefolgte brachten den Hinduismus aus Südindien in den Norden von Sri Lanka. Da die Insel aber so nahe an Indien liegt und ein kultureller Austausch schon lange vor dieser Zeit die Regel war, ist es durchaus denkbar, dass der Hinduismus schon sehr viel länger in Sri Lanka heimisch ist, womöglich schon in der Zeit vor Ankunft des Buddhismus. Heute sind hinduistische Gemeinden vor allem in der Region der Teeplantagen konzentriert, also im Norden und Osten der Insel.

Der Hinduismus ist ein sehr komplexes Gemisch von Glaubensüberzeugungen und Göttern. Alle Hindus glauben an Brahman: All die unzähligen Gottheiten sind Manifestationen dieses unpersönlichen Konzepts, das den Gläubigen alle Facetten des Lebens zu erschließen vermag. Wichtige Lehren umfassen den Glauben an Ahimsa (Gewaltfreiheit), Samsara (den Kreislauf von Geburt und Tod, bis man einen Zustand der Reinheit erlangt hat), Karma (das Gesetz von Ursache und Wirkung) und Dharma (moralische Werte und soziale Pflichten).

Hindus sind überzeugt davon, dass ein Leben im Einklang mit dem Dharma die Chance auf eine Wiedergeburt in besseren Lebensumständen steigert. Man kann dabei auch als Tier wiedergeboren werden, doch

In der Hindu-Mythologie symbolisieren Elefanten Wasser, Leben und Glück. Sie stehen aber auch für Edelmut und Sanftheit, Eigenschaften also, die nur erlangt, wer ein gutes Leben führt. In Sri Lanka sind Elefanten die einzigen Tiere, die an Umzügen mit heiligen buddhistischen Reliquien und Hindu-Statuen teilnehmen.

nur in menschlicher Form gewinnt man genügend Selbsterkenntnis, um den Zyklus der Inkarnationen zu durchbrechen und den Zustand der Erlösung (Moksha) zu erlangen.

Für den gewöhnlichen Hindu liegt das Ziel des irdischen Daseins vor allem darin, die vorgeschriebenen Rituale auszuführen und den sozialen Verpflichtungen nachzukommen. Gemäß dem Hindu-Text *Bhagavad Gita* ist die Pflichterfüllung wichtiger als die Sorge ums individuelle Wohl.

Das hinduistische Pantheon ist riesengroß – manche Schätzungen kommen auf rund 330 Mio. Gottheiten. Hauptgestalten sind Brahma, Schöpfer des Universums, und seine Gefährtin Saraswati, die Göttin der Weisheit und der Musik. Wichtig sind auch Vishnu, der Erhalter des Universums, und seine Gemahlin Lakshmi, die Göttin der Schönheit und des Glücks. Shiva zerstört Unwissenheit und Böses; seine Gattin Parvati wird als universelle Mutter dargestellt, aber auch als wilde und zerstörerische Kali. Shiva trägt 1008 Namen und nimmt viele Erscheinungsformen an: Als Nataraja, Herr des Tanzes (*tandava*), hat er mit seinen eleganten Bewegungen die Erschaffung des Universums eingeleitet.

Islam

In Sri Lanka leben 1,8 Mio. Muslime. Sie sind Nachfahren der arabischen Händler, die sich schon seit dem 7. Jh. hier niederließen, also schon relativ bald nach der Begründung ihrer Religion durch den Propheten Mohammed im heutigen Saudi-Arabien. Der Islam ist eine monotheistische Religion; der Schöpfergott trägt den Namen Allah.

Nach Mohammeds Tod spaltete sich die Glaubensbewegung in zwei Hauptzweige auf; deren Vertreter sind die Sunniten und die Schiiten. Die Sunniten orientieren sich sehr streng an den Worten und Taten ihres Propheten. Tradition und Mehrheitsmeinung gelten ihnen als hohes Gut. Nach Ansicht der Schiiten können nur Imame, also herausragende Führer, den Koran, also die Heilige Schrift, auslegen. Die Mehrzahl der Muslime in Sri Lanka gehört der sunnitischen Richtung an; die wenigen Schiiten sind erst später aus Indien eingewandert.

Alle Muslime bekennen sich zu den sogenannten Fünf Säulen des Islam: Shahada (Glaubensbekenntnis: „Es gibt keinen Gott außer Allah, und Mohammed ist sein Prophet"), rituelles Gebet (idealerweise fünfmal am Tag), Zakat (Steuer, in der Regel ein Almosen für die Armen), Fasten während des Ramadan und die Haddsch, die Pilgerfahrt nach Mekka.

Christentum

Die christlichen Gemeinden Sri Lankas gehen möglicherweise direkt auf den Apostel Thomas im 1. Jh. zurück. Fest steht jedenfalls, dass schon in den ersten Jahrhunderten der Zeitrechnung kleine christliche Gemeinschaften entlang der Küste siedelten.

Im 16. Jh. brachten die Portugiesen dann erneut das Christentum auf die Insel, dieses Mal in römisch-katholischer Form; damals ließen sich viele Fischerfamilien taufen. Bis heute ist der Katholizismus an der Westküste relativ weit verbreitet. Die Holländer führten später den Protestantismus in Sri Lanka ein, natürlich als Niederländisch-reformierte Kirche, die bis heute in Colombo präsent ist. Vom christlichen Glauben der Briten zeugen die eigenartigen Steinkirchen im Hochland.

In jüngster Zeit waren gelegentlich radikale buddhistische Mönche, Verfechter des singhalesischen Nationalismus, an Angriffen auf christliche Kirchen und Mitglieder christlicher Gemeinden beteiligt.

Tee aus Sri Lanka

Es ist eher einem Zufall zu verdanken, dass alle Welt heute Ceylon-Tee und nicht Ceylon-Kaffee trinkt.

Der Tee kam nämlich erst nach Sri Lanka, als die ausgedehnten Kaffeeplantagen im 19. Jh. durch Krankheitsbefall stark dezimiert wurden. Der erste sri-lankische Tee wurde 1867 auf dem Loolecondera Estate südöstlich von Kandy von James Taylor (*nicht* der Musiker!) angebaut. Die Plantagenbesitzer merkten schon bald, dass die Kombination aus warmem Klima und der Höhen- und Hanglage im Hochland ideale Bedingungen für den Anbau von Tee boten.

Ganze Schiffsladungen mit Ceylon-Tee füllten schon in den 1870er-Jahren die Regale in den Londoner Warenhäusern. Der Durst nach Tee schien nahezu unstillbar zu sein. Die Plantagenbesitzer verdienten damals ein Vermögen; zu ihnen gehört ein Mann, dessen Name noch heute auf der ganzen Welt bekannt ist: Thomas Lipton. Mehr dazu findet man im Kasten auf S. 176.

In den folgenden Jahrzehnten explodierte die Teeproduktion förmlich. Regenwälder wurden dafür gerodet und die Plantagen expandierten immer weiter. Parallel verlief ein ständiger Kampf gegen verschiedene Krankheiten, die die Ernte bedrohten, und immer mehr Chemikalien kamen zum Schutz der Teesträucher zum Einsatz.

1932 beschlossen die wichtigsten Teeproduzenten Ceylons die gemeinsame Vermarktung durch das Ceylon Tea Propaganda Board.

Im Jahr 2008 überholte Sri Lanka Kenia, den zuvor größten Teelieferanten der Welt. Mit einer Jahresproduktion von 330 Mio. kg. Tee aus Sri Lanka (international weiterhin als Ceylon-Tee bekannt) hat das Land eine herausragende Position auf dem Weltmarkt und seine Auktionspreise liegen um mehr als 50 % höher als die des Hauptrivalen und Marktführers Indien. Der Jahreswert der sri-lankischen Teeernte liegt knapp unter der Marke von 1 Mrd. US$; er stellt 15 % der gesamten Wirtschaftsleistung des Landes dar.

Trotz seiner britischen Wurzeln geht der Hauptteil des Ceylon-Tees nach Osteuropa und in den Nahen Osten, da die Nachfrage dort sehr hoch ist.

Neben den diversen Sorten des allgegenwärtigen schwarzen Tees produziert Sri Lanka auch grünen Tee, der für sein kräftiges Aroma bekannt ist, und weißen Tee, der zu den besten Teesorten überhaupt gehört.

Der normale, handelsübliche Tee besteht meist aus einer Mischung verschiedener Sorten; dadurch entsteht das für die jeweilige Marke typische Aroma.

> Tee gelangte erstmals 1824 ins heutige Sri Lanka, und zwar in Form von Stecklingen bei einer von den Briten organisierten botanischen Ausstellung. Niemand ahnte damals, wie sehr diese kleinen Pflänzchen den Inselstaat verändern würden.

> Rund 1900 km² des Landes sind mit Teeplantagen bedeckt, vornehmlich im Hochland und den angrenzenden Gebieten, besonders im Süden.

Arbeit auf den Pflanzungen

Die Teeindustrie auf Sri Lanka schafft mehr als eine Millionen Arbeitsplätze – also Arbeit für ungefähr 5 % der gesamten Bevölkerung. Der Lohn der Teepflückerinnen ist noch immer recht niedrig – um die 3 US$ pro Tag (das entspricht zwei Dritteln des Einkommens eines Staatsbe-

> **TEE TRINKEN**
>
> Obwohl Tee nicht so empfindlich ist, gibt es doch einiges, was man beim Teeaufbrühen falsch machen kann. Am besten schmeckt das Getränk, wenn man Folgendes beachtet:
> » Tee sollte in einer luftdicht verschlossenen Dose aufbewahrt werden, egal ob lose oder in Beuteln.
> » Er nimmt schnell Geruch an, der besonders den milden Teearomen schadet.
> » Das Teewasser sollte immer frisch gekocht sein (wenn es nach dem Kochen eine Weile steht, schmeckt der Tee schal).
> » Wer losen Tee bevorzugt, sollte einen Teelöffel pro Tasse (durchschnittliche Größe) nehmen – plus einen für die Kanne.
> » Umgekehrt sollte der Tee nach dem Ziehen schnell abgegossen werden, denn die Teeblätter werden sonst bitter.
> » Wer seinen Tee mit Milch mag, sollte die Milch zuerst in die Tasse geben, damit sich die Aromen besser mischen.

diensteten in der niedrigsten Einkommensgruppe). Die hart arbeitenden Pflückerinnen müssen wenigstens 20 kg Teeblätter am Tag schaffen. Vorgeschriebene Rücklagen fürs Rentenalter und die Beerdigung senken das ohnehin schon niedrige Einkommen noch mehr ab, sodass viele Familien in wirklich ärmlichen Behausungen leben müssen. Diese barackenähnlichen Gebäude bemerkt man beim Vorbeifahren oder auch beim Spaziergang; sie stehen in den Wasserfurchen mitten in den Plantagen.

Die Mehrzahl der Teepflückerinnen sind Tamilen. Ursprünglich wollten die britischen Teebarone der 1870er-Jahre Singhalesen anheuern, doch die Arbeit erschien den Einheimischen nicht attraktiv genug, sodass die Eigentümer sich in Indien nach Arbeitskräften umsahen. Damals wurden zahllose Tamilen nach Sri Lanka geholt und ihre Nachfahren stellen bis heute den Großteil der Arbeiter auf den Teeplantagen.

Reise durch die Teeplantagen

Eine großartige Möglichkeit, die endlosen Teeplantagen in den grünen Hügeln des Hochlands zu erleben, bietet eine Zugfahrt von Ella nach Haputale. In nur wenigen Stunden sieht man Dutzende Plantagen, die das Gelände wie smaragdgrüne Teppiche überziehen. Mittendrin erkennt man die hell gekleideten Arbeiter, die selbst in größter Hitze schuften, um die vorgegebene Tagesquote zu schaffen.

Im gesamten Bergland bieten Tee verarbeitende Betriebe und Pflanzungen Führungen an, um den Verarbeitungsprozess zu erläutern, der sich auch im 21. Jh. noch nicht allzu sehr von den Abläufen des 19. Jhs. unterscheidet. Einige von den Autoren besonders empfohlene Betriebe finden sich auf S. 320.

Mitten im Tee übernachten

In der Nähe von Adam's Peak im Hochland kann man heute in diversen Cottages aus der Kolonialzeit, die einst von den Betreibern der Plantagen bewohnt wurden, übernachten. Sie liegen oft in wunderschöner Umgebung und gelten daher als überaus attraktive und malerische Übernachtungsmöglichkeiten, die auf jeden Fall jenseits des Üblichen liegen; siehe dazu den Kasten auf S. 165.

Viele dieser inmitten der Teeplantagen gelegenen Gästehäuser, Bungalows und Hotels finden sich im Kapitel über das Hochland.

Mit Tee aktiv sein

Es gibt viele Wander- und Radwanderwege in den Teeanbaugebieten des Berglands. Hier sind einige der beliebtesten:

» Ein 10 km langer Radwanderweg durch die Teeplantagen. Er beginnt in Nuwara Eliya.

» Eine 7 km lange Wanderung durch die Teeplantagen bis zum Aussichtspunkt Lipton's Seat in den Bergen bei Haputale.

» Eine 4,5 km lange Wanderung durch dichte Teepflanzungen und grüne Hügel zum Aussichtspunkt am Little Adam's Peak bei Ella.

Tee kaufen

Tee ist nicht teuer, er ist leicht zu verpacken und fast jeder trinkt ihn gern. Somit ist gerade Tee ein ideales Mitbringsel für die Daheimgebliebenen – oder natürlich für einen selbst. Die Teebetriebe und -plantagen des Hochlands haben eine fast schon verwirrende Auswahl im Sortiment. Zudem gibt es gute Teeläden in Colombo; andere empfohlene Teeläden finden sich auf S. 323.

Die gesundheitlichen Vorteile des Teetrinkens sind beträchtlich. Biologisch angebauter grüner Tee hat sechsmal so viele Antioxidantien wie Spinat oder Blumenkohl. Gute Nachrichten also für Gemüseverächter!

Teeproduktion

Die Teesträucher werden auf ca. 1 m Höhe zurückgeschnitten und tamilischer Teepflückerinnen pflücken Blätter und Blüten. Diese werden künstlich welk gemacht, indem konstant temperierte Luft hindurchgeblasen wird, entweder in einer der altmodischen Teefabriken, wo die Blätter auf Sackleinen ausgebreitet werden, oder in Wannen. Die Fabrikgebäude sind im Anbaugebiet von weitem sichtbar. Viele sind über 100 Jahre alt.

Die so angetrockneten Blätter werden zerbröselt, wodurch ein Fermentierungsprozess ausgelöst wird. Die grünen Blätter werden schnell kupferfarben, wenn zusätzliche Wärme zugeführt wird. Die wahre Kunst besteht nun darin, zu entscheiden, wann diese Fermentation abgeschlossen sein muss. Dazu wird noch mehr Hitze hinzufügt, bis das endgültige, schwarz-braune Blatt entsteht, das dann eine längere Zeit haltbar ist.

Die Arbeiter, die die Tagesernte so weiterverarbeiten können, dass daraus ein guter Tee wird, stehen ganz oben auf der Karriereleiter der Plantagenarbeiter. Dieser Prozess gleicht einer Kunst, die über Jahrzehnte hin verfeinert wurde. Vom Pflücken über die Verarbeitung bis zur versandfertigen Verpackung vergehen nur 24 Stunden.

TEEPLANTAGEN & -FABRIKEN

» **Tea Museum** Liegt bei Kandy und ist ein informativer Zwischenstopp auf der Reise durch die Welt des Tees (S. 147).

» **Labookellie Tea Factory** Eine günstig gelegene Fabrik an der Straße nach Nuwara Eliya (S. 166).

» **Pedro Tea Estate** Bei Nuwara Eliya. Führungen durch die Fabrik, die ursprünglich 1885 errichtet wurde (S. 167).

» **Dambatenne Tea Factory** Bei Haputale; 1890 von Sir Thomas Lipton erbaut. Bietet gute Führungen an (S. 178).

Abbildungen
1. Teeblätter nach dem Pflücken 2. Plantagen bei Maskeliya 3. Säcke mit frischen Teeblättern 4. Versandfertiger Tee

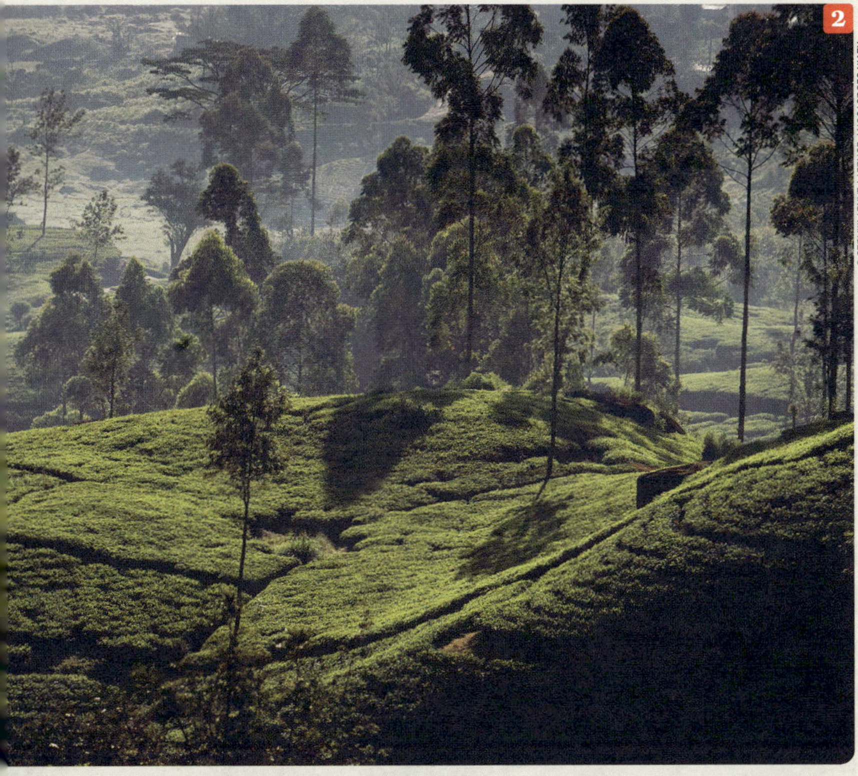

2

KEVIN CLOGSTOUN / LONELY PLANET IMAGES ©

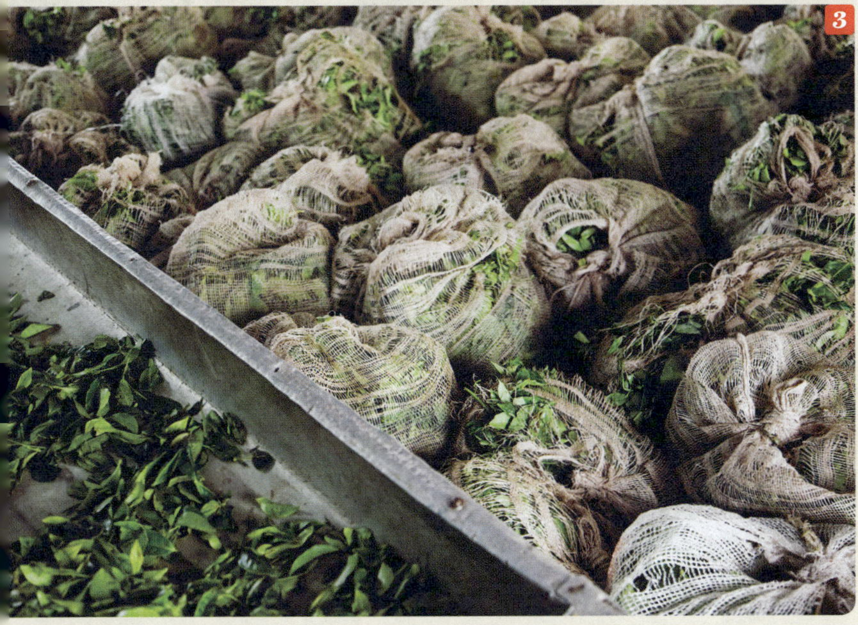

3

KIMBERLEY COOLE / LONELY PLANET IMAGES ©

Teesorten

Die Teesorten unterscheiden sich erstens durch die Blattgröße und zweitens hinsichtlich der Qualität. Dafür stehen Namen wie flowery, pekoe oder souchong. Naturgemäß ist Tee, der so fein wie Pulver ist, eher minderwertig. Alles, was irgendwie zur Kategorie „Blatt" gehört, entspricht der Mindestanforderung an einen richtigen Tee. Was die Qualität angeht, sind ganze Blätter am besten, noch besser sind die Spitzen der Teeblätter (tips).

Der Zusatz pekoe deutet auf eine gehobene Sorte schwarzen Tees hin. Es ist nicht bekannt, woher der Zusatz orange in der Bezeichnung orange pekoe eigentlich stammt. Er hat nichts mit dem Geschmack zu tun; es handelt sich entweder um eine erfundene Bezeichnung oder um eine Anspielung auf die Farbe der Blätter beim Trocknen. Orange pekoe ist die Bezeichnung für qualitativ sehr hochwertigen schwarzen Ceylon-Tee. Die Klassifizierungsmöglichkeiten sind damit aber noch nicht ausgeschöpft. Tee wird weiter kategorisiert nach der Höhenlage, in der die Blätter gezogen wurden (low-grown, mid-grown oder high-grown). Die in tieferliegenden Regionen (unter 600 m) gewachsenen Blätter besitzen ein gutes Volumen, aber kein herausragendes Aroma. Die Teeblätter in den höheren Lagen (über 1200 m) wachsen langsamer, sind aber bekannt für ihren feinen Duft. Die auf mittlerer Höhe angebauten Sorten liegen irgendwo dazwischen.

DIE BESTEN TEELÄDEN

» **Sri Lanka Tea Board Shop** Liegt in Colombo und hat ein breites Angebot an Teesorten (S. 75).

» **Mlesna Tea Centre** Hochwertige Tees und ein Café in Bandarawela (S. 182).

» **Orchid House** Dieser schöne Laden liegt in Galle, verkauft guten Weihrauch (S. 111).

» **Chaplin Tea Centres** In Bentota und Unawatuna; breites Teesortiment.

Abbildungen
1. Frische Teeblätter **2.** Getrocknete Blätter 3. Teeprobe

Sri Lanka kulinarisch

Sri Lanka ist stolz auf seine einzigartige und abwechslungsreiche Küche, deren Reichhaltigkeit geprägt ist vom Einfluss der Händler, Immigranten und Kolonialherren. Heute kennt und schätzt alle Welt die indische, thailändische und vietnamesische Küche; die kulinarischen Vorzüge Sri Lankas sind dagegen international kaum bekannt. Wenn diese Leute nur einmal die Möglichkeit hätten, in einem großartigen Reiscurry zu schwelgen, würde sich das sicherlich ändern, aber bis dahin …

Die Einzigartigkeit der Inselküche wird bestimmt durch die Frische der Kräuter und Gewürze und die Art und Weise, wie sie gemahlen, zerstoßen, angebraten, abgemildert und gemischt werden. Werden die Gewürze etwas länger angebraten, entsteht schon ein völlig anderer Geschmack. Das Öl, das den Geschmack trägt, kann Gemüse-, Sesam- oder, wenn man es etwas kräftiger mag, auch Kokosnussöl sein. Eine Vielzahl von Reissorten trägt ebenfalls einen Teil zu der einzigartigen Komposition, dem Duft und Geschmack bei. Currys können entweder in schmackhaften Saucen oder auch „trocken" zubereitet werden.

Regionale Unterschiede haben weniger mit unterschiedlichen Volksgruppen zu tun als vielmehr mit dem Angebot an bestimmten Zutaten. Im Norden dominiert beispielsweise die Palmyrapalme, sodass deren Wurzeln, Blüten, Früchte und Samen für alle möglichen Gerichte verwendet werden, vom Curry bis zu Sirup, Nachspeisen, Kuchen und sonstigen Snacks. Im Süden geht nichts ohne Reis; Fisch und Jakobsfrüchte sind ebenfalls sehr beliebt. Im fruchtbaren Hochland gibt es Gemüse und Lamm, dafür weniger Fisch und Gewürze.

In allen Teilen des Landes haben aber stets auch Zuwanderer einen großen Einfluss auf die Gerichte der Speisekarten genommen. Muslimische Restaurants servieren das perfekte Fladenbrot und Samosa, die von arabischen Händlern eingeführt wurden. Torten und Kuchen haben oft einen holländischen und portugiesischen Touch und herrlich süße Desserts, zusammengebraut aus Palmzucker (braun und süß, aus der Kitulpalme gewonnen), Kokosnussmilch, Gewürznelken und Kardamom, erinnern stark an die malaiischen Händler der weiter östlich liegenden Gewürzinseln.

Die Freude am Reis

Reis ist ein Grundnahrungsmittel in der Küche Sri Lankas und wird gewöhnlich zu jeder Mahlzeit gereicht – entweder pur, gewürzt, in Fleischsaft, mit Quark (Joghurt aus Büffelmilch), Tamarinde oder mit Milch. Je nach Sorte wird der Reis auch bereits teilweise zusammen mit raffinierten Gewürzen gekocht.

Reismehl bildet die Grundlage für zwei beliebte Gerichte der Inselküche: *hoppers* (auch *ah-ppa* oder *appam* genannt), das sind zu klei-

---

Etikette

» Immer mit der rechten Hand essen!

» Das Glas immer mit der linken Hand halten.

» Die Schuhe ausziehen, bevor man ein Privathaus betritt.

nen Schüsselchen geformte, wohlschmeckende Pfannkuchen, und *dosas* (*thosai*). Diese hauchdünnen Pfannkuchen werden normalerweise mit pikantem Gemüse gefüllt.

Zum Frühstück sind beispielsweise *hoppers* beliebt, aber auch Brot, das in Curry eingetaucht wird, und *pittu*, eine Mischung aus Reismehl und Kokosnuss, gedünstet in einer Bambusform. *Kola kanda* (Reisbrei mit Kokosnuss, grünem Gemüse und Kräutern) ist sehr nahrhaft.

Reis & Curry

Auf fast jeder Speisekarte findet man sri-lankischen Reis und Curry. Unter dieser Bezeichnung versteht man kleine scharfe Gerichte mit Gemüse, Fleisch oder Fisch, mit Chutney und *sambol*, einer Gewürzmischung aus Zutaten, die mit Chili zerstoßen werden.

In den meisten Currys finden sich Chili, Kurkuma, Zimt, Koriander, *rampe* (Blätter des Schraubenbaums), Curryblätter, Senf, Tamarinde und Kokosmilch. Getrockneter Fisch wird oft als Gewürz verwendet.

Weil die Zubereitung von sri-lankischem Essen oft sehr zeitaufwendig ist, sollte man früh am Tag bestellen, sodass die Köche in Ruhe an ihr Wunderwerk gehen können. Wichtig zu wissen ist ferner, dass viele Restaurants ihre Reis-und-Curry-Gerichte nur mittags servieren. Wer sich also ein Curry zum Abendessen wünscht, sollte dies entsprechend absprechen.

Wenn die vielen kleinen Gerichte mit Reis und Curry dann endlich auf den Tisch kommen, weiß man oft gar nicht, was man zuerst probieren soll. Vor dem Gast steht nun ein frisch zubereitetes Bankett, und die Bandbreite an Gerichten variiert von Koch zu Koch beträchtlich. Vielleicht darf es die süß-saure Aubergine sein, das erstaunlich raffinierte Curry mit Knoblauch, die samtartigen Kichererbsen, die marinierten langen Böhnchen oder, oder …

Fisch & Meeresfrüchte

Überall gibt es hervorragenden Fisch und Garnelen, und in vielen Küstenorten findet man Krebse und Hummer. Der *seer*, ein thunfischähnlicher Fisch, wird in Sri Lanka ganz besonders geschätzt. Eine Spezi-

---

Vegetarisches Essen

» Fast überall erhätlich

» Verbreitet sind Currys aus Bananen, Bananenblüten, Brotfrucht, Jakobsfrucht, Mangos, Kartoffeln, Bohnen und Kürbissen.

» Zu den vielen Snacks gehören *rotti* und Samosas, die es auch in einer Variante für Vegetarier gibt.

Einfache Restaurants – die merkwürdigerweise „Hotels" heißen – versorgen die Einheimischen mit einem schlichten, aber absolut leckeren Gericht aus Reis und Curry.

SCHARFES SRI LANKA

Sri-lankisches Essen steht im Ruf, unendlich scharf zu sein: ein Etikett, das dem Land über Generationen hinweg von Besuchern aufgeklebt wurde, die das feurige Prickeln auf der Zunge nicht gewöhnt waren.

Nach den ewigen Klagen der Touristen haben die Sri-Lanker ihre Gewürze abgemildert und so dem westlichen Gaumen angepasst. Mittlerweile haben die Kenner der ursprünglichen einheimischen Küche sogar Schwierigkeiten, noch authentisch gewürztes Essen zu bekommen. Wer einfach nur „scharf gewürzt" bestellt, erntet allenfalls ein müdes Lächeln und bekommt ein Gericht, das nur unwesentlich kräftiger ist als der Durchschnitt. Wer es richtig authentisch mag, sollte beim ersten Essen seine Freude an Gewürzen zeigen, indem er alle scharfen Zutaten wählt und beim nächsten Besuch dann ein Gericht verlangt, das so gewürzt ist, wie es der Kellner oder Koch selbst gern essen würde.

Einige heute angebotene sri-lankische Gerichte mögen vielleicht stark gewürzt sein, aber das ist eine Intensität, die man auch anderswo auf der Welt findet. Wer den Wunsch nach mehr Authentizität verspürt, sollte nach den folgenden Zutaten fragen (und die Hochachtung des Kellners wird ihm sicher sein):

» **Pol sambol** Eine schmackhafte Kreation aus Chili und Kokosnuss, die eine trockene und pulverige Konsistenz hat.

» **Chillipaste** Eine leckere Mischung aus Chilisamen, Gewürzen und einigen Früchten, die in einem heißen Tiegel erhitzt werden, damit sie ihr volles Aroma entfalten.

GETRÄNKE

Angesichts der Hitze im Land sind erfrischende Getränke ungemein wichtig, ja sogar lebensnotwendig.

» Tee mit Unmengen von Zucker ist das bevorzugte warme Getränk der Einheimischen. Wer Süßes nicht sonderlich mag, sollte versuchen, die Zuckermenge im Tee drastisch zu reduzieren. Mehr zum Thema Tee siehe S. 317.

» Obwohl Kaffee nicht zu den traditionellen Lieblingsgetränken zählt, ist er mittlerweile in Colombo und einigen anderen großen Städten extrem angesagt. Cafés mit vollautomatischen Espressomaschinen sind sehr beliebt. Andernorts muss man mit Instantkaffee rechnen oder mit irgendetwas frisch Aufgebrühtem, das aber wie Instantkaffee schmeckt.

» Limettensaft ist hervorragend! Am besten mit Sodawasser; aber auch hier sollte man sich vor zu viel Zucker hüten. Am besten bittet man darum, dass Salz oder Zucker getrennt serviert werden.

» Indische Restaurants und viele Süßwarenläden verkaufen ein gutes *lassi* (Joghurtgetränk).

» Ginger-Ale ist ein sehr traditionelles Getränk und natürlich extrem britisch. Es bietet Erfrischung mit Pfiff – besonders empfehlenswert sind die Marken Elephant und Lion.

» Den Saft der *thambili* (King Coconut; eine spezielle „Trink-Kokosnuss") direkt in der Schale gibt es überall am Straßenrand zu kaufen.

Alkoholische Getränke

» Das vor Ort gebraute Lion-Lagerbier ist ein immer frisches und erfrischendes Gebräu und wird fast überall angeboten.

» Three Coins und Anchor sind weniger schmackhafte einheimische Lagerbiere. Es handelt sich um lizenzierte Varianten von internationalen Marken wie Carlsberg, Heineken und Coronas; sie schmecken eher langweilig.

» Lion hat ein sehr gutes Starkbier im Angebot, auch mit Kaffee- und Schokoladengeschmack und einem ordentlichen Alkoholgehalt von 8 %.

» Toddy ist ein Getränk aus dem Saft der Palmen. Es schmeckt etwas säuerlich, etwa so wie Cidre. Angeboten werden drei Sorten: Toddy aus Kokospalmen, aus Kitulpalmen und aus Palmyrapalmen.

» Arrack ist vergoren und somit ein irgendwie verfeinertes Toddy. Es kann einen ganz schön umhauen und einen schlimmen Kater verursachen. Man mischt es am besten mit sri-lankischem Ginger-Ale.

In dem wundervoll gemachten Buch Sri Lankan Flavours vom begabten Küchenchef Channa Dassanayaka stehen Rezepte und persönliche Geschichten, die von singhalesischen Menschen und ihren Essgewohnheiten handeln.

alität des Südens ist das beliebte *ambulthiyal* (Curry mit saurem Fisch) mit *goraka,* einer sauren Frucht. Ein schlicht und einfach nur gegrillter Fisch ist gegenüber den feurigen Geschmacksrichtungen der sri-lankischen Küche fast schon langweilig.

Weitere Spezialitäten

Leute, die Chili lieben, fliegen auf „pikante" Gerichte, bei denen das Fleisch mit Chili übergossen wird. Ein toller Snack sind scharf gewürzte Cashewnüsse und dazu ein kühles Bier. Selbst in den einfachsten Cafés werden sie frisch zubereitet. Die Nüsse werden außerdem häufig am Straßenrand verkauft.

Lamprais wird aus Reis, Fleisch und Gemüse hergestellt, wobei alles langsam in einem Bananenblatt gegart wird. Nach dem Öffnen des Blattes kann sich das Aroma entfalten und die Sinne betören. Der Name stammt von dem niederländischen Wort *lomprijst,* denn das Gericht geht auf die ersten holländischen Siedler des 17. Jhs. zurück.

Desserts & Süßspeisen

Wattalappam (Tamilisch: *vattalappam*), ein Nachtisch aus Kokosmilch und Eiern mit Palmzucker und Kardamom, ist außerordentlich beliebt. Auch Quark mit dem Sirup der Kitulpalme, auf Englisch *treacle* genannt, ist immer gut. Gehärtetes *kitul* ist ein Bonbon und ein universelles Süßungsmittel. Kleine, frisch hergestellte Bonbons für Zwischendurch sind ebenfalls beliebt und ihre Vielfalt ist schier grenzenlos. Deshalb sollte man unbedingt einmal den beliebten Süßwarenladen im Bombay-Stil an der Galle Road in Colombo aufsuchen.

Obst

Sri Lankas überwiegend tropisches Klima fördert das gute Gedeihen vieler Obstsorten: Avocados, Mangos (die aus dem Norden gelten als die saftigsten), Melonen, Ananas und Guaven. Zum Frühstück sollte man unbedingt einen Spritzer Limettensaft zur morgendlichen Papaya geben.

Der von einer hölzernen Schale umgebene Indische Holzapfel wird für erfrischende Getränke, Desserts und Marmelade verwendet. Der britische Schriftsteller Anthony Burgess meinte, die mit einer dornigen Schale umhüllte Durian schmecke „so, als ob man süßen Himbeerpudding in einem Waschraum äße" – sicherlich ein anerzogenes Geschmacksempfinden, aber für mutige Genießer ist diese Frucht immer einen Versuch wert. Rambutan ist so wertvoll, dass die Bauern ihre Bäume gegen Diebe bewachen.

Mangostanen werden von Juli bis September geerntet und schmecken wie eine Mischung aus Erdbeeren und Weintrauben. Die Jakobsfrucht mit ihren orange-gelben Stückchen ist die größte Frucht der Welt. Sie schmeckt frisch sehr gut, aber auch in einem Curry gegart, wo sie dann die Konsistenz von Hühnerfleisch annimmt.

Diese Früchte und noch viele mehr finden sich auf den zentralen Märkten in fast jeder Stadt. Die Märkte sind an den riesigen gelben Bananenbündeln am Straßenrand erkennbar.

Snacks

Den Höhepunkt der sri-lankischen Mittagsküche bilden Snacks aus mit Fleisch gefüllten Teigrollen, Pastetchen mit Gemüse- und Fleischfüllung (*cutlets* genannt), Backwaren und *vadai* (tiefgefrorene Snacks aus Linsenmehl und Gewürzen).

Man bestellt diese Snacks an einer Theke und isst sie dann außer Haus oder setzt sich hin – wenn es denn Stühle gibt. In manchen Lokalen wird einfach ein Teller mit Snacks auf den Tisch gestellt und man zahlt nur das, was man gegessen hat. Die meisten Bäckereien backen zweimal am Tag frisch und locken ihre Kunden mit dampfend-heißen Backwaren gegen 7.30 und 14 Uhr. Die besten und beliebtesten Bäckereien (viele davon werden in diesem Buch genannt) backen den ganzen Tag über frische Köstlichkeiten.

Empfehlenswert ist der landestypische Fastfood-Snack *kotthu rotti*, ein gebratener Pfannkuchen (*rotti*), der mit verschiedenen Füllungen angeboten wird, wie etwa Chili und Zwiebel, Gemüse, Speck und Eier. Es gibt viele Snackbars. Eine der besten ist das Hotel De Pilawoos in Colombo (S. 69). Andernorts finden sich Hütten am Straßenrand (von den Singhalesen *kadé* oder Boutiquen genannt, und *unavakam* von den Tamilen). Man gewöhnt sich schnell an die Hackergeräusche des *kotthu-rotti*-Kochs. Zusammen mit dem nasalen Wummern der Dreiradfahrzeuge gehört dieses Hacken zu einem der Geräusche, die jedem Reisenden im Ohr bleiben.

Im *kadé* und in Bäckereien gibt es auch sogenannte Lunchpakete zu kaufen. Sie werden überall im Lande zwischen 11 und 14 Uhr angebo-

---

ZIMT

Zimt ist ein landestypisches Gewürz und wurde schon 2000 v. Chr. von arabischen Händlern nach China und Ägypten exportiert. Mehr als 80 % des weltweit geernteten Zimts wird immer noch auf Sri Lanka angebaut.

An *poya*-(Vollmond-)Feiertagen wird kein Alkohol verkauft. Man kann sich jedoch im Voraus versorgen und sein Bier im Zimmerkühlschrank bereitstellen. Manche besonders zuvorkommenden Gästehäuser verkaufen das Bier auch unter der Hand.

ten. Darin befinden sich Reis, Curry (meist Hühnchen, Fisch oder Rind, für Vegetarier Ei), Gemüse und *sambol*. Ein solches Paket kostet ungefähr 125 bis 200 Rs.

Feste

Reis gilt bei Festen als Symbol für Leben und Fruchtbarkeit. Buddha soll seine Kraft aus *kiri bath* (Kokosmilchreis) gezogen haben. *Kiri bath* ist auch die erste feste Nahrung für Babys, aber auch das Gericht, mit dem sich Frischvermählte gegenseitig füttern.

Gefüllte Teigtaschen sind ebenfalls bei Festen sehr beliebt. Im Norden Sri Lankas gehören zu den Festlichkeiten *kolukattai* (Teigtaschen mit gezackten Rändern, die wie Zähne aussehen), die man sanft auf den Kopf der Kleinkinder fallen lässt, während man um gesunde Zähne bittet. Süße Teigtaschen, sogenannte *mothagam*, werden dem Gott Ganesha beim Gebet angeboten.

Im Januar feiern die Hindus ihr Erntedankfest (Thai Pongal). *Pongal* (gekochte Milch mit Reis und Palmzucker) wird dem Sonnengott als Dank dargebracht. Der Reis wird dann zur Feier des Erntedanks und seiner lebenserhaltenden Eigenschaften verspeist.

Der Ramadan endet mit dem Abbruch des Fastens und dem Eid-ul-Fitr-Fest. Muslime essen dann Datteln im Gedenken an den Propheten Mohammed sowie *congee* (Reis, mit Gewürzen, Kokosmilch und Fleisch gekocht). Beim Eid-ul-Fitr speisen die Muslime zusammen mit ihren Familien, ihren Freunden und Nachbarn.

Aurudu, das sri-lankische Neujahrsfest, ist ein weiterer Grund zum Feiern. Nach dem religiösen Teil des Festes wird *kiri bath* gegessen, dann *kaung* (Ölkuchen), eine sri-lankische Spezialität. Am Neujahrstag ist das Essen dazu da, Eintracht in der Familie, unter Freunden und Nachbarn zu demonstrieren.

Sri Lanka kulinarisch

Die Insel ist so reich an Gewürzen und anderen Zutaten, dass es niemanden wundert, wie vielfältig das Essen hier schmecken kann. Essen ist eine regelrechte Zeremonie und die Zubereitung der Köstlichkeiten nimmt mehrere Stunden am Tag in Anspruch.

Hoppers

1 Diese zu kleinen Schüsselchen geformten Pfannkuchen sind eine Augenweide. Erfahrene Köche formen sie kunstvoll aus Reismehl. Sie sind knusprig und hauchdünn und können gefüllt werden.

Snacks

2 Diese Snacks sind zur Mittagszeit eine Wohltat; sie werden in einer große Vielfalt angeboten. Die Snacks sind normalerweise frittiert und werden an Ständen oder von Straßenhändlern verkauft. Sie können aus Samosas, knusprigen Pastetchen, gefüllten Teigtaschen und vielem mehr bestehen.

Curry & Reis

3 Das Nationalgericht ist kein Klischee, sondern ein Festessen; dabei werden bis zu einem Dutzend oder mehr kleine Gemüse- und Fleischvariationen serviert.

Wattalappam

4 Die typische Nachspeise des Nordens ist *wattalappa*, ein leckerer Pudding aus Kokosmilch und Eiern. Verschiedene Gewürze, wie Kardamom, geben ihm einen einzigartigen und verführerischen Geschmack. Er ist ein wichtiger Teil tamilischer Festivitäten..

Kotthu Rotti

5 Dieses Nationalgericht kann auf verschiedenste Art und Weise zubereitet werden. Man beginnt mit *rotti* und hackt den Pfannkuchen, bevor er in der Pfanne gebraten wird. Was noch hinzugefügt wird, ist Gegenstand endloser Diskussionen.

Abbildungen
1. Hopper mit Ei und *sambo* **2.** Mit Gemüse gefüllte *rotti*
3. Frühstück mit Reisspaghetti, Eier- und Kartoffel

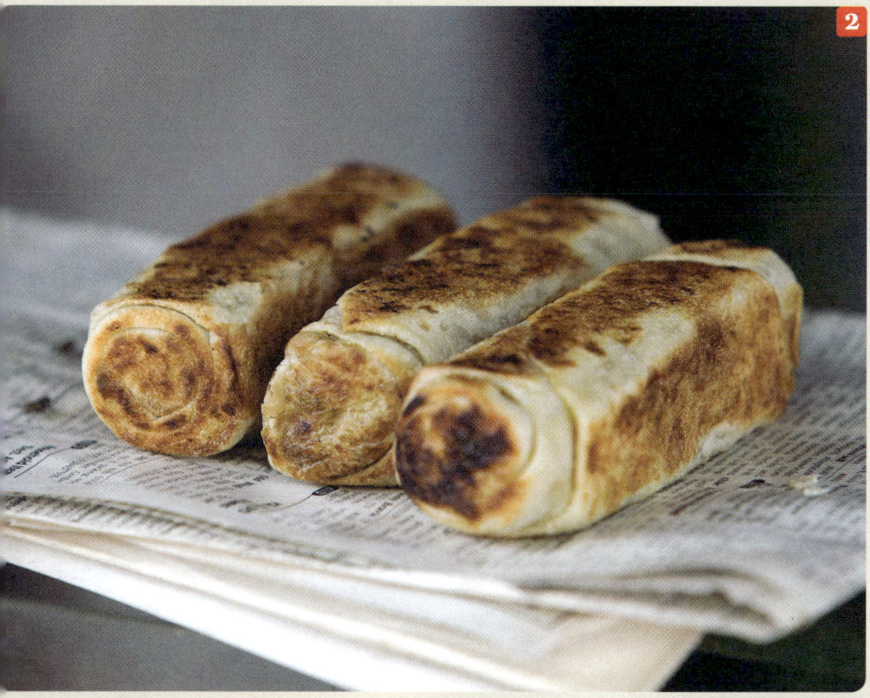

2

OLIVER STREWE / LONELY PLANET IMAGES ©

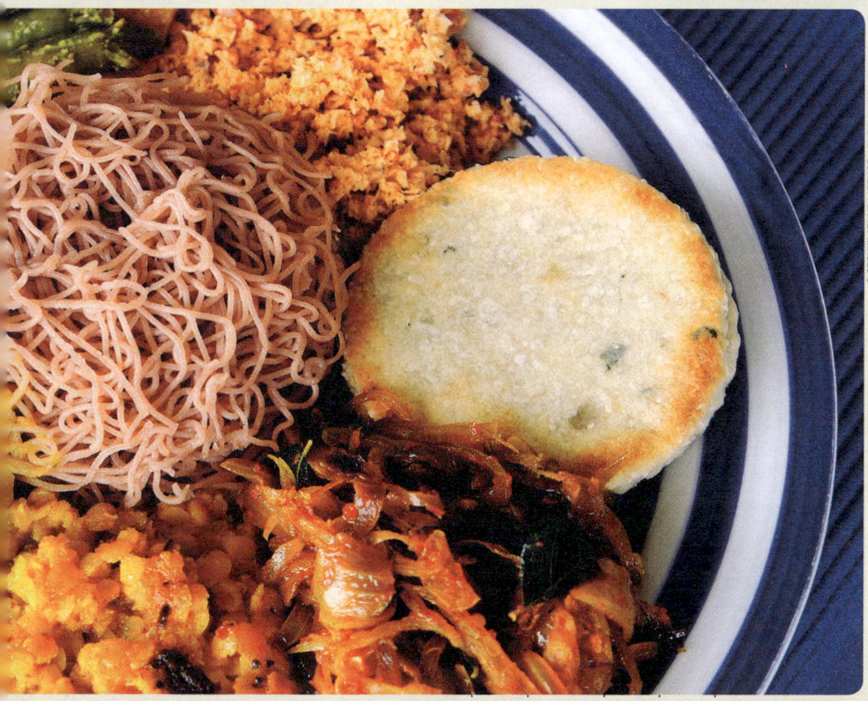

RHONDA GUTENBERG / LONELY PLANET IMAGES ©

Praktische
> Informationen

ALLGEMEINE INFORMATIONEN... 334
Botschaften & Konsulate 334
Ermäßigungen 334
Essen 334
Feiertage 334
Fotografieren 334
Frauen unterwegs 335
Freiwilligenarbeit 336
Geld 336
Gesundheit 336
Internetzugang 338
Karten & Stadtpläne 338
Öffnungszeiten 338
Rechtsfragen 339
Reisen mit Behinderung 340
Schwule & Lesben 340
Sicher reisen 340
Strom 340
Telefon 340
Toiletten 341
Touristeninformation 341
Unterkunft 341
Versicherung 342
Visa 342
Zeit 343
Zoll 343

VERKEHRSMITTEL & -WEGE 344
AN- & WEITERREISE 344
Einreise 344
Mit dem Flugzeug 344
Auf dem Seeweg 345
UNTERWEGS VOR ORT ..345
Auto & Motorrad 346
Bus 348
Fahrrad 348
Flugzeug 349
Geführte Touren 349
Trampen 350
Öffentlicher Nahverkehr 350
Zug 350

SPRACHE 404

Allgemeine Informationen

PREISKATEGORIEN

Die folgenden Kategorien beziehen sich auf ein Standart-Hauptgericht.
$ unter 250 Rs
$$ 250–800 Rs
$$$ über 800 Rs

Feiertage

Neujahr 1. Januar
Unabhängigkeitstag 4. Februar
Tag der Arbeit 1. Mai
Karfreitag März/April
Weihnachten 25. Dezember

Alle *Poya*-Tage sind Feiertage (s. Kasten S. 23), an denen viele Läden und Büros geschlossen bleiben.

Botschaften & Konsulate

Jeder Reisende sollte sich darüber im Klaren sein, dass Botschaften und Konsulate nur bis zu einem gewissen Grad bei Problemen oder Schwierigkeiten helfen können. Im Klartext bedeutet dies: Wer gegen eines der sri-lankischen Gesetze verstößt, kann keine große Hilfe von seinen Landsleuten erwarten, ihnen sind in diesem Fall die Hände gebunden. Bei wirklichen Notfällen stehen die Botschaftsangehörigen helfend zur Seite, aber auch nur dann, wenn alle anderen Möglichkeiten bereits voll ausgeschöpft sind. Botschaften helfen im Krankheitsfall bei der Vermittlung von Krankenhäusern und Zahnärzten.

Deutsche Botschaft (Karte S. 56; 011-258 0431; www.colombo.diplo.de; 40, Alfred House Avenue, Col 3)

Österreichisches Honorarkonsulat (Karte S. 56; 011-269 63 11; austriacon@sltnet.lk; 424, Car Mart Building, Union Place, Col 2)

Die für Sri Lanka zuständige Botschaft befindet sich in Indien.

Schweizer Botschaft (011-269 51 17; col.vertretung@eda.admin.ch; 63, Gregory's Road, Col 7)

Indien (Karte S. 56; 011-242 1605; www.hcicolombo.org; 36-38 Galle Rd., Col 3)

Visum für Indien (011-450 5588; www.vfs-in-lk.com; Mo–Fr 8–13 & 14–16 Uhr) Colombo (Karte S. 56; 433 Galle Rd, Col 3) Kandy (701/A Old Peradeniya Rd.) Jaffna (außerhalb von Karte S. 274; 89 Brown Rd.) Visa für Indien werden außerhalb des Geländes des Hochkommissariats ausgegeben. Vor dem Besuch der Büros sollte man auf der Homepage die notwendigen Formulare herunterladen.

Malediven (Karte S. 66; 011-551 6302; www.maldiveshigh.com.lk; 25 Melbourne Ave., Col 4)

Ermäßigungen

Der internationale Studentenausweis wird nur selten anerkannt.

Essen

Siehe auch S. 324 für weitere Informationen zur Landesküche.

Fotografieren

» In Colombo sind Speicherkarten und andere Zubehörteile problemlos erhältlich (S. 75).

» Viele Einheimische lassen sich gern fotografieren, aus Höflichkeit und Respekt sollte man aber immer zuerst um Erlaubnis bitten. Einige geschäftstüchtige Gemeinschaften wie die Fischer von Koggala oder die Mahouts im Pinnewala Elephant Orphanage verlangen Geld für das Fotografiertwerden.

» Folgende Motive dürfen generell nicht fotografiert oder gefilmt werden: Dämme, Flughäfen, Straßenblockaden oder jegliche Art von militärischen Anlagen bzw. Aktionen. Kritisch ist auch das Fotografieren im Viertel Fort in Colombo sowie im Norden und Osten des Landes.

» Niemals darf man sich neben oder vor einer Buddhastatue *mit dem Rücken* zur Statue ablichten lassen – das gilt als extrem respektlos! Blitzlicht kann alte Fresken und Wandmalereien

Frauen unterwegs

Nur wenige sri-lankische Frauen reisen ohne Begleitung, umso größer wird die (unangenehme) Aufmerksamkeit seitens der Männer sein, wenn sie alleinreisenden ausländischen Frauen begegnen. Die durch den Bürgerkrieg hervorgerufene Isolation und die plötzliche und ungewohnte Konfrontation mit der Offenheit und provokativen Art westlicher Medien hat dazu geführt, dass es eine kleine Gruppe Männer gibt, die offenbar überhaupt nicht wissen, wie man respektvoll mit westlichen Frauen umgeht.

Außerhalb von Colombo sollte *frau* immer Beine und Schultern bedeckt halten, aber auch das schützt nicht vor einem permanenten Angestarrtwerden. Auf freizügige Tops sollte ebenso verzichtet werden wie auf Badeanzug und Bikini am Strand. Wer einigermaßen unbehelligt schwimmen will, sollte zum Baden T-Shirt und Shorts tragen (eine Ausnahme sind die Strände im Süden und Westen).

In Colombo kann man hinsichtlich der Kleidung ein bisschen freizügiger sein und auch mal ein ärmelloses Kleid oder T-Shirt tragen. Mit der immer wiederkehrenden Frage „Are you married?" wird die Männerwelt versuchen, Kontakt zu knüpfen. Wer dieser manchmal lästigen Konversation aus dem Weg gehen will, sollte einen Pseudo-„Ehering" tragen und ein paar Fantasiebilder vom daheim gebliebenen Ehemann vorzeigen.

Frauen müssen tagsüber wie nachts beim Spazierengehen mit Annäherungsversuchen rechnen – deshalb niemals einsame Plätze aufsuchen. Mit körperlichen Belästigungen wie Grabschen oder Anfassen muss man als Frau trotzdem jederzeit rechnen. Gelegentlich werden einzelne Frauen verfolgt, weshalb sich Frauen am besten in größeren Gruppen bewegen sollten. Es gibt sogar Berichte, wonach Frauen von Guides in den historischen Stätten belästigt wurden – auch hier gilt: am besten gar nicht erst allein dorthinfahren.

Es soll hier aber nicht der Eindruck erweckt werden, das Reisen in Sri Lanka sei nichts als eine Abfolge von Belästigungen. Die genannten unschönen Begegnungen sind zum Glück Einzelfälle, nicht die Regel. Alleinreisende Frauen können sich auch der sri-lankischen Frauengesellschaft anschließen, die ausschließlich Frauen Zugang gewährt.

Viele gesellschaftliche Treffpunkte wie beispielsweise Bars sind unverkennbar in männlicher Hand. Wer sich in den einheimischen Lokalen oder Hotels unwohl fühlt, sollte sich solche heraussuchen, in denen Frauen arbeiten bzw. übernachten.

Abgesehen von den Supermärkten in Colombo gibt es übrigens nur wenige Orte, an denen Tampons zu bekommen sind.

Reisen mit Bus & Bahn

Frauen, die alleine unterwegs sind, werden Bus- und Bahnfahrten als unangenehm erleben. Angesichts überfüllter Busse lässt es sich fast nicht vermeiden, dass man mit anderen Fahrgästen in körperlichen Kontakt kommt. Mit tastenden (männlichen) Händen in überfüllten Bussen und Zügen kämpfen allerdings auch die einheimischen Frauen. In einem solchen Fall bleibt einem nichts anderes übrig, als den Platz zu wechseln oder sich nach Möglichkeit gleich zu anderen Frauen zu setzen. Wer einer einheimischen Frau signalisiert, dass man sich neben sie setzen will, wird immer verstanden. Wenn keine Sitzplätze frei sind, hilft auch ein Stehplatz gleich vorne beim Fahrer.

Frauen sollten niemals ohne Begleitung Zug fahren: Immer wieder berichten Frauen von sexuellen Belästigungen auf solchen Reisen. Mit etwas Aufwand wird sich sicher ein Reisebegleiter finden.

PRAKTISCH & KONKRET

» In Sri Lanka gibt es verschiedene englischsprachige Tageszeitungen, die recht unterhaltsam sein können, ja bisweilen gewollt oder ungewollt lustig sind.

» Die staatlichen Sender dominieren die Radio- und Fernsehprogramme. Hotels im mittleren und oberen Preissegment bieten ihren Gästen Satellitenfernseher, die internationale Programme empfangen können.

» In Sri Lanka gilt das metrische System, aber noch immer rechnen einige Einheimische in Yards und Meilen. Der Terminus lakh wird häufig für „100 000" verwendet.

» In Sri Lanka wird nur wenig geraucht, am ehesten noch an der Küste. Generell ist das Rauchen in Bussen, Zügen und auf öffentlichen Plätzen verboten. Bars und Restaurants sind vom Gesetz her dazu verpflichtet, Raucher- und Nichtraucherzonen auszuweisen (häufig ist die Trennung aber nicht so streng). Das offizielle Mindestalter, um Rauchwaren zu kaufen, liegt bei 21 Jahren.

Freiwilligenarbeit

Nach dem Tsunami von 2004 wurde Sri Lanka zu einem wichtigen Arbeitsgebiet vieler Freiwilligenorganisationen. Die Tsunami-Hilfsaktionen sind inzwischen zurückgefahren worden, es gibt aber immer noch lokale Organisationen, die sich über Freiwillige freuen.

Dazu zählen:

Millennium Elephant Foundation (www.millenniumelephantfoundation.org)
Rainforest Rescue International (www.rainforestrescueinternational.org)
Sewalanka Foundation (www.sewalanka.org)
Turtle Conservation Project (www.tcpsrilanka.org)

Geld

Die Landeswährung ist die Rupie (Rs), die in 100 Cent unterteilt ist (allerdings werden kaum noch Waren in Cent ausgezeichnet). Münzen sind im Wert von 1, 2, 5 und 10 Rupien im Umlauf. Daneben gibt es Scheine im Wert von 10, 20, 50, 100, 200, 500, 1000 und 2000 Rupien.

Bargeld

Jede Bank und jedes Wechselbüro kann die wichtigsten internationalen Währungen (US$, Euro, britisches Pfund) in Rupien tauschen. Wer vor der Abreise seine Rupien in ausländische Devisen zurücktauschen will, kann dies am Flughafen (vor den Sicherheitskontrollen) tun. Das empfiehlt sich auf alle Fälle, weil die Nachbarländer nicht immer bereit sind, die sri-lankische Währung in ihre eigene Währung umzutauschen.

Geldautomaten

Geldautomaten sind in Colombo und großen Städten wie Kandy im ganzen Stadtgebiet zu finden, andere größere Orte haben zumindest einen, oft aber auch mehrere Geldautomaten.

Die Automaten geben meist Scheine im Wert von 500 und 1000 Rs heraus. Diese sollte man so schnell wie möglich in kleinere Scheine umtauschen, da viele kleine Händler so große Banknoten nicht akzeptieren. Am besten wechselt man die großen Scheine unmittelbar in der Bank, die den Geldautomaten bereitstellt.

Geldwechsler

Geldwechsler findet man in Colombo und den wichtigen touristischen Zentren des Landes. In der Regel verlangen sie keine Kommissionsgebühr und bieten gute Kurse an. Die ohne offizielle Lizenz tätigen Geldwechsler tauschen meist zu einem etwas besseren Kurs als die lizensierten Kollegen. Gegen sie spricht aber die Gefahr, über's Ohr gehauen zu werden. Der sicherste Weg, an Bargeld zu kommen, führt immer noch zum Geldautomaten.

Kreditkarten

MasterCard und Visa sind die am weitesten verbreiteten und allgemein akzeptierten Kreditkarten. Viele Mittelklasse- und Spitzenhotels sowie bessere Restaurants akzeptieren eine Bezahlung mittels Kreditkarte.

Trinkgeld

Der ausgewiesene Serviceaufschlag von 10 %, der sich auf den Rechnungen für Unterkunft bzw. Essen findet, landet direkt in der Tasche des Besitzers und nur selten im Geldbeutel der Angestellten. Fahrer freuen sich über ein Trinkgeld, aber auch die Guides, die einen durch eine Sehenswürdigkeit führen (unbedingt vorher die Bezahlung abklären). Auch hier sollte man 10 % der geforderten Summe als Trinkgeld geben. Wärter, die in Tempeln auf die Schuhe aufpassen, erwarten ein Trinkgeld in Höhe von 20 Rs, Gepäckträger 50 Rs.

Gesundheit

Auch wenn man sich bei Reisen durchs Land immer wieder Sorgen über mögliche Gesundheitsrisiken macht, leiden die meisten Urlauber vor Ort in der Regel höchstens unter einer Magenverstimmung. Viele Reisende fürchten sich vor Infektionskrankheiten, doch die wenigsten dieser Infektionen rufen eine wirklich *ernste* Krankheit oder gar einen tödlichen Krankheitsverlauf hervor. Die Hygienestandards in den Küchen des Landes sind aber im besten Fall mittelmäßig und an vielen Orten geradezu katastrophal.

Ärztliche Hilfe & Kosten

Die medizinische Versorgung weist landesweit sehr große Unterschiede auf. Colombo hat einige gute Kliniken, in denen sich vor allem die ausländischen Bewohner behandeln lassen. In der Regel verlangen die Häuser höhere Sätze als die einheimischen Hospitäler, dafür garantieren sie einen höheren medizinischen Standard.

Bei kleineren Erkrankungen wie Durchfall ist die eigene Notfallapotheke oft völlig ausreichend. Wer meint, er habe eine ernste Infektion – vor allem dann, wenn ein Verdacht auf Malaria vorliegt –, darf allerdings keine Zeit verlieren: In diesem Fall sollte man so schnell wie möglich zum nächsten guten Krankenhaus fahren und sich genauestens untersuchen lassen. In der Regel ist eine ärztliche Diagnose immer besser als die eigene!

Beim Kauf von Medikamenten in Apotheken sollte man immer das Haltbarkeitsdatum kontrollieren und danach schauen, ob die Packung auch versiegelt ist. In Colombo und den anderen größeren Städten des Lan-

AYURVEDA

Ayurveda ist eine uralte medizinische Heilkunst, bei der Kräuter, Öle, Metalle und tierische Produkte zum Heilen und Regenerieren eingesetzt werden. Ihren Ursprung hat Ayurveda in Indien, doch auch in Sri Lanka kommt diese Kunst bei der Behandlung von vielen Leiden zum Einsatz.

Ayurveda liegt ein ganzheitlicher Ansatz zugrunde, der besagt, dass die fünf Elemente Erde, Luft, Äther, Wasser und Licht mit den fünf Sinnen verbunden sind, die die Konstitution des Individuums bestimmen – sein *dosha* (Lebensenergie, Temperament). Leiden und Krankheiten treten dann auf, wenn das *dosha* aus dem Gleichgewicht gerät. Die ayurvedische Behandlung ist darauf ausgerichtet, diese Balance wiederherzustellen.

Bei umfangreicherer therapeutischer Behandlung muss sich der Patient auf eine mehrwöchige bis mehrmonatige Aufenthaltsdauer einstellen. Die notwendigen Kuren sind nicht immer angenehm, häufig kommen beispielsweise Einläufe zum Einsatz, verbunden mit strengen, kalorienarmen Diäten auf Gemüsebasis.

Statt eine solche umfassende Behandlung mitzumachen, besuchen viele Touristen ayurvedische Massagezentren, die häufig an große Hotels angeschlossen und in vielen touristischen Zentren zu finden sind. Eine ausgiebige Behandlung kann auch dort bis zu drei Stunden dauern und umfasst die folgenden entspannenden Anwendungen:

» Die Kräutersauna (Sweda Karma) entspricht heute noch in vielem ihrem 2500 Jahre alten Vorbild. Die verputzten Wände sind mit einem Kräutergemisch getränkt, u. a. kommen Honig und Sandelholzpuder zum Einsatz. Wie in europäischen Saunen wird mittels Wasser, das auf heiße Kohlen tropft, für ständigen Dampf gesorgt.

» Der Dampfkasten (Vashpa Swedanam) sieht aus wie eine Mischung aus Sarg und Folterkammer. Die Patienten liegen lang ausgestreckt auf einer hölzernen Liege, der Körper ist bis auf den Kopf mit einer riesigen schwenkbaren Tür bedeckt. Vom Boden des hölzernen Dampfbades aufsteigend, dringen bis zu 50 unterschiedliche Kräuter und Gewürze in den Körper ein.

» Die Behandlungsmethode „Das dritte Auge von Shiva" (Shiro Dhara) ist für viele Patienten am angenehmsten: Bis zu 45 Minuten lang wird ganz langsam warmes Öl auf die Stirn gegossen und dann vom Masseur einmassiert.

Die Qualität einiger ayurvedischer Zentren lässt allerdings zu wünschen übrig. Manchmal kommt bei Massagen nur einfaches Kokosnussöl zum Einsatz, das Personal ist häufig ungeschult. Teilweise kam es bereits zu Vergiftungen, weil die Kräuterbehandlungen nicht korrekt ausgeführt wurden – es lohnt sich also, zunächst danach zu fragen, welche Stoffe verwendet werden und unter Umständen auch einen konventionellen Arzt um eine Expertenmeinung zu bitten.

Bei Massagen sollte man vorab sicherstellen, dass auch weibliche Therapeuten im Zentrum arbeiten: Lonely Planet hat Leserzuschriften erhalten, wonach Frauen von männlichen Masseuren belästigt wurden. Generell sollten ayurvedische Anwendungen bei Frauen auch nur von Frauen durchgeführt werden (während Männer von Männern behandelt werden sollten).

---

des gibt es gute Apotheken, viele Medikamente erhält man auch ohne ein Rezept.

Impfungen

Tropeninstitute und -krankenhäuser haben alle notwendigen Impfstoffe auf Lager und beraten über die länderspezifisch notwendigen Maßnahmen. Die Ärzte berücksichtigen dabei auch zurückliegende Impfungen, die Reisedauer und die geplanten Aktivitäten im Land sowie medizinische Sonderfälle wie beispielsweise Schwangerschaften.

PFLICHTIMPFUNGEN
Die einzige staatlich vorgeschriebene Impfung ist die gegen Gelbfieber. Der Nachweis einer Gelbfieberimpfung wird aber nur dann verlangt, wenn man aus einem Land kommt, das in der Gelbfieberzone liegt und wenn man dieses weniger als sechs Tage vor dem Einreisedatum nach Sri Lanka besucht hat.

EMPFOHLENE IMPFUNGEN
Die Weltgesundheitsorganisation World Health Organization (WHO) empfiehlt die folgenden Impfungen bei Reisen nach Sri Lanka (ein Impfschutz gegen Masern,

Mumps und Röteln wird vorausgesetzt).

Diphtherie und Tetanus bei Erwachsenen Eine einmalige Auffrischung wird empfohlen, wenn die letzte Impfung länger als zehn Jahre zurückliegt.

Hepatitis A Ein hundertprozentiger Schutz ist nur ein Jahr nach einer Impfung gegeben.

Hepatitis B Ist inzwischen bei den meisten Reisenden eine Standardimpfung.

Polio Seit einigen Jahren gibt es keine Berichte von neuen Fällen, Die Krankheit ist allerdings im Land sicher noch nicht ausgerottet.

Tollwut Insgesamt braucht man drei Impfungen für die Grundimmunisierung, eine Auffrischung nach einem Jahr bietet dann einen erneuten Schutz für weitere zehn Jahre.

Typhus Diese Impfung wird allen Reisenden dringend empfohlen – auch wenn sie sich nur in den Städten aufhalten wollen.

Windpocken Wer die Kinderkrankheit noch nicht gehabt hat, sollte vor Reiseantritt eine nachträgliche Impfung mit seinem Hausarzt besprechen.

Krankenversicherung

Auch wer fit und gesund ist, sollte vor Antritt einer Reise Kranken-Versicherung ins Ausland fahren: Ein Unfall kann immer passieren, eine gute Reiseversicherung kann dann lebensrettend wirken. Möglicherweise muss man geplante Extremsportarten extra versichern, manche Versicherungen verlangen das schon fürs Flaschentauchen. Wenn die eigene Krankenversicherung keine medizinische Behandlung im Ausland bezahlt, sollte man eine entsprechende zusätzliche Reise-Krankenversicherung abschließen. Ein medizinisch notwendiger Rückflug ins Heimatland kann schnell sehr teuer werden!

Wasser

Leitungswasser ist kein sicheres Trinkwasser! Im Allgemeinen sollte man nur in Flaschen abgefülltes oder notfalls gefiltertes Wasser trinken. Die Flaschen mit Trinkwasser sollten das kleine runde Logo „SLSI" tragen: Das garantiert, dass das Wasser vom staatlichen Institut Sri Lanka Standards Institution als Trinkwasser eingestuft wurde. Das Logo haben etwa zwei Drittel aller lokalen Wasserabfüller erhalten.

Internetzugang

Internetzugang hat man fast überall in Sri Lanka. In den kleinen Ortschaften findet man einen solchen meist in der Nähe der Bushaltestellen.

Das Einloggen kostet in Colombo, den Provinzstädten und sonstigen größeren Städten wenig (pro Std. ca. 100 Rs), in touristischen Regionen und an der Küste werden aber auch schon einmal 150 Rs für die Stunde im Netz verlangt.

WLAN ist in den Guesthouses und Hotels in Colombo und den touristischen Gebieten entlang der Küste und im zentralen Hochland relativ weit verbreitet. Oft ist der drahtlose Internetzugang gratis verfügbar, Spitzenhotels verlangen aber gelegentlich ganz ordentliche Gebühren für die Bereitstellung. Die Geschwindigkeit ist einigermaßen in Ordnung – sie reicht allerdings nicht aus, um Filme online anzuschauen.

Im Norden und den abgelegenen Gebieten des Landes halten viele Gästehäuser nur einen Surfstick für die Internetverbindung per Funk bereit. Technische Vorraussetzung dafür ist ein USB-Anschluss am eigenen Gerät.

Karten & Stadtpläne

Einfache Gratiskarten findet man häufig in den Broschürenständern der Hotels, ihre Brauchbarkeit ist aber begrenzt. Wer im Land umherreist, sollte sich genauere und detailliertere Karten zulegen, etwa die folgenden, die auch international erhältlich sind:

» Nelles Verlag: *Sri Lanka* (1: 500.000)
» Periplus Travel *Maps: Sri Lanka* (1: 525.000)
» Gute Karten findet man in Colombos Buchläden (S. 75), anderenorts ist der Kauf eher schwierig. Viele Buchhandlungen in Colombo verkaufen auch das sehr nützliche Printprodukt *A to Z Colombo Atlas and Street Index (1:10 000)*, das neben dem Stadtplan von Colombo auch Stadtpläne anderer Städte des Landes enthält.

Öffnungszeiten

Nur wenn diese von den unten genannten allgemeinen Öffnungszeiten abweichen, werden sie in den einzelnen Kapiteln im Buch extra genannt.

Banken Montag bis Freitag 8–15 Uhr

Behörden, Büros, Postämter Montag bis Freitag 8–16.30 Uhr (es gibt bislang keine landesweit gültigen Zeiten)

Restaurants und Cafés Täglich 7–22 Uhr, außer in den touristischen Hochburgen

Läden Montag bis Freitag 10–19 Uhr, Samstag 10–15 Uhr

Läden und touristische Dienstleister 9–20 Uhr Bars schließen in der Regel gegen Mitternacht, letzte Bestellungen werden aber oft nur bis 23 Uhr angenommen.

Rechtsfragen

Sri Lankas Rechtssystem ist kompliziert und stellt eine Mischung aus britischem, niederländischem und nationalem Recht dar. Das System funktioniert langsam, allein schon der Besuch einer Polizeiwache, auf der man einen kleinen Diebstahl melden will, wird zu einer langwierigen Aktion. Die Touristenpolizei in den wichtigen Städten und touristischen Hochburgen des Landes ist die beste Anlaufstelle, wenn man kleinere Delikte wie etwa einen Diebstahl melden will.

Drogenkonsum – sei es von im Land angebautem Marihuana oder von importiertem Heroin und Methamphetaminen – ist in den touristischen Zentren wie Hikkaduwa, Negombo und Unawatuna gang und gäbe, aber trotzdem illegal! Schon der Versuch ist untersagt: Wer beim Konsum illegaler Drogen erwischt wird, muss mit einer Gefängnisstrafe rechnen.

SHOPPEN

In Sri Lanka findet man schönes Kunsthandwerk in einer großen Vielfalt; ein guter erster Anlaufpunkt sind die Märkte in den großen Städten. Aber z. B. auch Vanilleschoten in Top-Qualität werden sehr günstig angeboten.

In Colombo gibt es eine wachsende Zahl guter Einkaufsmöglichkeiten (S. 73), In den touristischen Gebieten öffnen immer mehr interessante Läden und Boutiquen. Laksala, ein staatlich geführter Laden mit Filialen in vielen Städten und touristischen Orten, verkauft seine Artikel zu guten Preisen. Bei vielen Besuchern ist beispielsweise der Einkauf von Tee beliebt (s. S. 317).

Batik
Die aus Indonesien stammende Stoffbearbeitung führten die Holländer in der Kolonialzeit in Sri Lanka ein; bis heute ist Batik bei den Einheimischen sehr beliebt. Einige der besten und originellsten Batikstoffe findet man an der Westküste in Marawila, Mahawewa und Ambalangoda, einige gute Stoffe in Läden in Kandy.

Gewürze
Gewürze sind ein wichtiger Bestandteil der einheimischen Küche und der ayurvedischen Heilkunst. Ein Besuch in einem Gewürzgarten ist eine gute Möglichkeit, sich über alternative Verwendungsmöglichkeiten bekannter Gewürze zu informieren.

Handeln
Außer in Läden mit festen Preisen sollte man überall über den Kaufpreis verhandeln. Bevor man sich auf das Angebot der Marktstände stürzt, sollte man sich zunächst einen Überblick über die Preise in einem Laden mit Fixpreisen verschaffen, um so ein Gefühl für die Preisgestaltung zu bekommen. Eine Faustregel besagt, dass die Verhandlung bei der Hälfte des vom Händler genannten Preises beginnen sollte. Der Händler wird als nächstes die Mitte zwischen seinem Preis und dem Wunsch des Kunden Preis vorschlagen, letztendlich wird der Preis ein wenig oberhalb der Hälfte des Ausgangspreises liegen. Generell gilt, dass man immer maßvoll handeln sollte, oft geht es – umgerechnet in Euro oder Franken – um für die Besucher sehr kleine Beträge.

Masken
Sri-lankische Masken sind ein beliebtes Sammlerobjekt. Geschnitzt werden sie an vielen Orten, vor allem aber an der Südwestküste. Auch in Galle und im Osten des Landes finden sie sich in den Läden.

Schmucksteine
Ausstellungsräume und private Verkäufer findet man überall im Land. In Ratnapura, dem Zentrum der Edelsteinhandels, scheint praktisch jeder Bewohner Steine zu verkaufen. Die Chancen, ein gutes Stück zu finden, ist hier genau so groß wie überall auf der Welt. Bei jedem Kauf sollte man genau prüfen, ob das schöne Stück in Wahrheit nicht nur wertloses Glas ist. Wer nicht einem Betrüger aufsitzen will, sollte gar nicht erst auf der Straße kaufen.

Reisen mit Behinderung

Sri Lanka ist eine Herausforderung für Reisende mit Behinderung, andererseits sind die Einheimischen immer gern bemüht zu helfen. Wer in seiner Mobilität eingeschränkt ist, für den ist es schwierig (wenn nicht gar unmöglich), mit öffentlichen Verkehrsmitteln zu reisen. Weder Busse noch Züge haben Einsteighilfen für Rollstühle. Auch das Rollstuhlfahren innerhalb der Städte und Ortschaften ist schwierig; Sehbehinderte leiden ebenso wie Gehbehinderte unter den ständigen Straßenarbeiten und dem generell schlechten Zustand der Wege. Einen klassischen Bürgersteig gibt es kaum; wirklich gefährlich ist der chaotische Straßenverkehr. Von daher empfiehlt sich das Anmieten eines Autos mit Fahrer. Wer kann, sollte in Begleitung einer kräftigen nichtbehinderten Person reisen.

Einmal abgesehen von wenigen Spitzenhotels sind auch die zahlreichen Unterkünfte leider nicht auf Rollstuhlfahrer eingestellt. Immerhin haben einige Unterkünfte Zimmer und Bäder im Erdgeschoss, die mit Rollstühlen befahrbar sind.

Schwule & Lesben

Schwulsein ist in Sri Lanka verboten, hinsichtlich weiblicher Homosexualität gibt es jedoch kein offizielles Gesetz; das Thema wird auch nicht öffentlich diskutiert. Doch keine Angst: Keiner wurde bisher zu mehr als 60 Jahren Haft verurteilt, aber es ist ratsam, sich in der Öffentlichkeit diskret zu verhalten.

Doch die Zeiten ändern sich auch in Sri Lanka: So ist in Colombo inzwischen so etwas wie eine kleine Szene entstanden. Am einfachsten hat man es in den kosmopolitischeren Vierteln wie Col 1, Col 3 und Col 7. **Equal Ground** (011-567 9766; www.equal-ground.org) ist eine Organisation mit Sitz in Colombo, die sich für die Rechte von Leben und Schwulen einsetzt. Sie unterstützt private Veranstaltungen, bietet beratende Unterstützung an und veröffentlicht eine Reihe hilfreicher Online-Publikationen.

Sicher reisen

Fast das ganze Land steht Touristen wieder offen; in letzter Zeit gab es keine gewalttätigen Auseinandersetzungen mehr. Die aktuelle Sicherheitslage wird auf den Homepages der Außenministerien (s. Kasten S. 340) detailliert beschrieben. Im Norden gibt es noch einige sensible Gebiete, in denen man jederzeit mit Straßenblockaden oder Sicherheitszonen rechnen muss. In einigen wenigen Gebieten besteht nach wie vor ein generelles Betretungsverbot für Ausländer. Seit dem Bürgerkrieg hat sich die Gesamtsituation aber stark verändert.

Weitere Hinweise für ein sicheres Reisen im Norden siehe S. 271.

Auch wenn das Reisen in Sri Lanka relativ gefahrlos ist, sollten (alleinreisende) Frauen dennoch einige Vorsichtsmaßnahmen beachten (s. S. 340).

Strom

Die Stromspannung liegt bei 230 Volt, 50 Hertz; Steckdosen gibt es in ganz unterschiedlichen Ausführungen. Neben den hier gezeigten findet man in den Zimmern (siehe oben) auch solche, wie sie in den USA, Europa oder Großbritannien typisch sind.

Die notwendigen Adapter sind auf Märkten, in Supermärkten und Touristenläden für weniger als 100 Rs erhältlich.

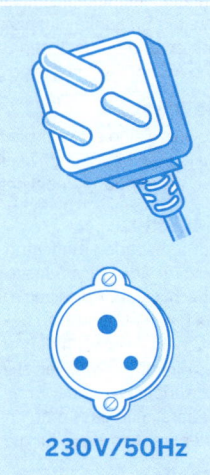

230V/50Hz

Telefon

Mobiltelefone

In Städten funktioniert das Telefonieren mit Handys gut und ist auch preiswert. GSM-Geräte sind verwendbar, man sollte aber vor dem Abflug mit dem heimischen Provider

---

STAATLICHE SICHERHEITSHINWEISE

Das deutsche Auswärtige Amt, das österreichische Außenministerium und das Eidgenössische Departement für auswärtige Angelegenheiten bieten auf ihren Homepages, aktuelle, länderspezifische Sicherheits- und Reisehinweise:

» **Deutschland** (www.auswaertiges-amt.de)
» **Österreich** (www.bmaa.gv.at)
» **Schweiz** (www.eda.admin.ch)

die Modalitäten und die anfallenden Roaminggebühren abklären (diese sind teilweise exorbitant höher als in anderen Ländern).

Die Verwendung von einheimischen Mobiltelefonen und SIM-Karten ist deutlich günstiger:

SIM-Karte 200 Rs
Ortsgespräch 1–2 Rs/Min.
Anrufe nach Europa ca. 13–20 Rs/Min.
Kauf eines entsperrten Handys 1500–3000 Rs

Lokale Mobilfunkbetreiber haben Schalter in den Ankunftszonen des Flughafens Bandaranaike International Airport eingerichtet, darunter die großen Anbieter:
Dialog (www.dialog.lk)
Hutch (www.hutch.lk)
Mobitel (www.mobitel.lk)

Vorwahl- und Telefonnummern

Alle Regionen haben eine dreistellige Vorwahlnummer, auf die eine sechs- oder siebenstellige Teilnehmernummer folgt. Handynummern beginnen meist mit 07 oder 08 und bestehen aus bis zu 12 Ziffern.

Internationale Ländervorwahl (von Europa aus)	0094

Toiletten

Alle guten Mittelklasseunterkünfte verfügen mittlerweile über Sitztoiletten. Nur in den günstigen Unterkünften, in denen normalerweise nicht so viele Ausländer ihr Quartier suchen, gibt es häufig noch Stehtoiletten und oft auch gar kein Toilettenpapier. Die wenigen öffentlichen Toiletten sind nicht zu empfehlen: Die bessere Alternative sind die Toiletten in Restaurants, Hotels und in den Besucherzentren von Teeplantagen.

Touristeninformation

Das Hauptbüro des staatlichen Fremdenverkehrsamtes **Sri Lanka Tourist Board** (SLTB; Karte S. 56; 011-243 7059; www.srilankatourism.org; 80 Galle Rd., Col 3; Mo-Fr 9–16.45, Sa 9–12.30 Uhr) in Colombo verteilt farbige Hochglanzbroschüren, die Angestellten helfen bei der Suche nach der Unterkunft.

Hilfreiche Websites stehen auf S. 291.

Unterkunft

Sri Lanka bietet alle Arten von Unterkünften: Privatunterkünfte ebenso wie 5-Sterne-Anlagen. Da der Tourismus boomt, werden sowohl das Angebot als auch die Vielfalt an Unterkünften größer, leider steigen aber auch die Preise. Egal wo man bucht: Es lohnt sich immer zu verhandeln. Online-Buchungen bieten vor allem die Spitzenhotels an; aber auch in diesem Bereich ändert sich vieles.

Die jeweils geforderten Preise unterliegen saisonalen Schwankungen, vor allem jene in den Ferienanlagen an der Küste. Die im Buch genannten Preise gelten für die Hochsaison, in der Nebensaison sind deutliche Abschläge möglich. Die Hochsaison dauert an der West- und Südküste von Dezember bis April, an der Ostküste umfasst sie die Monate April bis September.

Einige Mittelklasse- und Spitzenhotels nennen ihre Preise in US$ bzw. Euro, akzeptieren aber auch Rupien. Auf den eigentlichen Übernachtungspreis kommen aber noch Aufschläge: eine Servicegebühr von 10 % bei allen Häusern und in den teuren Hotels zusätzlich noch eine Mehrwertsteuer (VAT) von 15 %. Bei den im Buch genannten Preisen sind sowohl die Servicegebühr als auch die VAT schon eingeschlossen.

PREISKATEGORIEN

Die folgenden Preise beziehen sich auf ein Doppelzimmer mit Bad in der Hochsaison. Wenn nicht anders angegeben, haben die Zimmer einen Ventilator. Die Steuer ist im Preis enthalten.
$ unter 2500 Rs
$$ 2500–8000 Rs
$$$ über 8000 Rs

Unterkunftsarten

Guesthouses und Hotels machen den Löwenanteil an Unterkünften aus. In ländlichen Gebieten findet man fast überall Guesthouses. Der Unterschied zwischen Hotel und Guesthouse liegt in der Größe und im Leistungsangebot, das in Hotels meist größer ist. Guesthouses sind oft im Familienbesitz. Ihre günstigen Pendants sind die Privatunterkünfte, bei denen auf dem Familiengrundstück ein paar preiswerte Zimmer vermietet werden.

Fast jede Unterkunft kocht auch für ihre Gäste. Immer wieder stößt man unterwegs auf schlechtere Unterkünfte – sei es in Form von Pensionen, die ihre Zimmer stundenweise vermieten, oder von Spitzenhotels, die irgendwann in ihrer Entwicklung stehengeblieben und inzwischen völlig veraltet sind. In solchen Fällen sollte man sich nach Alternativen in der Umgebung umsehen.

BUDGETUNTERKÜNFTE

Sri Lanka bietet viele Pensionen und einige wenige günstige Hotels, die aber hinsichtlich Qualität und Preis sehr variieren können.

In der Regel kann man folgende Leistungen erwarten:
» Ventilatoren in den meisten Zimmern, Klimaanlagen

UNTERKÜNFTE ONLINE BUCHEN

Weitere Hotelempfehlungen und kritische Kommentare von Lonely Planet Autoren bietet der Online-Buchungsservice unter hotels.lonelyplanet.com. Dort sind Insider-Tipps zu den besten Übernachtungsmöglichkeiten abrufbar. Die Angaben sind unabhängig und sorgfältig recherchiert. Und das Beste: Es besteht die Möglichkeit, sofort online zu buchen.

---

dagegen nur in ein oder zwei Zimmern (wenn überhaupt). Ventilatoren sind im zentralen Hochland und direkt am Strand völlig ausreichend
» Heißes Wasser (nicht immer)
» Ein eigenes Bad mit Dusche und Sitz-WC
» Ein einfaches Frühstück
» Ein entspanntes und freundliches Personal.

MITTELKLASSEHOTELS

Die Mehrzahl der Unterkünfte in Sri Lanka sind Guesthouses – hier auch als „Gästehäuser" bezeichnet – und Hotels im mittleren Preissegment. Die meisten bieten ausreichend Komfort, manche heben sich durch eine Reihe zusätzlicher Angebote und Dienstleistungen oder durch schöne Ausblicke aus der Masse hervor. Es lohnt sich immer zu schauen, ob man vor Ort Unterkünfte in einstigen Kolonialgebäuden bekommen kann.

Folgende Leistungen bieten diese Häuser:
» Balkon/Terrasse/Patio (nicht immer)
» Satelliten-TV
» Kleiner Kühlschrank
» Klimaanlage in einigen Zimmern
» WLAN (nicht immer)
» Pool (nicht immer).

SPITZENKLASSEHOTELS

Die Bandbreite bei den Spitzenhotels reicht von kleinen, eleganten Boutiquehotels in Kolonialgebäuden bis zu luxuriösen 5-Sterne-Anlagen.

Folgende Annehmlichkeiten sind in diesen Häusern selbstverständlich:
» Guter Service
» In der Regel fantastische Ausblicke – aufs Meer, grüne Täler und Reisfelder oder auf hoteleigene Gärten
» Pool (meistens)
» Spa.

Die Vermietung von Ferienvillen steckt noch in den Kinderschuhen. Erste Häuser findet man aber mittlerweile an der Südküste, weitere werden sicher bald folgen. Zu den ganz besonderen Unterkünften zählen die einstigen Wohnhäuser der britischen Teebarone im zentralen Hochland, von denen viele in Guesthouses oder Hotels umgewandelt wurden. Sie liegen oft in wunderschönen Gärten, die Räumlichkeiten sind mit erlesenen Antiquitäten möbliert.

Versicherung

Wer eine Auslandskrankenversicherung abgeschlossen hat, sollte eine Kopie der Police für den Notfall mitnehmen.

Weltweit gültige Versicherungen lassen sich auch über die Homepage des Verlages (www.lonelyplanet.com/travel_services) abschließen. Die Versicherung kann jederzeit erworben oder erweitert werden – selbst wenn man bereits unterwegs ist.

Visa

Seit 2012 gibt es kein kostenloses Visum mehr bei der Ankunft, stattdessen wurde ein verbindliches Online-System eingeführt. Das Visa-System wird immer noch verfeinert (so wurde beispielsweise die Gebühr für ein 48-Stunden-Visum wieder gestrichen, nachdem sich herausstellte, dass es kaum verlangt wird).

Visaerteilung

Vor der Einreise sind folgende Schritte notwendig, um ein 30-Tage-Visum zu bekommen:
» Einige Tage vor Reiseantritt über die Website **Sri Lanka Electronic Travel Authorization System** (www.eta.gov.lk) das Formular herunterladen und ausfüllen.
» Den Anweisungen folgen und die Gebühr per Kreditkarte bezahlen.
» Wenn alles bestätigt ist, den entsprechenden Beleg ausdrucken.

Wer ohne Visum unterwegs ist, kann sich dieses aber auch in einer der Auslandsbotschaften Sri Lankas besorgen oder am Schalter im Flughafen Bandaranaike International Airport ein Visum kaufen – die Warte-

---

DIE BESTEN SPITZENHOTELS

Sri Lanka besitzt einige traumhafte alte Villen, die vermietet werden, alte Ferienanlagen aus der Kolonialzeit in den Bergen und weitere luxuriöse und teure Unterkünfte. Drei Anbieter vor Ort können solche Traumunterkünfte vermitteln:
Boutique Sri Lanka (www.boutiquesrilanka.com)
Carolanka (www.carolanka.co.uk)
Sri Lanka In Style (www.srilankainstyle.com)

zeiten sind dort aber lang, außerdem wird eine kleine Strafgebühr fällig.

Visagebühren

Transitvisum für 48 Stunden	kostenlos
Touristenvisum für 3–7 Tage	10 US$
30 Tage gültiges Standard-Touristenvisum	20 US$

Die am Flughafen Bandaranaike International Airport ausgestellten Visa kosten 5 US$ zusätzlich. Bezahlt werden kann in Rupien, Euros, Britischem Pfund oder australischen bzw. US$.

Verlängerung

Wer länger als 30 Tage im Land bleiben will, muss das **Department of Immigration and Emigration** (www.immigration.gov.lk) aufsuchen. Die Verlängerung wird relativ problemlos gewährt, allerdings ist der bürokratische Aufwand beachtlich.

Zeit

Die Zeitverschiebung beträgt im Winter zu MEZ +4½ Std., im Sommer +3½ Std. (Gleiche Werte gelten auch für Indien).

Zoll

Bei der Einreise nach Sri Lanka gilt die übliche Liste mit verbotenen Gegenständen wie Drogen, Waffen, frischen Früchten und Werken mit pornographischen Inhalten.

Erlaubt sind:
» 0,25 l Parfüm
» 1,5 l Alkohol

In den Ankunftsbereichen der Flughäfen gibt es Duty-free-Läden, meist bei der Gepäckausgabe.

Weitere Details zum Thema findet man auf der Homepage der Regierung: www.customs.gov.lk

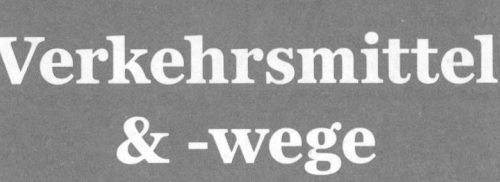

Verkehrsmittel & -wege

AN- & WEITERREISE

Die Regierung von Sri Lanka arbeitet intensiv daran, den Flugverkehr zu modernisieren; mit einer verbesserten Infrastruktur wird sich auch das Angebot an Flügen erweitern.

Zahlreiche Flüge, geführte Touren und Zugtickets können auch schnell und bequem online über lonelyplanet.com/bookings gebucht werden.

Einreise

Die Einreise am Flughafen Bandaranaike International Airport verläuft an sich problemlos, die sich ständig ändernden Visa-Bestimmungen haben den Ablauf allerdings verkompliziert; siehe dazu S. 342.

Reisepass

Jeder Reisende ist verpflichtet, seinen Reisepass unterwegs bei sich zu tragen. Achtung: Dieser muss bei der Ausreise aus Sri Lanka noch mindesten sechs Monate gültig sein.

Mit dem Flugzeug

Flughäfen & Fluglinien

Sri Lankas einziger internationaler Flughafen ist derzeit der Flughafen **Bandaranaike International Airport** (www.airport.lk) in Katunayake. Er liegt 30 km nördlich

KLIMAWANDEL & REISEN

Der Klimawandel stellt eine ernste Bedrohung für unsere Ökosysteme dar. Zu diesem Problem tragen Flugreisen immer stärker bei. Lonely Planet sieht im Reisen grundsätzlich einen Gewinn, ist sich aber der Tatsache bewusst, dass jeder seinen Teil dazu beitragen muss, um die globale Erwärmung zu verringern.

Fliegen & Klimawandel

Fast jede Art der motorisierten Fortbewegung erzeugt CO_2 (die Hauptursache für die globale Erwärmung), doch Flugzeuge sind mit Abstand die schlimmsten Klimakiller – nicht nur wegen der großen Entfernungen und der entsprechend großen CO_2-Mengen, sondern auch weil sie diese Treibhausgase direkt in hohen Schichten der Atmosphäre freisetzen. Die Zahlen sind erschreckend: Zwei Personen, die von Europa in die USA und wieder zurück fliegen, erhöhen den Treibhauseffekt in demselben Maße wie ein durchschnittlicher Haushalt in einem ganzen Jahr.

Emissionsausgleich

Die englische Website www.climatecare.org und die deutsche Internetseite www.atmosfair.de bieten sogenannte CO_2-Rechner. Damit kann jeder ermitteln, wie viel Treibhausgase seine Reise produziert. Das Programm errechnet den zum Ausgleich erforderlichen Betrag, mit dem der Reisende nachhaltige Projekte zur Reduzierung der globalen Erwärmung unterstützen kann, beispielsweise Projekte in Indien, Honduras, Kasachstan und Uganda.

Lonely Planet unterstützt gemeinsam mit Rough Guides und anderen Partnern aus der Reisebranche das CO_2-Ausgleichs-Programm von climatecare.org. Alle Reisen von Mitarbeitern und Autoren von Lonely Planet werden ausgeglichen.

Weitere Informationen gibt's auf www.lonelyplanet.com.

von Colombo. Im Ankunfts- und Abflugsbereich kann man rund um die Uhr Geld wechseln, außerdem gibt es dort einige Geldautomaten. Verglichen mit den zurückliegenden Jahren funktioniert der Flughafen recht gut. Auch die Horden von Schleppern, die einst über die ankommenden Fluggäste herfielen, sind inzwischen verschwunden.

Transitpassagiere und all jene, die sehr früh am Morgen einchecken müssen, leiden aber nach wie vor unter den spartanischen Bedingungen in den Terminals.

Sri Lanka ist inzwischen so weit, dass einem Ausbau des Flugnetzes nichts mehr im Weg steht. Derzeit bieten folgende Fluglinien internationale Flüge an.

Air Asia (www.airasia.com)
Cathay Pacific (www.cathaypacific.com)
Emirates (www.emirates.com)
Etihad (www.etihadairways.com)
Indian Airlines (www.indian-airlines.nic.in)
Jet Airways (www.jetairways.com)
Kuwait Airways (www.kuwait-airways.com)
Malaysia Airlines (www.malaysia-airlines.com)
Qatar Airways (www.qatarairways.com)
Singapore Airlines (www.singaporeair.com)
Sri Lankan Airlines (www.srilankan.aero)
Thai Airways (www.thaiairways.com.lk)

Flugtickets

Die Internetrecherche lohnt sich, da es derzeit nur wenige Charterflüge nach Sri Lanka gibt. Die besten Preise für Flüge mit der Staatslinie Sri Lankan Airlines, aber auch mit anderen Fluggesellschaften, findet man meist auf den jeweiligen Websites der Gesellschaften.

MATTALA INTERNATIONAL AIRPORT

Für 2013 ist die Eröffnung des zweiten internationalen Flughafens geplant: **Mattala International Airport** (www.airport.lk/hia/hia.php) wird derzeit 15 km nördlich von Hambantota in der Nähe der Südküste gebaut. Zunächst soll es nur eine Startbahn geben, auf der alle großen Flugzeuge, die nonstop von Europa nach Asien fliegen, landen können. Viele Detailfragen waren zur Zeit der Recherche noch ungeklärt, z. B. wie viele Fluggäste später tatsächlich direkt in den Süden des Landes fliegen wollen. Sri Lankan Airlines plant Direktverbindungen aus dem Süden zum Flughafen Bandaranaike International Airport bei Colombo, einige Chartergesellschaften werden wahrscheinlich sonnenhungrige Urlauber direkt aus dem Ausland in den Süden des Landes fliegen.

Der Flughafen trägt übrigens schon vor seiner Eröffnung offiziell den Namen eines Politikers.

Asien

Sri Lanka wird von vielen wichtigen asiatischen Fluggesellschaften angeflogen, darunter auch von der malaysischen Billig-Airline Air Asia. Von Indien fliegen mehrere Fluggesellschaften nach Sri Lanka.

MALEDIVEN

Viele Urlauber kombinieren einen Besuch Sri Lankas mit einem Aufenthalt auf den Malediven. Sri Lankan Airlines und Emirates bieten Flüge zwischen Colombo und Malé an.

Europa

Sri Lankan Airlines bietet Nonstop-Flüge von Colombo nach Frankfurt, London, Paris und Rom an. Entscheidend für den Sri-Lanka-Tourismus der Europäer sind aber nach wie vor die Nonstoppflüge der europäischen Fluggesellschaften. Daneben bieten viele Fluggesellschaften aus dem Nahen Osten, so etwa Emirates, Etihad Airways, Kuwait Airways und Qatar Airways, Flüge nach Sri Lanka an.

Auf dem Seeweg

Es gibt Pläne, die lange ausgesetzten Fährverbindungen zwischen Mannar im Nordwesten und Indien zu reaktivieren, allerdings ist man derzeit über das Planungsstadium noch nicht hinaus.

Seit 2011 fuhren Fähren von **Flemingo Liners** (www.flemingoliners.com) zwischen Colombo und Tuticorin (Tamil Nadu) in Indien. Die Nachtfahrten waren günstig und sehr beliebt. Verschiedene Probleme führten letztendlich aber dazu, dass die Fahrten Ende 2011 ausgesetzt wurden.

UNTERWEGS VOR ORT

Im Land gibt es derzeit noch relativ wenige Inlandsflüge, am regelmäßigsten sind die Verbindungen zwischen Colombo und Jaffna, was sich aber angesichts des boomenden Tourismus bald ändern könnte.

Mangels Flugverbindungen hat man als Tourist eigentlich nur die Wahl zwischen Bus und Bahn; beide Verkehrsmittel sind gleich günstig. In den Zügen kann es sehr voll werden, was allerdings immer noch harmlos ist im Vergleich zu den unglaublichen Menschenmassen, die sich in reguläre Busse quetschen. Züge sind in der Regel etwas länger

UNTERWEGS VOR ORT

Es gibt viele Möglichkeiten, durch das Land zu reisen; die Tabelle gibt einen Überblick und wägt Pro und Contra ab:

	PRO	CONTRA
Bus	preiswert viele Verbindungen fährt überall hin	sehr voll und sehr unbequem kein Platz für das Gepäck langsam
Auto mit Fahrer	bequem flexibel effizient	teurer als Bus und Bahn
Zug	günstige Tickets in allen Klasen einige landschaftlich schöne Strecken komfortable 1. Klasse	fährt nicht so häufig langsam die 2. und 3. Klasse sind überfüllt und unbequem eingeschränkte Zahl an Destinationen

unterwegs als die Busse, dafür entschädigt der Sitzplatz. Selbst der Stehplatz im Zug ist angenehmer als der Stehplatz in einem Bus.

Auf der Hauptroute von Colombo nach Kandy, Negombo und Galle erreichen die Busse eine Durchschnittsgeschwindigkeit von 40 bis 50 km/h. Auf den Highways über die Ebenen kann man mit einer durchschnittlichen Reisegeschwindigkeit von 60 bis 70 km/h rechnen, im zentralen Hochland mit seinen Hügeln andererseits nur mit 20 km/h.

Wann immer es geht, sollte man Fahrten rund um die Feiertage anlässlich des *Poya-Festes* (Vollmond) und die Wochenenden vor und nach dem Fest meiden: Dann sind die Busse noch voller als in der übrigen Zeit.

Auto & Motorrad

Fahrten mit einem Auto sind in Sri Lanka möglich, es ist aber üblich, sich ein Auto mit Fahrer zu mieten. Wer nur relativ kurz im Land ist und nicht zu sehr aufs Geld schauen muss, für den sind die Kosten für Auto und Fahrer durchaus akzeptabel.

Bei der Planung der Tagesstrecken sollte man Folgendes beachten: Im zentralen Hochland liegt die Durchschnittsgeschwindigkeit bei 35 km/h, im restlichen Land bei etwa 55 km/h.

Für Unerschrockene ist ein Motorrad eine interessante Alternative. Die Tagesetappen sind relativ kurz, einige Straßen bieten sich geradezu fürs Motorradfahren an, lediglich die großen Highways sollte man meiden. Das ruhige zentrale Hochland bietet einige landschaftlich traumhafte Straße. Auf den Nebenstraßen entlang der Küste und in den Ebenen kommt man relativ flott voran. Eine Reise mit dem Motorrad setzt jedoch eine sorgfältige Planung voraus, da das Motorradfahren in Sri Lanka noch nicht so selbstverständlich ist wie in anderen Gegenden Asiens.

Mw ist die gebräuchliche Abkürzung für Mawatha, die „Avenue".

Fahrerlaubnis

Mit einem internationalen Führerschein darf man auf Sri Lankas Straßen ein eigenes Fahrzeug steuern; ein solches Papier ist bis zu einem Jahr gültig und kann im Heimatland bei den Automobilclubs und den Behörden, die den nationalen Führerschein ausstellen, erworben werden. Viele Reisende machen jedoch die Erfahrung, dass sie nie nach diesem Papier gefragt werden.

Mietwagen mit Fahrer

Ein Mietwagen mit Fahrer bietet ein Maximum an Flexibilität, weil man selbst gemütlich aus dem Fenster schauen kann, während sich der Fahrer durch den chaotischen Verkehr kämpft.

Eine Alternative zu einem längerfristig gemieteten Fahrzeug ist das Anheuern eines Taxifahrers, mit dem man ein oder mehrere Tage herumfährt. In den touristischen Gegenden können Guesthouses und Hotels zuverlässige Taxifahrer, die diese Dienste anbieten, vermitteln. Eine weitere Anlaufstelle sind Reisebüros, die teilweise selbst Autos und Fahrer bereitstellen (meist zahlt man dann aber etwas mehr).

KOSTEN

In die Berechnung des Tagespreises fließen mehrere Faktoren ein: So gibt es in der Regel einen Fixpreis pro gefahrenen Kilometer, dazu kommt die Bezahlung von Mittag- und Abendessen und die separate Verrechnung der Tankkosten. Am einfachsten dürfte es sein, eine Pauschale zu vereinbaren, die die oben genannten Faktoren schon einschließt. Wer mit einem neueren klimatisierten Auto unterwegs ist, sollte pro Tag mit Kosten zwischen 5500 und 7000 Rs (ohne Benzin) rechnen. Ansonsten wäre noch Folgendes zu beachten:

» Viele Fahrer erwarten ein Trinkgeld von 10 %.
» Vor der eigentlichen Fahrt

sollte man sich einmal mit dem Fahrer treffen, um zu sehen, ob die Chemie stimmt.

» Erfahrungen zeigen, dass es gut ist, zunächst Auto und Fahrer für zwei oder drei Tage zu mieten, um sicherzugehen, dass alles passt.

» Der Kunde ist der Chef: Ein Fahrer kann Empfehlungen geben, man sollte sich aber nicht seinem Kommando unterwerfen.

» Wer Englisch spricht, braucht neben einem (englisch sprechenden) Fahrer keinen zusätzlichen Guide.

Fahrer verdienen einen Gutteil ihres Einkommens über Provisionen. Viele Hotels und Guesthouses zahlen Fahrern einen Pauschalpreis oder beteiligen sie prozentual an der Übernachtung der Gäste.

Das kann aber auch zu Meinungsverschiedenheiten führen, wenn Fahrer nämlich dort absteigen möchten, wo es sich für sie finanziell am meisten lohnt.

Manche Hotels bringen die Fahrer selbst in unmögliche Absteigen unter. Die besseren Hotels und Pensionen wissen aber, dass zufriedene Fahrer gut fürs Geschäft sind und bieten ihnen ein ordentliches Essen und eine gute Unterbringung.

Die folgenden Fahrer sind empfehlenswert, viele weitere findet man im Lonely Planet Thorn Tree Forum, wo Leser ihre Erfahrungen schildern:

Milroy Fernando (077 857 0343; milroy@ancientlanka.com)

Dimuthu Priyadarshana (077 630 2070; dimuthu81@hotmail.com)

Nilam Sahabdeen (081 238 4981; http://srilankatour.wordpress.com/)

SRI LANKAS NEUE HIGHWAYS

In den letzten Jahren wurden einige neue Schnellstraßen (Expressways) eröffnet; die meisten sind Mautstraßen, für die eine relativ günstige Gebühr verlangt wird.

Colombo – Kandy Highway Die Schnellstraße soll 2015 eröffnet werden, dann verkürzt sich die Fahrzeit um 1 Stunde.

Colombo – Katunayake Highway Der 25 km lange Straßenabschnitt beginnt am Flughafen und führt derzeit zu einem Punkt nordöstlich von Fort (Fahrzeit unter 30 Min.). 2013 soll die Strecke freigegeben werden.

Outer Circular Highway Der Highway verbindet den Highway von Colombo nach Katunayake mit dem Southern Expressway. Wenn der Streckenabschnitt komplett fertig ist (voraussichtlich 2015), ist man ab dem Flughafen innerhalb von 2 Stunden in Galle und im Süden.

Southern Expressway Ist als erster Highway schon komplett fertig und für den Verkehr freigegeben. Die 126 km lange Schnellstraße führt von Colombos südlichem Vorort Kottawa (bei Maharagama) nach Pinnaduwa bei Galle. Die Maut kostet bis Galle 400 Rs. Bis alle Zufahrtsstraßen fertiggestellt sind, kann es allerdings passieren, dass man für die Zufahrtsstrecke von Fort bis zum Beginn des Expressway genauso lange braucht wie für die eigentliche Fahrt auf dem Expressway nach Galle – wenn nicht sogar noch länger. Für die Fahrzeit vom/zum Flughafen muss mit bis zu 2 Stunden gerechnet werden. Angeblich gibt es Ausbaupläne für eine Verlängerung bis nach Hambantota.

Mietwagen ohne Fahrer

Die Firma **Quickshaws Tours** (011-258 3133; www.quickshaws.com; 3 Kalinga Pl., Col 5) mit Sitz in Colombo vermietet Autos ohne Fahrer. Für einen Nissan Sunny werden 266 US$ pro Woche, für einen Toyota Corolla etwa 280 US$ verlangt. Beide Fahrzeuge sind mit Klimaanlage ausgestattet, im Preis enthalten sind 700 Freikilometer pro Woche.

Straßenzustand

Wer länger unterwegs ist, wird viele Unfälle sehen – Autofahren auf Sri Lankas Straßen erfordert deshalb permanent höchste Konzentration. Die Landstraßen sind oft sehr schmal und mit Schlaglöchern übersät, als Autofahrer teilt man sich zudem mit Fußgängern, Radfahrern und frei herumlaufenden Tieren. Dank des massiven Straßenbauprogramms wird sich unter in den nächsten Jahren der Straßenzustand vielerorts verbessern.

Reifenpannen gehören zum Alltag – in jedem Ort gibt es zumindest einen, der Reifen flicken kann.

Viele Busfahrer riskieren gefährliche Überholmanöver, um kleinere und langsamere Straßenteilnehmer zu überholen. Tuk-Tuks, Radfahrern, kleinen Autos und Vans bleibt dann nur eines: den Weg freizugeben oder Gefahr zu laufen, angefahren zu werden. Überholmanöver werden in der Regel mit einem schrillen Hupkonzert angekündigt. Wer zu Fuß oder mit dem Rad unterwegs ist, sollte dann schnellstens zur Seite springen.

Straßenverkehrsregeln

» Geschwindigkeitsbegrenzungen: städtisches Gebiet 56 km/h, Landstraßen 72 km/h, Expressways 100 km.

» Gefahren wird links (ein Erbe der britischen Kolonialzeit).

Bus

Busse fahren auf ca. 80 % des landesweiten Straßennetzes, das insgesamt 90 000 km lang ist. Im Land sind zwei Arten von Bustypen unterwegs:

Central Transport Board (CTB) Die mangelhaften Busse von CTB fahren (von einigen Ausnahmen abgesehen) ohne Klimaanlage auf den meisten Lang- und Kurzstrecken. Auf einigen Bussen klebt auch das Logo des Sri Lanka Transport Board (SLTB).

Privatbusse Unabhängige Busgesellschaften fahren mit unterschiedlichsten Fahrzeugen – vom neuesten japanischen Busmodell (z. B. auf den Intercity-Express-Strecken) bis hin zu alten Minibussen, die von der Stadt in die umliegenden Dörfer tuckern. Private Intercity-Busse mit Klimaanlage befahren die Hauptstrecken. Auf Langstrecken sind sie etwas bequemer und schneller unterwegs als die anderen Busse. Seit der Fertigstellung des Southern Expressway nimmt die Anzahl der Expressverbindungen mit modernen klimatisierten Bussen deutlich zu. Je mehr Zufahrts- und Anschlussstrecken fertiggestellt werden, desto besser dürfte die allgemeine Qualität der Busse werden, die auf diesen Strecken verkehren.

Das Busfahren in Sri Lanka kann interessant und unterhaltsam sein. Viele Einheimische sprechen zumindest etwas Englisch, sodass man sich unterwegs mit ihnen unterhalten kann. Auf den Langstrecken kommen Händler bei den Zwischenhalts in den Bus und verkaufen Snacks, Bücher und Geschenke. Alleinreisende Frauen sollten die Hinweise auf S. 335 beachten und ernst nehmen.

Was man bei Busfahrten beachten sollte:

» Auf den Hauptstrecken fahren bis zum Anbruch der Dunkelheit mehrere Busse pro Stunde.

» Die Suche nach dem richtigen Bus kann an den chaotischen Busbahnhöfen der großen Städte eine Herausforderung darstellen; zum Glück haben inzwischen fast alle Busse englisch beschriftete Schilder mit den Namen der Zielorte.

» In der Regel gibt es keinen zentralen Fahrkartenschalter, stattdessen muss man zunächst den Standort des Busses finden, bei dem sich dann meist auch ein kleiner Schalter befindet. Wenn nicht, kauft man das Ticket im Bus.

» *Teilweise* kann man im Vorfeld einen Sitzplatz reservieren; ob das möglich ist, erfährt man am Busbahnhof.

» „Semi-komfortable" Busse gehören privaten Busgesellschaften. Sie haben größere Sitze und Vorhänge an den Fenstern, hinsichtlich der Ausstattung sind sie mit den CTB-Bussen vergleichbar. Allerdings fehlt die Klimaanlage, die viele gute Intercity-Busse inzwischen haben.

» Bei Fragen helfen die Einheimischen gerne weiter – sei es im Bus oder an den Busbahnhöfen und Bushaltestellen.

» Platz fürs Gepäck ist beschränkt oder gar nicht vorhanden; wer mit viel Gepäck unterwegs ist, sollte eventuell zusätzlich einen (Sitz-)Platz für sein Gepäck bezahlen.

» Die ersten zwei Sitze der CTB-Busse sind für buddhistische Mönche reserviert.

» Wer einen sicheren Sitzplatz wünscht, sollte dort einsteigen, wo der Bus startet.

» Bei der Ankunft am Zielort empfiehlt es sich, sich gleich nach den Abfahrtszeiten für die Weiterfahrt zu erkundigen.

» Die Zahl der privaten Busse wird in den nächsten Jahren weiter zunehmen. Dann wird es sicherlich auch leichter sein, einen Platz zu reservieren. Auch der Komfort wird vermutlich besser.

Kosten

Auf vielen Strecken fahren zusätzlich zu den CTB-Bussen auch Privatbusse. Für die Fahrten auf den Intercity-Express-Strecken zahlt man in privaten Bussen etwa das Doppelte des Preises, der für CTB-Busse verlangt wird. Dafür ist die Fahrt allerdings auch doppelt so komfortabel und in der Regel auch kürzer. Die Tickets für CTB-Busse und einfache private Busse sind sehr günstig.

Fahrrad

Die beste und unterhaltsamste Art, die Gegend rund um historische Stätten wie Anuradhapura und Sigiriya zu erkunden, bietet das Fahrrad. Immer mehr Unterkünfte leihen ihren Gästen Räder aus.

Leihräder

» Die Mehrzahl aller Leihräder sind einfache, billige Mountainbikes, die von den Unterkünften verliehen werden. Die Leihgebühr für einen Tag liegt bei 300 bis 500 Rs.

» Sollte die eigene Unterkunft keine Räder bereitstellen, findet man sicher in der Nähe einen Anbieter. Viele Unterkünfte verleihen ihre Räder auch an Nicht-Gäste.

» Räder, die tageweise verliehen werden, eignen sich in der Regel nicht für lange Radtouren. Wer längere Strecken fahren will, sollte schauen, ob er einen der wenigen Läden findet, der qualitativ hochwertige Räder verleiht. Wer ernsthaft eine Radtour im Land plant, sollte überlegen, ob er sein eigenes Rad von zu Hause mitbringt.

Geführte Radtouren

Veranstalter und Ausrüster organisieren Radtouren im Land und helfen meist auch bei der Organisation individueller Touren.

Adventure Asia (www.ad-asia.com),
Adventure Sports Lanka (www.actionlanka.com)
Eco Team (www.srilankae cotourism.com)

Mehrtägige Radtouren

» Gut trainierte Radfahrer werden – einmal abgesehen vom zentralen Hochland und den überfüllten Straßen Colombos – das Radfahren in Sri Lanka genießen. Wer seine Tour in Colombo startet, sollte, egal in welche Himmelsrichtung er zu fahren plant, zunächst mit dem Zug aus dem Stadtgebiet hinausfahren, bevor er in die Pedale tritt.

» Um der größten Hitze zu entgehen, empfiehlt sich ein früher Start am Morgen. Immer an ausreichend Wasser und Sonnenschutzcreme denken! Die möglichen Tagesdistanzen hängen vom jeweiligen Straßenzustand ab. Anders als in Europa muss man in Sri Lanka häufiger als einem lieb die Augen auf die Straße richten, um den diversen Hindernissen wie Schlaglöchern oder frei laufenden Hühnern rechtzeitig ausweichen zu können. Was man als europäischer Radfahrer schnell vergisst: Dahinrasende Busse, Lkw und Autos nutzen fast die gesamte Breite der Straße. Unbedingt sollte man Kleidung in Signalfarben tragen und immer mit äußerster Vorsicht nach Sri Lanka fahren.

» Wer sein eigenes Rad mitbringt, sollte an alle notwendigen Ersatzteile, Ersatzmantel und -schläuche denken. Angesichts der vielen schlechten Straßen wird man unterwegs mehr als einen Platten haben. Ersatzteile im Land selbst zu finden, ist recht schwierig und äußerst zeitraubend. Die gängige Reifengröße in Sri Lanka liegt bei 28 x 1,5 Zoll. Einige importierte 27-Zoll-Reifen für ein 10-Gang-Rad bekommt man nur (sehr teuer) in Colombo.

» Immer auf das eigene Rad achten und ein gutes Schloss mitnehmen.

» Für die Mitnahme eines Rads im Zug muss man vorab eine Reihe von Formularen ausfüllen: Unbedingt mindestens 30 Minuten früher am Bahnhof sein, beim Bahnhof Colombo Fort sollte man sogar bis zu 2 Stunden vorher da sein. Das Ticket für das Rad kostet doppelt so viel wie ein Zweite-Klasse-Ticket.

Radkauf

Für ein neues Rad zahlt man – abhängig von der Qualität – zwischen 125 und 350 US$; die meisten Räder sind indische oder chinesische Fabrikate. In Colombo gibt es entlang der Dam Street im Bereich des Pettah-Marktes mehrere Fahrradläden.

Flugzeug

Die Flugmöglichkeiten innerhalb des Landes sind beschränkt, es gibt keine Inlandsflüge ab Bandaranaike International Airport bei Colombo, was sich aber ändern kann, sobald der Mattala International Airport an der Südküste den Betrieb aufnimmt (s. dazu S. 345).

Die wenigen Inlandsflüge starten derzeit auf der Ratmalana Air Force Base 15 km südlich von Fort. Wer dort abfliegt, sollte sich vorab bei der Fluggesellschaft erkundigen, wie man zum Flughafen kommt.

Helitours (www.airforce.lk) Der kommerzielle Ableger der Sri Lankan Air Force bietet einige wenige Passagierflüge in Militärmaschinen an, vor allem zwischen Jaffnas Palali Airport und der Ratmalana Air Force Base.

Sri Lankan Airlines Air Taxi (www.srilankan.lk) Die Staatslinie fliegt mit Wasserflugzeugen und bietet landschaftlich schöne Flüge zwischen den vielen Seen des Landes an.

Geführte Touren

In Sri Lanka gibt es viele Veranstalter, die geführte Touren anbieten, einige haben sich ganz auf Outdoor-Aktivitäten spezialisiert.

A Baur & Co Ltd (www.baurs.com) Tierbeobachtungen.

Adventure Asia (www.ad-asia.com) Wildwasserrafting, Kajaktouren, Heißluftballonfahrten und Radtouren.

Adventure Sports Lanka (www.actionlanka.com) Wildwasserrafting, Wandern, Mountainbiken, Kanufahren und Tauchen.

Boutique Sri Lanka (www.boutiquesrilanka.com) Spezialist für exquisite Unterkünfte, ayurvedische Zentren, Luxus-Ferienanlagen, Guesthouses und kleine Heritage Hotels.

Eco Team (www.srilankae cotourism.com) Bietet eine große Auswahl an Outdoor-Aktivitäten, z. B. Wildwasserrafting, Wandern und Tiersafaris.

Jetwing Eco (www.jetwin geco.com) Tier- und Vogelbeobachtungen.

Rainforest Rescue International (www.rainforestres cueinternational.org) Eintägige Fahrten in ökologisch interessante Gebiete und längere Aufenthalte auf Biofarmen sowie Mitarbeit in Projekten.

Red Dot Tours (www.reddottours.com) Bietet alles von Golf und Kricket bis hin zu Tierbeobachtungen und Wellness.

Sri Lanka Expeditions (www.srilankaexpeditions.com) Touren mit sportlicher Betätigung wie Klettern, Trekken, Mountainbiken und Raften.

Sri Lanka In Style (www.srilankainstyle.com) Protzige und einzigartige Unterkünfte.

Öffentlicher Nahverkehr

Viele sri-lankische Städte sind so klein, dass man sie gut zu Fuß erkunden kann; in größeren Städten kann man Busse, Taxis und Tuk-Tuks nehmen.

Bus

Die lokalen Busse fahren fast überall hin, auch in die Dörfer um die Städte herum. Die Fahrten kosten zwischen 10 und 40 Rs.

Taxi

Taxis gibt es in allen Städten, teilweise auch auf den Dörfern. Allerdings haben nur die wenigsten ein Taxameter (am ehesten noch diejenigen in Colombo). Auf längeren Strecken sind die Preise vergleichbar mit denen der Tuk-Tuks – bei größerem Komfort und deutlich mehr Sicherheit. Funktaxis fahren in Kandy und Colombo; pro Kilometer werden 60 bis 100 Rs verlangt.

Tuk-Tuks (Three-Wheelers)

Diese überall in Asien verbreiteten dreirädrigen Fahrzeuge (auch *bajajs* oder Auto-Rikscha genannt) warten an quasi jeder Ecke auf Kundschaft. Wer eines braucht, sollte gut verhandeln und vor Fahrtantritt einen Fixpreis vereinbaren. Einige geschäftstüchtige Fahrer versprechen einem potenziellen Kunden Fahrten bis zum Mars und zurück: Es soll schon Reisende gegeben haben, die mit einem Tuk-Tuk von Kandy nach Nuwara Eliya gefahren wurden und über 5 Stunden unterwegs waren.

Als Faustregel gilt: Eine Tuk-Tuk-Fahrt sollte pro Kilometer nicht mehr als 100 Rs kosten – was letztendlich bezahlt wird, hängt vom eigenen Verhandlungsgeschick ab. In Colombo gibt es zunehmend mehr Tuk-Tuks mit Taxameter.

Tuk-Tuks und Taxis, die außerhalb von Hotels und Sehenswürdigkeiten auf Kundschaft warten, verlangen höhere Preise als gemeinhin üblich. Wer sich die Mühe macht, ein paar Straßen weiter zu gehen, wird einen besseren Preis erzielen.

Trampen

Trampen ist in keinem Land eine wirklich absolut sichere Art der Fortbewegung und kann daher auch in Sri Lanka nicht empfohlen werden. Angesichts der relativ niedrigen Fahrpreise besteht dafür auch keine Notwendigkeit.

Zug

Sri Lankas Züge sind ein großartiges Transportmittel. Obwohl sie langsam fahren, muss man nur selten Nachtfahrten und quälend lange Ganztagesfahrten auf sich nehmen. Und eine Zugfahrt ist immer deutlich entspannter als eine Busfahrt! Die Preise sind vergleichbar mit denen der Busse: Selbst in der 1. Klasse zahlt man immer unter 1000 Rs.

Es gibt im land drei Hauptstrecken:

Von Colombo Richtung Süden Die Gleise wurden kürzlich erneuert, die Züge fahren über Aluthgama und Hikkaduwa nach Galle und Matara.

Von Colombo Richtung Osten Die Bahnstrecke ins zentrale Hochland führt über Kandy, Nanu Oya (Anschluss nach Nuwara Eliya) und Ella nach Badulla. Eine landschaftlich reizvolle Bahnstrecke. Der Abschnitt von Haputale nach Ella, zählt zu den schönsten Bahnstrecken weltweit.

Von Colombo Richtung Norden Die Bahn fährt über Anuradhapura nach Vavuniya; geplant ist, die Linie nach Jaffna zu verlängern. Eine von ihr abzweigende Nebenlinie führt nach Trincomalee an der Ostküste, eine andere nach Polonnaruwa und Batticaloa.

Weitere Linien Die Puttalam-Bahnstrecke führt nördlich von Colombo entlang der Küste; zwischen Chilaw und Puttalam verkehren Bahnbusse. Die Bahnstrecke durchs Kelani Valley ist 60 km lang und führt von Colombo nach Avissawella.

Die Züge haben häufig Verspätung. Für Fernzüge haben die Einheimischen inzwischen ein eigenes Zeitmaß für den Grad der Verspätung: einen Vierteltag zu spät, einen halben Tag zu spät, usw.

» In den meisten Bahnhöfen gibt es ganz nützliche Infoschalter.

» Die Homepage der nationalen Eisenbahngesellschaft **Sri Lankan Railways** (www.railway.gov.lk) ist bei der Reiseplanung sehr hilfreich.

Zugklassen

Die Züge fahren mit drei Klassen:

1. Klasse Es gibt drei Kategorien: Schlafwagen, normale Abteile und Aussichtswaggons mit Panoramafenstern. Die Aussichtswaggons fahren von Colombo Richtung Osten und sind auf dieser landschaftlich schönen Strecke sehr zu empfehlen. Einige haben große Heckfenster und eine historische Einrichtung. Die Sitzplätze in dieser Klasse müssen vorab reserviert werden.

2. Klasse Die Sitze sind gepolstert, die Abteile haben Ventilatoren. Für viele Züge können die Plätze vorab reserviert werden.

3. Klasse Die Sitze sind nur wenig gepolstert, eine Reservierung ist nicht möglich. Die Waggons werden so voll wie möglich gestopft, entsprechend übel sind die Zustände.

Zusätzlich zu den Bahnen gibt es inzwischen komfortable Waggons privater Betreiber, die an die regulär fahrende Züge angehängt werden (erste Wagen fahren auf der Strecke Colombo–Kandy; ca. 12 US$). Die Erste-Klasse-Aussichtswaggons haben deutlich mehr Stil und Atmosphäre, dafür bieten die privaten Wagen Klimaanlage, Snacks und auch dann noch freie Sitzplätze, wenn die regulären Züge schon ausgebucht sind.

Private Waggonbetreiber sind:
Expo Rail (☏011-522 5050; www.exporail.lk)
Rajadhani Express (☏071 035 5355; www.rajadhani.lk)

Reservierungen

» Sitzplätze in der 1. und 2. Klasse der Intercity-Express-Züge können reserviert werden.

» Fahrten in Aussichtswaggons sollten immer rechtzeitig reserviert werden, da sie sehr gefragt sind.

» Reservierungen sind bis zu 10 Tage vor Fahrtantritt an allen Bahnhöfen möglich. Rückfahrttickets können bis

Sprache

NOCH MEHR SINGHALESISCH

Detaillierteres Wissen und nützliche Wendungen finden sich im Lonely Planet Sinhala Phrasebook und im India Phrasebook. Man kann das Buch im **shop.lonelyplanet.com** kaufen oder man besorgt sich **Lonely Planets iPhone Phrasebooks** im Apple App Store.

Singhalesisch und Tamil sind die Amtssprachen von Sri Lanka. Allerdings ist auch das Englische als Verständigungsmittel auf der Insel weit verbreitet. Mit Englisch kommt man gut zurecht, aber es gibt einige einzigartige landestypische Varianten, wie zum Beispiel *You are having a problem, isn't it, no?* In den großen Touristenzentren ist Englisch zwar geläufig, aber in den entlegeneren Gebieten wird es schwierig. Wie dem auch sei, selbst der Gebrauch weniger Wörter auf Singhalesisch oder Tamil können in der Kommunikation schon gute Dienste tun.

SINGHALESISCH (SINHALA)

Singhalesisch wird offiziell in Schreibschrift geschrieben. Wer die blauen Aussprachehilfen der deutschen Wörter liest, wird auf jeden Fall verstanden. Doppelkonsonanten werden sehr deutlich, fast wie zwei getrennte Laute, ausgesprochen. Die Zeichen t und d werden nicht so kräftig artikuliert wie im Deutschen, th klingt wie im englischen *thin* (stimmlos), dh wie das „th" im englischen *that* (stimmhaft), g wie in „gehen", und das r wird mit der Zunge gegen den Gaumen gerollt. Für die Vokale gilt: a ist ein kurzes „a" wie in „Wasser", aa ein langes „a" wie in „Vater", ai klingt wie in „Ei", au wie in „Haus", e wie in „Bett", i wie in „mit", o wie ein offenes „o", etwa wie im englischen Wort *hot* und u wie in „Bus". Die Laute t und d werden weicher ausgesprochen als im Deutschen.

Einfache Konversation

Hallo.	aayu-bowan
Auf Wiedersehen.	aayu-bowan
Ja.	owu
Nein.	naha
Bitte.	karuna kara
Danke.	istuh-tie
Entschuldigung (um Aufmerksamkeit zu erlangen).	samah venna
Entschuldigung. Pardon.	kana gaatui
Sprechen Sie Englisch?	oyaa in-ghirisih kata karenawa da?
Wie heißen Sie?	oyaaghe nama mokka'da?
Ich heiße …	maaghe nama…

Essen & Trinken

Können wir die Speisekarte haben?	menoo eka balanna puluvandha?
Welches ist die regionale Spezialität?	mehe vishes hayen hadhana dhe monavaadha?
Ich hätte gerne Reis und Curry, bitte.	bahth denna

Ich bin Vegetarier.	mama elavalu vitharai kanne
Ich bin allergisch gegen (Erdnüsse).	mata (ratakaju) apathyayi
Kein Eis in mein Getränk, bitte.	karunaakarala maghe biema ekata ais dhamanna epaa
Das war lecker!	eka harima rasai!
Bringen Sie bitte die/eine/ein/einen ...	... karunaakarala gennah
Rechnung	bila
Gabel	gaarappuvak
Glas Wasser	vathura viedhuruvak
Messer	pihiyak
Teller	pingaanak
Schüssel	vendhuwa
Kaffee	koh-pi
Obst	palathuru
Glas	co-ppuwa
Milch	kiri
Salz	lunu
Löffel	han-duh
Zucker	sieni

Zahlen – Singhalesisch

0	binduwa
1	eka
2	deka
3	thuna
4	hathara
5	paha
6	haya
7	hatha
8	atta
9	navaya
10	dahaya
100	seeya
200	deh seeya
1000	daaha
2000	deh daaha
100 000	lakshaya
1 000 000	daseh lakshaya
10 000 000	kotiya

Tee	thay
Wasser	vathura

Notfälle

Hilfe!	aaney!/aaieyoh!/ammoh!
Rufen Sie einen Arzt!	dostara gen-nanna!
Rufen Sie die Polizei!	polisiyata kiyanna!
Verschwinden Sie!	methanin yanna!
Ich habe mich verirrt.	maa-meh nativelaa

Shoppen & Dienstleistungen

Wie spät öffnet/schließt er/es?	ehika kiyatada arinneh/vahanneh?
Wie viel kostet das?	ehekka kieyada?
groß	loku
klein	podi/punchi
Medizin	behe-yat
Apotheke	faahmisiya
Bank	bankuwa
... Botschaft	... embasiya
Markt	maakat eka
mein Hotel	mang inna hotalaya
Zeitungshändler	pattara ejensiya
Postamt	tepal kantohruwa
öffentliches Telefon	podu dura katanayak
Touristeninformation	sanchaaraka toraturu karyaalayak

Unterkunft

Haben Sie Zimmer frei?	kaamara thiyanawada?
Wie viel kostet es pro Nacht?	ek ra-yakata kiyada
Wie viel kostet es pro Person?	ek kenek-kuta kiyada
Ist es inklusive Frühstück?	udeh keh-emath ekkada?
für eine Nacht	ek rayak pamanai

Schilder – Singhalesisch

ඇතුල්වීම	Eingang
පිටවීම	Ausgang
විවෘතව ඇත.	Geöffnet
වසා ඇත.	Geschlossen
තොරතුරු දැන්වුම	Information
තහනම් වේ.	Verboten
පොලිස් ස්ථානය	Polizeiwache
කාමර ඇත.	Zimmer frei
කාමර නැත.	Keine Zimmer frei
වැසිකිළි	Toiletten
පුරුෂ	Herren
ස්ත්‍රී	Damen

für zwei Nächte	raya dekak pamanai
für eine Person	ek-kenek pamanai
für zwei Personen	den-nek pamanai
Campingplatz	kamping ground eka
Gästehaus	gesthaus eka
Hotel	hotel eka
Jugendherberge	yut-hostel eka

Verkehr & Wegweiser

Wann kommt/fährt der/das nächste..?	mielanga... pitaht. venne/paminenne?
Schiff	bohtuwa
Bus (Stadt)	bus eka
Bus (Intercity)	bus eka nagaraantara
Zug	koh-chiya
Ich möchte aussteigen.	mama methana bahinawa
Ich möchte gerne ein einfaches Ticket.	mata tani gaman tikat ekak ganna ohna
Ich möchte gerne ein Rückfahrticket.	mata yaam-iem tikat ekak ganna ohna
erste Klasse	palamu veni paantiya
zweite Klasse	deveni paantiya
dritte Klasse	tunveni paantiya
Bushaltestelle	bus nevathuma
Fährhafen	totu pala
Fahrplan	kaala satahana
Bahnhof	dumriya pala
Ich möchte gerne ein.. mieten.	mata... ekak bad-dhata ganna ohna
Fahrrad	baisikeleya
Auto	kar (eka)
Wo ist der/ein/eine...?	... koheda?
Gehen Sie geradeaus.	kelinma issarahata yaanna
Biegen Sie links ab.	wamata harenna
Biegen Sie rechts ab.	dakunata harenna
nahe	lan-ghai
weit	durai

Zeit & Datum

Wie spät ist es?	velaave kieyada?
Morgen	udai
Nachmittag	havasa
Tag	davasa
Nacht	raah
Woche	sumaanayak
Monat	maasayak

Schilder – Tamil

வழி உள்ளே	Eingang
வழி வெளியே	Ausgang
திறந்துள்ளது	Geöffnet
அடைக்கப்பட்டுள்ளது	Geschlossen
தகவல்	Information
அனுமதி இல்லை	Verboten
காவல் நிலையம்	Polizeiwache
அறைகள் உண்டு	Zimmer frei
காலி இல்லை	keine Zimmer
மலசலகூடம்	Toiletten
ஆண்	Herren
பெண்	Damen

Jahr	avuurudeh
gestern	ie-yeh
heute	ada (uther)
morgen	heta
Montag	sandu-da
Dienstag	angaharuwaa-da
Mittwoch	badaa-da
Donnerstag	braha-spetin-da
Freitag	sikuraa-da
Samstag	senasuraa-da
Sonntag	iri-da

TAMIL

Der Wortschatz des sri-lankischen Tamil ist dem von Südindien ganz ähnlich – die Schreibung ist sogar identisch, und es wird die traditionelle Schreibschrift benutzt –, aber es gibt bei den Sprechern der beiden Regionen ganz markante Unterschiede in der Aussprache. Im folgenden Abschnitt gelten die gleichen Aussprachehinweise wie beim Singhalesischen.

Einfache Konversation

Hallo.	vanakkam
Auf Wiedersehen.	poytu varukirehn
Ja.	aam
Nein.	il-lay
Bitte.	tayavu saydhu
Danke.	nandri
Entschuldigen Sie (um Aufmerkamkeit zu erregen).	mannikavum
Entschuldigung. Pardon.	mannikavum
Sprechen Sie Englisch?	nin-gal aangilam paysu-virhalaa?
Wie heißen Sie?	ungal peyr en-na?
Ich heiße ...	en peyr...

Essen & Trinken

Können wir die Speisekarte haben?	unavu pattiyalai paarppomaa?
Welches ist eine regionale Spezialität?	ingu kidaikkak koodiya visheida unavu enna?
Ich hätte gern Reis und Curry, bitte.	sorum kariyum tharungal
Ich bin Vegetarier.	naan shaiva unavu shaappidupavan
Ich bin allergisch gegen (Erdnüsse).	(nilak kadalai) enakku alejie
Kein Eis in mein Getränk, bitte.	enadu paana ththil ais poda vendaam
Das war lecker!	adhu nalla rushi!
Bitte bringen Sie die/eine/ein/einen ...	... konda varungal
Rechnung	bill
Gabel	mul karandi
Glas Wasser	thanni oru glass
Messer	kaththi
Teller	oru plate
Schüssel	kooppai
Kaffee	kahpie

Zahlen – Tamil

0	saifer
1	ondru
2	iranduh
3	muundruh
4	naan-guh
5	ainduh
6	aaruh
7	ealluh
8	ettu
9	onbaduh
10	pat-tuh
100	nooruh
1000	aayirem
2000	irandaayirem
100 000	oru latcham
1 000 000	pattuh lat-chem
10 000 000	kohdee

Obst	paadham
Glas	glass
Milch	paal
Salz	uppu
Löffel	karandi
Zucker	sierie
Tee	te-nier/plan-tea
Wasser	than-nier

Notfälle

Hilfe!	udavi!
Rufen Sie einen Arzt!	daktarai kuppidunga!
Rufen Sie die Polizei!	polisai kuppidunga!
Verschwinden Sie!	pohn-goh!/poi-vidu!
Ich habe mich verirrt.	naan vali tavari-vittehn

Shoppen & Dienstleistungen

Wie spät öffnet/schließt es/er?	et-thana manikka tirakhum/mudhum?
Wie viel kostet das?	adhu evvalavu?
groß	periyeh
klein	siriyeh

SRI-LANKISCHES ENGLISCH

Begrüßung & Konversation
Go and come. – Abschiedsgruß, ähnlich wie „bis später"
How? – Wie geht es Ihnen/Dir?
Nothing to do. – Ich kann nichts daran ändern.
What to do? – Was kann man dagegen tun? (eher eine rhetorische Frage)
What country? – Wo kommen Sie her/kommst Du her?
paining – es tut weh
to gift – beschenken

Leute
baby/bubba – Bezeichnung für Kinder jeden Alters bis ungefähr zum Jugendalter
batchmate – Mitstudent, Kommilitone (an der Uni)
peon – Bürogehilfe
uncle/auntie – Bezeichnung, um Respekt vor Älteren auszudrücken

Unterwegs
backside – Rückseite eines Gebäudes
bajaj – dreirädriges Fahrzeug (Three-Wheeler, Tuk-tuk)
bus halt – Bushaltestelle
coloured lights – Ampel
down south – die Regionen südlich von Colombo, besonders die Küstenregionen
dropping – von einem Auto abgesetzt werden
get down – aussteigen (aus dem Bus/Zug/Tuk-tuk)
normal bus – öffentlicher Bus (nicht privat)
outstation – Ort jenseits des Heimatgebietes einer Person
petrol shed – Tankstelle
pick-up – Nutzfahrzeug mit Allradantrieb
seaside/landside – bezeichnet Örtlichkeiten, meist von der Straße nach Galle aus (Galle Road)
two-wheeler – Motorrad
up and down – Rückfahrt
up country/Hill Country – die Umgebung von Kandy, das Gebiet der Teeplantagen
vehicle – Auto

Essen
bite – Snack, meist mit alkoholischen Getränken
boutique – ein kleines Geschäft, das normalerweise kleine, preiswerte Artikel verkauft
cool spot – traditioneller, kleiner Laden, der kalte Getränke und Snacks verkauft
hotel – ein kleines, preiswertes Restaurant, das jedoch keine Übernachtung bietet
lunch packet/rice packet – Reis/Currygericht, in Plastik und Zeitung verpackt, das man als Mittagessen ins Büro oder die Schule mitnimmt
short eats – Snacks

Geld
buck – Rupie
last price – Endpreis nach Handeln
purse – Portmonaie

Medizin	marunduh
Apotheke	marunduh kadhai
Bank	vanghie
... Botschaft	... tudharalayem
Markt	maarket
mein Hotel	enadu hotehl
Postamt	tafaal nilayem
öffentliches Telefon	podhu tolai-pessie
Touristeninformation	toorist nilayem
Zeitungshändler	niyuz paper vitku-midam

Unterkunft

Haben Sie Zimmer frei?	ingu room kideikkumaa?
Wie viel kostet es pro Nacht/Person?	oru iravukku/aalukku evvalavur?
Ist es inklusive Frühstück?	kaalei unavum sehrtha?
für eine/zwei Nächte	oru/irandu iravukku
für ein/zwei Personen	oruvarukku/iruvarukku
Campingplatz	mukhaamidum idahm
Gästehaus	virun-dhinar vidhudheh
Hotel	hotehl
Jugendherberge	ilainar vidhudheh

Verkehr & Wegweiser

Wann kommt/fährt ... das/der nächste?	eththanai manikku aduththa... sellum/varum?
Bus (Stadt)	baas naharam/ul-loor
Bus (Intercity)	baas veliyoor
Schiff	padakhu
Zug	rayill
Ich möchte aussteigen.	naan iranga vendum
Ich hätte gern ein einfaches Ticket.	enakku oru vahly tikket veynum
Ich hätte gerne ein Rückfahrticket.	enakku iru vahlay tikket veynum
erste Klasse	mudalahaam vahuppu
zweite Klasse	irandaam vahuppu
Bus-/Straßenbahnhaltestelle	baas nilayem
Schließfächer	porul vaikku-midam
Fahrplan	haala attavanay
Bahnhof	rayill nilayem
Ich möchte gerne ein	enakku...
... mieten	vaadakhaikku vaynum
Auto	car
Fahrrad	sai-kul
Wo ist es/er/sie?	adhu en-ghe irukkaradhu?
Wo ist ein/eine/der/die...?	... en-ghe?
Gehen Sie geradeaus.	neraha sellavum
Biegen Sie nach links ab.	valadhur pakkam tirumbavum
Biegen Sie nach rechts ab.	itadhu pakkam thirumbavum
nah	aruhil
weit	tu-rahm

Zeit & Datum

Wie spät ist es?	mani eth-tanai?
Morgen	kaalai
Nachmittag	pit-pahel
Tag	pahel
Nacht	iravu
Woche	vaarem
Monat	maadhem
Jahr	varudem
gestern	neh-truh
heute	indru
morgen	naalay
Montag	tin-gal
Dienstag	sevvaay

Mittwoch	budahn	Samstag	san-nie
Donnerstag	viyaalin	Sonntag	naayiru
Freitag	vellie		

GLOSSAR

ambalama – Obdach für Pilger

Aurudu – Singhalesisches und tamilisches Neujahrsfest am 14. April

Avalokitesvara – der Bodhisattva des universellen Mitgefühls

Ayurveda – traditionelle Medizin, die mit Kräutern und Ölen Heilungs- und Verjüngungskuren durchführt

bailas – Volksweisen, die auf portugiesischen, afrikanischen und einheimischen Musikrichtungen basieren

baobab – wasserspeichernder Baum (Adansonia digitata), vermutlich von arabischen Händlern nach Mannar Island und Vanni im Norden Sri Lankas gebracht

bodhi tree – ausladener Baum (Ficus religiosa); der Baum, unter dem Buddha bei seiner Erleuchtung saß sowie die vielen Abkömmlinge dieses Baumes

bodhisattva – göttliches Wesen, das, obwohl es ins Nirvana hätte eingehen können, sich dafür entschieden hat, auf der Erde zu bleiben, um Menschen auf dem Weg zur Erlösung zu helfen

Brahmi – frühe indische Schrift aus dem 5. Jahrhundert v.Chr.

bund – Damm oder Deich rund um ein Wasserreservoir

Burgher – Sri-lankischer Eurasier, normalerweise hervorgegangen aus der Ehe zwischen Portugiesen oder Holländern mit singhalesischen Frauen

cadjan – Kokospalmwedel, die zu Matten geflochten und als Baumaterial verwendet werden

Ceylon – britischer Kolonialname für Sri Lanka

chetiya – buddhistisches Heiligtum

Chola – ein einst mächtiges südindisches Königreich, das Sri Lanka mehrfach besetzt hat

CTB – Central Transport Board, das staatliche Busunternehmen

dagoba – buddhistisches Monument aus einer festen Halbkugel mit Reliquien von Buddha oder eines buddhistischen Heiligen; ein Stupa

devale – Gebäudekomplex, der zur Anbetung einer hinduistischen oder sri-lankischen Gottheit entworfen wurde

dharma – Wort, das von Hindus und Buddhisten gleichermaßen benutzt wird, um ihren jeweiligen Verhaltenskodex zu bezeichnen

eelam – tamilisches Wort für „wertvolles Land"

gala – Fels
ganga – Fluss
gedige – leerer Tempel mit dicken Mauern und Kraggewölbe
gopuram – Turm am Eingangstor
guardstones – behauene Steine an Toren oder Eingängen zu Tempeln

Hanuman – der Affenkönig aus dem *Ramayana*

Jataka tales – Geschichten aus den vorherigen Leben Buddhas

juggernaut – geschmückter Tempelwagen, der an Hindufesten durch die Straßen gezogen wird (manchmal auch *car* genannt)

kachcheri – Verwaltungsbüro

kadé – singhalesischer Name für eine Hütte an der Straße (auch *boutiques* genannt); im Tamil *unavakam*

Karava – Fischervolk indischer Herkunft

karma – hinduistisches und buddhistisches Prinzip vergeltender Gerechtigkeit

Kataragama – s. Murugan

kiri bath – Dessert aus Reis, in Kokosmilch gekocht

kolam – Kostüm, Verkleidung, vor allem im Tanzdrama; auch als Bezeichnung für architektonischen Schmuck im Gebiet der Tamilen

kovil – Hinduistischer Tempel zu Ehren von Shiva

kulam – tamilische Bezeichnung für ein Wasserreservoir/einen Speichersee

lakh – 100 000; Maßeinheit in Sri Lanka und Indien

lingam – phallisches Symbol; Symbol für Shiva

LTTE – Liberation Tigers of Tamil Eelam, auch bekannt als die Tamil Tigers (Befreiungstiger); eine Separatistenorganisation, die im Norden und Osten für die Unabhängigkeit der Tamilen kämpfte

Maha – Monsunzeit im Nordosten

Mahaweli Ganga – Sri Lankas längster Fluss; die Quelle liegt am Adam's Peak, die Mündung ins Meer in der Nähe von Trincomalee

Mahayana – spätere Form des Buddhismus, die in Korea, Japan und China verbreitet ist; wörtlich „großes Fahrzeug" oder „großer Weg"

Mahinda – Sohn des indischen buddhistischen Kaisers Ashoka, der den Buddhismus nach Sri Lanka gebracht haben soll
mahout – Elefantenführer
Maitreya – der zukünftige Buddha
makara – mythisches Tier; eine Mischung aus Löwe, Schwein und Elefant; oft in Treppenaufgänge von Tempeln geschnitzt
makara torana – verzierter Torbogen
mandapaya – eine erhöhte Plattform mit dekorativen Säulen
masala – Mischung (oft von Gewürzen)
Mondstein – Halbedelstein; oft in Türschwellen an Tempeleingängen eingelassen
mudra – symbolträchtige Handstellung auf einem Buddhabildnis
Murugan – Hindugott des Krieges; auch bekannt unter den Namen Skanda und Kataragama

naga – Schlange; bezieht sich auch auf Schlangengottheiten und -geister
nirvana – das endgültige Ziel der Buddhisten; endgültige Erlösung aus dem Kreislauf des Leidens und der Wiedergeburten
nuwara – Stadt

ola – Blätter der Talipot-Palme; wird für Handschriften und traditionelle Bücher verwendet
oruva – Auslegerkanu
oya – Bach oder kleiner Fluss

Pali – die Sprache, in der die buddhistischen Schriften ursprünglich verfasst waren
palmyra – große Palme, die besonders in den trockenen Gebieten des Nordens vorkommt

perahera – Prozession, gewöhnlich mit Tänzern, Trommlern und Elefanten
pirivena – Lernzentrum, das gewöhnlich an ein Kloster angeschlossen ist
poya – Vollmondtag, der immer auch Feiertag ist
puja – „Respekt", Opfergabe oder Gebet

rajakariya – „Arbeiter des Königs", die Tradition des feudalen Dienstes
Ramayana – alte Geschichte über Rama und Sita und ihren Konflikt mit Rawana
Rawana – „Dämonenkönig von Lanka", der im hinduistischen Heldengedicht *Ramayana* Ramas wunderschöne Gattin Sita entführt
Ruhunu – altes Zentrum singhalesischer Macht im Süden bei Tissamaharama, das sogar noch Bestand hatte, als Anuradhapura und Polonnaruwa in die Hände indischer Eroberer fielen

samudra – großes Wasserreservoir oder Binnensee
Sangamitta – Schwester von *Mahinda;* sie brachte den heiligen *Bodhibaum*-Sprössling von Bodhgaya in Indien mit
sangha – die Gemeinschaft buddhistischer Mönche und Nonnen; in Sri Lanka stellt sie eine einflussreiche Gruppe dar, die in mehrere *nikayas* (Orden) unterteilt ist
Sanskrit – alte indische Sprache und das älteste bekannte Mitglied der indoeuropäischen Sprachfamilie
sari – traditionelle Frauentracht
Sinhala – Sprache der singhalesischen Bevölkerung
Singhalesen – die Mehrzahl der Bevölkerung Sri Lankas; vornehmlich singhalesisch sprechende Buddhisten
Skanda – siehe *Murugan*
stupa – siehe *dagoba*

Tamilen – ein Volk südindischen Ursprungs, das die größte Minderheit in Sri Lanka darstellt; sie sprechen Tamil und sind überwiegend Hindus
tank – künstlicher Wasserspeicher, See oder Reservoir; viele dieser *tanks* sind sehr groß und alt
Theravada – orthodoxe Form des Buddhismus in Sri Lanka und Südostasien, die sich durch ihre Orientierung am *Pali*-Kanon auszeichnet

unavakam – Tamilischer Name für eine Straßenhütte; von den Singhalesen *kadé* oder *boutiques* genannt

vahlkada – feste Querverstrebungen an einer Stupa, oft hübsch verziert
vatadage – rundes Reliquienhaus, das aus einer kleinen zentralen *dagoba* besteht, die von Buddhabildnissen eingerahmt und von Säulen umgeben ist
Veddahs – die Ureinwohner Sri Lankas vor der Ankunft der Singhalesen aus Indien; auch *Wanniyala-aetto* genannt
vel – Dreizack; der Gott *Murugan* wird oft mit einem *vel* dargestellt
vihara, viharaya – Buddhistischer Gebäudekomplex mit einem Heiligtum, in dem eine Buddhastatue steht, einer Gemeindehalle und einem Haus für die Mönche

Wanniyala-aetto – siehe *Veddahs*
wewa – siehe *tank*

Yala – Zeit des Südwestmonsuns

Hinter den Kulissen

WIR FREUEN UNS ÜBER EIN FEEDBACK

Post von Travellern zu bekommen ist für uns ungemein hilfreich – Kritik und Anregungen halten uns auf dem Laufenden und helfen, unsere Bücher zu verbessern. Unser reiseerfahrenes Team liest alle Zuschriften genau durch, um zu erfahren, was an unseren Reiseführern gut und was schlecht ist. Wir können solche Post zwar nicht individuell beantworten, aber jedes Feedback wird garantiert schnurstracks an die jeweiligen Autoren weitergeleitet, noch rechtzeitig vor der nächsten Nachauflage.

Wer uns schreiben will, erreicht uns über www.lonelyplanet.de/kontakt.

Hinweis: Da wir Beiträge möglicherweise in Lonely-Planet-Produkten (Reiseführer, Websites, digitale Medien) veröffentlichen, ggf. auch in gekürzter Form, bitten wir um Mitteilung, falls ein Kommentar nicht veröffentlicht oder ein Name nicht genannt werden soll.

Wer Näheres über unsere Strategie bei der Datenschutzpolitik wissen will, erfährt das unter www.lonelyplanet.com/privacy.

DANK VON LONELY PLANET

Vielen Dank an alle Traveller, die mit der letzten Ausgabe unterwegs waren und uns nützliche Hinweise, gute Ratschläge und interessante Begebenheiten übermittelt haben:

Keith Abraham, Mark Aggleton, Laura Airaksinen, Han Andre Iluk, Hiroko Aoki, Marcelina Arabucka, Crista Arangala, Sue Arnold, David Ashby, Trineke Bakker, Suus Baltussen, Bettina Bauer, Melle Bijlsma, Kitty Bijsterveld, Alex Blothner, Kalpana Boodhoo, Sally Burnett, Michael Byrne, Christian Cantos, Reid Casner, Sean Chambers, Stephen Champion, Danny Childs, Huang Chun-yang, Annick Claesen, Richard Colbey, Leonard Cox, Youri Curfs, KP Cyril Ananda, Louis D Botha, Brian Dandy, Lyn Davis, Ashley De Silva, Ingrid De Bruin, Matthew De Lange, Medha De Alwis, Randie Denker, Annechien Deurloo, Anna Dudek, Alexandru Dumitru, Ann Dupre Rogers, Carl Eastwood, Lynn Edwards, Yura, Matt & Eileen Erskine, Claas Feye, Mark Flinn, Yuji Fujimoto, Barbara Gamage, Simon Gasser, Giancarlo Gianfranchi, Walter Gillies, Sonja Gobec, Rob Gomes, Vanessa Gouloumet, Caroline Gowan, Dan Green, Steve Hall, Lesley Hampshire, Chullaka Hapuarachchi, Sarah Haq, Kane Harris, Keith Hockly & Suzie Lee, Henrik Hofmeister, Alan Holden, Maria Holzscheiter, J Hoon Kim, Nicky Hope, Sona Houskova & Nick Vodicka, Anna Houston, Petr Hruska, Niki Huber, David Hughes, Barbara Huwiler, Georgie Hyams Vn, Ali Jaffee, Ansh Jain, Gerbert Jansen & José Groothuis, Cecilia Jensen, Anja Kainz, Shinhyun Kang, Elena Katsorchis, Joseph Kelly, Rene Kerkhof, Ralf Kleiber, Friederike Klotz, Veronia Kohne, Jackie Koper & Adrian Lachowski, Mari-ann Kucharek, Bronwen Lambert, Kees Langeveld, Mary Leathwood, Tang Lee, Martin Lemberger, Mike Levine, Sonny Lindner, Kimberley Lorimer, Robert Malies, Kim Markwell, David Marsden, Andrew Matheson, Kip Mckay, Brian Mcmanus, Vinod Moonesinghe, Steve Morgan, Jim Moulton, Sabine Mueller, Elizabeth Mulleneux, Ursa Nakrst, Tamara Nanayakkara, Nagulan Nesiah, Paul Nevin, Donatella Pallocci, Ellen Pavlovic, Maggie Pendleton, Richard Perry, David Phillips, Peter Phillips, Sara Pierri, Annemarie Pot, John Punter, Daisy Radevsky, Sarah Reglar, Jonathan Rohman-Jancovich, Mark Ross, Bram Roziers, Martin Ruyant, Liam Salter, Stefan Samuelsson, Mark Sawyer, Jennifer Scanlan, Gerald Schlamp, Christian Schuetzinger, Michael Stokes, Dan Straw, Patricia Sulewski, Kay Sutton, Jan Swart, Desmond Tang, Katie Taylor, Raffaella Taylor-Seynour, Tim Thijssen, Gareth Thomas, Judie Tierney, Mark Tissot, Jonna Toft, Ruth Tsang, Nicola Turner, Hagai Tzur, Brenda Van Eeden, Caroline Van Frankenhuyzen,

Daisy Van Essen, Jan Van Den Bosch, Koen Van Laar, Liz Vance, Joris Vergragt, Caroline Viitanen, Hamish Wallace, Dilsiri Welikala, Charles Westaway, Edgar Westerhuys, Beate Wichary, Adam Wiesner, Laurence Wild, Sarah Wood, James Woods, Monica Worsley, Sifaan Zavahir, Jeltje Zuiderveld.

DANK DER AUTOREN
Ryan Ver Berkmoes
Eine Dankeschön an alle, die mir den Aufenthalt in Sri Lanka so reizvoll und angenehm gestaltet und mir wertvolle Hinweise gegeben haben: an Milroi Janaka, Dimuthu Priyadarshana, den großartigen Blogger Indi Samarajiva, die brillante Geografin Charitha Jithendra Jith und an meine alte Bekannte Juliet Coombe. Bei Lonely Planet danke ich vor allem Kate Morgan und Andrea Dobbin, die mir die Chance zur Arbeit an diesem Projekt gegeben haben. Ein großer Dank geht aber auch an Janine Eberle.

Stuart Butler
Dimuthu Priyadarshana danke ich für alles, außerdem bin ich Milroy Fernando und HA Anura sehr zu Dank verpflichtet. Sena und Rashinika Kolambahewage haben mir netterweise das Kinderbettchen und Spielzeug geliehen; ein weiterer Dank geht an Stephanie und Palitha, Juliet Coombe in Galle, Ramyadava Gunasekara und Jai und Sumana (alle in Midigama), Sue mit der Familie im Sharon Inn in Kandy, Hannah Jenkins, Sarah Benbernou, Alexandre Gellert und Eve Morelli für die nette Begleitung. Ein ganz besonderer Dank geht natürlich wieder an Heather und Jake, meine Reisegefährten.

Amy Karafin
Sehr dankbar bin ich den Menschen in Sri Lanka, die mir so viele Fragen beantwortet haben, vor allem den Leuten an den Bahnhöfen und Busbahnhöfen und den vielen freundlichen Hindu-Priestern, die mich unterwegs gesegnet haben. Danke auch an Kate, Suzannah, Ryan, Stuart und Brigitte, alle Leser, die Ratschläge geschickt haben, Akash Bhartiya, Meera Sriskanthan, Gaya Sriskanthan, Shanthi Sachithanandam, Sherine Xavier, Dhuvarahan Balasubramaniam, Siddiq Issath, SK Sitrampalam, Venerable Bhikkhu Bodhi, Jessica Wolfendale, Clare McConnachie und SN Goenka und alle Leute in Dhamma Kuta. *Bhavatu sabba mangalam.*

QUELLENNACHWEIS
Die Daten in der Klimatabelle stammen von Peel MC, Finlayson BL & McMahon TA (2007), Aktualisierte Weltkarte der Köppen-Geiger-Klimaklassifikation, *Hydrology and Earth System Sciences*, 11, 1633-44.

Abbildung auf dem Umschlag: Thuparama-Dagoba, Anuradhapura, Reinhard Schmid, 4Corners. Viele der Bilder in diesem Reiseführer können bei Lonely Planet Images: www.lonelyplanetimages.com auch lizenziert werden.

ÜBER DIESES BUCH
Dies ist die 2. deutsche Auflage von Sri Lanka, basierend auf der mittlerweile 12. englischen Auflage. Konzipiert und geschrieben wurde der Band von Ryan Ver Berkmoes (Hauptautor), Stuart Butler und Amy Karafin. Die vorhergehende englische Auflage stammte von Brett Atkinson (Hauptautor), Michael Kohn, Ethan Gelber und Stuart Butler. Der Band wurde vom Lonely Planet Büro in Melbourne in Auftrag gegeben und betreut von:

Verantwortliche Redakteure Kate Morgan, Glenn van der Knijff
Leitende Redakteure Carolyn Bain, Andrea Dobbin
Leitung der Kartografie Xavier Di Toro
Layout-Leitung Wendy Wright
Lektorat Brigitte Ellemor
Chefin vom Dienst Susan Paterson
Kartografie Shahara Ahmed, Adrian Persoglia
Layout Jane Hart
Redaktionsassistenz Kate James, Helen Koehne, Kristin Odijk, Sam Trafford
Assistenz der Kartografie Mick Garrett
Layout-Assistenz Jacqui Saunders
Bildredaktion für den Umschlag Naomi Parker
Bildredaktion Aude Vauconsant
Sprache Annelies Mertens
Dank an Ryan Evans, Andi Jones, Shawn Low, Trent Paton, Gerard Walker

NOTIZEN

NOTIZEN

Register

A
Adam's Peak **10**, 24, 162
Ahangama 117
Alleinreisende Frauen 335
Alte Städte 195, **196**
  Essen 195
  Planung 197, 227
  Unterkunft 195
Aluthgama 90
Ambalangoda 99
Ampara 248
Anuradhapura **8**, **220**
  An- & Weiterreise 227
  Essen 227
  Geführte Touren 225
  Geschichte 219, 294
  Tickets 227
  Unterwegs vor Ort 228
Archäologisches Museum Kataragama 139
Architektur 21
Arugam Bay 239, **240**
Arwi 297
Aukana Buddha 219
Auto 346
  Mietwagen mit Fahrer 346
Ayurveda 11, 20, 11, 337
  Arugam Bay 241
  Colombo 61
  Kandy 148
  Suwamadura 183

B
Badulla 187, **188**
Baila-Musik 296
Bandaranaike International Airport 344
Bandarawela 181, **181**
Batticaloa 250, **252**

000 Karten
000 Abbildungen

Bäume 308
  Bücher 39
  Sri Maha Bodhi 221
Bawa, Geoffrey 55
Befreiungstiger von Tamil Eelam (LTTE) 290; *siehe auch* Liberation Tigers of Tamil Eelam
Belihul Oya 177
Bentota 90
Bibliothek von Jaffna 300
Bodhi-Bäume 295, 307
Bootsfahrten 33, 34
  Adam's Bridge 270
  Bentota Ganga 91
  Koggala-See 116
  Muthurajawela-Marschland 90
  Pottuvil Lagoon 246
  Tissa Wewa 132
Brahmi-Schrift 293
Britische Kronkolonie 296
Bücher
  Galle 103
  Galle Literary Festival 106
  Tiere 39
Buddhastatuen von Buduruwagala 189
Buddhismus 294, 314
  International Buddhist Museum 147
Buddhistische Klöster & Tempel
  Aluvihara 197
  Buddhangala Rock Hermitage 250
  Deegawapi 250
  Embekka Devale 159
  Friedenspagode 112
  Gadaladeniya-Tempel 159
  Gangarama Maha Vihara 97
  Gangaramaya Temple 59
  Goldener Tempel 200
  Kaduruduwa-Tempel 112
  Kantaka Chetiya 228
  Kataluwa-Purwarama-Tempel 117
  Kelaniya Raja Maha Vihara 61
  Kudimbigala Forest Hermitage 247
  Mandalagiri Vihara 215
  Mulkirigala 129
  Muthiyagana Vihara 187
  Parey Dewa 123
  Ridi Vihara 233
  Seenigama Vihara 97
  Tempel des heiligen Zahns 145
  Tissa-Dagoba 132
  Weherahena-Tempel 125
  Wewurukannala Vihara 125
  Yatagala Raja Maha Viharaya 112
Buduruwagala 189
Bürgerkrieg 290; *siehe auch* Ethnischer Konflikt
Burgher 313

Bus 348, 350
Busfahren
  Alleinreisende Frauen 335

C
Cadjugama 142
Ceylon 299
Chilaw 84
Christentum 316
Colombo 15, 48-79, **52-53**, **56-57**, **66**, **68**, 291
  Aktivitäten 61
  An- & Weiterreise 76
  Ausgehen 72
  Essen 48, 67
  Feste & Events 62
  Geführte Touren 62
  Geschichte 50
  Highlights 49
  Notfall 76
  Sehenswertes 51
  Shoppen 73
  Sicherheit 75
  Stadtviertel 50
  Touristeninformation 76
  Unterhaltung 73
  Unterkunft 48, 62
  Unterwegs vor Ort 77
Curry 325

D
Dalawella 116
Dalhousie 162
Dambulla 199, **200**
Delfinbeobachtungen & -safaris 18
  Kalpitiya 83
Delft 287
Dematal Vihara 239
Desserts 327, 330
Dikwella 125
Dondra 125
Dowa-Tempel 181
Dunhinda-Wasserfälle 187
Dutch Bay 82

E
Edelsteinhändler 192
Einreise 344
Elefanten 288, 308, 288
  Ampara 249
  Bedrohung 308
  Elefantenbeobachtung 131
  Elefantentreffen 217
  Elefantenwaisenhaus von Pinnewala 142
  Elephant Transit Home 190
  Mahouts 215

Millennium Elephant Foundation 142
Reiten 216
Elektrizität 340
Ella 182, **183**, **187**
Embilipitiya 189
Entwaldung 306
Erschließung
   Hambantota 132
Esala Perahera 151
Essen 12, 324
   Feste 328
   Kindermenüs 42
   Kochkurse 113
   Sprache 352, 355
   Vegetarier 325
Ethnischer Konflikt 267, 270, 272, 299, 315
   Geschichte 300
   Jaffna, Ruinen 277
   Waffenstillstand 304
Etikette
   Fotografieren 334

F
Fahrad fahren *siehe* Radfahren
Feiertage 334
Ferien 334
Feste & Events 62, 277
   Colombo 62
   Esala Perahera 151
   Jaffna Music Festival 277
   Kataragama 138
Festungen (Forts) 297
   Batticaloa 251
   Colombo 51
   Galle 102, 103
   Jaffna 276
   Matara 123
   Negombo 84
   Trincomalee 256
Feuchtgebiete
   Muthurajawela-Marschland 90
Fisch 325
Flüge
   Innerhalb von Sri Lanka 349
Flughafen 344
Fluglinien 345
Forts *siehe* Festungen
Fotografieren 334
Freiwilligenarbeit 336
Friedhöfe
   British Garrison Cemetery 148
   Commonwealth War Cemetery 260
   Garnisonsfriedhof Kandy 159
   LTTE 278

G
Galerien *siehe* Museen & Galerien
Galle 18, 102, **104**
   Aktivitäten 106
   An- & Weiterreise 111
   Ausgehen 110
   Essen 109
   Feste & Events 106
   Geführte Touren 106
   Geschichte 103
   Sehenswertes 105
   Shoppen 110
   Unterkunft 107
Galle Fort **11**
Gefahren 271
   Trampen 350
   Kandy 155
Geführte Touren 170, 176, 205, 225, 349
   Nuwara Eliya 170
   Radfahren 348
   Safaris 39
   Sigiriya 205
   Tissamaharama 133
Geld 17, 336
Geldautomaten 336
Geografie 307
Geschichte 292
   Altes Königreich 293
   Britische Ära 297
   Ethnischer Konflikt 299
   Niederländische Ära 297
   Portugiesische Ära 296
   Tsunami 303
   Unabhängigkeit 298
   Waffenstillstand 304
Geschichte des Tees 317
Getränke 326; *siehe auch* Tee
Giritale 214
Golf
   Kandy 149
   Nuwara Eliya 170
Gregory Lake 18, 169

H
Habarana 216
Halbinsel Jaffna 283, **287**
Hambantota 132
Hamilton-Kanal 89
Handys 17, 341
Haputale 178, **179**
Häuser mieten 108
Heißluftballons 106
Helga's Folly 153
Highways 77
Hikkaduwa 95, **96**
Hill Club 172, 173, 174
Hinduismus 315
Hinduistische Stätten
   Swayambhu Lingam 256
Hinduistische Tempel
   Colombo 53, 61
   Jaffna 273
   Lankatilake-Tempel 159
   Maviddapuram Kanthaswamy Kovil 284
   Naga Pooshani Amman Kovil 287
   Nalanda Gedige 199
   Nallur Kandaswamy Kovil 273
   Seetha-Amman-Tempel 170
   Thurkkai Amman Kovil 284
Hochland *siehe auch* Zentrales Hochland
   Essen 140
   Unterkunft 140
Höhlen
   Kitulgala 165
Höhlentempel *siehe* Dambulla
Horton Plains **13**

I
Idalgashinna 179
Impfungen 337
Induruwa 90
Infos im Internet 17, 76
   Umwelt 309
Insel Mannar 269
Islam 316

J
Jaffna (Halbinsel) 283, **287**
Jaffna & der Norden **14**, 265, **266**, 272, **274–275**
   Ausgehen 280
   Essen 265, 280
   Feste & Events 277
   Geschichte 267, 272
   Klima 267
   Reisen nach/von 283
   Sehenswertes 273
   Shoppen 282
   Unterkunft 265, 277
   Unterwegs vor Ort 283
Jaffnas Inseln 286
Jaffna (Stadt) 272

K
Kadugannawa 142
Kaffee 297
Kalpitiya 82
Kandy 10, **10**, 143, **144–145**, **158**
   Aktivitäten 148
   An- & Weiterreise 156
   Ausgehen 154

Essen 153
Geschichte 143
Sehenswertes 143
Shoppen 154
Touristeninformation 156
Unterhaltung 154
Unterkunft 149
Unterwegs vor Ort 157
Kankesanturai (KKS) 284
Kantarodai-Ruinen 284
Kanu 33
Karaitivu 286
Karten 338
Kataragama 138, **139**
Kathedralen *siehe* Kirchen & Kathedralen
Kayts 286
Keerimalai-Quelle 18, 284
Kegalle 142
Kinder, Reisen mit 42
Kirchen & Kathedralen
Jaffna 273
Kirche Unserer Lieben Frau von Madhu 270
Niederländisch-Reformierte Kirche 106
Our Lady of Madhu Church 270
St. Mark's Church 187
St Anthony's Church 61
St Lucia's Cathedral 61
Wolvendaal Church 54
Kirinda 136
Kitesurfen 34
Negombo 85
Kitulgala 164
Kleinkinder 43
Klima 29, 39; *siehe auch* einzelne Regionen
Klöster
Adisham-Kloster 178
Knuckles Range 197
Koggala 116
Koggala-See 116
Kolonialarchitektur 21
Kottawa Conservation Forest 112
Kotthu Rotti 330
Kreditkarten 336
Kricket
Kandy 154
Krieg 290; *siehe auch* Ethnischer Konflikt
Kulturdreieck *siehe* Alte Städte
Kunst
Art Trail 106

000 Karten
000 Abbildungen

Kurse
Massage 114
Yoga 114
Kurunegala 233

L

Landminen 300
Leoparden
Nationalpark Yala 137
Lesbische Reisende 340
Leuchttürme
Batticaloa 255
Colombo 51
LeuchttürmeDondra 125
Liberation Tigers of Tamil Eelam (LTTE) 269, 290
Geschichte 300
Lion Rock *siehe* Sigiriya
Lipton, Sir Thomas 317
LTTE *siehe* Liberation Tigers of Tamil Eelam

M

Mahavamsa 293
Mahouts 215
Maligawila 238
Mandalagiri Vihara 215
Mannar (Insel) 269
Marawila 89
Maritime Museum, Galle 18
Märkte
Colombo 53
Galle 110
Jaffna 282
Negombo 84
Matale 197
Matara 123, **124**
Mauren 297
Meditation
Colombo 62
Dhamma Kuta Vipassana Meditation Centre 160
Nilambe Meditation Centre 160
Paramita International Buddhist Centre 160
Seema Malakaya Meditation Centre 55
Medizinische Versorgung 336
Meeresfrüchte 325
Meeresschildkröten *siehe* Schildkröten
Menschen 291, 312
Midigama 117
Mihintale 228, **230**
Militärstützpunkt Palali KKS 284
Mirissa 12, 120
Mobiltelefon 17, 341
Monaragala 237

Moscheen
Colombo 54
Kataragama 139
Motorrad 346
Mulkirigala 129
Munneswaram 84
Museen & Galerien
Abhayagiri-Museum 223
Archäologisches Museum Jaffna 277
Archäologisches Museum Vavuniya 267
Archäologisches Museum Wellawaya 189
Dutch Period Museum 53
Historical Mansion 106
Jetavanarama-Museum 224
Martin Wickramasinghe Folk Art Museum 117
National Art Gallery 59
Nationales Schifffahrtsmuseum 106
Nationalmuseum Colombo 14, 59
Nationalmuseum Galle 106
Nationalmuseum Kandy 147
Puppet Museum 60
Saskia Fernando Gallery 59
Sigiriya-Museum 203
Sri Dalada Museum 147
Teemuseum 147
World Buddhism Museum 18
Muslime 313
Muthurajawela-Marschland 90

N

Nainativu 287
Nalanda 199
Nationalismus 298, 315
Nationalmuseum Colombo 14, 59
Nationalmuseum Kandy 147
Nationalpark Bundala 9
Nationalpark Hikkaduwa 95
Nationalpark Horagolla 307
Nationalpark Horton Plains 175
Nationalpark Minneriya 217
Nationalpark Pigeon Island 262
Nationalpark Udawalawe 8, 190
Nationalpark Wilpattu & Puttalam 83
Nationalpark Yala 137
Nationalparks & Schutzgebiete 35
Mangrovenschutzgebiet 113
Muthurajawela-Marschland 90
Nationalpark Bundala 9, 131
Nationalpark Hikkaduwa 95
Nationalpark Horagolla 307
Nationalpark Horton Plains 175
Nationalpark Kaudulla 217
Nationalpark Kumana 248
Nationalpark Minneriya 217

Nationalpark Pigeon Island 262
Nationalpark Udawalawe 8, 190
Nationalpark Wilpattu & Puttalam 83
Nationalpark Yala 137
Sinharaja Forest Reserve 191
Naturbeobachtung
  Nationalpark Minneriya 217
  Nationalpark Kaudulla 217
Natur & Umwelt 306
Neduntivu 287
Negombo 84, **85**, **88**
Nilaveli 262, **263**
Norden *siehe* Jaffna & der Norden
Notfälle
  Sprache 353, 356
Nuwara Eliya **168**
  Aktivitäten 170
  An- & Weiterreise 175
  Ausgehen 173
  Essen 173
  Geführte Touren 171
  Geschichte 168
  Sehenswertes 169
  Übernachten 171

O
Obst 327
Obstbäume 308
Öffnungszeiten 338
Okanda 247
Old Dutch Hospital 14, 52
Osten 235, **236**
  Essen 235
  Reisezeit 235
  Unterkunft 235

P
Pamunugama 89
Parks & Gärten
  Botanischer Garten von Peradeniya 157
  Brief Garden 90
  Galle Face Green 54
  Hakgala Gardens 169
  Henerathgoda Botanic Gardens 142
  Lagoon Herbal Garden 116
  Royal Palace Park 148
  Victoria Park 169
  Viharamahadevi Park 59
Pattipola 180
Pferderennen
  Nuwara Eliya 170
Pflanzen 307
Pidurangala Rock 207

Pidurutalagala 170
Pilgerfahrten 313
  Adam's Peak 162, 163–165
  Kataragama 138
Plantagen 317
Plantagenarbeiter 317
Point Pedro 285
Politik 290, 298
Polonnaruwa **15**, 207, **208**, **209**, 211, 295
  Essen 213
  Sehenswertes 208
  Unterkuft 212
Pottuvil 245, **246**
Poya (Vollmondfest) 22, 314
Prabhakaran, Vellupillai 300, 305

R
Radawaduwa 142
Radfahren 348
  Nuwara Eliya 170
Rajakariya 295
Ratnapura 192
Rechtsfragen 339
Regenwald 307, 309
Reis 324, 325
Reisen mit Behinderung 340
Reiseplanung 16–17; *siehe auch* einzelne Regionen
  Infos im Internet 17
  Reisezeit 16
  Safaris 35
  Tiere & Pflanzen beobachten 35
  Wassersport 29
Reiserouten 25
Reisezeit 16, 29, 39
Religion 291, 313
Ridi Vihara 232
Rote Liste 306
Rotti **321**
Ruinen von Ritigala 218

S
Safaris 35
  Geführte Touren 39
  Nationalpark Bundala 133
Schildkröten 93, 131
  Schildkrötenbeobachtung 127
Schmuck
  Mondsteinminen 97
Schnorcheln 19, 34; *siehe auch* Tauchen & Schnorcheln
Schutzgebiete *siehe* Nationalparks & Schutzgebiete
Schwimmen 30
Shoppen 15, 20
  Sprache 353, 357

Sicherheit 340
  Straßen 347
  Tauchen 35
Sigiriya 8, **9,** 202, **203**
Singhalesen 313
Singhalesisch 352
Sinharaja Forest Reserve 191
Skulptur 228
Snacks 327
Sonnenuntergang
  Colombo 60, 63
Southern Expressway 91, 111
Sprache 352
  Essen 352
  Shoppen 353
Sri Pada *siehe* Adam's Peak
Stauseen
  Anuradhapura 225
Strände **6**, 12, 19, 29
  Bentota 90
  Goyambokka 130
  Kalkudah 255
  Lighthouse Point 247
  Marakolliya Beach 130
  Medaketiya Beach 130
  Mount Lavinia 60
  Passekudah 255
  Pottuvil Point 246
  Rekawa Beach 130
  Talalla 126
  Tangalla 130
  Trincomalee 257
  Whiskey Point 247
Strom 340
Süden 101, **102**
  Essen 101
  Geschichte 103
  Reisezeit 101
  Unterkunft 101
Surfen 11, 31
  Ahangama 117
  Arugam Bay 239
  Hikkaduwa 96
  Midigama 117
  SriLankan Airlines Pro 241
Swayambhu Lingam 256

T
Talawila 82
Tamil 355
Tamilen 313
Tamil Tigers *siehe* Liberation Tigers of Tamil Eelam
Tangalla 127, **128**
Tanz 155
Taprobane 119

Tauchen & Schnorcheln 19, 33, 34
  Batticaloa 251
  Hikkaduwa 95
  Kalpitiya 83
  Kirinda 136
  Nilaveli 262
  Pigeon Island National Park 262
  Unawatuna 112
  Uppuveli 260
  Weligama 119
Taxis 350
Tee 13, 317, **320–323**
  Fabriken 164, 166, 169, 178, 186
  Läden 74
  Museen 147
  Unterkunft 318
  Wanderungen 319
Teeplantagen 13, 165, 320, **321**
Teeproduktion 320
Teesorten 323
Teetrinken 318
Tellippalai 18, 284
Thalpe 116
Tierbeobachtung 20
  Arugam Bay 241
  Bücher 39
  Muthurajawela-Marschland 90
  Nationalpark Horton Plains 176
  Nationalpark Udawalawe 190
  Pottuvil Lagoon 246
Tiere 35, 307
Tiere & Pflanzen
  Sinharaja Forest Reserve 192
Tissamaharama 131, **133**
Toiletten 341
Touren 170, 176, 205, 225, 349
  Nuwara Eliya 170
  Radfahren 348
  Safaris 39
  Sigiriya 205
  Tissamaharama 133
Tourismus 291
Touristeninformation 341
Trincomalee 256, **258**
Trinkgeld 336
Trinkwasser 338
Tsunami 290, 302, 303
Tuk-Tuks 350

U
Udappuwa 84

000 Karten
000 Abbildungen

Umwelt
  Bücher 306
  Verantwortungsvoll reisen 310
Umweltschutz 82
Unabhängigkeitstag 22
Unawatuna 112, **113**
Unduvap Poya 24
Unesco-Weltkulturerbe *siehe* Welterbestätten
Universitäten
  University of Colombo 60
Unterkunft 341; *siehe auch* einzelne Orte
  Sprachen 353, 357
Unterwegs vor Ort 345
Uppuveli 259, **261**
Utuwankandu 142

V
Vakarai 254
Valvettiturai 285
Vavuniya 267, **268**
Veddah 293, 312
Vegetarische Gerichte 325
Velanai 286
Verantwortungsvoll reisen 310
Vijaya 293
Vijayabahu I. 295
Visa 342
Vögel 36
Vogelbeobachtung 37
  Arugam Bay 241
  Hikkaduwa 97
  Kitulgala 166
  Knuckles Range 161
  Nationalpark Bundala 131
  Nationalpark Yala 137
  Vogelreservat Kumana 248
  Vogelreservat Wirawila Wewa 136
Vollmondfest (Poya) 22, 314

W
Waffenstillstand 302
Währung 336
Waikkal 89
Walbeobachtung 12, 34
  Mirissa 122
  Nilaveli 263
Wale 36
Wandern 19
  Adam's Peak 162
  Ella 183
  Kandy 149
  Kitulgala 165
  Knuckles Range 161
  Lipton's Seat 179
  Monaragala 237
  Nationalpark Horton Plains 175

  Nuwara Eliya 169, 170
  Unawatuna 113
  World's End 175
Wasserfälle
  Bambarakanda-Fälle 177
  Diyaluma-Fälle 179
  Dunhinda-Fälle 187
  Ramboda-Fälle 166
  Rawana-Ella-Fälle 186
Wassersport 29, 91
  Unawatuna 112
Wechselkurse 17
Weligama 119
Wellawaya 188
Welterbestätten 308
  Anuradhapura 219
  Festung Galle 102
  Polonnaruwa 208
  Sigiriya 202
Westküste 80, **81**
  Essen 80
  Klima 80
  Unterkunft 80
Wetter 39; *siehe auch* einzelne Regionen
Whale-watching *siehe* Walbeobachtung
Wildwasser-Rafting 33
  Kitulgala 165
Windsurfen 34
Wirtschaft 306
WLAN 338
World's End 175

Y
Yoga
  Arugam Bay 241
Yudaganawa 238

Z
Zahnreliquie 145
Zeit 343
Zentrales Hochland 140, **141**
  Essen 140
  Unterkunft 140
Zimt 327
Zoll 343
Zug 350
Zugfahren 6
  Alleinreisende Frauen 335

UNSERE AUTOREN

Ryan Ver Berkmoes
Hauptautor, Colombo, Die alten Städte Ryan Ver Berkmoes reiste erstmals 2005 nach Sri Lanka, um als Journalist über die Folgen des Tsunamis zu berichten. Schon damals hat ihn der Lebensmut der Menschen fasziniert; nicht weniger beeindruckt ihn heute, wie schnell der Inselstaat sich jetzt von den Schatten der Vergangenheit befreit. Inzwischen hat Ryan längst das ganze Land gesehen, stets auf der Suche nach dem allerbesten Curry-Reis – eine erlebnisreiche Suche, die wohl niemals ein Ende findet. Ansonsten lebt Ryan in Portland, Oregon; über seine Reisen schreibt er auch auf seiner Website ryanverberkmoes.com.

Mehr über Ryan Ver Berkmoes:
lonelyplanet.com/members/ryanverberkmos/

Stuart Butler
Die Westküste, Der Süden, Zentrales Hochland Der gebürtige Engländer Stuart Butler lernte Sri Lanka auf einer langen Surfer-Tour durch Asien kennen. Eine Welle und ein Curry – und schon war er der Insel verfallen. Seither ist er immer wieder zurückgekehrt – zu den köstlichen Gerichten, der Natur, zur Brandung, zu den Menschen und den Bergen der Insel. Zu Hause ist Stuart mittlerweile an den Stränden im Südwesten Frankreichs. Seine Reisen führen ihn weiterhin häufig nach Südasien, aber auch anderswo hin – von den pakistanischen Wüsten bis zu den Küstenwäldern von Kolumbien. Mehr dazu erfährt man unter http://stuartbutler-journalist.blogspot.com.

Mehr über Stuart Butler:
lonelyplanet.com/members/stuart/butler.

Amy Karafin
Der Osten, Jaffna & der Norden Schon seit fast 20 Jahren beschäftigt sich Amy Karafin mit den alten, noch in Pali verfassten Schriften aus Sri Lanka. Zudem ist sie von der Kultur der Tamilen fasziniert, seit sie 1996 auf ihrer ersten Südasien-Reise in einer einfachen Hütte in Tamil Nadu wohnen durfte. Deshalb waren der Norden und Osten von Sri Lanka mit ihren alten Traditionen und der spirituellen Bindung an Indien für sie ein geradezu ideales Thema, und sie hat sofort zugesagt, als sie die Chance erhielt, Inseln, Strände, Tempel und Quellen zu besuchen, die jahrzehntelang im militärischen Sperrgebiet lagen. Wenn sie nicht auf Reisen ist, lebt Amy in Brooklyn, New York.

Mehr über Amy Karafin:
lonelyplanet.com/members/amykarafin

Auf einen Blick

Mit diesen Symbolen sind wichtige Kategorien leicht zu finden:

- 🚗 Autotouren
- 🚶 Wandern
- 🚵 Mountainbiken

Diese Symbole bieten wertvolle Zusatzinformationen:

- ☎ Telefonnumer
- ⊙ Öffnungszeiten
- P Parkplatz
- ⊖ Nichtraucher
- ❄ Klimaanlage
- @ Internetzugang
- 🛜 WLAN-Anschluss
- 🏊 Schwimmbad
- 🥗 Vegetarische Gerichte
- 📖 Englischsprachiges Menu
- 👨‍👩‍👧 Familienfreundlich
- 🐾 Haustiere Willkommen
- 🚌 Bus
- ⛴ Fähre
- M Metro
- S U-Bahn
- 🚋 Tram
- 🚆 Zug

Die Reihenfolge spiegelt die Bewertung durch die Autoren wider.

Empfehlungen von Lonely Planet:

- **LP TIPP** Das empfiehlt unser Autor
- **GRATIS** Hier bezahlt man nichts
- 🌿 Nachhaltig und umweltverträglich

Unsere Autoren haben diese Einrichtungen ausgewählt, weil man dort großen Wert auf Nachhaltigkeit legt: etwa durch die Förderung einheimischer Gemeinschaften oder Hersteller, durch eine umweltverträgliche Bewirtschaftung oder durch Engagement im Naturschutz.

Kartenlegende

Sehenswertes
- Strand
- Buddhistisch
- Burg
- Christlich
- Hinduistisch
- Islamisch
- Jüdisch
- Denkmal
- Museum/Gallerie
- Ruine
- Winzer/Weingut
- Zoo
- Andere Sehenswürdigkeit

Aktivitäten, Kurse & Touren
- Tauchen/Schnorcheln
- Kanu/Kajak fahren
- Ski fahren
- Surfen
- Schwimmbad
- Wandern
- Windsurfen
- Andere Aktivität/Kurse/Touren

Schlafen
- Schlafen
- Camping

Essen
- Essen

Ausgehen
- Ausgehen
- Cafe

Unterhaltung
- Unterhaltung

Shoppen
- Shoppen

Praktisches
- Post
- Touristeninformation

Transport
- Flughafen
- Grenzübergang
- Bus
- Seilbahn/Standseilbahn
- Radfahren
- Fähre
- Metro
- Zug eingleisig
- Parkplatz
- S-Bahn
- Taxi
- Zug /Eisenbahn
- Tram
- Tube-Station
- U-Bahn
- anderes Verkehrsmittel

Verkehrswege
- Mautstraße
- Autobahn
- Hauptstraße
- Nebenstraße
- Vedrbinduistraße
- sonstige Straße
- unbefestigte Straße
- Plaza/Fußgängerzone
- Stufen
- Tunnel
- Fußgängerübergangt
- Spaziergang
- Spaziergang mit Abstecher
- Pfad

Grenzen
- Internationale
- Staat/Provinz
- umstrittene Grenze
- Regional/Vorort
- Gewässer
- Klippen
- Mauer

Städte
- Hauptstadt (National)
- Hauptstadt (Staat/Provinz)
- Stadt/Große Stadt
- Kleinstadt/Dorf

Landschaft
- Hütte
- Leuchtturm
- Aussichtsturm
- Berg/Vulkan
- Oase
- Park
- Pass
- Picknickplatz
- Wasserfall

Gewässer
- Fluss/Bach
- periodischer Fluss
- Sumpf/Mangroven
- Riff
- Kanal
- Gewässer
- Trocken-/Salzperiodischer See
- Gletscher

Gebietsformen
- Strand/Wüste
- Friedhof (Christlich)
- Friedhof (anderer)
- Park/Wald
- Sportplatz
- Sehenswertes (Gebäude)
- Highlight (Gebäude)

DIE LONELY PLANET STORY

Ein uraltes Auto, ein paar Dollar in den Hosentaschen und Abenteuerlust, mehr brauchten Tony und Maureen Wheeler nicht, als sie 1972 zu der Reise ihres Lebens aufbrachen. Diese führte sie quer durch Europa und Asien bis nach Australien. Nach mehreren Monaten kehrten sie zurück – pleite, aber glücklich –, setzten sich an ihren Küchentisch und verfassten ihren ersten Reiseführer *Across Asia on the Cheap*. Binnen einer Woche verkauften sie 1500 Bücher und Lonely Planet war geboren. Seit 2011 ist BBC Worldwide der alleinige Inhaber von Lonely Planet. Der Verlag unterhält Büros in Melbourne (Australien), London und Oakland (USA) mit über 600 Mitarbeitern und Autoren. Sie alle teilen Tonys Überzeugung, dass ein guter Reiseführer drei Dinge tun sollte: informieren, bilden und unterhalten.

Lonely Planet Publications,
Locked Bag 1, Footscray,
Melbourne, Victoria 3011,
Australia

Verlag der deutschen Ausgabe:
MAIRDUMONT, Marco-Polo-Str. 1, 73760 Ostfildern, www.mairdumont.com, lonelyplanet@mairdumont.com
Chefredakteurin deutsche Ausgabe: Birgit Borowski
Übersetzung: Petra Dubilski, Robert Kutschera, Raphaela Moczynski, Dr. Annegret Pago, Dr. Thomas Pago, Christiane Radünz, Jutta Ressel M.A., Manuela Schomann, Renate Weinberger, Linde Wiesner
Redaktion und technischer Support: CLP Carlo Lauer & Partner, Aschheim

Sri Lanka
2. deutsche Auflage November 2012, übersetzt von *Sri Lanka 12th edition*, Juli 2012 Lonely Planet Publications Pty
Deutsche Ausgabe © Lonely Planet Publications Pty, November 2012
Fotos © wie angegeben
Printed in China

Die meisten Fotos in diesem Reiseführer können bei Lonely Planet Images, www.lonelyplanetimages.com, auch lizenziert werden.

Alle Rechte vorbehalten. Das Werk einschließlich all seiner Teile ist urheberrechtlich geschützt und darf weder kopiert, vervielfältigt, nachgeahmt oder in anderen Medien gespeichert werden, noch darf es in irgendeiner Form oder mit irgendwelchen Mitteln – elektronisch, mechanisch oder in irgendeiner anderen Weise – weiterverarbeitet werden. Es ist nicht gestattet, auch nur Teile dieser Publikation zu verkaufen oder zu vermitteln, ohne schriftliche Genehmigung des Herausgebers.

Lonely Planet und das Lonely Planet Logo sind eingetragene Marken von Lonely Planet und sind im US-Patentamt sowie in Markenbüros in anderen Ländern registriert.

Lonely Planet gestattet den Gebrauch seines Namens oder seines Logos durch kommerzielle Unternehmen wie Einzelhändler, Restaurants oder Hotels nicht. Bitte informieren Sie uns im Fall von Missbrauch: www.lonelyplanet.com/lp

> Obwohl die Autoren und Lonely Planet alle Anstrengungen bei der Recherche und bei der Produktion dieses Reiseführers unternommen haben, können wir keine Garantie für die Richtigkeit und Vollständigkeit dieses Inhalts geben. Deswegen können wir auch keine Haftung für eventuell entstandenen Schaden übernehmen.